Sébastien Louis

Ultras

Bibliografische Information der Deutschen Bibliothek:
Die Deutsche Bibliothek verzeichnet diese Publikation
in der Deutschen Nationalbibliografie.

Titel der französischen Originalausgabe: *Ultras, les autres protagonistes du football*

Lektorat: Thomas Lanz
Coverfoto: Alexandre Brondino, unsplash.com
Druck: Prime Rate Kft., Budapest
Printed in Hungary
ISBN: 978-3-85371-518-5

Promedia Verlag
E-Mail: promedia@mediashop.at
Web: www.mediashop.at
www.verlag-promedia.de

Sébastien Louis

Ultras

Geschichte einer Bewegung

PROMEDIA

Über den Autor

Sébastien Louis, geboren 1977 in Sorengo (Schweiz), ist Historiker und arbeitet als Lehrer für Geschichte, Geografie und Soziologie an der Europäischen Schule Luxemburg. Er promovierte an der Universität Perpignan über Ultras in Italien und gehört zu den führenden Forschern dieser Jugendbewegung. Louis schreibt für verschiedene Zeitschriften über Fanthemen und unterhält auch einen Blog bei der französischen Tageszeitung *Le Monde.* Er hält regelmäßig Vorträge auf Konferenzen in Europa, Asien und Afrika und arbeitet mit zahlreichen Museen in Europa zusammen, wo er als wissenschaftlicher Berater fungiert und Kulturprogramme für Ausstellungen zum Thema Fußball entwickelt.

Inhalt

KAPITEL 3
Identitäten und Beziehungsmuster

KAPITEL 4
Spektakel und Gewalt

KAPITEL 5
Repressive Maßnahmen gegen die Gewaltausbrüche

KAPITEL 6

Vom Drama in Genua bis zu jenem von Catania

KAPITEL 7

Ultras im Angesicht der Kommerzialisierung des Fußballs

KAPITEL 1
Die Organisation der Fans: Von den Tifosi zu den Ultras

Vom englischen Football zum italienischen Calcio

Unter dem teilnahmslosen Blick von Dante Alighieri, dessen Statue eine der Ecken der Piazza Santa Croce in Florenz beherrscht, wird jedes Jahr der Calcio Storico[1] ausgetragen. An diesem 30. Juni 2013 treten zwei Mannschaften von sportlichen Männern, die weiße Mannschaft des Viertels Santo Spirito und die hellblaue Mannschaft von Santa Croce, in historischen Kostümen unter den Augen der auf den Tribünen versammelten Zuschauer gegeneinander an. Das Publikum ist abwechselnd fasziniert, begeistert und erschrocken von den harten Duellen zwischen den Spielern. Die Spannung ist auf dem Höhepunkt. Das Spiel läuft bereits seit mehr als vier Minuten und endlich kommt der Ball ins Rollen, denn die Hälfte der Spieler liefert sich seit dem Anpfiff erbitterte Zweikämpfe. Auf den Tribünen, wie in jedem anderen Stadion auch, jubelt jedes Viertel leidenschaftlich seinen Farben zu oder beschimpft seinen Rivalen. Die Polizisten in Schutzausrüstung sind jederzeit bereit einzugreifen. Am Ende des Spiels werden die Sieger in Hellblau von ihren Anhängern bejubelt, die Rauchbomben zünden.

Es sind nicht mehr viele, die den heutigen Fußball auf diese antike und brutale Form des Spiels zurückführen. Die Ursprünge des Fußballs, wie wir ihn heute kennen, liegen in Großbritannien. Der erste Verein der Welt, der Sheffield Football Club, wird 1857 in Yorkshire gegründet. Die Gründung der Football Association und das erste Regelbuch gehen bis in das Jahr 1863 zurück. 1871 wird der Football Association Cup ins Leben gerufen.

Die Popularität des Fußballs in seinem Geburtsland ist so groß, dass in der ersten Saison der Football League 1888/89 durchschnittlich fast 4600 Zuschauer zu den Spielen kommen. Das Publikumsinteresse steigt in weiterer Folge immer mehr an: 1895/96 erhöht sich der Durchschnittswert auf fast 7900 Zuseher, um in der Saison 1905/06 auf 13.200 anzuwachsen.[2] Ab 1892 werden reine Fußballanlagen erbaut, um dem wachsenden

1 Inspiriert von Harpastum, einer Methode körperlicher Ertüchtigung der römischen Legionäre, stehen sich zwei Mannschaften auf einem mit Sand bedeckten Spielfeld gegenüber. Ziel ist es, den Ball über die Demarkationslinie der anderen Spielfeldhälfte zu bringen. Das Spiel fand unter der aristokratischen Jugend in Florenz im 15. Jahrhundert einen großen Zuspruch und wurde bis Ende des 18. Jahrhunderts betrieben. Seit Mai 1930 wird dieses Sportspektakel jedes Jahr in Florenz veranstaltet. Die Spieler tragen dabei historische Kostüme. Cfr. H. Bredekamp, *Calcio fiorentino. Il Rinascimento visto attraverso i suoi giochi,* Il Nuovo Melange, Genua 1995.

2 W. Vamplew, *Pay up and Play the Game. Professional Sport in Britain,* Cambridge University Press, Cambridge 1988, S. 63.

Publikum genug Platz zu bieten. Die Zuschauermassen setzen sich zum Großteil aus Männern der Arbeiterklasse zusammen, die sich rasch für den neuen Sport begeistern.[3] Die Möglichkeiten der neugewonnen Freizeit, der demokratische Aspekt des Sports, die Geselligkeit des Fußballs und die Suche nach dem Nervenkitzel erklären die wachsende Beliebtheit der neuen Sportart. Um die Mannschaften herum werden kollektive Identitäten geschmiedet: Die Zugehörigkeit zu einem Fußballverein markiert somit die Zugehörigkeit zu einer Gemeinschaft und einem Gebiet.

Die Fans tragen Abzeichen am Revers und zeigen mitunter Schilder in die Höhe, die ihre Mannschaft zum Siegen auffordern. Anfeuerungsrufe für die eigene Mannschaft fehlen ebenso wenig wie Schmähgesänge gegen den Gegner.[4] Die Wagemutigsten dieser Fans organisieren erste Auswärtsfahrten, um ihre Farben zu unterstützen. Zunächst noch mit dem Pferdewagen, später mit dem Zug. Die ersten Fanklubs entstehen zu Beginn des 20. Jahrhunderts in England. Sie sind so zahlreich, dass sich 1913 eine eigene Dachorganisation dafür gründet.

In Italien gibt es zum selben Zeitpunkt nichts Vergleichbares. Der Radsport ist dem Fußball in der Anzahl seiner Unterstützer weit überlegen. Doch zum damaligen Zeitpunkt ist der Calcio nur eine Sportart unter vielen. Im Jahrzehnt zwischen 1880 und 1889 kommt der Fußball nach Italien. In den Häfen von Genua, Livorno, Neapel und Palermo laufen britische Seeleute und Offiziere während des Landganges dem Ball hinterher. Für eine nachhaltige Verbreitung des neuen Sports bei der einheimischen Bevölkerung sorgen sie aber (noch) nicht. 1886 muss man nach Turin, der Hauptstadt des neu gegründeten Königreiches Italien, gehen, um die ersten, unter der hiesigen Bevölkerung ausgetragenen, Spiele zu sehen. Im Jahr 1897 kehrt Edoardo Bosio aus Nottingham zurück, wo er in einem Textilgeschäft arbeitete. Neben einer Leidenschaft für den neuen Sport, hat er auch ein paar Lederbälle mit im Gepäck.

Zusammen mit einem britischen Kollegen in Turin gründet er 1891 den ersten Fußballverein Italiens: den International Football Club, ein Name, der sich aus der Herkunft seiner Spieler ergibt. Die italienischen Anhänger des neuen Sports sind Angehörige des gehobenen Bürgertums und teilweise sogar Mitglieder aristokratischer Kreise. Das Vereinigte Königreich, die Heimat des guten Geschmacks und der Mode, wird zum Vorbild und weckt in der italienischen Oberschicht eine unverkennbare Anglophilie. Aber auch der Einfluss eines anderen Landes spielt bei der Verbreitung des Fußballs eine große Rolle: die Schweizer Eidgenossenschaft, Vorreiter der Entwicklung dieses Sports auf dem

3 Bezüglich der Entwicklung des Football im viktorianischen England siehe auch: P. Dietschy, Trad. S. Campolongo, *Soria del calcio,* Edizioni Pagina Uno, Verano al Lambro 2016.

4 A. Mason, *Association Football and English society, 1863–1915,* Harvester Press, Brighton 1980, S. 159.

europäischen Kontinent. Dank der auf der italienischen Halbinsel ansässigen Handelsvertreter, dank der Botschaftsangehörigen und britischen Konsulatsmitarbeiter verbreitet sich der Fußball auch in anderen italienischen Städten.[5]

Da es noch wenige italienische Fußballspieler gibt, finden die ersten Begegnungen zwischen dem International Football Club und Vereinen mit englischen und Schweizer Spielern statt. Während Turnwettkämpfen indes gibt es auch Begegnungen zwischen italienischen Mannschaften. Etwa bei einem Turnier, das 1896 in Treviso ausgetragen wird. Mit zwei Siegen sichert sich die Mannschaft, aus der später Udinese Calcio hervorgeht, den Turniersieg. Ein Jahr zuvor hat dasselbe Team aus dem Friaul in Anwesenheit von König Umberto I. schon ein Match gegen Bologna absolviert.

Während jenseits des Ärmelkanals einzelne Begegnungen über 20.000 Zuschauer anlocken, kann der Fußball in Italien nur schwer Fuß fassen. Am 6. Jänner 1898 findet ein Spiel zwischen Genoa und dem Football Club Torinese in der ligurischen Hauptstadt vor gerade einmal 77 Zusehern statt. Die wirtschaftlichen und sozialen Rahmenbedingungen in der noch jungen Nation sind ganz andere als im Vereinigten Königreich. Im Gegensatz zu der Wirtschafts- und Kolonialmacht ist die italienische Halbinsel Ende des 19. Jahrhunderts noch sehr wenig industrialisiert. Die Bevölkerung lebt hauptsächlich von der Landwirtschaft. Armut, Unterernährung und Infektionskrankheiten sind weit verbreitet, die Lebensbedingungen der Arbeiterklasse sind miserabel. Erst am 7. Juli 1907 wird ein erstes Gesetz verabschiedet, das jedem Arbeiter einen obligaten Ruhetag, idealerweise am Sonntag, zugesteht.[6] Dies erklärt, warum die ersten Sympathisanten des Calcio in Italien der gehobenen Mittelschicht angehören, die de facto bereits so etwas wie Freizeit kennen. Zur selben Zeit haben die englischen Arbeiter nicht nur den Sonntag, sondern bereits auch den Samstagnachmittag frei. Ein Gesetz aus dem Jahr 1874 begrenzt die Arbeitszeit für den Samstag auf sechs Stunden. Zudem wächst der Lebensstandard der britischen Arbeiterklasse kontinuierlich zwischen 1870 und 1900.[7]

Das Frühjahr 1898 geht als tragische Zeit in die Geschichte Italiens ein. Über Wochen wird das Land von Protesten gegen die Erhöhung des Brotpreises erschüttert.[8] Die Regierung schafft es nicht, Herr der Lage zu werden und muss einen Teil der Reservearmee aktivieren, um den Aufstand niederzuschlagen. Die Soldaten machen dabei auch von den Waffen Gebrauch. Anfang Mai zählt man rund 100 Tote. Am 6. Mai erschießt die Polizei in Mailand zwei Arbeiter, die vor einer Fabrik Flugblätter verteilt haben. Daraufhin

5 A. Papa, G. Panico, *Storia sociale del calcio in Italia,* il Mulino, Bologna 1993, S. 33–58.

6 1869 erklärt ein Gesetz den Sonntag sowie einige kirchliche Festtage zu Feiertagen. Dies betrifft zunächst aber nur die Angestellten im öffentlichen Dienst und stellt noch keine verpflichtende Regelung für den Privatsektor dar.

7 W. Vamplew, *op. cit.,* S. 51.

8 Der Brotpreis verdoppelt sich zwischen Ende 1897 und Mai 1898.

wird ein Generalstreik angesetzt, Protestierende ziehen Richtung Zentrum und errichten Barrikaden. Am 7. Mai wird der Notstand in den Provinzen Lombardei, Emilia-Romagna und Apulien ausgerufen. Einen Tag später schlagen die Truppen von General Fiorenzo Bava Beccaris den Aufstand blutig nieder. 100 Tote und über 500 Verletzte sind die Folge. In diesem explosiven Kontext treffen in Turin, das bis dahin von den Protesten verschont blieb, vier Mannschaften am Stadtrand im Wettbewerb um einen silbernen Pokal aufeinander – das erste vom Fußballverband veranstaltete Turnier. Doch der Wettbewerb wird von der damaligen Presse weitestgehend ignoriert. Drei Mannschaften aus Turin, der International Football Club, der Football Club Torinese, die Società Ginnastica di Torino und Genoa treffen zunächst in zwei Halbfinalspielen aufeinander. Einige Stunden später treten die beiden siegreichen Mannschaften im Finale gegeneinander an. Am Ende kürt sich die Mannschaft aus Ligurien vor einer Hundertschaft an Zuschauern zum Sieger.

Die meisten Fußballklubs sind zu jener Zeit in Turin beheimatet, aber auch in anderen Städten des Nordens gibt es bereits Mannschaften. Das Siegerteam, der Genoa Cricket and Athletic Club, wird 1893 gegründet und ist ursprünglich ein Sportverein, dem nur in Genua wohnhafte Engländer beitreten können. 1897 eröffnet James Richardson Spensley, Arzt bei einer Reederei, zusammen mit den Schweizer Brüdern Pasteur schließlich eine Fußballsektion. Viele Turnvereine helfen bei der Verbreitung des neuen Sports und nehmen ihn enthusiastisch auf, wie etwa bei Udinese. Andere wieder reagieren sehr zurückhaltend. Der Turnverein Mediolanum (lateinisch für Mailand) beispielsweise schließt einige Mitglieder aus, weil sie den neuen Sport mit den Füßen betreiben. 1899 wird der Milan Football & Cricket Club (der heutige AC Milan) von einer Gruppe Mailänder Industrieller, zusammen mit englischen und Schweizer Spielern sowie ehemaligen Mitgliedern von Mediolanum aus der Taufe gehoben.

Zuschauermassen in Italien: Aus Unterstützern werden Fans

Im ersten Jahrzehnt des 20. Jahrhunderts entsteht so etwas wie eine Organisationsstruktur und dem Fußball gelingt es, sich langsam auszubreiten. Die Zahl der Mitglieder der FIF ist noch überschaubar. Fünf Mannschaften nehmen am Fußballturnier 1904 teil. Ein Jahr später wechselt der Sitz des Verbandes von Turin nach Mailand. Von da an liegt das Epizentrum des Fußballs in beiden Städten. 1908 sind von 52 offiziell registrierten Klubs 18 aus der Lombardei. Mehr als zwei Drittel aller Klubs kommen aus Ligurien, der Lombardei oder dem Piemont. 1909 wird aus der FIF die FIGC, die Federazione Italiana Giuoco Calcio. Der Verband gibt sich ein Statut, legt ein Reglement fest und führt ein System aus Auf- und Absteigern ein. Nichtsdestotrotz tut sich der Calcio noch schwer, die großen Zuschauermassen anzuziehen. Normalerweise verfolgen nur einige Hundert Zuschauer die Spiele. Am Rande eines Matches der Andrea Doria 1910 meint der Präsident der Mannschaft aus Genua: »Es kamen so wenige Zuschauer, dass es gar keines Ordnerdienstes beim Einlass bedurfte.«[9] Man muss das folgende Jahrzehnt und die ersten Spiele der Nationalmannschaft abwarten, um einen Zuschaueraufschwung zu erleben.[10] Auch die Presse bringt nun Berichte über die Fußballspiele und damit einhergehend auch über die ersten Ausschreitungen.

Die Nachkriegszeit des Ersten Weltkriegs ist in Italien von großen sozialen Unruhen gekennzeichnet. Obwohl man als Sieger hervorgeht, lassen sich die Expansionsbestrebungen des Landes nicht verwirklichen. Es herrscht nach wie vor ein starkes soziales Gefälle. Gewalt und revolutionäre Gedanken lassen die Elite des Landes erschrecken. 1922 kommt schließlich der Faschismus an die Macht. Die soziale Lage der Arbeiterklasse verbessert sich mit Einführung des Achtstundentages im Jahr 1923 und mit der Festlegung von sechs freien Arbeitstagen für die Arbeiter und zehn freien Tagen für die Angestellten drei Jahre später. Die Freizeitgestaltung entwickelt sich, Tanzsäle und Kinos werden eröffnet, erste Radioempfangsgeräte kommen in Umlauf. Der freie Arbeitstag erlaubt es der Arbeiterschaft, endlich den Fußballspielen beizuwohnen.

Zwischen 1920 und 1929 breitet sich der Fußball immer mehr aus und bald wird in allen größeren Provinzstädten mit dem Ball gekickt. Dabei treten reiche Industrielle als Finanziers auf. Das faschistische Regime gibt die Zusammenlegung mehrerer Vereine vor: Pro Stadt sind nur mehr ein, zwei Vereine erlaubt. In Rom gibt es 1922 beispielsweise acht Fußballklubs. Fünf Jahre später fusionieren Roman, die Fortitudo und Alba Roma zur Associazione Sportiva Roma, der heutigen AS Roma. In Bari gehen l'Ideale und Liberty 1928 unter dem neuen Namen Unione Sportiva Bari zusammen. Das Gleiche passiert überall in Italien. Damit will man nicht nur das Niveau des Fußballs heben, sondern auch Tumulten vorbeugen, die die ersten Derbys jener Jahre auch aufgrund der teilweise unterschiedlichen Klassenzugehörigkeit kennzeichnen.

Durch diesen Prozess wird die Identifikation mit dem jeweiligen Klub erleichtert. Der Fußballklub wird somit zum alleinigen Repräsentanten der Stadt, und das in einer noch jungen Nation, in der der Campanilismo (Lokalpatriotismus) seit jeher eine übergeordnete Rolle im Denken der Leute spielt. In Rom, Turin und Mailand gibt es jeweils

9 Erwähnt in R. Grozio *Catenaccio & Contropiede. Materiali e immaginari del football italiano,* Antonio Pellicani Editore, Rom 1990, S. 140.

10 Am 15. Mai 1910 findet das erste Länderspiel zwischen Italien und Frankreich vor 4000 Zuschauern statt. Die folgenden Länderspiele werden vor einer immer weiter wachsenden Zuschaueranzahl ausgetragen. Am 11. Jänner 1914 besuchen 15.000 Zuseher das Match Italien gegen Österreich.

zwei Teams, die um die Unterstützung der Zuschauer kämpfen. Das Derby wird somit zum wichtigsten sportlichen Ereignis.

Die Klubs als Symbol werden anfänglich ausschließlich von den Einwohnern ihrer jeweiligen Stadt unterstützt. Dies ändert sich, als Juventus zwischen 1930 und 1935 fünf Mal in Folge Meister und somit zu einem nationalen Phänomen wird. Zum ersten Mal begeistern sich auch Fans außerhalb Turins für Juventus.[11]

Die leidenschaftliche Unterstützung der Fans wurde von der Presse Ende 1920 mit dem Neologismus »Tifo« beschrieben.[12] Der Typhus (im Italienischen ebenfalls *tifo* geschrieben) ist eine Krankheit, die zu Beginn des 20. Jahrhunderts in Italien noch weit verbreitet ist und deren Symptome denen der Fans eines Fußballvereins ähnelten. Wie beim Fieber geraten sie in kurzer Zeit von himmelhoch jauchzend bis zu Tode betrübt. Aus dem Wort Tifo entstanden zwei weitere neue Wortschöpfungen: »Tifoso« als Bezeichnung für den Fan und »Tifoseria« für die gesamte Anhängerschaft des Vereins. Auf den Tribünen tauchen die ersten farbigen Transparente auf. Ein Zeitzeuge schildert, wie die Fans von Bologna am 23. März 1924 in Vercelli eine blau-rote Fahne zeigten.[13] Während der Siegeszüge nach den Spielen zeigen die Fußballanhänger erste Schilder: Zum einen wird der Gegner aufs Korn genommen, zum anderen wird dem eigenen Team gehuldigt. Sehr oft passiert dies durch eine naive Darstellung des klubeigenen Wappentiers oder eines Stadtsymbols.[14] Mitunter werden auch einige, meist kleine Fahnen in den Vereinsfarben geschwenkt.

Die erste Fanvereinigung, die es sich zum Ziel macht, die eigene Mannschaft zu unterstützen, war bereits 1922 in Salerno mit dem *Circolo Salernitana Fieri* aktiv.[15] Erst 1928 gründete sich der *Ordine del Galletto*, um die Mannschaft von Bari anzutreiben. Im Jahr 1930 tauchte *La Rumorosa* in Padua auf, ein Jahr später wurde der *Ordine del Marzocco* gegründet, um die Fiorentina zu unterstützen.[16] In der Hauptstadt Rom indes gibt es Anfang der 1930er-Jahre eine andere Art der organisierten Fanzusammenschlüsse: die sogenannten Paranze, »Vereinigungen ohne offiziellen Präsidenten, die sich um einen

11 Die drei populärsten Klubs des Landes sind Juventus, Inter und Milan. Die Siege der beiden Mailänder Teams im Europapokal der Landesmeister am 22. Mai 1963 und 27. Mai 1964 verstärken ihre Popularität landesweit. Laut einer Umfrage vom September 2014 drücken 29 % der italienischen Fußballfans Juventus die Daumen, 18 % Inter und 17 % Milan.

12 Das Wort *Tifo* wird Teil des Sprachgebrauchs, als es 1939 ins *Dizionario Moderno* von A. Panzini, Hoepli, Mailand 1905 (erste Ausgabe) aufgenommen wird.

13 Italio Vittorio Brusa, »*La grande giornata del Bologna*«, »La Stampa«, 24. März 1924, S. 2.

14 Das Publikum in Neapel zeigte während des Heimspiels gegen Bologna am 18. Februar 1934 ein Transparent mit einem Esel, dem Wappentier des Klubs, der Mortadella (eine Spezialität aus Bologna) verschlang. Siehe Giuseppe Pacileo, *La Soria del Napoli prima parte,* Florenz, Edizioni La casa dello sport, 1989, S. 132

15 Laut Recherchen der Associazione Macte Animo 1919, die Mitgliedskarten für den *Circolo* gefunden hat.

16 Abgesehen von *La Rumorosa,* die auch nach dem Krieg noch aktiv zu sein scheint, haben diese circoli meist nur eine kurze Lebensdauer. Siehe M. Candotti, C. Della Mea *Biancoscudo*, Edit Vallardi, Mailand 2009, S. 46.

Capo-popolo sammeln (...), die Mitglieder sind nicht eingeschrieben, aber fanatische Fans ihres Klubs, egal ob laziali oder romanisti.«[17]

Die Mitglieder der einzelnen Paranze treffen sich meist in einer Bar, die der Gruppe gleichzeitig als Vereinslokal dient. Der Capo-popolo gibt dabei die Marschrichtung vor.[18] In jenem Jahrzehnt gibt es noch wenige Transparente seitens der Fans, trotzdem schaffen sie es immer wieder in die Spielberichte oder auf die Fotos der Presse. Zum Beispiel beim Derby in Rom am 23. Oktober 1932, als die Mitglieder einer Paranza von Lazio ein Stück Stoff mit der Aufschrift »Forza Lazio« präsentieren.[19] Am 18. Februar 1934 sind es die Fans von Livorno, die in Florenz ein Transparent mit »Forza Livorno« zeigen.[20] In der darauffolgenden Saison zeigen die Fans beim gleichen Spiel: »Vorwärts Livorno, zieh die Jungfrau aus«,[21] ganz typisch für die sarkastische Rhetorik der damaligen Zeit. Das zehn Meter lange Spruchband landet schlussendlich auf den Titelseiten der italienischen Sportpresse.[22] Wie die Fotos von damals bezeugen, besteht die überwiegende Mehrheit der Zuschauer aus Männern, die jedoch kaum die Farben des eigenen Vereins tragen. Sie kommen mit Anzug und Hut ins Stadion, manchmal auch ohne Krawatte, was das einzig Originelle an ihrer Bekleidung darstellt. Es ist daher unmöglich, die Anhänger der beiden Mannschaften auf den Fotos voneinander zu unterscheiden.

In dieser Periode baut das faschistische Regime viele Sportstätten von Triest über Florenz und Livorno bis hinunter nach Palermo. Am 29. Mai 1927 sind anlässlich der Einweihung des Stadions Littoriale in Bologna rekordverdächtige 55.000 Zuschauer beim Länderspiel Italien gegen Spanien dabei. In der Saison 1929/30 nimmt die italienische Fußballmeisterschaft ihre heutige Form an.[23] Nach englischem Vorbild wird der Calcio in den folgenden Jahren zu einem modernen Sport: Die Spieler werden Profis, die Vereine entwickeln politische und finanzielle Interessen und die Massen füllen die Stadien. Die Arbeitsbedingungen der Arbeiterschaft verbessern sich und sorgen für mehr Präsenz der Unter- und Mittelschicht auf den Rängen. Mit Einführung der »faschistischen Samstage« im Jahr 1935 wird die Bevölkerung von der Nachmittagsarbeit befreit, um sich militärisch, politisch, kulturell oder sportlich zu betätigen.

Der Radsport ist zwar nach wie vor der beliebteste Sport im Land, zwei Ereignisse sichern dem Fußball aber endgültig einen Platz im Herzen der Italiener: Die Ausrichtung

17 P. L. Tagiuri, *A ventiquattr'ore dal cosidetto »derby« calcistico romano*, »Il Littoriale«, 22. Oktober 1923, S. 3

18 Siehe eben da, S. 3.

19 P. L. Tagiuri, *Il match tra azzurri e giallorossi allo stadio*, »Il Littoriale«, 24. Oktober 1932, S. 3.

20 Archivio Foto Lochs Firenze, 18. Februar 1934, Fiorentina-Livorno, 1934–3459.jpg.

21 Im Original: »Forza Livorno, spoglia la vergine«.

22 *La marcia continua*, »Il calcio illustrato«, 9. Jänner 1993, S. 1

23 Bis dahin wurde die Meisterschaft in zwei Gruppen gespielt. Im Zuge der Ligareform bilden die acht besten Mannschaften die sogenannte Serie A, die anderen Teams hingegen bilden die Serie B.

der Weltmeisterschaft 1934 im eigenen Land und die Erfolge der Nationalmannschaft, die die internationalen Turniere zwischen 1934 und 1938 dominiert. Zweimal gewinnt die Squadra Azzurra das WM-Finale, 1936 in Berlin sogar das olympische Fußballturnier. Die Faschisten instrumentalisieren diese Erfolge. Die Verbreitung des Radios sorgt dafür, dass das ganze Land die Erfolge der Nationalmannschaft verfolgen kann. Im Vorfeld des Zweiten Weltkrieges ist der Fußball eine Sportart, die im ganzen Land praktiziert und konsumiert wird. Auch der Ausbruch des Krieges ändert zunächst nichts daran, dass sich in der Meisterschaft weiterhin die besten Mannschaften des Landes duellieren. Am 19. April 1942 erleben 55.000 Zuschauer im Mailänder Stadion San Siro das Freundschaftsspiel Italien–Spanien, doch nur wenige Monate später wird Italien zum Ziel alliierter Luftangriffe. Das Stadion Ascarelli, die damalige Heimstätte von Napoli, wird im selben Jahr zerstört, 1944 wird das Stadion Filadelfia in Turin teilweise getroffen. Das industrielle Dreieck Mailand, Genua und Turin muss unter den Luftangriffen besonders stark leiden. Die Meisterschaft wird indes unabhängig davon vor vollen Rängen bis zum April 1943 weitergespielt. Die Landung der Alliierten auf Sizilien am 10. Juli und der Waffenstillstand vom 8. September desselben Jahres geben dem Krieg eine entscheidende Wendung, teilen das Land in zwei Teile und beschwören einen inneren Konflikt herauf. An eine nationale Meisterschaft ist ab diesem Zeitpunkt nicht mehr zu denken. Es finden nur noch regionale Wettbewerbe statt, sofern es die Umstände zulassen.

Einbindung der Fanklubs

In einem zerstörten Land beginnt die Meisterschaft im Herbst 1945 von Neuem. Die Begeisterung der Italiener für den Fußball ist trotz allem ungebrochen. Am Sonntag, den 14. Oktober 1945, bevölkern fast 110.000 Zuschauer die Stadien Norditaliens, um die ersten sieben Spiele der Serie A live mitzuerleben – 35.000 sind es alleine in Turin beim Derby zwischen Juventus und Torino.[24]

Schon Ende der 1920er-Jahre ist das Radio das beliebteste Medium, damit die Fans in den Bars die Auswärtsspiele ihrer Mannschaft verfolgen können. Das ändert sich nach dem Zweiten Weltkrieg nicht, auch wenn die Anschaffung eines Radiogerätes für den Großteil der Bevölkerung noch unerschwinglich ist.[25] Der Journalist Nicolò Carosio erreicht mit seinen Radioübertragungen jeden Sonntag Hunderttausende von Hörern. Die Bars

24 Die erste Hälfte der Meisterschaft wurde aus logistischen Gründen in zwei Gruppen gespielt, geteilt zwischen 14 Mannschaften im Norden und elf Mannschaften in der Mitte und dem Süden des Landes. Die vier besten Teams beider Gruppen trafen dann in einem Finalturnier aufeinander.

25 Die Anzahl der Radiogeräte verdoppelt sich im Zeitraum zwischen 1945 und 1951 und stieg auf 3,7 Millionen Geräte, die sich in Gebrauch befinden. Siehe auch F. Monteleone, *Storia della Radio e della Television in Italia,* Marsilio, Venedig 1992, S. 251.

werden zur zentralen Anlaufstelle der Fans. In Bergamo werden die Lokale »Anselmo« und »Excelsior« zum Mittelpunkt für Fans und Spieler der Atalanta.[26]

Obwohl die Begeisterung rund um den Fußball stetig wächst, zieht der Radsport nach wie vor immense Massen an. Laut der Sportpresse verfolgen am Sonntag, den 21. Oktober 1945, gut zwei Millionen Zuschauer entlang der 222 km langen Strecke den Giro di Lombardia.[27] Am selben Tag findet der zweite Spieltag in Norditalien statt. Über 30.000 sehen in der Arena Civica von Mailand das Spiel Milan–Juventus. Nach Spielende kann das Fußballpublikum dem Radrennfahrer Mario Ricci zujubeln, der die Radrundfahrt gewinnt und die Ziellinie im alten Stadion inmitten des Parco Sempione als Erster überquert.

Auf den Rängen entstehen immer mehr Arten des Fantums. Die Transparente werden mehr, sind aber noch immer nicht in großer Zahl vorhanden. Ähnliches gilt für Fahnen, die meistens nur für ein Erinnerungsfoto auf Auswärtsspielen gezeigt werden. Am 7. März 1948, vor einem Sieg bei Inter, lassen sich Fans von Sampdoria mit zwei Transparenten am Bahnhof fotografieren. Einer der Fans trägt dabei sogar einen Schal – ein Novum für die damalige Zeit.[28] Innovativ zeigen sich die enthusiastischen Fans von Napoli, als sie mit Rauchbomben und Knallkörpern hantieren. Die Sportpresse berichtet darüber und bringt die Neapolitaner auf die Titelseiten.[29] Die Stimmung in Stadien bleibt aber eher mau, das Publikum macht sich lediglich in den entscheidenden Spielszenen mit Applaus und simplen Sprechchören bemerkbar. Die gesungenen Slogans sind monoton und wiederholen meist nur den Namen der Mannschaft. Lediglich die Leistung des Schiedsrichters sorgt ab und zu für hitzige Gemüter. Ein Pfeifkonzert, Schimpftiraden oder Wurfgeschosse sind die Folge.

Auf Initiative von Vereinsfunktionären und Zeitungen bilden sich ab 1950 erste Fanklubs. In der Nachkriegszeit basteln die Fans der AS Roma erste Transparente mit dem Namen ihres jeweiligen Stadtviertels. Als Treffpunkte dienen Bars und Restaurants. Eine jener Bars ist die »Bar Montanari« gegenüber dem Kolosseum. Ihr Besitzer ist Memo Montanari, der im September 1950 zum Gründer des *Circolo Tifosi Giallorossi* und in kurzer Zeit Capo-popolo der Roma-Anhängerschaft wird. Eine seiner Hauptaufgaben wird das Organisieren der Auswärtsfahrten, meist mit dem Zug, die in der lokalen Presse angekündigt werden. Dabei beschränkt man sich nicht nur auf nahe Destinationen wie

26 R. Ravanelli, O. Franchioni, *Atalanta 80. 1907–1987,* Società editrice Sant' Alessandro, Bergamo 1988, S. 34.

27 G. Gardini, *Il trionfante Giro di Lombardia corso così: »Sempre un uomo solo in testa«,* »La Gazzetta dello Sport«, 22. Oktober 1945, S. 1.

28 G. Calcagno, L. Ghiglione, *Se deserte son le strade,* Edizioni Sportmedia, Genua 2016, S. 17.

29 G. Melilla, *»Piedigrotta« al cardiopalmo,* »Corriere dello Sport«, 20. November 1950, S. 1.

Neapel oder Bologna, sondern man fährt bis nach Triest.[30] Die Fanklubs der Roma wachsen sehr schnell, dabei profitieren sie von der Erfahrung, die man bereits mit den Paranze machte. Einige Wochen später entsteht die *Fiaccola Giallorossa*. Die Vereinsfunktionäre suchen sofort den Kontakt zu den neuen Klubs.[31] Auch der Abstieg der Mannschaft in die Serie B im Juni 1951 hat wenig Einfluss auf die Begeisterung der Fans rund um die AS Roma. Ganz im Gegenteil, die vielen Klubs, die nacheinander entstehen, schließen sich in der Dachorganisation *Associazione Tifosi Giallorossi Attilio Ferraris* zusammen. Einige der neuen Sektionen haben ein eigenes Klublokal, so zum Beispiel der Klub aus Esquilino, der aus mehreren Hundert Mitgliedern besteht, die jeweils einen Mitgliedsbeitrag von 100 Lire entrichten. Das Klublokal erlaubt den Mitgliedern, dort einen Großteil ihres sozialen Lebens zu verbringen. Karten- und Billardturniere werden veranstaltet.

Die Organisation bei der zweiten Mannschaft aus der Hauptstadt passiert auf andere Weise. Lazio-Präsident Remo Zenobi ist dort selbst daran beteiligt, die Fans zusammenzuführen. Der erste Lazio-Klub erblickt im September 1951 im Stadtteil Trionfale das Licht der Welt. Genauso wie die Klubs der Romanisti ziehen auch die Klubs von Lazio die fanatischsten Fans an und bieten ihnen eine Reihe von Aktivitäten. In diversen Stadtvierteln Roms, etwa Primavalle, Trastevere oder Esquilino, entstehen mehrere Lazio-Fanklubs. Diese schließen sich 1952 schlussendlich zum *Centro dei Circoli* zusammen. Den Vorsitz hat Romano Pontisso inne, der seine Aufgaben wie folgt zusammenfasst: »Unsere Aufgabe ist es, an den Sonntagen für den Tifo zu sorgen. Zum Beispiel mit Fahnen, die das Stadion in Himmelblau tauchen. Zudem wollen wir Treffpunkte schaffen, an denen sich unsere Fans, die ansonsten über die ganze Stadt verstreut sind, treffen können.«[32] Die Lazio-Klubführung stellt dem *Centro dei Circoli* im Vereinssitz an der Via Frattina einen eigenen Raum zur Verfügung.

In Turin wiederum gründen im Frühjahr 1951 rund zwanzig Jugendliche den *Gruppo Fedelissimi Granata,* um ihren Verein Torino zu unterstützen. Der Klubpräsident Ferruccio Novo greift ihnen seinerseits immer wieder unter die Arme, in dem er ihnen Gratistickets gibt. Diese wiederum verkaufen die Anhänger weiter, um Geld für ihre Aktivitäten zu sammeln. Ihr Name, »die Supertreuen«, fasst perfekt das Credo zusammen, das von der katholischen Kultur im Lande geprägt ist. Die *Fedelissimi* halten sich sehr lange und bilden in weiterer Folge über fünfzig Jahre einen Eckpfeiler der Tifoseria von Torino.

In Mailand muss man bis zum Jahr 1956 warten, bis sich sieben junge Fans von Inter unter dem Namen *Fedelissimi* (zwei Jahre später benennen sie sich in *Moschettieri* um)

30 Jim, *Il Mercoledì delle squadre romane,* »Corriere dello Sport«, 20. September 1950, S. 3.

31 Jim, *Il Mercoledì delle squadre romane,* »Corriere dello Sport«, 13. September 1950, S. 5.

32 M. Martucci, *Nobilità Ultras dal 1900,* Edizioni De Marco-Piscitelli, Rom 1996, S. 55.

zusammenschließen. Der erste Inter-Fanklub ist geboren. Nach und nach bilden sich im ganzen Land Fanklubs, die selbst gebastelte Transparente anfertigen, um die Tribünen der Stadien zu schmücken. Man trifft sich schon vor Spielbeginn in der Umgebung des Stadions, um dann während des Spiels seine Lieblinge mit Slogans anzufeuern. Der *Circolo Tifosi Giallorossi* lässt nach dem Spiel Roma-Napoli vom 19. November 1950 einen großen selbst gebastelten Ballon mit zwanzig roten und gelben Luftballons steigen, auf dem vier Slogans für das eigene Team angebracht sind.[33]

In den 1960er-Jahren kommt es zu tiefgreifenden Veränderungen im Land. Die Auswirkungen des Wirtschaftswunders, das 1958 beginnt, werden nun spürbar. Das Wachstum des BIP in diesem Zeitraum ist außergewöhnlich. Mehr Freizeit in Verbindung mit den sozioökonomischen Veränderungen führt zu einer wachsenden Zahl von Zuschauern in den Stadien. Der Fußball wird professioneller und zu einem Massenspektakel. Mit der Verbesserung der wirtschaftlichen Bedingungen entsteht eine Konsumgesellschaft. Das Land erfährt eine rasche Modernisierung, das Automobil wird für Jedermann verfügbar und verbreitet sich rasch. Neben dem Auto wird auch das Fernsehen populär und der Fußball hält Einzug in die Haushalte. Auch dadurch breitet sich die Fußballbegeisterung immer mehr aus. Überall entstehen neue Fanklubs, in den Stadtvierteln, an den Arbeitsplätzen und durch Arbeitsmigranten sogar über die regionalen Grenzen hinweg. Anfangs sind es nur die Spitzenteams, die sich zunehmender Unterstützung erfreuen dürfen. In weiterer Folge organisieren sich aber auch die Fans der kleineren Provinzteams: Am 17. November 1965 erblickt der *Sport Club AC Como* das Licht der Welt. In Bergamo entsteht auf Initiative eines Redakteurs der regionalen Tageszeitung *L'Eco di Bergamo* der Klub *Amici dell' Atalanta*. In einem Zeitungsartikel vom 10. März 1966 wird das Projekt genauer vorgestellt. In Udine wird der erste *Udinese Club* am 10. Oktober 1966 gegründet.

Diese Fanklubs haben alle ein Vereinslokal, das sich meistens in einer Bar oder einem Restaurant befindet. Oft findet sich dessen Name auf dem Transparent des Klubs wieder, wie im Fall des *Club Fedelissimi Bar Trieste*, der ab 1977 die Fans der Salernitana vereint. In diesen Vereinslokalen werden gemeinsame Essen und Feiern nach wichtigen Siegen veranstaltet, Spieler und Vereinsoffizielle werden zu Klubsitzungen eingeladen. Mitunter nutzen die Klubs die Lokale auch, um gewisse Feiertage zu begehen, wie der *Milan Club Legnano*, der 1972 das Dreikönigsfest feiert und kleine Geschenke an die Kinder der Vereinsmitglieder verteilt.[34] In den meisten Fällen sind die Klublokale mit einem Fernseher, einem Billardtisch oder Tischfußball ausgestattet. Es werden Turniere in Bridge, Scopa

33 *Scatta l'obiettivo per Roma-Napoli,* »Corriere dello Sport«, 21. November 1950, S. 4.

34 *Befana rossonera,* »Forza Milan«, *März 1972, S. 44.*

(Kartenspiel) und Schach abgehalten. Sogar Box- und Schwimmwettbewerbe werden organisiert.[35] Vereinzelt verfügen die Klubs auch über eine eigene Fußballmannschaft wie zum Beispiel der *Little Club Genoa*, dessen Mannschaft an Amateurbewerben teilnimmt. Die Aktivitäten der Fanorganisation gehen über den Fußball hinaus und die Lokale werden zu sozialen Treffpunkten vor allem für die Männer. Damit wird eine typisch italienische Vereinstradition weitergeführt, die im Allgemeinen einen lokalen, religiösen oder politischen Charakter aufweist. Sehr rasch werden solche Klubs auch im Ausland gegründet. Die Einwanderer können sich dort mit Landsleuten treffen und mit ihnen die Leidenschaft für den jeweiligen Verein teilen, so zum Beispiel im fernen Australien, wo am 7. Februar 1966 in Perth der *Victoria Park Viola Club* entsteht.[36]

Von den Dachorganisationen der Fanklubs zu den Jugendsektionen

Die Fanklubs profitieren vom beispiellosen Wirtschaftswachstum und wachsen exponentiell. Um die Arbeit der verschiedenen Klubs, die nacheinander entstehen, besser zu koordinieren, werden Strukturen geschaffen, die die Zusammenführung der Klubs und ihrer Verantwortlichen erleichtern. Diese Art der Zusammenarbeit gibt es in der Hauptstadt Rom bereits. Was allerdings die AS Roma anbelangt, so lösen sich die meisten Klubs der Dachorganisation *Attilio Ferraris* Ende der 1950er auf, nachdem in ihren Reihen illegale Wetten und Glücksspiel aufgeflogen sind. In Mailand wiederum gelingt es dem neuen Trainer Helenio Herrera den Inter-Präsidenten Angelo Moratti von der wichtigen Rolle zu überzeugen, die die Tifoseria spielen wird. Dem Argentinier geht es dabei vor allem um die emotionale Unterstützung, die das Publikum der Mannschaft innerhalb des Stadions geben kann. Die Stimmung soll die Spieler zum Sieg treiben. Vor Beginn der Saison 1960/61 treffen Moratti und Herrera die Verantwortlichen der *Moschettieri*, dem damals einzigen aktiven Klub. Im September wird das *Centro Coordinamento Inter Club* aus der Taufe gehoben, um ein Netzwerk zu bilden, das die Mannschaft bei Heim- und Auswärtsspielen unterstützen soll. Im Prinzip geht es dabei um die Erschaffung einer Organisation mit einem Vereinssitz, deren Mitglieder eine Reihe von Privilegien gegenüber den normalen Zuschauern genießen. Es gibt günstigere Eintrittskarten und Vorkaufsrechte, eine finanzielle Unterstützung durch den Verein und eine ab 1961 herausgegebene Fanzeitschrift. Die Effektivität dieses neuen Netzwerkes zeigt sich während

35 Club Fedelissimi Antica Salerno, *Trent' anni*, Salerno, im Eigenverlag, 2007, S. 23–24.

36 *Un club in Australia*, »Alè Fiorentina«, März 1966, S. 27.

des Finales um den Cup der Landesmeister am 27. Mai 1964 in Wien, als sich Inter und Real Madrid gegenüberstehen. An jenem Tag wird Inter von fast 25.000 Fans unterstützt, die durch die Organisation der *Inter Clubs*[37] den Weg in die österreichische Hauptstadt finden. Ihre Anwesenheit bleibt natürlich nicht unentdeckt, wie ein Journalist festhält: »Sie schwenkten Hunderte von blau-schwarzen Fahnen. Es gab eine Reihe von Transparenten ... die die Herkunft der Tifosi verrieten: *Corridana Inter Club*, *Mariano Comense*, *Vespolate Interista*, *Inter Club Torino*.«[38]

Im Laufe der 1960er-Jahre lassen sich die Funktionäre der anderen Vereine von dieser Initiative inspirieren. In Florenz beispielsweise nimmt im Frühjahr 1965 das *Centro Coordinamento Viola Club* seine Aktivitäten auf. Der Erfolg lässt nicht lange auf sich warten. Sechs Monate nach seiner Gründung sind schon 83 Klubs aktiv.[39] Achtzehn Monate später wiederum vereinigen sich unter ihrem Dach bereits 184 Viola Klubs. Diese Koordinierungsstellen spielen eine wichtige Rolle und mit Zustimmung der Vereinsbosse schaffen sie ein echtes Netzwerk in der Stadt, in der Provinz, aber auch in der Region und manchmal sogar im Ausland. In den Statuten der *Associazione Italiana Milan Clubs*, die am 7. Jänner 1967 gegründet wird, heißt es im ersten Artikel, dass das Ziel darin besteht, »die Milan-Klubs so gut wie möglich zu organisieren und zu entwickeln, um die größte Anzahl von Fans in San Siro und auswärts dabei zu haben.«[40] Darüber hinaus verteilen diese Klubs einen Teil der Eintrittskarten für die Heimspiele und organisieren Reisen zur Unterstützung ihrer Mannschaft. Nichtmitglieder kommen nicht in den Genuss des privilegierten Kartenvorverkaufs. Die Klubs sind somit eine echte Vermittlungsebene zwischen den Tifosi und der Vereinsführung.

Während das Phänomen der Fanklubs auf der gesamten Halbinsel deutlich zunimmt, stechen einige dieser Gruppen besonders hervor. Ihre Mitglieder sind oft sehr jung und tragen ihre Farben auffällig zur Schau. Sie beklagen den mangelnden Enthusiasmus und die passive Unterstützung durch andere Klubs. Schon bald schließen sich ihnen Tifosi an, die ihre Lieblinge auf aktivere Weise unterstützen wollen. Sie rüsten sich mit Topfdeckeln, Kanistern, Schraubenkästen, Tröten und Fahnen in allen Größen aus, um ihr Team zum Sieg zu führen. Aus ihren Reihen werden häufiger als sonst Slogans gerufen. Um die Stimmung zu koordinieren, werden Megaphone und Basstrommeln eingesetzt, Instrumente, die unverzichtbar sind, um einen Teil der Tribüne in bestimmten Momenten des Spiels hinter sich zu versammeln. In der Toskana ziehen die die 1965 gegründeten *Viola Club*

37 40 Autobusse, zwei Sonderzüge und zwölf Chartermaschinen starten in Mailand. Siehe T. Sansa, *Entusiasmo dei tifosi per le vie di Vienna,* »La Stampa«, 28. Mai 1964, S. 9.

38 T. Sansa, *Euforia nello spogliatoio italiano,* »La Stampa«, 28. Mai 1964, S. 11.

39 Quota 83, »Alè Fiorentina«, November 1965, S. 28.

40 *Statut Associazione Italiana Milan Clubs,* 18. April 1967, S. 1.

Vieusseux, Giovani Viola und *Sette Bello* die eifrigsten Anhänger der Fiorentina an. In Pisa sind die *Pirati* bedingungslose Unterstützer ihre Mannschaft in der Curva Sud, und in Verona versammeln sie sich hinter dem Banner *Club I 4 Fedelissimi.* Die »Treuen« sind kompromisslosesten Anhänger von Hellas Verona, ihr Name wurde von einem der Fanklubs von Torino übernommen und von Gruppen auf der ganzen Halbinsel, von Messina bis Genua, über Siena und Mailand verwendet. In einer Zeit, in der Italien eine religiöse Krise erlebt, verstehen sich nun die Fußballfans als »Fedelissimi«. Dies kann als eine Übergabe des Staffelstabes von der Kirche an das Stadion gesehen werden. Religiosität ist ab dieser Zeit mit dem Fußball verbunden, ein neuer heidnischer Tempel mit seinen zu verehrenden Götzen, den besten Spielern, seinem Kult, der Mannschaft und seinem Chor, den Tifosi.

Die Änderung der wirtschaftlichen Rahmenbedingungen macht sich in allen Lebensbereichen bemerkbar und betrifft vor allem die Jugendlichen. Erstmals hat sich eine echte Altersgruppe gebildet, die durch dieselbe Kultur, Musik, Kleidung und Freizeitgestaltung verbunden ist. Diese jungen Menschen verfügen über Kaufkraft und sogar über eine gewisse wirtschaftliche Unabhängigkeit und Freizeit. Zu dieser Zeit behaupten sie sich als wichtige Akteure in der italienischen Gesellschaft und ihre Präsenz in den Stadien nimmt zu. Eine Verjüngung des Publikums findet zum einen aus wirtschaftlichen Gründen statt, da die meisten Klubmanager die Jugendlichen mit Preisnachlässen zum Besuch der Stadien animieren, zum anderen aus sozialen Gründen, da sich die Jugendlichen von der Generation ihrer Eltern abnabeln und mit Gleichgesinnten treffen wollen. Die jungen Tifosi, die von ihren Vätern in den Ritus des Fußballspiels eingeweiht werden, lösen sich im Teenageralter von dieser Bevormundung und versammeln sich unter Gleichaltrigen, um ihre Lieblinge zu unterstützen. In einer konservativen Gesellschaft wie Italien wird der Stadionbesuch unter Gleichaltrigen von den Eltern positiv gesehen, die im Fußball ein Modell des familiären Konsums ausmachen, weit entfernt von der rebellischen Intensität der urbanen Subkulturen, die zur gleichen Zeit in Großbritannien entstehen, wie die Teddy Boys, Mods oder Rocker.

Doch die italienische Jugend verändert die Art und Weise, wie sie ein Fußballspiel erlebt. Die Jugendlichen geben sich nicht mehr mit der fast schüchternen Atmosphäre in den Stadien zufrieden und investieren in diese neue Sache: Aktivismus zugunsten ihren Lieblingsvereins.

Die Ursprünge der Ultraskultur

Die Meisterschaft 1968/69 hat gerade begonnen, als sich einige Mitglieder des *Milan Club I tuoi Fedelissimi* durch ihr übermütiges Verhalten einen Namen machen. In der Bar der Via Savona, wo sie sich aufhalten, fallen diese jungen Leute unter den älteren und vor allem ruhigeren Tifosi auf. Sie beschließen sich für einen neuen Namen zu entscheiden. Sie zögern zwischen *Brigate, Commandos, Clan* und *Tigre* und entscheiden sich schlussendlich dazu, darüber abzustimmen. Am Ende wird *Commandos Clan* als Kompromiss vor *Commandos Tigre* gewählt, zumal es billiger ist, ein Transparent mit einem Buchstaben weniger zu machen.[41] Innerhalb kürzester Zeit wird das Banner auf fünfzehn Metern rot-schwarzem Stoff hergestellt. Die Gründung der Gruppe wird nicht offiziell gemacht, da sie von gewissen Vertretern der *Associazione Italiana Milan Club* missbilligt wird. Sie bleiben in der Nähe des *Milan Club Fedelissimi,* mit dem sie sich die gleichen Räumlichkeiten in der Via Savona teilen. Die meisten dieser jungen Männer leben im Arbeiterviertel Giambellino und sind es gewohnt, in einem Corteo (Marsch)zum Mailänder Stadion zu gehen, wo sie den ersten Rang der Curva Nord belegen. Auf der Gegengerade des Stadion San Siro gibt es eine zweite Jugendgruppe. Ihre Mitglieder, die zum Teil aus dem *Milan Club Porta Romana* hervorgegangen sind, unterscheiden sich von anderen Mailänder Fans, da sie über ein Gerät mit Hupen verfügen und durch ihr demonstratives Auftreten auffallen. Die Rampe 18, auf der sie Platz nehmen, wird so zum Sammelpunkt für junge Tifosi, die sich in der Saison 1967/1968 Gehör verschaffen wollen. Die meisten von ihnen tragen Trikots mit rot-schwarzen Streifen. Sie beleben diesen Teil des Stadions mit Fahnen und Konfettibeuteln. Bei jedem Spiel kommen neue Elemente hinzu. Im Frühjahr 1968 beschließen diese Fans, ihre Gruppierung unter dem Namen *Fossa dei Leoni* (»Löwengrube«) zu formalisieren. Erst im Herbst 1969 zeigen sie ihr erstes Banner. Es ist ein halbes Dutzend Meter lang und trägt die Aufschrift *Fossa dei Leoni Rampa 18.*[42]

Die Saison 1968/69 wird für den AC Milan zum Triumphzug: Am 28. Mai 1969 gewinnt man das Finale des Europacups der Landesmeister in Madrid. Während des Spiels jedoch reißen Fans von Ajax Amsterdam einen Teil der Fahne des *Commandos Clan* an sich. Auf dem zurückgebliebenen Stück ist nur mehr das Wort *Commandos* zu lesen. Auch aufgrund dessen wählen die Tifosi zu Beginn der anstehenden Saison 1969/70 einen neuen Namen: *Commandos Tigre.*[43] Die Größe ihres Banners, die verwendeten Grafiken und ihre strategische Position hinter dem Tor verschaffen ihnen eine noch nie dagewesene Sichtbarkeit im Stadion. Beide Gruppen sind anders als ihre Vorgänger: wegen ihres Namens, ihrer Art, das Fußballspiel zu leben, aber vor allem, weil sie nicht den Standards der Fanklubs entsprechen. Dabei handelt es sich aber nicht um ein kurzes Strohfeuer der Jugend, sondern die *Fossa dei Leoni* und die *Commandos Tigre* entwickeln allmählich eine Reihe von eigenen Merkmalen. Mit diesem semantischen Bruch wird

41 Interview mit Stefano Salvini, Gründungsmitglied des *Commandos Clan,* geführt am 10. April 2017 in Mailand.

42 Collectif »Curva Sud Milano«, Noi. Curva Sud Milano, Rozzano, 2021, S. 27.

43 Interview mit Stefano Salvini, Gründungsmitglied des *Commandos Clan,* geführt am 10. April 2017 in Mailand.

der Beginn eines tiefgreifenden Wandels markiert, der allmählich von den Tifosi zu den Ultras-Pionieren führt.

In anderen Städten hingegen werden Jugendabteilungen innerhalb bereits bestehender Fanklubs gegründet: In Florenz ist dies beim *Viola Club Sette Bello* der Fall, der 1969 die *Sette Bello Junior* gründet, während sich in Turin im selben Jahr die Jugendlichen der *Fedelissimi Granata* in den *Commandos Fedelissimi* zusammenfinden. Die *Fedelissimi Sampdoriani*, die seit 1961 aktiv sind, zeigen sich hinter den Fahnen der *Giovani dei Fedelissimi* und ab der Saison 1967/68 bei den *Commandos dei Fedelissimi.* Manchmal gründen diese Jungen auch nach einem Streit mit einem älteren Klubvertreter ihren eigenen Fanklub. Zum Beispiel in Mailand, wo der Streit zwischen dem Präsidenten des *Inter Club Fossati* und einigen jüngeren Mitgliedern nach einer Auswärtsfahrt nach Bologna am 26. Januar 1969 eskaliert.[44] Letztere entschließen sich deshalb im Jänner 1970 den *Inter Club 11 Assi* zu gründen, dem sie bald darauf den Zusatz *Boys – Le Furie Nerazzurre* verpassen.[45] In Verona wird am 30. November 1971 der *Calcio Club Verona Brigate Gialloblu* in Anwesenheit des Präsidenten Saverio Garonzi offiziell eingeweiht.

Diese neu entstehenden Klubs, die für eine neue Art des Tifo sorgen, sind meist offiziell und in Kontakt zu den *Centri di Coordinamento.* Letzte wiederum halten die jugendlichen Klubs für problematisch, wissen zeitgleich aber auch, dass sie zu den Treuesten gehören. Dies beweist ein Artikel aus der offiziellen Milan-Vereinszeitschrift von 1972, in dem über die *Commandos Tigre* geschrieben wird: »Das ist DER Milan-Klub schlechthin. Sie haben noch nie ein Spiel ihrer Mannschaft verpasst und sind bereit alles zu tun, um ihren Verein, den AC Milan, bei allen Gelegenheiten zu unterstützen.«[46] Die neuen Fanklubs entstehen zwischen 1967 und 1971. In einer Periode, die in Italien wie in der restlichen Welt für jugendliche Emanzipation in den Stadien und allen anderen Lebensbereichen steht.

In Genua treffen sich in der Saison 1969/70 einige jugendliche Tifosi der Sampdoria auf der Gradinata Sud. Sie nennen ihre Gruppe *Ultras.* Ein genaues Gründungsdatum ist nicht überliefert. Wie ihre Gleichgesinnten bei Inter geben sie das Jahr 1969 als Jahr der Gründung an,[47] wahrscheinlicher ist aber 1970. Sicher ist indes, dass in beiden Fällen die ersten Transparente erst nach dem angeblichen Gründungsjahr auftauchen.

44 Collectif »Curva Nord Milano 1969«, Da cinquant'anni uniti, fieri, mai domi, Cusano Milanino, 2019, p. 12

45 Die Gruppe ändert ihren Namen in der Saison 1978/79 erneut: Der Schriftzug *Le Furie Nerazzurre* verschwindet und wird auf Betreiben von rechtsradikalen Elementen der Gruppe durch *SAN* ersetzt. *SAN* steht für *Square d'Azione Neroazzurre*, und ist angelehnt an neofaschistische Aktivisten, die Mailand zwischen 1971 und 1974 unter dem Pseudonym Sam (Squadre d'Azione Mussolini) terrorisierten. So entstehen die *Boys SAN.* Siehe auch Curva Nord, *Curva Nord, (s. l.), (c. a. 2003), S. 31.*

46 *I »Commandos«: tifosi d'assalto!,* »Forza Milan«, Oktober 1972, S. 58.

47 Interview mit Claudio Bosotin, Gründungsmitglied der *Ultras Tito Cucchiaroni,* geführt am 8. Februar 2016 in Genua.

Ein Gründungsmitglied der *Ultras Tito*, Walter Patrone, berichtet, dass der Begriff *Ultra* (ohne »s« am Ende) zur Bezeichnung von politischen Extremisten verwendet wurde. Um sich von diesen zu unterscheiden, fügen sie hinten noch ein »s« dazu, was sie zu *Ultras*[48] macht. Abgesehen davon ist »s« der Anfangsbuchstabe von Sampdoria. Damit wird man zur ersten Gruppe auf der Halbinsel mit dem Namen *Ultras.*[49]

Nach und nach erwerben sie Trommeln, Fahnen und ein zwölf Meter langes Transparent mit der Aufschrift *Gli Ultras di S. Alberto.* Das Banner wurde 1971 zum ersten Mal gezeigt und von der Mutter eines der Gründer, der im Stadtteil Sestri Ponente lebte, angefertigt. In der Via Sant'Alberto lebten einige Gruppenmitglieder. 1973 übernehmen sie die Klubräumlichkeiten namens *Cinque Terre Junior* des *Sampdoria Club Tito Cucchiaroni*, der seine Aktivitäten zuvor eingestellt hat (Cucchiaroni war ein großer argentinischer Spieler der Vergangenheit). Die junge Gruppierung beschließt sich deshalb in *Ultras Tito Cucchiaroni* umzubenennen.

Sehr schnell wird die Urheberschaft des Begriffs Ultras von den *Ultras Granata* aus Turin angefochten, die ihrerseits wiederum aus den *Commandos Fedelissimi* hervorgegangen sind.

Nach der Heimniederlage von Torino gegen Vicenza am 28. Februar 1971, die das Heimpublikum auf die Parteilichkeit des Schiedsrichters zurückführt, wird dieser von mehreren wütenden Tifosi bis zum Flughafen verfolgt. In den folgenden Tagen bezeichnet der Journalist Davide Messina der Tageszeitung *La Stampa* diese eingefleischten Torino-Anhänger in zwei Artikeln zu den Vorfällen als »Ultras«.[50] Auch die Mitglieder der *Commandos Fedelissimi* waren daran beteiligt. Sie beschließen daraufhin, den neuen Namen anzunehmen: »Irgendwann schien der Name *Fedelissimi* nicht mehr auszureichen und wurde durch *Commandos, Tupamaros* und *Fedayn* ersetzt (bevor wir uns *Ultras* nannten, haben wir den Namen öfters geändert).«[51] Es dauert bis zum Frühjahr 1974, als sich im Zuge einer Auseinandersetzung zwischen älteren Mitgliedern der *Fedelissimi Granata* und jüngeren Mitgliedern letztere abspalten und den *Maratona Club Torino – Ultras Granata* gründen.[52]

Bereits in den 1960er-Jahren wird in der italienischen Presse mehrfach der Begriff »Ultras« für exzessive Fans verwendet.[53] Als der argentinische Trainer Juan Carlos Lorenzo

48 Interview mit Walter Patrone, Gründungsmitglieder der *Ultras Tito Cucchiaroni,* geführt am 8. Februar 2016 in Genua.

49 Es gibt immer wieder das Gerücht, *Ultras* stehe für: »Uniti Legeremo Tutti i Rossoblu A Sangue« -> Gemeinsam hauen wir alle Rossoblu (gemeint sind die Fans von Genoa) ins Blut. Für diese These gibt es aber keinerlei Beweise.

50 D. Messina, *Il Torino pagherà cara la brasatura degli ultras,* »La Stampa Sera«, 3. März 1971 S. 8.

51 D. Segre, *Ragazzi di stadio,* Gabriele Mazzotta, Turin 1979, S. 21.

52 Luca Ghiringhelli, La nostra storia è gia leggenda!, S. Andra di Conza, Urbone Publishing, 2022, p. 115.

53 Anfänglich wurde dieser Begriff in den italienischen Zeitungen in Zusammenhang mit den Ultras des Algerienkrieges zwischen 1954 und 1962 gebraucht.

1964 von Lazio zu Roma wechselt, bezeichnet ein Journalist des *Corriere della Sera* die Lazio-Fans, die sich über den Wechsel aufregen, als »Ultras des blau-weißen Tifos«.[54]

Am 16. Oktober 1966 verwendet ein anderer Kolumnist denselben Begriff nach den Vorfällen in der Begegnung zwischen dem AC Milan und Lazio. Die Fans aus der Lombardei nehmen dabei den Schiedsrichter ins Visier. Der Chronist spricht von den »unverbesserlichen Ultras«.[55] Dieser Begriff besitzt nicht nur eine negative Konnotation, um die Abweichungen eines Teils des Publikums zu bezeichnen. Anlässlich eines Freundschaftsspiels zwischen Roma und Slavia Sofia am 21. Februar 1971 wird in einem Zeitungsartikel erwähnt, dass sich unter den 5111 zahlenden Zuschauern eine Gruppe von Ultras in der Curva Sud zusammengefunden hat, um von dort aus ihre Mannschaft zu unterstützen.[56] Die Aneignung dieses Wortes durch die Hardcore-Anhänger markierte jedoch in den 1970er-Jahren einen Wendepunkt.

Die Gründungsjahre

In Italien wird der Fußball in den späten 1960er-Jahren zu einem wichtigen Bestandteil der Gesellschaft. Als die Wirtschaft wächst, verbessern sich auch die Leistungen der Teams. Die Zuschauerzahlen bei den Spielen der Serie A sind so hoch wie noch nie. Die Leidenschaft für den Fußball verbreitet sich auf der ganzen Halbinsel, wie die Jubelszenen nach dem Gewinn der Europameisterschaft 1968 zeigen. Dasselbe gilt für den Halbfinalsieg Italiens gegen Deutschland bei der Fußballweltmeisterschaft am 17. Juni 1970. Millionen von Italienern feiern auf den Straßen. Einige greifen sogar deutsche Touristen an, deren Autos beschädigt werden. Vor dem Finale spielen sich ähnliche Szenen vor der brasilianischen Botschaft ab. Ein feindseliger Mob skandiert Schmähgesänge jeglicher Art. Nach der Niederlage Italiens werden an den Bäumen vor der Botschaft Schaufensterpuppen aufgehängt, die Pelé, den Star des brasilianischen Teams, darstellen sollen.[57] In den Stadien schlägt sich dieser Enthusiasmus in einer Vielzahl neuer Klubs der jungen Fangeneration nieder. Die Namen klingen dabei oft sehr kriegerisch, meist ähneln sie sich jedoch stark.[58]

Der Begriff »Commandos« wird zum ersten Mal in der Hauptstadt Rom verwendet. Während des Matches zwischen Lazio und Palermo am 14. November 1971 präsentieren einige Jugendliche ein zweiundzwanzig Meter langes Transparent mit dem Schriftzug

54 A. Ghirelli, *Lorenzo: »Aspettavo l'invito della Roma«,* »Corriere della Sera«, 24. Juni 1964, S. 15.

55 M. De Grandis, *Finimondo a San Siro,* »Paese Sera«, Sportbeilage, 17. Oktober 1966, S. 7.

56 M. Lo Jacobo, Amarildo, punizioni capolavoro, »Corriere dello Sport«, 22. Februar 1971, S. 1.

57 G. Panico, A. Papa, siehe oben, S. 324–328.

58 Zweck der jungen Fanklubs ist, sich von den alteingesessen Fanklubs abzugrenzen, dabei aber dem Modell der ersten Ultras-Gruppen treu bleiben.

Commandos Monteverde Lazio. Am 12. Dezember entscheiden sich sieben junge Fans aus Bergamo auf der Rückfahrt vom Auswärtsspiel in Verona, sich in Zukunft hinter dem Transparent *Atalanta Commandos* zusammenzuschließen. Am 9. Jänner 1972 feiert das neue Transparent sein Debüt im Spiel Atalanta–Bologna. Im September gründen einige Jugendliche aus bürgerlichen Vierteln der Hauptstadt und Fans der Roma *I Boys – Le Furie Giallorosse,* und orientieren sich damit an ihren Vorgängern bei Inter. Andere wiederum gründen die *Commandos Lupi.* Durch den Aufstieg von Genoa in die Serie A, im Juni 1973, entsteht die *Fossa dei Grifoni,* nach Vorbild der *Fossa dei Leoni* bei Milan, die bereits seit fünf Jahren aktiv ist. In der Hauptstadt des Piemont bilden junge Fans von Juventus während der Saison 1974/75 die *Fossa dei Campioni,* um den Rekordmeister unterstützen zu können.

Dieses Phänomen beschränkt sich aber nicht nur auf die großen Mannschaften und die Metropolen des Landes, sondern verlagert sich im Laufe der Zeit auch immer mehr in die kleinen Städte, zum Beispiel nach Modena. Der dortige Klub spielt damals in der Serie C. Die *Boys* werden auf Initiative von zwanzig großteils minderjährigen Jugendlichen gegründet und tauchen das erste Mal im August 1972 auf. In Livorno hängt das Transparent des *Livorno Boys Club* erstmals im Jahr 1974.

Der Süden des Landes ist bei dieser Entwicklung etwas später dran. In Neapel, der größten Metropole am Mittelmeer, gründen sich die *Ultras* auf Initiative einiger Jugendlicher aus dem Viertel Rione Sanità. Als Gründungsjahr geben sie 1972 an, viel richtiger ist aber wohl die Saison 1974/75. Man braucht nur die zweite Hälfte der 1970er abwarten, um zu sehen, wie sich das Phänomen im ganzen Süden der Halbinsel ausbreitet. Die *Ultras Bari* geben an, seit 1976 aktiv zu sein, werden aber erst am 2. Mai 1978 auf einer Feier mit offiziellen Vereinsvertretern gegründet.[59] In Catanzaro schließen sich die *Aquile Selvagge* in der Saison 1977/1978 mit den *Ultras Palanca* zusammen. Diese beiden Gruppen fusionieren und gründen die *Ultras,* als der Verein aus Kalabrien in die Serie A aufsteigt. Die Gruppe verweist später auf das Jahr 1973 als Ausgangspunkt für ihre Aktivitäten, obwohl es sich dabei um die Anfänge der *Aquile Selvagge* handelte. Wie andere vor ihnen wollen sie Kontinuität vermitteln und ihr vermeintliches Alter ist für ihre Dialektik von entscheidender Bedeutung. Mit dem Ziel, sich gegenüber den Rivalen durchzusetzen und als Pioniere einer Kultur zu behaupten, und zwar sowohl auf lokaler, regionaler als auch nationaler Ebene.

Weiters entstehen neue Gruppen in Städten, in denen die Ultras-Bewegung schon Fuß gefasst hat. In Bergamo zum Beispiel erblicken die *Atalanta Panthers* am 3. September 1973 das Licht der Welt und schließen sich den *Atalanta Commandos* in der Curva

59 A. A. Centrone, L. Carella, *Ultras,* selbstproduziert 2009, S. 9.

Nord an. Einige Gruppen haben nur eine kurze Lebensdauer und verschwinden schon nach ein paar Monaten oder Jahren wieder. Anderen wiederum gelingt es, immer mehr Jugendliche zu begeistern und eine solide Struktur aufzubauen.

Das Stadion wird so zu einem Sammelpunkt, zu einem Ort, um einen Teil der städtischen Jugend zusammenzubringen. Nach dem Vorbild der Demonstrationen an den Universitäten und der Straßenschlachten zwischen den politischen Gruppierungen verwechseln die Ultras militantes Engagement mit dem Glauben an ihre Mannschaft und bedienen sich einer politisch-militärischen Rhetorik: Brigate, Commandos und natürlich Ultras. Ein Begriff, der sich in der Presse bis 1975 meist auf Extremisten einer – meist politischen – Sache bezieht. Diese neuen Aktivisten unterstützen ihre Fußballmannschaft, auf eine Art und Weise, die die Tifosi-Klubs in den vorhergehenden zwanzig Jahren entwickelt haben und sich doch durch eine Reihe von Merkmalen von den Älteren unterscheidet. Ob es nun die Jugend ist, die Identifikation mit dem Territorium, das ihre Tribüne repräsentiert, die Fahnen mit den kriegerischen Namen, die im Vergleich zu den älteren Klubs völlig originelle Kleidung oder der Wunsch, das Spiel aktiver verfolgen.

In der zweiten Hälfte der 1970er-Jahre verschmelzen die Organisation dieser Gruppen und ihr Einfluss auf einen Sektor mit dem Platz, den sie im Stadion einnehmen. Darüber hinaus treten neben den Pionieren weitere Fanklubs auf, die häufig aus bereits bestehenden Fangruppen hervorgehen. Angesichts der Vervielfachung der Gruppen schließen sich einige zu größeren Einheiten zusammen, die über ein solides Fundament und Erfahrung in diesem Bereich verfügen. Die *Forever Ultras* von Bologna entstehen 1974 (sie gehen aus den *Brigate Rossoblu* und den *Bologna Commandos* hervor), die *Brigate Rossonere* des AC Milan im Jahr 1975 (aus der Vereinigung der *Ultras* und *Cava del Demonio*), 1976 die *GABA* von Lazio (*Gruppi Associati Biancazzurri*, die die *Brigate San Giovanni, Ultras, Nuclei Armati Biancazzurri, Tupamaros, Vigilantes, Folgore, Commandos Aquile San Basilio Talenti, Brigate Biancazzure, Aquile Boccea, Boys* und die *Brigate Portuense* unter einem Banner zusammenführen). Die *GABA* schließen sich 1978 den *Eagles Supporters* an. Das gleiche passiert beim *Commando Ultrà Curva Sud* der Roma, das am 9. Januar 1977 gegründet wird, nachdem sich die *Brigate Giallorosse, Fossa dei Lupi, Guerriglieri, Panthers, Fedayn und Boys* zuvor vereint hatten.

Die Merkmale der Ultras-Pioniere

Eine Charakteristik der Ultras ist ihr junges Durchschnittsalter: Es sind Jugendliche, die in Gruppen die Ränge der Stadien bevölkern. Ihre Präsenz stellt somit einen Übergang von der Kindheit zum Erwachsenwerden dar. Die Fußballspiele finden damals noch sonntags nach dem Mittagessen statt, so, dass die Eltern ihre Kinder in Begleitung von Gleichaltrigen und nicht gezwungenermaßen in Begleitung von Familienmitgliedern in die Stadien lassen. Dies alles passiert in einer Zeit, in der sich die Altersgruppe der Teenager entwickelt. In den Stadien bilden sich informale Kleingruppen, wie ein Gründungsmitglied der *Ultras Trieste* über das Debüt seiner Gruppe im Jahr 1976 erzählt: »Es war im Grunde ein spontaner Zusammenschluss, der zur Bildung einer Basis von zwanzig, fünfundzwanzig Personen führte, von denen der jüngste dreizehn Jahre gewesen ist, während der älteste gerade volljährig war.«[60]

Sie teilen eine gemeinsame Leidenschaft für ihren Fußballverein, was ein zusätzlicher Faktor für den Zusammenhalt ist. Dieses Element macht es möglich, jeden jungen Tifoso in die Gruppe zu integrieren, unabhängig von seinem sozioökonomischen Hintergrund oder seiner politischen Orientierung, und dies in einer unruhigen Zeit, in der Italien tief gespalten ist und von starken sozialen Spannungen erschüttert wird. Die Gruppen finden in den Kurven der Stadien ein Zuhause, dort sind die Preise am erschwinglichsten. Sehr oft verstärken die Vereine den Zufluss in die Kurven durch verbilligte Abos. Zum Beispiel bei der AS Roma, die in der Saison 1965/66 die Roma-Club-Junior-Karte einführt, wodurch Jugendliche im Alter zwischen 16 und 20 Jahren einen Preisnachlass von 50 % auf die Tickets erhalten.[61]

Genauso wie ihre großen Brüder in den Fanklubs beschränken diese Jugendlichen ihre Präsenz nicht nur auf ihre Aktivitäten in den Stadien, sondern sie treffen sich auch unter der Woche, meistens in einer Bar, einem Park oder in der Nähe ihrer Kurve. Im Mittelpunkt stehen dabei immer die Vorbereitungen auf das kommende Match: Welche Fahnen sollten gebastelt werden, wie soll die Unterstützung auf den Rängen ausschauen, welche Schlachtgesänge werden gesungen und wie soll die nächste Auswärtsfahrt organisiert werden? Die finanziellen Mittel sind dabei ziemlich begrenzt. Das Geld stammt entweder aus Sammlungen oder die Mitglieder geben eigenes Geld her. Die Gruppen gründen sich meist noch, bevor sie über ein eigenes Lokal oder Fahnen verfügen, geschweige denn behördlich registriert sind. Das Gruppenlogo oder das Transparent mit dem Gruppennamen kommt teilweise erst viel später ins Spiel, wie die *Ultras* der Fiorentina beweisen. Diese sind nachweislich schon 1973 aktiv, verfügen aber erst ab dem Jänner des Folgejahres über ein eigenes Transparent. Ähnliches passiert auch in Bari, als die *Ultras* 1976 mit Fahnen und Tröten ins Zentrum der Gegengerade rücken. Erst mit dem Wechsel in die Curva Nord 1978 legen sie sich ein eigenes Transparent zu.

60 A. Pierini, G. Proiettis, *Mi ricordo quel giorno allo stadio,* Luglio Editore, Triest 2014, S. 13.

61 M. Impiglia, *Forza Roma daje Lupi,* Libreria Sportiva Eraclea, Rom 1998, S. 67–68.

Das Transparent mit dem Namen der Gruppe ist ein entscheidendes Element in der Welt dieser jungen Supporter. Wie für die anderen Fanklubs auch, ist es eine Art Markenzeichen. Für die jungen Fans geht dessen Bedeutung aber darüber hinaus. Das Transparent wird zur Anlaufstelle und dient dazu, das Revier zu markieren.

Die traditionellen Fanklubs versammeln sich nämlich nicht unbedingt immer im selben Bereich des Stadions, um das Spiel zu verfolgen, während die Ultras sehr wohl darauf achten, sich hinter ihren Transparenten zu gruppieren. So kann man einen Raum abgrenzen, der oft über Jahre hinweg gleich bleibt. Es ist selten, dass eine Gruppe ihren Platz auf der Tribüne des Stadions, in dem ihre Mannschaft spielt, wechselt. Wenn dies der Fall ist, dann meist aufgrund interner Konflikte oder geänderter Machtverhältnisse innerhalb der Gruppen, die diese Jugendsubkultur beleben.

Dieser Raum wird durch eine Reihe von Regeln kodifiziert, die sich im Laufe der Jahre entwickeln, die aber für die verschiedenen Kurven sehr ähnlich ausfallen. Das äußere Erscheinungsbild der italienischen Tribünen ändert sich in den 1970er-Jahren im Zuge der Konsolidierung des Phänomens: Die Transparente der Fanklubs hängen nun neben denen mit aggressiven Namen und Kampfsymbolen. Die Trommeln werden immer weiter verbreitet, obwohl in einigen Städten versucht wird, sie zu verbieten. Dies ist der Fall in Bergamo, wo das *Centro Coordinamento Amici dell'Atalanta* versucht, die Jugendlichen davon abzuhalten, Trommeln mit ins Stadion zu bringen. Zwischen Mai 1974 und November 1975 schalten sie dazu drei Anzeigen in der lokalen Tageszeitung *L'Eco di Bergamo.*[62]

Mit dem plötzlichen Auftreten der neuen Fangruppen ändert sich auch das Verhältnis zur Gewalt. Bis dato waren Zwischenfälle immer sportlichen Gesichtspunkten oder der Leistung des Schiedsrichters zuzuordnen. Die verschiedenen Formen der öffentlichen Unruhen richteten sich gegen die Hauptakteure des Fußballs (Invasion des Spielfelds, Verfolgung des Schiedsrichters, Belagerung der Umkleidekabinen). Zum ersten Mal entsteht das gewalttätige Verhalten nun unabhängig vom sportlichen Diskurs, und der Antagonismus zwischen rivalisierenden Fan-Gruppen nimmt überhand. Die Jugendlichen der damaligen Zeit sind von ihrem Alltag geprägt: Politische Aufmärsche sind in Städten wie Mailand und Rom ein wöchentliches Ereignis und enden in der Regel in erbitterten Kämpfen mit politischen Gegnern oder der Polizei. Außerdem nimmt der Hooliganismus in England zu und liefert ihnen ein Vorbild für aggressives Verhalten. Auf diese Weise haben sie zwei Bezugspunkte: die neuen Formen der Sozialisation, die seit Mitte der 1960er-Jahre in britischen Stadien entstehen, und die extremistischen politischen Organisationen, die zur gleichen Zeit in Italien aufblühen.

62 *Lasciamo a casa i tamburi,* »L'Eco di Bergamo«, 7. November 1975, S. 14.

Die englischen Fans – eine Quelle der Inspiration

England, die Heimat des Fußballs schlechthin, ist jenes Land, in dem die wichtigsten Jugend- und Musiksubkulturen der Nachkriegszeit entstehen. Diese stellen die vorherrschende kulturelle Hegemonie in Frage und verbreiten sich in den 1950er-Jahren vor allem unter Jugendlichen der Arbeiterklasse. Die ersten von ihnen sind die Teddy Boys, die die Rebellion gegen verschiedene Formen der Autorität symbolisieren, sei es im privaten (Eltern) oder öffentlichen Bereich (Polizei, Regierung). Mehr noch, sie verkörpern die neue Gesellschaftsordnung, in der die Jugend als eigenständige Altersgruppe auftritt. Unter dem Einfluss der sozioökonomischen Umwälzungen werden die jungen Menschen unabhängig von ihren Eltern: Das Wirtschaftswachstum bringt sie schnell in die Arbeitswelt und hohe Gehälter verschaffen ihnen finanzielle Mittel. Durch die Musik, die sie hören, die Art ihrer Kleidung und ihr Verhalten unterscheiden sie sich von den Älteren. Die Trends und Stile der englischen Jugend werden ihre Pendants auf der ganzen Welt beeinflussen und Sprachbarrieren und Grenzen überwinden. Im Gefolge der Teddy Boys entstehen weitere Subkulturen wie Rocker, Mods und Skinheads.[63] Diese erleben Musik und Fußball nicht mehr nur als passive Konsumenten sondern als aktive Akteure. Die Konzerte und Fußballspiele werden somit zu den wichtigsten Events der Woche.

Zur gleichen Zeit bietet die Mannschaft des Liverpool FC am Ufer des Mersey eine einzigartige Show: Die Fans im Kop[64] singen unisono die Popmusik der Beatles und feuern ihre Mannschaft an. Zum ersten Mal werden von den Zuschauern im Stadion echte Lieder gesungen, anstelle der klassischen Slogans, die von den Stadiongängern skandiert werden und die die Hintergrundmusik von Fußballspielen bilden. Die berühmte Hymne »You'll Never Walk Alone« von Gerry and the Pacemakers wird von den Fans des Liverpool FC übernommen und zu einem Symbol für die melodiösen Lieder, die in den 1960er-Jahren von den Tribünen erklingen. Fernsehkameras, die die Bilder aufnehmen, verbreiten den Trend unter den britischen Fans. Schon bald sind diese Lieder zu Ehren der verschiedenen Mannschaften im ganzen Königreich zu hören.

Zur gleichen Zeit erschüttert eine Schockwelle den englischen Fußball. Es kommt zu beispiellosen Ausschreitungen: Züge werden von Fans geplündert, es kommt zu Schlägereien

63 In den frühen 1960er-Jahren wird das Phänomen »Mod« bekannt. Der Begriff ist eine Kurzform für Modernist. Die Mods zeichnen sich durch einen ausgeprägten Geschmack für elegante Kleidung, italienische Motorräder mit jeder Menge Zubehör und elitärem Denken aus. Sie entwickeln sich in diverse Richtungen, aus den »Hard Mods« entstehen ab 1967 die »Skinheads«. Siehe auch V. Marchi, *La sindrome di Andy Capp*, NdA Press, Rimini 2004, S. 47–77.

64 Der Kop ist die Tribüne hinter einem der Tore, auf der die treuesten Liverpool-Fans stehen. Der Name stammt aus der Schlacht von Spion Kop, in der die britischen Truppen gegen die Buren im Burenkrieg kämpften.

zwischen rivalisierenden Gruppierungen, unabhängig vom Ausgang des Spiels. 1963 ist Everton gezwungen, Schutznetze hinter den Toren aufzuziehen.[65]

In der Saison 1966/67 der englischen Fußballmeisterschaft besetzen Horden junger Fans die Mitte der Tribünen hinter den Toren und vertreiben die älteren Zuschauer. Dank eines verbesserten Verkehrssystems und des relativen wirtschaftlichen Wohlstands reisen diese Banden in Massen durch das ganze Land, um ihren Teams zu folgen. Die Zwischenfälle zwischen rivalisierenden Clans nehmen zu. Gleichzeitig verbreitet sich der Skinhead-Stil und hält in den Stadien Einzug, zunächst in London und dann zwischen 1967 und 1969 auch im Rest des Landes. Diese Bewegung ist erfolgreich, weil diese Banden von Jugendlichen aus der Arbeiterklasse von den traditionellen Werten ihrer Klasse geprägt sind: Verherrlichung der körperlichen Stärke, Loyalität gegenüber der Gemeinschaft und Verteidigung des eigenen Territoriums.

Während die Skinhead-Subkultur ab 1971 zurückgeht, bleibt aggressives Verhalten in den Fangruppen verankert. Charakteristisch für den Hooliganismus ist die Neigung zu gewalttätigen Handlungen gegen rivalisierende Fans und die Bedeutung des Territoriums, das durch die Tribüne, auf der sie sich versammeln, repräsentiert wird. Die Eroberung des gegnerischen »Stands« ist die ultimative Beleidigung, die man den Rivalen zufügen kann. Es ist eine Metapher für das Fußballspiel: Während der Torwart seinen Bereich vor den Angriffen der gegnerischen Mannschaft schützt, reproduzieren die Fans das gleiche Muster auf der Tribüne. Die Hooligan-Gruppen versuchen, die von ihren Gegnern besetzten Tribünen durch Angriffe zu erobern. Die damals geltenden Sicherheitsmaßnahmen reichen nicht aus, um diese Ausbrüche wirksam zu bekämpfen.

Durch die Medienberichterstattung über den Fußball wird dieses Fanverhalten in ganz Großbritannien verbreitet. Außerdem exportieren die Hooligans das Modell durch die europäischen Cupbewerbe auf den gesamten Kontinent. Zwischen 1969 und 1974 kommen mehrere britische Mannschaften mit ihren Anhängern zu Spielen auf die italienische Halbinsel. Die Ultras-Pioniere sind von diesem Verhalten fasziniert, einige von ihnen fahren sogar nach England, um mehr über dieses Phänomen zu erfahren. 1976 reisen Mitglieder der *Brigate Gialloblu* von Hellas Verona zu einer Studienreise nach London, um die Hooligans von Chelsea zu treffen, eine Fanfreundschaft entsteht. Die britischen Fans bieten ihnen ein Vorbild, das sie nachahmen können, um ihre eigene Gruppe zu organisieren. Das betrifft die Gewalt der Hooligans, die Anfeuerungsrufe oder die Praxis der hoch gestreckten Schals, die ein buntes Farbenmeer bilden.

England gilt als Mekka für die Ultras-Pioniere, wie die vielen Anglizismen in den

65 Siehe auch E. Dünnung, P. Murphy, J. M. Williams, *The Roots of Football Hooliganism*, Routledge & Kegan Paul, London 1988

Namen ihrer Gruppen zeigen: Die *Boys* von Inter, die *Red White Panthers* von Vicenza, die *Black and White Superstars* und *Teddy Boys* von Udinese, die *Red Grey Supporters* von Cremonese und die *Rangers* von Empoli. Der Union Jack erscheint 1976 in den italienischen Stadien als Symbol der Rebellion und taucht nach und nach in den meisten Kurven auf. Die Heldentaten von Hooligan-Gruppen wie der berühmten *Red Army* von Manchester United und den *Millwall Treatments* oder die Atmosphäre des Liverpooler Kop werden gefeiert.

Die Aggressivität der Hooligans ist eine Referenz für die Ultras. Wie ihre Alter Egos eignen sie sich die Mitte der Kurven an, um eine größere Sichtbarkeit zu erzielen. Die soziale Herkunft dieser jungen Italiener unterscheidet sie jedoch von ihren britischen Kollegen, die zumeist der Arbeiterklasse angehören. Die Bewegung der Ultras ist eher klassenübergreifend. Während die Rebellion der Jugend in Großbritannien durch Sub- und Gegenkulturen zum Ausdruck kommt, hat sie in Italien subversivere Bestrebungen. Zu der Zeit, als sich die ersten Ultras-Gruppen zu etablieren beginnen, herrscht auf der Halbinsel ein Klima der Spannung, und ein Teil der Jugend ist vor allem in der extremen Linken, aber auch im neofaschistischen Lager engagiert.

Der politische Kontext

Wie in anderen westlichen Ländern entwickelt sich die Jugend als soziale Gruppe in Italien ab den 1950er-Jahren, als durch das Wirtschaftswunder die Konsumgesellschaft entsteht. Junge Städter, die in den Arbeitsmarkt eintreten, haben zum ersten Mal freie Zeit und beschränkte wirtschaftliche Möglichkeiten. Am Ende des Jahrzehnts häufen sich die Presseartikel über Jugendbanden, die sogenannten Vitelloni oder Teddy Boys, die eine Welle der moralischen Empörung über ihre Straftaten auf der Halbinsel auslösen. Es ist eine gemeinsame, klassenübergreifende Kultur, die diese Generation verbindet, mit der Musik und dem Kleidungsstil als gemeinsame Nenner. Zu Beginn des Sommers 1960 geraten einige dieser jungen Menschen in einen Konflikt ganz anderer Art. Der Kongress des Movimento Sociale Italiano (MSI),[66] der zwischen dem 2. und 4. Juli in Genua stattfindet, wird von der Linken als Provokation empfunden.[67] Im Juni finden große Demonstrationen statt und es kommt zu Ausschreitungen in der ligurischen Metropole, aber auch in anderen Städten der Halbinsel, was die neofaschistische Partei schlussendlich dazu zwingt, den Kongress abzusagen.[68]

66 Der MSI ist eine neofaschistische Partei, die im Dezember 1946 von Veteranen der Repubblica Sociale Italiana und ehemaligen ranghohen Faschisten gegründet wurde.

67 Nach Ende des Zweiten Weltkrieges wurde die Stadt Genua mit einer Verdienstmedaille für den Widerstand ausgezeichnet.

68 Die Reaktion auf die Demonstrationen ist sehr blutig: in Reggio Emilia werden am 7. Juli 1960 fünf Demonstranten von den Sicherheitskräften umgebracht. Auf Sizilien gibt es ebenfalls fünf Tote. Am 19. Juli tritt die Regierung Tambroni schließlich zurück.

Bei diesen Demonstrationen treten junge Menschen der Nachkriegsgeneration, die den Faschismus nicht mehr erlebt haben, neben erfahrenen Aktivisten aus linken Parteien und Gewerkschaften, begleitet von Veteranen des italienischen Widerstands, gegen die Polizei an. Das Bild von Jugendlichen in Bluejeans und Matrosen-T-Shirts erscheint in den Medien und auf der politischen Bühne wie ein Vorbote der Unruhen, die das Land einige Jahre später erschüttern werden.

Die Jahre nach diesen Auseinandersetzungen machen die jungen Italiener endgültig zu wichtigen Akteuren in den sozialen und politischen Umwälzungen, die das Land erschüttern. Von 7. bis 9. Juli 1962 liefern sich Tausende von Arbeitern bei FIAT, der Großteil sind Jugendliche aus Süditalien, Straßenschlachten mit der Polizei. Die Arbeiter sehen sich als Opfer der offiziellen Gewerkschaftsorganisation und stürmen den Sitz der Gewerkschaft auf der Piazza Statuto. Die Polizei wird erst drei Tage nach Ausbruch der Unruhen wieder Herr der Lage. Das Wiedererwachen der Arbeiterbewegung durch neue Praktiken des Kampfes hat im Laufe der Jahre die Kluft zwischen der historischen Linken und der neuen Protestbewegung vergrößert. Nationale Probleme mischen sich mit der internationalen Situation der 1960er-Jahre. Junge Italiener verfolgen die antiimperialistischen Kämpfe und sind fasziniert von der Nationalen Front zur Befreiung Vietnams, der Kulturrevolution in China und den ersten Erfolgen von Fidel Castro und Che Guevara auf Kuba.

Dieser politische Konflikt leitet eine Periode großer Umwälzungen ein, in der sich Schüler und Studenten aller sozialen Schichten an Aufständen beteiligen. Die Demokratisierung des Bildungswesens und das im Dezember 1962 verabschiedete Gesetz über die einheitliche Pflichtschule führen zu einem Anstieg der Zahl der Studierenden an den Hochschulen.[69] Die Liberalisierung des Hochschulzugangs kommt jedoch nur den Studenten der Oberschicht zugute, auch wenn ein positiver Abschluss keine Garantie auf einen Arbeitsplatz gibt. Ab 1966 brechen in Italien Unruhen aus. Die Ersten, die aktiv werden, sind die Studenten der Fakultät von Trient, die einige Säle der Universität besetzen. Im April desselben Jahres wird in Rom ein sozialistischer Student bei von Rechtsextremisten provozierten Zusammenstößen an der Universität La Sapienza getötet. Die Emotionen gehen hoch, mehrere Fakultäten werden besetzt und die Auflösung der neofaschistischen Organisationen gefordert. Wie in ganz Europa beginnt auch die Jugend auf der Halbinsel, sich als einer der Hauptakteure des Wandels zu behaupten; sie will sich von der Vormundschaft der Älteren und der konservativen Zwangsjacke der

69 Im Jahr 1968 zählen die Universitäten von Rom, Neapel und Bari jeweils 60.000, 50.000 und 30.000 Studenten, obwohl die Fakultäten für nur 5.000 Studenten ausgelegt waren. Siehe auch R. Rossanda, *L'anno degli Student,* De Donato, Bari 1968, S. 14.

Gesellschaft befreien. Der Fall der Mailänder Gymnasiasten, die strafrechtlich verfolgt werden, weil sie Sexualkundeunterricht beantragt haben, sorgt im Land, aber auch im Ausland für Aufsehen.[70] Die italienische Halbinsel ist, was die Moral angeht, nach wie vor ein sehr traditionsbewusstes Land und das Gewicht der katholischen Kirche ist immer noch spürbar, obwohl sie zunehmend an Einfluss verliert. Scheidung und Abtreibung sind verboten, Empfängnisverhütung ist ein Tabu, die Volljährigkeit auf einundzwanzig Jahre festgelegt und Ehebruch von Frauen wird gesetzlich bestraft. Der Konservatismus vereint die beiden vorherrschenden politischen Formationen: die Democrazia Cristiana (DC) und die Kommunistische Partei Italiens (PCI), die jeweils ein Netz von Kontrollinstitutionen geschaffen haben (beginnend bei sozialer Unterstützung über Kultur- und Freizeitaktivitäten bis hin zur Vertretung wirtschaftlicher und beruflicher Interessen). Die sich radikalisierende italienische Jugend ist auf der Suche nach Alternativen zum Monopol der großen Parteien, die keine Erneuerung anbieten. Politisches Engagement in einer Vielzahl von revolutionären Gruppen ist eine Möglichkeit, die tägliche Langeweile zu durchbrechen, sich zu engagieren, um den von der Democrazia Cristiana und der Kommunistischen Partei Italiens auferlegten Konformismus zu durchbrechen. Die meisten wenden sich der außerparlamentarischen extremen Linken zu, insbesondere Trotzkisten und Maoisten, während eine Minderheit neofaschistische Positionen vertritt. Zahlreiche politische Zellen und Gruppierungen bilden sich in Opposition zu den offiziellen Parteien.

1967 wird die Erhöhung der Studiengebühren eingeführt, gefolgt von der Universitätsreform, die eine Beschränkung des Zugangs zu den Universitäten und die Einführung von drei Arten von Universitätsabschlüssen vorsieht.[71] Der Protest beginnt in Trient, wird in Mailand fortgesetzt und breitet sich dann auf die wichtigsten italienischen Universitäten aus. Es kommt zu Gewalt und in den Jahren 1967 und 1968 zu zahlreichen Aufständen an den Fakultäten. Am 1. März 1968 finden vor der von Studenten besetzten Fakultät für Architektur in Rom gewalttätige Ausschreitungen statt. Die Auseinandersetzungen gehen als Schlacht der Valle Giulia in die Geschichte ein. Eine Schwelle wird überschritten, der städtische Guerillakrieg breitet sich im folgenden Jahrzehnt von den Unis auf das ganze Land aus. Durch Besetzungen, die Gründung von Kollektiven und Versammlungen findet eine intensive Sozialisierung statt. Emanzipatorische Ideale ermutigen die Studenten, den Autoritarismus der Universitäten in Frage zu stellen, was sie mit ihrer Kritik an Kapitalismus, Staat, Vaterland, Religion und Familie fortsetzen.

70 J. Nobécourt, *Le verdict d'acquittement illustre l'évolution des moeurs en Italie,* »Le Monde«, 4. April 1966, S. 4.

71 Diplom, Baccalaureat und Doktorat, basierend auf dem Modell »Baccalaureat, Master, Doktorat« das 1999 im Rahmen des Bologna-Prozesses in Italien und in der Europäischen Union eingeführt wurde.

In den letzten Monaten des Jahres 1968 und insbesondere im darauffolgenden Jahr, als sich die Arbeiterproteste verstärken, gerät das Wirtschaftssystem in eine Krise. Die Streiks weiten sich aus, und die Gewerkschaften werden durch basisdemokratische Komitees ersetzt, die sich aus Arbeitern, Studenten und Arbeitslosen zusammensetzen und von politisch weit links stehenden Aktivisten unterstützt werden. Im »heißen Herbst« 1969 streiken anderthalb Millionen Beschäftigte in Metall- und Maschinenfabriken. Der große soziale Bruch, der in Europa innerhalb weniger Monate vollzogen wird, sollte auf der Halbinsel ein Jahrzehnt lang andauern. Die Idee eines radikalen Wandels findet sich in dieser Generationenrevolte wieder: Durch demokratische Strukturen wie Versammlungen bringen Studenten und Arbeiter ihre Ablehnung gegenüber des ihnen vorgeschlagenen sozialen Projekts zum Ausdruck. Die Einheit, Solidarität und Freundschaft, die sich innerhalb dieser kämpfenden Kollektive entwickelt, hinterlässt bei den Teilnehmern einen tiefen Eindruck.

Der Konflikt, der an den Universitäten, den Brutstätten des Protests, beginnt, greift schnell auf den öffentlichen Raum über, der zum Ort der Subversion schlechthin wird. In den 1970er-Jahren besetzen die Aktivisten die Straßen und Plätze, die somit zu typischen Versammlungsorten werden. Die öffentliche Ordnung gerät mehrmals ins Wanken. Universitätsbesetzungen und Fabrikstreiks führen zu einer Radikalisierung ganzer Bevölkerungsschichten. Zusammenstöße zwischen linksrevolutionären Aktivisten, Neofaschisten und der Polizei sind weit verbreitet. Die Situation ist durch wachsende soziale Unruhen und eine tiefe politische Krise gekennzeichnet. Das Land wird auch von einer Welle an Terroranschlägen erschüttert, die am 12. Dezember 1969 mit einer Bombenexplosion auf der Piazza Fontana in Mailand beginnt, bei der sechzehn Menschen getötet werden. Dies ist der erste in einer langen Reihe von Anschlägen, die Italien in Trauer versetzen und bis 1980 anhalten, als beim Anschlag auf den Bahnhof von Bologna 85 Menschen in den Tod gerissen werden. Diese »Strategie der Spannung« ist ein Komplott, das von den Geheimdiensten inszeniert wird, die rechtsextreme Gruppen manövrieren. Letztere verüben mit Billigung bestimmter staatlicher Stellen Terroranschläge. Ziel ist es, einen Zustand sozialer Instabilität zu schaffen, um die Durchsetzung der Macht zu legitimieren und die Verabschiedung autoritärer Gesetze zu rechtfertigen. Die Angst ist groß und das Land von einem möglichen Staatsstreich bedroht.[72]

Im Jahrzehnt 1970–1979 wird die italienische Republik destabilisiert, militante Neofaschisten sind für ihre politische Gewalt und ihren Terrorismus gegen die linken Parteien

72 Mehrere Verschwörungen sind damals aufgeflogen. Am bekanntesten ist jene des Principe Borghese, der mit Hilfe neofaschistischer Organisationen in der Nacht vom 7. auf den 8. Dezember 1970 versucht, an die Macht zu gelangen.

und Gewerkschaften bekannt. Auch die marxistischen Organisationen richten schlagkräftige Sicherheitsdienste ein, die auf die Angriffe ihrer politischen Gegner reagieren können. Der Anschlag auf der Piazza Fontana rückt den Antifaschismus wieder ins Rampenlicht, und in ganz Italien kommt es zu Zusammenstößen zwischen jungen Extremisten beider Seiten. Mailand steht dabei immer wieder im Mittelpunkt. Die sogenannten »Anni di Piombo«, also die »bleiernen Jahre«, bleiben bis heute ein Trauma. Die Demonstrationen sind von bisher nie da gewesener Gewalt gekennzeichnet. Die Jagd nach politischen Gegnern ist weit verbreitet und führt zu einem Anwachsen der außerparlamentarischen Gruppen durch junge, motivierte Aktivisten sowohl von rechts als auch von links. Im Mai 1972 wird in Pisa ein anarchistischer Student während einer von der Polizei verbotenen antifaschistischen Gegendemonstration durch die Exekutive getötet. Zwei Monate später wird ein Aktivist einer Unterorganisation des MSI in Salerno bei einer Auseinandersetzung mit Anarchisten erstochen.

Der städtische Guerillakrieg breitet sich aus und erreicht eine neue Stufe der Gewalt, als sich einige Extremisten mit Schusswaffen und Sprengstoff ausrüsten. Auf Seiten der Linken beschließen revolutionäre Aktivisten, die Reihen der legalen Gruppierungen zu verlassen und in den Untergrund zu gehen. Sie sind durchdrungen von marxistisch-leninistischen Ideologien, glühende Verehrer des maoistischen Chinas und wollen die Fackel des antifaschistischen Widerstands weiter tragen. Die Aktivisten stellen sich vor, wie Che Guevara als Guerilleros die Revolution in ihrem Land vorantreiben zu können. In den 1970er-Jahren sind sie »Befürworter einer Rückkehr zum Leninismus, einer disziplinierten und hierarchischen Organisation, deren aufgeklärte Avantgarde sie darstellen würden, und sie sind überzeugt, dass die Revolution in Italien und anderswo unmittelbar bevorsteht«.[73] Diese jungen Revolutionäre finden sich in vielen außerparlamentarischen Gruppen wieder, wie zum Beispiel den Gruppi d'Azione Partigiana des Verlegers Giangiacomo Feltrinelli oder den 1970 gegründeten Brigate Rosse.

Die ersten Aktionen dieser Organisationen sind Raubüberfälle und Entführungen, um sich zu finanzieren, sowie gezielte Angriffe auf die Vertreter der politischen, wirtschaftlichen und sozialen Macht. Der Dilettantismus der ersten Tage weicht bald immer gewagteren und gewalttätigeren Aktionen. Im Gegensatz zu den wahllosen Angriffen der Neofaschisten handelt es sich um Aktionen mit konkreten Zielen. Dies ist der Fall bei der Entführung des Richters Mario Sossi am 19. April 1974 und dem Angriff auf eine Niederlassung des MSI in Padua am 17. Juni 1974. Letzterer führt zum Tod von zwei rechten Aktivisten, den ersten Opfern des linken Terrors. Die Themen und Verhaltensweisen der

73 F. Attal, *Histoire de l'Italie de 1943 à nos jours,* Armand Collin, Paris 2004, S. 260.

neuen Linken (wie Lotta Continua, Potere Operaio, Avanguardia Operaia) ziehen viele junge Italiener an, nicht nur aus dem bürgerlichen Studententum, sondern auch aus dem Proletariat. Dabei vor allem junge Arbeiter aus dem Süden des Landes, die sich in den Fabriken des Nordens als ungelernte Arbeitskräfte wiederfinden.[74] Auch die extreme Rechte zeigt, dass sie in der Lage ist, junge Menschen anzuziehen. Gruppierungen wie Ordine Nuovo oder Avanguardia Nazionale, die im Umfeld des MSI und dessen Jugendorganisation Fronte della Gioventù entstehen, zeugen davon.

Gewalt wird als politische Aktion gesehen, die mitunter auch zu Auseinandersetzungen innerhalb der gleichen Lager sorgt, zum Beispiel zwischen Avanguardia Operaia und der Studentenbewegung oder zwischen linken Militanten und der Kommunistischen Partei Italiens. Es kommt auch vor, dass sich die Aktivisten beider Lager im Kampf gegen einen gemeinsamen Feind, die Polizei, zusammentun. Sie bewaffnen sich mit Schraubenschlüsseln, Spitzhacken, Knüppeln, Messern, Pistolen oder Molotowcocktails.

Im Februar 1977 wird die Universität von Rom besetzt, um gegen eine geplante Reform zu protestieren. Am 17. Februar wird der Sekretär der größten linken Gewerkschaft, Luciano Lama, während einer auf dem Campus organisierten Versammlung ausgepfiffen und gewaltsam angegriffen. Er muss unter dem Schutz des Sicherheitsdienstes seiner Gewerkschaft und der Kommunistischen Partei Italiens fliehen. Die Proteste verlagern sich nach Bologna, wo am 11. März bei einem Polizeieinsatz im Universitätsviertel ein junger maoistischer Aktivist, Francesco Lo Russo, getötet wird. Am nächsten Tag marschieren mehr als 60.000 Studenten in der Hauptstadt. Die Demonstration artet in bewaffneten Zusammenstößen mit der Polizei aus, wobei auf beiden Seiten Schüsse abgegeben werden. In mehreren Städten werden weitere Demonstrationen organisiert, doch in der Hauptstadt der Emilia-Romagna ist der Aufmarsch am bedeutendsten und es kommt zu sehr gewalttätigen Zwischenfällen. Bologna wird auf den Kopf gestellt, Hunderte von Menschen werden verletzt, Autos angezündet und Waffendepots geplündert. Die Reaktion des Staates ist dem Ausmaß der Gewalt angemessen: Der Innenminister lässt in Bologna gepanzerte Fahrzeuge auffahren. Nach drei Tagen gewalttätiger Ausschreitungen kehrt zwar wieder Ruhe ein, aber die Verbindungen zwischen der Kommunistischen Partei Italiens und den Linksextremisten, die diese Partei als neue Polizei betrachten, sind endgültig gekappt. Die Jugendlichen der Bewegung von 1977 unterscheiden sich radikal von ihren Vorgängern der Generation von 1968. Wie Adriano Sofri, der Anführer der revolutionären Gruppe Lotta Continua, analysiert: »Die vielen Mädchen und jungen Männer, die bis Anfang 1977 auf etwas anderes gewartet hatten oder noch nicht das Alter

74 N. Balestrini, *Vogliamo tutto,* Mondadori, Mailand 2013.

erreicht hatten, um sich den Demonstrationen anzuschließen, erkannten, dass sie etwas verband – Jugendarbeitslosigkeit, Massenerziehung, (...) – und sie fühlten sich sofort von einer Macht bedroht, die sie hasste und mit dem Tod junger Menschen spekulierte. Der Tod wurde zum Begleiter dieser neuen Generation, die das alte Spiel der Gewalt spielte.«[75] Im Gegensatz zu den Autonomen schuf dieser Flügel der Bewegung von 1977 alternative Strukturen zum Staat, anstatt ihn offen herauszufordern. Die neue Generation kappt die Bindungen zu der strengen marxistisch-leninistischen Lehre.

Der Aufruhr von 1977 endet so abrupt, wie er begonnen hatte, es ist der letzte Aufschrei des politischen Massenprotests der Jugend, und allmählich wird die alte Ordnung wiederhergestellt. Das Scheitern der politischen Option führt dazu, dass sich die Mehrheit der jungen Menschen in den folgenden Jahren von der Politik abwendet, während eine Minderheit in eine Spirale des Terrorismus gerät.

Von 1977 bis 1980 setzt sich die Gewalt in den italienischen Großstädten mit Anschlägen und Zusammenstößen zwischen linksextremen und neofaschistischen Aktivisten fort. In der Hauptstadt herrscht ein regelrechter Bürgerkrieg zwischen den gegnerischen politischen Lagern. Im Januar 1978, nach der Ermordung von zwei Aktivisten des MSI durch ein antifaschistisches Kommando, beschließen einige römische Rechtsaktivisten, den bewaffneten Kampf aufzunehmen. Es beginnt die »schwarze« Saison der Nuclei Armati Rivoluzionari. Diese neofaschistischen Terroristengruppe beschließt nach dem Vorbild der Brigate Rosse, das Herz des Staates anzugreifen. Ab 1979 bringen sie zunächst einige Polizisten um und am 23. Juni 1980 einen Staatsanwalt. Das Attentat auf den Bahnhof von Bologna am 2. August 1980, bei dem 85 Menschen getötet und 177 weitere verletzt werden, zwingt den Staat dazu, entschlossen gegen die extreme Rechte vorzugehen. Einige ihrer führenden Köpfe verlassen das Land und Hunderte von Aktivisten werden verhaftet.

Bei dieser mörderischen Hetzjagd bleibt die extreme Linke nicht außen vor. Im Jahr 1977 verüben die Brigate Rosse mehrere Attentate, die 1978 mit der Entführung und Hinrichtung von Aldo Moro ihren Höhepunkt erreichen. Der Führer der Democrazia Cristiana ist einer der Befürworter des historischen Kompromisses zwischen seiner Partei, die seit dem Ende des Zweiten Weltkriegs das politische Leben auf der Halbinsel beherrscht, und ihrem Hauptkonkurrenten, der Kommunistischen Partei Italiens, der größten linken Partei Westeuropas, die bei den Wahlen immer wieder den Kürzeren gezogen hat. Um der schweren wirtschaftlichen und politischen Krise zu begegnen und eine autoritäre Entwicklung in Italien nach dem Vorbild Chiles zu vermeiden, plädiert Enrico Berlinguer, Vorsitzender des PCI, 1973 für die Unterstützung der Democrazia Cristiana.

75 A. Sofri, '77 Quando nei cortei spunto la P38, »La Repubblica«, 19. Jänner 2007, S. 51.

Er will auch sozialistische Elemente in die Politik einbringen, indem er den linken Flügel dieser Partei unterstützt. Der historische Kompromiss kommt 1976 zustande, als die Kommunisten die christdemokratische Regierung Andreottis bedingungslos unterstützten. Gleichzeitig macht Berlinguer den Kampf gegen die Brigate Rosse zu einer politischen und gewerkschaftlichen Priorität, was zur Ermordung mehrerer kommunistischer Aktivisten führt, die durch die Kugeln der Brigadisten sterben. Der rote Terrorismus schlägt erneut zu, aber sein Niedergang hat bereits begonnen. Der Staat führt unter der Leitung von Carabinieri-General Carlo Alberto Della Chiesa eine entscheidende Offensive durch, die die Lage Anfang der 1980er-Jahre wieder unter Kontrolle bringt.

Die außerparlamentarischen Organisationen

Der politische und soziale Kontext jener Jahre beeinflusst die jungen Ultras. Sie nehmen sich jene Gruppen zum Vorbild, die dem Staat ganz offen gegenübertreten, durch Zusammenhalt und Kameradschaft, Konfliktbereitschaft und Widerstand gegen die herrschende Autorität. Sie zeichnen sich durch gewalttätiges Verhalten gegenüber ihren politischen Gegnern oder gegenüber allem aus, was den Staat und seine Symbole verkörpern könnte.

Von den öffentlichen Plätzen dringt die Rebellion auf die Tribünen, die zum neuen Schauplatz des Geschehens werden. Es ist kein Zufall, dass die Ultras-Bewegung zwischen 1967 und 1971 in den drei Metropolen des nördlichen Industriedreiecks entsteht: Genua, Mailand und Turin, die stark von den Studenten- und Arbeiterprotesten betroffen sind.

Das politische Geschehen nimmt eine vorherrschende Rolle ein. Einige der Jugendlichen engagieren sich in außerparlamentarischen Organisationen, andere in sozialen Strukturen wie den Fankollektiven, die weitere Formen des Protests erkennen lassen. In der Presse wird der Begriff Ultras bis 1975 verwendet, um die Extremisten einer politischen Sache zu beschreiben und nicht die fanatischen Tifosi. Der Bezug zur Politik beschränkt sich jedoch nicht nur auf die Semantik, sondern die Ultras-Pioniere übernehmen auch das Aussehen (das von linken politischen Aktivisten mit Militärjacken, Baskenmützen, Sturmhauben und Schals), die Slogans, die Techniken und die Aktionsformen (die Trommel wie bei Demonstrationen, der Corteo mit dem entrollten Transparent an der Spitze), die Gewohnheit, die Mauern der Stadt mit aggressiven Sprüchen zu beschmieren (neben »faschistischer Abschaum« oder die »dreckigen Roten« tauchen nun Schriften wie »Autonomia bianconera«[76] oder »10, 100, 1000 Superga«[77] auf). Ihre Slogans werden

76 Siehe auch D. Serge, *Ragazzi di stadio,* Gabriele Mazzotta, Turin 1979, S. 20–34.

77 Am 4. Mai 1949 zerschellt das Flugzeug, das die Mannschaft von Torino von einem Freundschaftsspiel in Lissabon zurückbringt, am Hügel von Superga. 31 Passagiere, darunter alle Spieler, sterben dabei.

auf Aufkleber oder Mitgliedskarten gedruckt: vom linken Slogan »Le vostre prigioni non arresteranno la nostra fede« (Eure Gefängnisse können unseren Glauben nicht einsperren) bis zum Slogan der italienischen extremen Rechten »Il nostro onore si chiama fedeltà« (Unsere Ehre heißt Treue).[78] Sie posieren als Linke mit erhobenen Fäusten oder mit dem Symbol der Pistole P38, der emblematischen Waffe im bewaffneten Kampf. Die Rechten wiederum recken den rechten Arm zum faschistischen Gruß. Die Nachahmung von Verhaltensweisen erstreckt sich auch auf andere Aspekte: Nach dem Vorbild politischer Aktivisten, die ihre Gegner auch physisch angreifen, hält die körperliche Gewalt in der zweiten Hälfte der 1970er-Jahre Einzug auf den Tribünen. Erste Waffen finden Verwendung. So wie Gewerkschaften oder bestimmte politische Organisationen einen Sicherheitsdienst haben, bewaffnen sich auch die Ultras in feindlichem Gebiet mit Spitzhacken und setzen Motorradhelme auf, um jeden möglichen Angriff abwehren oder selbst in die Offensive gehen zu können. Seit den Anfangsjahren der Ultras-Bewegung haben sich Namen und Symbole aus den radikalsten politischen Kreisen auf den Tribünen vervielfacht. Für einige ist es ein Zeichen für ihre politische Orientierung, zum Beispiel in Bergamo, wo 1973 die *Atalanta Commandos* das Symbol der geballten Faust verwenden. Einer der Pioniere von damals erzählt: »Das Verwenden der geballten Faust hat zu vielen Diskussionen geführt. (…) Wir hatten ganz klar linke Positionen, und wollten diese auch auf die *Commandos* übertragen. Nicht alle waren damit aber einverstanden. Die Mehrheit sah die Faust lediglich als Symbol der Einheit.[79]

Bei anderen hingegen, zum Beispiel bei den beiden Gründern der *Brigate Gialloblu* von Hellas Verona, gibt es keinen direkt politischen Bezug zu den Brigate Rosse. 1971 sympathisieren Franco Masotti und Massimo Tocco mit linksextremen Ideen. Einer von ihnen ist sogar Mitglied einer kleinen politischen Organisation. Sie entscheiden sich für die Bezeichnung Brigate, weil ihnen der unnachgiebige Charakter des Begriffs gefällt. Gleichzeitig distanzieren sie sich aber von seiner politischen Bedeutung, um ihre Gruppe nicht zu spalten. Sie wollen nur gelb-blaue Brigadisten sein, in den Farben ihres Fußballvereins, nicht in Rot oder Schwarz. Für die etwa fünfzig Leute der Gruppe soll die Politik kein Grund für interne Konflikte sein. Das Beispiel der *Fossa* von Ancona zeigt, wie einige charismatische Gründer einer Gruppe dieser eine klare politische Richtung vorgeben. »Wie in allen anderen Gruppen auch, folgen die Leute in den hinteren Reihen den Anführern. Die *Fossa* war nicht von Anfang an eine rechte Gruppe, sondern wurde es erst später, als die Leader der Gruppe aus dem politisch rechten Lager kamen.«[80] Doktrin

78 Motto der Waffen-SS, das vom MSI übernommen wurde.

79 D. Belotti, *Atalanta folle amore nostro. 30 anni di storie dalla Curva Nord,* Eigenverlag 2004, S. 27.

80 Ultras Ancona, *Noi siamo Dorici,* Punto S. R. L. Edizioni, Ancona 2015, S. 28.

und politischer Inhalt sind meist nicht vorhanden oder sinnentleert. Es gibt keine direkte Verbindung zwischen radikalen politischen Bewegungen und der neuen Generation von Tifosi, die in diesen Jahren der Spannungen und sozialen Kämpfe entsteht. Die Kurven bedienen sich der Politik als Inspiration und Wiederaufnahme von Namen und Symbolen. Es handelt sich nicht um den unmittelbaren Ausdruck einer politischen Kultur. Ultras sind nicht der verlängerte Arm der außerparlamentarischen Organisationen, die sie teilweise kopieren. Die Stadiontribünen sind noch kein Ziel für die politischen Parteien, weder für die linken noch für die rechten. Auch wenn es in den Reihen der Ultras mitunter militante politische Aktivisten gibt, sollte man das Engagement Einzelner nicht auf ganze Gruppen umlegen. Die meisten dieser jungen Tifosi engagieren sich nicht wirklich in politischen Belangen. Die Gruppen versammeln Aktivisten beider Lager. Die Leidenschaft für die eigene Mannschaft ist das vereinende Element und wirkt identitätsstiftend.

Die Erfahrungen, die einige der Ultras durch den Kontakt mit politischen Parteien sammeln, beeinflussen sie, doch handelt es sich dabei eher um einen Vorwand als um einen kohärenten Ansatz.[81] Alles, was zur Identität der Gruppe beiträgt oder sich gegen ihre Rivalen richtet, wird übernommen, oft ohne Bezug zu seiner ursprünglichen Bedeutung. Auf diese Weise koexistieren antagonistische Embleme, die den Eindruck einer Verschmelzung verschiedener politischer Elemente verstärken, sofern sie zur Identifizierung der Gruppe verwendet werden können. Die Ultras-Gruppen werden zu einem Sammelpunkt für einen Teil der städtischen Jugend, die unter der Woche in Universitätsbesetzungen oder in Straßenkämpfen zwischen politischen Gruppierungen aktiv sind. Die Ultras verbinden militantes Engagement mit dem Glauben an ihre Mannschaft und übernehmen das Sozialisationsprinzip der außerparlamentarischen Organisationen.

Die Tatsache, dass sie sich eine bestimmte Sprache und Symbolik zu eigen gemacht haben, macht es jedoch möglich, die Ultras der einzelnen Städte nach genau festgelegten politischen Positionen zu klassifizieren. Während die jungen Kämpfer auf den Straßen der italienischen Metropolen aufeinander losgehen, wiederholt sich das Muster auf den Tribünen. Die Politik schürt die Konflikte zwischen den Tifoserie und überlagert die traditionellen sportlichen oder lokalen Rivalitäten. In der Hauptstadt der Lombardei zum Beispiel werden die Anhänger des AC Milan als links eingestuft, während ihre Rivalen von Inter eher der extremen Rechten zuzurechnen sind. Die zweite Generation der *Brigate Gialloblu* von Hellas Verona sorgt dafür, dass die Gruppe neofaschistische Positionen einnimmt, sodass es am 3. Oktober 1976 zu gewaltsamen Zusammenstößen mit Bologna kommt, dessen Kurve als linksextremistisch gilt. Ein Jugendlicher aus Verona, der an

81 C. Lévi-Strauss, *Il pensiero selvaggio*, Il Saggiatore, Mailand 2010.

den Vorfällen beteiligt ist, bestätigt dies gegenüber einem Journalisten: »Wir warten auf sie und werden ihnen eine Lektion erteilen, denn man kommt nicht in ein Stadion, um ›bandiera rossa‹ zu singen.«[82]

Namen, Symbole und Slogans

Die Ultras ähneln in mancher Hinsicht den traditionellen Fanklubs, unterscheiden sich von ihnen aber vor allem durch ihre Namen. Die traditionellen Klubs nehmen Namen an, die sich auf ihre geografische Herkunft (*Lazio Club Primavalle, Roma Club Centocelle*), auf den Namen eines Spielers oder eines Managers (*Inter Club Fossati, Cremonese Club Attilio Luzzara*) beziehen, auf die Verherrlichung der Leidenschaft für die Fußballmannschaft (*Mantova Club Los Aficionados, Juventus Club Primo Amore*) oder auf die Bar bzw. das Restaurant hinweisen, wo sie sich treffen (*Club Biancorosso Bar Mezzatappa, Calcio Club Verona Trattoria Sole Bovolone*). Konträr dazu verwenden die jungen Ultras-Gruppen eine kriegerische Rhetorik, um sich eine eigene Identität zu schaffen.

Die ersten Namen, die sie verwenden, beziehen sich auf die politisch-militärische Gegebenheiten der damaligen Zeit. Nahezu alle der Gruppen, die sich im Jahrzehnt zwischen 1970 und 1979 bilden, geben sich Namen wie Brigate, Commando, Fossa oder Ultras. Nach und nach ergeben sich andere Wortschöpfungen. Die Bezeichnungen von wilden Tieren werden immer beliebter. Deren physische und die ihnen zugeschriebenen charakterlichen Eigenschaften werden stilisiert. In Turin gründen Juventus Fans 1976 die *Panthers*. In Palermo werden 1977 die *Commandos Aquile* gegründet, da der Adler das Symbol des sizilianischen Vereins ist. Dieses Wappentier teilen sie mit der Mannschaft von Lazio, wo im darauffolgenden Jahr die *Eagles Supporters* gegründet werden. Auch Anglizismen sind sehr beliebt, wie die Gründung der *Blue Lions* und später der *Blue Tigers* in Neapel zeigt.

Viele der gewählten Namen sollen ein Gefühl der Stärke vermitteln. Der Begriff Commando ist typisch dafür. Auch militärisches Vokabular findet Verwendung. In englischer Sprache in Verona, wo das Transparent der *Hellas Army* hängt, oder in einem politischen Zusammenhang wie in Perugia, wo sich die *Armata Rossa* in Anlehnung an die Sowjetarmee gründet.[83] Das Gleiche gilt auch für rechte Gruppen. In Catania beispielsweise lassen sich die *Falange d'Assalto* vom Namen der paramilitärischen spanischen Gruppierung faschistischer Prägung inspirieren. In Latina gehen die *Falange* noch einen

82 La »guerra« di Verona, »Il Resto del Carlino«, 4. Oktober 1976, S. 46.

83 Der Name könnte allerdings auch eine Anspielung auf die *Red Army* von Manchester United sein.

Schritt weiter. Sie kopieren nicht nur den Namen, sondern auch das Emblem. Bei Torino werden die *Granata Korps* und die *Quinta Colonna*[84] gegründet.

Es ist ein ritualisierter Kampf, der sich auf den Tribünen der Fußballstadien wiederholt und an dem die Ultras bereitwillig teilnehmen. Sie sehen sich selbst als Verteidiger einer Sache oder sogar als eine echte militante Truppe, wie es der Name der *Black Warriors* von Ascoli oder der *Fighters* von Juventus nahelegt. Darüber hinaus tauchen Akronyme auf, die mit revolutionären Bewegungen der Dritten Welt in Verbindung gebracht werden, wie z. B. das der *Guerriglieri* von der AS Roma. Besonders der Kampf der Palästinenser fasziniert die italienischen Ultras. Die Hartnäckigkeit des nationalen Befreiungskampfes und das Ungleichgewicht der beteiligten Kräfte lassen das Bild des palästinensischen Kämpfers, des Fedajin, schnell zum Mythos in den Kurven werden. Im Jahr 1972 werden die *Fedayn* der AS Roma gegründet. Es folgen Dutzende von Gruppen, die sich auf der ganzen Halbinsel ebenfalls *Fedayn* taufen: von Neapel bis Cosenza, aber auch in Livorno, Arezzo und Terni. Die mit dieser Sache verbundene Symbolik wird auch von den Ultras übernommen und in den Stadien zur Schau gestellt: von der palästinensischen Flagge bis zur Keffiyeh, dem berühmten schwarz-weißen Halstuch der Wüstenkämpfer, oder dem Abbild von Arafat, das ab 1986 auf dem Transparent der *Ultras Fighters* in Siena zu sehen ist. Auch Gruppen wie *Settembre Rossonero* beim AC Milan oder *Settembre Bianconero*[85] bei Ascoli beziehen sich direkt auf den Palästinakonflikt. Auch wenn heute auf den Tribünen nur mehr wenig an die Auseinandersetzungen in der Dritten Welt erinnert, fasziniert der Kampf im Nahen Osten nach wie vor. Als 1987 die erste Intifada in den besetzten Gebieten ausbricht, taucht dieser Name in den Stadien von Bergamo, Terni und Torre Annunziata unter der Bezeichnung *Brigate Intifada* auf. Ein paar Jahre später nennen die Anhänger von Castellammare di Stabia ihre Gruppe gar *Hamas*. Als Jassir Arafat am 11. November 2004 stirbt, wird dem Führer der Palästinenser mit Dutzenden von Spruchbändern Tribut gezollt.

Die Fanatiker in den Kurven verklären den bewaffneten Kampf. In Italien, auf dem Höhepunkt der Aktivitäten von Organisationen wie den Brigate Rosse, übernehmen Ultras diesen Begriff und ihre Symbole, wie die 1975 gegründeten *Brigate Rossonere* des AC Milan. In Cosenza bildet sich 1978 das *Commando Ultrà Prima Linea*. Die letzten beiden Termini beziehen sich ganz klar auf eine marxistische Gruppe, die die Halbinsel seit 1976 terrorisiert. Schließlich tauchen in den Stadien von Pisa oder Juventus mehrere Transparente mit der

84 Die Fünfte Kolonne ist während des Spanischen Bürgerkriegs aktiv und besteht aus Francos Schergen, die hinter den feindlichen Linien eingeschleust werden, um zu spionieren und Sabotageakte vorzubereiten.

85 Dieser Begriff bezieht sich auf die palästinensische Terrororganisation Schwarzer September, die für die Geiselnahme eines Teils der israelischen Sportdelegation während der Olympischen Spiele 1972 in München bekannt wurde.

Aufschrift *Autonomia Operaia* auf, inspiriert von der linksradikalen Bewegung Ende der 1970er-Jahre. Andere Namen bei den Juventus-Anhängern sind ebenso eindeutig: *Venceremos* ganz klar links gerichtet, aber auch *Gioventù Bianconera*, die sich an den Fronte della Gioventù[86] orientieren oder die *NAB (Nuclei Armati Bianconeri)*, die ihren Namen von den neofaschistischen Nuclei Armati Rivoluzionari[87] ableiten. Bei Inter wird *Potere Neroazzurro*, in Anlehnung an Potere Operaio,[88] 1977 von linken Sympathisanten gegründet, um sich den neofaschistischen Elementen ihrer Tifoseria entgegenzustellen. In den 1970er-Jahren wenden sich diese Jugendlichen eher der extremen Linken zu und schauen sich dort Namen und Symbole ab. In der Tat sympathisiert eine Mehrheit der italienischen Jugend mit der Linken, während eine Minderheit neofaschistische Positionen vertritt.

Die Embleme und Logos, die die Ultras auf ihren Fahnen tragen, nehmen an diesem symbolischen Krieg teil. Sie ermöglichen es, die Gruppe zu identifizieren und ein Bild der Stärke zu vermitteln, sowohl nach innen – damit die Mitglieder sich darin wieder erkennen –, als auch nach außen, um sich von den klassischen Fanklubs zu unterscheiden, die keine Erkennungszeichen auf ihren Bannern tragen.[89] In den ersten Jahren verwenden die Ultras-Gruppen meist dieselben Symbole: Waffen (Dolche, Gewehre), Köpfe wilder Tiere (Löwen, Tiger und Panther) oder Elemente, die als gewalttätig gelten (Alex, der Protagonist des Films »A Clockwork Orange«[90]). Aber es gibt auch politische Embleme, die dem kompromisslosen Bild entsprechen, das die Ultras von sich selbst vermitteln wollen: Sie kommen von links (wie der rote Stern, die Figur von Che Guevara, die geballte Faust, das Anarcho-Zeichen, oder die drei gestreckten Finger der rechten Hand, die die Pistole P38 symbolisieren sollen[91]) und von rechts (das Schwert oder die Flamme). Das Keltenkreuz taucht erst später in den Kurven auf.[92] Es kommt aber auch durchaus vor, dass die Gruppen Symbole oder Logos verwenden, ohne sich großartig um ihre Herkunft zu kümmern. Dies ist zum Beispiel bei den *Fighters* von Juventus der Fall. Diese verwenden die Trikolore, das neofaschistische Logo des MSI, deren Farbe sie abändern[93]

86 Jugendsektion des rechten MSI

87 Rechtsextreme Terrorgruppe, aktiv in den Jahren von 1977 bis 1981. Verantwortlich für diverse Attentate und rund 30 Tote.

88 Partei der extremen Linken, die sich 1967 gründet und den bewaffneten Kampf unterstützt, um die Arbeiterklasse an die Macht zu bringen.

89 Abgesehen vom Wappen des eigenen Vereins.

90 Stanley Kubrick verfilmt 1971 das Buch von Anthony Burgess, in dem es um die Gewalt einer Jugendbande geht, deren Anführer Alex besonders sadistisch agiert. Diese Reflexion über den freien Willen gilt als Kultfilm in der Ultras-Bewegung.

91 Die P38 war eine beliebte Waffe linker Aktivisten. Bei Demonstrationen wurde die Waffe gerne mit drei gestreckten Fingern einer Hand dargestellt.

92 Logo der französischen neofaschistischen Gruppe Jeune Nation, die zu einem der hegemonialen Symbole der nationalistischen extremen Rechten in Europa geworden ist.

93 Die *Fighters* verwenden dieses Logo, wobei die Innenseite der Flamme bei ihrer Gründung 1978 in Rot gehalten wird. Als die Gruppe 1993 von Leuten, die rechtsextremen Ideen nahestehen, wiedergegründet wird, sind die Farben der Flamme dreifarbig, wie die des MSI.

und auf die sie einen Motorradhelm und zwei Schraubenschlüssel aufsetzen, typische Referenzen der militanten Linken. Der unverwechselbare Totenkopf, der die Flagge der Piraten ziert, ist sicherlich das am häufigsten verwendete Emblem. In unterschiedlichen Variationen gibt es ihn von vorne oder im Profil, mit Knochen, Blitzen oder Schraubenschlüsseln. Die bekannteste Darstellung ist dabei sicherlich die der *Brigate Rossonere* des AC Milan. Deren Kopf basiert auf dem Abzeichen der nationalsozialistischen SS aus dem Dritten Reich.[94] Die Verwendung von provokativen oder makabren Symbolen ist eine Konstante und Teil des Rituals während Fußballspielen. Für die Tifosi geht es um Leben und Tod, mit symbolischen Tötungen der gegnerischen Mannschaften. In Genua fabrizieren die Ultras von Sampdoria für das Derby am 18. März 1979 Hunderte von Kreuzen in den Farben des Stadtrivalen. Die Slogans und Gesänge parodieren die Tötung des Gegners: »Devi morire« (»Du musst sterben«) wird beispielsweise einem verletzten Gegner zugerufen. Dramatische Ereignisse in der Geschichte der gegnerischen Mannschaften werden aufgegriffen und mit Nachdruck besungen: Beim Turiner Derby berufen sich die Juventus-Anhänger auf die Katastrophe von Superga. Einige Jahre später, nach der Tragödie von Heysel, wehen bei Torino Fahnen und Schals vom Liverpool FC, um Juventus und seine Tifosi zu empfangen. Um die Ernsthaftigkeit dieser Slogans, aggressiven Namen und unanständigen Embleme zu verstehen, müssen sie im Kontext des Fußballspiels und der Jugendsubkultur gesehen werden. Alles, was anstößig ist, wird übernommen, manchmal ohne Rücksicht auf seine Herkunft. Dieser Overkill ist zum einen auf den Wunsch zurückzuführen, die eigene Mannschaft durch Diskreditierung des Gegners und Schaffung eines positiven Klimas zum Sieg zu treiben. Zum anderen wird in der Kurve immer auch ein zweites Match ausgetragen, das es mit allen Mitteln gegen die gegnerischen Fans zu gewinnen gilt.

Die Kurve als eigenes Territorium

In der Kultur der Tifosi versammeln sich in einer der beiden Kurven des Stadions die fanatischsten Anhänger einer Mannschaft. Dies geht auf die späten 1970er-Jahre zurück, da die Ultras in ihrer Anfangszeit nicht unbedingt über ein bestimmtes Gebiet verfügten, in dem sie ihre Aktivitäten ausüben konnten. Viele Gruppen beginnen ihre Aktivitäten zunächst in einem anderen Teil des Stadion als dem, in dem sie sich später niederlassen. Nach und nach erobern sie ein Gebiet, das zum Mittelpunkt der Stadionatmosphäre wird:

94 Die Brigate Rossonere verwenden dieses Symbol ab Oktober 1975. Es wurde von einem Juventus-Tifoso gezeichnet, der mit einem der Gründer der Gruppe befreundet war und keine Verbindung zum historischen Kontext herstellte. Die meisten Mitglieder der Mailänder Gruppe standen damals der extremen Linken nahe. Vgl. Kollektiv »Curva Sud Milano«, A. a. O., S. 68.

die Kurve. Dort finden sie sich aus wirtschaftlichen Gründen ein, da die Eintrittspreise dort am niedrigsten sind. In Bergamo zum Beispiel ziehen die *Atalanta Commandos* 1971 in die Curva Sud. Zwei Jahre später, am 18. März 1973, zieht die Gruppe aber in die Curva Nord um, dort sind die Tickets noch billiger. Außerdem verhindert eine große Werbetafel in der Curva Sud das Aufhängen von Transparenten. So wird die Curva Nord zur Heimat der heißblütigsten Atalanta-Fans. Nicht selten sind in den Kurven schon diverse Fanklubs ansässig, bevor die Ultras dort auftauchen. Zum Beispiel der *Verona Club I 4 Fedelissimi*, der sich in der Curva Sud des Stadion Bentegodi niederlässt. Nach ihrer Gründung folgt ihm die *Brigate Gialloblu.*

In großen Städten wie Genua, Mailand, Rom oder Turin teilen sich zwei Spitzenfußballmannschaften ein einziges Stadion. Bei den Stadtderbys stehen die rivalisierenden Gruppen manchmal auf derselben Tribüne. Erst in den 1970er-Jahren entscheidet sich jede Seite für eine der beiden Kurven des Stadions. Die »Geographie des Stadions« spiegelt somit den Gegensatz zwischen den beiden Mannschaften wider, die sich gegenüberstehen. In Genua sind die *Ultras Tito Cucchiaroni* von Sampdoria auf der Gradinata Sud, während Genoas *Fossa dei Grifoni* auf der Nordseite stehen. In Mailand wird die Curva Sud erst 1973 zur Hochburg der Milan-Fans, als die *Fossa dei Leoni* von der Gegengerade dorthin wechselt. Die Inter-Fans ziehen 1979 auf die Nordtribüne um, nachdem sie bis dahin ebenfalls auf der Seitentribüne gestanden sind. In Turin wiederum gehört die Curva Maratona den Fans von Torino, während die Curva Filadelfia für die Rivalen von Juventus reserviert ist.

Lediglich in Rom ist die Sache viel komplizierter. Dort haben beide Vereine Fanklubs in beiden Kurven stehen. Ein Teil der Roma-Fans steht in der Curva Sud, die Gruppe der *Boys* wiederum steht in der Nord. Auch die Fans von Lazio stehen an und für sich in der Curva Sud, was bei den Derbys immer wieder zu Problemen führt. Vor dem Derby vom 9. Dezember 1979 beschließen die *Eagles Supporters* deshalb, sich den anderen Lazio-Fanklubs in der Curva Nord anzuschließen und den Standort zu wechseln.[95]

Zu ihren Anfangszeiten bestehen diese Gruppen aus wenigen Mitgliedern, es kommt nur selten vor, dass eine Zahl von 100 überschritten wird, meistens sind es nur ein paar Dutzend Personen. Die Gruppen sammeln sich deshalb in der gleichen Kurve. In Florenz zum Beispiel entscheidet der *Viola Club Vieusseux* 1974 in die Curva Fiesole zu wechseln, wo sich mit den *Ultras, Brigate Viola* und *Sette Bello Junior* bereits das Epizentrum des Tifo gebildet hat. Die Gruppen positionieren sich im Zentrum der Kurve, dort werden sie besser wahrgenommen und können die Stimmung besser koordinieren. Mit der Zeit verdrängen

95 M. Martucci, *Nobilità Ultras dal 1900*, Edizioni De Marco-Piscitelli, Rom 1996, S. 170.

die Ultras somit immer mehr Zuschauer, die wohl oder übel auf andere Bereiche des Stadions ausweichen müssen. Für die Ultras ist Gewalt kein Fremdwort. Meinungsverschiedenheiten oder Streitigkeiten mit normalen Fans werden so schnell und einseitig gelöst.

Das Auftreten und rasche Wachsen der Ultras-Gruppen ändert die Physionomie der italienischen Stadien. Die Kurven werden zum Symbol für eine originelle Art, ein Fußballspiel zu erleben: Die Jugendlichen, die das Stadion besuchen, haben einen Bezugsraum, in dem sie ihre Farben anfeuern und sich mit Gleichaltrigen treffen können, fasziniert von der einzigartigen Atmosphäre in den Kurven Ende der 1970er-Jahre. Darüber hinaus findet diese Generation hier die gewünschte Selbstbestimmung und die Möglichkeit, autonome Zonen zu schaffen. Sie ermöglichen es den Jugendlichen, sich durch das Fußballspiel der elterlichen Kontrolle zu entziehen und sich zu emanzipieren. Die Jugend der Halbinsel, die in den letzten zehn Jahren auf der Suche nach Freiheit ist, sowohl im privaten als auch im öffentlichen Raum, erobert sich allmählich ihren eigenen Platz im Stadion. Der Wunsch, sich zu versammeln, ist sehr stark, und die Ultras bieten ein attraktives Modell der Geselligkeit, das den Generationswechsel zwischen den älteren Fanklubs und dieser neuen Wahrnehmung des Spiels durch die Jugend symbolisiert. Die Identifikation mit dem von den Ultras besetzten Sektor des Stadions ist total. Die Bindung an ihr Territorium wird zu einem ihrer charakteristischen Merkmale. In ihrer Kurve bringen sie die Unterstützung für ihr Team zum Ausdruck, sie treffen sich und organisieren sich nach gemeinsamen Werten. Dieser Raum unterscheidet sich vom Rest des Stadions durch sein jugendliches Publikum. Die immer neuen Gruppen und die Expansion der bereits bestehenden Gruppen verstärkten die Vorherrschaft der Ultras in den Stadien. Die Eroberung dieser Räume war oft mühsam, aber Ende der 1970er-Jahre verfügen sie über eine solide Organisation, und das Auftauchen einer neuen Generation stärkt ihre Präsenz. Die Funktionäre der italienischen Fußballvereine erkennen nicht, was geschieht, und verlieren nach und nach die Kontrolle über die Kurven. Sie lassen den Dingen ihren Lauf, auch weil diese lauten Fans manchmal durchaus nützlich sind. Dann etwa, wenn es darum geht, eine für die gegnerischen Mannschaft feindselige Atmosphäre zu schaffen. Zu dieser Zeit sind die Kurven noch nicht vollständig von den Ultras bevölkert, die teilweise nur eine Minderheit darstellen. Ihre Organisation und Auftreten sorgen aber dafür, dass die übrigen Zuschauer im Laufe der Zeit ausweichen. Die Kurven werden zu einem neuen Ort der öffentlichen Geselligkeit, genauso wie öffentliche Plätze und Bars. Ein Teil der Jugend der Stadt versammelt sich in diesem besonderen Bereich des Stadions und es entstehen informelle Gemeinschaften, die durch die gleiche Leidenschaft für ihren Fußballverein vereint sind. Diese Leidenschaft überlagert meist die politischen oder sozioökonomischen Zugehörigkeiten.

Die Kurve als heiliger Raum

Das Fehlen politischer Lösungen und das Fehlen von Projekten zur Umgestaltung der Gesellschaft führen zum Ende des jugendlichen Protests Ende der 1970er. Das Scheitern der revolutionären Ziele auf der italienischen Halbinsel, der Reformismus der institutionellen Linken und die Radikalisierung der Organisationen, die sich in den bewaffneten Kampf flüchten, signalisieren den unaufhaltsamen Niedergang des politischen Engagements der Jugend. Desillusionierung und das Scheitern revolutionärer Bestrebungen führen zu einer Redimensionierung der politischen Kämpfe: Da die Gesellschaft nicht gewillt ist, sich zu ändern, und das Land von reaktionären Kräften kontrolliert wird, erkennen einige Menschen, dass es realistischer ist, begrenzte Räume zu befreien. Diese jungen Leute können nicht das ganze Land umgestalten, aber es gelingt ihnen, sich bestimmte Freiräume zu schaffen, die sogenannten CSA (Centri Sociali Autogestiti) – Orte, die kulturelle, politische und soziale Aktivitäten anbieten und kollektiv und unabhängig verwaltet werden.[96] Die Kurve eines Fußballstadions wird auch zu einer dieser freien Zonen: die Dimension, die die Ultra-Bewegung am Ende der 1970er eingenommen hat, verbunden mit einer gewissen »Laissez-faire«-Haltung der Institutionen, ermöglicht es den Ultras-Gruppen, den Kurven ihre eigenen Regeln aufzuerlegen.

Die Zusammensetzung des Stadionpublikums spiegelt die Vielfalt der Stadt relativ genau wider. Der Preis der Eintrittskarte fungiert dabei wie eine Art Verteilungsschlüssel und teilt die Gesellschaft in soziale Klassen ein. Grob gesagt, lässt sich ein Stadion in drei Arten von Sektoren und somit Kategorien von Publikum unterteilen: Auf der Haupttribüne finden wir Unternehmer, Politiker, Prominente und die Oberschicht des Bürgertums. Auf der Gegengerade sitzen Vertreter des Kleinbürgertums, Ladenbesitzer und Angestellte, in den Kurven (den beliebtesten Sektoren des Stadions) Angestellte, das Proletariat und Jugendbanden.[97] Diese sozioökonomische Verteilung der Zuschauer auf den verschiedenen Tribünen ermöglicht es, den Anschein eines »politischen Kampfes« zu erwecken. Diese Dialektik wird durch dieses Lied veranschaulicht, das die Ultras von Vicenza am Ende des Spiels den Zuschauern auf den anderen Tribünen Ende der 1970er singen: »Vicenza rossa, rossa, rossa, rossa, Vicenza rossa. Borghesia bastarda. Distinti bastardi farete la fine di Aldo Moro.«[98] (Rot Vicenza, rot, rot, rot, rot, Vicenza. Bürgerliche Bastarde, (…) ihr werdet enden wie Aldo Moro«, in Anspielung auf den Tod des Vorsitzenden der größten

96 Das erste dieser Zentren wird 1975 in Mailand von militanten Linken eröffnet. Zwei Jahre später gibt es in ganz Italien rund 50 CSA. Im Jahr 2023 gibt es laut Zahlen des Innenministeriums noch 187 davon.

97 Siehe auch A. Dal Lago, *Descrizione di una battaglia,* il Mulino, Bologna 1990, S. 87–93.

98 Vecchia Guardia Vicenza 1976, *Gradinata Sud,* Eigenverlag, 2006, S. 46

italienischen Partei, der Democrazia Cristiana, der von den Brigate Rosse entführt und am 9. Mai 1978 ermordet wird.) Wie bei den Karnevalsveranstaltungen des Mittelalters und der Renaissance, die Hierarchien und Werte umstürzten,[99] findet auf den Tribünen eine Umkehrung der sozialen Rollen statt, zumindest für die Dauer eines Fußballspiels.

Die traditionellen Besucher der Kurven, Zuschauer und Anhänger im klassischen Sinne, müssen sich den von den Neulingen gesetzten Standards unterwerfen. In den 1960er- und 1970er-Jahren werden die Transparente der alten Klubs nach und nach aus den Kurven verdrängt. Die Ultras, die ursprünglich kleine Transparente hatten, produzieren mit zunehmendem Wachstum immer größere. Ziel ist es natürlich, das eigene Territorium bei Heimspielen zu markieren. Am 8. Januar 1977 hängt in Rom zum ersten Mal das Transparent des *Commando Ultrà Curva Sud.* Es misst ganze 42 Meter. Die *Eagles Supporters* von Lazio tun es ihren Rivalen gleich und präsentieren am 1. Oktober 1978 ein 54 Meter langes Transparent. Graffitis, die die Mauern, Stiegen und Sitze der Kurven schmücken, weisen ebenfalls auf die Präsenz und die Kontrolle des Gebiets durch die Ultras hin. In den folgenden Jahrzehnten entstehen regelrechte Kunstwerke. Inspiriert von mexikanischen Wandmalereien oder Bildern der irisch-republikanischen Propaganda schmücken sie die Sektoren und bestätigten so die territoriale Stellung.

In den 1970er-Jahren ist es keine Seltenheit, dass sich die Fans zweier rivalisierender Mannschaften bei einem Spiel die gleiche Tribüne teilen: Es gibt noch keine separaten Sektoren für die Tifosi der Gastmannschaft. Dies führt immer wieder zu Spannungen, die manchmal in gewaltsame Zusammenstöße ausarten. Zum Beispiel beim Spiel Fiorentina–Napoli am 3. November 1974, als die Curva Fiesole, die Hochburg der Florentiner Ultras, auch mit Fans aus Neapel gefüllt ist. Als deren Mannschaft den Ausgleich erzielt, kommt es zu einer wüsten Schlägerei zwischen den beiden Lagern.[100] Ab der zweiten Hälfte der 1970er Jahre werden solche Situationen aber seltener. Die zunehmende Zahl an Zusammenstößen, die Größe der Ultras-Gruppen und die Tatsache, dass sich die Ultras einer Mannschaft meist in einer Kurve des Stadions zusammenfinden, führt dazu, die Gästefans in einem anderen Bereich des Stadions unterzubringen. Der gegenüber der Heimkurve liegende Bereich des Stadions wird meist für die Inhaber von Tageskarten und die Gästefans geöffnet. Erst mit der Schaffung von eigenen Gästesektoren werden Zäune errichtet, die die Besucher voneinander trennen.

Die Trennung der rivalisierenden Lager verhindert jedoch die gewalttätigen Aktionen nicht. Die wenigen Gruppen, die in jenen Jahren auswärts fahren und ihre Transparente

99 J. Heers, *Le feste dei folli,* Guida, Neapel 1990.

100 Curva Fiesole, *Autobiografia di una curva,* Edizioni ANMA & San Marco Sport Events, Florenz 1999, S. 30–31.

zeigen, werden von den örtlichen Ultras ins Visier genommen. Aber sie sind nicht die Einzigen, manchmal werden sie von den klassischen Tifosi angegriffen, vor allem im Süden der Halbinsel. Außerdem sind die damaligen Sicherheitsmaßnahmen noch nicht so restriktiv, und es ist leicht, sich im Stadion frei zu bewegen, um zu den Gästefans zu gelangen. Die Polizei ist nicht immer an strategischen Punkten präsent, und die Öffnung der Stadiontore wenige Minuten vor Spielende ist meist ein guter Zeitpunkt, um die gegnerischen Fans anzugreifen. Im Stadion San Siro ist es sogar noch einfacher, denn man kann über die Seitentribüne von einer Kurve zur anderen laufen. Sich im Mailänder Stadion zu zeigen, stellt eine Mutprobe in jener Zeit dar. Am 29. Oktober 1978 werden die Fans der Fiorentina während ihres Auswärtsspiels in die Lombardei von den Anhängern des AC Milan mit Ketten, zerbrochenen Flaschen und Spitzhacken angegriffen.[101] Mehrere Personen werden verletzt, darunter auch der Anführer der *Ultras* von Fiorentina, der mit vierzig Stichen genäht werden muss.[102]

Die Kurve wird zu einem heiligen Raum, zu einem Territorium, das gegen feindliche Übergriffe verteidigt werden soll, sowohl gegenüber rivalisierenden Tifosi oder – später – auch gegenüber der Polizei. Jede Einmischung wird als Provokation empfunden. Die Anwesenheit von Polizeibeamten im Stadion beschränkt sich auf die Eingänge zur Kurve. Zum Einsatz kommen sie ansonsten nur bei schweren Ausschreitungen. Die Kurve ist eine Festung, die mit den Bannern der verschiedenen Gruppen abgegrenzt wird. Auch Provokationen der Gästefans gegenüber den anderen Tribünen werden als Beleidigung empfunden und schreien nach Vergeltung seitens der heimischen Ultras. Ein bewaffneter Angriff ist die einzige Möglichkeit zur Replik. Am Tag des Fußballspiels stehen aber auch andere Bereiche unter dem Schutz der heimischen Ultras: die Straßen, die U-Bahn- und Bushaltestellen rund um das Stadion und manchmal auch die Bahnhöfe. Dies sind exklusive Bereiche, die vor den Angriffen der Gegner geschützt werden müssen. Die Ultras treffen sich mehrere Stunden vor Spielbeginn, um diese Bereiche zu kontrollieren und dafür zu sorgen, dass ihre Gegner sie nicht in Besitz nehmen können. Die Anhänger von Vicenza formulieren es so: »Wir organisieren uns in mehreren ›Empfangskomitees‹ und gehen am Sonntag des Spiels durch die Stadt, um gegnerische Fans zu suchen und sie zu empfangen.«[103]

101 Zur damaligen Zeit gab es bei den Stadioneingängen noch keine nennenswerten Kontrollen.

102 Curva Fiesole, siehe oben, S. 70–72.

103 Vecchia Guardia Vicenza 1976, siehe oben, S. 91.

Hegemonie und Organisation der Kurve

Am Ende des oben beschriebenen Prozesses verlassen die meisten der klassischen Fanklubs die Kurven und besetzen die Gegengeraden. In den 1980er-Jahren werden die Kurven zum Zufluchtsort der Ultras, die sich nun einen Verhaltenskodex auferlegen. Diese Normen bestimmen das Gleichgewicht in der Kurve und ihre Beziehungen zu den anderen Tribünen. Die verschiedenen Gruppen, die sich dasselbe Territorium teilen, legen ein Arrangement fest: ihren Standort, die Platzierung von Bannern, die Rolle der einzelnen Gruppe, und die mögliche Zurschaustellung von politischen Symbolen. Der Tifo wird auf rationelle Weise geplant, aufwendige Choreographien werden in gemeinsamen Sitzungen unter der Woche vorgeschlagen, deren Umsetzung erfordert dann eine straffe Organisation. In den Kurven entsteht eine Parallelwelt, eine »Sonntagsgesellschaft«.

In den meisten Stadien stehen mehrere Gruppen in derselben Kurve. Es gibt eine Hierarchie, und es werden Regeln aufgestellt, um den Standort und die Rolle eines Jeden festzulegen. Dieses Gleichgewicht spiegelt die bestehenden Machtverhältnisse wider, aber auch den Rang und die Autorität der einzelnen Fraktionen. Die Größe und der Standort der Transparente hängen vom Einfluss der Gruppe ab. Die Hauptgruppe mit der längsten Fahne nimmt die Mitte der Kurve ein und leitet den Tifo im Sinne der vokalen Unterstützung. Die anderen Gruppen rücken je nach ihrer Bedeutung näher an diese zentrale Position heran und unterstützen sie, überlassen ihr aber die tonangebende Rolle. Die Hauptgruppe wird zur Leadergruppe durch das Jahr ihrer Gründung, ihr Engagement zur Unterstützung des Teams, und ihre Gewaltbereitschaft. In einigen Städten gibt es keine dominante Formation, sondern ein »Direttivo«, ein Gremium, das sich aus den Anführern der wichtigsten Gruppen zusammensetzt, wie im Fall des AC Milan, wo das Duo *Fossa dei Leoni* und *Brigate Rossonere* lange Zeit den Ton in der Curva Sud angibt. Diese Positionen sind aber nicht in Stein gemeißelt. Eine Gruppe kann ihren Status verlieren, sobald sie den eigenen Normen entsprechend die Kurve nicht mehr führen kann. Das betrifft die Unterstützung des Teams, die Durchführung von Choreographien und die Planung von Auswärtsspielen. Das trifft aber auch dann zu, wenn die Gruppe in punkto Gewalt ins Hintertreffen gelangt.

In den Kurven der Halbinsel unterliegt der den einzelnen Gruppen zugewiesene Sektor einer strengen Raumaufteilung. Das Banner wird vor dem Sektor aufgehängt, in dem die Mitglieder tätig sind. Die vorderen Reihen sind für die wichtigsten Personen reserviert. Der Zutritt zu diesem Bereich wird kontrolliert und ist nur den eingeschriebenen Mitgliedern gestattet. In der Nähe dieses Bereichs sitzen die jungen Mitglieder, die in weiterer Folge Verantwortung übernehmen sollen. Hinter ihnen wiederum finden die weniger aktiven Mitglieder und Unterstützer der Gruppe ihren Platz. Etwas abseits davon stehen die Veteranen der Gruppe. Die Mitglieder der ersten Generation haben mitunter auch ihr eigenes Transparent. Sie stellen für den Nachwuchs eine Art Anhaltspunkt dar und sorgen dafür, dass die Geschichten der Kurve weiter erzählt werden. Am Rand schließlich befindet sich die Menge der Tifosi und Zuschauer, die das Spiel einfach von der Kurve aus verfolgen.

In diesen Kollektiven gibt es keine schriftlichen Regeln, sondern die Normen sind implizit und werden von Generation zu Generation weitergegeben. Neue Mitglieder, die sich integrieren und in der Hierarchie aufsteigen wollen, müssen ihr Engagement unter Beweis stellen. Die Karriere eines Ultras ähnelt der eines politischen Aktivisten, sie besteht aus Opferbereitschaft, Entbehrungen und viel Arbeit hinter den Kulissen. Es ist seine Aufgabe, an Sitzungen teilzunehmen, bei den Vorbereitungen für Choreographien mitzuwirken, zu den Auswärtsspielen zu reisen sowie sich den ungeschriebenen Regeln der Kurve unterzuordnen. Mut bei Auseinandersetzungen zu zeigen ist natürlich auch ein Weg, um schneller akzeptiert zu werden. Diese internen Regeln sind streng und es gibt Sanktionen für diejenigen, die sie nicht einhalten, und bis zum Ausschluss aus der Kurve reichen können.

Die Aktionen der Ultras während der Fußballspiele werden in den 1980er-Jahren immer besser und strukturierter. Es gibt weniger Spontaneität und eine genaue Rollenverteilung. Im Gegensatz zu den Gepflogenheiten jenseits des Ärmelkanals ist Italien ein Musterbeispiel an Organisation, was die Atmosphäre in den Stadien angeht. Die Vorsänger geben die Lieder und Slogans vor, die in der Kurve gesungen werden. Das Gleiche gilt für die bunten Darbietungen der Choreographien. Diese werden die Woche über geplant und vorbereitet. Die Stunden vor dem Spielbeginn verbringen die Verantwortlichen der einzelnen Gruppen mit dem Aufbau in der Kurve. Transparente und Trommeln werden aufgehängt, Fahnen und andere Utensilien werden vorbereitet. Mitunter verfügen die Gruppen auch über kleine Räumlichkeiten unter den Tribünen, um ihr Material dort unter der Woche zu lagern.

In Kurven mit mehreren Gruppen beschränkt sich die Rolle der Hauptgruppe nicht nur auf organisatorische Aufgaben, sie setzt ihre Philosophie auch intern durch. Die Hauptgruppe gibt die Position vor, mit der man den gegnerischen Fans gegenübertritt, bestimmt aber auch, wie man sich gegenüber den Sportbehörden, der Presse, der Vereinsführung und der Mannschaft verhält. Wenn Letztere schlecht spielt, kann die Kurve in einen Streik treten und dem Team die Unterstützung versagen. Auch bei Entscheidungen des Sportmanagements kann die Kurve ihre Position vertreten, wenn es zum Beispiel um den Verkauf eines Spielers oder einen Trainerwechsel geht usw. Wenn man so will, stellt die Kurve eine Art Lobby dar. Wenn die Hauptgruppe eine gewisse politische Tendenz vorgibt, dann färbt das auch auf die anderen Gruppen ab, wie in politisch homogenen Kurven in Verona, bei Lazio oder Inter. Diese gelten allesamt als rechtsextrem. Umgekehrt kann sich eine Gruppe auch gegen das Zeigen von politischen Symbolen stellen und die anderen Gruppen haben sich dieser Entscheidung zu beugen, siehe Parma oder Sampdoria. Schlussendlich greift diese Hierarchie beim Thema Freundschaften und Rivalitäten. Die Hauptgruppe setzt ihre Präferenzen auch hier durch. Können Meinungsverschiedenheiten nicht sofort geklärt werden, setzt man sich an einen Tisch. Ist das Problem dann noch immer nicht gelöst, ist der Weg zur physischen Konfliktlösung ein kurzer. Das Gesetz des Stärkeren gilt auch hier.

Wie gesagt teilen sich die Ultras-Gruppen die Ränge mit den gemäßigten Fans. Diese wiederum werden durch die Anwesenheit der Ultras quasi zum Mitmachen gezwungen. Man singt und beteiligt sich am Tifo. Teilweise werden dabei auch die Grenzen des Alltages überschritten. Die Ultras organisieren das Spektakel, ein Teil des Publikums wird Teil des Rituals. In der Kurve setzt sich ein Gefühl der Gemeinschaft durch. Die Organisation der Gruppe wird übernommen, die Solidarität zwischen den internen Komponenten bildet das Fundament. Die klassischen Fanklubs in den Kurven haben nicht mehr die Mittel, sich durchzusetzen, und die einzelnen Zuschauer noch weniger. Wenn sie mit den von den Ultras auferlegten Zwängen nicht einverstanden sind, bleibt ihnen nur mehr die Möglichkeit, die Tribüne zu wechseln.

Die jungen Ultras übernehmen die Rolle eines Fahnenträgers: Ihre Militanz und ihre Aufopferungsbereitschaft, um die Farben ihrer Mannschaft zu verteidigen, die Unterstützung, die sie ihr geben, die langen Reisen, die sie auf sich nehmen, bestätigen ihre Position und verleihen ihnen Autorität. Die normalen Zuschauer, die am Rand der Kurven Platz nehmen, werden von den Ultras mitunter diskreditiert, wenn ihnen mangelnder Einsatz vorgeworfen wird. Trotzdem bleiben sie unverzichtbar, wenn es zum Beispiel darum geht, aufwendige Choreographien umzusetzen.

In den 1980er-Jahren wird der von den Ultras besetzte Raum zu einer freien und selbstverwalteten Zone mit Regeln, die oft die Grenzen der Legalität überschreiten. In der Kurve sind alle willkommen: der Arbeiter ebenso wie der Sohn aus gutem Hause, der Unternehmer nimmt seinen Platz neben dem Vorbestraften ein. Asoziales Verhalten wie Gewalt, Drogen- oder Alkoholkonsum wird akzeptiert und manchmal sogar geschätzt. Die rituelle Funktion von Alkohol ist wichtig. Wie bei den dionysischen Feiern im antiken Griechenland, ermöglicht der Konsum großer Mengen Alkohol den Ultras, einen Zustand kollektiver Erregung zu erreichen.

Im Laufe der 1980er-Jahre häufen sich die Namen von Gruppen, die auf Trunkenheit anspielen: In Bari sind es die *Alcool*, die *Coma Etilico* in La Spezia und die *Anonimi*

Alcolisti von Nocerina und die *Drunk Company* beim AC Milan. Die Alkohol-Symbolik, insbesondere die Darstellung von Bierkrügen, findet sich auf Fahnen, Bannern und T-Shirts wieder und ist auch heute noch in Mode. Asoziale Verhaltensweisen werden oft übertrieben und sollen die Öffentlichkeit provozieren. Die Übertretung von Regeln ist ein grundlegendes Konzept: Auf der Kippe zu stehen, gibt einem das Gefühl einer Freiheit, die die Gesellschaft nicht bietet. Alles, was in diesem Raum produziert wird, hat eine Bedeutung, vom Drogenkonsum bis zum gewalttätigen Verhalten, von der vulgären Rhetorik bis zur euphorischen Atmosphäre, die die eigene Mannschaft zum Sieg treiben soll. Dies verstößt gegen den gesunden Menschenverstand, gegen die Moral und gegen das Gesetz: Die Ultras-Bewegung als Jugendsubkultur ist ein Fragment der Rebellion.

KAPITEL 2
Ein Organisationsmodell findet Bestätigung

Das Spektakel wird zum Ritual

Einer der Aspekte, die ein Fußballspiel ausmachen, ist die gesangliche Unterstützung durch die Fans. In der Anfangszeit des italienischen Fußballs sind diese Stimmungsausbrüche noch sehr sporadisch und spielabhängig. Monotone und sich wiederholende Slogans kann man nur nur bei spielentscheidenden Szenen hören. Das Auftauchen der ersten Fanklubs in den 1950ern ändert daran vorläufig noch nichts. Doch die neue Generation der Tifosi bricht mit dieser Tradition Ende der 1960er, im folgenden Jahrzehnt ändert sich der Tifo komplett. Die neue Generation sorgt für einen mehr oder weniger kontinuierlichen Support in den Kurven des Landes. Dabei kommen auch Hilfsmittel wie Trommeln, Trompeten oder Megaphone zum Einsatz. Diese wurden bis dahin nur sporadisch verwendet.

Die Ultras verwenden kleine und größere Trommeln, die sogenannten »grancasse«, die man heute vor allem aus Südamerika kennt. Dies führt gelegentlich zu Problemen, da die Vereine manchmal mit Geldstrafen seitens des Verbandes belegt werden.[104] In Bergamo zählt man 1978 beispielsweise bis zu 35 Trommeln in der Curva Nord. Die erste Ultras-Generation benützt aber auch Becken (wenn auch nur für eine kurze Zeit), Trompeten oder Hupen (bis zu 15 Hupen werden auf einer Vorrichtung montiert und an einer Autobatterie angeschlossen). Die Megaphone, die schon in den 1960er-Jahren verbreitet waren, um die Menge anzufeuern, gelten noch nicht als unersetzbar, um die Schlachtgesänge in den Kurven zu koordinieren.[105] Bis zu den 1980ern dauert es, als die Ultras mit dem Megaphon nicht mehr nur Dutzende oder Hunderte Fans zum Singen motivieren, sondern plötzlich ganze Sektoren animiert werden müssen.

Der spontane Support weicht einem organisierten Tifo, in dem die Trommeln den Rhythmus vorgeben und Vorsänger auf einem eigens errichteten Podest die Fangesänge anstimmen. Die erste Strophe wird vorgesungen, um dann von der Masse übernommen zu werden. Genauso passierte es auch bei den Demonstrationen, wo die ersten Reihen die Lieder anstimmten, die dann vom Rest des Demonstrationszuges nachgesungen wurden.

104 Der Fußballverband war der Meinung, die Verwendung von Trommeln beeinträchtigt die Gastmannschaften.

105 Das zeigen Bilder eines Dokumentarfilms über das Freizeitverhalten der Genueser. Der Regisseur besucht dabei das Stadion Luigi Ferraris im Stadtteil Marassi während eines Spiels von Sampdoria im Jahr 1965. Siehe Renato Mazzoli, *Domenica in libera uscita*, Italien, 1966, 16. Minute

Es ist eine Ehre, in der ersten Reihe zu stehen und den Tifo zu koordinieren, wie ein Ultra von Lazio erklärt: »Mit dem Rücken zum Spielfeld dirigieren sie den Chor. Das Vorrecht, das Spiel nicht zu sehen – das ist in diesem Fall kein Widerspruch – und die Spannung in der Kurve aufrechtzuerhalten, haben sich die Vorsänger verdient«.[106] Die Trommeln werden immer in der vordersten Reihe im Zentrum der Kurve montiert, wo auch das Transparent der Gruppe hängt.

Den Einfluss der Politik auf die Kurven in den 1970ern erkennt man in erster Linie an den Slogans und Schlachtgesängen, die man sich von politischen Kundgebungen abschaut und an die Gegebenheiten des Stadions anpasst. In der Curva Sud des AC Milan stimmen die *Brigate Rossonere* vor jedem Spiel ihrer Mannschaft den Gesang der »Morti di Reggio Emilia« an. In der Stadionversion des Liedes werden ein paar Wörter durch gewaltverherrlichende Ausdrücke ersetzt.[107] Die Demos der Studenten und Arbeiter ziehen durch die urbanen Zentren des Landes und sind in Zeiten des Protestes auch eine Art Vorbild für den Nachwuchs, der die Stadien besucht. Die Ultras eignen sich deren Slogans an und texten sie für ihre Zwecke um. So vervielfachen sich die Schmähgesänge gegen die anderen Mannschaften. Dabei beschränkt man sich nicht nur auf bloße Drohungen, sondern schaut sich von den englischen Fans auch deren Melodien ab. Dort sind die Fangesänge regelrechte Hymnen. Die jungen italienischen Fans träumen davon, diese auch in den italienischen Stadien zu singen. Der Dokumentarfilm »Ragazzi di Stadio« vom Regisseur Daniele Segre, gedreht im Vorfeld des Turiner Derbys am 25. März 1979, beweist dies eindrucksvoll. In einer Sequenz des Films interviewt Segre den Verantwortlichen der *Black and White Fighters* Beppe Rossi in seinem Schlafzimmer. Dieser erzählt dabei von seinem Traum: eine verrückte Atmosphäre das ganze Spiel über, während im Hintergrund der Song der Liverpool-Fans »You'll Never Walk Alone« ertönt. Derart angetan meint Beppe Rossi am Ende: »Das ist der wahre Tifo!«[108]

In den 1980er-Jahren etabliert sich die Ultras-Bewegung als Massenphänomen; die Gruppen kontrollieren ihre Kurven und etablieren ihre Rolle als Motor der Stadionatmosphäre. Der Vorsänger wird zum alleinigen Koordinator. Meist wird er von 1–2 Leuten an seiner Seite unterstützt. Mit dem Rücken zum Spielfeld und mit Unterstützung des Megaphons gibt er die Lieder vor, die dann von der Kurve übernommen werden. In den größeren Kurven, wo die Megaphone nicht mehr ausreichen, werden regelrechte Soundanlagen installiert – ein Mikrofon, das mit Lautsprechern verbunden ist und somit die ganze Kurve erreicht. Bereits 1982 werden in der Curva Sud des AC Milan zwei Lautsprecher

106 Pierluigi Felli, *L'amor teppista*, Latina, Novecento, 2005, S. 24.

107 Franco Giubilei, *Ultimo stadio*, Reggio Emilia, Aliberti Editore, 2007, S. 66.

108 Siehe Daniele Segre, *Ragazzi di stadio*, Italien, 1980, 60. Min.

aufgestellt, die ihren Strom aus einer Autobatterie beziehen. In den folgenden Jahren werden die Soundanlagen immer größer und perfekter, beinahe jede Kurve verfügt über eine solche. Das erste Mal fand diese Technik nachweislich am 7. Juni 1964 Verwendung, während des Spiels Modena–Sampdoria. Verantwortlich dafür war ein Sampdoria-Fan, der für Philips arbeitete.[109]

Die rudimentären Gesänge der vorangegangenen Jahrzehnte weichen also einer größeren Auswahl an Liedern. Vorstellungskraft, Fantasie und Kreativität werden zu Essenzen des neuen Tifos. Diese Lieder stellen einen einzigartigen Soundtrack dar. Die Ultras haben ein großes Repertoire an Songs, um ihre Mannschaft zu unterstützen: Sie übernehmen die Melodien von Demonstrationen, Opernarien (u. a. »Der Triumphmarsch« aus Verdis Aida), lassen sich von der internationalen (»Yellow Submarine« von den Beatles) und italienischen Popmusik (»Sara perché ti amo« von den Ricchi e Poveri), Klassikern (»Guantanamera«) und Volksliedern (neapolitanische Folklore) inspirieren. Dazu kommen noch englische (»Whatever Will Be, Will Be«) und argentinische Fangesänge (»Una gitana hermosa tiro las cartas«), politische Verse (von links »Bella Ciao« und rechts »All' armi siam fascisti«), Militärmärsche (etwa jener der US-Marines, inspiriert vom Film »Full Metal Jacket«) oder Nationalhymnen (»La Marseillaise« oder »God Save the Queen«). Die Ultras verwenden dabei Wörter und Begriffe für Themen, die für sie wichtig sind: Verbundenheit mit der Stadt, Loyalität und Treue zur eigenen Gruppe, Diskreditierung des Gegners, Stellenwert des eigenen Vereins, Verherrlichung der eigenen Spieler und Gewaltbereitschaft. Diese Gesänge entwickeln sich im Stadion oder werden auf langen Auswärtsfahrten zusammengetextet. Schwierige oder komplexere Lieder drucken sie auf ein Blatt Papier und verteilen es an die Tifosi.

Die akustische Unterstützung der Aktionen am Spielfeld nimmt einen obsessiven Charakter an. Mit den Liedern und Slogans werden rhythmische Figuren verbunden: Trommeln geben den Takt vor und werden von Händeklatschen, Körperbewegungen und dem Schwenken von Fahnen begleitet. Sobald ein Lied von einer Kurve übernommen wird, wird es von den meisten anderen Gruppen auf der Halbinsel nachgesungen. Die Texte werden dabei dementsprechend umgeschrieben. Infolgedessen ist das Repertoire der italienischen Stadien oftmals identisch. Trotzdem sucht jede Kurve nach Originalität und jedes Jahr erscheinen neue Lieder, während andere allmählich wieder verschwinden. Angelehnt an die Protestkultur der 1970er-Jahre entwickelt sich in den Stadien auch ein neuartiges Phänomen: der Streik in der Kurve. Um die anderen Zuseher aufgrund sportlicher Misserfolge der Mannschaft zu mobilisieren, einem Konflikt mit der Vereinsführung

109 Gerolamo Calcagno, Luca Ghiglione, siehe oben, S. 31.

Ausdruck zu verleihen oder um gegen Übergriffe seitens der Polizei zu demonstrieren, protestieren die Ultras und skandieren Gesänge gegen die eigenen Spieler, Funktionäre oder die Ordnungskräfte. Die weitere Stufe des Protests ist das komplette Einstellen aller Aktivitäten in der Kurve.

Ein weiteres interessantes Thema taucht Anfang der 1990er-Jahre in den Liedern auf. Diese Hymnen verherrlichen die eigene Bewegung, den Kampf gegen die Obrigkeit und fördern transgressives Verhalten (Alkoholismus und Drogenkonsum). 1989 treten die ersten Gesetze bezüglich Stadionverboten in Kraft. Das Verhältnis zwischen den Ultras und der Polizei wird infolgedessen immer angespannter und führt immer wieder zu gewalttätigen Auseinandersetzungen. Die Ordnungskräfte werden zu einem weiteren Feindbild und dementsprechend ebenfalls mit Schmähgesängen bedacht.

Die zunehmende Repression führt dazu, dass das Überleben ihrer Subkultur in Frage gestellt wird und die Ultras sich und ihre Bewegung in ihren eigenen Liedern feiern. Die Schlachtgesänge, die seit vier Jahrzehnten in den Stadien zu hören sind, sind Teil der italienischen Gesellschaft geworden, wie die Umkehrung der Rollenverteilung beweist: Die Slogans der politischen Demonstrationen sind nun von denen der Stadien inspiriert.[110]

Die Struktur der Gruppen

Als die neuen Gruppen die Stadien erobern, orientieren sie sich noch am Organisationsmodell der klassischen Fanklubs. Unter diesem Eindruck entstehen folgende Gruppen: *Milan Club Commandos Tigre, Ultras Granata Maratona Club Torino* und *Calcio Club Verona Brigate Giallo Blu.* Es gibt einen Vorstand, den man später Direttivo nennt, der für administrative Aufgaben wie die Organisation von Versammlungen, die Anmietung eines Vereinslokals, die Verwaltung der (oft spärlichen) Finanzen und den Umgang mit dem jeweiligen Dachverband der Fanklubs zuständig ist. Manchmal gibt er ein Informationsblatt heraus, das den Veröffentlichungen politischer Organisationen nachempfunden ist. Die Mitglieder sind fast alle Teenager und können aufgrund ihrer mangelnden Erfahrung und Alters noch nicht unabhängig agieren. Deshalb reisen sie in der Regel noch mit den Älteren aus den Fanklubs zu den Auswärtsspielen. Nach und nach weicht diese Improvisation der Anfangszeit aber einer besseren Aufgabenteilung innerhalb des Direttivos: Sie planen ihre Aktionen besser und jedes Mitglied wird in die Pflicht genommen. Die Aktivitäten beschränken sich dabei nicht nur auf das Spiel am Sonntag, denn der Tifo auf den Tribünen erfordert auch viel Arbeit im Vorfeld: neue Transparente

110 Siehe Giorgio Triani, *Bar Sport Italia*, Mailand, Editrice A coop, 1999.

müssen angefertigt und Fahnen genäht werden. Die für die Trommeln zuständige Person muss dafür sorgen, dass sie gewartet werden. Die erfahrensten Ultras koordinieren den Gesang. Neben dem Spiel auf dem Platz gibt es jetzt dank der Animation auch in den Kurven ein Spektakel zu erleben.

An der Spitze steht die Figur eines Anführers: eine Person, die man in der Kurve kennt und von den Verantwortlichen des Vereins, aber auch von den Gegnern anerkannt wird. Der »Capo« verfügt meist über eine gewisse Aura und weiß seine Gruppe hinter sich. Er ist meist ein Veteran unter den Fans und hat sich schon oft durch sein Charisma und seine Unerschrockenheit bei Auseinandersetzungen ausgezeichnet. Er steht am Geländer der Kurve und dirigiert seine Truppe, insofern ist er ein Vorbild für andere und muss sich selber vorbildlich verhalten. Wie der Anführer der *Vigilantes* von Vicenza in seiner Biografie schreibt: »Ich musste den rivalisierenden Ultras meine physische Präsenz entgegensetzen, ich stand an vorderster Front, denn ich konnte nicht zulassen, dass sie in unser Territorium eindrangen.«[111] Zum Capo wird man im Normalfall bestimmt, es ist sehr selten, dass er oder sie auf einer Generalversammlung ernannt wird, auf der mehrere Personen formell für das Amt kandidieren, oder, dass er oder sie von allen Mitgliedern demokratisch gewählt wird. Es handelt sich um kein demokratisches Modell, vielmehr kommen nur die Mitglieder zum Zug, die »es sich verdient haben«. Diese Form eines gemäßigten Autoritarismus soll für eine Harmonie innerhalb der Gruppe, Kontinuität des Gruppenhandelns sorgen und das kollektive Interesse anstelle das des einzelnen fördern.

Diejenigen, die die Entscheidungsgewalt haben, sind auch diejenigen, die die ersten finanziellen Mittel für ihre Gruppe aufbringen, indem sie eigenes Geld bereitstellen. Manchmal werden auch Mitgliedskarten, sogenannte Tessere verkauft. Später gibt es auch Sammelaktionen in der restlichen Kurve oder dem gesamten Stadion.[112] Diese Einkommensquellen reichen jedoch kaum aus, um die ständig steigenden Ausgaben zu decken, die sie tätigen müssen, um ihre Aktivitäten zu finanzieren. Hier ist dann Einfallsreichtum der Mitglieder gefragt, um sich verschiedene Materialien für Transparente und Fahnen zu besorgen. Oder man ist auf die Hilfe der Älteren angewiesen wie das Beispiel der *Fossa dei Leoni* zeigt. Während des Auswärtsspiels in Neapel am 9. Jänner 1972 wird das Transparent irreparabel zerstört. Der Dachverband der Fanklubs springt zum Glück ein und stellt ein neues, und noch dazu größeres, Transparent zu Verfügung.[113]

Um wirklich autonom zu werden, brauchen die Ultras aber mehr finanzielle Ressourcen. Daher beschließen sie ab der zweiten Hälfte der 1970er-Jahre, Gadgets (Fanartikel)

111 Andrea Peretto, *Vita da Ultrà*, Vicenza, Editrice Veneta, 1999, S. 39.

112 Diese Methoden sind auch heute noch bei den Ultras üblich.

113 *Nuovo striscione della »Fossa dei Leoni«*, »Forza Milan«, März 1972, S. 47.

in den Farben ihres Klubs zu produzieren: Aufkleber, Schals und T-Shirts. Dadurch lässt sich die eigene Identität festigen und man kann den Unterschied zu den traditionellen Fanklubs hervor streichen. Name und Symbol der Gruppe werden aufgedruckt. Die Ultras des AC Milan gehören zu den Pionieren auf diesem Gebiet. Das damals noch befreundete *Commando Ultrà Curva Sud* der AS Roma bittet die *Fossa* um Hilfe bei der Herstellung seiner ersten Schals. Der Erfolg des Handels mit diesem Merchandising ermutigt die Gruppen, ihre Produktion im folgenden Jahrzehnt zu diversifizieren. Der finanzielle Ertrag aus diesen Verkäufen erhöht sich sukzessive. Die einzelnen Gruppen schauen sich auch bei der Produktion dieser Gadgets immer wieder was ab und lassen sich von einander inspirieren. Normalerweise ist ein Verantwortlicher für Gestaltung und Produktion des Materials zuständig. die Herstellung erfolgt über spezialisierte Firmen. Kaufen kann man die Gadgets dann im Klublokal oder im Stadion auf einem Tisch am Eingang zur Kurve.

Die Kurven sind fast ausschließlich von Männern bevölkert und doch entwickelt sich im Laufe der Jahre eine weibliche Komponente. Meist sind es Freundinnen oder Schwestern der männlichen Tifosi. Bei gewissen Vereinen, wie Torino oder Sampdoria, sind Frauen schon in der 1970ern stark vertreten. Es ist eine Zeit, die noch sehr stark von geschlechtsspezifischen Normen und generell sehr patriarchalisch geprägt ist. Frauen fordern ihren Platz in der Gesellschaft und erhalten ihn auch sukzessive. Es bilden sich Frauenkollektive wie in Turin unter dem Namen *SLAS – Donne Ultras* (benannt nach Susanna, Luisa, Anna, Silvia) oder in Genua mit den *Ultras Girls*. Sie beteiligen sich nicht an gewalttätigen Auseinandersetzungen, aber sie investieren oft viel Zeit in andere Aufgaben und erhalten Verantwortung innerhalb der Gruppen.[114] In erster Linie fallen ihnen dabei Aufgaben zu, die in einem übermäßig normativen Umfeld als »weiblich« gelten, zum Beispiel das Nähen von Fahnen, wie einer der Verantwortlichen der *Ultras Tito Cucchiaroni* erklärt: »Seit 1979/80 haben sie uns immer geholfen: alle unsere großen Überziehfahnen wurden von einer von ihnen genäht.«[115] Frauen sind aber auch sonst sehr aktiv in der Ultras-Bewegung, vor allem im administrativen Bereich, zum Beispiel beim Verkauf von Fanartikeln, beim Verwalten der Mitgliederlisten und der Finanzen.

114 Eines der Merkmale, die die Ultras-Bewegung vom Hooliganismus unterscheiden, ist diese weibliche Beteiligung, während es kaum Frauen im Kreis der britischen Hooligans gibt.

115 Fabio Bruno, *Doria e gloria*, »Supertifo«, August 1987, S. 10.

Die Inszenierung der Kurven und die kreative Originalität der Ultras

In den 1960er-Jahren wird die Verwendung von Fahnen in den Stadien auf der ganzen Halbinsel immer verbreiteter. Gegen Ende des Jahrzehnts kommen einige der Tifosi mit immer größeren Fahnen ins Stadion, die an Angelruten oder Bambusstangen befestigt sind. Mit dem Auftauchen der Ultras nimmt der Wunsch zu, Farbe auf die Tribünen zu bringen und die Verbundenheit zum eigenen Verein zu zeigen. Mit den wenigen finanziellen Mitteln, die ihnen zur Verfügung stehen, ist die Fahne das erste Accessoire, mit dem die Tifosi ihre Kurve beleben können. Der Aufstieg des Genoa CFC in die Serie A wird am 17. Juni 1973 im Spiel gegen Lecce mit einem Meer aus roten und blauen Fahnen in der Gradinata Nord, Heimat der fanatischen Genoani, gefeiert. Meistens sind sie nur rudimentär gestaltet und bestehen aus abwechselnden Streifen oder Karomustern in den Vereinsfarben. In der zweiten Hälfte der 1970er-Jahre führen die Ultras originellere Symbole in die Tifo-Kultur ein: Die Anhänger von Hellas Verona lassen sich von den Flaggen der Vereinigten Staaten, des Vereinigten Königreichs, Panamas, Schwedens und sogar Israels inspirieren, um riesige gelbe und blaue Fahnen zu nähen, wie sie am 2. Mai 1976 beim Spiel Como–Hellas Verona zu sehen sind.[116] Die *Brigate Gialloblu* verwenden auch historische Symbole auf ihren Flaggen, wie die Leiter der Scaligeri.[117]

Auf den Tribünen erscheinen neue Stilelemente. Inspiriert durch südamerikanische Kurven übernehmen Ultras die Idee, Tausende von Konfetti und Klopapierrollen gleichzeitig in die Luft zu werfen (eine Form des Tifos, die das Fernsehen durch die Übertragung der Fußballweltmeisterschaft 1978 in Argentinien auch in die italienischen Wohnzimmer bringt). Sie schauen sich aber auch etwas von den Engländern ab: Dort recken die Fans ihre Schals weit in die Höhe und erzeugen so ein regelrechtes Meer in den jeweiligen Vereinsfarben. Diese Praxis, die Schals in Szene zu setzen, verbreitet sich innerhalb kürzester Zeit in ganz Italien.

Ein anderes Phänomen ist jenes der Parodien auf den Tod. Die Trauerzüge sind eine englische Tradition, die bis in die 1960er-Jahre zurückreicht. Vor bestimmten Spielen tragen Fans einen Sarg in den Farben der gegnerischen Mannschaft in das Stadion. Die Ultras übernehmen diese Parodie und übertragen das Ganze in die Kurve. Zu Beginn des Spiels erscheinen Särge, manchmal begleitet von riesigen Kreuzen in den Farben des Gegners. Bei wichtigen Spielen lässt man der Fantasie freien Lauf und hantiert mit

116 Die große gelb-blaue Flagge mit dem Davidstern zeigt die Verschiedenheit der von den *Brigate Gialloblu* verwendeten Symbole, obwohl diese Gruppe heute für die neofaschistischen Positionen ihrer Mitglieder bekannt ist.

117 Eine Adelsfamilie aus Verona, die die Stadt von 1262 bis 1387 regierte.

neuen Accessoires, wie z. B. großen Holzbuchstaben. Damit werden Sätze gebildet, die das eigene Team unterstützen sollen oder schlicht den Namen des eigenen Klubs bilden. Die Rhetorik dieser Animationen ist identisch mit jener der Gesänge, es geht um Krieg, Tod oder Sex.[118]

Die Inszenierungen zu Spielbeginn, die sogenannten Choreographien, sind teilweise auch noch sehr rudimentär. Alles, was die Tribünen in Farbe tauchen kann, findet Verwendung. Einige greifen zu Feuerlöschern, die Kohlendioxidschaum in Form einer weißen Wolke ausstoßen. In Mailand verwenden die jungen Tifosi dabei Geräte, die sie zuvor aus öffentlichen Gebäuden entwendet haben.[119] Ab 1975 finden auch pyrotechnische Gegenstände Verwendung, die in Neapel schon in der Nachkriegszeit gebraucht wurden.[120] Dieses Feuerwerk gibt genau das Bild wieder, das die Ultras von ihrer Tribüne vermitteln wollen, das eines eruptierenden Vulkans. Es werden zwei Arten von Pyrotechnika verwendet: Seenotfackeln oder Fackeln, wie sie bei der Eisenbahn zum Einsatz kommen (es gibt Raketen, die Fallschirme genannt werden, und Handfackeln, die eine rote Flamme von zwanzig bis dreißig Zentimetern erzeugen) und militärische Rauchbomben (sie stoßen einen intensiven farbigen Rauch ohne Flamme aus). Die hohen Kosten für die Anschaffung »zwingen« die Ultras dazu, sich die Pyrotechnika auf »Umwegen« zu besorgen: In Florenz zum Beispiel werden sie aus den Zügen, die zwischen den beiden Bahnhöfen der Stadt verkehren, entwendet, auf die Gleise geworfen und bei Einbruch der Dunkelheit eingesammelt.[121] Manchmal gehen die Fans sogar so weit, dass sie mit Unkrautvernichtungsmitteln und anderen Substanzen hantieren.[122]

Zusammen mit den Fahnen werden diese pyrotechnischen Gerätschaften zum grundlegenden Zubehör der Ultras. So sehr, dass im folgenden Jahrzehnt Unternehmen, die sich auf die Herstellung und den Verkauf von Material für die Tifosi spezialisiert haben, Handfackeln und andere Rauchbomben speziell für den Einsatz im Stadion herstellen und verkaufen.

In den späten 1970er-Jahren nehmen die Choreographien neue Dimensionen an und erfordern vor Spitzenspielen langwierige Vorbereitungen. Um der Wahrheit genüge zu tun sei erwähnt, dass es schon zwischen 1960 und 1969 Tifoserie gab, die choreographische Spektakel abgeliefert haben. Beim Mailänder Derby vom 3. April 1966 verteilen die Fanklubs von Inter und Milan Hunderte von Fähnchen, um die Tribünen des Stadio

118 Christian Bromberger, *La partita di calcio. Etnologia di una passione,* Rom, Editore Riuniti, 1999, S. 209

119 Fossa dei Leoni, *Nella Fossa dei Leoni*, Selbstverlag, 2002, S. 40.

120 Wie in den Archivaufnahmen des Spiels Roma–Napoli vom 26. November 1950 zu sehen ist. Vgl.: *Gli avvenimenti sportivi della settimana, Campionato di calcio Roma-Napoli 0–0,* 26. November 1950.

121 Sébastien Louis, *Le phénomène ultras en Italie*, Paris, Mare et Martin, 2006, S. 162.

122 Silvio Cametti, *I guerrieri di Verona, Verona*, Sport Communication, 1997, S. 208.

Giuseppe Meazza zu schmücken.[123] Als man den Gewinn der zehnten Meisterschaft feiert, organisiert der *Inter Club Mariano Comense* eine Show mit Kartonagen, die die bisherigen Scudetti (Meisterschaften) und die Schlange, das Symbol des Klubs, darstellen. Am 16. April 1967 stellt der *Sampdoria Club San Martino* im Zweitligaspiel gegen Varese ein vier Meter hohes »A« auf die Gegengerade des Stadio Luigi Ferraris, um den Aufstieg in die Serie A als Ziel vorzugeben. Der Buchstabe war in den Klubfarben bemalt und wurde schlussendlich von Hunderten mit Helium gefüllten Luftballons in die Höhe gezogen.[124]

Es liegt aber an den Ultras, die Kurvenshows auf ein bis dato nicht erreichtes Level zu heben. Das passiert vor allem bei den Stadtderbys, wo die Kreativität oft keine Grenzen mehr kennt. Die Spiele werden zu Duellen um die lokale Vorherrschaft. Am 28. März 1979 präsentiert das *Commando Ultrà Curva Sud* der AS Roma 3000 Luftballons und 400 Rauchfackeln in den Farben Rot und Gelb. Auf der anderen Seite des Tibers, bei Lazio, werden am 2. März 1980 zehn Meter lange Buchstaben aus Stoff hochgezogen, die den Schriftzug »Forza Lazio« ergeben. Am selben Tag findet auch das Derby in Mailand statt. Die Curva Sud vom AC Milan wird dabei zweigeteilt. Der obere Teil ist voller schwarzer Fahnen, während im unteren Teil rote Fahnen geschwenkt werden. Man erkennt zum ersten Mal ein Konzept. Mit der zunehmend besseren Organisation innerhalb der Gruppen entwickeln sich im Laufe der Jahre auch die Choreographien weiter.

Die neue Dimension der Ultras

In den 1980er-Jahren etabliert sich die Ultras-Bewegung endgültig in den Stadien, während der Fußball in der italienischen Gesellschaft eine noch nie dagewesene Medienpräsenz und Begeisterung erfährt. Eine Dynamik, die vor allem durch den Triumph der Nationalmannschaft bei der Fußballweltmeisterschaft 1982 ausgelöst wird. Ein unerwarteter Sieg, der sich in das Gedächtnis einer ganzen Nation einprägt. Das Land wird damals von einer Reihe tragischer Ereignisse getroffen und muss sich von vielen Traumata erholen: die Jahre des Terrors (Anni di Piombo), die Italien erschütterten, gehen zu Ende. Der Anschlag auf den Bahnhof von Bologna am 2. August 1980, bei dem 85 Menschen sterben, ist der letzte Akt des rechten, schwarzen Terrors. Im selben Jahr erschüttert ein schweres Erdbeben die Regionen Kampanien und Basilikata, bei dem fast 6000 Menschen ums Leben kommen. Auf wirtschaftlicher Ebene zeichnet sich eine Finanzkrise ab, und die Inflation erreicht 1981 die Marke von 18 %. Die organisierte Kriminalität der Mafia

123 Vittorio Notarnicola, *Un »commando« dell'Inter per imbandierare San Siro*, »Corriere della Sera«, 1. April 1966, S. 17.

124 Gerolamo Calcagno, Luca Ghiglione, siehe oben, S. 39.

ist ab 1979 in vollem Gange und in diesem Jahr werden Polizisten, Richter und Politiker ermordet. Diese Offensive seitens der Mafia gipfelt 1982 in der Ermordung des kommunistischen Abgeordneten La Torre[125] und von General Dalla Chiesa.[126]

Auch der italienische Fußball bleibt nicht verschont: Im Frühjahr 1980 kommt es zu einem Skandal um geheime Sportwetten (calcio scomesse), bei denen Spiele der Serie A und der Serie B verschoben werden. Mehrere involvierte Spieler geraten in Haft. Im Mai 1980 ergeht das Urteil der Sportjustiz: Drei von ihnen werden lebenslang gesperrt, andere, wie der spätere Weltmeister Paolo Rossi, werden vorübergehend suspendiert, und mit dem AC Milan und Lazio werden zwei Vereine für die folgende Saison in die Serie B strafversetzt. Es trifft allerdings nur einige wenige Sündenböcke. Andere Vereine, die ebenfalls unter starkem Verdacht stehen, werden nicht belangt.[127] Der Erfolg der Nationalmannschaft in Spanien läutet den Aufschwung des italienischen Fußballs, aber auch des ganzen Landes ein. Die Bilder des jubelnden Staatspräsidenten Sandro Pertini auf der Tribüne des Estadio Santiago Bernabeu nach dem Gewinn der WM sprechen für sich. Dies sind die Vorboten des vorübergehenden Aufschwungs in den Jahren unter der Regierung Craxi mit ihren wirtschaftlichen und diplomatischen Erfolgen. Davon singt auch Toto Cutugno in seinem Lied »L'italiano«, das 1983 zum Hit wird und Zeugnis eines neu entdeckten Stolzes ist, Italiener zu sein.

Der italienische Erfolg in Spanien kommt auch den Fußballklubs zugute. Die Liga zieht immer mehr internationale Stars an, wodurch die Basis für die folgende fußballerische Vorherrschaft auf dem Kontinent gelegt wird.[128] In den folgenden Saisonen dominieren die italienischen Vereine die europäischen Pokalbewerbe. Von 1970 bis 1982 erreichen nur zwei italienische Klubs das Finale des Cups der Landesmeister (des wichtigsten kontinentalen Bewerbs), aber keiner gewinnt den Pokal. Von 1983 bis 1990 erreichen dann schon fünf Mannschaften das Finale und drei davon können den Henkelpokal am Ende in den Himmel recken. Darüber hinaus gewinnen italienische Mannschaften 1990 auch noch die beiden anderen europäischen Pokalbewerbe.[129] Der Zuschauerschnitt der Serie A ist zwischen 1984 und 1986 der höchste in der Geschichte der ersten Liga. In der Saison 1983/84 liegt die durchschnittliche Zuschauerzahl bei 36.652 pro Spiel, in der Saison 1984/85 bei 38.871 und in der Saison 1985/86 bei 35.872.

125 Der sizilianische Abgeordnete Pio La Torre ist Mitglied der parlamentarischen Anti-Mafia-Kommission und bringt ein Gesetz ein, das den Straftatbestand der kriminellen Vereinigung mafiöser Art im italienischen Gesetzbuch verankert.

126 Der Vizekommandant der Carabinieri Carlo Alberto Dalla Chiesa ist einer der Protagonisten der Entwaffnung militanter Gruppen der extremen Linken. Aufgrund dieser Erfolge wird er nach Sizilien entsandt, um die Mafia zu bekämpfen.

127 Nach dem Sieg Italiens bei der Fußballweltmeisterschaft 1982 werden die Sanktionen im Rahmen einer Amnestie reduziert.

128 Ab der Saison 1982/83 dürfen italienische Vereine einen zweiten ausländischen Spieler in ihre Kader aufnehmen.

129 Der AC Milan gewinnt den Europapokal der Landesmeister gegen Benfica, Sampdoria gewinnt den Europapokal der Pokalsieger gegen Anderlecht und Juventus den UEFA-Pokal gegen Fiorentina.

Dieser Aufschwung hat auch Auswirkungen auf die Ultras-Bewegung. Eine neue Generation schließt sich ihr an. Die Gruppen haben nunmehr nicht mehr nur ein paar Dutzend Mitglieder, sondern Hunderte oder sogar Tausende. 1981 zählt die *Fossa dei Leoni* 1000 Mitglieder, im Dezember 1984 sind es schon 5000. 1988/89 verdoppelt sich die Anzahl der Tesserati sogar auf 10.000. Einen Rekord stellt man in der Saison 1990/91 auf, als man über 15.000 eingeschriebene Mitglieder verfügt.[130] Im Gegensatz dazu verschwinden die extremen politischen Gruppierungen zusehends.

Die Dominanz der Ultras wird in den 1980er-Jahren noch verstärkt, als weitere Gruppen entstehen. Gleichzeitig nimmt die Konkurrenz unter den Gruppen zu. Die Rivalität geht dabei weit über einen sportlichen Vergleich hinaus: Es geht nicht mehr nur darum, die eigene Mannschaft zum Sieg zu treiben, sondern auch darum, den Gegner auf den Tribünen zu überflügeln. Die Reputation jeder einzelnen Gruppe wird dabei Jahr für Jahr auf die Probe gestellt: Wer sorgt für die beste Stimmung, wer hat die schönsten Choreographien und wer ist am gewalttätigsten? Die Gruppen müssen daher so professionell wie möglich agieren, fast schon wie Kleinunternehmen. Das Geld für ihre Aktivitäten stammt aus Spendensammlungen, Mitgliedsbeiträgen, Unterstützung seitens der Vereinsführung und den Verkauf von immer neuen Fanartikeln. Auf der ganzen Halbinsel werden Fans zu Sammlern dieser Produkte. Es entstehen Tauschbörsen und in der Wochenzeitschrift *Guerin Sportivo* entsteht eine eigene Rubrik dafür.[131] Anfang der 1980er-Jahre weichen die fröhlichen und lärmenden Banden, die sich einst mit geringen Mitteln in den Kurven trafen, den allmählich strukturierten, hierarchisch organisierten und finanziell gut aufgestellten Ultras-Gruppen. An einem Abend in der Woche treffen sich in der Regel das Direttivo und die einflussreichen Mitglieder, um die kommenden Spiele zu planen. Auf der Tagesordnung stehen dabei die nächste Auswärtsfahrt, ein Rückblick auf das vergangene Spiel aus Sicht der Kurve, der Umgang mit den Vereinsoffiziellen, die Entwürfe für neue Fanartikel und die finanzielle Situation. Diese Treffen stehen normalerweise allen Mitgliedern offen, manchmal sind sie aber auch den aktivsten Mitgliedern, dem sogenannten harten Kern, vorbehalten. Dann etwa, wenn es um »heikle« Themen wie die anstehende Derby-Choreographie geht oder wenn ein Angriff auf feindliche Ultras-Gruppen geplant wird. Die wichtigsten Spiele werden Wochen oder sogar Monate im Voraus besprochen und vorbereitet, wie zum Beispiel die Derbys, wo beide Fanszenen das Spiel auf den Tribünen unbedingt gewinnen wollen.

130 Fossa dei Leoni, siehe oben, S. 282.

131 Ab der Ausgabe vom 28. Juli 1978 wird ein Kleinanzeigenteil in die Zeitschrift aufgenommen. Junge Sammler von Fanartikeln (Schals, Postern, Wimpeln und Eintrittskarten) schalten Anzeigen. Sehr schnell werden auch die Ultrassachen Teil der Kleinanzeigen.

Sie treffen sich an einem bestimmten Ort, vielleicht in einer Garage, in einem Lokal, das sie angemietet haben, oder einem Raum, der ihnen von einem Sozial-, Sport- oder politischen Verein für einige Stunden zur Verfügung gestellt wird. Das *Collettivo Autonomo Viola* trifft sich in einem Kulturzentrum in Florenz. Die *Red Kaos* aus Ancona wiederum treffen sich in einem Lokal der Kommunistischen Partei Italiens, bis sie aufgrund zu extremer Ansichten rausgeschmissen werden.[132]

Es entwickelt sich ein Gruppenleben mit eigenen Regeln und führt so zur Sozialisation. Für einige dieser jungen Menschen wird ihre Organisation zu einer Art Daseinsberechtigung, die alle Opfer, die gebracht werden müssen, rechtfertigt. Um noch effizienter zu sein und ihre Aktivitäten zu zentralisieren, beziehen einige dieser Gruppen ab Ende der 1980er-Jahre feste Räumlichkeiten, die je nach Finanzkraft mehr oder weniger groß sind. In Neapel verfügt das *Commando Ultrà Curva B* über ein eigenes Apartment mit einem modernen Sekretariat, das mit einem Faxgerät und einem Telefon ausgestattet ist, während die *Ultras Tito Cucchiaroni* die ganze Etage eines Gebäudes in Genua belegen. Die Anhänger von Vis Pesaro sind in einem Raum unter ihrer Tribüne im Stadion untergebracht, während die kleine Gruppe *Bari 1908* einen einzigen Raum im Zentrum der apulischen Stadt angemietet hat. Hier können die Ultras ihre Aktivitäten vorbereiten, einen Großteil ihres Materials lagern (Transparente, Megaphone, Fahnen oder Trommeln), ihre Treffen organisieren und ihre Fanartikel verkaufen. Schlussendlich ist es auch ein Treffpunkt, um zu den Auswärtsspielen aufzubrechen und ein Ort der Geselligkeit: Sie treffen sich dort auch abseits der Spiele und können eine Partie Tischfußball spielen, etwas trinken oder ein Fußballspiel im Fernsehen anschauen. Im Allgemeinen sind diese Orte nur für Mitglieder oder Anhänger befreundeter Gruppen zugänglich.

Die Choreographien der Kurven

Die organisatorischen Fähigkeiten der Ultras in den Kurven verbessern sich deutlich. In den 1980er-Jahren werden bei wichtigen Spielen immer aufwendigere Shows veranstaltet. Die Gruppen übernehmen die Kontrolle über die Kurven. Die Kreativität ist grenzenlos, auf den Tribünen finden mit Hilfe von Tausenden Luftballons, Zetteln oder Plastikbahnen regelrechte Inszenierungen statt, wenn die Teams das Spielfeld betreten.

Die Choreographien werden zum Aushängeschild der italienischen Ultras. Besonders die Curva Sud, die die Ultras der AS Roma beheimatet, tut sich bei der Verwendung von Pyrotechnik, Fahnen und Konfetti hervor. Bei den Topspielen versucht man sich

132 Vgl. Collettivo Ultras Ancona, siehe oben, S. 76.

gegenseitig zu übertrumpfen. Durch Plastikbahnen, Zetteln oder Stoffbahnen schafft man es, die Kreativität auf ein immer höheres Level zu heben. Für das Match Lazio gegen Milan am 19. Dezember 1982 organisieren die *Eagles Supporters* eine Choreographie, die in Erinnerung bleiben wird: Plastikbahnen in Hellblau und Weiß verwandeln den unteren Teil der Curva Nord in ein himmelblaues Meer, der darüber hinaus in den Nebel von 70 Rauchtöpfen gehüllt wird.

Am 28. November 1982 überraschen die *Ultras Tito Cucchiaroni* alle mit einer spektakulären Inszenierung, einer riesigen Blockfahne in den Farben des Klubs. Das »Derby della lanterna«, also das »Derby unter dem Leuchtturm« ist immer schon für seine Folkloristik bekannt. Eine Überrollfahne im Ausmaß von 60 × 32 Metern stellt aber auch dort ein Novum dar. Kleinere Fahnen gibt es vorher schon in den Kurven von Fiorentina, Udinese oder Napoli. Die Fotos aus Genua machen rasch im ganzen Land die Runde. Bald tauchen vielerorts ähnliche Fahnen auf, die Ultras inspirieren sich gegenseitig. In Mailand verschwinden sowohl die Curva Nord als auch die Curva Sud vor dem Derby vom 28. Oktober 1984 ebenfalls unter großen Fahnen in den jeweiligen Klubfarben. Von Bologna bis Bari, von Salerno bis Cremona, Blockfahnen gehören bald zum Standardrepertoire. Diverse Gruppen lassen sich diese Fahnen von Klubfunktionären oder einem externen Sponsor finanzieren. In Pescara zum Beispiel subventioniert der lokale Unternehmer Paride Albanese die Herstellung der ersten großen Blockfahne. In Verona geht man sogar einen Schritt weiter. Auf der Fahne der *Brigate Gialloblu* taucht als Sponsor die Firma Canon auf.[133]

Die Ultras beschränken ihre Aktivitäten aber bald nicht mehr nur auf ihren eigenen Sektor. Die Wagemutigsten denken an Spektakel, die das ganze Stadion miteinbeziehen. Zum Spiel AS Roma–Juventus vom 6. März 1983 taucht das *Commando Ultrà Curva Sud* das ganze Olympiastadion mit Hilfe von 120.000 Kartonscheiben in Rot und Gelb. Nach drei Jahren Abstinenz (Lazio steigt 1980 in die Serie B ab) kehrt das Derby der Hauptstadt am 23. Oktober 1983 wieder zurück. Zum Einlaufen der Mannschaften kommen Tausende hellblaue und weiße Fahnen in der Curva Nord zum Einsatz. Im unteren Teil der Curva Sud indes wird eine 60 × 20 Meter große Überrollfahne hochgezogen. In Rot steht dort auf gelbem Untergrund zu lesen: TI AMO (Ich liebe Dich).

Beim Derby vom 24. März 1985 wiederum taucht in der Curva Nord eine 100 Meter lange Fahne in Form eines Halbkreises auf. Von dieser gehen hellblaue und weiße Streifen wie Sonnenstrahlen weg. Die *Eagles Supporters* schreiben auf dem dazu passenden

133 Anm. des Lektors: Der Elektrotechnik-Gigant aus Japan hat in Verona den Sitz seiner Italien-Niederlassung und fungiert in den 1980ern auch als Dressensponsor des italienischen Meisters von 1985.

Spruchband: »Nur die Niederträchtigen und Mittelmäßigen verlieren … wir hingegen sind groß und werden wieder auferstehen!«[134]

Diese Art der Inszenierung wird in italienischen Stadien zur Gewohnheit. Die restlichen Zuschauer in den Kurven werden langsam mit den Anforderungen und Gewohnheiten der Ultras vertraut. Damit die Choreographien funktionieren, muss der Block unter Kontrolle der Ultras sein, damit alles koordiniert werden kann. Die Vorbereitungen für solche Inszenierungen finden mehrere Wochen im Voraus statt. In den Gruppensitzungen wird die Idee erörtert, für ein bestimmtes Spiel eine Choreographie umzusetzen, je nachdem, wie wichtig das Spiel oder wie groß die Rivalität ist. Man entscheidet sich für ein Thema und arbeitet dann an der Umsetzung. Oftmals greift man dabei auch auf den Sitzplan der Kurve oder des ganzen Stadions zurück. An den einzelnen Elementen der Choreographie wird in verlassenen Lagerhallen, auf leeren Parkplätzen, in versteckten Hinterhöfen, in verwaisten Gebäuden oder im eigenen Klublokal gearbeitet. Am Tag X, dem Tag des großen Spiels, betritt eine gewisse Anzahl Auserwählter schon in den frühen Morgenstunden das Stadion, um dort alles vorzubereiten und aufzubauen. Sobald sich die Stadiontore öffnen, werden die restlichen Besucher über den Ablauf der anstehenden Choreographie informiert. Dies passiert durch Durchsagen der Vorsänger oder durch Handzettel, die an den Eingängen verteilt werden, wie einige Roma-Anhänger erklären: »Die Arbeit am Sonntag besteht ausschließlich in einer Art ›Gehirnwäsche‹ der Menge durch Megaphondurchsagen und Flugblätter. Wir wiederholen x-Mal alle Anweisungen, die zu befolgen sind.«[135] Zum Einlaufen der Mannschaften erfolgt dann die Inszenierung der Choreographie. Nach 1–2 Minuten ist alles wieder vorbei.

Das ganze Jahrzehnt über messen sich die Kurven des Landes in Qualität und Kreativität ihrer Kurvenshows. Davon sind so gut wie alle Stadien des Landes betroffen, auch die in den unteren Ligen. In Neapel werfen die Tifosi Tausende von Klorollen, in Lucca werden vor der Kurve riesige Buchstaben aufgestellt, während die Anhänger dahinter in einem Meer aus Pompons versinken. Am 16. März 1986 empfängt die AS Roma Juventus. Das *Commando Ultrà Curva Sud* bedeckt alle vier Tribünen des Stadions mit rot-gelben Stoffbahnen. Am 4. März 1992 veranstaltet die *Fossa dei Grifoni* von Genoa anlässlich des UEFA-Cup Spiels gegen Liverpool eine Lasershow. Unterstützt durch Licht- und Soundelemente wird der Greif, das Wappentier des Klubs, am Dach der Gradinata Nord in Szene gesetzt. Die Kosten für dieses Spektakel belaufen sich auf rund 40 Millionen Lire. Die Ausgabe einer solchen, für die damalige Zeit exorbitanten, Summe für eine

134 Maurizio, Martucci, siehe oben, S. 211.

135 Commando Ultrà Curva Sud, *CUCS*, Rom, Multimedia, [ca. 1989], S. 59

Choreographie sorgt aber auch für erhebliche Diskussionen.[136] Die Fahnenstange ist beim Thema Stadionshows aber noch lange nicht erreicht. Immer wieder gibt es Innovationen. Am 7. Juni 1998 feiern die Fans der Salernitana den langersehnten Aufstieg in die Serie A. In einem ersten Moment werden bemalte Stoffbahnen hochgezogen, die die untergehende Titanic und den Buchstaben B zeigen. In einem zweiten Kurvenbild taucht aus dem Meer ein riesiger Buchstabe A auf.[137] Auch außerhalb der Stadien werden die Ultras immer mehr wahrgenommen.

Die Entwicklung der Auswärtsfahrten

Seit dem Anbeginn des Fußballs kann man das Stadionpublikum in zwei Kategorien unterteilen: Die einfachen Zuschauer, die am Spiel an sich interessiert sind und die Fans, die zu einer der beiden Mannschaften halten. Innerhalb der letzten Kategorie gibt es dann auch jene, die ihre Mannschaft auch zu Auswärtsspielen, oftmals in feindliches Gebiet, begleiten. Schon in den 1910er-Jahren fuhren Fans mit ihrem Team in andere Städte. Dies zeigen Berichte der lokalen Polizeidienststellen. Am 4. Mai 1913 begleiten 120 Fans aus Ligurien ihren Klub zum Spiel Pro Vercelli–Genoa mit dem Zug ins nahegelegene Piemont.[138]

In den Jahren nach dem Ende des Ersten Weltkriegs wird der Fußball immer populärer. Obwohl es noch keine Vereinsstruktur gibt, reisen die treuesten Fans in Zugwaggons, um ihrem Lieblingsverein zu folgen. Dies Züge werden von der Bahn gechartert und ermöglichen es den Fans, ihrer Mannschaft zu einem erschwinglichen Preis hinterher zu reisen. Für die Organisation solcher Sonderzüge sind in der Regel die Fußballvereine zuständig. Für die große Mehrheit der Italiener ist die Eisenbahn damals das einzige leistbare Transportmittel, da der Besitz eines Autos in den 1920er-Jahren noch ein absoluter Luxus ist.

Sonderzüge für die wichtigsten Spiele werden im Laufe des Jahrzehnts immer häufiger eingesetzt. Am 23. März 1924, während eines entscheidenden Spiels in Vercelli, begleiten fast 600 Anhänger die Spieler von Bologna. Einige von ihnen schreiben mit Kreide Slogans auf die Waggons: »Abteil der Verrückten«, »Ecke der unheilbaren Tifosi« oder fertigen Zeichnungen an, wie z. B. ein Porträt des Heiligen Petronius, dem Schutzpatron der Stadt.[139] Am 1. August 1926 reisen 1150 Fans von Bologna nach Mailand zum Meisterschaftsfinale gegen Juventus, wie das Telegramm des Polizeipräfekten bestätigt.

136 Entspricht zur damaligen Zeit etwa 30.000 €, siehe: Fabio Bruno, *You'll Never Walk Alone*, »Supertifo«, Mai 1992, S. 13.
137 Auf den Spruchbändern dazu steht: »Unsere Erinnerungen gehen unter … Unsere Träume gehen auf!«
138 *Genoa: Una leggenda che si rinnova*, Florenz, M'Litographe Edizioni, 1973, S. 21.
139 Italio Vittorio Brusa, *La grande giornata del Bologna*, »La Stampa«, 24. März 1924, S. 2.

Durch die immer größer werdende Begeisterung zögern die Tifosi nicht, immer weitere Strecken zurückzulegen, wie der Sonderzug zeigt, der am 16. Juni 1932 rund 1000 Fans von Bari nach Bologna bringt, zu einem alles entscheidenden Spiel gegen Brescia um den Aufstieg in die Serie A.[140]

Trotz der Zerstörungen durch Bombenabwürfe folgen die Fans ihrer Mannschaft auch nach dem Ende des Zweiten Weltkriegs in andere Städte. In einem vom Krieg teilweise verwüsteten Land, dessen Eisenbahninfrastruktur stark beschädigt ist, benutzen sie ungewöhnliche Transportmittel. So reisen in den Nachkriegsjahren die Tifosi der Fiorentina am 30. Dezember 1945 in überdachten Militärlastwagen nach Siena.[141] Dasselbe geschieht im folgenden Jahr bei den Anhängern von Padova, die am 20. Januar 1946 in dreizehn Lastwagen in die Reggio Emilia fahren.[142] Die Lage im Land verbessert sich allmählich. Nach und nach kann die Eisenbahn wieder flächendeckend genutzt werden. Mit dem Aufkommen der »modernen« Fanklubs in den 1950er-Jahren werden regelmäßig Sonderzüge für die Tifosi der verschiedenen Mannschaften angeboten. In den Nachkriegsjahren kommt jedoch auch ein neues Fortbewegungsmittel auf: der Bus. Mit ihm fahren die Tifosi von Padova am 7. Juni 1948 nach Suzarra, um schlussendlich den Sieg ihrer Mannschaft zu sehen.[143] Aber erst in den 1960er-Jahren und mit der Entwicklung eines gut ausgebauten Straßennetzes wird der Bus als Verkehrsmittel bei den Fans beliebt. Ab 1964 verbindet die »Autostada del Sole« Mailand über Bologna, Florenz und Rom mit Neapel. Italien tritt damit endgültig in eine neue, moderne Welt ein. Durch diese Autobahn wird dem Land, das von natürlichen Grenzen wie den Alpen und dem Meer umgeben und durch den Apennin beinahe in zwei Teile geteilt ist, eine wichtige wirtschaftliche Perspektive eröffnet.

Angetrieben durch die steigende Wirtschaftsleistung der 1950er-Jahre (mit einem kontinuierlichen Wachstum von durchschnittlich 5,3 % pro Jahr zwischen 1951 und 1962) breitet sich die Massenmotorisierung im ganzen Land aus. 1954 bringt FIAT in Turin ein neues Automodell auf den Markt, das in siebzehn monatlichen Raten gekauft und damit auch für ein durchschnittliches Einkommen leistbar wird.[144] Diese Zunahme der Motorisierung spielt jedoch keine direkte Rolle bei der Zunahme der Zahl der Tifosi, die weit aus ihrer Stadt anreisen, um ihren Verein zu unterstützen. Züge und Busse werden nach wie vor bevorzugt. Die Anreise erfolgt nämlich kollektiv, ein sozialer Ritus, der mit anderen geteilt wird. Ein weiterer Faktor, der zum Anstieg des Reiseaufkommens

140 Gianni Antonucci, *Bari si Bari no, Bari*, Edizioni Vivere In, 1985, S. 35.

141 Luciano Artusi, Stefano Ciappelli, *Firenze Viola*, Florenz, Ed. Assessorato Sport Florenz, 1992, S. 171.

142 Massimo Candotti, Carlo Della Mea, siehe oben, S. 175.

143 Ebd., S. 176

144 Antonio Papa, Guido Panico, siehe oben, S. 267.

beiträgt, ist die Einrichtung von Koordinierungsstellen in den folgenden Jahren. Diese erleichtern die Organisation von Reisen durch die Zentralisierung der Aktivitäten der Fanklubs. Darüber hinaus führen die sozioökonomischen Veränderungen im Land infolge des Wirtschaftswunders zu einem Anstieg der Einkommen und mehr Freizeit, was die Reiselust der Fans, die ihrer Lieblingsmannschaft im ganzen Land folgen wollen, begünstigt. Diese Touren sind für die Fans eine Gelegenheit, sich zu amüsieren, denn sie betrachten diese Fahrten als touristische Ausflüge: Der vom Verein gecharterte Bus hat oft Verpflegung dabei, sodass die Insassen gemeinsam ein Picknick machen können. Am Zielort angekommen, machen sie einen kurzen Rundgang durch das Stadtzentrum und posieren vor Denkmälern mit Fahnen und dem Transparent des Fanklubs, bevor sie zum Stadion gehen.

Mit dem Aufkommen der Ultras an der Wende von den 1960er- zu den 1970er-Jahren ändert sich dieses Muster allmählich. Eines ihrer Ziele ist es, ihre Mannschaft sowohl zu Hause als auch auswärts zu unterstützen. Sie sind oft noch minderjährig und haben nicht immer das nötige Geld, um die Ausflüge zu bezahlen. Sie reisen deshalb meist mit den traditionellen Fanklubs. Wenn diese keine Fahrten anbieten, organisieren sie sich manchmal auch selbst, wie die *Atalanta Commandos*, die am 2. Januar 1976 mit dem Zug nach Palermo fahren, um ihre Mannschaft zu unterstützen. Eine Reise, die 52 Stunden hin und retour dauert. Zu den Strapazen an Bord in den unbequemen Verkehrsmitteln kommen noch die Gefahren, die in bestimmten Stadien lauern. Die Quantität der Reisenden spielt dabei keine Rolle, oft sind es nur eine Handvoll. Die Hauptsache ist, dass sie anwesend sind und Präsenz zeigen. Ein Beispiel dafür sind acht unentwegte Schüler aus Vicenza, die am 9. April 1978 nach Bologna fahren, um mit ihrem Transparent vor Ort zu sein. Vorsichtshalber legen sie es später aber weg und verlassen das Stadion zehn Minuten vor Spielende, um in den Bus des Fanklubs zurückzukehren, mit dem sie aus Vicenza angereist sind. Das alles, um nachher nicht den Ultras von Bologna über den Weg zu laufen.[145]

Der Sicherheit in den Stadien der Halbinsel gilt in den frühen 1970er-Jahren nicht die Hauptsorge der Polizei. Zielscheibe der heimischen Tifosi sind eher der Schiedsrichter oder die gegnerischen Spieler. Im Stadion gibt es noch keine klar abgegrenzten Bereiche für die Gästefans, die sich noch unter die Einheimischen mischen. Manchmal landen sie dabei auf der Tribüne der Heimfans, da die Spielstätten zum damaligen Zeitpunkt nur über eine Kurve verfügen. Wer das Risiko eingeht, in einer kleinen Gruppe zu reisen, weiß um die Gefahren und möglichen Hinterhalte. Diese Reisen sind auch ein Beweis

145 *Vecchia Guardia Vicenza 1976*, siehe oben, S. 146–149.

für die Stärke des Kollektivs, das sich nach außen hin behaupten kann. Die Bedrohung geht dabei nicht unbedingt nur von den gegnerischen Ultras aus, sondern manchmal auch vom restlichen Publikum, das die jungen Ultras angreift, weil es durch deren übermütiges Verhalten daran gehindert wird, das Spiel in Ruhe zu verfolgen. Die Entwicklung und Konsolidierung der Bewegung in der zweiten Hälfte der 1970er-Jahre verändert solche Situationen. Gewalttätiges Verhalten breitet sich unter den jungen Ultras aus, die nicht mehr zögern, ihre Rivalen anzugreifen. Die Polizei ist darauf nicht vorbereitet, zudem erleichtern es lokale Gegebenheiten wie im Mailänder Stadion, wo man ungestört von einer Kurve in die andere laufen kann, gegnerische Fans zu attackieren.

Es gibt noch keine Einlasskontrollen, womit es ein Kinderspiel ist, Waffen ins Stadioninnere zu bringen. Die Gefahren, die einen auswärts erwarten sind mitunter so groß, dass damals nur wenige Ultras-Gruppen auf Reisen gehen. Wenn, dann sind sie dementsprechend ausgerüstet: Motorradhelme, Ketten, Spitzhacken, Schraubenschlüssel und Leuchtstifte (ein Stift, nicht größer als ein Kugelschreiber, zum Abfeuern von kleinen Leuchtraketen). Eine Praxis, die von den Aktivisten der außerparlamentarischen politischen Organisationen übernommen wird, die auf diese Weise ausgerüstet zu Demonstrationen gehen. Am Zielort angekommen, steigen die Ultras aus und umzingeln den eigenen Bus und bilden somit eine bewaffnete Eskorte, um ihn zu schützen.

Meistens beschränken die Gruppen ihre Fahrten auf die nächstgelegenen Stadien. Nur wenige Ultras aus dem Norden des Landes trauen sich in den Süden der Halbinsel, um ihre Mannschaft zu unterstützen. Das liegt nicht nur an der großen Entfernung, sondern auch am übermäßigen Fanatismus des dortigen Publikums. Als Beispiel seien die Fans von Napoli erwähnt, die sich durch ihre Treue und Unterstützung auszeichnen. Die Spiele von Napoli werden Schauplatz von regelrechten Invasionen der Anhänger.[146] Eine Minderheit von ihnen vollführt dabei immer wieder gewalttätige Handlungen.

Das Verhältnis der Ultras zu den offiziellen Koordinierungsstellen der Fanklubs wird durchwegs angespannter und führt dazu, dass sich die Ultras immer mehr von diesen lösen. Die Struktur, die diese Gruppen Ende der 1970er-Jahre erlangen, ermöglicht es ihnen langsam, Probleme etwa im Zusammenhang mit der Organisation von Auswärtsreisen zu lösen. Für diese gibt es keine echten Anmeldungen: Interessierte erhalten beim vorhergehenden Heimspiel via Flugblatt alle wichtigen Informationen. Die meisten Fahrten werden mit dem Linienzug durchgeführt. Die Anzahl der Reisenden variiert dabei je nach Bedeutung des Spiels, der Entfernung und der Gefahren, die einen auswärts erwarten

146 Wenn Mannschaften aus dem mediterranen Raum im Norden des Landes spielen, können sie sehr oft auf die Unterstützung von Binnenmigranten bauen, die ihre Heimat verlassen haben, um im reicheren Norden zu arbeiten oder zu studieren.

können. Sie werden angetrieben vom Wunsch, Neues zu entdecken: Sie reisen nicht nur, um ihre Mannschaft zu unterstützen, sondern sie sind auch neugierig auf ihr Gegenüber in der anderen Kurve, den Tifo ihres Gegners. Diese langen Fahrten sind auch eine Gelegenheit, das Gruppenleben zu stärken und aus dem Alltag auszubrechen. Es entstehen Freundschaften und die schwierigen Situationen, die sie gemeinsam meistern, stärken den internen Zusammenhalt. Auf der anderen Seite führt das Gruppenleben aber auch dazu, dass die Hemmschwellen in puncto Gewalt fallen und Vandalismus, Diebstähle an Tankstellen, Drogen- und Alkoholmissbrauch zunehmen. Ein weiterer wichtiger Aspekt ist der der »oral history«. Jüngere Mitglieder kommen mit den Älteren zusammen und bekommen von ihnen Anekdoten überliefert. Gewissen Episoden in der Geschichte einer Gruppe werden hochstilisiert und mythisiert.[147]

In den 1980ern wächst die Organisationsfähigkeit der Ultras. Das betrifft vor allem die Auswärtsfahrten, was paradoxerweise mit den erhöhten Sicherheitsmaßnahmen verbunden ist. Die Reisen sind nicht mehr nur einer mutigen Minderheit vorbehalten und die Ultras beschränken sich nicht mehr auf die nächstgelegenen Ziele. Sie versuchen, so viele Stadien wie möglich zu besuchen, um ihre Mannschaft zu unterstützen. Die Fahrt zu »Risikospielen« bleibt aber wenigen Unerschrockenen vorbehalten.

Die Sicherheitsbedingungen in den Stadien verbessern sich allmählich: Die gegnerischen Gruppen werden getrennt und die Polizei beginnt, die Besucher zu überwachen. Im Gegensatz zum vorangegangenen Jahrzehnt reisen die Gruppen nun durch ganz Italien und sogar durch ganz Europa. Die *Fossa dei Leoni* und die *Brigate Rossonere* fahren am 6. November 1985 in die DDR, um den AC Milan gegen Lokomotive Leipzig zu sehen. Die Erfolge des Mailänder Klubs führen sie später sogar bis nach Japan, wo er das Finale des Weltpokals bestreitet.[148]

Zu Beginn der 1990er-Jahre folgen nicht mehr nur ein paar Dutzend, sondern Hunderte von Ultras ihrer Mannschaft in Sonderzügen oder Bussen quer durch das Land. Der Anstieg der Zahl der reisenden Zuschauer ist auch auf die erheblichen Anstrengungen der Eisenbahn zurückzuführen, die zusätzliche Konvois organisiert. Aus Sicherheitsgründen halten die Sonderzüge nicht in den Hauptbahnhöfen der Zielstädte, sondern an denen, die dem Stadion am nächsten liegen.[149] Die Polizei ist nicht mit an Bord, es obliegt ein paar Kontrolleuren für Ordnung zu sorgen. An Bord der Sonderzüge geht es oft drunter und

147 Cosimo Villari, *Primo Nemico*, Rovereto, Boogallo Verlag, 2006, S. 137.

148 Am 17. Dezember 1989 trifft der AC Milan als Gewinner des Europapokals der Landesmeister (heute Champions League) auf den Meister von Südamerika, Atlético Nacional aus Medellin, in Tokio. Etwa dreißig Ultras aus Mailand begleiten ihr Team in die japanische Hauptstadt. Ein Jahr später trifft man erneut in Tokio auf Club Olimpia Asunción aus Paraguay.

149 In Genua ist der Bahnhof von Brignole, in dem die Sonderzüge halten, etwas mehr als einen Kilometer vom Stadion entfernt. In Neapel ist es der Bahnhof Fuorigrotta, der 500 Meter vom Stadion entfernt liegt.

drüber. Alkohol und weiche Drogen kursieren von einem Abteil zum anderen. Dutzende von Reisenden nutzen die Situation, um kostenlos mitzufahren, da das Kräfteverhältnis im Zug eindeutig für die Ultras spricht. Am Bestimmungsort angelangt, marschiert die Menge bewacht von der Polizei in einem sogenannten Corteo zum Stadion. Die Anführer der Gruppe, die charismatischsten Ultras und diejenigen, die auch einer möglichen physischen Konfrontation nicht aus dem Weg gehen, bilden die vordersten Reihen, um im Falle von Zwischenfällen schnell reagieren zu können. Für die Teams aus dem südlichen Italien, die nicht über große finanzielle Mittel verfügen, sind die Fernverkehrszüge die beste Möglichkeit, solche Fahrten zu unternehmen.

Die zunehmende Mobilität führt zu einem Anstieg der Gewalt. Dabei geht es nicht nur um Angriffe auf Menschen, sondern auch um Schäden an der öffentlichen Infrastruktur. Zugwaggons werden häufig zum Ziel von Vandalismus. Zu Zusammenstößen kommt es meist außerhalb der Stadien, insbesondere während der Corteos der Ultras. Die Zufahrtsstraßen zum Stadion, Bahnhöfe oder Autobahnraststätten werden zu Orten möglicher Konfrontationen. Einige Verhaltensweisen stellen im Kodex der Ultras echte Provokationen dar: zum Beispiel in der gegnerischen Stadt mit offenen Bustüren zu fahren (eine Einladung zu gewalttätigen Auseinandersetzungen), beleidigende Gesänge gegen die örtliche Bevölkerung oder das Hinterlassen von Graffitis oder Schmierereien im öffentlichen Raum.

Die Ultras werden zu Protagonisten

Die Pioniere der Ultras verändern die Tribünen und die Rolle der Tifosi. Bis dahin war die Öffentlichkeit Teil der Kulisse, Teil des sportlichen Umfelds, und die Unterstützung für die Mannschaft kam nicht nur aus einem bestimmten Sektor. Durch ihre leidenschaftliche Unterstützung und die Inszenierung der Tribünen werden sie zu einem zusätzlichen Akteur des Spiels. Mit ihren Gesängen auf der Tribüne treiben sie ihre Mannschaft zum Sieg und versuchen, die gegnerischen Spieler durch die ihnen entgegengebrachte Gehässigkeit in eine Niederlage zu treiben. Die Kurven der Stadien werden somit innerhalb von ein paar Jahre zu einer Bühne, dank der Atmosphäre sogar zur Haupttribüne des Stadions. Die Spieler sind sich dessen bewusst, ebenso wie die Vereinsoffiziellen, die sich am Ende des Spiels oft für die fanatische Unterstützung bedanken.

Ab den 1970er-Jahren beginnen sich die Medien für das Ultras-Phänomen zu interessieren. Ausuferndes Verhalten der Fans auf den Tribünen und Ausschreitungen sorgen für Schlagzeilen. Die Ausschreitungen ermöglichen es den Ultras, ein »zweites« Match zu spielen und ihre Farben, gemäß dem eigenen Ultras-Kodex, aktiv zu verteidigen. Die

Aufmerksamkeit der Medien unterstreicht aber auch eine Form der impliziten Anerkennung der neuen Subkultur, selbst wenn die Presse Fakten übertrieben oder sogar falsch wiedergibt. Trotzdem sammeln junge Anhänger die Zeitungsartikel, die über ihre Taten berichten. Der Wettkampf findet also in zweierlei Hinsicht statt: auf dem Spielfeld, wo sich die beiden Mannschaften gegenüberstehen, und auf den Tribünen, wo die Gruppen nach eigenen Regeln gegeneinander antreten. Jede Tifoseria auf der Halbinsel nimmt an diesem Wettbewerb teil, mit Innovationen auf den Tribünen, groß angelegten Choreographien, Stimmung, sarkastischen Botschaften auf Spruchbändern, dem Diebstahl gegnerischer Transparente oder durch Schlägereien. Die Ultras-Bewegung entwickelt dabei ihre eigenen Ranglisten. 1986 wird die erste italienische Zeitschrift herausgebracht, die sich ausschließlich mit dem Thema Ultras befasst: *Supertifo*. Durch das Abdrucken von Choreographien wird es den Ultras ermöglicht, ihre parallele Meisterschaft auszutragen.[150] Von 1986 bis 1993 wird über die Zeitschrift eine Abstimmung über den besten Tifo durchgeführt und die beste Gruppe gewählt.[151]

Die aktive und farbenfrohe Unterstützung der Ultras ist einer der Faktoren, die den Ausgang des Spiels beeinflussen können. Der Begriff »zwölfter Mann« macht die Runde, um den Beitrag der Fans zu beschreiben. Da eine Fußballmannschaft aus elf Spielern besteht, werden die Ultras als ein zusätzlicher Spieler im Duell mit der gegnerischen Mannschaft betrachtet. Die Gruppen übernehmen diesen Begriff gerne. Es ist nicht ungewöhnlich, die Nummer 12 auf Fahnen, Bannern und sogar Gadgets zu sehen. Symptomatisch dafür eine Aktion der *Irriducibili Lazio* im Mai 1988 während des Spiels Lazio–Udinese. Ein riesiger Doppelhalter zeigt ein Lazio-Trikot mit der Nummer 12, und ein Spruchband unterstreicht das Ganze: »Mister facce entra'« (Trainer, wechsle uns ein!).[152] An dieser Aussage ist durchaus etwas Wahres dran: Als Akteure des Spiels sind sie in der Lage, die Verpflichtung oder den Verkauf eines Spielers zu stoppen oder sogar das Spiel zu unterbrechen, indem sie gewaltsam einen Abbruch erzwingen, wie im Fall des Spiels zwischen Torino und dem AC Milan am 21. Februar 2003. Die Torino-Fans versuchen das Spielfeld zu stürmen und zwingen so den Schiedsrichter dazu, das Spiel abzubrechen, was in Folge natürlich eine Niederlage am grünen Tisch nach sich zieht.

Für die Ultras, die Zeit, Energie und Geld in ihre Sache investieren, gibt die Tatsache, dass man plötzlich Teil des Spiels ist, dem eigenen Engagement einen Sinn. Abgesehen

150 Das Sammeln von Fotos verbreitet sich in den 1980er-Jahren, wobei jede Gruppe einen Fotografen hat, der für das Ablichten ihrer Aktionen verantwortlich ist. Diese Fotos werden im Rahmen der Korrespondenz zwischen den Ultras gesammelt und getauscht.

151 Die Ranglisten von *Supertifo* spiegeln dabei nicht unbedingt die Realität auf den Tribünen wider. Die Leser stimmen oft nur für ihre eigene Gruppe ab. Kleinere Gruppen nutzen dies, um auf sich aufmerksam zu machen.

152 Anm. des Lektors: Nachdem die ersten Trainer im italienischen Fußball Engländer waren, hat sich die Anrede »Mister« für den Trainer bis heute gehalten.

von den Zuschauern, die das Spiel passiv verfolgen, rückt dieser Aktivismus die Ultras ins Rampenlicht und ermöglicht es den Jugendlichen und jungen Erwachsenen, eine eigene Identität zu entwickeln. Die Jugendrevolution, die sich in den 1970er-Jahren in einem politischen Engagement für die extreme Linke oder die Neofaschisten ausdrückt, weicht in den folgenden Jahrzehnten einem ungezügelten Aktivismus seitens der Ultras-Gruppen, der für einige zur Existenzberechtigung wird. Die Aktivsten haben die vordersten Plätze in den Kurven inne: Ihnen wird eine Sichtbarkeit geboten, die sie im Alltag nicht haben. Der Sinn, der sich aus dieser Subkultur ergibt, wird wichtiger als das eigentliche Motiv, also das Spiel. Slogans vieler Gruppen zeugen davon: »Vivere Ultras per vivere« (Ultras leben, um zu leben), »Tifosi del nostro ideale« (Unterstützer unseres Ideals) oder »Sette giorni su sette ultras« (An sieben Tagen der Woche Ultras).

Das Fußballspiel dauert für die Ultras nicht nur 90 Minuten, sondern die ganze Woche. So wie die Profifußballer in den Tagen vor dem Spiel daraufhin trainieren, bereiten sich auch die Fans auf ihr sonntägliches Match vor. Bei Heimspielen müssen sie eine Show planen, falls nötig Fahnen reparieren, Flugblätter schreiben und Spruchbänder vorbereiten. Am Spieltag treffen sie sich schon morgens, um die Kurve »herauszuputzen« und auf mögliche Überfälle der gegnerischen Fans vorbereitet zu sein. Wenn Auswärtsspiele anstehen, müssen sie die Reise organisieren, Anmeldungen entgegennehmen, Fahrkarten bestellen. Bei längeren Strecken dauert es oft einen ganzen Tag, bis sie das Ziel erreichen. Darüber hinaus nehmen sie an wöchentlichen Sitzungen teil und halten Kontakt zu ihren Korrespondenten im ganzen Land, mit denen Sie Fotos oder Aufkleber tauschen. Wenn sie ein eigenes Klublokal haben, treffen sie sich dort unter der Woche. Das Spiel wird von den Ultras intensiv geplant. Die Spannung steigt, je näher der Anpfiff rückt, genauso wie bei den Spielern. Wenn die Stimmung in der Kurve nicht passt, oder die vorbereitete Choreographie nicht hinhaut, dann haben die Ultras ihr Duell verloren. Wie ein Sampdoria-Anhänger in seiner Autobiographie schreibt: »Nach zwölf Jahren haben wir wieder ein Derby verloren (…). Am schlimmsten aber war, dass die Gradinata Nord das Duell mit uns klar gewonnen hat. Vielen von uns tat das mehr weh als die Niederlage am Spielfeld.«[153]

Die Verbreitung des Modells

Die ersten Gruppen bilden sich in den drei nördlichen Metropolen des Industriedreiecks Mailand, Genua und Turin. Junge Ultras-Gruppen entstehen nicht nur bei den Mannschaften der Serie A oder B, sondern auch bei Mannschaften der dritten Liga (Serie C).

153 Fabio Bruno, *Vita da Ultrà*, Bologna, Conti Editore, 1992, S. 80.

Durch die Nähe zu den großen Metropolen verbreitet sich die neue Subkultur auch in kleineren Städten wie Novara, Latina oder Modena. Die angesprochenen Klubs machen sportlich zwar weniger auf sich aufmerksam, können aber schon seit 1972 auf die Unterstützung lokaler Ultras bauen.

Die Tifosi der Provinzmannschaften sind oft auch Anhänger einer großen Mannschaft der Serie A, die sie auch supporten. Die *Boys* von der Cremonese beispielsweise werden 1976 von einem in Cremona lebenden Inter-Fan gegründet, der sich bei den *Boys* von Inter herumtreibt.[154] Die ganzen 1970er über kann man beobachten, wie junge Ultras-Gruppen miteinander in Kontakt kommen und sich gegenseitig Dinge abschauen. Einer der Gründer der *Atalanta Commandos* erklärt: »Bei Auswärtsspielen konnten wir sehen, wie die Fans der größeren Vereine in anderen Städten organisiert waren (...). Wir waren fasziniert und gleichzeitig neugierig. Der Wunsch, eine eigene Gruppe zu gründen, entstand nach ihrem Vorbild.«[155] Die Medien beteiligen sich an der Verbreitung des neuen Phänomens durch Artikel in Zeitungen, aber vor allem durch Fotos und Bilder, von bunten Kurven, die von Fernsehkameras übertragen werden.

In jedem Stadion kopieren die Ultras, was anderswo gemacht wird. Die innovativsten Aspekte der besten Kurven werden übernommen: Rauchbomben, riesige Fahnen mit originellen Motiven, Megaphone. Alles, was für die Verbesserung des Tifos nützlich ist, wird imitiert, ohne sich großartig darum zu kümmern, von wem man sich was abschaut. In einem Land wie Italien, in dem der »Campanilismo« (Lokalpatriotismus) so im Brauchtum verwurzelt ist, in dem das sozioökonomische Gefälle zwischen dem Süden und dem Norden eine Kluft zwischen den beiden Landesteilen geschaffen hat und in dem die lokalen Identitäten immer noch sehr stark ausgeprägt sind, findet ein Teil der Jugend in diesem Phänomen einen gemeinsamen Nenner. Die Ultras-Bewegung verbreitet eine einheitliche Subkultur in den italienischen Stadien: Auf den Inseln (Sardinien und Sizilien) genauso wie in der Poebene, in Kalabrien wie im Friaul, in Turin wie in Brindisi. Überall leben die Jugendlichen diese Leidenschaft auf die gleiche Art und Weise aus. Es gelten die gleichen Normen, es werden die gleichen Symbole verwendet, die Gesänge und die Slogans sind ähnlich. Sie teilen eine ähnliche Philosophie, und die verschiedenen Fanfreundschaften zeugen von dieser Einheit im Handeln. Die Ultras von Palermo und Padova sind durch einen »Gemellaggio« verbunden. Die Gruppen aus Catania und Triest schätzen sich gegenseitig, ebenso wie die aus Cosenza und Venedig oder die von Messina und Vicenza.

154 Massimo Fortuna, *Noi siamo i Cremonesi*, Selbstverlag, 2006, S. 11.

155 Daniele Belotti, siehe oben, S. 11.

Der Süden des Landes hinkt der Entwicklung der Ultras-Bewegung etwas hinterher. Die Gründe dafür liegen zum einen an den strukturellen Problemen des sogenannten Mezzogiorno und einem noch sehr weit verbreiteten Konservatismus. Zudem sind Mannschaften aus dem Süden in den oberen beiden Ligen unterrepräsentiert. Abgesehen von Napoli gibt es nur wenige Mannschaften, die die Dominanz der Mannschaften aus dem Norden und der Mitte des Landes brechen können.[156] Napoli hat ein leidenschaftliches Heim- und Auswärtspublikum und bereits im Laufe des Jahres 1973 fasst die Ultras-Bewegung in Neapel Fuß. In den anderen Stadien des Südens muss man dafür bis in die zweite Hälfte der 1970er-Jahre warten. Auch die Inseln sind von der Ausbreitung des Ultras-Phänomens nicht ausgenommen. Ebenfalls in den 1970er-Jahren entstehen dort die *Fossa Ultrà* in Cagliari (Sardinien) oder die *Falange d'Assalto* in Catania (Sizilien).

Die Ende der 1970er Jahre gegründeten Ultras-Gruppen zur Unterstützung der Mannschaften der Serie C und der Serie D haben nur wenige Mitglieder und haben meist nur ein Transparent mit irgendeinem aggressiven Namen. Gerade diese kleinen Gruppen entwickeln sich in den 1980ern aber stark weiter. Sie treten strukturierter auf und beginnen sich zu echten Organisationen zu entwickeln. Zum Beispiel in Imperia, wo sich die *Samurai Ultras* 1982 gründen, nachdem die *Commandos* und die *Ultras Boys* die Kurve verlassen haben.[157] Darüber hinaus werden Mannschaften, die in der fünften oder sechsten Liga spielen, ebenfalls von Ultras unterstützt. In der Vergangenheit neigten junge Fans dazu, die stärkste Mannschaft in ihrer Provinz oder einen der großen Vereine in der Serie A zu supporten. Mit Ausbreitung des Ultras-Phänomens organisieren sich diese Fans aber im Geiste der Nachahmung und des Campanilismo um ihre lokale Mannschaft.

Gleichzeitig kann man in den Kurven, in denen sich die neue Subkultur schon seit mehr als einem Jahrzehnt etabliert hat, eine Vervielfachung der Gruppen beobachten. Im Normalfall sind es die alten Gruppen, die die Fans ihres Teams hinter sich versammeln, auch wenn es durchwegs schon kleinere Zusammenschlüsse gibt, die mit einem Transparent präsent sind. Die »normalen« Kurvengeher identifizieren sich in der Regel mit der Hauptgruppe, die notfalls auch dafür sorgt, dass andere, kleinere Gruppen sich hinter sie stellen. Dies passiert zum Beispiel in La Spezia, wo Transparente wie *Gioventù*, *Executor*, *Eagles Army* und *Crazy Boys* zu sehen sind, in Wirklichkeit sind aber nur die *Ultras Spezia* präsent.[158]

Nach 1982 bilden sich jedoch unabhängig davon neue Gruppen, die von einer zweiten Generation junger Ultras gegründet werden. Dem Ganzen liegt der Wunsch zu Grunde,

156 Napoli ist der einzige Fußballklub aus dem Süden, der von 1965 bis 1998 ohne Unterbrechung in der italienischen Serie A spielt.

157 Colla, *A noi, ci piace così. Storia dei Samurai Ultras Imperia*, Selbstverlag, 2005, S. 4.

158 Ultras Spezia, *Ultras Spezia 1974–2000*, La Spezia, Publisystem, 2000, S. 42–43.

sich von den Pionieren abzuheben und »unter sich« zu sein. Die neuen Gruppen legen auch keinen Wert darauf, Hunderte von Mitgliedern zu haben und im Vordergrund zu stehen. Sie bestehen meist aus Freunden, Teenagern aus einer bestimmten Gegend, die gemeinsame Leidenschaften teilen. Sie treffen sich hinter Bannern mit unterschiedlichen Namen: *Mods* von Torino, *Freak Boys* aus Bologna, *Bronx* aus Pescara oder *Dr. Martens Group* aus Pisa. Einige dieser neuen Gruppen haben eine kurze Lebensdauer und tauchen manchmal später unter einem anderen Namen wieder auf. Andere konsolidieren sich und gewinnen im Laufe der Jahre an Bedeutung, sodass sie zu einer etablierten Gruppe in der Kurve werden.

Die Funktionen dieser Gruppen sind oft bescheiden; sie tragen nicht wirklich zum Tifo bei, sondern beschränken sich auf einen minimalen Beitrag zur Stimmung und überlassen die großen Choreographien den Hauptakteuren. Obwohl sie am Ritus der Kurve teilnehmen, agieren sie sehr elitär. Sie besuchen nicht alle Auswärtsspiele und suchen nicht aktiv nach neuen Mitgliedern. Der Verkauf von Fanartikeln oder die Organisation der Auswärtsspiele beschränkt sich auf den inneren Kreis der Mitglieder. Innerhalb der Kurve haben sie meist einen bestimmten Platz, manchmal auch etwas am Rande.

Die Hegemonie der Kurve und die »Leadership« der großen Hauptgruppen wird dabei (meist) nicht in Frage gestellt. Sie wollen sich ihnen aber nicht anschließen, um sich nicht komplett unterordnen zu müssen. Im Laufe der Jahre entwickeln sie sich zu einer Alternative gegenüber den großen, traditionellen Gruppen. Es zeichnet sich langsam ein Paradigmenwechsel in den Kurven ab. Der Zusammenschluss der Tifosi oder Ultras in einer einzigen, großen Formation wird zugunsten kleinerer Gruppen aufgegeben. Einige dieser Gruppen setzen dabei andere Prioritäten, wie einer der Gründer des *Wild Kaos* von Atalanta erklärt: »Wir waren nicht so sehr an Choreographien interessiert, vielmehr suchten wir immer die Konfrontation. Damals war das noch möglich.«[159]

Vom Fußballstadion bis zur Sporthalle

Die Subkultur der Ultras wird auch zum Vorbild für die Tifosi anderer Sportarten. Ihre Form der Unterstützung breitet sich auf Mannschaftssportarten aus, wie Handball oder Eishockey. Die europäischen Erfolge italienischer Basketball- oder Volleyball-Mannschaften sorgen dafür, dass auch diese Sportarten immer populärer werden.

Junge Leute versammeln sich, um ihre lokalen Teams anzufeuern. Die von den Ultras in den Fußballstadien verwendeten Techniken werden dabei aufgegriffen. In Livorno

159 Daniele Belotti, siehe oben, S. 172.

steigt der lokale Fußballklub am Ende der Saison 1988/89 in die Serie C2 ab, während Libertas Livorno gleichzeitig um die italienische Basketballmeisterschaft kämpft. Einige Fußballfans warten auf bessere Tage und gehen lieber in die Sporthalle als ins Fußballstadion. Manchmal haben Städte nicht einmal eine gute Fußballmannschaft, die die Jugendlichen unterstützen können, also gründet man eine Gruppe, um die Basketballmannschaft zu supporten. Dies geschieht zum Beispiel in Marsala, einer kleinen Stadt auf Sizilien. »Die *Loosers,* ehemals *Razza Violenta* (…) gründen sich 1981, als das Team in die Serie B aufsteigt.«[160]

Basketball verfügt in manchen Städten eine gewisse Tradition. Bologna wird dabei die Hauptstadt des Sports auf der Halbinsel: Zwei Mannschaften teilen sich die Gunst der Basketballfans, Fortitudo und Virtus. 1970 beschließen junge Anhänger der Fortitudo, sich wie die Gruppe des AC Milan hinter dem Namen *Fossa dei Leoni* zu vereinen, und übernehmen einige Jahre später auch deren Symbol. In Pesaro treffen sich die Anhänger der örtlichen Basketballmannschaft hinter dem Transparent des *Inferno Biancorosso.* Ihre Aktivitäten sind anfangs noch sehr rudimentär: Sie kopieren einfach Verhalten und Aktionen der Ultras aus den Fußballstadien, ohne jedoch deren Organisationsgrad zu erreichen. Diese jungen Tifosi sind jedoch von den gleichen Absichten beseelt. Sie wollen ihre Basketballmannschaft mit einem bunten und gesanglichen Support unterstützen. In anderen Städten sind es die Anhänger der Fußballmannschaft, die die Basketballmannschaft unterstützen, wie etwa in Vicenza: »Normalerweise gingen wir am Samstagabend in die Sporthalle, um die Ferroli-Basket zu unterstützen und die anderen Ultras aus der Curva Sud zu treffen.«[161] Dies ist eine Gelegenheit für diese Fußballfans, ihre Fähigkeiten am Vortag des Spiels zu »trainieren« oder, wenn man so will, sich »aufzuwärmen«. Die Ultras werden dabei mehr von der Atmosphäre und der Tatsache angezogen, die Farben ihrer Stadt zu verteidigen, als dass sie am Spiel als solchem interessiert wären.

Ähnliches gilt für Volleyball. Auch hier entstehen mehrere Gruppen: die *Blues Brothers* in Cuneo oder die *Armata Biancorossa* in Ancona. Eishockey ist in Norditalien ein recht beliebter Sport, und auch hier entstehen in den Eishallen erste Ultras-Gruppen, zum Beispiel die *Mele Marce* in Bozen und das *Inferno* in Mailand. Im Hockey gründen sich in Novara die *Legione,* die auch den heimischen Fußballklub unterstützen und in der Sporthalle neben den *Hooligans* hängen. In Viareggio wiederum tauchen die *Wild Boys* auf. Im Handball entstehen in einigen Provinzstädten kleinere Ultras-Gruppen. Zum Beispiel in Syrakus und Teramo, wo die *Sioux* aktiv werden. In Bogliasco unterstützen

160 Emanuele Borta, *Marsala,* »Supertifo«, Juni 1989, S. 123.

161 *Vecchia Guardia Vicenza 1976,* siehe oben, S. 146.

die *Eagle's Supporters* das lokale Wasserballteam nicht nur zu Hause, sondern auch bei Auswärtsspielen. In Savona entsteht das *Commando Ultrà*. In Grosseto unterstützen die *Eagles* in den 1980er-Jahren sogar die örtliche Baseballmannschaft. Im Basket- und Volleyball werden auch die jeweiligen Frauenteams angefeuert, zum Beispiel in Ostuni durch die *Sconvolts*.

Diese Gruppen orientieren sich an ihren Pendants in den Kurven der Fußballstadien, sind aber dennoch unabhängig. Einige von ihnen verfolgen vielleicht die Fußballmannschaft ihrer Stadt und auch einen anderen Sportverein, aber in der Regel gibt es keine Überschneidungen. Die *Warriors*, die das Basketballteam in Rom unterstützen, gehören nicht zum *Commando Ultrà Curva Sud* der AS Roma, ebenso wie die Mitglieder der *Commandos Tigre* (Basketball, Siena) nicht aus den Reihen der *Ultras Fighters* stammen, die dem Fußballteam der toskanischen Stadt folgen. Nur in einigen wenigen Städten wie Varese unterstützen die *Boys* sowohl die Fußball- als auch die Basketballmannschaft. In Caserta gehen die *Southern Boys* für einige Zeit ins Fußballstadion und in das örtliche Schwimmbad, um die Wasserballmannschaft zu sehen. Manchmal kommt es zu Missverständnissen zwischen Gruppen in ein und derselben Stadt, wie in Pesaro, wo die Fußball-Ultras den aktiven Basketball-Anhängern nicht wohlwollend gegenüberstehen. In der Curva Andrea Costa, Heimat der Ultras des Bologna FC, wiederum ist es nicht ratsam, mit Fanartikeln der Basketball-Gruppen herum zu laufen. Dies aufgrund der starken Rivalität zwischen der *Fossa dei Leoni* der Fortitudo und den *Forever Boys* der Virtus.

In den 2000er-Jahren lösen sich einige dieser Gruppen wieder auf oder werden zu traditionellen Fanklubs. Ein Generationswechsel findet oftmals nämlich nicht statt, und der Fußball zieht viele jüngere Fans an, die den Sport und die Atmosphäre in den Stadien bevorzugen. Die einzige Ausnahme bleibt der Basketball. Hier entstehen die Gruppen nicht aus einer Modeerscheinung heraus und halten einem Vergleich mit den Ultras im Fußballstadion durchaus stand. Diverse Generationen folgen einander in den einzelnen Gruppen und übernehmen dabei auch Eigenschaften aus den Kurven der Stadien, zum Beispiel die exzessive Gewalt. Das beste Beispiel dafür ist sicher die *Fossa dei Leoni* der Fortitudo, die mittlerweile über eine langjährige Geschichte verfügt. Schließlich kommt die zunehmende Repression in den Fußballstadien Gruppen in anderen Sportarten zugute, wie der Curva Sud des AC Milan, die aktiv auch den Eishockeyklub der Stadt unterstützt. Dutzende von Jugendlichen, die in den 2010er-Jahren normalerweise in die Stadien gehen, strömen in die Eissporthalle Agorà im Westen der Stadt, wo die Stimmung überschwänglich ist, weil die Ultras dort noch relativ viele Freiheiten genießen. Es gibt keine Probleme, an Karten zu kommen und die Preise dafür sind zudem niedrig.

Der Tifo auf globaler Ebene

In den 1980er-Jahren verbreitet sich der Ruf der italienischen Ultras, ähnlich wie der der englischen Hooligans, auf dem gesamten europäischen Kontinent. Die Bewegung, die nun ihren Platz in den italienischen Kurven gefestigt hat, überschreitet die Grenzen und wird zu einem Modell, das überall nachgeahmt wird.[162] In ganz Europa gibt es bereits vorher radikale Fangruppen mit ganz eigenen Charakteristiken. Doch das Bild, das die jungen Italiener von ihren Kurven zeichnen, die perfekte Organisation der Stimmung und die bunten Kurvenshows, die ihre Sektoren beleben, werden zu Referenzen weit über die Landesgrenzen hinaus. In den südlichen Ländern Europas finden sich die ersten Nachahmer der neuen Subkultur. In Spanien, das sich inmitten eines Demokratisierungsprozesses befindet, werden Jugendliche aus der *Peña Las Banderas* ausgeschlossen, weil sie während eines Spiels von Real Madrid am 13. April 1982 Zusammenstöße provoziert haben: »Diese Jugendlichen nahmen sehr schnell die Einflüsse einer Bewegung auf, die seit Jahren in Italien aktiv war und sich auf das übrige Europa auszubreiten begann: die Ultras-Bewegung.«[163] Die *Ultras Sur* sind geboren, ein Name, der bereits 1980 auf einem Banner des Stadtrivalen Atletico auftaucht, den die Fans aber wieder verwerfen, um sich *Frente Atletico* zu nennen. Zur gleichen Zeit gründen in Gijón Mitglieder der *Hinchada Fondo Sur* die *Ultra Boys.*

Auch die Fußballweltmeisterschaft 1982 in Spanien spielt eine wichtige Rolle bei der Verbreitung des Ultras-Modells, da zahlreiche ausländische Fans auf die iberische Halbinsel reisen. Die Engländer und vor allem die Italiener machen auf die jungen Spanier einen besonderen Eindruck. Mit jedem Sieg der italienischen Mannschaft werden die anwesenden Ultras mehr. Die Art und Weise, wie sie sich verhalten, fasziniert die spanischen Fans, die sich vieles abschauen können. Darüber hinaus sind italienische Zeitschriften wie der *Guerin Sportivo* und *Tuttocalcio,* die regelmäßig Fotos von den Kurven veröffentlichen, auch auf der iberischen Halbinsel erhältlich und tragen zur Verbreitung des Tifo-Modells bei. Zudem erscheint in Barcelona ab 1985 ein Fanzine mit dem vielsagenden Titel *Ultras.* Am Ende des Jahrzehnts verfügen die meisten spanischen Mannschaften über eigene Ultras-Gruppen. In Portugal schließen sich Fans zu Beginn der 1980er-Jahre zusammen. Unter ihnen gibt es einige Fraktionen, die die Tribünen der portugiesischen Stadien aktiv beleben: *Força Verde* bei Sporting, die *Diabos Vermelhos* bei Benfica und die *Dragões Azuis* beim FC Porto. All diese Gruppen lassen sich von den englischen Stands

162 Siehe Sébastien Louis, »*L'essor du modèle ultras dans les stades européens*«, Le football dans tous ses états, Louvain-la-Neuve, De boeck supérieur, 2015, S. 321–329

163 Ultras Sur, *Ultras Sur,* Madrid, Graficas Naciones, 2013, S. 14.

und den italienischen Kurven inspirieren, nehmen aber auch Einflüsse aus Brasilien auf, da die Portugiesen kulturell mit diesem Land stark verbunden sind. Nach und nach setzt sich bei diesen jungen Anhängern trotz einiger Widerstände aber die Organisationsform der italienischen Ultras durch. Wie die *Mancha Negra* der Académica de Coimbra sagt: »Unsere Inspiration durch die italienischen Kurven ist eine Konstante.«[164]

Zu Beginn der 1980er-Jahre gibt es in den französischen Stadien noch keine besondere Organisation, abgesehen von den klassischen Fanklubs. Die Ultras jenseits der Alpen feiern ihr Debüt mit Gründung des *Commando Ultrà* in Marseille am 31. August 1984. Einer der Gründer war Italiener: »Marco Valora, ein großer Juve-Fan, brachte schnell sein Know-how in Sachen Tifo ein, das er auf seinen Reisen nach Italien erworben hatte, wo er verschiedene Spiele besuchte. Er erzählte seinen neuen Freunden von der Atmosphäre, die dort herrscht, von diesem Ultras-Phänomen, das in den frühen 1970er-Jahren begann. […] Marco schlug vor, die neue Gruppe *Commando Ultrà* zu nennen, ein in Italien sehr weit verbreiteter Name – alle waren sich darüber einig.«[165] Die Anfänge sind schwierig, aber die Gruppe nimmt schnell Fahrt auf. Im darauffolgenden Jahr werden weitere Gruppen, wie die *Boulogne Boys* in Paris und die *Brigade Sud* in Nizza gegründet. Der harte Kern der Fans von Bordeaux entdeckt die elektrisierende Atmosphäre der italienischen Stadien während eines Europacupspiels in Turin am 10. April 1985. Anders als auf den französischen Tribünen, wo noch viel Improvisation gefragt ist, sind die Ultras in Italien schon auf ihrem Höhepunkt. Wie ihre Kollegen aus Marseille unternehmen auch die Anhänger aus Bordeaux mehrere »Studienreisen« nach Italien, bevor am 5. August 1986 das erste Mal das Transparent der *Ultramarines* zu sehen ist. Es dauert allerdings bis in die 1990er hinein, bis sich die italienische Ultras-Kultur gegenüber dem englischen Einfluss in den französischen Stadien nördlich der Loire durchsetzt. Dazu trägt auch die Zeitschrift *Sup'Mag* bei, die zwischen 1992 und 1995 erscheint.[166] Dutzende von Gruppen entstehen in der Folge: von den *Indians* in Toulouse über die *Barbarians* von Le Havre bis zu den *Red Tigers* von Lens. Bis heute sind mehrere Ultras-Fraktionen zu regelrechten Institutionen geworden, die ihren italienischen Pendants in nichts nachstehen. Und das obwohl auch in Frankreich die Repression im Vorfeld der Europameisterschaft 2016 noch einmal stark zugenommen hat.

Der Balkan ist eine weitere Region, in der die Ultras-Bewegung schnell Fuß fasst. In Jugoslawien taucht 1982 das erste Mal ein Transparent mit der Aufschrift Ultras im Stadion

164 Mancha Negra Collective, *Mancha Negra: 20 Anos. 20 Viagens*, Selbstverlag, 2005, S. 41.

165 Commando Ultrà 84, *Ultras Marseille*, Eigenverlag, 2001, S. 18.

166 Die redaktionelle Linie dieser Monatszeitschrift hebt klar die bunten Kurvenshows hervor. Gewalt spielt in der Berichterstattung eine untergeordnete Rolle. Damit wird die Ultras-Kultur einer zweiten Generation von Fans weitergegeben.

Maracana auf, der Heimstätte von Roter Stern Belgrad. In diesem Jahrzehnt entstehen eine Reihe von Fangruppen, die dem italienischen Tifo-Modell folgen. Andere, bereits bestehende Gruppen, wie die *Torcida* von Hajduk Split sind ähnlich ausgerichtet. Alle Republiken der jugoslawischen Föderation werden vom Ultras-Fieber erfasst. Sowohl in Bosnien als auch in Mazedonien entstehen Gruppenkollektive mit unterschiedlichen Namen, wie die *Komiti* in Skopje oder die *Red Army* von Velez Mostar. Es wird sogar eine Zeitschrift nach dem Vorbild des italienischen *Supertifo* herausgegeben. Sie nennt sich *Ciao Tifo*. Das Spiel zwischen der kroatischen Mannschaft Dinamo Zagreb und der serbischen Mannschaft von Roter Stern Belgrad im Mai 1990 prägt sich ins kollektive Gedächtnis des Vielvölkerstaates ein, der kurz vor seinem Zerfall steht. Vor dem Spiel kommt es zu gewalttätigen Auseinandersetzungen zwischen den kroatischen *Bad Blue Boys* und den serbischen *Delije*. Trotz des Eingreifens der Polizei wird das Spiel unterbrochen. Es sind Vorfälle, die den nahenden Bürgerkrieg ankündigen, der das Land spalten wird. Nach dem Ende des Konflikts ersteht der Fußball im ehemaligen Jugoslawien wieder aus den Ruinen auf und die Gruppen kehren auf die Tribünen zurück. Unweigerlich kennzeichnet in weiterer Folge ein verschärfter Nationalismus die meisten Kurven auf dem Balkan. Die Tribünen der großen Vereine, die Tausende Anhänger fassen, werden zu echten Katalysatoren sozialer Frustration.

Nichtsdestotrotz bleiben die englischen Stands in den 1990ern noch ein Vorbild für viele Fußballfans in Deutschland, Griechenland oder der Schweiz. Langsam aber schlägt das italienische Tifo-Modell in jedem Land Wurzeln. Im deutschsprachigen Raum wird erstmals in Österreich am 21. Oktober 1987 ein Transparent mit der Aufschrift *Commando Ultras* beim SK Rapid in Wien gezeigt. Im folgenden Jahr werden die *Ultras Rapid* gegründet.[167] Die Nähe Österreichs zu Italien ermöglicht es den jungen österreichischen Fans, Stadien im Nachbarland zu besuchen und viele Anregungen mit nach Hause bringen. In Innsbruck gründen sich 1991 die *Verrückten Köpfe*. Zur Unterstützung von Sturm Graz wird 1994 die *Brigata* gegründet und im Jahr darauf folgen die *Fedayn* bei Austria Wien. In der Schweiz sind es Ende der 1970er im italienischsprachigen Kanton Tessin die Fans in Lugano, die den italienischen Tifo zuerst in die Eis- und dann in die Fußballstadien bringen. In den frankophonen Gebieten der Schweiz muss man hingegen bis zur Saison 1993/94 warten, bis das italienische Modell angenommen wird. Man lässt sich dabei von seinen französischen Nachbarn inspirieren, so etwa die *Section Grenat* in Genf oder die

167 Anm. des Lektors: Beim *Commando Ultras* handelt es sich um keine Gruppe an sich. Das Transparent liegt das erste Mal beim Europacupmatch gegen den PSV Eindhoven im Herbst 1987 über den unteren Sitzreihen des Block West. Das Aufhängen von Transparenten war damals noch nicht erlaubt. Vor dem WM-Spiel Italien gegen Österreich im Sommer 1990 wird es von der römischen Polizei – wegen zu aggressiven Wortlauts – konfisziert und gilt seitdem als verschollen.

Ultras Sion im Wallis. Um die Jahrtausendwende schlagen die Ultras dann auch in der deutschsprachigen Schweiz Wurzeln.

Deutschland zeigt sich den Ultras gegenüber lange Zeit resistent, wenn gleich es schon 1986 die *Fortuna Eagles* bei Fortuna Köln gibt. Gegründet wird die erste deutsche Ultras-Gruppe von Söhnen italienischer Einwanderer, die sich vom Fanatismus im Land ihrer Vorfahren etwas abschauen. Sie sind die ersten, die den italienischen Stil zu kopieren versuchen, anfänglich aber noch ohne großen Erfolg.[168] Erst etwa zehn Jahre später greifen die *Ultras Nürnberg*, die *Wilde Horde* des 1. FC Köln und die *Ultras Frankfurt* die neue Subkultur auf. Sie sind eindeutig italienisch inspiriert, haben zu Beginn aber noch Schwierigkeiten, sich zu etablieren. Mit der Jahrtausendwende gelingt es ihnen aber, sich einen Platz auf den deutschen Tribünen zu schaffen. Sie nehmen die Stimmung selbst in die Hand. Die farbenfrohen Choreographien und ihre Mentalität sind etwas Neues. Bisher waren die Zuschauer in deutschen Stadien eher den unorganisierten, englischen Stil gewöhnt.

Durch »Studienreisen« zu ihren europäischen Pendants übernehmen die deutschen Ultras die verschiedenen Aspekte der Organisation und erobern sich so Stück für Stück die Stadien. Die in Deutschland vorhandene Fankultur in Verbindung mit der Disziplin der lokalen Fans und dem meist unkomplizierten Verhältnis zu den Behörden (dank der Vermittlung durch die sogenannten Fanprojekte[169]) ermöglicht es den Ultras, ihre Kreativität auf Kurven mit Zehntausenden von Menschen auszuweiten. Die Spektakel, die heute in den deutschsprachigen Ländern zu sehen sind, gehören zu den größten und originellsten.

Auch der Rest des europäischen Kontinents erliegt in den 1990er- und 2000er-Jahren allmählich dieser Form des Fanatismus. Das Internet, das natürlich auch von Fußballfans genutzt wird, sorgt für einen neuen Zulauf. Schon bald verfügt jede Gruppe über eine eigene Homepage. Das neue Medium ermöglicht eine weitere und viel schnellere Verbreitung der Ultras-Kultur auch durch überparteiliche und überregionale Webseiten wie www.ultras-tifo.net.[170] Fasziniert von Fotos auf der Homepage der *Fossa dei Leoni* vom AC Milan gründet sich im Jahr 2001 eine der ersten Ultras-Gruppen in den Niederlanden, der *Vak 410*, um ihren Klub Ajax Amsterdam zu unterstützen.[171]

Das neue Medium Internet ist aber nicht der einzige Verbreitungskanal, denn auch die Kinder italienischer Einwanderer sorgen für eine Ausdehnung des Tifo-Phänomens.

168 Paolino Sante, *L'Italia come esempio*, »Supertifo«, Juli 1993, S. 124–125.

169 Eine vom Deutschen Fußball-Bund finanzierte Verbandsstruktur, getragen von Vereinen und den einzelnen Bundesländern, die im besten Fall zwischen den involvierten Parteien vermitteln und so Spannungen und Missverständnisse zwischen Polizei, Vereinen und Fans verhindern soll.

170 Die Website wurde im Dezember 2004 ins Leben gerufen und ist heute die Referenzseite für Ultras in aller Welt. Sie hat 992.509 Fans auf ihrer Facebook-Seite (Stand: 7. Juli 2023) und fast 15.000 tägliche Besucher auf der Homepage.

171 Vak 410 Collective, *10 Jaar Vak 410*, Selbstverlag, 2011, S. 5.

So wie in Luxemburg, wo seit 1990 die *Bad Boys* Spora Luxemburg und später die *Grenz Kaos* ihren Verein Jeunesse Esch unterstützen. In Belgien gehören die *Ultras Inferno* von Standard de Liège zu den Vorreitern der Bewegung im Jahr 1996. Die beiden Gründer der *Ultras Inferno* sind junge Belgier, deren Eltern ursprünglich aus Italien stammen. Sie bringen ihr Wissen über die Welt der italienischen Kurven mit, die sie während der Ferien im Heimatland ihrer Eltern kennengelernt haben. In den folgenden zehn Jahren werden weitere Gruppen im Land gegründet. Das Phänomen beschränkt sich zunächst aber noch auf Bergbaustädte mit einem hohen Anteil italienischer Einwanderer, wie Charleroi, Mons, La Louvière und Genk. Erst später breitet es sich auf andere Städte aus.

Als der Eiserne Vorhang 1989 fällt, gehören die ungarischen Fans zu den ersten, die die italienischen Ultras nachahmen. Sie entdecken die Atmosphäre in den italienischen Stadien durch die Europapokalspiele ungarischer Mannschaften.[172] Sie sind von der Organisation des Tifos begeistert und einige Zeit später gründen die Fans der Budapester Honvéd die *Ultras Red Boys* und ihre Kollegen aus Újpest 1992 die *Ultra Viola Bulldogs*. Mit dem Zusammenbruch der kommunistischen Regime werden auch die Länder des nunmehr ehemaligen Warschauer Paktes von dem Phänomen erfasst. In Rumänien, Bulgarien, Polen, Russland und der Ukraine entstehen neben den damals sehr populären Hooligan-Banden auch neue Ultras-Gruppen. Einhergehend mit dem Anstieg des Lebensstandards entwickeln sich auch in der Tschechischen Republik, in der Slowakei und den baltischen Staaten Gruppen mit Transparenten und ersten Choreographien. Die Gewalt der Hooligans, die die Stadien in diesen Ländern kennzeichnet, weicht allmählich bunten Kurvenshows und einer optisch spektakulären Art des Supports. Es besteht aber weiterhin eine kulturelle Hegemonie des Gewaltmodells, die durch die neofaschistische Ideologie, die die Kurven in den Ländern des ehemaligen Ostblocks beherrscht, noch verschärft wird.

Die skandinavischen Länder entdeckten diese Art des Fantums bereits in der zweiten Hälfte der 1990er-Jahre durch einige Anhänger des Vereins Hammarby. Einer von ihnen, Micke Hällbom, veränderte die Art und Weise, wie man die Spiele des grün-weißen Vereins aus Stockholm verfolgte, indem er die Bajen-Fans mit einbezog und nach Italien reiste. Er nutzte den Aufschwung der Billigfluglinien in den 1990er-Jahren, um die Vorläufer der Bewegung zu besuchen.[173] Nach und nach übernehmen die Ultras auch in Norwegen, Dänemark, Schweden und sogar Finnland die Stimmungshoheit in den Stadien.

Zu Beginn des neuen Jahrtausends eifern einige griechische und türkische Fangruppen ebenfalls der italienischen Bewegung nach. In der griechischen Hauptstadt bieten

172 Újpest trifft im September 1990 auf Napoli und Budapest Honvéd auf Sampdoria im November 1991.

173 Per Cornell, *Tifo visionärerna i Hammarby*, Stockholm, Supportrarnas Matchprogram, 2023, p. 179–185

Original 21 von AEK, die *Gate 13* von Panathinaikos und die *Misfits* von Olympiakos seit den 2000er-Jahren Elemente der Ultras-Organisation. In der Türkei sind es die *ultrAslan* des Istanbuler Vereins Galatasaray, die die italienischen Gepflogenheiten auf die Tribünen des Landes bringen. Die Verbreitung der Ultras-Kultur ist so groß, dass sie sich sogar in Großbritannien und Irland etablieren kann. England, die Wiege des Fußballs, hat sich lange Zeit gegen andere Formen der Fanunterstützung gewehrt, aber die spontane Atmosphäre, eine britische Tradition par excellence, nimmt ab, und die jungen Inselbewohner ahmen die italienischen Gruppen nach. Im Südosten Londons unterstützen die *Holmesdale Fanatics* seit 2005 mit Begeisterung Crystal Palace, während in Middlesbrough die *Red Faction* das Stadion zum Leben erweckt. In Glasgow wird 2006 die *Green Brigade* zur Unterstützung von Celtic gegründet, während 2007 die *Union Bears* bei den Rangers auftauchen. In Dublin gründen sich 2001 die *SRFC Ultras*, um die Shamrock Rovers zu unterstützen. Elemente wie Rauchbomben, die zu Beginn des 21. Jahrhunderts auf den britischen und irischen Stands noch unbekannt sind, werden heute regelmäßig eingesetzt. Trotz der polizeilichen Einschränkungen versucht eine neue Generation von Fans auf der Insel sich das italienische Modell anzueignen, wie die Gründung der *Union FS* von Leicester City im Jahr 2013 beweist.

Im Zeitalter der Globalisierung geht die Ultras-Bewegung über die Grenzen des europäischen Kontinents hinaus. Sie verbreitet sich weltweit, etwa in Afrika, wo der Tifo 2002 in Tunesien eingeführt wird. Auf der Seite von Esperance Tunis mit den *Ultras L'Emkachkhines*, aber auch durch die *Bardo Boys* des Stade Tunisien. Im Jahr 2005 erobert das Tifo-Phänomen Marokko. In Rabat nehmen die *Ultras Askary* Gestalt an, um die Mannschaft der FAR zu unterstützen, während in Casablanca die *Winners* gegründet werden, um den Wydad Athletic Club zu unterstützen, und die *Green Boys* sich hinter Raja vereinen. In Algerien sind die Vorreiter die Anhänger von Mouloudia d'Alger, die 2007 die *Ultras Verde Leone* gründen. In Ägypten, Libyen und im Sudan tun junge Menschen das Gleiche. In Israel führen die *Ultras Hapoel* das neue Phänomens 1999/2000 ein. In den Vereinigten Staaten und Kanada unterstützen die *Fire Ultras* trotz aller Schwierigkeiten, die der Fußball hat, sich auf dem nordamerikanischen Kontinent zu etablieren, seit 1998 auf Initiative von Amerikanern polnischer Herkunft die Chicago Fire. In Montréal indes supporten die *Ultras Montréal* seit 2002 das Team von Montréal Impact. In Lateinamerika stützt sich das Modell der radikalen Anhängerschaft auf die argentinischen Barras und die brasilianischen Torcidas, was jedoch nicht verhindert, dass 1992 in Kolumbien Gruppen wie die *Frente Radical Verdiblanco* von Deportivo Cali entstehen, die eine Synthese aus südamerikanischen und italienischem Tifo bilden. Ähnliches passiert auch in Brasilien, wo die *Ultras 1992* des Clube Atlético Paranaense das Gleiche tun.

Auch Asien ist betroffen, sei es im Nahen Osten, wo die *Ultras Khalele* seit 2011 die Shebab-Mannschaft in Hebron, Palästina, unterstützen, oder im Irak, wo die *Safana-Ultras* des Al-Minaa-Clubs in Basra seit 2014 aktiv sind. Mehrere asiatische Länder übernehmen das italienische Modell: Davon zeugen in Thailand die Bezeichnung und die Organisation der *Curva Sud*, die Muanthong United unterstützen. Dasselbe gilt für Indonesien, wo es eine Vielzahl von Gruppen gibt, wie die *Brigata Curva Sud*, die seit 2011 aktiv den Verein PSS Sleman supportet, aber auch die *Ultras 1923* in Solo oder *Sector 5* für Persija Jakarta. In Malaysia hingegen waren es die *Ultras Malaya*, die diese Kultur importierten, um die Nationalmannschaft zu unterstützen. 2010 entstehen dann Gruppen für die Vereine, wie die *UltraSel* in Selangor oder die *Boys of Straits* in Johor Bahru. In China werden die *Bad Billows Boys* gegründet, um den neu gegründeten Hunan Billows FC zu unterstützen. In Japan supporten die *Nippon Ultras* die Nationalmannschaft seit 1992. In der japanischen Meisterschaft gibt es mehrere Gruppen wie die *Sledgehamor Bros* von Gamba Osaka. In Australien schließlich werden die besten Mannschaften in der Fußballmeisterschaft von Ultras verfolgt, wie zum Beispiel von der *Horda* des Melbourne Club. Sie stammen häufig von europäischen Einwanderern, insbesondere aus dem ehemaligen Jugoslawien, ab.

KAPITEL 3
Identitäten und Beziehungsmuster

Von einer nationalen zu einer lokalen Dimension

In Italien gibt es große Unterschiede zwischen dem Norden und dem Süden des Landes. Dies zeigt sich auch am Fußball, wo Klubs aus dem Mittelmeerraum in den oberen Ligen klar unterrepräsentiert sind. Im Laufe der 1950er-Jahre erreicht die Anzahl der Vereine aus dem Süden in den ersten beiden Ligen nie mehr als 10 % bzw. 22 %.[174] Die Klubs aus dem Norden geben eindeutig den Ton an. Zwischen 1898 und 2022 gehen nur vier Scudetti in den Mezzogiorno – 1970 gewinnt Cagliari den Titel, 1987, 1990 und 2023 gelingt Napoli dieses Kunststück.

In den Stadien des Nordes kann man beobachten, wie sich nach den Triumphen der Neapolitaner eine feindselige Stimmung gegenüber dem Süden breitmacht. Das hängt auch mit dem generellen politischen Klima im Land zusammen. Populistische Parteien, die u. a. für eine Abspaltung des Nordens eintreten, feiern in den 1980ern erste Wahlerfolge.

Die ersten Spruchbänder, die sich gegen die Bevölkerung des Südens richten, tauchen in der nördlichen (und reichen) Region Veneto auf. Am 8. Jänner 1984 zeigt die Curva Sud von Hellas Verona im Spiel gegen die AS Roma ein Transparent in den Farben der Lega Veneta.[175] Zwei Jahre später schaffen es einige Spruchbänder gegen Napoli auf die Titelseiten der Zeitungen. Im Heimspiel gegen die Partenopei[176] zeigen die *Brigate Gialloblu* in der Saison 1985/86 folgende Spruchbänder: »Apartheid«, »Willkommen in Italien«[177] und »Wascht Euch!«[178] Solche Slogans dienen aber mehr der Provokation, als dass sie in einem politischen Kontext gesehen werden müssen.[179]

Das Gleiche passiert auch in Bergamo, wo Fans der AS Roma mit gehässigen Gesängen und Fahnen der Lega Lombarda[180] empfangen werden.

174 Guido Panico, Antonio Papa, siehe oben, S. 268.

175 Diese politische Partei trat bei den Parlamentswahlen 1983 für die Autonomie des Veneto ein.

176 Partenopei steht als Synonym für Neapolitaner und leitet sich ab von Parthenope, einer antiken griechischen Stadt, die sich am Fuße des Vesuvs befand.

177 Im Original: »Benvenuti in Italia«

178 Im Original: »Lavatevi!«

179 Eine Fanfreundschaft vereint zum Beispiel die Ultras von Hellas Verona mit denen von Lecce. Vor dem Spiel beider Mannschaften in der Saison 1989/90 begrüßen die Veronesi ihre Gemellati mit folgendem Spruchband: »Unsere Freundschaft kennt keine Grenzen, die Falschmeldungen (der Presse) schon – willkommen.«

180 Die Lega Lombarda wird am 12. April 1984 in Varese gegründet und gilt als Vorgänger der Lega Nord, die wiederum im Februar 1991 aus der Taufe gehoben wird. Die Lega Lombarda sieht sich als föderalistische Partei, die den arbeitenden Norden dem auf Hilfeleistungen angewiesenen Süden gegenüberstellt.

Obwohl die *Brigate Neroazzurre* der Atalanta mit dem *CUCS* der Roma von 1978 bis 1984 in Freundschaft verbunden sind, zeigen sie nach Beginn des Zweiten Golfkrieges am 20. Jänner 1991 ein Spruchband mit der Aufschrift: »Saddam, bombardiere Rom!«[181] Heftige Reaktionen sind die Folge. Bei Auswärtsspielen von Napoli werden immer wieder die Epidemien besungen, von denen Neapel im Laufe der Zeit heimgesucht wurde.

Man muss allerdings differenzieren. Es gibt trotz allem diverse Fanfreundschaften zwischen Fangruppen aus dem Norden und dem Süden. Außerdem sorgt die Binnenmigration (aus Apulien, Kalabrien, Sizilien, Kampanien und der Basilikata) auch bei den Ultras-Gruppen im Norden für mehr Heterogenität. Im Süden entstehen zeitgleich auch Sektionen (örtliche Niederlassungen) großer Ultras-Gruppen aus dem Norden wie der *Fossa dei Leoni* und *Brigate Rossonere* vom AC Milan, der *Drughi* von Juventus oder der *Boys SAN* von Inter.

Die Stimmung in den Stadien Ende der 1980er gibt einen Vorgeschmack auf die Wahlerfolge, die die Lega Nord und ähnliche Parteien bei den Regionalwahlen 1990 einfahren: 18,9 % in der Lombardei, 6,1 % in Ligurien, 5,9 % im Veneto und 5,1 % im Piemont.[182] Für diese Partei sind die Terroni (Erdfresser), wie die Süditaliener abschätzig genannt werden, die Ursache allen Übels in Italien. Neapel als Stadt und Napoli als Fußballklub geraten dabei besonders in den Fokus. Dies liegt zum einen an den sportlichen Erfolgen des Vereins jener Jahre (zwischen 1987 und 1990 wird Napoli zwei Mal Meister, gewinnt außerdem die Coppa d'Italia und den UEFA-Cup), aber auch am Verhalten seiner Fans. Die regelrechten Invasionen der Napoli-Fans bei Auswärtsspielen ziehen immer wieder Tumulte, Vandalismus, Diebstähle in Geschäften und die Belästigung von Passanten nach sich. Demgegenüber steht das *Commando Ultrà Curva B* von Napoli, das sich betont friedlich gibt und immer wieder in eine Art Opferrolle flüchtet. Das wiederum geht den anderen Ultras im Lande gegen den Strich.[183] Gennaro Montuori gehört zu den Anführern des *CUCB*, stellt sich gerne in den Mittelpunkt und spielt mit den Stereotypen der Stadt. Die Klischees werden meist mit Pulcinella[184] in Verbindung gebracht, einer Figur aus der Commedia Napoletana, der sich hinter einer Maske versteckt, gleichzeitig aber prahlerisch und feige auftritt.

Das Publikum in Verona, Mailand, Bergamo oder Turin empfängt das Team aus Neapel und deren Fans immer wieder mit rassistischen Gesängen und diskriminierenden

181 Im Original: »Saddam, bombarda Roma!«

182 Paul Ginsborg, *L'Italia del tempo presente*, Turin, Giulio Einaudi Editore, 1998, S. 336.

183 Anm. des Lektors: Das *CUCB* erhält in den 1990ern eine Auszeichnung der FIFA für das fairste Publikum und unterhielt Freundschaften u. a. zur Curva Sud von Milan und dem *CUCS* der AS Roma. Diese Freundschaften gibt es heute längst nicht mehr, ganz im Gegenteil. Das *CUCB* verliert die Vorherrschaft bei Napoli in den 1990ern. Vor allem in der gegenüberliegenden Curva A entstehen viele kleinere und größere Gruppen, die im Gegensatz zum *CUCB* keiner Auseinandersetzung aus dem Weg gehen. Das *CUCB* hat sich Anfang der 2000er aufgelöst.

184 Anm. des Lektors: Die Figur des Pulcinella kann man in etwa der Figur eines Hanswurst gleichstellen.

Spruchbändern. Am 29. November 1987, beim Spiel Inter–Napoli, halten die Heimfans eine Vielzahl von offensiven Spruchbändern hoch, darunter: »Drogen und Terroni sind die Plagen Italiens.«[185] Am 22. September 1991 zeigt die Curva Maratona beim Spiel Torino–Napoli das Banner: »Die (Rasse der) Niederträchtigen wurde mit den Neapolitanern geboren! Die Lega ist nicht genug: wir brauchen eine (Berliner) Mauer!«[186] Am 26. Jänner 1992 »begrüßt« die Curva Nord von Bergamo die Süditaliener mit Fahnen der Lega Nord und dem Spruchband: »Heute füttern wir die aus der Dritten Welt!«[187] Dazu fliegen Dutzende von Bananen auf das Spielfeld. Eines der Argumente für eine gewünschte Abtrennung des Nordens, die die Lega immer wieder vorbringt, ist die Tatsache, dass die reiche Lombardei mit ihren Steuern Kampanien und die anderen südlichen Regionen durchfüttern muss. Als Antwort darauf zeigen die Ultras von Napoli beim Rückspiel gegen Atalanta das Spruchband: »Wen kümmern die Steuern, die zahlt doch die Lega …«[188]

Die Ultras verteidigen die lokale Identität

»Ehre deine Stadt, verteidige ihre Farben.«[189] Dieser Satz, geschrieben auf ein Spruchband der *Ultras Curva Nord* von Bari, zeigt das Leitmotiv vieler Fans. Der lokale Fußballklub ist mehr als ein reiner Verein. Dieser Klub vertritt nämlich die Stadt auf nationaler, manchmal sogar internationaler Ebene. In einer ersten Phase wird die Ultras-Bewegung sehr von politischen Gruppen beeinflusst. In den 1970ern geht dieser Einfluss zurück und die jungen Ultras besinnen sich ihrer lokalen Identität. Die Vereinigung Italiens erfolgte erst 1861, lokale Traditionen und Dialekte haben sich erhalten. Jede Stadt verfügt über ganz eigene Charakteristiken und eine eigene Identität. Diese reichen zurück in eine Zeit, als das ganze Land noch aus kleinen Königreichen, Republiken und Kleinststaaten bestand. In den 1980ern besinnt man sich in den Kurven wieder dieser Wurzeln und der eigenen Historie. Auf Spruchbändern, Fahnen und Doppelhaltern tauchen Reminiszenzen an die Vergangenheit auf. Der Campanilismo findet Eingang in den Kurven.

Die Fußballmeisterschaft lässt antike Feindschaften zwischen den Städten wieder aufleben. Die Schlachtfelder von früher weichen den Fußballarenen von heute. Schon seit den 1920ern kann man eine Zunahme bei der Unterstützung des lokalen Teams und eine starke Identifikation damit beobachten. Sehr oft übernehmen die Klubs Farben oder Wappen der jeweiligen Stadt. In Bari stimmen das Rot und Weiß der Trikots mit den

185 Im Original: »Droghe e terroni piaghe d'Italia«
186 Im Original: »La razza degli infami è nata con i napoletani!«
187 Im Original: »Oggi sfamiamo il terzo mondo!«
188 Im Original: »Tasse? Chi se ne frega: paga la Lega …«
189 Im Original: »Onora la tua città, difendine i colori!«

Farben der Stadt überein. Das Gleiche gilt für das Rot/Gelb bei der AS Roma. Der Löwe mit den Flügeln, Symbol der Republik von Venedig, schlägt sich auch im Klubwappen nieder. Genauso wie man den Stier, das Wappentier von Turin, auf den Klubwappen von Torino und Juventus[190] findet.

Vor allem die Derbys erlauben es den Kurven, die eigene Überlegenheit dem Gegenüber zu demonstrieren. Es gibt in Italien fünf große Stadtderbys: Rom, Mailand, Turin, Genua und Verona.[191] Der Begriff umfasst in der Regel aber nicht nur die Stadtderbys, sondern auch Duelle zwischen Mannschaften aus derselben Region bzw. Provinz oder aus nahegelegenen Städten, zum Beispiel Reggio Calabria und Messina, die nur fünfzehn Kilometer entfernt sind. Für alle Zuschauer, egal ob Ultras, normale Fans oder ältere Herrschaften sind Derbys immer besondere Duelle: »Die Wichtigkeit des Derbys geht weiter über das Spiel als solches hinaus. Es geht um unheimlich viel Prestige, da können keine Kompromisse eingegangen werden.«[192] Das Derby erinnert an alte Turnierkämpfe. Die Zuschauer können sich auf den Tribünen austoben, angestauten Hass am Gegner auslassen und alte Ressentiments wieder ausgraben. Gefühle, die in unserer heutigen, modernen und zum Glück meist friedlichen Welt oft unterdrückt werden (müssen).

Während der Derbys versuchen beide Seiten, sich als alleinige Repräsentanten der Stadt zu präsentieren. In der Hauptstadt sieht sich die AS Roma als beliebterer Klub, als einzig legitimer Vertreter Roms. Lazio wird von den Romanisti oft als Provinzverein und deren Fans als lediglich Zugereiste oder Bauern abgestempelt. In Mailand gibt es diesen territorialen Unterschied nicht, was beide Seiten aber nicht daran hindert, von sich selber zu behaupten: »Mailand, sind wir!«[193] Am 18. April 1992 stellen die Ultras vom AC Milan die Vorderseite des Mailänder Doms in einer großartigen Zettelchoreographie dar. Die Fans von Inter kontern bei einem der folgenden Derbys, indem sie die Madonnina, die Madonna, die über dem Dom thront, auf eine Überrollfahne samt dem Georgskreuz malen. Jede der beiden Seiten sieht sich als einziger Vertreter der Stadt. Dasselbe Spiel kann man auch in Genua und Turin beobachten.

Die regionalen Derbys stehen dieser Rivalität nicht nach. Das Aufeinandertreffen zwischen Pisa und Livorno ist seit 1910 von oftmals gewalttätigen Auseinandersetzungen geprägt. Bei einem der letzten Derbys am 25. März 2001, das in der Serie C1 stattfindet, gibt es 70 Verhaftungen, 40 Leute werden verletzt und das Match in der 85. Minute

190 Anm. des Lektors: Juventus hat sein Wappen in den letzten Jahrzehnten des Öfteren umgeändert. 2017 wurde das letzte Wappen schließlich durch ein stilisiertes Logo ersetzt.

191 Das Derby in Verona ist das jüngste unter den erwähnten Derbys. Das erste Duell der beiden Klubs fand 1994/95 statt, als der Aufsteiger Chievo Verona auf den alteingesessenen Klub Hellas Verona traf.

192 Christian Bromberger, siehe oben, S. 59.

193 Im Original: »Milano siamo noi!«

abgebrochen, nachdem einige Fans aus Pisa für erhebliche Ausschreitungen sorgen. Und dass, obwohl das Spiel als Hochrisikopartie eingestuft wird, ein Polizeihubschrauber und 540 Polizisten zum Einsatz kommen.

Auch das Derby auf Sizilien hat eine lange Historie. Die Bewohner der Stadt Catania sehen sich in der Rolle der ewigen Zweiten, die Palermo vorwerfen, den Status der sizilianischen Hauptstadt gestohlen zu haben. Ein Verantwortlicher der *Indians* von Palermo erklärt: »Die Rivalität mit Catania ist keine normale Feindschaft, die sich rein auf den Fußball bezieht, vielmehr ist es so, dass der Fußball nur Mittel zum Zweck ist, um die Feindschaft auszuleben.«[194] Ganz Italien versinkt in regionale Grabenkämpfe, die überall ausgetragen werden. Lecce und Bari treffen immer in einer sehr feindseligen Atmosphäre aufeinander, Atalanta und Brescia ebenso wie Parma und Reggiana oder die Teams von Fano und Pesaro.

In den 1980ern tauschen die Ultras die politischen Symbole immer mehr gegen die Insignien der eigenen Stadt aus. Die Veronesi zählen zu den ersten, die die Symbole der Stadt mit Stolz herzeigen. Schon während der 1970er verwendet die *Brigate Gialloblu* das Wappen des alten Herrschergeschlechts der Scaligeri, die Leiter. 1983 entsteht eine neue Gruppe, die sich den Namen *Gioventù Scaligera* gibt und somit auf ihre Wurzeln verweist. Heutzutage findet man dieses Phänomen im ganzen Land. Zu alten Wappen kommen auch Insignien aus der Geschichte der Stadt dazu. In Rom nehmen die Fans von Lazio und Roma Bezug auf ihre lateinischen Wurzeln. Während des Derbys vom 11. November 1984 taucht der Schriftzug SPQR[195] auf einem Transparent der *Ultras'74* von Lazio auf. Während des Hauptstadt-Derbys vom 6. Oktober 1991 steht vor der Curva Sud von Roma eine fünf Meter große Figur aus Holz und Karton, die eine Wolfsmutter darstellt. Das Wappentier säugt das Zwillingspaar Romulus und Remus. Das dazu passende Spruchband lautet: »Die einzigen Erben eines großen Imperiums!«[196] Diese Rückbesinnung auf die Geschichte führt dazu, dass sich eine Ultras-Gruppe *XXI Aprile 753 a. C.* nennt – dem Datum entsprechend, an dem Romulus der Legende nach die Stadt gegründet hat. In Ravenna bezieht man sich auf das byzantinische Reich, während in Viterbo die *Brigata Etrusca* an die alten Etrusker erinnert. In Crotone, der Stadt, die ehemals Teil der Magna Graecia war, und in der sich Pythagoras aufhielt, versammeln sich einige der Ultras hinter dem Banner der *Gioventù Pitagorica*. Der lokale Dialekt findet Widerhall auf Spruchbändern und in den Schlachtgesängen der Kurve. Paradoxerweise tritt der Campanilismo gerade in jener Dekade auf, in der der italienische Fußball so international wie nie zuvor wird. Die Ultras sehen sich in der Rolle des letzten Repräsentanten ihres Vereins, im Gegensatz

194 Massimo Catastini, *La favorita del tifo*, »Supertifo«, Januar 1990, S. 34.

195 Akronym des lateinischen Ausdrucks Senatus Populusque Romanus, wörtlich: der Senat und das römische Volk.

196 Im Original: »Unici eredi di un grande impero«

zu den vielen Spielern, die kommen und gehen und keine Verbundenheit mit den Fans, dem Klub oder der Stadt aufbauen können oder wollen. Wie im Mittelalter wird die Stadt für die Ultras zu einem Miniuniversum.

In den Kurven tauchen immer mehr kleine Transparente mit dem Namen eines Stadtteils auf. Das trifft auf Viertel zu, die in der Peripherie liegen, wie *Centocelle* oder *Casal Bertone* in Rom, aber auch auf die historischen Stadtkerne wie in Cosenza oder Siena, wo Banner mit der Aufschrift *Centro Storico* zu sehen sind. In Neapel repräsentiert jede Gruppe, die in der Curva A ansässig ist, ein Stadtviertel. Ein Phänomen, das man ansonsten nirgends in Italien ausmachen kann. Manchmal steht der Name des Viertels gleichzeitig für den Namen der Gruppe wie zum Beispiel *Rione Sanità*, *Masseria Cardone* oder die *Quartieri Spagnoli*. Die Kurve ist somit Spiegelbild der Stadt und beherbergt gleichzeitig Leute aus verschiedenen Teilen der Metropole. Von nun an ist die Kurve nicht mehr nur der Ort, an dem sich die treuesten Fans treffen, sondern bildet auch das Herz der Stadt. Die Kurve hält die Farben der Stadt während des Fußballspiels hoch. Dementsprechend lautet auch ein Slogan der Ultras der Salernitana in den 1990ern: »Lebe Ultras, um Salerno zu lieben!«[197] Sie sind es auch, die als eine der ersten Gruppen nur mit dem Transparent ihrer Stadt auswärts fahren. Alle Fans versammeln sich hinter dem Banner mit der simplen Aufschrift *Salerno*.

In den 1990er-Jahren werden die Themen der Choreographien stärker von dieser neuen lokalen Verbundenheit inspiriert. Am 6. April 1991, anlässlich des Heimspiels gegen Juventus, zeigen die Fans der Fiorentina die berühmtesten Denkmäler der Stadt, während zeitgleich tausende Fahnen mit der roten Lilie auf den anderen Tribünen des Stadions geschwenkt werden. In Cava de' Tirreni wird eine Überrollfahne mit einem Abbild der Stadt gezeigt. Dazu gibt es das Spruchband: »Ultrà … so schön wie unsere Stadt!«[198] In Pisa werden die Sehenswürdigkeiten der Piazza dei Miracoli am 6. April 1997 ebenfalls auf großen Überrollfahnen in der Curva Nord im Derby gegen Livorno präsentiert. Andere Kurven wie in Reggio Calabria, Bologna oder Venedig folgen diesem Beispiel und zeigen die Monumente der Stadt ebenfalls auf großen Fahnen.

Die Beziehungen unter den Ultras-Gruppen

Mit dem vermehrten Auftauchen der Ultras-Gruppen und den Auswärtsfahrten entsteht ein teilweise kompliziertes Netz an Freundschaften und Rivalitäten. Diese Beziehungen

197 Im Original: »Vivere Ultras per amare Salerno!«
198 Im Original: »Ultrà … belli come la nostra città!«

entstehen teilweise aus sportlichen Gründen heraus, aufgrund des omnipräsenten Campanilismo oder aufgrund eines gemeinsamen politischen Credos. Dem Ganzen können aber auch ganz banale Motive zugrunde liegen, zum Beispiel ein Verwandtschaftsverhältnis. Ein ehemaliger Anführer der *Boys SAN*, Marco Pisu, hat sardische Wurzeln, weshalb sich gute Beziehungen zwischen der Curva Nord und den Ultras von Cagliari entwickeln. Treffen befreundete Gruppen in einem Spiel aufeinander, feiert man die Freundschaft mit symbolischen Gesten. Ist man hingegen verfeindet, kommt es zu Ausschreitungen. Ist man indes weder Freund noch Feind, bewahrt man sich in der Regel ein neutrales Verhältnis und tritt sich mit einem gewissen Respekt gegenüber. Dieses Netz aus guten Beziehungen oder gar Fanfreundschaften sorgt dafür, dass jede Tifoseria über das ganze Land verteilt Verbündete hat. Spielt man selber nicht und tritt eine befreundete Gruppe in der Nähe an, unterstützt man sich gegenseitig.

Die Beziehungen zwischen den Tifoserie können sich auch während eines einzelnen Spiels zum Negativen oder Positiven wenden. Das kann man am Beispiel von AC Milan und Hellas Verona gut verfolgen. Beide Fanlager waren bis zum Saisonfinale 1972/73 eigentlich freundschaftlich verbunden. Beim direkten Aufeinandertreffen der beiden Teams am letzten Tag der Saison verspielt der AC Milan aber die Meisterschaft. Nach dem Spiel kommt es zu schweren Ausschreitungen. Seitdem ist jedes Duell der beiden Kontrahenten von Gehässigkeiten gekennzeichnet.

Auch die Politik spielt bei der Unterscheidung zwischen Freund und Feind eine große Rolle. Viele Gruppen zeigen politische Symbole, entweder aus Überzeugung oder »spielen« damit, um zu provozieren. Unterschiedliche politische Ansichten können Gewalt nach sich ziehen, umgekehrt kann eine gemeinsame politische Überzeugung zwei Gruppen auch einen, siehe zum Beispiel die *Ultras Trieste* und die Fans von Lazio. Obwohl es beim Match Livorno–Ternana vom 11. Februar 1996 zu großen Ausschreitungen kommt, arbeiten die *Brigate Autonome Livornesi* mit den *Freak Brothers* der Ternana in der überregionalen Faninitiative *Resistenza Ultras* zusammen. Beiden Gruppen teilen ähnliche linksextreme Anschauungen.[199]

Auch hier kommt man am Campanilismo aber nicht vorbei, der eine Reihe von Rivalitäten begründet. Klassische Beispiele sind die vielen regionalen Derbys. Etwas anders sieht die Sache bei den Stadtderbys aus. Das Derby als solches muss nicht unbedingt immer in Gewalt ausarten. Es kommt auf die jeweilige Situation in der Stadt an. In den 1970ern sind beide Kurven in Mailand politisch strikt voneinander getrennt – Milan

199 Die Anhänger von Ternana sind Teil der Vereinigung *Resistenza Ultras*, die von ihren Kollegen in Livorno gegründet wird, um die antifaschistischen Ultras zu vereinen. Ziel dieses Bündnisses ist es, Zusammenstöße zwischen linksextremen Ultras zu vermeiden, um unnötige Stadionverbote zu verhindern und die Kräfte gegen die neofaschistischen Gegner zu bündeln.

links, Inter rechts. Das führt Schritt für Schritt zu einer Eskalation der Gewalt. Vor dem Derby vom 27. März 1977 werden Fans von Milan durch Messerstiche von einigen *Boys* verletzt. Diese Situation schaukelt sich immer weiter auf und führt schlussendlich zu einem Toten auf Seiten der Inter-Fans. Beide Seiten erkennen in diesem Moment die Sackgasse, in die sie sich manövriert haben und beschließen eine Art Waffenstillstand, der nun seit gut 40 Jahren zum Glück einigermaßen hält.[200]

Auch in Genua stehen sich beide Seiten feindselig gegenüber. Die Auseinandersetzungen arten aber nicht aus wie in Mailand und die politische Komponente spielt in der Hafenstadt eigentlich keine Rolle. Die heftigsten Auseinandersetzungen liefern sich beide Seiten aber nicht im Zusammenhang mit einem Derby am 16. Mai 1989. Eine Woche vorher feierten Tausende von Genoa-Fans die Niederlage Sampdorias im Finale des Pokals der Pokalsieger. Um die Sache aus der Welt zu schaffen und ein für alle Mal die Fronten zu klären, treffen rund 400 Ultras beider Seiten in einem heftigen Straßenkampf aufeinander. Trotz 70 Schüssen in die Luft gelingt es der Polizei erst nach einer Stunde, Herr der Lage zu werden.[201] In weiterer Folge schließen die Capi beider Lager auch in Genua eine Art Waffenstillstand.[202] Bei einem Derby im Jahr 2000 erweist sich dieser Nichtangriffspakt aber als sehr brüchig – Ultras beider Lager krachen wieder aufeinander. Ähnliches passiert bei den Duellen am 23. September 2007 und am 8. Mai 2016.

Abmachungen dieser Art gab es in Rom oder Turin indes nie. In regelmäßigen Abständen eskaliert die Situation auch dort. In Verona hingegen ist die Lage viel ruhiger. Hellas Verona weiß die übergroße Mehrheit der Fans hinter sich. Die Ultras der Curva Sud sehen die Spiele gegen Chievo nicht als Derby an.

Genauso wie die Rivalitäten erzählen auch Freundschaften ihre eigene Geschichte. Um genau zu sein, muss man dabei zwei Arten von freundschaftlichen Beziehungen unterscheiden. Es gibt die »normale« Fanfreundschaft und den sogenannten Gemellaggio, der darüber hinaus geht und intensiver gelebt wird. Oft wird ein Gemellaggio vor einem Spiel durch einen Fahnenumzug im Stadion betont. Man feiert sich und die Freundschaft durch Spruchbänder und tauscht Geschenke aus. Während dem Match wird die andere Mannschaft nicht beschimpft und nach dem Spiel verabschiedet man sich freundschaftlich. Mitunter treffen sich befreundete Gruppen vor oder nach dem Spiel auch in einem Lokal. Besucht man sich gegenseitig, ohne dass beide Mannschaften aufeinandertreffen, hängt man ein kleines Transparent über das der befreundeten Gruppe.

200 Die einzige Ausnahme ist das Mailänder Derby am 15. Februar 2009, als Ultras des AC Milan gewalttätig auf Tifosi von Inter losgehen, die eines ihrer Transparente heruntergerissen hatten.

201 Siehe Pasquale Coccia, *Un impresa degli Ultras*, Rom, Rai Eni, 2004.

202 Angesichts des Drucks der Justiz, die die 19 verhafteten Ultras strafrechtlich verfolgen wollte, und der Intervention der Polizeipräfektur, kam es unter Vermittlung der Stadtverwaltung zu einem Dialog zwischen den beiden Lagern.

Diese Gemellaggi haben oft eine recht unterschiedliche Lebensdauer. Einige von ihnen bestehen mittlerweile schon einige Jahrzehnte. Zum Beispiel der Gemellaggio zwischen den Kurven von Pescara und Vicenza. Seit 1977 geht man Seite an Seite, allen Generationswechseln und unterschiedlichen Gruppen zum Trotz. Andere erweisen sich als nicht so langlebig. Fiorentina und Livorno galten ab 1999 befreundet, nach vier Jahren war aber schon wieder Schluss. Zu den langlebigen Freundschaften zählen noch Bari und Salernitana, Pescara und Vicenza sowie Fiorentina und Hellas Verona.[203] Freundschaften und Gemellaggi sind mitunter fragile Gebilde. Ab und zu reicht der Ausgang eines wichtigen Spiels oder das Verhalten von »normalen« Fans, die nichts von der Freundschaft halten oder nichts darüber wissen, um alles zu Fall zu bringen. Manchmal ist aber auch ein Generationswechsel oder ein Wechsel in der Führung einer Gruppe dafür ausschlaggebend. Ein sehr gutes Beispiel dafür, leider mit einem sehr tragischen Ausgang, ist die wechselhafte Beziehung zwischen den Gruppen der Curva Sud von Milan und der *Fossa dei Grifoni* von Genoa. Zwischen 1973 und 1982 ist man freundschaftlich verbunden. Die Milanisti stehen den Genoani in den Spielen gegen Inter und Sampdoria bei, außerdem ist man durch eine gleiche politische Sichtweise verbunden. Das alles geht am Rande des Spiels Genoa–Milan vom 18. April 1982 zu Bruch. Beide Klubs kämpfen damals um den Verbleib in der Serie A. Die folgenden Duelle der beiden Teams sind von Ausschreitungen überschattet. Die Rivalität schaukelt sich so lange hoch, bis sie ein Todesopfer fordert. Vor dem direkten Aufeinandertreffen vom 29. Jänner 1995 wird ein Genoa-Fan von einem jungen Milanesi erstochen.[204] Zum Glück endet es nicht immer so dramatisch: Die Kurven von SPAL und Reggiana sind freundschaftlich verbunden, bevor die Beziehung von Hass geprägt wird.

Auf der anderen Seite führen Rivalitäten auch zur Bildung von neuen Allianzen. Der Schriftsteller Paul Harrison schreibt vom »Beduinen-Syndrom«, das auch die Fußballfans betrifft: die Freunde meiner Freunde sind auch meine Freunde. Die Feinde meiner Feinde sind auch meine Freunde, aber der Freund von heute kann der Feind von morgen sein.[205] Die Ultras von Torino und Fiorentina hassen gemeinsam Juventus. Das Gleiche trifft auch auf Vicenza und Udinese zu, die in der Feindschaft zu Hellas Verona vereint sind. Ein Vertreter der *Vigilantes Vicenza* erklärt: »Die Freundschaft entstand nicht so sehr aufgrund gegenseitiger Sympathie, sondern primär deshalb, weil man sich in der Abneigung gegenüber Verona einig war.«[206]

203 Nach der Auflösung der *Brigate Gialloblu* von Hellas Verona im Jahr 1991 organisieren die Ultras der Fiorentina beim Heimspiel gegen Hellas eine Choreographie zu ihren Ehren, begleitet von der Botschaft: »Zwanzig Jahre Geschichte kann man nicht auslöschen … Ehre den Brigate Gialloblu«. Im Original: »Venti anni di storia non si cancellano … onore alle BG!«

204 Siehe Vincenti Luca, *Diari di una domenica ultrà*, Mailand, Franco Angeli, 2000.

205 Paul Harrison, *Soccer's tribal war*, »New Society«, 1974, S. 51–66.

206 Andrea Peretto, siehe oben, 1999, S. 50.

Auch Solidarität kann sich zu einer Freundschaft entwickeln. Im Zuge des Spiels Salernitana–Brescia am 4. Mai 1997 verunglückt ein Fan der Leonessa[207] im Stadion tödlich. Diese Tragödie führt beide Fangruppen zusammen. Auch per Briefkorrespondenz entsteht so manche Freundschaft. Vor allem in den 1970ern entstehen Kontakte, die über Anzeigen im *Guerin Sportivo* laufen. Auf diese Art und Weise entsteht zum Beispiel die Fanfreundschaft zwischen dem *Commando Ultrà Curva Sud* und den *Brigate Neroazzurre*, über die vorher schon geschrieben wurde. Abseits solcher Wege entwickelt sich die Freundschaft zwischen den Ultras aus Cremona und den *Ultras Ghetto* der Reggiana. Der Gründer der *UG* lernt hinter Gittern einen Fan aus Cremona kennen. Wieder in Freiheit laufen sich beide zufällig beim Spiel Cremonese–Reggiana am 18. Februar 1979 wieder über den Weg. Das Stadion von Cremona verfügt damals noch nicht über einen eigenen Gästesektor, beide Fangruppen stehen somit Seite an Seite und eine Freundschaft entwickelt sich.[208]

Die neuen Generationen bekommen diese Freundschaften »weitervererbt«. Wie im echten Leben auch, gehören Freundschaften auch unter Ultras gepflegt, um nicht einzuschlafen. Oft spielen die Klubs nämlich nicht in derselben Liga und man trifft sich nicht automatisch. Mit den Rivalitäten verhält es sich ähnlich, auch diese werden an die neuen Generationen weitergegeben. Bei der nächstbesten Gelegenheit werden alte Geschichten, die im kollektiven Gedächtnis hängen geblieben sind, wieder aufgewärmt. Parma–Reggiana vom 7. Mai 2017 ist dafür ein Beispiel. Hunderte Ultras beider Seiten sorgen schon Stunden vor Anpfiff für Ausschreitungen, dabei liegt das letzte Aufeinandertreffen schon zwanzig Jahre zurück.

Das Verhältnis zu anderen Akteuren

Als die Ultras-Bewegung in den 1970ern die ersten Schritte macht, werden die großteils jungen Fans von den Vereinsoffiziellen noch gar nicht richtig wahrgenommen. Zumal die Ultras erst noch eine richtige Identität entwickeln müssen und sich vielfach noch unter dem Dach der Fankluborganisationen befinden. Die Verbindungen sind dementsprechend noch sehr spärlich. Ab und zu werden die Ultras wegen finanzieller Unterstützung für den Kauf von Trommeln oder ähnlichem Tifomaterial vorstellig oder sie bitten um ein paar Freikarten. Ein Vertreter der *Ultras Granata* erläutert 1978: »Bargeld haben wir eigentlich nie bekommen, aber wir haben immer wieder Freikarten erhalten. Durch deren Verkauf

207 Synonym für Brescia
208 Massimo Fortuna, siehe oben, S. 280–284.

konnten wir unsere Aktivitäten finanzieren.«[209] Die Funktionäre wollen das Publikum an sich binden. Über die *Centri Coordinamento Club* werden den Fans günstigere Saisonkarten und Subventionen für Auswärtsfahrten angeboten. In der zweiten Hälfte der 1970er emanzipieren sich die jungen Ultras langsam von den alteingesessenen Fanklubs. Bis dahin waren deren Vorsitzende das Bindeglied zwischen Fans und Vereinsführung. Die Ultras gehen nun den direkten Weg. Dabei geht es zunächst um Dinge praktischer Natur: Die Werbebanden vor den Kurven müssen weg, um die Transparente sichtbar zu machen und die Ultras brauchen das OK, um das Stadion schon vor Einlass betreten zu können, schließlich muss alles vorbereitet werden. Zu guter Letzt braucht man einen Lagerraum, um sämtliche Tifo-Utensilien verstauen zu können. Die Beziehungen zum Verein können dabei auch durchaus freundschaftlich sein. Moreno Toniolo, Capo der *Vigilantes Vicenza,* erhält am 3. September 1978 von den Vereinsoffiziellen als Hochzeitsgeschenk ein fünfzehn Meter langes Transparent mit der Aufschrift *Red White Panthers.* Das druckfrische Transparent wird am selben Abend beim Pokalspiel zwischen Vicenza und Bologna eingeweiht.[210]

Nachdem sich die Gewaltszenen zu häufen beginnen, interessieren sich auch die Medien bald für das neue Phänomen in den Stadien. Am Rande des Heimspiels gegen Torino am 15. Jänner 1978 kommt es in Bergamo zu groben Ausschreitungen zwischen Ultras der Atalanta und Torino. Vor dem erneuten Aufeinandertreffen der beiden Klubs im Oktober desselben Jahres laden die Vereinsfunktionäre von Atalanta Vertreter der Fanklubs, aber vor allem die Ultras beider Mannschaften zu einem Abendessen ein. Es hilft alles nichts, vier Tage später geht es wieder rund.[211]

Im Laufe der 1980er-Jahre wächst der Einfluss der Ultras-Gruppen. Damit werden auch die Beziehungen zwischen Funktionären und Fans komplizierter. In diesem Jahrzehnt wird der italienische Fußball zur bestimmenden Kraft auf dem Kontinent. Die Vereine der Halbinsel locken die weltbesten Spieler ins Land und werden zu Zuschauermagneten. Einige Klubs werden in dieser Zeit von Geschäftsmännern gekauft, die dadurch mediale Aufmerksamkeit und Popularität erreichen wollen. Bestes Beispiel dafür ist Silvio Berlusconi, der den AC Milan im Februar 1986 erwirbt. Die wachsende Bedeutung des Fußballs ist die perfekte Möglichkeit, um Eingang in die »bessere« Gesellschaft zu finden, die eigene Firma bekannt zu machen oder dient als Sprungbrett für eine politische Karriere. Weitere Beispiele sind die Familie Cecchi Gori, die die

209 Daniele Segre, *Ragazzi di Stadio*, Gabriele Mazzotta, Turin 1979, S. 9.

210 Vecchia Guardia Vicenza 1976, siehe oben, S. 125.

211 Daniele Belotti, siehe oben, S. 110–111.

Fiorentina im Juni 1990 kauft, oder der Nahrungsmittelkonzern Parmalat, der zur selben Zeit den Fußballklub aus Parma übernimmt.[212]

Diese neue Generation an Klubeigentümern versucht die Gunst des Publikums zu gewinnen, was nicht immer einfach ist. Viele der neuen Funktionäre sind Quereinsteiger. Eines verstehen aber alle: Die Bedeutung der organisierten Fans für ihre Zwecke. Es ist wichtig, die Ultras, die ihre Kurve unter Kontrolle haben, auf die eigene Seite zu bekommen, trotz aller immer wiederkehrenden Gewaltexzesse. Zwischen Klubpräsidenten und Ultras entwickelt sich ein ambivalentes Verhältnis. Einige Klubchefs lassen den Ultras Freikarten zukommen, andere unterstützen die Choreographien finanziell, andere geben einen Zuschuss für Auswärtsfahrten. Wieder andere gehen noch einen Schritt weiter und vermitteln auch Arbeitsplätze. Ein Verantwortlicher der Curva Nord erhält über den FC Inter einen Arbeitsplatz bei der Banca Popolare in Mailand. Dort kümmert er sich praktischerweise um den Verkauf von Tickets und Saisonabos. Die 100 Gratistickets, die er vom Verein darüber hinaus erhält, stärken auch seine interne Position in der Hierarchie der Curva Nord.[213]

Trotzdem geben die meisten Ultras-Gruppen nach außen hin vor, völlig autonom von den Klubs zu agieren und keine finanzielle Unterstützung entgegenzunehmen, um sich ihre Unabhängigkeit zu bewahren. Wie beschrieben agieren einige Gruppen hier sehr pragmatisch. Die Androhung von Gewalt seitens der Ultras spielt dabei auch immer eine Rolle. Beide Seiten (Ultras und Vereinsoffizielle) negieren diese Verbindungen und doch sind sie vorhanden. Auch die Vereinsoffiziellen, die Gewaltausbrüche in den Kurven verurteilen und darüber hinaus Kontakte zu den organisierten Gruppen dementieren, unterstützen sie trotzdem. Fast so wie ein Vater, der sich auch um die schwarzen Schafe seiner Familie kümmert. Ein Vertreter der Tifoseria der Cremonese erklärt, dass sie mitunter indirekt seitens der Vereinsführung unterstützt werden: »Wir erhielten eine Zuwendung für die lange Auswärtsfahrt nach Reggio Calabria (…), eine Unterstützung für die 25-Jahr-Feier der Gruppe oder ein bisschen Geld für die Anschaffung von einigen Fahnen. Für die Anschaffung von Tifomaterial oder Schals haben wir uns Geld vom Klub geliehen, es aber nachher wieder zurückgezahlt.«[214]

Ein gutes Beispiel für das »Zusammenspiel« Verein–Ultras liefert das Auswärtsspiel des AC Milan in Gijón im September 1987. Einige spanische Fans ziehen lärmend vor das Mannschaftshotel der Gäste, damit diese in ihrem Schlaf gestört werden. Im Charter des

212 Es gibt viele Unternehmen wie Tods, Giochi Preziosi oder Emmezeta, die eine größere Bekanntheit erlangten, seit sich ihre Besitzer einen Fußballverein gekauft haben: in Florenz die Brüder Della Valle, in Saronno, dann in Como und zuletzt in Genua Enrico Preziosi und schließlich in Venedig und später in Palermo Maurizio Zamparini.

213 Giovanni Cerruti, *Io ultrà, padrone dello stadio*, »La Stampa«, 20. Oktober 1988, S. 13.

214 Siehe Massimo Fortuna, siehe oben, S. 306.

Vereins sind aber auch einige Ultras nach Spanien gekommen, die im selben Hotel abgestiegen sind. Die Milanisti ergreifen daraufhin die Initiative, greifen die Spanier an und treiben sie in die Flucht, damit wieder Ruhe einkehrt. Die Stimmung beim Match ist schließlich stark aufgeladen. Einige Heimfans versuchen im Stadion Transparente der mitgereisten Milanisti zu stehlen. Die Reaktion der Auswärtsfans ist dementsprechend heftig und ruft die gefürchtete Guardia Civil auf den Plan, die brutal eingreift. Schlussendlich interveniert auch Milan-Präsident Silvio Berlusconi persönlich, um die Lage zu entschärfen.[215]

In den 1990ern überdenken einige Gruppen das Verhältnis zu den Vereinsoberen und lehnen finanzielle Unterstützungen welcher Art auch immer ab. Sie kehren zur Selbstfinanzierung zurück. Wie geschildert passiert dies durch den klassischen Verkauf von Fanartikeln, Mitgliedschaften und Spendensammlungen in den Kurven. Trotz allem werden die Verbindungen zwischen beiden Seiten großteils nicht vollständig gekappt, sondern bleiben weiterhin aufrecht.

Es kommt auch immer wieder vor, dass das Verhältnis zwischen Vereinsbossen und Ultras äußerst angespannt ist. Zum Beispiel, wenn die Resultate der Mannschaft entsprechend schlecht oder die Ultras mit der Führung des Klubs nicht einverstanden sind. In diesen Fällen kommt es zu Protesten mittels Spruchbändern, Demonstrationen, Schmähgesängen oder zu einem Streik in der Kurve. Immer wieder werfen auch Präsidenten nach Konflikten mit der Kurve das Handtuch. Die Ultras sind also eine Art Lobby, die man als Vereinsfunktionäre besser auf seiner Seite hat. Dies ist auch der Grund dafür, dass manche Präsidenten einem langwierigen Konflikt aus dem Weg gehen und gewisse Situationen einfach als gegeben hinnehmen. Ein Fan von Inter erklärt die Beziehung zum damaligen Präsidenten Ernesto Pellegrini (1984–1995): »Es kam immer wieder vor, dass die Stimmung in der Kurve aufgrund der Leistungen der Mannschaft schlecht war. Viele waren der Meinung, man müsse dagegen protestieren, egal ob mit Gesängen oder Spruchbändern. Die Capi haben das aber immer unterbunden. Es lag auf der Hand, dass die Klubführung diese Anführer hofierte und sich ihre Gunst erkaufte.«[216]

Die Beziehungen, die zwischen den beiden Parteien gepflegt werden, empfindet man zumeist als Zwang, den es zu akzeptieren gilt. Jeder hat seine Interessen zu wahren und Konflikte schaden beiden Seiten, sowohl den Gruppen als auch den Führungskräften, die sich nicht mit den treuesten Fans anlegen können. Dies gilt auch für den langen Streit zwischen den Gruppen der Curva A und der Curva B und dem Besitzer des SSC Napoli, Aurelio De Laurentiis, über ein Dutzend Jahre hinweg. Dieser Streit hatte mehrere

215 Fossa dei Leoni, siehe oben, S. 109.
216 Dario Colombo, Daniele De Luca, *Fanatics*, Rom, Castelvecchi, 1996, S. 139.

Gründe: die Eintrittspreise, die von den neapolitanischen Ultras als überhöht angesehen wurden, aber auch die Schwierigkeiten oder sogar Verbote, das Material der Gruppen in das Stadion zu bringen. Am 15. April 2023, nach Jahren der Polemik und Drohungen, posieren der Vereinspräsident und ein Großteil der Ultras der beiden Kurven für ein Foto, das zeigen soll, dass der Frieden zum Wohle des Vereins, der sich anschickt, eine dritte Meisterschaft zu gewinnen, hergestellt wurde.

Gewaltausbrüche, politische Symbole und offen zur Schau gestellter Rassismus machen es manchen Vereinsfunktionären aber immer wieder schwer, mit den Ultras zusammenzuarbeiten. Auch deshalb kommt es immer wieder vor, dass beiden Seiten nach außen hin eine Verbindung negieren. Die Ultras tun dies, um ihre Mentalität, ihre Treue und Unabhängigkeit zu unterstreichen. Auf der anderen Seite wollen Vereinsfunktionäre nicht kompromittiert und in der Öffentlichkeit bloßgestellt werden.

Ultras und Medien – ist ein Dialog möglich?

Mit den ersten Ausschreitungen zu Beginn der 1970er interessiert sich die italienische Sportpresse immer mehr für die neue Ultras-Kultur. Die großen alteingesessenen nationalen Zeitungen des Landes berichten darüber anfangs nur am Rande. Regionalzeitungen indes sind näher dran und publizieren manchmal auch Anzeigen zu anstehenden Auswärtsfahrten. Am 3. Dezember 1973 druckt das bekannte Wochenmagazin *Guerin Sportivo* einen Artikel unter dem Titel »Clockwork Orange im Stadion«. Darin ist zu lesen: »In San Siro sind das erste Mal organisierte Streitkräfte aufgetaucht, eine Art schnelle Einsatzgruppe. Wir haben es hier in einer gewissen Art und Weise mit Rowdytum zu tun.«[217] Die Ausschreitungen vor, während und nach den Spielen häufen sich. Ab 1975 geht der *Guerin Sportivo* in seinen Artikeln immer wieder auf das neue Phänomen der Ultras ein. In der Ausgabe vom 26. Februar desselben Jahres sogar in einer Schwerpunktausgabe, die sich hauptsächlich um die Gewalt in den Stadien dreht.[218] Die ganze Dekade über sorgen Ausschreitungen für Schlagzeilen in der Presse. Umberto Eco (bekannt als Autor von »Im Namen der Rose«) schreibt darüber in *La Stampa* vom 28. März 1975 sogar einen Leitartikel auf Seite 3. Darin versucht er, dem Phänomen auf den Grund zu gehen. »Mittlerweile ist es Teil der wöchentlichen Berichterstattung: Mit Ketten bewaffnete Banden ziehen durch die Sportstadien (…), die traditionellen Orte des antiken Circus (…), und wecken dabei Erinnerungen an die Valle Giulia in

217 Claudio Gorlier, *Entra negli stadi l'arancia meccanica,* »Guerin Sportivo«, 3. Dezember 1973, S. 3.
218 *La prossima volta il fuoco,* »Guerin Sportivo«, 26. Februar 1975, S. 19–24.

Rom.«[219] Artikel über und Fotos von Gruppen, die kriegerische Namen und ein teils aggressives Auftreten vorweisen, alarmieren Medien und Öffentlichkeit gleichermaßen. Ein erster Höhepunkt wird dabei am 28. Oktober 1979 durch den Tod des Lazio-Fans Vincenzo Paparelli erreicht. Es folgt der Fund einer Handgranate, versteckt unter einer Werbebande auf der Laufbahn des Stadions in Verona, der es im März 1977 auf die Titelseite des *Guerin Sportivo* schafft.[220] Die Ausschreitungen am Rande des Spiels Atalanta–Torino vom 15. Jänner 1978 schaffen es sogar in die Abendnachrichten. Die Spirale der Gewalt dreht sich ungebremst weiter und findet in den nationalen und lokalen Medien großen Widerhall.

Zum Unverständnis darüber kommt die Angst dazu, dass sich die politischen Kämpfe, die auf den Straßen toben, auch auf die Stadien übertragen. Es sind Jahre, in denen das ganze Land unter großer Anspannung leidet. Extreme politische Gruppen beider Richtungen sorgen für Terror und unzählige Tote.

Das Vokabular, das die Medien im Zusammenhang mit den Ultras verwenden, stigmatisiert und dämonisiert diese. Die Angesprochenen nehmen diese Attribute gerne auf und »spielen« mit diesen Klischees – ein Teufelskreis. Dabei tun sich wieder die Veronesi hervor. Dementsprechend zeigen sie in ihrer Kurve ein Spruchband mit der Aufschrift »Wir hassen alle!«,[221] dazu singen sie: »Wir sind gelb, wir sind blau, wir sind schlimmer als die Zulu uh uh uh!«[222]

Für die meisten Journalisten und für den italienischen Durchschnittsbürger sind die jungen Ultras, die sich irrational verhalten und nicht zögern, ein Spiel mit Gewalt zu stören, ein Fremdkörper im Fußball, um nicht zu sagen – ein Spielverderber. Zumal diese Ausschreitungen nicht selten minutiös geplant und für die Ultras wiederum Teil des Spiels sind. Es ist klar, dass es in anderen sozialen Kontexten zu durchaus größeren und gefährlicheren Ausschreitungen kommt, aber Gewalt im Zusammenhang mit einem Fußballspiel lässt die Wogen ungleich höher gehen. Angstauslösende Kommentare, die die Berichte über die Ultras kennzeichnen (eine Charakteristik, die alle Gegenkulturen betrifft), die stereotypen Darstellungen durch die Journalisten (»politische Extremisten«, »unterprivilegierte soziale Schichten«, »eine Jugend in Gefahr«) tragen nicht zu einer rationalen und objektiven Analyse der Fakten bei.

219 Umberto Eco, *I commandos dello stadio*, »La Stampa«, 28. März 1975, S. 3. Anm. des Lektors: Die Schlacht der Valle Giulia beschreibt eine Straßenschlacht zwischen demonstrierenden Studenten der Fakultät für Architektur der Universität La Sapienza in Rom und der Polizei am 1. März 1968.

220 In einem Leserbrief an den Chefredakteur des *Guerin Sportivo* schreibt ein Ultra aus Verona: »Die Granate war zum Werfen auf den Bus der *Panthers* von Juventus gedacht.« Vgl. *La bomba di Verona: scrive un »ultras«*, »Guerin Sportivo«, 5. April 1977, S. 27.

221 Im Original: »Noi odiamo tutti!«

222 Anm. des Lektors: Im Italienischen reimt sich der Gesang natürlich und lautet im Original: »Siamo gialli, siamo blu, siamo peggio degli Zulu, uh uh uh!«

Der Dialog zwischen den Medien und den Ultras wird schnell verzerrt. In Italien gibt es drei große Sporttageszeitungen: *La Gazzetta dello Sport*, *Corriere dello Sport* und *Tuttosport*. Dieser verschärfte Wettbewerb veranlasst sie zu einer immer sensationslüsterneren Berichterstattung über die sich häufenden Akte der Gewalt. Diese landen immer wieder auf der Titelseite und werden einhellig verurteilt, aber die Journalisten befassen sich selten mit der Analyse des Phänomens. Die »Experten«, die sich zu diesen Ereignissen äußern, sind keine ausgewiesenen Akademiker. Ihr Ruf ist mehr medial als intellektuell begründet. Über die Zusammenstöße wird tendenziös berichtet, das Verhalten der Polizei oder die Einsatzleitung wird dabei nicht in Frage gestellt. So wird der Tod eines jungen Fans aus Triest, der von einem Polizisten im Anschluss an das Match Triestina–Udinese am 8. Februar 1984 brutal zusammengeschlagen wird, nicht weiter hinterfragt. Dies trifft auch auf die Berichterstattung über die Tragödie von Heysel im Jahr 1985 zu, in deren Zuge 39 Fans sterben. Es sind die allgemeinen Zeitungen, die sich nicht damit begnügen, die oberflächlichen Meldungen der Sportpresse zu übernehmen. Dort wird auf die üblichen Stereotypen zurückgegriffen, in denen die Ultras als Arbeitslose, Straftäter, Drogenabhängige und als Jugendliche aus verarmten Vorstädten abgestempelt werden.

Die Berichterstattung der wichtigsten italienischen Zeitungen hat sich in den letzten 50 Jahren nicht geändert. Egal, ob sie nun links oder rechts orientiert sind, sie analysieren das Phänomen auf dieselbe Weise. Es wird dabei immer ein moralisierender Ansatz gewählt. Das Verhalten der Ultras wird von Haus aus als abnormal angesehen. Die Regelung der öffentlichen Ordnung durch die italienische Polizei wird nicht infrage gestellt und führt somit zu einer immer größeren Repression. Die Ultras sind ein leichtes Opfer für die Journalisten, die sich über Ausschreitungen empören, aber über andere negative Auswüchse des Fußballs wie Doping, Korruption und wirtschaftliche sowie politische Einflussnahmen von außen hinweg sehen.

Die Ultras kritisieren die Medien für deren parteiische Haltung, wenn sie über ihre Bewegung berichten und dass sich deren Berichterstattung immer nur um Gewalt dreht. Die Medien haben kein Verständnis für das entwickelt, was die Kurven antreibt und schenken den positiven Aspekten des Kurvenlebens, wie den zahlreichen Solidaritätsaktionen, den Fanfreundschaften und dem sozialen Zusammenhalt, kaum Beachtung. Diese führt dazu, dass die meisten Journalisten Ende der 1980er-Jahre als Feinde der Ultras-Bewegung angesehen werden. Ein Spruchband der *Vecchia Guardia* der Fiorentina bringt diese Verachtung gegenüber der Presse gut auf den Punkt: »Journalisten, passt auf, was ihr schreibt!«[223] Die Ultras agieren auf der anderen Seite aber nur sehr selten

223 Im Original: »Giornalisti … occhio alle penne!«

selbstkritisch. Sinnlose Gewalt, die an und für sich im Gegensatz zu ihrer Philosophie steht, wird kaum hinterfragt. Werden Grenzen überschritten, übernehmen sie allzu oft keine Verantwortung dafür. Außerdem lieben sie es nach wie vor, Fotos und Zeitungsausschnitte ihrer Taten zu sammeln. Diese werden als Beweise ihrer Heldentaten und zur Untermauerung ihres Rufes aufbewahrt.

Lediglich der *Guerin Sportivo* versucht das Ultras-Phänomen mit all seinen Auswüchsen zu verstehen. Italo Cucci, Chefredakteur seit 1975, will mit seiner Zeitschrift ein jüngeres Publikum anzusprechen. Obwohl Gewaltexzesse auch in diesem Blatt verurteilt werden, ermöglicht es die redaktionelle Linie, den Dialog mit den fanatischen Fans aufrechtzuerhalten. Legendär wird in diesem Zusammenhang ein Briefwechsel zwischen Geppo, einem Mitglied des *Commando Ultrà Curva Sud,* und dem Chefredakteur. Ab dem 31. August 1982 beginnen beide, eine Korrespondenz zu führen. Geppo, der Ultrá, schreibt dabei über sein tägliches Leben, die jugendliche Protestwelle, die Bedeutung der Roma und das Dasein als Ultra.[224] Über sieben Ausgaben der Zeitschrift hinweg entsteht so eine Debatte zwischen dem *Guerin Sportivo* und seiner jungen Leserschaft. Dutzende Briefe werden von der Redaktion behandelt, um die neue Tifo-Kultur, aber auch die italienische Gesellschaft und deren wirtschaftlichen, politischen und sozialen Probleme zu analysieren. Ein Brief stammt sogar von der Mutter eines jungen Ultras.

Im Dezember 1984 wird die monatlich erscheinende Fußballzeitschrift *Tuttocalcio ABC* um eine Beilage erweitert, die ausschließlich den Ultras der gesamten Halbinsel gewidmet ist: *Supertifo*. Diese Beilage enthält zunächst Dutzende von Fotos der Kurven des gesamten Landes, sowie eine Rubrik mit Kleinanzeigen. Der Erfolg dieses Formats führt dazu, dass die Beilage ab September 1986 zu einer eigenen Monatszeitschrift wird. In jeder Ausgabe werden Hunderte Fotos (hauptsächlich Choreographien, sehr selten Gewaltszenen), Interviews mit den Gruppen, Leserbriefe sowie ein Anzeigenteil veröffentlicht. Ab 1989 erscheint *Supertifo* 14-tägig. Im Juni 2007 kehrt man schließlich zum monatlichen Format zurück. 2011 erscheint die vorerst letzte Ausgabe. Im September 2015 versucht man einen Relaunch, nach drei Ausgaben ist aber auch damit Schluss. In den 25 Jahren seines Bestehens hat *Supertifo* nie die Gewalt verherrlicht, sondern immer versucht, die positiven Aspekte der Ultras-Kultur hervorzuheben: die Choreographien, die Fanfreundschaften und Solidaritätsaktionen. Damit ist das Magazin einigermaßen erfolgreich gefahren. 1989, auf seinem Höhepunkt, verkauft *Supertifo* 60.000 Exemplare. In den folgenden Jahren pendelt sich der Verkauf bei rund 30.000 Stück ein, die Zeitschrift erlangt aber internationales Ansehen. Lange Jahre wird *Supertifo* als eine Art Bibel von Ultras aus ganz

224 Siehe *Tifoso, teppista: perché?*, »Guerin Sportivo«, 31. August 1982, S. 11.

Europa angesehen. Das liegt zum einen daran, dass das italienische Tifo-Modell damals noch eine Vorreiterrolle spielt und es vergleichbare Magazine in anderen Ländern noch nicht gibt. Diesem Erfolgsmodell folgend, erscheint 1991 eine weitere Zeitschrift mit dem Titel *Hooligans*. Dem Namen entsprechend wird dort ein größeres Augenmerk auf die Verherrlichung von Gewaltexzessen gelegt. Nach nur drei Monaten wird der Vertrieb aber wieder eingestellt und durch die Zeitschrift *Ultrà* ersetzt. Wie sein Vorgänger birgt auch dieses neue Magazin aber wenig Qualität und erscheint nur kurz. Es dauert dann einige Jahre, bis ein zweites Ultras-Magazin das Licht der Welt erblickt. Im März 1998 kommt die erste Nummer von *Fan's Magazine* auf den Markt. Zuerst mit einer monatlichen, ab Oktober 2004 mit einer alle zwei Wochen erscheinenden Ausgabe. Die Auflage beträgt rund 27.000 Stück. *Fan's Magazine* beschränkt sich im Wesentlichen auf die Veröffentlichung von Spielberichten, garniert mit Fotos und offiziellen Comunicati, also Kommuniqués, der Gruppen. Seit November 2003 gibt es im Internet ein Portal namens »Sport People« mit einer wöchentlich erscheinenden digitalen Ausgabe.[225] Es ist kostenlos nutzbar und zugänglich. »Sport People« versteht sich als Stimme der organisierten Gruppen und tritt kritisch gegenüber den Auswüchsen des modernen Fußballs auf. Die Redaktion organisiert Debatten und diskutiert über Bücher, die über die Subkultur erscheinen. Im Jahr 2007 liegt die Auflage bei etwa 2.900 Downloads pro Ausgabe.[226] Im Juli 2014 gibt die Redaktion das Magazin auf, um sich ausschließlich der Website zu widmen, auf der zahlreiche hochwertige Artikel zum Thema zu finden sind.

Das Fernsehen hat auf der italienischen Halbinsel eine hegemoniale Stellung inne, hütet sich aber gleichzeitig davor, das Ultras-Phänomen zu analysieren. Sportsendungen wie »Il Processo del lunedì« verurteilen die Gewalt lauthals. Das öffentlich-rechtliche Fernsehen, die Sender der *RAI*, versuchen mitunter aber auch eine andere Sichtweise der Dinge zu vermitteln. Bereits 1980 sind zwei hochwertige Dokumentarfilme auf Sendern der RAI zu sehen. In »Ragazzi di stadio« begleitet Daniele Segre Fans von Juventus und Torino unter der Woche und beim Spiel im Stadion. Der zweite ist ein Bericht von Federico Fazzuoli und Emilio Sanna über die Curva Sud der AS Roma. Beide verfolgen dabei einen soziologischen und analytischen Ansatz und lassen die Ultras in langen Interviews zu Wort kommen, was zu dieser Zeit noch unüblich ist. Leider erreichen spätere Berichte nicht diese Qualität. Sie setzen eher auf Bilder von gewalttätigen Auseinandersetzungen, um die Zuschauer für sich zu gewinnen. Lediglich die Sendung »Mentalità Ultras« des Musiksenders Match Music gibt den Protagonisten der Kurven in einer Serie von zwölf

225 Siehe www.sportpeople.net
226 Von der Redaktion von »Sport People« im November 2007 zur Verfügung gestellte Zahlen.

Kurzberichten, die 1996 ausgestrahlt werden, eine Stimme. Das gilt auch für die hervorragende Dokumentation von Domenico Mungo, einem aktiven Anhänger der Fiorentina, der 2009 für einen Privatsender den Film »Ultras nel bene e nel male« produziert.

Das Fernsehen ist eine gute Möglichkeit für die Ultras, sich selbst Gehör zu verschaffen, und so produzieren einige Gruppen ihre eigenen Programme. 1987 geht das *Commando Ultrà Curva B,* das auf eine damals schon sehr gute Organisation zurückgreifen kann, mit der Sendung »Un'ora in Curva B« jede Woche für eine Stunde auf einem Privatsender on air. Der Inhalt der Sendung ist aber meist sportlicher Natur. Gennaro Montuori, Chef des *CUCB,* empfängt Spieler des Klubs und lokale Persönlichkeiten. Die einzige regelmäßig ausgestrahlte Sendung, die sich mit den Ultras beschäftigt, ist »Dodicesimo in Campo«. Diese wöchentliche Talkshow wird seit März 2000 auf einem lokalen Fernsehsender in Brescia ausgestrahlt und von Milva Cerveni, einem Mitglied der Ultras-Gruppe *Brescia 1911,* moderiert und produziert. Während der 90 Minuten geht es manchmal auch um die sportlichen Aspekte des Klubs, aber den größten Teil der Sendung widmet sich Cerveni den Problemen der Subkultur. Seit Sommer 2014 leitet sie eine zweite einstündige Sendung zu denselben Themen: »Dodicesimo in Campo – Secondo Tempo« im Regionalfernsehen der Lombardei.[227] Im Rahmen ihres Programms hat Milva Cerveni auch zwei 35-minütige Berichte über die Ultras von Atalanta und der Triestina unter dem Titel »L'altra faccia della curva« produziert.

Das italienische Kino, das sich für alle möglichen Aspekte der Gesellschaft interessierte, hat über den Fußball nur wenige Filme produziert. »Eccezzziunale … veramente« aus dem Jahr 1982 wählt einen komödiantischen Zugang zum Thema Tifo. Unter der Regie von Carlo Vanzina spielen darin Mitglieder der *Fossa dei Leoni* sich selber.[228] Fünf Jahre später ist es eine weitere Komödie, in der der neapolitanische Sänger und Schauspieler Nino d'Angelo die Curva B anführt. »Quel ragazzo della Curva B« ist aber ein sehr schwammiger Film, der oberflächlich und sehr moralisierend daherkommt und unter einem mittelmäßigen Drehbuch leidet. Es geht um Freundschaft, Respekt und den Kampf gegen Drogen. Interessant ist aber die Tatsache, dass das Drehbuch autobiografische Züge des wirklichen Anführers des *Commando Ultrà Curva B,* Gennaro Montuori, aufweist, der auch in einer kleinen Nebenrolle zu sehen ist. Der einzige erwähnenswerte Spielfilm ist »Ultrà« unter der Regie von Ricky Tognazzi, der auch von der internationalen Kritik hoch gelobt wird und 1991 bei den Berliner Filmfestspielen den Silbernen Bären erhält. Der Film erzählt die Geschichte einer kleinen Gruppe von Ultras der AS Roma, die nach Turin reisen, um

227 Dank Internet ist es möglich, das Programm sofort nach der Ausstrahlung anzusehen, wodurch sich das Publikum auf die gesamte Halbinsel ausdehnte.

228 Fossa dei Leoni, *Nella Fossa dei Leoni,* S. 60.

ihre Mannschaft zu unterstützen. Die Handlung ist plausibel und wird glaubwürdig in Szene gesetzt. Auch hier spielen einige Ultras der Kurve sich selbst. 2009 erscheint »L'ultimo Ultras« unter der Regie von Stefano Calvagna – ein Film, den man nicht unbedingt gesehen haben muss. Der Streifen ist voller Klischees, von denen das kommerzielle Kino heutzutage viel zu viele bietet. Ein Jahr später erscheint »Secondo Tempo«, ein Doku-Drama über die Fans von Torino. Unter der Regie von Fabio Bastianello spielen auch hier Aktive aus der Curva Maratona mit. Der Film besteht aus einer einzigen ungeschnittenen Plansequenz, die 105 Minuten dauert. Auch zwei hochwertige mittellange Filme von Enza Negroni über die Ultras in Bologna aus den Jahren 2001 und 2003 sind erwähnenswert. Der erste trägt den Titel »Carica ragazzi!«, handelt von den Anhängern des Basketballteams Fortitudo Bologna und beschreibt die Leidenschaft, die sie antreibt. Der zweite Film trägt den Titel »Quanti siamo quelli che siamo« und zeigt einen Bologna-Fan, der aus dem Stadion verbannt wird und sich deswegen besonders schlecht fühlt. Unter den wenigen Dokumentarfilmen ist »Farebbero tutti Silenzio« von Andrea Zambelli aus dem Jahr 2001 über die Tifoseria von Atalanta zu erwähnen. Auch »Estranei alla Massa« von Vincenzo Marra zeichnet sich durch seine Qualität aus. Der neapolitanische Regisseur steht in der Tradition der italienischen Neorealisten und konzentriert sich auf das Alltagsleben einiger *Fedayn* von Napoli. »Estranei alla Massa« wird 2002 auf dem Turiner Filmfestival ausgezeichnet. Zwei Jahre später dreht Luca Bergamaschi »Finché vivro«, einen interessanten, wenn auch eher klassischen Film über die Kurve der Cremonese. Qualitativ hochwertiger ist der Film »Ultras« von Federico Lettieri, der seit März 2020 auf Netflix verfügbar ist. Die Handlung dieses fiktionalen Films sind die Gegensätze zwischen den verschiedenen Generationen von Ultras innerhalb der neapolitanischen Ultras-Bewegung. Das Thema ist relevant, der Spielfilm wurde mit erheblichen Mitteln realisiert und die Ratschläge von Protagonisten der Bewegung sorgen dafür, dass einige Passagen sehr realistisch wirken. Der Film führt jedoch in Neapel zu Kontroversen wegen Szenen, die nach Ansicht der Ultras auf reale Ereignisse Bezug nehmen.[229]

Ein nicht-politisches Modell

Wie bei anderen Jugendphänomenen auch, besteht eine der Besonderheiten der Ultras-Bewegung darin, dass ihre Protagonisten regelmäßig ausgetauscht werden. Die Altersgruppe, aus der sich die Gruppen zusammensetzen, besteht im Allgemeinen aus Jugendlichen und

229 In Neapel tauchen mehrere Botschaften auf, bevor der Film auf Netflix zu sehen ist, wie dieses Transparent: »Ultras: Bereit, mit einem grotesken und surrealistischen Film zu spekulieren«.

jungen Erwachsenen im Alter von etwa 13 bis 25 Jahren. In den 1970er-Jahren findet man in ihren Reihen eher selten Personen über 25. Im Laufe der Jahre, mit der Verlängerung der Studienzeit, dem wirtschaftlichen Fortschritt und den soziokulturellen Veränderungen, hat sich jedoch das Alter, bis zu dem man als Jugendlicher gilt, immer weiter erhöht. Die Mitglieder werden immer älter, wie die immer weiter verbreiteten Transparente einer *Vecchia Guardia*, also einer Alten Garde, zeigen.[230] Wie andere Jugendsubkulturen verlangt auch die der Ultras von ihren leidenschaftlichsten Mitgliedern ein hohes Maß an Engagement. Erste familiäre oder berufliche Verpflichtungen bremsen die Bindung der Jugendlichen zu ihrer Gruppe oft und führen dazu, dass sie sich vom Tifo distanzieren. Um ihr Fortbestehen zu garantieren, müssen die Gruppen sich zwangsläufig erneuern und neue Mitglieder aufnehmen, auch auf die Gefahr hin, sich zu institutionalisieren, um nicht allmählich zu verschwinden.

Die 1970er- und 1980er-Jahre markieren den Übergang von der ersten zur zweiten Ultras-Generation. Die Pioniere der Bewegung haben sich nicht auf ihren Lorbeeren ausgeruht, sondern sind in der Lage, die Strukturen der von ihnen geschaffenen Kollektive immer weiter zu stärken. Eine neue Generation schließt sich diesen Gruppen an. Diese wächst aber in einem völlig anderen politischen und sozialen Kontext auf. Die Spannungen und Auseinandersetzungen der 1970er haben sie nicht miterlebt. Das Scheitern der Studentenproteste von 1977 begräbt die letzten Hoffnungen auf eine radikale Umgestaltung der italienischen Gesellschaft durch ihre Jugend. Die Trägheit der Institutionen gegenüber deren Forderungen und das Scheitern revolutionärer Experimente, die zu einer mörderischen Flucht nach vorne für bestimmte Organisationen wie die Brigate Rosse oder die Proletari Armati per il Comunismo führt, machen die Unmöglichkeit von Veränderungen und die Utopie dieser Kämpfe deutlich. Nach dieser Periode beruhigt sich das soziale und politische Klima und das Land erfreut sich eines relativen wirtschaftlichen Wohlstands. All dies begünstigt die Bestrebungen der jungen Menschen nach mehr Konsum.

Die Ultras, die Anfang der 1980er-Jahre in die Führungspositionen drängen, sind nicht so politisch interessiert wie ihre Vorgänger. Jede Generation sucht nach einer Sache, für die es sich zu engagieren lohnt. Für diese Jugendlichen konkretisiert sich dieser Wunsch in den Kurven der Stadien. Die Gruppen werden in vielerlei Hinsicht professioneller, das Engagement wird umfassender, die Energie und die Leidenschaft, die im letzten Jahrzehnt in Studentenorganisationen, Arbeiterausschüsse oder radikale Gruppierungen

230 Die Alte Garde sind die Mitglieder der ersten Generation oder die älteren Mitglieder der Gruppe. Es scheint, dass die Ultras von Hellas Verona diesen Begriff 1982 zum ersten Mal verwendet haben. Siehe dazu auch Silvio Cametti, S. 117.

investiert wurde, findet man nun bei den Ultras wieder. Die öffentlichen Plätze, die in den vergangenen Jahrzehnten die Treffpunkte aller Generationen waren, werden immer mehr vernachlässigt. Die Fußballstadien werden zum neuen Zufluchtsort für die verschiedenen Teile der städtischen Jugend, die dort einen Raum finden, um sich zu zeigen und sich mit Gleichaltrigen treffen zu können. Das politische Modell, das die Bewegung im letzten Jahrzehnt inspiriert hat, wird somit durch den Wunsch ersetzt, die jeweiligen Klubfarben zu verteidigen. Die jugendliche Rebellion findet ihren Ausdruck in der übersteigerten Unterstützung des Fußballvereins und führt gleichzeitig zu allerlei Exzessen. Alle Hoffnungen und Erwartungen dieser jungen Menschen werden auf die verschiedenen Fußballmannschaften des Landes übertragen, wie es die Ultras ausdrücken: »Es gab keine ›Politik‹ unter uns, es gab keine sozialen oder ökonomischen Unterschiede, und es ging nicht um Jugendproteste. Es ging uns nur um die Lazio. Lazio war nur auf den ersten Blick eine Fußballmannschaft. Lazio war in Wirklichkeit aber viel mehr. Lazio repräsentiere für uns die Freude, die wir nicht hatten, sie war Heimat für die Heimatlosen, sie war wie ein Symbol für die, die nichts hatten und der ersten entfremdeten Generation des letzten Jahrhunderts.«[231]

Neue Quellen der Inspiration: die konsumorientierte Gesellschaft

In den frühen 1980er-Jahren geht das Scheitern des revolutionären Kampfes Hand in Hand mit dem Aufkommen einer neuen Generation junger Italiener, während sich das ganze Land durch seine wirtschaftliche Leistung hervortut. Ob in den Bereichen Mode, Lebensmittelverarbeitung, Computer, Autos oder Medien, die Unternehmen des Landes machen sich einen Namen und lassen Italien zu einem der reichsten Länder der Welt werden. Die politische Revolte der vorangegangenen Jahre verblasst mit dem Aufkommen neuer Konsumgewohnheiten, vor allem bei Jugendlichen und jungen Erwachsenen. Ein typisches Beispiel ist der Typ des sogenannten Paninaro.[232] Die Mitglieder dieser Subkultur treffen sich in Mailand, der Wirtschaftshauptstadt des Landes, ab 1984 in der Mailänder Bar »Al Panino«. Diese Mode breitet sich Schritt für Schritt im ganzen Land aus und bezeichnet eine neue Generation, die ihr Glück in der Konsumgesellschaft findet und deren Prinzipien folgt. Ihre Angehörigen haben keine Lust, sich politisch oder gesellschaftlich zu engagieren, sondern wollen das Leben genießen, ohne sich Gedanken über die Zukunft machen zu müssen. Die Journalistin Natalia Aspesi schreibt darüber:

231 Pierluigi Felli, *L'amor Teppista*, Latina, Novecento, 2005, S. 42.

232 Dieser Begriff, der nicht ins Deutsche übersetzt werden kann, bezieht sich auf junge Konsumenten von Sandwiches, die sogenannten Panini.

»Die Jugendlichen, die sich einst wegen politischer Ideologien bekämpften, Schwarz gegen Rot, Rot gegen Schwarz, finden heute wegen einer Modemarke zusammen oder kämpfen um ein Modelabel.«[233]

In diesem Jahrzehnt verbreitet sich die Ultras-Bewegung im ganzen Land und es bilden sich zahlreiche Gruppen, die eine Erneuerung dieser Subkultur bewirken. Bezüge auf politische Themen und Inhalte des vorangegangenen Jahrzehnts weichen innovativen Namen, Emblemen und Slogans. Die Suche nach Originalität kennzeichnet diese neue Generation, die sich in einer radikal veränderten Symbolik manifestiert. Die Kollektive, die sich ab 1982 bilden, geben sich eigenwillige Namen, die ihren ironischen Geist betonen: *Bad Boys* aus Pescara, *Nuclei Sconvolti* aus Cosenza, *Cool Clan* aus La Caserta oder *Desperados* aus Empoli. Andere Gruppen entscheiden sich für aggressivere Namen: *Wild Kaos* bei Atalanta, *Furiosi* bei Cagliari und *Arancia Meccanica*[234] bei Juventus. Diese neue Generation ist bei der Namensgebung ihrer Kollektive auf eine noch nie dagewesene Weise erfinderisch.

Auch die Embleme, die traditionell auf den Bannern erscheinen, werden erneuert. Die üblichen Totenköpfe werden durch originellere Figuren ersetzt. Einige von ihnen stammen aus Comics, wie die Bilder von Donald, Asterix, Popeye, Corto Maltese oder Andy Capp. Auch andere Embleme, die Revolten oder Aufstände verkörpern, werden übernommen. Namen und Symbole von Indianerstämmen werden zum Gegenstand eines regelrechten Kults: Bildnisse, die die Apachen, Cherokee und Sioux zeigen, werden zu den Emblemen von mehreren Gruppen, wie zum Beispiel des *Collettivo Autonomo Viola* der Fiorentina. Die Südstaatenflagge der Konföderierten Staaten von Amerika sind ein weiteres beliebtes Symbol, vor allem bei Gruppen aus Süditalien. So übernimmt sie zum Beispiel das *Commando Ultrà Curva B* von Napoli. Man kann die Fahne aber auch in nördlichen Stadien sehen, wie in Udine, wo die *Nuova Guardia* sie in der Mitte ihres Banners zeigt. Sie wird als Symbol des Südens und der Rebellion verwendet. Die Ultras benutzen die Südstaatenflagge aber nicht, um eine rassistische Ideologie zu verherrlichen, wie es weiße Rassisten in den Vereinigten Staaten tun.

Bei der Suche nach Vergnügen und kollektiver Erregung, die mit bestimmten Aspekten der Ultras-Kultur verbunden sind, finden ihre Protagonisten im übermäßigen Konsum von Alkohol und Drogen aller Art einen Verbündeten. Psychotrope Substanzen sind beliebt, ebenso wie Drogen, deren Konsum unter italienischen Jugendlichen

233 N. Aspesi, *La lotta di classe in Timberland*, »La Repubblica«, 3. März 1985, S. 8.

234 Italienischer Titel des Buchs von Anthony Burgess und des Films von Stanley Kubrick »A Clockwork Orange«. Die Gruppe wird 1988 gegründet. Ihr Name wird als ausdrücklicher Aufruf zur Gewalt verstanden, weswegen die Behörden sie verbieten. Die Gruppe gibt sich deshalb einen neuen Namen, nämlich den der *Drughi*, ebenfalls eine Anleihe aus einem Film mit klarem Gewaltbezug. Der Polizei dürfte der Zusammenhang nicht klar sein und sie stört sich nicht weiter an der neuen Bezeichnung.

deutlich zunimmt. Die verheerenden Auswirkungen von Heroin sind zu Beginn der 1970er- und 1980er-Jahre deutlich zu spüren: Hunderte von jungen Italienern sterben an einer Überdosis. Manche sprechen von einer verlorenen Generation.[235] Dieser Anstieg des Verbrauchs ist auf zwei Faktoren zurückzuführen. Der erste ist gesetzgeberischer Natur: Mit der Einführung des Gesetzes Nr. 685 aus dem Jahr 1975 wird u. a. der Erwerb oder Besitz kleiner Mengen von Drogen entkriminalisiert, was zu einem Anstieg der Zahl der Drogenkonsumenten führt.[236] Der zweite Faktor ist nach einer umstrittenen These von Emilio Torrini politischer Natur. Der Forscher verweist auf die Beteiligung der italienischen Regierung an der Verbreitung von Heroin in Absprache mit Drogenhändlern und den amerikanischen Geheimdiensten, um den Schwung der sozialen Proteste der 1970er-Jahre zu brechen. Eine regelrechte Marketingaktion soll durchgeführt worden sein, um diese Droge in Italien unter dem Codenamen Blue Moon zu vermarkten.[237] Diese These wird auch durch die Zahlen untermauert, die zeigen, dass es 1977 28.999 Konsumenten von Opiaten gibt, fünf Jahre später sind es bereits 92.000.[238]

Viele Ultras-Gruppen bilden dabei leider keine Ausnahme und verlieren Mitglieder der ersten Generation durch eine Überdosis Heroin. Dies ist der Fall bei den *Forever Ultras* von Bologna, deren Anführer Anfang der 1980er-Jahre wegen ihrer Drogensucht das Stadion verlassen.[239] Gleichzeitig verbreiten sich auch andere Rauschmittel: In den Kurven werden immer mehr Kiffer gesichtet. Auf Fahnen und Transparenten finden sich Anspielungen auf den Haschisch-Konsum: die roten, gelben und grünen Farben der Rastafari-Flagge, das Cannabisblatt, die jamaikanische Flagge, das Bildnis des Sängers Bob Marley oder das Wappen der Stadt Amsterdam.[240] Mit ihren liberalen Sitten wird die niederländische Metropole zu einem bevorzugten Reiseziel für Ultras.

Kokain taucht erst später auf. Der Preisverfall dieser Droge Anfang der 2000er-Jahre führt dazu, dass sie nicht mehr nur der Oberschicht vorbehalten ist. Die kolumbianische Flagge, eine Anspielung auf den Hauptproduktionsort der Droge, ist in vielen Kurven zu sehen und erscheint sogar als Emblem auf der Fahne der *Mad Men* von Cesena. Der Konsum von Kokain unter den Ultras steigt auch deshalb, weil seine Wirkung im Zuge von gewalttätigen Auseinandersetzungen »enthemmt, die Angst unterdrückt und Lust auf

235 Der erste Todesfall durch eine Überdosis Heroin wurde 1974 in Udine verzeichnet. Im Jahr 1977 waren es 34 Todesfälle, 1978 schon 60, 1979 bereits 126 und 1980 insgesamt 206.

236 Dies war bis 1990 und der Verabschiedung des Gesetzes Nr. 162 der Fall, dessen Artikel 72 Absatz 1 nun den Drogenkonsum verbietet. Siehe Emilio Torrini, *La legislazione italiana sugli stupefacenti,* in »Salute e territorio«, Nr. 203–2014, S. 450–456.

237 Vgl. Emilio Torrini, *L'eroina in Italia e la generazione »scomparsa«*, www.talkingdrugs.org, Seite abgerufen am 18. August 2014.

238 Giovanni Rezza, Maria Dorrucci, Umberto Filibeck, Irinus Serafin, *Estimating the trend of the epidemic of drug use in Italy 1985–89*, in »British Journal of Addiction«, Dezember 1992, S. 1643–1648.

239 Antonio Roversi, *Calcio, tifo e violenza*, Bologna, Il Mulino, 1992, S. 82.

240 Drei weiße Kreuze des Heiligen Andreas auf einem schwarzen vertikalen Band, umgeben von zwei vertikalen roten Streifen.

Risiko macht«.[241] Diese Effekte sind ideal in den häufig auftretenden Situationen möglicher Gewaltausbrüche. Es ist nicht ungewöhnlich, dass Ultras vor und nach Spielen in der Nähe von Sportstätten, in Stadiontoiletten oder in Fahrzeugen Kokain konsumieren. Italien ist das führende europäische Land in Bezug auf den Konsum von Kokain.[242]

Öffnung hin zu anderen Subkulturen

Die 1980er-Jahre fallen mit der Ausbreitung von diversen jugendlichen Subkulturen zusammen. Der Konservatismus der vorangegangenen Jahrzehnte, der von der Democrazia Cristiana und in geringerem Maße von der Kommunistischen Partei Italiens verkörpert wird, weicht einer Liberalisierung der Sitten und der Wirtschaft. Am 18. Februar 1984 treffen Kirche und italienischer Staat ein Konkordat. Laut dieser Vereinbarung ist der Katholizismus nicht mehr die einzig offizielle Religion im Lande. Die Regierung des Sozialisten Bettino Craxi verkörpert diese Erneuerung, das Land behauptet sich nach und nach auch auf internationaler Ebene. Ein Teil der Jugendlichen, die das Glück haben, in einem neuen Zeitalter aufzuwachsen, verfolgen neue Stile und schließen sich eben erst entstandenen Subkulturen an. Aus England wird die Mode der Skinheads, Mods oder Rude Boys importiert. Auch die Bewegung der Rastafari und der vorhin erwähnten Paninari bekommt weiter Zuwachs. Die Ultras-Bewegung erlebt in dieser Zeit ein spektakuläres Wachstum mit einem starken Anstieg ihrer Mitgliederzahlen. Auf den Tribünen der Stadien mischen sich verschiedene Subkulturen und Musikstile, wie das Auftauchen von Bannern mit Namen wie *Skinheads* und *Mods* zeigt. Diese neuen jugendlichen Banden identifizieren sich häufig mit den Ultras, mit denen sie durchaus Gemeinsamkeiten haben: das Gefühl, von den Institutionen und der Gesellschaft im Allgemeinen abgelehnt zu werden, und eine ambivalente Einstellung zur Gewalt.

Von allen Subkulturen, die damals entstehen, werden die Ultras vor allem von einer geprägt: den Skinheads. Wie andere jugendliche Stile hat auch dieses Phänomen seinen Ursprung in England. Die aus der Mod-Bewegung von 1967 hervorgegangenen Skinheads tragen ihr Haar sehr kurz oder rasieren sich den Kopf, um sich von den Hippies und Rockern jener Zeit abzuheben. Sie sind begeistert von jamaikanischer Musik, insbesondere Ska, und tragen Levi's-Jeans, Hemden von Ben Sherman, Pullover der Marke Fred Perry und Stiefel von Dr. Martens. Skinhead-Banden versammeln sich auf den Stands der britischen Stadien. Sie haben kein Interesse an Politik, aber als diese Subkultur 1977

241 Federica Angeli, Emilio Radice, *L'emergenza droga*, »La Repubblica«, 2. Februar 2007, S. 14.

242 Michel Rosenzweig, *Drogues et civilisations. Une alliance ancestrale*, Louvain-la-Neuve, De Boeck Supérieur, 2008, S. 103.

auflebt, wenden sich einige von ihnen rassistischen Gruppierungen zu. Diese stellen aber nur eine Minderheit in der Skinhead-Bewegung dar, die in ihrer Gesamtheit unpolitisch bleibt, allerdings sind die Rechtsextremen am sichtbarsten.[243]

Erst 1981 treten die ersten Skinheads in Italien auf. Durch die Musik verbreitet sich dieser Stil in den wichtigsten Städten Mittel- und Norditaliens. Mehr durch Nachahmung der britischen Bewegung, denn durch eine echte politische Strategie, versucht die extreme Rechte Italiens ihnen ab 1983 ihre Ideen aufzuzwingen. Wie in Großbritannien auch, vertritt nur eine Minderheit der italienischen Skinheads neofaschistische Positionen. Die Presse gibt ihnen den Namen »Naziskins«.[244] Mitte der 1980er-Jahre tauchen die ersten Skinheads in den Stadien auf. In der Ultras-Bewegung finden sie ein ideales Klima, das sie anspricht und ihnen erlaubt, aus dem monotonen Alltag auszubrechen. Die Ultras wiederum schätzen den Stil der Skinheads, weil sie radikal an ihrer Lebensweise festhalten und keiner Konfrontation aus dem Weg gehen. Die ersten Transparente mit Verbindungen zur neuen Skinhead-Mode tauchen u. a. in Genua, Pisa und Bologna auf. Sie stellen dabei aber nur eine Minderheit in den Kurven dar, die weiterhin von den Ultras beherrscht werden. In Mailand wird im März 1987 ein Banner des *Milano Skin Korps* in der Curva Nord von Inter aufgehängt. Wenige Monate später wird es durch *Skins* ersetzt. Diese Gruppe zeichnet sich schnell durch ihre Gewaltbereitschaft und neofaschistische Tendenzen aus. Ihr erstes Emblem ist eine zweischneidige Axt, das Symbol der neofaschistischen politischen Organisation Ordine Nuovo. Den *Skins* gelingt es sich sehr schnell, sich einen Namen zu machen. Der Druck seitens der Justiz infolge von immer mehr Gewalttaten zwingt sie im Oktober 1990 aber zur Auflösung. Einige von ihnen verlassen die Curva Nord, um sich auf politische Aktivitäten außerhalb des Stadions zu konzentrieren, andere wiederum schließen sich den *Irriducibili* von Inter an. In anderen Stadien bilden die Skinheads informelle Banden, ohne sich gleich zu einer Gruppe zusammenzuschließen. Manchmal werden sie auch nur Teil bereits bestehender Gruppen, wie den *Granata Korps* von Torino.

Neben der Skinhead-Bewegung verbreiteten sich auch andere Subkulturen in den Kurven. Die *Mods* werden 1982 in der Curva Andrea Costa von Bologna gegründet. In diesem Jahrzehnt bilden sich überall auf der Halbinsel Kollektive mit ähnlichen Namen, auch wenn sie nicht unbedingt aus Mods im engeren Sinne bestehen. Die meisten von ihnen lassen sich nur vom Namen, nicht aber von der Philosophie dieser Subkultur

243 1987 treten einige Skinheads offen gegen Rassismus auf und schließen sich unter dem Akronym SHARP, »Skin Head Against Racism Prejudices« (wörtlich: Skinheads gegen Rassismus) zusammen. Siehe Riccardo Pedrini, *Skinhead*, Rom, Castelvecchi, 1996.

244 Die Rolle der italienischen Medien bei der Verbreitung dieser neonazistischen Strömung ist dabei entscheidend. Die allgemeine Aufregung über die »Naziskins« verschafft ihnen eine große Publicity, indem sie ihr Potenzial überbewertet und ihnen eine Plattform in der Presse bietet.

inspirieren. Auf der anderen Seite gibt es auch Mods-Gruppen, die von »richtigen« Anhängern der neuen Subkultur gegründet werden. Zum Beispiel bei Torino, wo 1986 das das erste Mal die *Mods* sichtbar werden. Selbiges geschieht in Teramo oder Arezzo. In der Curva Sud von Verona wird 1980 ein Banner der *Punk Brigade* aufgehängt, einer Sektion der *Brigate Gialloblu*, die junge Veroneser nach einem Aufenthalt in London gründen, wo sie den Hooligans von Chelsea auf die Finger geschaut haben. Zu dieser Zeit ist das Punk-Phänomen im Vereinigten Königreich gerade auf seinem Höhepunkt. Ebenfalls in Verona geben sich 1982 politisch links orientierte Ultras den Namen *Rude Boys*. Im Jahr 1987 werden die *Rude Boys* von Sampdoria gegründet. In weiterer Folge entstehen weitere Gruppen mit demselben Namen in Pisa, Cosenza und Potenza. Die Rude Boys sind ursprünglich eine Bande junger jamaikanischer Straftäter, die sich durch ihren Kleidungsstil und ihre überschwängliche Leidenschaft für die Ska-Musik auszeichnen.[245] Auch andere jugendliche Subkulturen finden in diesen Jahren unweigerlich ihren Weg ins Stadion und repräsentieren dabei die unterschiedlichsten Musikrichtungen, zum Beispiel die des Heavy Metal. Dessen Anhänger stechen anhand ihrer Lederjacken, langen Haare und schwarzen T-Shirts ihrer Lieblingsbands aus der Masse der Stadionbesucher hervor. In der Lombardei versammeln sich einige Fans des AC Milan hinter einem Transparent mit der Aufschrift *Metal Militia*, während sich in Monza eine Gruppe nach der amerikanischen Band Metallica (*Monza Metallica)* benennt und auch deren Font für diverses Material verwendet.

Die Kurven der Stadien geben Moden und Stilrichtungen der italienischen Jugend wahrheitsgetreu wieder. Abbilder berühmter Sänger, wie Mick Jagger von den Rolling Stones, landen auf den Bannern der *Sconvolts Pisa* oder der *Boys* von Reggina. Einige Ultras von Torino nennen ihre Gruppe *Doors,* nach Vorbild der berühmten amerikanischen Rockband. Die *Area Bianconera* von Juventus verwendet ein Bild aus einem Album der Dead Kennedys als Emblem. In Mailand wird die *Gruppo Queen* von Inter-Anhängern gegründet, während in Cremona das *Sanitarium* seinen Namen von einer amerikanischen Hardrock-Band übernimmt. In Cosenza wiederum ist die *Rock Brigade* in der Curva Sud zu finden, während in Neapel die *Gruppo Rock* die lokale Basketballmannschaft unterstützt.

Diese Tendenz, verschiedene Jugendsubkulturen zusammenzubringen, bestätigt die Bedeutung der Kurve im städtischen Raum. Sie bietet einen echten Freiraum, weit entfernt von den traditionellen und teils klischeehaften Jugendbildern, die von den Medien vermittelt werden. In diesem Kontext entstehen ab 1975 auch Orte einer militanten und

245 Die Einwanderungswelle aus der Karibik bringt diesen Stil in den 1960er-Jahren nach Großbritannien. Die Skinheads übernehmen viele Elemente der Rude Boys. Siehe Nick Knight, *Skinhead*, London, Omnibus Press, 1982.

politischen Gegenkultur, die sogenannten Centri Sociale Autogestiti (CSA), also selbstverwaltete Sozialzentren und die Centri Sociale Occupati Autogestiti (CSOA), die besetzten Sozialzentren. Diese sozialen Zentren mit ihrer antifaschistischen Haltung werden häufig auch von Ultras besucht, sei es das Mailänder CSA Leoncavallo, wo sich Mitglieder der *Fossa dei Leoni* des AC Milan aufhalten, oder das CSOA Gramna in Cosenza, das die *Nuclei Sconvolti* frequentieren. In dem Gebäude, das das CSA Godzilla und das Centro Politico 1921 in Livorno beherbergt, wird den *Brigate Autonome Livornesi* und später den *17 Febbraio 1915* ein eigenes Stockwerk freigehalten. Ab 1990 besetzen rechtsextreme Aktivisten nach demselben Muster Häuser und Gebäude und bezeichnen diese als Occupazione Non Conforme (ONC), also nicht konforme Besetzungen. Damit wollen sie sich von den »linken« Sozialzentren abgrenzen.[246] Die erste Einrichtung, die so entsteht, ist das Bartolo, im römischen Stadtteil Monteverde. Mit der Eröffnung der ersten sogenannten CasaPound, ebenfalls in Rom, im Dezember 2003 erhält diese Bewegung einen neuen Aufschwung. Dieses »rechte« Sozialzentrum leitet seinen Namen vom amerikanischen Dichter Ezra Pound, einem Anhänger der faschistischen Theorien Benito Mussolinis, ab. Das Zentrum bringt die »Faschisten des dritten Jahrtausends«, wie sie sich selbst gerne nennen, zusammen. Anhänger beider Vereine aus der Hauptstadt besuchen es. 2007 wird es Sitz der *Pardoni di Casa,* einer Gruppe von Ultras der AS Roma. In Mailand gehört der Leader von Inters *Irriducibili* zu den größten Befürwortern des ONC Cuore Nero, das dem Skinhouse folgt, welches im Oktober 2006 schließt. Es wird von nationalistischen Sympathisanten diverser Mannschaften aus der Lombardei besucht, auch von Anhängern des AC Milan und der lokalen Eishockeymannschaft.

Immer wieder passiert es, dass die Lokale neofaschistischer Vereinigungen von Ultras als Treffpunkt genutzt werden. Zum Beispiel das Lokal der Comunità Giovanile in Busto Arsizio, das auch von Anhängern der Pro Patria als Klublokal verwendet wird, oder in Monza, wo die Gruppe *Sempre al Bar* die Räumlichkeiten der identitären Lealtà ed Azione mitbenutzt.

Die Politik kehrt in die Bewegung zurück

In den 1980er-Jahren verliert die Politik an Anziehungskraft, aber die Symbole bleiben auf einigen Transparenten erhalten, wie in Pisa und Bergamo, wo das Bildnis von Che Guevara in den Kurven nach wie vor zu sehen ist. Andererseits zeigen einige Tifoserie zusehends Kelten- und sogar Hakenkreuze. Dies passiert vor allem bei den Ultras von Ascoli, Inter,

246 Siehe Domenico Di Tulio, *Centri Sociali di Destra*, Rom, Castelvecchi, 2006.

Juventus und Hellas Verona. Letztere tun sich dabei besonders hervor. Am 21. November 1982 sind sie für die erste fremdenfeindliche Demonstration in einem italienischen Stadion verantwortlich. Während des Spiels Hellas Verona gegen Cagliari wird der peruanische Spieler Julio Cesar Uribe mit einem rassistischen Transparent bedacht, das in der Curva Sud zu sehen ist und während des Spiels werden Bananen nach ihm geworfen.[247] Auch wenn diese Art von Vorfällen äußerst selten sind, so sind sie doch ein Hinweis auf die Rückkehr der Politik in die Stadien. Die politische Ausrichtung vieler Kurven hat sich mittlerweile gedreht. Es kommt zu einem Vorstoß der extremen Rechten in den Kurven des Landes. Auch solche in Bologna oder Modena, die früher als links galten, werden von diesem Phänomen nicht verschont. Die bis dahin begrenzten rassistischen Vorfälle breiten sich ab Ende des Jahrzehnts auf einen großen Teil der italienischen Stadien aus.

Symptomatisch ist der Fall des israelischen Fußballers Ronny Rosenthal, den Udinese verpflichten wollte. Am Tag der medizinischen Untersuchungen am 18. Juli 1989 wird er mit antisemitischen Flugblättern und Graffiti ausdrücklich nicht willkommen geheißen und schlussendlich auch nicht verpflichtet.

Zu dieser Zeit sieht sich das Land zum ersten Mal mit einer wachsenden Zuwanderung von Nicht-EU-Bürgern konfrontiert. Ein neues Phänomen für die Italiener, die bis dahin lediglich an die Binnenmigration, vor allem aus dem Süden der Halbinsel in den Norden, gewöhnt waren. Dies führte zu einer gewissen Verachtung der Norditaliener gegenüber den Menschen aus dem Süden, die sie verächtlich als Terroni bezeichnen. In den 1980er-Jahren wird Italien, bis dahin das Land der Auswanderung schlechthin, zu einem Land für Einwanderer. Der fremdenfeindliche Diskurs findet ein gewisses Echo in der Öffentlichkeit, während die prekäre Situation der Neuankömmlinge Ängste und Befürchtungen der lokalen Bevölkerung verstärkt. Die Lega Nord spricht sich nicht nur für die Abspaltung des Nordens aus, zu dem auch die reiche Poebene gehört, sondern bekämpft auch die illegale Einwanderung. Dieses Thema gewinnt in den Medien und in der Politik immer mehr an Bedeutung, wie der Aufstieg der populistischer und xenophober Parteien Ende der 1980er zeigt. Sie finden Gehör in der italienischen Wählerschaft und ebnen den Weg für ein weit verbreitetes rassistisches Verhalten, das langsam alltäglich und bagatellisiert wird.

Im Gegensatz zu Hochschulen oder Universitäten, die sich diesen Strömungen gegenüber einigermaßen resistent zeigen, fallen die rassistischen Praktiken in den Kurven auf einen fruchtbaren Boden. Ultras sprechen von Haus aus eher auf Themen wie Zugehörigkeit zu einer Gruppe an und sind schneller bereit, dafür zu kämpfen. Das Modell

247 Siehe Silvio Cametti, S. 93.

der Rechtsextremen ist für viele junge Ultras faszinierend, da es eine Verherrlichung von Gewalt und Chauvinismus sowie eine Rebellion gegen die »political correctness« darstellt. Darüber hinaus ist die Rückkehr einer stärkeren lokalen Identität, also des Campanilismo, in den 1980er-Jahren dieser Bewegung zuträglich. Der Fronte della Gioventù (FdG), der den Nachwuchs des MSI vereinigt, versteht die Durchlässigkeit zwischen seinen, im ganzen Land verstreuten, Sektionen und den Kurven der Stadien und nutzt diese. In Turin sind viele *Indians* von Juventus auch außerhalb des Stadions in den Reihen des FdG aktiv. In Modena gründen wiederum rechtsextreme Aktivisten 1990 die *Sezione* und sind in einer an sich linken Kurve präsent. 1993 wird in Monza die *Gioventù Brianzola* ebenfalls von Vertretern des lokalen FdG gegründet.[248]

Ab 1991 bricht Italien mit seiner Vergangenheit. Die Parteien, die das Parlament seit Gründung der Republik dominiert haben, verschwinden, das politische System zerfällt. Am 3. Februar wird die Kommunistische Partei Italiens nach dem Fall der Berliner Mauer hinweggefegt. An ihre Stelle treten die Democratici di Sinistra.[249] Die Christdemokraten und die Sozialistische Partei Italiens werden durch die Tangentopoli-Affäre (Untersuchungen der Staatsanwaltschaft enttarnen ein weiterverzweigtes System von Korruption) liquidiert. Das große Potenzial an Protestwählern kommt systemfeindlichen Parteien wie der Lega Nord und dem MSI zugute. Beide erzielen nacheinander eine Reihe von Wahlerfolgen, bis sie 1994 schließlich an der Regierung beteiligt werden.[250] Die linken Parteien verlieren an Boden, fortschrittliche Ideen finden in der Öffentlichkeit keinen großen Anklang mehr und das Land sieht sich mit einer großen Einwanderungswelle konfrontiert. Mit dem Fall des Ostblocks und dem Scheitern des Kommunismus eröffnet sich der extremen Rechten ein Fenster. Auf der ganzen Halbinsel tauchen erneut rechtsextreme Gruppierungen auf, von denen sich die radikalsten in einem Netzwerk namens Base Autonoma zusammenschließen.[251]

Die Linke hat kein Monopol mehr bei den jungen Menschen, die die Welt verändern wollen. Einige finden eine neue Heimat im Neofaschismus. Die extreme Rechte beeinflusst einen Teil dieser Jugendlichen, die in den Arbeitervierteln mit einer zunehmenden Einwanderung konfrontiert sind und deren Wut durch die Wirtschaftskrise noch verstärkt wird. Die Revolte der neuen Generation entwickelt sich in neofaschistischen

248 Alessandro Amorese, *Fronte della Gioventù*, Massa, Eclettica Edizioni, 2013, S. 409.

249 Eine Minderheit der Delegierten auf dem Kongress in Rimini lehnt die Änderung ab und spaltet sich ab. Daraufhin gründen sie die Partei Rifondazione Comunista.

250 Der MSI tritt unter der Bezeichnung Alleanza Nazionale in die Regierung ein. Diese Koalition wird zu einer konservativen, postfaschistischen Partei und löst 1995 den MSI ganz ab.

251 Die wichtigsten Organisationen dieses Netzwerks sind: das Movimento Politico Occidentale in Rom, der Veneto Front Skinhead (in dem viele rechtsextreme Ultras aus Verona, Vicenza und Padua aktiv sind) und Azione Skinhead (eine Organisation aus Mailand).

Organisationen, die den Anspruch erheben, radikal, populär und sozial zu sein, und die an die Stelle der linken Formationen treten, die bis dahin diese Nische besetzt hatten. In den Stadien des Landes hat die Bedeutung, die dem Campanilismo seit den 1980er-Jahren beigemessen wird, die identitätsbezogenen Äußerungen einiger Ultras verstärkt und sie für nationalistische Ideen zugänglicher gemacht. Der Rechten gelingt es, ihren Einfluss in den Kurven immer weiter auszubreiten, unterstützt durch eine reaktionäre öffentliche Meinung.[252]

Es findet ein echter Wandel statt: Zunächst werden einige Fahnen mit Keltenkreuzen gezeigt und rassistische Graffiti werden auf die Mauern der Stadien gesprayt. Dann tauchen auf den Tribünen rassistische Parolen und Botschaften auf, und schließlich kommt es außerhalb der Stadien zu Angriffen auf Einwanderer. Allmählich wird Fremdenfeindlichkeit in den Sportarenen alltäglich. In einigen italienischen Kurven werden Transparente gezeigt, die offen den Faschismus, Kriegsverbrechen oder Verbrechen gegen die Menschlichkeit verherrlichen. Traditionelle sportliche Rivalitäten werden manchmal zugunsten von politischen Zweckbündnissen zwischen rechtsextremen Ultras aufgegeben. Bei Gruppen mit einer gewissen neofaschistischen Tradition wie bei Inter, Lazio, Triestina oder Varese sind diese Tendenzen besonders ausgeprägt, und ihre Protagonisten zögern nicht, Symbole zu zeigen, die an die Nazi-Ideologie erinnern.

Diskriminierendes und fremdenfeindliches Verhalten steht an der Tagesordnung und sorgt kaum mehr für Schlagzeilen. Neben dem klassischen inneritalienischen Konflikt, bei dem Ultras aus dem Norden der Halbinsel ihre südlichen Kollegen angreifen, entwickelt sich auch ein Rassismus gegen Schwarze, der sich vor allem gegen Spieler afrikanischer Herkunft richtet. In einigen Stadien des Nordens werden bei Spielen gegen Mannschaften aus dem Süden Flaggen der Lega Nord geschwenkt. Die vermeintliche oder tatsächliche Herkunft des Gegners wird eine Art »Stigma«, das dazu dient, den Rivalen zu verunglimpfen. In den Stadien tauchen verschiedene Begriffe und Slogans auf, die in der neofaschistischen Rhetorik einen negativen Beigeschmack haben: Juden, Zigeuner oder auch Terroni. Der Antisemitismus wird der Teil des Vokabulars – nicht nur in der Kurve, sondern auch im Alltag. »Jude« wird zum gängigen Schimpfwort.[253] Als Anfang der 1990er Tausende albanische Flüchtlinge an den Küsten Apuliens stranden, erhält auch die Bezeichnung »Albanese« einen bewusst negativen Touch. Zeitgleich etabliert

252 Politischer Begriff, der von dem marxistischen Philosophen Antonio Gramsci geprägt wurde. Um Macht zu erlangen, muss man die kulturelle Vorherrschaft der Masse im Griff haben. Um diese Vorherrschaft zu etablieren, ist eine lange ideologische Arbeit und eine langsame Unterwanderung der Zivilgesellschaft notwendig. Diese kulturelle Vorherrschaft wird durch die Verbreitung von Werten aufgebaut und aufrechterhalten. Vgl. Antonio Gramsci, *Quaderni del carcere*, Turin, Einaudi, 2014.

253 Die Tifosi des AC Milan werden von einigen Gegnern als »rot-schwarze Juden« bezeichnet. Die Ultras von Inter übernehmen diesen Slogan und zeigen den Davidstern in den Farben Rot und Schwarz auf Transparenten.

sich auch »Affe« als beliebtes Schimpfwort unter Ultras. Einige Jahre später sind in den Stadien Affenlaute zu hören, wenn ein afrikanischer Spieler im Ballbesitz ist. Die wachsende Zahl von Fußballern mit schwarzer Hautfarbe führt zu einer Zunahme rassistischer Tendenzen in den Stadien.

Das Bild, das neofaschistische Aktivisten wiedergeben, fasziniert einige der Ultras: Das Auftreten dieser weißen Proletarier wird durch eindringliche Grafiken und starke Symbole unterstrichen. Die »romantische Verklärung« dieser Rebellion zieht junge Menschen an. Es werden Bezüge zum Ursprungsfaschismus hergestellt, einer Ideologie, die laut Eigendefinition volksnah und sozial ausgerichtet ist. Manche Ultras verherrlichen und mythologisieren das nationale Narrativ jener dunklen Jahre, im Gegensatz zum vorherrschenden antifaschistischen und damit kritischen Diskurs. Hinzu kommt die Brüderlichkeit, die die militante Gemeinschaft bietet. All diese Charakteristiken faszinieren viele Jugendliche aus der Peripherie, die die Kurven des Landes bevölkern. Das neofaschistische Motto »Alleine gegen alle«[254] spricht die Ultras an, die sich als Opfer einer weit verbreiteten Repression sehen und bereit sind, für ihre Ideale zu kämpfen. In Rom werden die Kollektive, die an der Wende der 1980er zu den 1990ern gegründet werden und schnell ihre jeweiligen Kurven dominieren, eindeutig von dieser Ideologie inspiriert. Bei der AS Roma ist die wichtigste Gruppe, die diesem Leitbild folgt und als revolutionär-nationalistisch bezeichnet werden kann, die *Opposta Fazione* und später deren Nachfolgergruppe *Tradizione Distinzione*.[255] Auf Seiten Lazios sind in diesem Zusammenhang die *Irriducibili* und die *Viking* zu nennen.

Darüber hinaus ist die Tatsache, dass einige der Ultras beider römischen Mannschaften in denselben neofaschistischen Kreisen verkehren, Anlass für die Entwicklung gewalttätiger Aktionen. In Erinnerung bleibt das Auswärtsspiel der AS Roma in Brescia am 20. November 1994. Der gewalttätige Mob, der dort aufschlägt, setzte sich aus Anhängern der Roma, aber auch aus einigen neofaschistischen Elementen der *Mods* von Bologna, von Lazio und Hellas Verona zusammen. Als sie in der lombardischen Stadt ankommen, entwickeln sich sofort Auseinandersetzungen mit der hiesigen Polizei. Selbst der stellvertretende Polizeichef wird dabei niedergestochen und schwer verletzt. Die Ausschreitungen erregen viel Aufsehen und legen die Verbindungen zwischen den Ultras und der extremen Rechten offen. Die Polizei nimmt am Ende des Tages fünfzehn Personen

254 Im Original: »Solo contro tutti!«

255 *Opposta Fazione* wird in der Saison 1988/89 gegründet, ist aber ursprünglich eine Satellitengruppe des *Commando Ultrà Curva Sud*. Sie zeichnet sich schnell durch ihre neofaschistische Ausrichtung und gewalttätige Aktionen aus. Seit der Saison 1999/2000 verwendet die Gruppe ihre Fahne nicht mehr. *Tradizione Distinzione* folgt ihr nach und löst sich im Jänner 2007 auf.

fest, darunter auch Maurizio Boccacci, den Anführer einer neofaschistischen Organisation namens Movimento Politico Occidentale.

Solche gemeinsamen Initiativen können auch politisch motiviert sein, wie beim Derby am 27. Oktober 2002. Während des Spiels wird in der Curva Nord von Lazio und auch auf Seiten der *Tradizione Distinzione* die gleiche Botschaft gezeigt: »28. Oktober 2002: Marschieren, um nicht zu verrotten«,[256] Bezug nehmend auf eine Demonstration der Base Autonoma, die am nächsten Tag stattfindet und an Mussolinis Marsch auf Rom 80 Jahre zuvor erinnern soll.[257] Bei solchen gemeinsamen Aktionen kann es sich um auch eine Ehrenbekundung handeln, wie bei der Beerdigung von Paolo Zappavigna am 8. Juni 2005. Er war Chef der *Boys* der AS Roma und nationalistischer Aktivist. An seiner Beerdigung nehmen zahlreiche Freunde, politische Aktivisten, Spieler und Ultras der Roma sowie die *Irriducibili* und die *Banda Noantri* von Lazio teil. Die Stadtrivalen gehen so weit, ihre Fahnen zusammen mit denen der Roma zu zeigen, als der Sarg aus der Kirche getragen wird, während ein Teil der Menge den faschistischen Gruß, Saluto Romano, zeigt.[258]

Die große Anzahl rechtsextremer Symbole in Italien kommt nicht von ungefähr. Der Geschichtsrevisionismus, der in bestimmten Kurven betrieben wird, steht im Einklang mit der Rehabilitierung des faschistischen Regimes durch einen Teil der italienischen Politiker. Paradoxerweise behauptet die Nachfolgerin der faschistischen Partei, Alleanza Nazionale, nicht mehr eine Partei der Vergangenheit zu sein. Gianfranco Fini, ihr Vorsitzender, verurteilt diese Vergangenheit im November 2003[259] sogar, im Gegensatz zu einigen anderen Parteikadern und Nostalgikern. Andere Parteien hingegen tragen das faschistische Erbe weiter, stellen den italienischen Widerstand während des Zweiten Weltkriegs in Frage und sorgen für eine kontroverse Beurteilung der Diktatur Benito Mussolinis. Trotz des antifaschistischen Geistes, den die Verfassung widerspiegelt, gibt es eine gewisse Toleranz gegenüber dieser Periode in der Geschichte des Landes. In den letzten Jahrzehnten haben Äußerungen führender Politiker zu einer Verharmlosung des Faschismus geführt.[260] Das erklärt, warum sich manche Kurvengeher in diese Richtung inspirieren lassen. So etwa die Ultras von Catania, die ihre Tribüne mit einem riesigen Transparent schmücken, auf dem geschrieben steht: »Glauben, gehorchen, kämpfen«,[261] das Motto der Jugendorganisation des Mussolini-Regimes.[262] Außerdem ermutigt auch das

256 Im Original: »28 ottobre 2002: marciare per non marcire!«

257 Siehe Sara Menafra, Giacomo Russo Spena, *Curve romane, in basso a destra,* »Il Manifesto« 18. November 2007, S. 11.

258 Siehe Ernesto Menicucci, *La Sud piange Paolo Zappavigna leader degli ultrà,* »Corriere della Sera«, 9. Juni 2005, S. 47.

259 Siehe M. Carrara, *Fini in Israele condanna il fascismo e Salò,* »Corriere della Sera«, 25. November 2003, S. 2.

260 Siehe Aram Mattioli, *Viva Mussolini!,* Mailand, Garzanti, 2011, S. 210–220.

261 Im Original: »Credere, obbedire, combattere!«

262 Im Jahr 1937 übernimmt die Gioventù Italiana del Littorio (GIL) die Organisation der faschistischen Jugend Operation Nazionale Balilla (ONB) und entscheidet sich für dieses Motto.

Verhalten einiger Fußballer die Ultras. Paolo Di Canio, Spieler der Lazio, grüßt seine Fans 2005 mehrmals mit dem faschistischen Gruß und gibt offen zu, Anhänger faschistischer Theorien zu sein.[263] Er ist nicht der Einzige, der auf diese Weise für Schlagzeilen sorgt: Christian Abbiati, Torhüter der Nationalmannschaft und des AC Milan, tut dasselbe in einem Interview im September 2008.[264]

Rassistische Vorfälle häufen sich: Als der, aus Surinam stammende, niederländische Nationalspieler Aron Winter im Juli 1992 zu Lazio wechselt, werden rassistische Graffiti mit den Worten »Winter raus«[265] und ein Hakenkreuz auf das Hauptquartier des römischen Klubs geschmiert. Dank seiner guten sportlichen Leistungen gelingt es dem Spieler aber bald, die Tifosi zu überzeugen. Am 28. April 1996 hängen zwei Anhänger von Hellas Verona, die Kapuzen des Ku-Klux-Klans tragen, während des Derbys aus Protest gegen die Verpflichtung eines Spielers afrikanischer Herkunft eine schwarze Schaufensterpuppe an das Geländer (an den Galgen) der Curva Sud. Auf dem Transparent steht: »Der N ..., den wir euch zur Reinigung des Stadions anbieten«.[266] Am 4. Juni 1996 feiert man in Bologna die Rückkehr der Mannschaft in die Serie A. Am Rande der Feierlichkeiten zum Aufstieg werden acht Nordafrikaner schwer verletzt, einer von ihnen wird von neofaschistischen Ultras aus Bologna, die von Fans der AS Roma unterstützt werden, mehrfach niedergestochen. Während des römischen Derbys am 29. November 1998 hängen rechtsextreme Symbole in beiden Kurven. Die Lazio-Ultras setzen noch einen drauf, indem sie eine provokante Botschaft an die Curva Sud richten: »Auschwitz eure Heimat, die Öfen euer Zuhause«.[267] Im Jahr 2002 wird ein Marokkaner nach einem Angriff durch fünf *Irriducibili* von Lazio in der Nähe deren Kellerlokals schwer verletzt.[268] Ähnliches passiert in Varese, wo Mitglieder von *Blood & Honour* durch rassistische Provokationen gegen drei Spieler ihres eigenen Vereins auffallen und am 6. Mai 2002 während des Spiels Pro Patria–Varese ein Hakenkreuzbanner zeigen.[269] In Lucca, einer an und für sich friedlichen Stadt in der Toskana, fallen Mitglieder der *Bulldogs* zwischen 2004 und 2007 durch eine Reihe äußerst gewalttätiger Angriffe auf linke Aktivisten und deren selbstverwaltetes Sozialzentrum Sankara auf. Die Täter stehen in der Regel einer politischen

263 Beim ersten Mal, nach dem römischen Derby vom 6. Jänner 2005, wird er vom Italienischen Fußballverband zu einer Geldstrafe von 10.000 Euro verurteilt. Am 11. Dezember 2005, während des Spiels Livorno-Lazio, wendet er sich erneut mit erhobenem Arm an die Lazio-Fans, wird erneut mit 10.000 Euro Strafe belegt und für ein Spiel gesperrt.

264 Roberto Stracca, *Abbiati: »Condivido il fascismo«*, »Corriere della Sera«, 26. September 2008, S. 26.

265 Slogan, der auf ein antisemitisches Brettspiel mit dem Titel »Juden Raus!« zurück geht, das 1938 in Dresden entworfen wurde.

266 Gian Paolo Ormezzano, *Bentornato in paradiso, ma senza l'apartheid*, »La Stampa«, 27. Mai 1996, S. 27. Im Original lautete das Spruchband, geschrieben in Veroneser Dialekt: »El negro ve la regale dasighe el stadioda neta!«

267 Im Original: »Auschwitz la vostra patria, i forni le vostre case«

268 Spadaccino Maria Rosaria, *Roma, immigrato massacrato dagli ultras*, »Corriere della Sera«, 15. Oktober 2002, S. 18

269 Claudio Del Frate, *Varese, sfida aperta al tifo violento*, »Corriere della Sera«, 31. Dezember 2002, S. 52.

Bewegung nahe, die sich hauptsächlich aus Ultras und Skinheads zusammensetzt und seit etwa zehn Jahren aktiv ist.

Am 29. September 1997 gründen Roberto Fiori und Massimo Morsello, zwei ehemalige nationalistische Aktivisten, die Partei Forza Nuova. Sie kann zwar keine großen Wahlerfolge verbuchen, wird bei rechtsextremen Ultras aber sehr populär und bietet einigen von ihnen politische Karrieremöglichkeiten, wie Paolo Caratossidis von der *Juventude Crociata* von Padova, dem es sowohl in der Kurve als auch darüber hinaus gelingt, viele Stimmen zu sammeln.[270] Dies gilt auch für Luca Castellini, Forza Nuovas Koordinator für den Norden und gleichzeitig Kandidat bei den Kommunalwahlen 2008 in Brescia und dann 2012 in Verona. Darüber hinaus ist er einer der Anführer der Curva Sud von Hellas Verona. Die Kurven und deren Fans sind zugleich Rekrutierungsgebiet und Klientel dieser Partei, wie die beiden Gründer erklären: »Wir sind nicht ihre Väter, aber wir sind bereit, sie zu adoptieren. Das Stadion ist ein Teil des sozialen Gefüges, in dem wir unsere politische Arbeit verrichten.«[271] Andere finden sich in der Alternativa Sociale (AS) wieder, einer Partei, die 2004 von der Nichte des Duce, Alessandra Mussolini, gegründet wird. Paolo Arcivieri, regionaler Koordinator von AS und einer der Capos der *Irriducibili*, kandidiert bei den Parlamentswahlen 2006. Erwähnenswert ist auch die Fiamma Trikolore,[272] deren Sektion in der Provinz Verona mehrere lokale Ultras angehören, darunter Alberto Lomastro, der wegen seiner Teilnahme an der geschmacklosen, rassistischen Inszenierung beim Derby 1996 verhaftet worden war.[273] Im Jahr 2007 unterstützt die Partei bei den Kommunalwahlen in Verona Flavio Tosi, einen Vertreter der Lega Nord und Anhänger von Hellas Verona. Schließlich ist Alberto Lomastro am 25. Juni 2017, dem Abend des Sieges des neuen Bürgermeisters Federico Sboarina, nicht weit von dem neuen Stadtverordneten entfernt zu sehen, der regelmäßig in der Curva Sud in Verona anzutreffen ist.

Einige Ultras, die in der extremen Rechten aktiv sind, haben in der Politik Karriere gemacht. Zum Beispiel Salvo Pogliese, Europaabgeordneter für Forza Italia[274] und ehemaliger Anführer der *Indians* von Catania, oder Andrea Amendola, der für Forza Italia im Stadtrat von Catanzaro sitzt und lange Zeit Anführer der *Ultras Catanzaro* war. Auch die Mitte-Links-Bewegung folgt diesem Muster: Der Bürgermeister von Bari, Michele Emiliano, besteht darauf, dass auf seiner Liste für die Kommunalwahlen im Juni 2009

270 Vgl. Giovanni Fasanella, Monica Zornetta, *Terrore a Nordest*, Mailand, Biblioteca Universale Rizzoli, 2008, S. 54–55.

271 Giancarlo Dotto, *Destra: parlano i leader di Forza Nuova*, »L'Espresso«, 17. Februar 2000, S. 44.

272 Neofaschistische Formation, die sich im März 1995, zwei Monate nach der Auflösung des MSI, gründet und sich als deren ideologische Nachfolgerin versteht.

273 Roberto Bianchin, *»Ultrà« missino arrestato per razzismo*, »La Repubblica«, 22. Mai 1996, S. 19.

274 Politische Bewegung, die im Januar 1994 von Silvio Berlusconi mit dem Ziel ins Leben gerufen wird, die Linke zu blockieren und die Rechte wiederzubeleben, die durch den Kampf gegen die Korruption in Mitleidenschaft gezogen wurde. Im Jahr 2009 fusioniert sie mit der Alleanza Nazionale unter dem Akronym Il Popolo della Libertà, wird 2013 aber wieder eigenständig.

auch Antonio Savarese, Anführer der *Ultras Curva Nord,* zu finden ist. Noch eklatanter ist die Wahlwerbung für Renata Polverini, die Kandidatin der Mitte-Rechts-Bewegung für das Amt des Präsidenten der Region Lazio. Am 14. März 2010, zwei Wochen vor der Wahl, steht sie beim Spiel Lazio–Bari neben den Capos der *Irriducibili* auf dem Vorsängerpodest in der Curva Nord und trägt einen Schal der *IRR.*[275] Anders als in den 1970er-Jahren, als es noch keine Manipulationsversuche seitens der politischen Organisationen gibt, interessieren sich die Parteien dieses Mal für die Wählerschaft in den Kurven, und einige Ultras machen aktiv Wahlwerbung, hauptsächlich für Organisationen des rechten Spektrums.

Fast alle Stadien auf der Halbinsel sind von der neofaschistischen Welle betroffen. Die Schriftarten und Symbole mehrerer Gruppen wurden von faschistischen und sogar nationalsozialistischen Grafiken inspiriert. Die *Rebels* von Arezzo zeigen auf ihren Fahnen u. a. ein Wappen mit einem Schlüssel in der Mitte, das der 1. SS-Panzer-Division Leibstandarte SS Adolf Hitler nachempfunden ist. Die *Sconvolts* des AC Milan ersetzen die beiden S mit Siegrunen.[276] Andere verwenden eine weniger eindeutige Symbolik. Unter vielen seien die *Vecchi Ultras* von Venedig erwähnt, die sich auf das Zeigen der italienischen Trikolore beschränken.

Rechtes Gedankengut ist aber schon längst im Alltag angekommen: Affenlaute, Zeichen eines antischwarzen Rassismus, sind nicht mehr nur Werk der Ultras, sondern kommen auch von den Tribünen der normalen Tifosi. Und doch gibt es immer noch Gruppen, die sich diesem Einfluss verweigern und sich klar als unpolitisch deklarieren. Dies ist der Fall bei den *Ultras Tito Cucchiaroni* von Sampdoria, die eine klare Botschaft haben: »Ultras, no politica!«.

Angesichts der zögerlichen Reaktion seitens der Behörden, die zuweilen versuchen, das Zeigen von einschlägigen Symbolen oder Bannern mit dem Kelten- oder dem Hakenkreuz zu verbieten, greifen die Neofaschisten zu subtilen Mitteln, um ihr politisches Credo trotzdem im Stadion zu demonstrieren: Die Zahl »88«, die zweimal den achten Buchstaben des Alphabets, das »H«, darstellt und somit »HH« bildet, eine Anspielung auf »Heil Hitler«, sowie der Code »18« für die Initialen von Adolf Hitler. Hinzu kommen Runen, Wappen der Waffen-SS, die weiße gotische Schrift auf schwarzem Grund und stilisierte Fasces (Liktorenbündel). Zu sehen ist auch das Schwert, die zweischneidige Axt des französischen Kollaborationsregimes von Marschall Pétain und das Symbol der terroristischen Organisation Ordre Nouveau, die Flagge der Republik von Salò oder das

275 Diese Wahlunterstützung führte zu erheblichen Unruhen in der Curva Nord und stellte die Vorherrschaft der *Irriducibili* in Frage.

276 Die Verdoppelung der Siegrune bildet das Symbol der SS. Siehe Zvonimir Novak, *Tricolores, Montreuil,* Éditions L'échappée, 2011, S. 155–157.

Emblem der Decima Flottiglia MAS.[277] Auch das Logo der nationalistischen Musikgruppe Zetazeroalfa findet in vielen Kurven regelmäßig Verwendung, es besteht aus einem Z, der Ziffer 0 und dem griechischen Buchstaben Alpha. In Verona und Monza wird immer wieder die alte Fahne Südafrikas, aus Zeiten der Apartheid, geschwenkt. Selbiges gilt für das Banner der rechtsextremen griechischen Partei Chrysi Avgi (Goldene Morgenröte). Etwas kurios erscheint in diesem Zusammenhang, dass auch die Fahne des Vatikans von der extremen Rechten verwendet wird und in der Curva Sud von Roma oder bei der *Associazione Non Riconosciuta* in Catania auftaucht. Während des Derbys in der Coppa d'Italia vom 4. April 2017 zeigen die Ultras der Lazio eine umgestaltete Fahne der NSDAP. Das Rot wird durch das Lazio-Blau ersetzt und ein Z ersetzt das Hakenkreuz in der Mitte.

Trotz einem eindeutigen Rechtsruck behalten die Kurven in Pisa, Terni, Cosenza und vor allem Livorno ihren antifaschistischen Kurs bei. Manchmal gelingt es neofaschistischen Elementen, sich auch in solchen Kurven breitzumachen, wie Beispiele in Venedig und Ancona[278] belegen. In den Kurven von Modena oder Perugia schaffen es linke und rechte Gruppen seit den 1980ern nebeneinander zu koexistieren. Dies kann dazu führen, dass in ein und derselben Kurve eine neofaschistische Fahne neben einem kommunistischen Spruchband zu sehen ist. Auf die steigende Anzahl neofaschistischer Infiltrierungen in den Kurven Italiens reagieren linke Kurven unterschiedlich. Jene wie die der Ternana oder von Livorno radikalisieren sich noch ein Stück mehr. In Terni gründet sich die Gruppe *Working Class* und zeigt als Symbol eine geballte Faust mit einem Schraubenschlüssel. Bei Torino geben sich radikale Ultras die Namen von ETA-Mitgliedern und laufen unter dem Namen *Etarras* auf. In Livorno stellen die *Brigate Autonome Livornesi (BAL)* ab ihrer Gründung im Jahr 1999 eine explizite Verbindung mit der ehemaligen Sowjetunion und dem Kommunismus her. Dazu tauchen Fahnen Nordkoreas und des KGBs auf, Bilder von Stalin und Spruchbänder in kyrillischer Schrift. 2002 finden sich einige Kollektive in einer antifaschistischen Übergruppierung mit dem Namen *Fronte di Resistenza Ultras* zusammen. Promotoren sind Fans der Ternana und Mitglieder der *BAL* aus Livorno. Ziel ist es, die linken Gruppen zu vereinen und einen Nichtangriffspakt unter ihnen zu garantieren, damit man sich auf den Kampf gegen rechts konzentrieren kann. Das Projekt scheitert letzten Endes aber, da zu wenige Gruppen beitreten. Neben Ternana und Livorno sind dies nur die Kurven von Ancona, Savona, Campobasso, Casertana und Sambenedettese. Am 9. November 2002 schafft man es am Rande des

277 Die Decima Flottiglia MAS ist eine militärische Einheit der italienischen Marine, die nach dem Waffenstillstand von 1943 dem Bündnis mit Nazideutschland treu bleibt. Sie wird von Prinz Julio Valerio Borghese angeführt und macht sich zahlreicher Kriegsverbrechen schuldig.

278 In Ancona scheitert dies, da die *Brigata Wallace* ihre Aktivitäten schnell einstellt, während in Venedig die *Vecchi Ultrà* die Kontrolle über die Curva Sud übernehmen, nachdem sich die *Ultras Unione* 2006 auflösen.

Europäischen Sozialforums in Florenz aber noch, Hunderte von Ultras für eine große Demonstration gegen den Krieg im Irak und die Politik der Regierung Berlusconi auf die Straße zu bringen.

Unter Führung der *Brigate Autonome Livornesi* erhält der Tifo in der Curva Nord neue Impulse. Zur normalen Unterstützung für die Mannschaft mischen sich politische Botschaften. Während dem Match Livorno–Como vom 13. Juni 2001 zeigen die *BAL* ein Spruchband, auf dem man die Neofaschisten von gegenüber in den Gulag wünscht. Ein Jahr später, am 3. März 2002, zeigen sie im Spiel gegen die Triestina: »Tito hat uns gelehrt, die Foibe sind kein Verbrechen!«[279] Dabei geht es um Massaker von jugoslawischen Partisanen am Ende des Zweiten Weltkrieges an Teilen der italienischen Bevölkerung in Istrien und Triest, denen die Mitgliedschaft in faschistischen Organisationen vorgeworfen wurde. Das Spruchband sorgt für generelle Empörung und ruft auch den damaligen Staatspräsidenten Carlo Azeglio Ciampi auf den Plan, der aus Livorno stammt und als Fan des lokalen Klubs gilt – er verurteilt es mit aller Entschiedenheit. Hinter der politischen Positionierung der *BAL* steht keine marxistisch-leninistische Partei, wie man vielleicht vermuten möchte, vielmehr handelt es sich um ein Statement der Ultras, die ansonsten nur selten politisch aktiv werden. Am Rande der Aufstiegsfeiern (Rückkehr in die Serie A) am 5. Juni 2004 werden das Parteilokal der Forza Italia sowie das Wahlkampfbüro von Guido Guastalla (Bürgermeisterkandidat der Rechten) zum Ziel von Vandalenakten.[280] Am 5. Februar 2006 versuchen hunderte von militanten Antifaschisten, darunter viele Ultras, die Wahlkampfveranstaltung des Lega-Nord-Politikers Mario Borghezio gewaltsam zu stören.[281] Lenny Bottai, ehemaliger Anführer der *BAL,* tritt bei den Regionalwahlen 2015 für die linke Liste »Si-Toscana a Sinistra« an.

Politischer Radikalismus als Fassade

Wie bei jedem Jugendphänomen muss man auch dieser Subkultur von Haus aus eine gewisse Dimension von Protest und Provokation zu Grunde legen. Die radikalen, extremistischen Ansichten der Ultras entstehen in einer Zeit, in der die sich abwechselnden Regierungen kaum mehr was voranbringen und alles dem wirtschaftlichen Wachstum unterordnen. Auch in den Kurven läuft es nicht anders als beim Rest der Gesellschaft, es besteht immer die Gefahr, dass man sich mit einfachen Antworten auf komplexe Fragen zufriedengibt. Folglich muss die Rückkehr der Ultras in die Politik ab Ende der

279 Paolo Mieli, *Stadio di calcio: striscioni inneggianti alle foibe,* »Corriere della Sera«, 10. März 2002, S. 35.

280 Marco Gasperreti, *La lunga notte di violenza degli ultras Stalinisti,* »Corriere della Sera«, 7. Juni 2004, S. 15

281 Marco Gasperreti, *Arriva Borghezio, scontri a Livorno,* »Corriere della Sera«, 6. Februar 2006, S. 17.

1980er-Jahre relativiert werden. Tatsächlich ist es nur eine Minderheit von ihnen, die sich von der Politik instrumentalisieren lässt. Die große Mehrheit erliegt diesen Versuchen nicht. In vielen Stadien des Landes kann die Politik nicht Fuß fassen – die großen Gruppen unterbinden dies. Als Beispiele seien die *Boys* bei Parma oder das *Collettivo Autonomo Viola* der Fiorentina genannt. In anderen Städten hingegen ist es die zweite oder sogar dritte Generation der Ultras, die die politischen Einflüsse beiseiteschiebt, wie in Avellino, Brescia, Lecce, Modena oder Bergamo.[282]

Es ist notwendig, die Haltung der Ultras zu verstehen, um die Verwendung von politischen Bannern, egal welcher Seite, durch die verschiedenen Gruppen analysieren zu können. Der Wunsch, sich der gegenüberliegenden Kurve entgegenzustellen, kann dazu führen, dass widersprüchliche Embleme verwendet werden, ohne dass deren Bedeutung dabei vollständig bedacht wird. Alles, was gegen den Gegner verwendet werden kann, wird von den Ultras genutzt. Die Politik bildet da keine Ausnahme. Manchmal vertreten sogar unpolitische Gruppierungen für ein Spiel eine bestimmte Ideologie: So zeigen die Ultras von Spezia am 7. April 2002 mehrere hundert italienische Fahnen beim Spiel in Livorno, um die Einheimischen zu provozieren.

Generell verstärkt das Auftauchen der *Brigate Autonome Livornesi*, die alle möglichen Embleme des sowjetischen Regimes zeigen, dieses Phänomen nach 1999. Daraufhin verwenden einige Rivalen des toskanischen Klubs immer mehr faschistische und sogar nationalsozialistische Symbole. Es schaut für eine Zeit sogar fast so aus, als wollen sich beide Seiten in ihrer politischen Extremität überbieten. Am 10. April 2005, während des Spiels Lazio–Livorno, präsentieren die Fans von Livorno Dutzende von roten, sowjetischen und kubanischen Flaggen, während die Fans von Lazio italienische Fahnen, Keltenkreuze, Abbilder von Mussolini und sogar mehrere Spruchbänder mit Hakenkreuzen zeigen. Um dem Ganzen einen draufzusetzen, entrollen die *Viking* von Lazio schlussendlich ein Spruchband mit der eindeutigen Botschaft: »Rom ist faschistisch«.[283]

Diese Radikalität ist zu Recht besorgniserregend, viele der jungen Leute, die diese Symbole verwenden, haben aber kaum eine Ahnung davon, was sie bedeuten. Die politische Tradition einer Stadt oder einer Kurve ist oft einer der Faktoren, die die politische Ausrichtung der Fanszene erklären. Livorno zum Beispiel ist jene Stadt, in der die Kommunistische Partei Italiens gegründet wurde. Weil sich der Großteil ihrer Einwohner nach wie vor auf dieses Erbe bezieht, gilt sie deshalb als tiefrot. Im krassen Gegensatz dazu ist die Geschichte Triests verlaufen. Dessen Hafen gehört zu einem Gebiet, das nach

282 Siehe das Interview mit dem Anführer der *Atalanta Supporters* bei Sébastien Louis, siehe oben, S. 177–191.
283 Im Original: »Roma è fascista!«

dem Zweiten Weltkrieg im Mittelpunkt eines territorialen Konflikts zwischen Italien und Jugoslawien stand. Das führt dazu, dass die Stadt heute der politisch rechten Seite zugeteilt wird.[284] In dieser nationalistischen Hochburg inszenieren die Ultras lange Zeit nationalistische Symbole, aber auch Spruchbänder, die Besitzansprüche auf die sogenannten »terre irredente« wie Fiume (Rijeka), Istrien und Dalmatien geltend machen.[285] In anderen Städten sind es hingegen die Ultras und nicht die Geschichte, die die politische Richtung vorgeben. Bei Hellas Verona zum Beispiel, wo ein großer Teil der Anhänger seit Ende der 1970er-Jahre neofaschistische Positionen vertritt. Die neuen Generationen, die sich der Curva Sud annähern, sind zwar nicht verpflichtet, dem zu folgen, können diesen Zustand aber gleichzeitig auch nicht infrage stellen. Die dort vorherrschende Hegemonie macht es zudem unmöglich, im Stadion oder auf den Tribünen linke Kleidung oder Symbole zu zeigen. Um Zugang zu verantwortungsvollen Positionen zu erhalten, übernehmen die Jugendlichen, sei es aus Überzeugung, Bequemlichkeit oder Nachahmung, die vorherrschende politische Richtung der Kurve.

Nach zwei Jahrzehnten Tätigkeit neigen die meisten Ultras-Gruppen dazu, sich zu institutionalisieren, ein klassisches Phänomen, das mit dem Anstieg des Durchschnittsalters in ihren Reihen einhergeht. In den 1990er-Jahren verlieren viele dieser seinerzeitigen Pioniere die Kontrolle über ihre Kurven: Das *Commando Ultrà Curva Sud* zum Beispiel sieht sich einer immer größer werdenden kurveninternen Opposition gegenüber. Die gemäßigte Haltung der Veteranen gefällt der neuen Generation nicht, die ihren Platz in der Curva Sud sucht. Einige dieser Jugendlichen erkennen sich in den bereits bestehenden Formationen nicht wieder und versammeln sich in kleineren Gruppen. Die Tatsache, dass sie eine extremistische Meinung vertreten, ermöglicht es ihnen, zu schockieren und sich von der Masse der Kurve abzuheben. Einige wenden sich bewusst neofaschistischen Positionen zu, die in den Medien und im Rest des Stadions für einen Aufschrei sorgen. Für die Mehrheit der Kurvenbesucher, die sich nur für Fußball interessieren, gibt es keine andere Lösung, als sich der Vorherrschaft einer politisierten Minderheit unterzuordnen. Hinzu kommen Elemente, die für Jugendproteste typisch sind, beginnend bei einer systemfeindlichen politischen Einstellung, die auch heute noch in vielen Ultras-Gruppen zu finden ist, die die radikalsten Meinungen, sowohl von links als auch von rechts, vertreten. Diese Politisierung ist oft nur eine Fassade, denn bei den meisten von ihnen herrscht eine Art Apolitismus vor. Das Vorhandensein politischer Symbole auf den Tribünen des Landes

284 Erst 1954 wird dieses Gebiet wieder italienisch.

285 Bei den »irredent lands« handelt es sich um in das österreichisch-ungarische Reich integrierte Gebiete, in denen italienische Bevölkerungsgruppen lebten und die Italien beanspruchte, um seine Einheit zu vollenden. Italien trat im Mai 1915 in den Krieg ein, nachdem ihm zugesichert worden war, dass es im Falle eines Sieges die irredenten Gebiete Trentino-Südtirol, Istrien und Dalmatien erhalten würde. Nach dem Krieg wurde jedoch nur Trentino-Südtirol an Italien zurückgegeben.

in den 1990er-Jahren ist kein Zeichen für ein größeres Engagement der italienischen Jugend, die meisten Ultras haben kein wirkliches politisches Bewusstsein. Diejenigen, die in politischen Organisationen aktiv sind, stellen eine winzige Minderheit dar, und oft sind sie es, die ihrer Gruppe einen parteipolitischen Anstrich geben.

Trotzdem sind die politischen Zugehörigkeiten, die sie an den Tag legen, mit Vorsicht zu genießen, denn es handelt sich um eine Logik, die ebenso viel mit Provokation wie mit Überzeugung zu tun hat. Wie die Spruchbänder während des Spiels Roma–Juventus am 19. November 2005 zeigen: »Banlieue oder Vorstädte, das Problem ist die Polizei«,[286] in Anspielung auf die Unruhen, die vierzehn Tage lang die französischen Vorstädte erschüttern, nachdem zwei Jugendliche bei einer Verfolgungsjagd mit der Polizei ums Leben gekommen waren. Wenige Minuten später wird eine weitere Botschaft gezeigt: »Große Geister haben stets heftige Gegnerschaft in den Mittelmäßigen gefunden. A. Einstein. BISL«.[287] Dieses Spruchband wird in der Curva Sud von Roma gezeigt, die in den 1990ern immer wieder antisemitisch agiert. Dass hier Albert Einstein zitiert wird, wirft zwei Optionen auf. Entweder wird ignoriert, dass Einstein Jude war, oder das Spruchband dient nur zur Provokation und Beleidigung.

Die Ultras und die Nationalmannschaft

Im Gegensatz zu anderen europäischen Nationalteams, die es schaffen, ihre Fans zu vereinen, von friedlichen Fans bis zu den gefährlichsten Hooligans, wie in Deutschland, England oder Kroatien, schaffen die Azzurri[288] das nicht. Die Ultras haben ihre Vereine immer der Nationalmannschaft vorgezogen. Darüber hinaus verhindern sportliche Rivalitäten, Antagonismen zwischen Gruppen, der Campanilismo sowie divergierende politische Einflüsse einen Zusammenschluss der Ultras rund um die Squadra Azzurra.[289] Im Gegensatz zu anderen Nationen mit einem stark ausgeprägten Patriotismus, ist die lokale Identität für die meisten Italienern wichtiger. Die Halbinsel hat bisher nur ein sehr schwaches Nationalbewusstsein entwickelt. Dies zeigt sich bei den Feierlichkeiten zum 150. Jahrestag der Vereinigung Italiens im März 2011, die unter allgemeiner Gleichgültigkeit abgehalten werden. Im Land der hundert Städte und tausend Kirchtürme ist der

286 Im Original: »Banlieue o periferie, il problema è la polizia!«

287 BISL (Basta Infami Solo Lame) versteht sich nicht als Gruppe, sondern definiert sich als eine Denkweise der Curva Sud von Roma, wie es in ihrem Kommuniqué vom November 2003 heißt.

288 Die Spieler der italienischen Nationalmannschaft verdanken den Spitznamen ihrem Trikot, das in den Farben des Hauses Savoyen gehalten ist.

289 Vgl. Sébastien Louis, *L'émergence d'un projet atypique de supportérisme national: les »Ultras Italia«*, S. 45–58, in: Jean-Michel De Waele, Frédéric Louault, Brüssel, Brussels University Publishing, 2016.

Campanilismo noch immer stark verwurzelt, was sich in der Verwendung lokaler Dialekte und regionaler Bräuche zeigt, die selbst von Jugendlichen noch gepflegt werden. Nur der Erfolg der Fußballnationalmannschaft scheint in der Lage zu sein, eine ganze Nation zu vereinen. Sie ist eines der wenigen einheitlichen Symbole Italiens. Paradoxerweise kommt dieser Enthusiasmus häufiger auf öffentlichen Plätzen zum Ausdruck als in den Kurven der Stadien, in denen die italienische Nationalmannschaft spielt. Das liegt daran, dass es im Land keine traditionellen Vereinigungen gibt, die in der Lage wären, die Leidenschaft der Italiener für ihre Nationalmannschaft in den Stadien zu organisieren und zu kanalisieren. Man muss die lokale Identität berücksichtigen, wenn man das Verhalten des Publikums bei Spielen der Nationalmannschaft analysieren möchte. In Italien sind die Gefühle der Ultras gegenüber den Azzurri von Stadt zu Stadt unterschiedlich. Eine gewisse Unterstützung erfährt die Nationalmannschaft bei Qualifikationsspielen in Provinzstädten, wo ihre Anwesenheit als einmaliges Ereignis wahrgenommen wird. Während dieser Spiele mobilisieren die lokalen Gruppen, zeigen ihre Fahnen und organisieren den Tifo. Dies ist zum Beispiel in Vicenza der Fall, als das Freundschaftsspiel gegen Algerien am 11. November 1989 die Massen anlockt und die *Vigilantes* ihre Kurve mit einer riesigen Trikolore schmücken. Am 1. Mai 1991 spielt die italienische Nationalmannschaft zum ersten Mal im Stadion Arechi von Salerno. Die Ultras der Salernitana veranstalten zur Feier des Tages eine Zettelchoreographie, die den Schriftzug »Italia« ergibt. In Städten wie Reggio Calabria oder Triest, deren Ultras für ihre nationalistischen Ansichten bekannt sind, wird die Mannschaft auch von diesen immer lautstark unterstützt.

In anderen Stadien hingegen hält sich die Begeisterung für das Team in Grenzen. Es findet keine Mobilisierung durch die lokalen Ultras statt. Im Gegenteil, diese verhalten sich strikt neutral. Und dann gibt es noch Städte, die der Nationalmannschaft fast schon feindselig gegenüberstehen, was aber nicht unbedingt an den Spielern als solchen liegt oder der Nationalmannschaft im Allgemeinen, sondern meist sportpolitische Gründe hat. Dies ist der Fall in Mailand, wo die *Fossa dei Leoni* am 12. Juni 1980 aus Protest gegen die Strafversetzung des AC Milan in die Serie B das spanische Nationalteam im Spiel gegen die Azzurri während der EM unterstützt.[290] In Florenz indes wurde die Squadra Azzurra lange weitgehend ignoriert. Der Wechsel von Stürmerstar Roberto Baggio zu Juventus lässt dort aber die Wogen hochgehen. Das Team absolviert die Vorbereitung zur WM in Coverciano, im Westen von Florenz. Salvatore Schillaci, der später zum Nationalhelden wird, aber für Juventus spielt, wird am 6. Mai 1990 tätlich angegriffen. Einige Molotowcocktails werden in den folgenden Tagen in einem Auto unweit des Trainingszentrums

290 Fossa dei Leoni, *Nella Fossa dei Leoni,* 2002, S. 44.

gefunden.[291] Selbst drei Jahre später ist der Unmut in der Stadt noch nicht verflogen. Am 23. Jänner 1993 trifft Italien in Florenz auf Mexiko. Vor Spielbeginn wird die italienische Hymne ausgepfiffen.

Mitunter gelingt es lediglich einem gemeinsamen Gegner, unterschiedliche, gar rivalisierende, Gruppen zu vereinen. Emblematisch dafür ist das Spiel Italien–England vom 11. Oktober 1997. Verschiedene Fraktionen vereinen sich im Kampf gegen die englischen Fans, denen noch immer der Ruf als Europas beste Hooligans vorauseilt. Schwere Ausschreitungen sind die Folge.

Linke Gruppen beteiligen sich nicht an diesen patriotischen Spielchen, die sie als »Nationalismus auf niedrigem Niveau« empfinden, sondern ziehen es vor, ihre Unterstützung auf ihre jeweiligen Vereine zu beschränken.

Die internationalen Fußballwettbewerbe, die außerhalb des Landes stattfinden, werden kaum von italienischen Fans besucht. Nur ein kleines Grüppchen von Ultras ist vor Ort. Bei den Tifosi, die die italienische Mannschaft bei Spielen im Ausland unterstützen, handelt es sich in der Regel um Auswanderer, die dort leben. Zum Beispiel bei der Fußballweltmeisterschaft 1974 in Deutschland, wo die Mobilisierung seitens der italienischen Arbeiter aus Baden-Württemberg sehr stark ist.[292] Das Gleiche gilt für die WM 1978 in Argentinien, wo die italienische Gemeinschaft stark verwurzelt ist und vor den Spielen der Azzurri für ordentlich Folklore sorgt. Die Weltmeisterschaft 1982 ist eine Ausnahme dieser Regel: Nach den ersten Erfolgen Italiens reisen Dutzende von Ultras nach Spanien, um die Nationalmannschaft bei den KO-Spielen zu unterstützen. Während des Endspiels in Madrid kann man die Transparente der *Ultras* von Fiorentina, der *Eagle's Supporters* von Lazio, der *Ultras Tito Cucchiaroni* von Sampdoria oder der *Boys* von Inter sehen.

Bei den internationalen Wettbewerben, die auf den Triumph von 1982 folgen, wird hingegen keine große Zahl von Ultras mehr mobilisiert. Nur vereinzelte Gruppen verfolgen die italienische Mannschaft bis 1998. Es ist mehr ein symbolisches Präsenzzeigen, wie bei den fünf Mitgliedern der *Pescara Rangers*, die mit ihrem Transparent bei der EM 1996 in England vor Ort sind. Die Ausrichtung der Fußballweltmeisterschaft 1990 in Italien hätte an dieser schwachen Begeisterung der Ultras etwas ändern können. Einige von ihnen versuchen sogar, einen *Club Italia*, also eine Art überregionalen Fanklub zu gründen, um ihre Nationalmannschaft zu unterstützen. Mehr als 100 Personen aus dem ganzen Land beteiligen sich an der über die Monatszeitschrift *Supertifo* gestarteten Initiative und sammeln mehrere Hunderttausend Lire für ein Transparent.[293] Ein Mangel an Zeit und

291 Giorgio Sgherri, *Un attentato a Coverciano nei piani degli ultras*, »L'Unità«, 23. Mai 1990, S. 9

292 Edgarda Ferrari, *Gli emigranti italiani riuniti in Germania per fare il tifo*, »La Stampa Sera«, 17. Juni 1974, S. 9

293 *Il club Italia*, »Supertifo«, Juni 1990, S. 24–25.

Organisation sorgt aber dafür, dass das Projekt bald wieder aufgegeben wird. Während der ersten fünf Spiele der Azzurri hängt keine Gruppe im Olympiastadion von Rom ihr Transparent auf. Das umstrittenste Spiel der WM findet am 3. Juli 1990 in Neapel statt, als Italien im Halbfinale ausgerechnet auf Maradonas Argentinien trifft. Für Argentiniens Nummer 10, so möchte man meinen, quasi ein Heimspiel.[294] Im Vorfeld der Begegnung erinnert er die italienische Presse daran, dass die nationale Identität der Neapolitaner immer wieder von anderen Bewohnern der Halbinsel in Frage gestellt wird.[295] Die Botschaft des *Commando Ultrà Curva B* ist dann jedoch eindeutig: »Maradona, Neapel liebt dich, aber Italien ist unsere Heimat«.[296] Dazu gibt es ein Spruchband mit der Aufschrift »Forza Azzurri« und eine große Choreographie zur Unterstützung des italienischen Teams.

Eine Mobilisierung der Ultras gibt es also nur im Rahmen einer solch großen Veranstaltung, vor allem dann, wenn sie im eigenen Land stattfindet.

Der Plan, dass sich die Ultras um ihre Nationalmannschaft herum organisieren, erlebt im Vorfeld der Fußballweltmeisterschaft 1998 in Frankreich ein Comeback. Die *Official Fans* der Lodigiani greifen einige Monate vor dem Wettbewerb in der Fachpresse das Projekt der Gründung einer Gruppe zur Unterstützung der Azzurri wieder auf.[297] Die Idee findet kaum Widerhall, trotzdem sind einige Gruppen, wie die *Ultras Lecce*, *Sempre Al Bar* aus Monza sowie Ultras der Curva Sud aus Verona vor Ort. Etwa 15 von ihnen fallen beim Spiel Italien–Norwegen in Marseille negativ auf, als sie italienische Fahnen, mit Keltenkreuzen schwenken.

Das Scheitern des Projekts während der WM 1998 führt zu der Idee, die Unterstützung der italienischen Nationalmannschaft auf neue Beine zu stellen. Dieser Versuch wird vor allem von teils rivalisierenden Ultras aus dem Veneto vorangetrieben – hauptsächlich aus Padua, Verona, aber auch Treviso, Vicenza und Udine, die dieselbe nationalistische Ideologie teilen. Einige von ihnen sind schon Mitglieder im *Veneto Front Skinhead.*[298] Das Projekt einer patriotischen Vereinigung nimmt vor der Europameisterschaft 2000 Gestalt an. Verschiedene Gruppen sind mit ihren Fahnen in Belgien und den Niederlanden präsent: die *AS Roma Ultras*, die *Sparuta Presenza* aus Piacenza, die *Juventude* aus Padua, die *Pescara Rangers* sowie Anhänger aus Vicenza, Bologna, Hellas Verona und Lazio. Ihre Zahl kann auf etwa 100 geschätzt werden. Zur gleichen Zeit findet in Ravenna am 25. Juni 2000 eine Versammlung statt. Ultras verschiedener Mannschaften, die sich

294 Der argentinische Stürmer trägt entscheidend zu den nationalen und internationalen Erfolgen der Mannschaft aus Neapel bei.

295 Bruno Bernardi, *Diego: Napoli, solo io t'ho sempre amata*, »La Stampa«, 2. Juli 1990, S. 26.

296 Im Original: »Maradona, Napoli ti ama ma l'Italia è la nostra patria!«

297 *Verso Francia'98: Prepariamoci*, »Fan's Magazine«, März 1998.

298 Die *Veneto Front Skinhead* ist eine radikale neofaschistische Organisation in der Region Venetien in Italien. Sie ist in der gesamten Region aktiv und hat etwa 100 Mitglieder.

den Namen *Viking* teilen, starten das Projekt zur Gründung einer Vereinigung, um die Nationalmannschaft in Zukunft besser unterstützen zu können.[299] Unter dem Namen *Viking Italia* treten sie bei einigen Spielen auf. Ein zweites Treffen findet am 25. April 2001 statt, aber auch dieses Projekt wird schließlich aufgegeben.

Der einzige konkrete Versuch bleibt die Vereinigung von Ultras mit neofaschistischen Tendenzen. Seit 2001 schließen sich Ultras in einem Projekt namens *Ultras Italia* zusammen. Im Gegensatz zu einer echten Gruppe hat *Ultras Italia* keine Struktur und ist eher ein informeller Zusammenschluss verschiedener Ultras der Halbinsel, um die Nationalmannschaft zu supporten. Es gibt kein einheitliches Transparent und auch keine Fanartikel. Der Zusammenschluss basiert auf dem englischen Modell. Jede Abordnung trägt eine kleine Italien-Fahne mit dem Namen der jeweiligen Stadt. Eventuelle Rivalitäten werden ausgeblendet.

Die Weltmeisterschaft 2002 in Japan und Südkorea zeigt jedoch auch die Grenzen dieser Initiative auf: nur eine Handvoll Ultras ist anwesend. Verglichen mit den Zehntausenden irischen Fans in Südkorea und der gleichen Anzahl englischer Fans in Japan sind die Italiener deutlich unterlegen. Während der drei folgenden internationalen Wettbewerbe nimmt das Projekt jedoch Fahrt auf. Bei der Europameisterschaft 2004 in Portugal sieht man mehr Transparente von *Ultras Italia.* Schätzungsweise sind 100 von ihnen vor Ort. Die Fußballweltmeisterschaft 2006 in Deutschland bestätigt diesen Trend. Trotz der Schwierigkeiten bei der Beschaffung von Eintrittskarten und der Versuche der italienischen Polizei, die Ultras an den Grenzen abzufangen, kommen einige Hundert nach Deutschland.

Diese Dynamik setzt sich auch bei der Europameisterschaft 2008 in der Schweiz und in Österreich fort: Bei jedem Spiel der Azzurri sind neue Transparente zu sehen. Der Aufwärtstrend wird durch die Vorfälle während des Spiels Bulgarien–Italien am 11. Oktober 2008 gestoppt und bringt *Ultras Italia* in die Schlagzeilen der Presse.[300] In Sofia kommt es zu gewalttätigen Auseinandersetzungen mit bulgarischen Hooligans, außerdem fallen Mitglieder der *Ultras Italia* durch das Zeigen des römischen Grußes und das Singen faschistischer Lieder auf. Die lokalen Medien stürzen sich auf das Verhalten der italienischen Fans. Dies führt dazu, dass sich der nationale Fußballverband von dieser Gruppe distanziert und ihr den Erwerb von Eintrittskarten erschwert. Neue Mitglieder zu finden wird dadurch schwieriger.

Obwohl ihre Anwesenheit in der Ukraine und in Polen anlässlich der Europameisterschaft im Juni 2012 und in Frankreich während der Euro 2016 durchaus sichtbar ist, locken

299 Dazu zählen Fans von Ravenna, Salernitana, Lazio, Matera, L'Aquila, Viterbese und Torino.
300 Alessandro Bocci, *Ultrà e fascisti a Sofia è battaglia*, »Corriere della Sera«, 12. Oktober 2008, S. 49.

die Wettbewerbe auf anderen Kontinenten wieder nur eine Handvoll Ultras an. Wie die Fußballweltmeisterschaften 2010 in Südafrika und 2014 in Brasilien zeigen, beschränkt sich die symbolische Präsenz lediglich auf ein Dutzend Reisewilliger. Außerdem bleibt diese Koalition vor allem auf Ultras der extremen Rechten beschränkt.[301] Die politische Konnotation ist zu stark, weshalb *Ultras Italia* kaum mehr als hundert Mitglieder hat. Beim EM-Qualifikationsspiel gegen Kroatien, das am 16. August 2006 ausgerechnet in Livorno ausgetragen wird, sind die *Ultras Italia* gar nicht vor Ort. Schon in den Tagen zuvor gibt es ihnen gegenüber offen ausgesprochene Drohungen seitens der links-militanten Ultras aus der Hafenstadt. Während des Spiels ist die Stimmung dann zweigeteilt. Die gemäßigten Besucher auf den Tribünen unterstützen die Azzurri, während man in der Curva Nord, Heimat der Ultras, jeglichen Support unterbindet und nach nationalistischen Ultras Ausschau hält, die man sicher aus dem Stadion jagen würde. Am 17. November 2010, während des Freundschaftsspiels zwischen Italien und Rumänien in Klagenfurt, betonen die neofaschistischen Anhänger der Azzurri ihre ideologische Ausrichtung, indem sie ein Spruchband mit der Aufschrift: »Nein zu einem multiethnischen Italien!«[302] zeigen. Sie verhalten sich auch diskriminierend gegenüber Stürmer Mario Balotelli, der sich ihrer Meinung nach zu Unrecht für die italienische Staatsbürgerschaft entschieden hat, obwohl seine Eltern aus Ghana stammen.[303] Am 5. September 2016 schließlich zeigen drei italienische Ultras im Stadion von Haifa den Faschistengruß während des Abspielens der Nationalhymnen vor dem Spiel Israel–Italien.

Ein weiteres Hindernis für die Entwicklung von *Ultras Italia* sind die Beziehungen zwischen den Ultras, die alle anderen Überlegungen überlagern. Am 17. April 2002, während des Spiels Italien–Uruguay in Mailand, greifen die Ultras von Inter und des AC Milan ihre Rivalen von Hellas Verona an, als diese ihre Trikolore mit der Aufschrift »Verona« aufhängen wollen. Einige Monate später, am 21. August 2002, sind beim Freundschaftsspiel Italien–Slowenien in Triest Delegationen aus dem ganzen Land anwesend, wie die italienischen Fahnen mit den Aufschriften »Como«, »Padova«, »Verona«, »Udine«, »Massa«, »Busto Arsizio«, »Angri« sowie die der Hausherren zeigen. Einige von ihnen finden sich aber auf der Gegengerade wieder, weil die Einheimischen den Ultras aus Como feindselig gegenüberstehen und ihnen infolgedessen natürlich den Zugang zu ihrer Kurve verweigern. Am 26. März 2005 schließlich, als Italien und Schottland im Giuseppe-Meazza-Stadion in Mailand aufeinandertreffen, wird die Gruppe von *Ultras*

301 Siehe das Interview mit einem der Anführer der Ultras von Hellas Verona zu diesem Thema. Vgl. Sébastien Louis, siehe oben, S. 175–176.

302 Im Original: »No all' Italia multietnica!«

303 Siehe Alessandro Bocci, *SuperMario insultato anche dagli italiani »Parlate di questi temi«*, »Corriere della Sera«, 18. November 2010, S. 55.

Italia, die von den Veronesi angeführt wird, überraschend von Ultras der heimischen Curva Nord angegriffen.

Auch die Logistik stellt mitunter ein Problem dar, da es immer schwieriger wird, Eintrittskarten zu erhalten, wie das Spiel Slowenien–Italien am 25. März 2011 beweist. Zum ersten und bisher einzigen Mal in ihrer Geschichte reisen *Ultras Italia* mit dem Bus an. Die Zivil- und Sportbehörden versuchen schon im Vorfeld diese Reise mit verschiedenen Mitteln zu verhindern: Behinderung des Online-Kaufs von Eintrittskarten für italienische Fans, obligatorische Verteilung von Eintrittskarten auf einem Parkplatz zwei Kilometer vom Stadion entfernt in Anwesenheit der italienischen Polizei, Wiederaufnahme von Kontrollen an einer Binnengrenze des Schengen-Raums zwischen Italien und Slowenien. Alle Steine, die ihnen in den Weg gelegt werden, halten die schlussendlich etwa 50 Anhänger der *Ultras Italia* jedoch nicht davon ab, dem Spiel im Gästesektor beizuwohnen.

KAPITEL 4
Spektakel und Gewalt

Gewalt in den Fußballstadien

Aufgrund seines Wesens, seines binären Modus und seiner Merkmale hat das Fußballspiel schon immer zu Exzessen seitens des Publikums geführt. Diese Gewalt ist auf die Frustration der Fans über Schiedsrichterentscheidungen oder über die Leistungen ihrer Mannschaft zurückzuführen. Die Gewaltepisoden kehren wieder und ähneln sich: Gegenstände werden geworfen, das Spielfeld gestürmt oder der Schiedsrichter verfolgt. Gewalttätiges Verhalten in italienischen Fußballstadien geht nicht auf die 1970er-Jahre und das plötzliche Auftauchen der Ultras zurück, sondern Hand in Hand mit der Entwicklung des Fußballs. Ähnliches kann man auch im Mutterland des Sports, in England beobachten: 1884, während des FA-Cup-Halbfinales zwischen Blackburn Olympic und Notts County, bewerfen die Zuschauer die Spieler aus Nottingham mit Wurfgeschossen; am 10. Mai 1885 greift das Publikum beim Spiel Aston Villa–Preston die Spieler der Gäste an. Im Jahr 1890 wird der Schiedsrichter des Spiels Burnley–Blackburn von den Zuschauern attackiert, die Polizei muss zu seinem Schutz eingreifen.[304] Am 8. April 1899 schließlich werden bei Zusammenstößen zwischen Fans nach dem Spiel Greenock Morton–Port Glasgow neunzehn Polizisten verletzt.[305]

In Italien findet das erste offizielle Fußballturnier 1898 statt. Der erste Zwischenfall ereignet sich am 9. April 1905, als das Spiel zwischen Juventus und Genoa durch einen Platzsturm unterbrochen wird. Die ersten Handgreiflichkeiten zwischen Zuschauern ereignen sich indes im Zusammenhang mit Sportwetten: Am 12. März 1911 kommt es während des Derbys Genoa–Andrea Doria (einem Vorläufer der UC Sampdoria) zu einer Schlägerei auf der Tribüne, nachdem es zu einem Missverständnis über eine hohe Wettsumme gekommen ist.[306] Am 19. Januar 1912 wird der Schiedsrichter während des Spiels Andrea Doria–Inter mit Steinen beworfen, sodass die Polizei eingreifen muss.

Mit zunehmender Begeisterung für das Spiel breitet sich auch die Gewalt am Rande von Fußballspielen aus. Die schwersten Vorfälle zu Beginn des letzten Jahrhunderts ereignen sich am 18. Januar 1914 während des toskanischen Derbys zwischen Livorno und

304 Siehe Eric Dunning, Patrick J. Murphy, John Williams, *The Roots of Football Hooliganism*, London, Routledge, 1988, S. 74–90.

305 Siehe Neil Tranter, *The Cappielow riot and the composition and behaviour of soccer crowds in late Victorian Scotland*, »International Journal of the History of Sport«, Dezember 1995, S. 125–140.

306 Vgl. Guido Panico, Antonio Papa, siehe oben, S. 88–89

Pisa. Die Fans beider Seiten bewerfen sich gegenseitig mit Steinen und schießen dann sogar mit Gewehren aufeinander.[307] Der Erste Weltkrieg tut der Begeisterung der Sportfans keinen Abbruch, wie die Ereignisse vom 13. Februar 1916 zeigen, als der Schiedsrichter nach dem Abpfiff des Spiels Modena–AC Milan von einem wütenden Mob angegriffen, zum Bahnhof gejagt, und dort mit Steinen und Schlamm beworfen wird.[308]

Die Zwischenkriegszeit verläuft in Italien äußerst schwierig, und die Unzufriedenheit der Bevölkerung ist auf verschiedenen Ebenen zu spüren. Die Versprechen der Landumverteilung werden nicht erfüllt, und der Mythos des »verstümmelten Sieges« verbreitet sich. Italien ist 1915 der Entente beigetreten, um territoriale Gewinne zu erzielen, die sich aber als wenig bedeutsam erweisen. Darüber hinaus festigt die Revolution von 1917 in Russland die Position der Sozialistischen Partei Italiens, während die Gewerkschaften zum Leidwesen der Firmenbesitzer immer erfolgreicher werden. Das Land ist also tief gespalten, und die Träume einer territorialen Expansion stehen der bitteren Realität des Versailler Vertrags gegenüber. In diesem Kontext gründet Benito Mussolini am 23. März 1919 seine politische Bewegung: Fasci Italiani di Combatimento, der sich auch ehemalige Offiziere und Soldaten anschließen. Die sozialen Spannungen erreichen 1920 ihren Höhepunkt, als sich die Streiks ausweiten und in Mailand und Turin eine Fabrikbesetzung auf die andere folgt. In diesem hitzigen Klima löst ein Fußballspiel Ausschreitungen in einem toskanischen Küstenort aus, die sich über drei Tage lang hinziehen.

Am 4. Mai 1920 findet das Spiel Viareggio–Lucchese statt, bei dem ein Anhänger der lokalen Mannschaft von einem Carabiniere erschossen wird. Dies ist der erste Todesfall bei einem Fußballspiel in Italien. Augusto Morganti, ein ehemaliger Offizier während des Krieges und Tifoso der Mannschaft von Viareggio, fungiert freiwillig als Linienrichter. Wenige Minuten vor dem Ende der Partie signalisiert er ein Foul, das der Schiedsrichter aber nicht berücksichtigt. Dies führt zu einer heftigen Diskussion zwischen einem Spieler der Lucchese und dem Schiedsrichterassistenten. Der Schiedsrichter pfeift das Spiel dann zu früh ab und wird vom Linienrichter zurechtgewiesen. Es kommt zu einer Schlägerei zwischen den Spielern beider Mannschaften, in die sich dann auch die lokalen Fans einmischen. Die etwa zehn anwesenden Polizisten sehen sich gezwungen, einzugreifen. Ein Carabiniere feuert im Trubel seine Waffe ab und tötet Augusto Morganti mit einer Kugel. Der Einsatz unverhältnismäßiger Zwangsmittel durch das Militär oder die Polizei steht damals auf der ganzen Halbinsel an der Tagesordnung, wie ein französischer Militärattaché in Italien 1908 feststellt: »In Italien neigen die Truppen und auch die Polizei viel mehr

307 Ebd., S. 92

308 Siehe Filippo De Rienzo, Gilberto Guerra und Alessandro Simonini, *Modena Football Club 1912–2012*, Modena, Artioli Editore, 2012, S. 38

als in Frankreich dazu, von ihren Waffen Gebrauch zu machen [...]. Auf italienischem Territorium vergeht kaum eine Woche, in der nicht irgendeine Auseinandersetzung stattfindet, im Allgemeinen belangloser Natur, bei der es zu Toten oder Verletzten kommt.«[309] Der genannte Vorfall löst einen dreitägigen bewaffneten Aufstand in der Stadt aus, der als die »Giornate rosse«[310] in die Geschichte eingeht. Schlussendlich werden königliche Truppen nach Viareggio geschickt, um die Ordnung wiederherzustellen.

Der langsame Aufstieg Mussolinis wird von Erfolg gekrönt, als der König ihn am 29. Oktober 1922 zur Regierungsbildung nach Rom einlädt. Die politische Gewalt nimmt auch in den ersten Jahren des Regimes kein Ende. Die sogenannten Strafexpeditionen der Schwarzhemden gegen ihre politischen Gegner gehen unvermindert weiter. Benito Mussolini wird von den Konservativen als der Mann angesehen, der die Ordnung wiederherstellen kann. Damit gelingt es ihm, 1925 eine faschistische Diktatur zu errichten. Zur gleichen Zeit etabliert sich der Fußball als Volkssport. Die verschiedenen Mannschaften werden von begeisterten Zuschauern angefeuert, deren Anzahl während der Meisterschaftsspiele immer größer wird, wie die Berechnungen eines Sportfunktionärs im Vorfeld der Meisterschaft 1926/27 zeigen. »An jedem Sonntag der letzten Saison besuchten nicht weniger als 150.000 Menschen die Spiele.«[311] Mit dieser wachsenden Leidenschaft und dem steigenden Fußballfieber, das den Namen Tifo erhält, häufen sich auch die Zwischenfälle auf und abseits des Rasens. Am 19. März 1922 wird Achille Gama, Schiedsrichter des Spiels Venezia–Modena, zum Ziel von Fans, die wegen eines nicht anerkannten Tores in der 88. Minute das Spielfeld stürmen. Er sucht Zuflucht in der Umkleidekabine und verlässt das Stadion versteckt in einer Gondel, die von Venezias Kapitän Giovanni Borgato gesteuert wird.[312] Am 14. Mai 1923, nach dem Spiel Atalanta–Saronno, braucht der Schiedsrichter eine Eskorte der Carabinieri, um nicht vom Publikum gelyncht zu werden. Am Bahnhof von Treviglio, 25 Kilometer von Bergamo entfernt, wird er dann aber doch noch von wütenden Tifosi angegriffen.[313] Man beginnt den Zugang zu Spielen gewissen Beschränkungen zu unterwerfen. Die Presse berichtet darüber: »Während des Spiels Genoa–Bologna, das am 5. Juli 1925 auf neutralem Boden in Turin stattfand, durften Personen mit Stöcken das Stadion nicht betreten.«[314] Dennoch kommt es am Bahnhof der piemontesischen Hauptstadt zu einem Schusswechsel zwischen Anhängern beider

309 Zitiert von Heyriès Hubert, »*L'armée italienne et le maintien de l'ordre dans les villes de 1871 à 1915 d'après les attachés militaires français*, »Guerres mondiales et conflits contemporains«, vol 206, n° 2, 2002, S. 11.

310 Siehe Paolo Fornaciari, *Le giornate rosse*, Viareggio, Pezzini editore, 1999.

311 *La rassegna delle squadre alla vigilia del campionnato di calcio*, »La Stampa«, 2. Oktober 1926, S. 4.

312 Filippo De Rienzo, Gilberto Guerra und Alessandro Simonini, siehe oben, S. 41.

313 Pietro Serina, *Bergamo in campo*, Bergamo, L'Impronta Edizioni, 1994, S. 16.

314 »Il paese sportivo«, 5. Juli 1925, S. 2.

Seiten, bei dem ein Tifoso aus Bologna schwer verletzt wird. Das Mussolini-Regime kann diese Art von Unruhen nicht dulden, und am 14. Juli 1925 weist der Innenminister Luigi Federzoni die Präfekten an, endlich für einen reibungslosen Ablauf der Spiele zu sorgen.[315] Im folgenden Jahr ergreift die Regierung mit dem Gesetzesdekret vom 6. August 1926 weitere Maßnahmen. In Artikel 5 dieses Dekrets wird zum Beispiel festgelegt, dass die Organisatoren von Sportveranstaltungen diese mindestens einen Monat im Voraus beim Präfekten beantragen müssen.[316]

Diese verstärkten Überwachungsmaßnahmen, der Bau moderner Sportstadien und die Errichtung der Diktatur Mussolinis im Jahr 1925 tragen aber nicht dazu bei, die Unruhen bei Fußballspielen einzudämmen. Ein Beispiel dafür sind die Vorfälle während des Spiels Genoa–Juventus am 5. Dezember 1926, als lokale Tifosi den Bus, der die Turiner Mannschaft ins Stadtzentrum zurückbringt, mit Steinen bewerfen und den Spieler Antonio Vojak im Gesicht verletzen.[317] Am 24. Mai 1931 geraten Spieler und Funktionäre der beiden römischen Mannschaften am Ende des Derbys aneinander, woraufhin die Zuschauer das Spielfeld stürmen und es zu einer Schlägerei zwischen den beiden Fraktionen kommt. Die Carabinieri stürmen zu Pferd in die Menge, um die Ruhe wiederherzustellen. Aufgrund der Ausschreitungen müssen Lazio und Roma das kommende Spiel auf neutralem Boden austragen.[318] Die Behörden beginnen langsam, sich auf diese Situationen einzustellen, wie die Notizen der Präfekturen und die Einrichtung von Ordnerdiensten zeigen, die bei bestimmten Risikospielen aufgestellt werden. Am 2. März 1934, zwei Tage vor dem Spiel Inter–Livorno, warnt der Mailänder Polizeipräfekt die Verantwortlichen für die öffentliche Sicherheit, dass es »nach den Vorfällen in Livorno während des Hinspiels nicht unwahrscheinlich ist, dass es zu Übergriffen auf die gegnerischen Spieler kommen wird«.[319] Er stellt dem Verein 50 Carabinieri und 30 Polizeibeamte zur Verfügung, um den reibungslosen Ablauf des Spiels zu gewährleisten. Als der Zweite Weltkrieg tobt, werden mehrere Spiele aufgrund der Gewalttätigkeit der Zuschauer unterbrochen. Das Spiel Napoli–Lazio am 9. Februar 1941 wird nicht zu Ende gespielt, weil ein Elfmeter für die römische Mannschaft den Zorn der neapolitanischen Zuschauer erregt. Das Spielfeld wird von der Menge gestürmt, die die Spieler aus der Hauptstadt und den Schiedsrichter

315 Archivio di Stato di Milano, *Gabinetto della Prefettura, Manifestazione pubbliche*, busta 1116, 1° versamento, Rundschreiben vom 14. Juli 1925 an die Präfekten des Königreichs.

316 Siehe Paul Dietschy, *Pugni, bastoni e rivoltelle. Violence et football dans l'Italie des années vingt et trente*, »Mélanges de l'École Française de Rome. Italie et Méditerranée«, Band 108, 1996, S. 227–232.

317 *Juventus e Torino in testa ai due gironi*, »La Stampa«, 6. Dezember 1926, S. 2.

318 Maurizio Martucci, *Nobilta‹ Ultras dal 1900*, S. 28.

319 Archivio di Stato di Milano, *Gabinetto della Prefettura, Manifestazione pubbliche*, busta 1116, 1° versamento, Schreiben Nr. 04304, vom 2. März 1934, gerichtet an die verschiedenen Verantwortlichen der öffentlichen Sicherheit.

angreifen.[320] Es handelt sich um einen spontanen Gewaltausbruch, der mit dem Ausgang des Spiels zusammenhängt; Diese Ausbrüche sind weder organisiert noch vorsätzlich. Verdächtige Schiedsrichterentscheidungen, eine Niederlage oder Provokationen der gegnerischen Mannschaft dienen als Vorwand dafür. Außerdem verstärkt der überhöhte Campanilismo eine ganze Reihe von Rivalitäten.

Das Ende des Zweiten Weltkrieges ist eine Erleichterung für ein, vom Bürgerkrieg geteiltes, Land. Die Spannungen rund um die Stadien halten aber weiter an, wie die Vorfälle nach dem Derby Gubbio–Perugia vom 16. Jänner 1946, ausgelöst durch einen 4:0-Auswärtssieg der Gäste, beweisen.[321] Es gibt unzählige Verletzte zu beklagen.

Im Spiel Livorno–AC Milan, ausgetragen am 12. Oktober 1947, erzielen die Gäste aus der Lombardei in der Nachspielzeit den Ausgleichstreffer. Mehrere Hundert Zuschauer aus der Toskana stürmen daraufhin den Platz. Die meisten Mailänder Spieler werden von der Menge verprügelt, ebenso wie der Schiedsrichter, der dann, als Carabiniere verkleidet, aus dem Stadion flüchtet.[322] Am 3. Februar 1952 kommt es während des Spiels zwischen Legnano und Bologna in den Außenbezirken von Mailand ebenso zu schwerwiegenden Zwischenfällen: Die Zuschauer greifen den Schiedsrichter mit Schneebällen und Steinen an und zwingen ihn zum Abbruch des Spiels. Die Menge ist kurz davor, das Spielfeld zu stürmen, und der Schiedsrichter flüchtet in seine Umkleidekabine, wo er trotzdem verprügelt wird. Die Polizei muss ihn schließlich aus dem Stadion eskortieren. Am selben Abend wird er in Mailand erneut von sieben Tifosi in Autos gewaltsam angegriffen.[323] Infolgedessen wird das Stadion in Legnano von den Sportbehörden für sechs Monate gesperrt.

Während Italien einen spektakulären Wirtschaftsaufschwung erlebt, gehen die Ausschreitungen in den Stadien weiter. Die Behörden der öffentlichen Sicherheit, die sich gerade zu modernisieren versuchen, tragen leider auch ihren Teil dazu bei, und das mit dramatischen Folgen. Am 30. November 1958 wird ein Tifoso bei einer Massenschlägerei am Ende der ersten Halbzeit des Spiels AC Milan–Fiorentina tödlich verletzt. Schon seit mehreren Monaten kommt es immer wieder vor, dass die Zuschauermassen die Ordner an den Stadioneingängen überrumpeln und sich so gewaltsam Zugang zum Stadion verschaffen. Am zehnten Spieltag versuchen mehrere Tausend von ihnen, den Sicherheitsdienst des Mailänder Stadions zu umgehen, um das Spiel kostenlos besuchen zu können. Die Polizei versucht sie festzunehmen, was den Sicherheitskräften

320 *Tutto non è andato liscio in Campionato,* »La Stampa Sera«, 10. Februar 1941, S. 4.

321 Giuseppe Melillo, Una partita da dimenticare, »Corriere dello Sport«, 17. Januar 1946, S. 2.

322 *A Livorno e a Trieste è intervenuta la celere,* »La Stampa Sera«, 13. Oktober 1947, S. 4

323 Leo Cattini, *Sviluppi del caso Cassini,* »La Stampa Sera«, 5. Februar 1952, S. 5.

auch teilweise gelingt. Hunderte Fans brechen aber durch die Barrieren. Wie von einer menschlichen Lawine erfasst, geht der erst 17-jährige Giordano Guarisco zu Boden und wird zu Tode getrampelt.[324]

Am 28. April 1963 kommt es zu einer weiteren Tragödie. Durch die am selben Tag stattfindenden Senatswahlen wird die Zahl der Sicherheitskräfte bei Fußballspielen reduziert. Napoli empfängt Modena in einem Spiel, das für den Abstieg in die Serie B entscheidend ist. Die Heimmannschaft liegt zurück, als Zuschauer in der zweiten Halbzeit auf das Spielfeld drängen. Der Schiedsrichter wird sofort von der Polizei geschützt, weshalb die Tifosi sich schnell mit dem Linienrichter und dem gegnerischen Torwart anlegen. Darüber hinaus lassen sie ihrer Wut freien Lauf, malträtieren das Spielfeld und zerlegen die Tribünen. Der Einsatz von gepanzerten Polizeifahrzeugen ist notwendig, um die Menge zu beruhigen. 62 Personen werden verletzt und es entsteht ein Sachschaden von mehr als 130 Millionen Lire.[325] Zur gleichen Zeit, nur 60 Kilometer entfernt, empfängt Salernitana Potenza. Ein Spiel, das wiederum für den Aufstieg in die Serie B entscheidend ist. Die Entscheidungen des Schiedsrichters werden vom Publikum so heftig bekrittelt, dass die Polizei eingreifen muss. Dabei schießt sie in die Luft, um die Menge, die auf das Spielfeld drängt, zu zerstreuen. Das Stadion und seine unmittelbare Umgebung werden zum Schauplatz eines Guerillakriegs. 66 Menschen werden verletzt, und auf der Tribüne bleibt ein lebloser Körper zurück: der von Giuseppe Plaitano, einem 48-jährigen Zuschauer, der nach Angaben mehrerer Zeugen von einem Schuss der Carabinieri tödlich getroffen worden ist.[326] Die Ergebnisse der Autopsie ergeben einen Herzinfarkt als Todesursache.[327] Andere Untersuchungen, die dieser Version widersprechen, verschwinden und alle Nachforschungen werden eingestellt. Die Affäre erregt großes Aufsehen, bis der damalige Innenminister Paolo Emilio Taviani beschließt, eine Untersuchungskommission einzusetzen. Die Polizei wird von jeder Schuld freigesprochen, da sie über zu wenig Personal verfügte und nicht ausreichend vorbereitet war.

Die zumeist männlichen Zuschauer, die das Stadion besuchen, werden von den ihnen typischen Werten geprägt: Aggressivität, körperliche Stärke und Potenz. Allesamt Verhaltensweisen, die während der zwanzig Jahre des faschistischen Regimes gefördert worden sind. Diese Tifosi identifizieren sich voll und ganz mit ihrer Mannschaft, denn das Fußballspiel ist für sie nicht nur eine Freizeitbeschäftigung, sondern für manche auch eine der seltenen Gelegenheiten, sich nach einer harten Arbeitswoche auszutoben.

324 *È morto il ragazzo di diciassette anni schacciato a San Siro dall'assalto dei tifosi,* »La Stampa«, 2. Dezember 1958, S. 8

325 Amalia Signorelli, *Cultura popolare a Napoli e in Campania nel Novecento*, Neapel, Edizioni del Millennio, 2002, S. 141–142.

326 Anm. des Lektors: Zu Ehren des Opfers gründen sich 1978 die *Ultras Plaitano* der Salernitana.

327 Vgl. Diego Mariottini, T*utti morte tranne uno*, Turin, Bradipolibri Editore, 2009, S. 11–27

Die Verherrlichung dieser Werte durch die Spieler selbst, die in Kämpfe verwickelt sind, sowie die Verbreitung eines raueren Spielstils verleihen dem Sport ein aggressiveres Image, das durch den Catenaccio[328] perfekt symbolisiert wird. Wenn Fans in den 1950er- und 1960er-Jahren über die Stränge schlagen, dann beschränkt sich das nicht nur auf das Erstürmen von Spielfeldern oder auf Angriffe gegenüber den Schiedsrichtern oder gegnerischen Spielern. Manchmal richten sie sich auch gegen die Auswärtsfans, indem etwa deren Busse mit Steinen beworfen werden. Auch Gewalt gegen Vereinsoffizielle oder Journalisten ist weit verbreitet. Die Tifosi begnügen sich nicht damit, nur Zuschauer zu sein: Bei vermeintlichen Ungerechtigkeiten greifen sie ein, um in bestimmten Phasen des Spiels ihr Missfallen zu bekunden. Die Identifikation mit dem eigenen Fußballverein ist total und die Gewalttaten sind eine Reaktion auf die Provokationen der anderen Akteure des Spiels, seien es die anderen Fans, der Schiedsrichter oder die gegnerischen Spieler.

Beispielhaft dafür ist der Angriff auf einen Verteidiger von Lecco am 2. Juni 1968. Vier Runden vor dem Ende der Saison empfängt Hellas Verona in der Serie B die Mannschaft aus der Lombardei. Das Spiel ist für beide Klubs wichtig, da Verona den Aufstieg in die Serie A anstrebt und Lecco den Abstieg in Serie B vermeiden will. Das Spiel endet schlussendlich unentschieden. Die einheimischen Fans sind wütend und versuchen, das Spielfeld zu stürmen, um den Schiedsrichter anzugreifen, aber ohne Erfolg. Anschließend lassen sie ihre Wut am Stadionmobiliar aus und belagern das Stadion für anderthalb Stunden. Die Spieler, die in die Umkleidekabine zurückkehren, werden von der Tribüne aus mit Flaschen beworfen. Eine davon zerbricht und die Scherben treffen zwei Spieler von Lecco, Giovanni Sacchi, der am Unterarm verletzt wird, und seinen Teamkollegen Vinicio Facca, der am rechten Auge getroffen wird.[329] Dieser Vorfall ist leider fatal für seine weitere Karriere, da die Ärzte sein Auge nicht mehr retten können. Die FIGC (Federazione Italiana Giuoco Calcio) sanktioniert den Verein aus Verona und sperrt dessen Stadion, sodass Hellas vier Spiele in einer anderen Stadt austragen muss.

Auch in Caserta gehen die Tifosi auf die Barrikaden, wenn sich ungerecht behandelt fühlen. Am Ende der Saison 1968/69 steigt die lokale Mannschaft Casertana erstmals in die Serie B auf. Im Sommer wird jedoch eine Untersuchung wegen Korruptionsverdachts eingeleitet, und am 8. September, zwei Tage vor dem Ligastart, wird der Aufstieg des Vereins für null und nichtig erklärt. Als die Nachricht Caserta erreicht, fordert der Stadtrat »die Bevölkerung auf, mit allen Mitteln ihre Empörung und ihren stärksten

328 Wörtlich übersetzt bedeutet dieser Begriff »Riegel«. Dieses enge Defensivsystem (fünf Verteidiger, vier Mittelfeldspieler und ein Stürmer) wurde in der Saison 1946/47 vom Trainer der Triestina, Nereo Rocco, eingeführt.

329 *Vinicio Facca perderà l'occhio colpito dalla bottiglia di un spettatore,* »La Stampa«, 21. Juni 1968, S. 8

Unmut gegen diese schwerwiegende und groteske Entscheidung zu bekunden, deren Aufhebung wir umgehend fordern«.[330] In der Stadt bricht ein Generalstreik aus und es kommt zu spontanen Demonstrationen, die schnell ausarten. Der Bahnhof wird besetzt und der Zugverkehr lahmgelegt. Die Redaktionen regionaler Zeitungen und öffentliche Gebäude werden gestürmt und die Autobahn blockiert. Caserta ist ein strategischer Eisenbahn- und Straßenverkehrsknotenpunkt zwischen Neapel und Rom. Auf den Straßen werden Barrikaden errichtet, und die Zusammenstöße mit der Polizei sind von einer selten gesehenen Heftigkeit. Zwei Tage lang befindet sich die Stadt in Aufruhr. Diese Ereignisse gehen durch die nationale und internationale Presse. Ein Journalist einer großen französischen Tageszeitung berichtet: »Die Demonstranten begannen, die eisernen Fensterläden der geschlossenen Geschäfte zu demolieren und versuchten, öffentliche Gebäude in Brand zu setzen, zum Beispiel das Stadtarchiv, das der Steuerbehörde, der Schulverwaltung und jenes der Post.«[331]

Dieser Aufstand, der mit einer derartigen Gewalt ausbricht, sollte nicht nur im Zusammenhang mit einer sportlichen Disqualifikation gesehen werden, sondern dieses Urteil bestätigt einen Großteil der Bevölkerung des Mezzogiorno in ihrem Gefühl, immer schon ungerecht behandelt zu werden. In einer Zeit, in der die sozioökonomische Situation Zehntausende von Einwohnern der Provinz Caserta dazu veranlasst, in die nördlichen Industriezentren auszuwandern, um einer miserablen Zukunft zu entgehen, und in der sich die Kriminalität in der gesamten Region rasch ausbreitet, geben die Erfolge des Fußballteams diesem, im Wesentlichen landwirtschaftlich geprägten, Gebiet ein wenig Würde und Hoffnung zurück.[332] Das Urteil des Sportgerichts ist eine weitere Demütigung für die lokale Bevölkerung und bestätigt die Unterlegenheit des Südens im Vergleich zum reichen Norden der Halbinsel. Am 2. Juni 1982 kommt es in der Stadt Nocera Inferiore, ebenfalls in Kampanien gelegen, zu einer ähnlichen Situation, allerdings gipfelt diese in einem weniger heftigen Aufstand. Nach der Entscheidung der Sportbehörde, der Nocerina einen entscheidenden Punkt im Rennen um den Aufstieg in die Serie B wegzunehmen, kommt es zu Demonstrationen, an denen sich auch der Bürgermeister beteiligt. Drei Busse werden angezündet, der Bahnverkehr wird lahmgelegt und die Aufgebrachtesten unter den Tifosi versuchen ebenfalls, die Autobahn zu blockieren.[333]

Die Schiedsrichter sind immer schon Opfer von Aggressionen seitens der Sportfans. Eine Mannschaft wird nach einem Großangriff auf das Schiedsrichtertrio am 5. März

330 Aufruf nach Beratung des Gemeinderates in einer außerordentlichen Sitzung vom 8. September 1969 und aufgehängt in der ganzen Stadt.

331 Jacques Nobecourt, *Caserte ressemble à une ville bombardée*, »Le Monde«, 11. September 1969, S. 4.

332 Siehe Rosellina Balbi, *Perché la collera di Caserta?*, »La Stampa«, 17. September 1969, S. 2.

333 Adriaco Luise, *Il sindaco di Nocera si giustifica: »Solo il pallone unisce la città«*, »La Stampa«, 5. Juni 1982, S. 6.

1978 sogar aus dem Wettbewerb ausgeschlossen. An diesem Tag empfängt Andria in der Serie D Potenza. Die Zuschauer sind wütend über die Art und Weise, wie das Spiel gepfiffen wird. Am Ende des Spiels kommt es wieder einmal zu einer Invasion des Spielfelds und das der Schiedsrichter und seine Assistenten werden verfolgt. Sie flüchten in die Umkleidekabine, werden aber von den Tifosi erwischt, die heftig auf sie einschlagen. Der Schiedsrichter erleidet eine Kopfverletzung. Seine Assistenten werden derart misshandelt, dass sie mehrere Wochen im Krankenhaus bleiben müssen.[334] Der Verein aus Andria wird zunächst aus der Fußballliga verbannt, in der folgenden Saison 1978/79 wieder zugelassen, aber um vier Klassen zurückgestuft.

Neue Arten von Konfrontationen

Einer der wichtigsten Protagonisten der Gewalt in den Stadien ist bisher noch nicht aufgetaucht: die Figur eines »potenziell straffälligen jungen Mannes« der in den 1950er-Jahren in der italienischen Gesellschaft aufkommt. Damit dieser aber eindeutig aus der Masse hervorsticht, muss man warten, bis die Ultras die Ränge erobern. Damit gewinnt die Gewalt eine neue Dimension: Sie richtet sich nun nicht mehr nur gegen die Protagonisten auf dem Spielfeld, sondern auch gegen die Fans der gegnerischen Mannschaft. Der Spielverlauf, der bis dahin das Fass oft zum Überlaufen brachte, sowie die Spontaneität, die die Zügellosigkeit der Zuschauer kennzeichnet, weichen allmählich einem singulären Verhalten. Zwar setzt sich in den 1970er-Jahren das gewalttätige Verhalten von Zuschauern fort, die mit dem Ausgang des Spiels unzufrieden sind. Zeitgleich und unabhängig davon entwickeln sich aber Kämpfe zwischen Jugendlichen rivalisierender Mannschaften. Dies passiert zum Beispiel beim römischen Derby am 31. März 1974: Tifosi der AS Roma, wütend über die Niederlage, beginnen alle möglichen Gegenstände auf die gegnerischen Spieler zu werfen, und dann brechen auch noch Schlägereien zwischen den gegnerischen Fangruppen aus, die die Polizei zum Eingreifen zwingen, indem sie Tränengas in Richtung der Curva Sud schießt. Die Konfrontationen setzen sich in mehreren Vierteln der Hauptstadt fort.[335] Diese neue Art der Konfrontation wird immer häufiger. Die Ultras schauen sie sich von den heftigen Kämpfen ab, die zu dieser Zeit die politischen Demonstrationen begleiten. Diese Jugendlichen werden von den politischen Extremisten, die ihren politischen Gegnern und manchmal auch der Polizei körperlich entgegentreten, mit einer neuen »Straßenkultur« vertraut gemacht.

334 Siehe Gianni Spinelli, *Andria, furia selvaggia*, »Guerin Sportivo«, 21. März 1978, S. 19.
335 Mario Bianchini, *Gravi incidenti all'Olimpico dopo la partita Roma-Lazio*, »La Stampa«, 1. April 1974, S. 1

Die Gewalt der Ultras beschränkt sich zumeist auf einen begrenzten und symbolischen Raum: das Stadion und dessen unmittelbare Umgebung. Wenn sich die Auseinandersetzungen außerhalb des Stadions verlagern, nehmen sie manchmal Züge einer echten Stadtguerilla an: umgestürzte Busse, verbrannte Autos, zerstörte städtische Infrastruktur. Zwischenfälle zwischen rivalisierenden Gruppen auf den Tribünen sind an der Tagesordnung, da es noch keinen abgegrenzten Bereich für Gästefans gibt. Außerdem sind die Behörden völlig unerfahren im Umgang mit diesen noch nie dagewesenen Formen der Gewalt. Wie bei den traditionellen Tifosi haben viele dieser Unruhen ihre Wurzeln in alten Rivalitäten, wie zum Beispiel in Derbys, bei denen der Campanillismo die Oberhand gewinnt. Auch der sportliche Aspekt der Spiele kann zu gewalttätigen Auseinandersetzungen führen. Dass der AC Milan den sicher geglaubten Meistertitel am 20. Mai 1973 bei Hellas Verona verspielt, trägt dazu bei, die Beziehungen zwischen den Anhängern dieser beiden Mannschaften radikal zu ändern. Bis vor diesem entscheidenden Spiel sind die Ultras beider Teams in Freundschaft verbunden, aber diese Niederlage verwandelt diese Freundschaft in einen erbitterten Hass, der bis heute anhält. Die Art und Weise, wie diese Kämpfe ausgetragen werden, folgt dem Prinzip der »Gewalt als Instrument«, das von den politischen Gruppen übernommen wird. Die Schlägereien sind oft spektakulär, aber es ist eine Art »Spiel«, ein Ritual, das die Ultras akzeptieren. Die Presse berichtet über diese Unruhen, aber die italienische Gesellschaft ist sich des Wandels, der sich vollzieht, noch nicht bewusst: Traumatisiert von der politischen Gewalt, kümmert sie sich kaum um das, was in den Stadien geschieht. Nicht so die FIGC, die in einem Bericht vom Februar 1975 auf 33 Seiten die Gewalttätigkeit der Tifosi thematisiert.[336] In einem Artikel heißt es, dass zwischen 1947 und 1974 35 Spiele aufgrund von Gewalttätigkeiten seitens der Zuschauer nicht ausgetragen werden konnten. Die föderalen Behörden sperren die Stadien der betroffenen Vereine und erklären ihre Niederlage am Grünen Tisch.

In der zweiten Hälfte der 1970er-Jahre nehmen die Vorfälle in den Stadien an Intensität und Zahl zu. Die italienische Gesellschaft sieht sich ab 1977 mit einem Wiederaufleben der politischen Gewalt konfrontiert. Verantwortlich dafür ist das Aufkommen der Autonomiebewegung in gewissen Gebieten und die Vervielfachung der bewaffneten Aktionen der extremen Linken. Während der Terrorismus in anderen europäischen Ländern langsam zurückgeht, nimmt er in Italien zu. Dieses brutale gesellschaftliche Klima wirkt sich auch auf die jungen Ultras aus, deren Auseinandersetzungen immer militanter werden. Sie benutzen Spitzhacken und manchmal einfache Kleinwaffen wie Leuchtpistolen oder Messer.

336 Siehe Federazione Italiana Giuoco Calcio, Bollettino Ufficiale, Nr. 8, Februar 1975, S. 5–38.

Das Jahr 1977 verläuft in Bezug auf die Gewalt in den Stadien sehr turbulent, wie das Beispiel von Verona zeigt. Am 20. März wird im Vorfeld des Spiels Hellas Verona–Juventus unter einer Werbetafel auf der Laufbahn des Stadions eine Handgranate gefunden. Am 1. Mai wird ein Molotowcocktail auf den Mannschaftsbus des AC Milan geworfen. Der Bus wird dabei völlig zerstört, verletzt wird aber zum Glück niemand. In der darauffolgenden Woche ereilt den Spielerbus von Lazio das gleiche Schicksal. Der Polizei gelingt es schlussendlich, die Spieler in Sicherheit zu bringen, nachdem sie sich in die Umkleidekabinen des Stadions zurückgezogen hatten, wo sie mehrere Stunden lang ausharren mussten.[337] Diese dramatische Eskalation der Gewalt spiegelt sich auch in den Zusammenstößen zwischen rivalisierenden Fangruppen wider. Am 27. März 1977, während des Mailänder Derbys, kommt es zu einer Schlägerei zwischen Ultras von Inter und dem AC Milan, bei der zwei Rossoneri niedergestochen werden. Am 15. Januar 1978, während des Spiels Atalanta–Torino, entstehen gewalttätige Auseinandersetzungen zwischen den *Brigate Neroazzurre* und den *Ultras Granata*. Als die Heimmannschaft einen Elfmeter zugesprochen bekommt, randalieren die Ultras von Torino mit Hacken, Eisenstangen, Leuchtpistolen, Molotowcocktails und Schraubenschlüsseln, wie auf der Titelseite einer Turiner Tageszeitung am Tag danach zu lesen ist.[338] Etwa fünfzehn Personen werden verletzt. Diese Zahl ist wahrscheinlich zu niedrig angesetzt, denn nach Zusammenstößen ziehen es die verletzten Ultras meist vor, nicht ins Krankenhaus zu gehen, um sich verarzten zu lassen. Laut Gesetz müssen dort nämlich Identität und Art der Behandlung der Patienten aufgezeichnet werden.

Eine Art Kriegslogik beherrscht die Stadien auf der Halbinsel, und es ist erstaunlich, dass diese Kämpfe keine tragischeren Folgen zeitigen. Ein Blick in die Wochenzeitung *Guerin Sportivo* aus den Jahren 1974 bis 1979 zeigt, dass die Gewalt in den Stadien zunimmt und immer mehr Artikel und Leserbriefe zu diesem Thema abgedruckt werden. Die Schlagzeilen sind nach den Ereignissen zwischen dem AC Milan und Juventus am 9. Februar 1975 eindeutig: »Die roten (und schwarzen) Brigaden ertränken die Meisterschaft in Blut.«[339] Im folgenden Jahr wird ein Dossier über die Vorfälle beim Spiel Roma–Juventus am 11. Januar 1976 veröffentlicht: »Der Fußball weint – ein verlorenes Jahr.«[340] Am 23. März 1977 wird der vor dem Spiel Verona–Juventus gefundenen Handgranate eine ganze Titelseite gewidmet. Der Aufmacher dazu lautet: »Eine Bombe im Stadion«.[341]

Im darauffolgenden Jahr prangert der Chefredakteur des Magazins erneut die Gewalt während der Spiele Roma–Torino und Juventus–Milan vom 5. November 1978 an, indem

337 Silvio Cametti, siehe oben, S. 45–49

338 Beppe Bracco, *Bergamo: Guerriglia tra »tifosi« durante la partita con il Torino*, »La Stampa«, 16. Januar 1978, S. 1

339 Elio Domeniconi, *Le brigate rosse (e nere) insanguinano il campionato,* »Guerin Sportivo«, 12. Februar 1975, S. 24–25

340 Italo Cucci, *Il calcio piange, un anno perduto*, »Guerin Sportivo«, 20. Januar 1976, S. 19–23.

341 Adalberto Scemma, *Una bomba allo stadio*, »Guerin Sportivo«, 29. März 1977, S. 4.

er schreibt: »Hände weg«.[342] In der Tat ist 1979 das Jahr, in welchem der *Guerin Sportivo* dem Thema Gewalt die meisten Seiten widmet, mit nicht weniger als zehn Artikeln, zwei Sonderseiten, fünf Leitartikeln, fünf Leserbriefen und einer Titelseite. Am 28. Oktober endet die Entwicklung in den Stadien tragisch: Während des römischen Derbys wird ein Lazio-Fan getötet.

Es ist der vierte Todesfall in einem italienischen Fußballstadion, aber der erste, den die Ultras zu verantworten haben. Bei früheren Begegnungen zwischen den beiden römischen Mannschaften haben die Spannungen zwischen den rivalisierenden Gruppen manchmal zu Schlägereien geführt. An diesem Tag aber gibt es schon lange vor dem Anpfiff Auseinandersetzungen auf den Tribünen. Die Polizei muss schon früh einschreiten, um die Tifosi zu beruhigen. Zum Eklat kommt es, als drei Leuchtraketen von der Curva Sud, jene der Roma-Anhänger, in Richtung der Curva Nord geschossen werden. Die ersten beiden Leuchtraketen gehen weit über die Anzeigetafel hinaus. Die dritte aber findet ein Opfer und bohrt sich genau in den Kopf von Vincenzo Paparelli, einem Tifoso der Lazio. Er ist 33 Jahre alt und stirbt in den Armen seiner Frau, die ihn ins Stadion begleitet hat. Die Ultras der Lazio wollen den Anpfiff des Spiels verhindern – es findet trotzdem statt. Nach dem Schlusspfiff kommt es zu gewaltsamen Zusammenstößen und anschließend zu unvermeidlichen Ausschreitungen in der Stadt. Zwanzig Menschen werden verletzt. Der Täter, der die Raketen abgefeuert hat, ist schnell identifiziert: Es handelt sich um ein gerade volljährig gewordenes Mitglied des *Commando Ultrà Curva Sud*. In Panik flieht er aus Rom und ist 15 Monate lang auf der Flucht, bevor er sich am Ende doch den Behörden stellt.[343] Seine beiden Komplizen werden indes wenige Tage nach dem tragischen Derby verhaftet. Paradoxerweise war der Tod des Tifoso Laziale eher die Folge eines Unfalls als eines vorsätzlichen Mordes. Italien wird sich dadurch aber endgültig der Situation auf den Tribünen bewusst. Das Klima der Gewalt herrscht am selben Tag auch in anderen Stadien: Beim Mailänder Derby werden siebzehn Menschen verletzt, nachdem es auf den Tribünen zu Schlägereien zwischen gegnerischen Gruppierungen gekommen ist und der Ordnungsdienst Waffen beschlagnahmt hat.[344] Unweit von Mailand kommt es während des Spiels Brescia–Como nach dem Spiel zu Zusammenstößen, bei denen auf den Tribünen Leuchtstifte hin und her geschossen werden. In Ascoli gehen die Ultras von Bologna gewaltsam mit Leuchtraketen gegen ihre Gegner vor, ähnlich der Art und Weise, durch die Vincenzo Paparelli zu Tode gekommen ist. Zwanzig Menschen werden

342 Italo Cucci, *Giù le mani*, »Guerin Sportivo«, 8. November 1978, S. 41.

343 Er sucht Zuflucht in der Gegend rund um Bergamo, da das *Commando Ultrà Curva Sud* in jenen Jahren mit den Ultras der Atalanta freundschaftlich verbunden ist. Danach hält er sich noch einige Zeit in der Schweiz auf. Siehe Daniele Belotti, siehe oben, S. 120–122.

344 Angelo Falvo, *Anche a Milano poteva accadere una tragedia*, »Corriere dello Sport«, 29. Oktober 1979, S. 14.

verletzt, die Polizei entdeckt bei Durchsuchung des Autobusses der Gästefans ein regelrechtes Waffenarsenal.[345] Es ist kein Zufall, dass sich diese Vorfälle zur gleichen Zeit ereignen. Die Spirale der Gewalt hat sich dermaßen schnell gedreht, dass man bei diversen Zusammenstößen zuvor schon allzuoft ein tödliches Ende riskierte.

Verbreitung der Gewalt

Der tödliche Vorfall von 1979 zeigt, dass die Maßnahmen zur Bekämpfung der Gewalt in den Stadien nicht wirksam sind. Die Polizeikontrollen werden nun verstärkt und die Regierung schenkt dem Problem mehr Aufmerksamkeit. Die Ultras umgehen diese Hindernisse aber problemlos. Die Unruhen nehmen zu, sowohl bei den großen Spielen der ersten Liga, als auch bei Spielen der Serie B oder C. Die Ausbreitung der Ultras-Bewegung, die verschärften Rivalitäten zwischen den verschiedenen Gruppen und die weiten Anreisen sind Gründe für diese Eskalation. Vielfach treten Gruppen aggressiver auf, um sich einen Namen zu machen und Anerkennung zu gewinnen. Bereits in den 1970er-Jahren, als es noch kaum Kontrollen an den Stadiontoren gibt, werden bei Schlägereien Messer verwendet und die Ultras gehen mit allen möglichen Waffen wie Ketten, Schraubenschlüsseln, Spitzhacken und Steinschleudern mit Stahlkugeln aufeinander los. Anhänger der Fiorentina schreiben in ihrem Buch: »Leider hat uns die Erfahrung gelehrt, dass man nur mit den Händen alleine in Stadien wie dem von Mailand (...) oder Verona wenig ausrichten kann.«[346] In den Kurven der Großstädte sind Messer an der Tagesordnung, wie die Zusammenstöße vom 12. Dezember 1980 während eines Freundschaftsspiels zwischen einer Auswahl bestehend aus Spielern von Inter und Milan gegen Bayern München zeigen. Während des Spiels provozieren sich die Ultras der beiden Mailänder Klubs gegenseitig. Am nächsten Tag kommt es zu einer sogenannten Strafexpedition, also einem Rachefeldzug, die vor einer Bar der Interisti in einem Blutbad endet. Ein Schwerverletzter bleibt zurück: ein Mitglied der *Brigate Rossonere*, das einen Stich in die Milz erleidet und notoperiert werden muss.

Diese brutalen Attacken führen zu einer ganzen Reihe von Racheakten, ähnlich der Vendetta der Mafia. Vom 16. bis zum 28. Juni 1981 findet in Mailand ein internationales Turnier, das sogenannte Mundialito, statt, an dem neben Milan und Inter noch Feyenoord, Peñarol aus Montevideo und der FC Santos teilnehmen. Gleich am ersten Tag kommt es zu gewalttätigen Zwischenfällen, bei denen ein Anführer der *Fossa dei*

345 *Bilancio di una giornata di tifo: venti feriti e decine di denunce*, »L'Unità«, 30. Oktober 1979, S. 8.
346 Curva Fiesole, siehe oben, S. 39.

Leoni vor dem Stadion von Interisti schwer verletzt wird.[347] Am 28. Juni, während des Spiels AC Milan–Inter, setzen sich die Zusammenstöße auf den Tribünen fort, wobei mehrere Personen verletzt werden, darunter Roberto Palmieri, einer der Ultras von Inter. Er erliegt seinen schweren Verletzungen drei Monate später.[348] In Turin kommt es am 7. März 1982, drei Stunden vor dem Derby, fünfzehn Minuten lang zu einem weiteren Blutbad zwischen Anhängern von Juventus und Torino. Eine Bar wird dabei verwüstet, einer der Angreifer wird niedergestochen und mehrere Personen werden verletzt.[349] Am 7. Dezember 1983, nachdem Inter gegen Austria Wien aus dem Europapokal ausscheidet, jagen einige Mailänder Ultras gegnerische Fans. Einen Kilometer vom Stadion entfernt erwischen ein paar Italiener einige österreichische Fans, wobei einer von diesen mit einem Messer lebensgefährlich verletzt wird.[350] Einer der Anführer der *Boys SAN* wird infolgedessen strafrechtlich verfolgt, schlussendlich aber von allen Vorwürfen freigesprochen. Elf Tage später, anlässlich des Heimspiels gegen die AS Roma, organisieren sich die Ultras der Fiorentina. Die Römer haben sich die Jahre zuvor immer wieder dadurch ausgezeichnet, in der Toskana zu randalieren und eine Spur der Verwüstung zu hinterlassen. Es kommt zu Zusammenstößen, bei denen sieben Fans aus der Hauptstadt niedergestochen werden. Dreizehn Mitglieder der *Ultras Viola* werden noch am selben Abend verhaftet und verbüßen einen Monat in Untersuchungshaft.[351] Am 30. Mai 1984 findet in der italienischen Hauptstadt das Finale des Europapokals der Landesmeister zwischen Liverpool und der AS Roma statt. An diesem Tag kommt es zu mehreren Zusammenstößen zwischen den rivalisierenden Gruppen. Ein Fan wird mit Flaschen angegriffen und fällt ins Koma. Die Finalniederlage des römischen Klubs verschärft die Spannungen nach dem Spiel, einige englische Fans werden vor dem Olympiastadion niedergestochen.[352]

Diese Eskalation der Gewalt und der weit verbreitete Gebrauch von Messern kündigen unweigerlich eine weitere Tragödie an, die sich auf eine fast schon paradoxe Art und Weise am 30. September 1984 zuträgt. Am Ende des Spiels zwischen dem AC Milan und Cremonese verliert der 21-jährige Marco Fonghessi sein Leben. Wenige Stunden zuvor wird er von Giovanni Centrone, einem kaum volljährigen Ultra des AC Milan, angegriffen. Das Opfer wohnt in Cremona und ist mit Freunden, die die Cremonese unterstützen, ins Stadion gegangen. Mehrere Mitglieder der *Brigate Rossonere* greifen sie auf dem Parkplatz des Stadions an und einer von ihnen sticht auf Marco Fonghessi ein,

347 Maurizio Martucci, siehe oben, S. 112.

348 *Morto il tifoso interista ferito al Mundialito*, »La Gazzetta dello Sport«, 27. September 1981, S. 5.

349 *Scontri tra »tifosi« armati di coltello. Vetrine sfasciate, feriti, 9 arresti*, »La Stampa«, 8. März 1982, S. 4.

350 Marzio Fabbri, *L'Inter offre una taglia per scoprire chi ha massacrato il tifoso austriaco*, »La Stampa«, 10. Dezember 1983, S. 2.

351 Nach diesen schweren Vorfällen löst sich die Gruppe im Mai 1984 auf. Vgl. *Curva Fiesole*, siehe oben, S. 91–96.

352 *Molti gli accoltellati. Un giovane in coma*, »La Stampa«, 31. Mai 1984, S. 26.

weil er ebenfalls für einen Anhänger der Cremonese gehalten wird. In Wahrheit hält er aber wie der Täter zu den Rossoneri.[353]

Es ist eine scheinbar endlose Spirale: Die Ultras werden in einen nie enden wollenden Strudel von Gewalt und Rache hineingezogen. Jede Reaktion fällt immer brutaler aus. Das dramatischste Ereignis jener Jahre ereignet sich jedoch in Belgien. Am 29. Mai 1985 findet das Finale des Europapokals der Landesmeister zwischen Juventus Turin und dem Liverpool FC statt. Schon tagsüber ist die Lage zwischen den *Fighters* der Juve und den englischen Hooligans sehr angespannt, Alkohol und die Hitze tun ihr Übriges. Zu den ersten tätlichen Übergriffen kommt es im Stadion kurz vor Anpfiff. Die Kurve der Engländer befindet sich unmittelbar neben einem Sektor voller Italiener. An und für sich ist dieser Sektor für lokale Fußballfans reserviert. Der Schwarzmarkthandel und die große italienische Community, die in Belgien ansässig ist, sorgen aber dafür, dass sich im Sektor Z eigentlich nur Juventini aufhalten. Zuerst schmeißen die Engländer mit allen möglichen Wurfgeschossen, dann stürmen sie den Sektor, nach alter englischer Tradition. Der unterbesetzten und schlecht aufgestellten belgischen Polizei gelingt es nicht, die Lage unter Kontrolle zu bringen – Panik bricht aus. Die Tifosi der Juve sammeln sich im unteren Bereich des Sektors, um der Gewalt der Engländer zu entgehen. Die Behörden reagieren zu langsam und öffnen die Fluchttore erst viel zu spät. Zäune werden umgetreten, eine Mauer stürzt ein. Am Ende werden 39 Tote und 450 Verletzte gezählt.[354]

Die Ultras von Juventus befinden sich in der gegenüberliegenden Kurve und schauen dem Ganzen natürlich nicht tatenlos zu. Einigen *Fighters* gelingt es, die Absperrungen niederzureißen, aber sie werden schlussendlich von der belgischen Polizei zurückgedrängt. Im Heysel-Stadion herrscht komplettes Chaos, was die Verantwortlichen aber nicht daran hindert, das Match über die Bühne zu bringen, sicherlich auch mit dem Hintergedanken, dem Treiben auf den Rängen somit irgendwie Einhalt zu gebieten – ein makabres Schauspiel.

Beim folgenden Strafprozess wird die Organisation des Finales heftig kritisiert: Die Polizei war unterbesetzt, das Stadion in einem baufälligen Zustand, die Aufteilung der Fans falsch geplant.

Die Ultras der anderen italienischen Mannschaften erinnern in den folgenden Jahren immer wieder stillos, makaber sarkastisch und provokant an die Toten von Heysel. Juventus ist nicht nur der beliebteste Klub Italiens, sondern gleichzeitig auch der meist gehasste des Landes. Am 12. Oktober 1986, während des Spiels Fiorentina–Juventus, zeigen die

353 Siehe Diego Mariottini, S. 77–89.

354 Unter den 39 Toten sind 38 Juventus-Anhänger und ein britischer Staatsbürger. Siehe Jean-Philippe Leclaire, *Le Heysel*, Paris, Calmann-Lévy, 2005.

Ultras der Fiorentina das geschmacklose Spruchband: »Einen Juventus-Fan zu töten ist kein Verbrechen!«[355] In anderen Kurven reagiert man anders auf die schrecklichen Bilder aus Brüssel und setzt eine symbolische Geste. In Bologna zeigen die Gruppen keinen Union Jack mehr, obwohl britische Fahnen damals in italienischen Stadien gerade sehr in Mode sind. Am 2. Juni 1985 ersetzen die *Mods* beim Spiel Bologna-Pescara den Union Jack auf ihrem Transparent durch eine Italien-Fahne und zeigen zudem das Spruchband: »Engländer: eine niederträchtige Rasse!«[356]

Doch auch die Tragödie von Brüssel kann die kriegerischen Instinkte so mancher nicht unterbinden: Am 14. August kommt es während eines Freundschaftsspiels im Stadion von Viareggio zu gewalttätigen Auseinandersetzungen zwischen Ultras der Sampdoria und jenen aus Pisa. So kurz nach Heysel zeigt sich die Öffentlichkeit schockiert. Die Behörden reagieren ihrerseits, indem sie am 26. August 1985 eine ständige paritätische Kommission innerhalb des Innenministeriums einrichten, die sich mit Notfällen im Zusammenhang mit Fußballgewalt befassen soll. Unter dem Vorsitz des Polizeipräsidenten kommen der Präsident des CONI (Comitato Olimpico Nazionale Italiano), der Sekretär der FIGC und zwei Vertreter der Profivereine zusammen. Es werden jedoch keine ernsthaften Maßnahmen ergriffen, um die Gewalt zu stoppen. Die Unruhen in den Stadien gehen unvermindert weiter. Schlimmer noch, sie finden auch außerhalb der Stadien statt. Am 7. Dezember 1986 wird auf dem Parkplatz einer Diskothek in Centobucchi ein 21-jähriger Ultra der Sambenedettese, Giuseppe Tomassetti, von einem Ultra aus Ascoli erstochen.[357] Ein ähnlicher Fall ereignet sich am 8. August 1991 in Rimini, wo es in einem Nachtklub zu einer Schlägerei zwischen Fans von Napoli und Inter kommt. Der Konflikt setzt sich außerhalb des Klubs fort, und der sechzehnjährige Luca Scio von den *Skins* wird mit einem Schraubenzieher tödlich verletzt.[358]

Darüber hinaus kommt es zu Vandalismus an öffentlicher Infrastruktur, darunter Sportstätten, Verkehrsmittel, Bahnhöfe und Rastplätze. Am 21. März 1982 stirbt Andrea Vitone, ein dreizehnjähriger Tifoso aus Rom, bei einem Brand in einem Zugwaggon auf dem Rückweg von einem Spiel in Bologna. Das Feuer war wahrscheinlich durch einen Roma-Anhänger gelegt worden.[359] Am 13. April 1986 ereignet sich eine ähnliche Tragödie: Paolo Saroli, auch er ein Fan der Roma, kommt auf dem Rückweg von Pisa, wo er sein Team unterstützt hat, ums Leben. Auch sein Abteil wurde ein Opfer der Flammen. Die

355 *Si indaga per il teppismo anti-Juve,* »La Stampa«, 16. Oktober 1986, S. 11. Im Original: »Uccidere un tifoso della Juventus non è un delitto!«

356 Kuscino, *Dalla Balaustra*, Selbstverlag, (ca. 2013), S. 81. Im Original: »Inglesi: razza infame bastarda!«

357 Sandro Premici, *Tifo e vecchi rancori, così la lite in discoteca è finita in tragedia,* »La Repubblica«, 9. Dezember 1986, S. 18

358 Luciano Nigro, Luciano Pedrelli, *Nordisti contro sudisti*, »La Repubblica«, 9. August 1991, S. 18.

359 Siehe Maurizio Martucci, S. 60–80

Gerichte können im Nachhinein nicht feststellen, ob das Feuer vorsätzlich oder zufällig durch einen elektrischen Kurzschluss verursacht worden ist.[360] Eine tragische Verkettung unglücklicher Umstände führt am 7. Juni 1981 zum Tod von zwei jungen Frauen in San Benedetto del Tronto. Sambenedettese trifft in einem Entscheidungsspiel um den Aufstieg in die Serie B auf Matera und gewinnt. Um das zu feiern, benutzen die lokalen Ultras Konfetti, Klopapierrollen, Rauchbomben und Fackeln. Eine dieser Fackeln entzündet das Papier – in der Kurve bricht ein Feuer aus. Die Einsatzkräfte am Spielfeld finden den Schlüssel zum Tor der Kurve nicht. Schlussendlich werden 68 Fans schwer verletzt, Maria Teresa Napoleoni und Carla Bisirri sterben in den darauffolgenden Tagen.

Eine Reihe von Fehlentscheidungen führt zum Drama, das sich im Anschluss an das Match Ascoli–Inter am 9. Oktober 1988 ereignet. Am Ende des Spiels erlaubt es die Polizei den Gästefans, das Stadion zeitgleich mit den Heimfans zu verlassen. Um zu ihren Bussen zu gelangen, müssen die Fans aus Mailand unter der Heimkurve vorbei. Die Ascolani bewerfen die Interisti dabei mit allen möglichen Gegenständen. Es kommt zu unvermeidlichen Zusammenstößen, während derer ein Heimfan von einigen Interisti tätlich angegriffen wird. So heftig, dass Nazzareno Filippini ins Koma fällt und acht Tage später stirbt. Mehrere junge Männer aus Mailand werden strafrechtlich verfolgt und in erster Instanz verurteilt. Im Berufungsprozess lautet die Anklage dann aber nicht mehr auf Mord, sondern nur mehr auf Totschlag mit Todesfolge. Dieses tragische Ereignis führt aber zumindest dazu, dass am 23. Oktober 1988 eine gemeinsame Kommission zwischen dem Italienischen Fußballverband, dem Innenministerium und dem Ministerium für Kultur und Tourismus, dem der Sport unterstellt ist, eingerichtet wird. Zudem soll ein Anti-Gewalt-Gesetz eingeführt werden, das den Empfehlungen des Europarats im Europäischen Übereinkommen über Gewalttätigkeit und Fehlverhalten von Zuschauern bei Sportveranstaltungen und insbesondere bei Fußballspielen entspricht. Dieses Übereinkommen tritt am 1. November 1985 in Kraft und empfiehlt eine strikte Trennung der rivalisierenden Fangruppen.[361] Konkret werden die Fans ab Ende 1988 in einem bewachten Corteo zum Stadion eskortiert und dort in einem eigenen Sektor, getrennt von den anderen Zuschauern, untergebracht. Die Gelegenheiten für gewalttätige Konfrontationen sollen somit verringert werden. Individuell anreisende Fans bekommen diese Neuerungen als Erste zu spüren – sie werden dadurch zu einem leichteren Ziel für den Gegner.

Vandalenakte nehmen zu, die physische Gewalt wird ersetzt durch ein anderes gewalttätiges Verhalten. Steine werden geschmissen und normale Fans zum Ziel von Übergriffen.

360 Ebd., S. 148–160.

361 Europäisches Übereinkommen über Gewalttätigkeit und Fehlverhalten von Zuschauern bei Sportveranstaltungen, insbesondere bei Fußballspielen, *Europäische Vertragsreihe Nr. 120*, Europarat, Straßburg, 19. August 1985, S. 2.

Für jeden Ultra führt die Ausübung von Gewalt quasi zu einem sozialen Aufstieg innerhalb der Gruppe. Im Gegensatz zu den Theorien, die die Ultras als arbeitsscheue Jugendliche darstellen, die den Fußball dazu nutzen, ihrer Aggressivität Ausdruck zu verleihen, weisen diese Gruppen jedoch in Wirklichkeit eine gewisse soziale Heterogenität auf. Die Söhne aus dem Bürgertum finden Gelegenheit, ihren gewalttätigen Instinkten freien Lauf zu lassen oder Gesetze zu überschreiten und sich in den Kurven mit Straftätern, Arbeitern und Arbeitslosen zu messen. Die Verhaftungen von zwei Verdächtigen nach dem Tod von Nazzareno Filippini zeigen dies: Der eine ist ein neunzehnjähriger Bäckerlehrling aus einem Arbeiterviertel, der andere ein gleichaltriger Wirtschaftsstudent, »ein Sohn aus gutem Hause«, wie ihn der Leiter der DIGOS (Divisione Investigazioni Generali e Operazioni Speciali) beschreibt.[362] Sie verbindet eine gemeinsame und exzessive Leidenschaft für ihre Mannschaft. Gewalt wird als Instrument gesehen, um sich selbst zu profilieren.

Trotz der Tragödie von Ascoli wird die restliche Saison 1988/89 von zahlreichen weiteren Unruhen geprägt, die sich meist außerhalb der Sportstätten abspielen, da die Polizei im Inneren der Stadien immer mehr die Kontrolle gewinnt. Am 31. Dezember 1988 wird ein Zug, der die Anhänger der Cremonese von einem Auswärtsspiel nach Hause bringen soll, in Brescia während eines außerplanmäßigen Stopps angegriffen. Ein vierzehnjähriger Anhänger aus Cremona, David Fornaroli, wird dabei schwer verletzt.[363] Am 29. Januar 1989, nach dem Spiel Atalanta–Inter, wird ein junger Tifoso der Mannschaft aus Bergamo von einem Mitglied der *Boys SAN* niedergestochen.[364] Die Spirale der Gewalt dreht sich immer weiter. Am 4. Juni 1989 machen etwa zwanzig Milanisti Jagd auf ein paar Fans der AS Roma vor dem Stadion San Siro. Antonio De Falchi wird mit Schlägen und Tritten attackiert, bevor die Polizei eingreifen und den angreifenden Mob vertreiben kann. Wenige Minuten danach erleidet er allerdings einen Herzstillstand und stirbt. Dazu muss man sich vor Augen halten, dass beide Seiten in den 1980er-Jahren freundschaftliche Beziehungen pflegten, die sich im Laufe der Jahre aber immer mehr verschlechterten. Hinzu kommt ein weiterer Vorfall, der die italienische Gesellschaft nachhaltig erschüttert und endlich zu einer Reaktion führt, um der Gewalt Einhalt zu gebieten. Zwei Wochen nach dem Tod De Falchis in Mailand wird der Sonderzug der Tifosi aus Bologna, der sie nach Florenz bringen soll, Ziel eines hinterhältigen Angriffs. Mitglieder der *Alcool Campi* der Fiorentina schmeißen Molotowcocktails auf den fahrenden Zug. Ein Waggon fängt Feuer und zwei Personen werden schwer verletzt, darunter der erst 14-jährige Ivan Dall'Olio, der Verbrennungen dritten Grades erleidet.

362 Nino Sormani, *A Milano altri due arresti*, »La Stampa«, 20. Oktober 1988, S. 13.

363 Siehe Massimo Fortuna, S. 334–335.

364 Franco Badolato, *Quattro fermati, tentato omicidio*, »La Stampa«, 31. Januar 1989, S. 17.

Italien bekommt die Ausrichtung der Fußballweltmeisterschaft 1990 übertragen. Für das prestigeträchtige Turnier müssen die Sicherheitsmaßnahmen in den Stadien jedoch verstärkt werden, schließlich steht das Image des ganzen Landes auf dem Spiel. Wie die Tageszeitung *La Repubblica* in ihrer Ausgabe vom 20. Juni 1989 feststellt, ist die zu Ende gehende Saison 1988/89 allein in der Serie A und Serie B von mehr als zwanzig schweren Zwischenfällen geprägt, die zwei Todesopfer und 86 Verletzte, davon sieben Schwerverletzte, zur Folge haben.[365] Diese Serie tragischer Ereignisse veranlasst die Regierung, ein Gesetz zur Gewaltprävention auszuarbeiten. Am 13. Dezember 1989 wird das Gesetz Nr. 401 über illegale Sportwetten und die öffentliche Ordnung bei Sportveranstaltungen verabschiedet. Dies wird sich in den folgenden Jahrzehnten erheblich auf die Ultras-Bewegung auswirken: Einer der Artikel, die in Kraft treten, regelt das Erlassen eines Stadionverbotes (DASPO) für Fans, die Gewalttaten verüben.

Die Polizei gerät in den Fokus

Von nun an kann es sich der Staat nicht mehr leisten, die öffentliche Ordnung aus der Hand zu geben. Die exponentielle Zunahme der Gewalt im vorangegangenen Jahrzehnt ist ein großes Hindernis für die wirtschaftliche Entwicklung des Landes. Nun kann man die nationale und internationale Öffentlichkeit endlich beruhigen. Der Gesetzgeber ergreift die Initiative, aber auch die Behörden der Exekutive werden mit mehr Personal ausgestattet und entsprechend hochgerüstet.[366] Darüber hinaus werden in vielen Stadien Videoüberwachungssysteme installiert, um eine bessere Kontrolle der Zuschauer zu gewährleisten. Allerdings müsste vielerorts auch die schlechte Infrastruktur behoben werden. Viele Stadien liegen in dicht besiedelten Stadtgebieten, was die Aufgaben der Polizei erschwert.[367] Die Ultras entwickeln in diesem Zusammenhang Taktiken, um ihre Rivalen abzupassen und sich gleichzeitig den verstärkten Kontrollen der Strafverfolgungsbehörden zu entziehen.

Bis dahin besteht das klassische Muster darin, dass die Polizei im Falle von Zusammenstößen die Ruhe wiederherstellt, die rivalisierenden Gruppen trennt und sie in Schach hält.

365 Licia Granello, *Violenza, il calcio è immobile*, »La Repubblica«, 20. Juni 1989, S. 35.

366 Die Struktur der italienischen Polizei ist komplex, und die Zuständigkeiten der verschiedenen Organe, aus denen die Polizei besteht, überschneiden sich häufig. Es gibt vier große Polizeibehörden, die an der Überwachung von Sportveranstaltungen beteiligt sind: die Staatspolizei (Polizia di Stato), die für die Aufrechterhaltung der öffentlichen Ordnung und Sicherheit zuständig ist. Die Carabinieri (Arma dei Carabinieri), militarisierte Polizeibeamte, haben ebenfalls polizeiliche Aufgaben. Sie tragen zur Aufrechterhaltung der öffentlichen Ordnung und Sicherheit bei. Die Guardia di Finanza (Finanzwache) ist eine Polizeieinheit mit militärischem Status, die dem Ministerium für Finanzen untersteht. Schlussendlich hat die Gemeindepolizei (Polizia Municipale) auch Aufgaben der öffentlichen Sicherheit.

367 Das Stadio Giuseppe Meazza in Mailand zum Beispiel wurde zwischen 1925 und 1926 mitten auf dem Land in der Nähe eines Dorfes namens San Siro gebaut. Heute ist dieses Gebiet vollständig in die Hauptstadt der Lombardei integriert. Siehe Sandro Solinas, *Stadi d'Italia*, Pisa, Goalbook Edizioni, 2012

Die schrittweise Militarisierung der Stadien (Einführung von Videoüberwachungssystemen, verstärkte Sektorentrennung durch Zäune und Plexiglaswände sowie der massive Einsatz von Polizeibeamten) und die verbesserte Organisation der öffentlichen Sicherheit (getrennte Sektoren im Stadion, Überwachung der Gästefans, Informationsbeschaffung durch die DIGOS) erschweren in den 1990er-Jahren zunehmend Konfrontationen. Die Rolle der Polizei ändert sich im Zuge der zunehmenden Repression erheblich, und sie wird von den Ultras während dieses Prozesses immer mehr als neuer Feind wahrgenommen. Die Polizeieinsätze sind sehr komplex. Sehr oft führen das Unwissen über die Verhaltensweisen der Ultras oder deren Rituale seitens der Behörden zu Missverständnissen und einer unnötigen Eskalation am Spieltag.

Am 2. Jänner 1994, während eines Auswärtsspiels von Pisa in Ascoli, fordert die Polizei die *Rangers* aus Pisa allen Ernstes auf, das Banner mit dem Bild von Che Guevara abzunehmen, da sie es für ein faschistisches Symbol hält.[368] Das schlussendliche Entfernen des Banners, das Allerheiligste einer Gruppe, führt zu einer hitzigen Diskussion, die in einem Handgemenge endet.

Die Beziehungen zwischen beiden Seiten verschlechtern sich ständig, auch deshalb, weil die Polizei in alle Bereiche eingreift: vom Empfang der gegnerischen Tifosi bei der Anreise (in Bahnhöfen oder an Autobahnmautstellen), über Einsätze zur Aufrechterhaltung der Ordnung auf den Tribünen, über gerichtspolizeiliche Einsätze (Festnahme von gewalttätigen Personen, Durchsuchung der Fans) bis hin zu eher administrativen Einsätzen (Unterzeichnung von Stadionverbotslisten in Polizeistationen). Immer hat man es als Fan mit der Polizei zu tun. Dadurch entsteht der Eindruck einer ständigen Konfrontation zwischen Ultras und oft unerfahrenen Polizeibeamten. Die Beziehungen zwischen beiden Parteien sind strukturell konfliktreich und werden von symbolischer und physischer Gewalt auf beiden Seiten begleitet. Anstelle von Zwischenfällen unter Ultras kommt es nun immer häufiger zu Konfrontationen mit der Polizei. Sie wird allmählich zum neuen gemeinsamen Feind aller Gruppen.

Diese Feindseligkeit wird geschürt durch die übermäßige Anwendung von Gewalt zur Unterdrückung von Unruhen – anstelle eines Dialogs. Am 13. Februar 1977, während einer Schlägerei zwischen Anhängern von Sampdoria und Torino vor dem Stadio Luigi Ferraris, greift ein städtischer Polizist ein und nimmt einen der Protagonisten fest. Seine Freunde versuchen, ihn mit Gewalt zu befreien, aber dann zieht ein Polizist in Zivil seine Pistole und gibt mehrere Schüsse ab, die einen 17-jährigen Jungen oberhalb des Knies

368 *Ascoli, scontri per uno striscione con le svastiche,* »La Stampa«, 3. Jänner 1994, S. 25.

verletzen.[369] Am 4. Mai 1986, nach dem Derby zwischen Parma und Reggiana, werfen lokale Tifosi aus Wut über die Niederlage Gegenstände auf das Spielfeld. Die Polizei beschließt, die Curva Nord, Heimat der *Boys* zu stürmen. Die heftige Reaktion der Beamten führt zu schweren Ausschreitungen, die zwei Stunden lang andauern und sich auch außerhalb des Stadions verlagern. Am Ende des Tages sind mehrere Dutzend Menschen verletzt. Am 29. November 1992, nach dem Spiel Empoli–Vicenza, kommt es auf dem Parkplatz des Stadions zu Zusammenstößen zwischen Fans und der Polizei. Diese holt die Knüppel hervor, um die etwa 100 Tifosi zu zerstreuen. Dann eröffnen fünf Beamte insgesamt zwölf Mal das Feuer und verletzen zwei Fans aus Vicenza.[370] In Terni kommt es am 1. November 1998 zu Kämpfen zwischen den Ultras der Ternana und Napoli. Ein junger Neapolitaner verliert ein Auge, als ihm ein Tränengasgeschoß im Gesicht trifft. Tränengaspatronen sollen eigentlich in einem hohen Bogen abgefeuert werden, doch trotz dieser Vorschriften feuert die Polizei sie regelmäßig in Gesichtshöhe ab. Hinzu kommt, dass Fälle von Polizeigewalt regelmäßig vorkommen und selten geahndet werden, was die Ressentiments gegenüber den Vertretern des Staates weiter befeuert. So wird beispielsweise am 11. Februar 2001 vor Beginn des Spiels Bologna–Roma der römische Fan Alessandro Spoletini niedergeschlagen und fällt den Stiegenaufgang zum Gästesektor hinunter. Er wird zuerst für tot gehalten, erwacht aber nach 23 Tagen zum Glück wieder aus dem Koma. Ein Polizeibeamter wird beschuldigt, ihn die Treppe hinuntergestoßen zu haben,[371] doch das Verfahren wird 2003 endgültig eingestellt. In Imola wird am 6. Oktober 2002 ein Anhänger der Fiorentina durch eine Tränengaskartusche schwer verletzt, die von einem Carabiniere abgefeuert wurde. Diese Übergriffe werden nicht geahndet und wiederholen sich, was zur Stigmatisierung aller Beamten beiträgt. Eine der Forderungen mehrerer Ultras-Gruppen lautet daher, dass Polizeibeamte eine Registriernummer erhalten sollten, damit Beamte, die Übergriffe begehen, später leichter identifiziert werden können. Diese Forderung der Kennzeichnungspflicht wird von Menschenrechtsorganisationen unterstützt. Im Gegensatz zu vielen anderen Ländern, in denen es diese Bestimmung schon gibt, hat sich in Italien diesbezüglich noch nichts getan.

Noch schwerer wiegt, dass diese unverhältnismäßigen Reaktionen der Polizei direkt oder indirekt den Tod mehrerer Tifosi verursachen. Am 2. Mai 1920, während des Spiels Viareggio–Lucca, eröffnet wie erwähnt ein Carabiniere das Feuer und erschießt einen Anhänger der Heimmannschaft, Augusto Morganti. Das Gleiche geschieht am 28. April 1963, während des Spiels Salernitana–Potenza. Als die Zuschauer auf das

369 Gigi Bevilacqua, *Migliora il tifoso ferito da un agente*, »La Stampa«, 15. Februar 1977, S. 10

370 Gianluca Monastra, *Colpi di pistola sugli ultrà: agenti indiziati*, »La Repubblica«, 1. Dezember 1992, S. 40

371 Paolo Brogi, *Indagato per lo sgambetto*, »Corriere della Sera«, 25. März 2001, S. 43.

Spielfeld stürmen, schießt die Polizei in die Luft, und einer der Schüsse trifft Giuseppe Plaitano, der auf der Tribüne zusammenbricht. Am 8. Februar 1984 endet das Derby zwischen der Triestina und Udinese an und für sich ohne große Zwischenfälle. Trotzdem wird außerhalb des Stadions Stefano Furlan, ein Fan der Heimmannschaft, von einem Polizisten angegriffen und mehrfach geschlagen. Am nächsten Tag wird er ins Krankenhaus eingeliefert, fällt ins Koma und stirbt am 1. März. Die Mutter des Opfers lässt die Sache nicht auf sich beruhen, was am Ende zu einem Prozess führt. Der beschuldigte Polizeibeamte kommt allerdings mit einer geringen Strafe davon.[372] Am 10. Januar 1993, nach dem Spiel Atalanta–Roma, greift die Polizei Fans an, die vor dem Stadion geparkt haben. Ein 42-jähriger Mann, Celestino Colombi, erleidet einen tödlichen Herzinfarkt. Am 2. Februar 1998, nach dem Spiel zwischen Treviso und Cagliari, kommt es zu einer Schlägerei zwischen den beiden Tifoserie. Die Carabinieri greifen brutal mit Gewehrkolben ein.[373] Zwei Personen bleiben nach dem Angriff am Boden liegen, die wahre Tragödie aber ereignet sich etwa dreißig Meter vom Tatort entfernt, wo Fabio Di Maio zusammenbricht und ebenfalls an einem Herzinfarkt stirbt. Gabriele Sandri ist das jüngste Opfer, das durch die Hand eines Polizisten stirbt. Zusammen mit anderen reist er nach Mailand, um seine Mannschaft zu unterstützen. Am 11. November 2007 wird der Lazio-Anhänger nach einer kurzen Auseinandersetzung zwischen seinen Mitfahrern und einigen Juventus-Anhängern auf einer Autobahnraststätte von einem Polizisten erschossen.

Infolgedessen entwickelt sich in den 1990er-Jahren innerhalb der Ultras ein Gefühl der immer größer werdenden Ungerechtigkeit. Immer häufiger reagieren kleine, aggressive Gruppen nicht mehr nur auf diese Gewalt, sondern machen Angehörige der Polizei zu einem ihrer bevorzugten Ziele. Polizeibeamte werden in Hinterhalte gelockt und angegriffen. Einer der Protagonisten dieser Angriffe erklärt: »Alles begann damit, dass sie sich am Sonntag zuvor geweigert hatten, ein Spruchband ins Stadion zu lassen. Als Vergeltung haben wir uns organisiert und sind während des Spiels in großer Zahl in den unteren Rang des Stadions marschiert, um die Carabinieri anzugreifen, während die anderen sie vom oberen Rang aus mit allem Möglichen bewarfen.«[374] Im 21. Jahrhundert wird die Figur des Polizisten von den Ultras endgültig als Feind auserkoren. Dies zeigt sich in vielen an sie gerichteten beleidigenden Gesängen. Der bekannteste von allen ist zweifellos der Slogan: »Polizist, der Feind Nummer 1!«[375] Dieser Spruch wird auch zum

372 Andrea Pierini, Giovanni Proiettis, siehe oben, S. 217–229.

373 Einige Einheiten tragen Winchester-Gewehre in den Stadien und verwenden manchmal den Kolben dieser Waffe als Knüppel, um die Menge zu zerstreuen.

374 Cosimo Villari, *Primo Nemico*, Rovereto, Boogaloo publishing, 2006, S. 49.

375 Im Original: »Poliziotto, primo nemico!«

Titel einer Autobiografie eines Ultras aus Napoli, der zahlreiche Gewaltszenen gegen Mitglieder der Polizei beschreibt.

Von da an finden die meisten Zwischenfälle zwischen Ultras und der Polizei statt und nicht mehr zwischen rivalisierenden Gruppierungen. Nach Exzessen der Polizei häufen sich die Solidaritätsbekundungen, die Ultras-Bewegung wirkt geschlossener. Alte Rivalen sind sich zumindest in dieser Frage einig. Fans der Atalanta laden am 14. Juli 2012 ihre Feinde aus Brescia zum alljährlichen Sommerfest namens »Festa della Dea« ein, damit diese über das Schicksal von Paolo Scaroni sprechen können. Dieser ist nach einem Übergriff der Polizei am Bahnhof von Verona gesundheitlich sehr eingeschränkt.

Eine angebliche Kollaboration mit der Polizei wird zu einer der schlimmsten Beleidigungen unter den Gruppen. Das Akronym ACAB (für All Cops Are Bastards),[376] das in den 1990er-Jahren auf einem Transparent in Padua erscheint, wird im folgenden Jahrzehnt zu einem neuen Emblem der Ultras. Die Buchstabenkombination wird auf Bannern und Fanartikeln verwendet und – nachdem sie verboten wurde – durch die Ziffernfolge 1312 ersetzt (entsprechend der Nummerierung der Buchstaben im Alphabet).

Am 8. Dezember 2005, anlässlich des Spiels Napoli–Roma im italienischen Pokal, können die Polizeikräfte vor dem Anpfiff einen Kontakt zwischen den beiden Fanlagern unterbinden. Nach dem Spiel werden aber mehrere neapolitanische Ultras verhaftet und in die Polizeistation Fuorigrotta in der Nähe des Stadio San Paolo[377] gebracht. Ein wütender Mob versucht sie von dort zu befreien und stürmt die Kaserne. Ein regelrechter Guerillakrieg beginnt, die Polizisten sind gezwungen, sich im Gebäude zu verbarrikadieren. Zwei Polizeifahrzeuge werden in Brand gesetzt und fünfzehn Beamte verletzt.[378] Der 2. Februar 2007 wird zu einem weiteren schicksalhaften Tag. Während des Derbys zwischen Catania und Palermo wird der Carabiniere Filippo Raciti getötet. Schon am nächsten Tag tauchen in mehreren Städten Graffitis auf, die den Tod des Polizisten begrüßen.[379] In Piacenza erscheint die Aufschrift »Catania, -1, ACAB!«. In Livorno lautet eine ähnliche Aufschrift: »Noch ein Filippo Raciti, Freiheit für Ultras!«[380] und »Tod den Polizisten, Rache für Carlo Giuliani!«,[381] und nimmt damit Bezug auf den jungen Globalisierungsgegner Carlo Giuliani, der am 20. Juli 2001 während des G8-Gipfels in Genua von einem Carabiniere erschossen wurde.

376 Wörtlich: »Alle Polizisten sind Bastarde«. So lautet der Titel eines Liedes der Band The Four Skins, dessen Text sich um einen Kampf zwischen der Polizei und einer Bande von Skinheads dreht.

377 Das Stadion in Neapel hieß nach einer Errichtung 1959 für einige Jahre Stadio del Sole, von 1963 bis 2020 dann Stadio San Paolo. Seit 2020, dem Jahr, in dem Diego Armando Maradona starb, ist es dem einstigen Idol der Napoletani gewidmet.

378 Luca Lippera, *Dopo la partita con la Roma, Napoli a ferro e fuoco: 15 feriti*, »Il Messagero«, 9. Dezember 2005, S. 32

379 Felice Cavallaro, *»Morte allo sbirro«: scritte a Livorno e Piacenza*, »Corriere della Sera«, 4. Februar 2007, S. 6

380 Im Original: »Un'altro Filippo Raciti, Ultras liberi!«

381 Im Original: »Morte allo sbirro, vendetta per Carlo Giuliani!«

Anstelle einer inneren Selbstregulierung, bei der sich die Ultras von den extremsten Handlungen distanzieren, weil sie im Widerspruch zu ihrer Philosophie stehen, billigen sie Angriffe auf die Polizei oder verstehen sie zumindest als einzige mögliche Antwort auf die Repression des Staates. Der Mord an Gabriele Sandri durch einen Autobahnpolizisten am 11. November 2007 bestätigt diesen Trend. Dieser dramatische Vorfall und die darauffolgende katastrophale Kommunikation seitens der Sportbehörden als auch der zivilen Behörden führen zu Unruhen innerhalb und außerhalb der Stadien des Landes. Die Weigerung seitens des Verbandes, den gesamten Spieltag zum Zeichen der Trauer abzusagen, wird von den Ultras als Affront empfunden. In Bergamo schließen sich die Anhänger der Atalanta und des AC Milan spontan vor dem Stadion zusammen und greifen die Polizei an. In der Hauptstadt löst die Nachricht nächtliche Ausschreitungen in mehreren Stadtteilen aus. Gruppierungen beider Kurven versammeln sich, um die Polizei gemeinsam zu attackieren. Mehrere Polizeistationen und Fahrzeuge werden angegriffen und demoliert.

Seitdem haben die Härte der neuen Gesetze und die Auslegung der strengen Normen für den Zugang zu den Stadien weiter zu wachsenden Spannungen zwischen beiden Lagern geführt. Andererseits hat dieser Antagonismus das Bewusstsein der Ultras in Bezug auf Polizeigewalt sensibilisiert. Sie greifen zwei emblematische Beispiele solcher Übergriffe auf: Der erste ist jener auf Federico Aldrovandi, der am 25. September 2005 im Zuge eines brutalen Polizeieinsatzes in Ferrara ums Leben kommt. Der Achtzehnjährige, der den Abend mit seinen Freunden verbracht hat, stirbt an einem Herzstillstand, nachdem er von vier Polizeibeamten verprügelt wurde.[382] Die Version der Institutionen ist natürlich eine ganz andere, aber die Eltern des Teenagers wenden sich an die Medien und eröffnen einen Blog. Die öffentliche Meinung und einige Politiker werden dadurch auf den Fall aufmerksam. Nach einem langen Rechtsstreit erwirken die Eltern von Aldrovandi die Verurteilung der für den Tod ihres Sohnes verantwortlichen Polizeibeamten. Das Kassationsgericht spricht die vier angeklagten Polizisten am 21. Juni 2012 schuldig und verurteilt sie zu drei Jahren und sechs Monaten Haft. Unterstützung finden die Hinterbliebenen durch Spruchbänder einiger Ultras-Gruppen. Während des Spiels Roma–Reggina vom 18. Jänner 2006 zeigen die Romanisti: »In der Stille tötet der Staat. Wir fordern die Wahrheit über F. Aldrovandi!«,[383] dazu zeigen sie Fahnen mit dem Gesicht des Opfers. Während des Spiels Roma–SPAL am 1. Dezember 2017 verbietet die Polizei den Gäste-Ultras, ein Banner mit seinem Porträt zu zeigen, was die Medienpräsenz dieses

382 54 Spuren von Verletzungen wurden am Körper des Teenagers gefunden und zwei Schlagstöcke zerbrachen unter der Wucht der Schläge der Polizeibeamten. Siehe Tommaso della Longa, Alessia Lai, *Quando lo Stato uccide*, Rom, Castelvecchi, S. 155–176.

383 Im Original: »Nel silenzio lo Stato uccide. Verità su F. Aldrovandi!«

emblematischen Falls erhöht. Seitdem wird Federicos Porträt von vielen italienischen Ultragruppen in italienischen Stadien ausgestellt, um an ihn und die Ungerechtigkeit zu erinnern. Am 24. September 2022 organisiert die *Curva Ovest* der SPAL, die in dieser Frage sehr aktiv ist, am Vorabend des 17. Jahrestags des Mordes eine Versammlung mit dem Titel »Curve per Federico« in Ferrara. Sie bringen verschiedene Redner zusammen, darunter die Eltern des Opfers, Lino Aldrovandi und Patrizia Moretti, aber auch Künstler und Experten zum das Thema. Außerdem sind etwa 20 Delegationen von Ultras aus der gesamten Halbinsel anwesend.

Der zweite Fall ist der von Stefano Cucchi, der am Abend des 15. Oktober 2009 in Rom verhaftet wird. Der 32-jährige Mann hat 20 Gramm Haschisch in seinen Taschen. Nach einem Schnellprozess wird er inhaftiert und stirbt am 22. Oktober im Gefängnis. Dem ärztlichen Attest zufolge stirbt er eines natürlichen Todes.[384] Sein Körper trägt jedoch ebenfalls viele Spuren von Schlägen, sein Kiefer ist zudem gebrochen. Während seiner Inhaftierung wurde er von Polizeibeamten schwer verprügelt. Auch die Familie von Stefano Cucchi macht mobil. Die Affäre zieht sich durch die Presse und erreicht hohe politische Kreise. Am 26. Oktober 2010 beschließen die Richter, zwölf Personen strafrechtlich zu verfolgen. Sechs Polizisten werden am 5. Juni 2013 verurteilt, aber in der Berufung am 18. Juli 2016 wieder freigesprochen.[385] Ultras auf der ganzen Halbinsel mobilisieren ebenfalls rund um die Ermordung von Stefano Cucchi und machen die Fakten publik. Sie laden auch die Schwester des Opfers ein und zeigen Dutzende von Spruchbändern, wie der *Gruppo Erotico* beim Match Barletta–Martina Franca am 9. November 2014: »Die Spuren an deinem Körper sind der Beweis für das Verbrechen. Mit ihnen sterben die Gerechtigkeit und die Würde dieses Staates. Cucchi lebt.«[386]

Ein symbolischer Kampf

Heute wie damals pflegen die Ultras den Kult der Gewalt in ihren Auseinandersetzungen mit gegnerischen Gruppen, um ihr Territorium zu verteidigen. Trotz der feindseligen Sprache, den kriegerischen Symbolen, der aggressiven Körperhaltung und den gehässigen Gesängen muss jedoch der gewalttätige Aspekt der Ultras-Bewegung relativiert werden. Die Vorfälle sind oft spektakulär anzusehen, aber selten haben sie ernste Konsequenzen für deren Protagonisten. Meistens handelt es sich um den Austausch von Wurfgeschossen, die körperlichen Kontakte sind im Allgemeinen sehr kurz. Die Grundsätze ihrer »Philosophie«

384 Siehe ebd., S. 209–225.

385 Anm. des Lektors: In letzter Instanz werden zwei Polizisten im Jahr 2021 doch noch zu mehrjährigen Haftstrafen verurteilt.

386 Im Original: »I segni sul tuo corpo prova di un reato. Con te muore la giustizia e la dignità di questo stato. Cucchi vive!«

unterstützen eine sehr männliche Haltung sowohl innerhalb ihres Kollektivs als auch nach außen: Als Ultra will man seinen Mitstreitern gegenüber Mut und Entschlossenheit zur Verteidigung des eigenen Territoriums zeigen. Es ist dabei wichtig, zwischen realer und symbolischer Gewalt zu unterscheiden. In Relation zu den Zuschauern, die jedes Wochenende die Stadien füllen, nimmt sich die Zahl an gewalttätigen Vorfällen sehr bescheiden aus. Andere gesellschaftliche Zusammentreffen sind weitaus gefährlicher, aber sie finden in den Medien weniger Resonanz. Wie der Soziologe Gunter A. Pilz in seiner Arbeit mit statistischen Vergleichen darlegt, ist die Gewalt von Fans im Verhältnis zur Zahl der Zuschauer gering.[387]

Die Ultras-Bewegung ist eine Jugendsubkultur. Der Wunsch, zu schockieren, die Älteren herauszufordern, aufzufallen und den Rest des Stadions zu erschrecken, führt zu einem gewaltsamen Auftreten. Die Verwendung des Begriffs Gewalt ist im Zusammenhang mit einer Art »Bieterkrieg« zwischen den verschiedenen Gruppen von grundlegender Bedeutung. Diese Jugendlichen machen sich eine manichäische Weltsicht zu eigen, nach der die ritualisierte Opposition und die Freisetzung von Verhaltensweisen innerhalb der Gruppe zu gewalttätigem Auftreten und abweichendem Handeln führen. Während eines Fußballspiels gehören Beleidigungen und systematische Verunglimpfungen des Gegners zum üblichen und tolerierten Verhalten. Um sich dem Gegner entgegenzustellen, ist auch Aggression gefragt, oft in Form von Slogans, die weit übertrieben sein können – »Bringen wir sie um!« Genau so verhält es sich auch mit den Handlungen – wie dem Werfen von Geschossen auf vermeintliche Feinde. Diese Demonstrationen zielen darauf ab, den Eindruck von Gewalt zu erwecken und die Überlegenheit der einen Gruppe gegenüber der anderen zu demonstrieren. Die Grausamkeit der Sprache ist manchmal extrem, wie beim Derby in Turin, wo jede Seite die Tragödie der anderen zu feiern weiß. Die Juventini erinnern an die Katastrophe von Superga[388] und umgekehrt schmähen die Ultras von Torino die Toten der Tragödie von Heysel. Wie Christian Bromberger feststellt: »Die Anhänger sind sich dessen, was sie rufen, absolut nicht bewusst.[389]

Die Provokation ist Teil einer symbolischen Schlacht, die vor allem auf den Tribünen ausgetragen wird. Durch die Verstärkung der Kontrollen und Sicherheitsvorkehrungen in den 1980er-Jahren haben sich die neuen Generationen von Ultras daran gewöhnt, vom Bahnhof oder von der Autobahnausfahrt zum Stadion geleitet zu werden, wodurch sich die Gefahren bei der Anreise verringern. Heute besuchen sie das Spiel in gesicherten

387 Siehe Gunter A. Pilz, *Gewaltgruppierungen in deutschen Fußballstadien – eine soziologische Betrachtung*, Die neue Polizei #54, 2004, S. 14–24.

388 Am 4. Mai 1949 zerschellt der Flieger mit der Mannschaft von Torino an Bord nach einem Freundschaftsspiel in Lissabon im Landeanflug auf Turin am Hügel von Superga. Mannschaft, Betreuer und mitgereiste Journalisten sterben.

389 Christian Bromberger, siehe oben, S. 209.

Sektoren des Stadions, getrennt vom Rest der Menge. Sie wissen, dass sie geschützt sind und so ihre Gegner provozieren können, ohne sich dafür verantworten zu müssen.[390]

Die Entwicklung des Sicherheitsapparates führt zu einer Änderung in der Beziehung zwischen rivalisierenden Gruppen, die sich nun mehr außerhalb der Stadien treffen. So wird die direkte und gewaltsame Konfrontation durch eine symbolische ersetzt. Insbesondere durch beleidigende Graffiti an den Kurven der Rivalen oder beleidigende Botschaften, die nachts in der gegnerischen Stadt hinterlassen werden. Die Cortei der Ultras ziehen durch die Straßen, bevor sie das Stadion erreichen. Die Ultras können unter Polizeibewachung ihre Gegner meist nur mehr rituell herausfordern. Eine Konfrontation auf Distanz ermöglicht es, den Gegnern ohne große Gefahr durch Sachbeschädigung (beschädigte Fahrzeuge, zerstörtes Straßenmobiliar, beschädigtes Privateigentum) und grundlose Provokation (einige greifen die klassischen Tifosi an, weil sie wissen, dass diese keinen Widerstand leisten werden) Paroli zu bieten.

Ende der 1990er-Jahre wird ein bestimmter Bekleidungsartikel in den Kurven populär: der Kapuzenpulli, der sich bis auf die Augen schließen lässt, besser bekannt als Diabolik. Er ist der Sturmhaube eines italienischen Comic-Helden selben Namens nachempfunden. Dieses Accessoire ermöglicht es, sich unkenntlich zu machen und nicht mehr Gefahr zu laufen, von der Polizei erkannt zu werden. Der Verkauf der Pullis ist äußerst erfolgreich.

Aber nicht jeder, der ihn trägt, ist auf eine körperliche Auseinandersetzung aus. Aggressives Verhalten und Provokationen können jedoch leicht ausarten, da es oft nur ein schmaler Grat ist, der zwischen symbolischer und realer Gewalt liegt: Die Grenze muss überschritten werden, wenn sich die Gelegenheit bietet, um nicht im Widerspruch zur gezeigten Aggressivität zu stehen. Neben der Gewalt als solcher finden auf den Tribünen auch andere, ebenso wichtige Mittel Verwendung, um die gegnerische Tifoseria symbolisch zu bekämpfen und zu dominieren. Jede Fanszene versucht ihre Vorherrschaft zu untermauern, sei es in Bezug auf Choreographien oder in Bezug auf die gesangliche Unterstützung.

Transparente als ritualisierter Widerstand

In dieser im Wesentlichen symbolischen Konfrontation zwischen den beiden Fraktionen auf den Tribünen entwickeln die Ultras in der zweiten Hälfte der 1970er-Jahre eine neue Technik. Mit Hilfe von großen, leichten Bannern aus Stoff oder Plastik, die sie für einige Augenblicke in ihrer Kurve zeigen oder aufhängen, vermitteln sie eine Botschaft

390 Siehe Alessandro Salvini, *Il rito agressivo*, Florenz, Giunti, 1988

und ziehen die Aufmerksamkeit der Menge auf sich. Manchmal sogar die des ganzen Landes, dank der Medien, die diese Slogans in jedes Wohnzimmer liefern.[391] Es gibt verschiedene Arten von Messages, die die Ultras loswerden wollen: Sie können sich auf sportliche Aspekte beziehen (die Mannschaft zu motivieren, ihr für einen Erfolg zu danken oder im Gegenteil sich über ausbleibenden Erfolg zu beschweren), können einer Choreographie einen Inhalt geben oder einfach den »way of life« der Ultras und deren Heldentaten verherrlichen. Sie können auch politischer Natur sein (zum Beispiel, als mehrere Gruppen im Vorfeld des Irak-Krieges Stellung beziehen), oder sie können einen Akt der Solidarität darstellen (gegenüber den Opfern eines Unglücks oder einer Naturkatastrophe), ganz einfach ein letzter Gruß an ein verstorbenes Mitglied sein oder Ultras mit Stadionverbot Mut zusprechen.

Die Verwendung dieser Banner nimmt in den 1980er-Jahren zu. Die Botschaften auf den Tribünen richten sich an Spieler, Vereinsfunktionäre, die Medien, die Polizei, Politiker und natürlich auch an die Rivalen in der anderen Kurve. Sie zielen oft darauf ab, den Gegner zu diskreditieren, und sind von Spielresultaten, aktuellen Ereignissen oder lokalen Besonderheiten inspiriert. Bei Spielen mit einer starken Rivalität gibt es viele Spruchbänder, ebenso wie bei Stadtderbys, bei denen sich die Banner oft abwechseln und die beiden Kurven dadurch fast eine Art Dialog führen. Das Derby in Rom ist in dieser Hinsicht vielleicht das beste Beispiel. Dutzende offensive Banner werden in beiden Kurven gezeigt, um den Gegenüber zu provozieren. Zur »hohen Schule« des Spruchband-Krieges gehört es, wenn eine Kurve schon im Vorfeld über das Bescheid weiß, was die andere Kurve plant und dementsprechend eine passende Antwort vorbereiten kann.

So geschehen beim Spiel Lazio–Roma im März 1985, als die Fans der Roma mit dem Spruchband: »Zwei Worte genügen: Ihr seid in der Serie B« die sportliche Situation der Lazio aufs Korn nehmen. Die Curva Nord dürfte davon schon vorher Wind bekommen haben und antwortet innerhalb von Sekunden: »Und für Euch reicht ein Wort: Ihr seid lächerlich!«[392] Jeder Fehltritt des Gegners, der sich ausschlachten lässt, wird genutzt, um das Gegenüber durch den Kakao zu ziehen. Folgend ein paar weitere Beispiele, die die ganze Bandbreite an Spruchbändern zeigen:

Während des Spiels zwischen dem AC Milan und Cesena am 6. Februar 1977 zeigt die Curva Sud eine Botschaft an ihre Mannschaft, die trotz Millionengagen gerade äußerst

391 Zu diesem Thema wurden bereits mehrere Bücher geschrieben. Eines davon ist sogar ein echter Verkaufsschlager geworden, sodass mittlerweile bereits ein zweiter Band erschienen ist. Siehe: Cristiano Militello, *Giulietta è 'na zoccola*, Mailand, Kowalski Editore, 2004.

392 Im Original: »Due sole parole: siete in B« bzw. »A voi una sola: siete ridicoli!«

lustlos agiert: »Wenn es darum geht, Millionen zu verdienen, seid ihr alle Meister – aber auf dem Spielfeld seid ihr alle Arschlöcher.«[393]

Während des Spiels AC Milan–Lazio am 30. Oktober 1988 zeigen die Mailänder Fans ein ironisches Transparent gegen die Öffentlichkeit, die in den Ultras den Grund für alle Probleme des italienischen Fußballs sieht: »Mütter, passt auf, die Ultras essen eure Kinder!«[394]

Während des Spiels Roma–Atalanta am 23. Mai 1993 gibt es in Romas Curva Sud folgende Botschaft: »Unsere Mentalität ist stärker als unser Hass: Freiheit für Ultras!«[395]Das Spruchband ist für die Ultras der Atalanta gedacht, die zu jener Zeit unter verstärkter Repression zu leiden haben.

Während des Spiels zwischen Catania-Napoli am 5. November 2002 gedenken die neapolitanischen Ultras der 26 Jugendlichen, die beim Einsturz ihrer Schule am 31. Oktober, nach dem Erdbeben in Molise, ums Leben kommen: »Von nun an werden 26 kleine Sterne am Himmel leuchten. Wir werden sie bewundern und uns von nun an immer an sie erinnern.«[396] Diese Art von Botschaft, die sich durch eine eindringliche Lyrik auszeichnet, ist ein Klassiker unter den Gruppen, die es sich zur Gewohnheit gemacht haben, Verstorbenen auf diese Weise Tribut zu zollen.

Während des Spiels Lazio–Roma am 10. Dezember 2006 wird in der Curva Sud ein Striscione (Spruchband) in französischer Sprache hochgehalten: »Sarkozy, die Polizei ist der Abschaum. Ciao Julien!«[397] Zwei Wochen zuvor war ein Fan des PSG, Julien Quemener, bei Zwischenfällen nach dem Europapokalspiel Paris-Saint-Germain gegen Hapoel Tel Aviv von einem Polizisten erschossen worden.[398]

Manchmal überwiegt aber die eigene Logik des Tifo, und die Botschaften werden verwendet, um den Gegner mit allen Mitteln zu diskreditieren, ohne dabei die dunkelsten Momente des 20. Jahrhunderts auszusparen. In den 1990er-Jahren erwerben sich die beiden Kurven in Rom dahingehend einen zweifelhaften Ruf durch zahlreiche politische, rassistische oder antisemitische Spruchbänder. Am 30. Jänner 2000 zeigen die *Irriducibili* von Lazio: »Ehre Arkan, dem Tiger!«[399] und gedenken damit einem serbischen Kriegsverbrecher. Ein Aufschrei in der Öffentlichkeit ist die Folge und führt zu einem Treffen zwischen Innenminister Enzo Bianco, der Kulturministerin Giovanna Melandri und

393 Im Original: »Per i milioni tutti campioni, ma in campo tutti coglioni«

394 Im Original: »Attenti mamme, gli ultrà mangiano i bambini!«

395 Im Original: »La nostra mentalità oltre il nostro odio. Libertà per gli Ultras!«

396 Im Original: »D'ora in poi nel cielo brillano 26 stelline. A noi non resta che ammirarle e ricordarle da qua giù!«

397 Im Original: »Sarkozy, la'racaille' c'est la police. Ciao Julien!«

398 Siehe Sébastien Louis, *Petit meurtre entre amis* ..., »Le Jeudi«, 7. Dezember 2006, S. 44.

399 Im Original: »Onore alla Tigre Arkan!«

Vertretern der Sportbehörden am 1. Februar 2000. Zwei Tage später wird ein Verbot für derlei Spruchbänder verkündet: Wenn Banner mit rassistischem oder gewalttätigem Inhalt gezeigt werden, kann der Schiedsrichter das Spiel unterbrechen, bis sie entfernt werden. Dauert die Spielunterbrechung länger als 45 Minuten, kann der Schiedsrichter das Match dauerhaft unterbrechen und die Sportjustiz kann das Spiel mit 0:2 für die Mannschaft werten, deren Fans das Spruchband gezeigt haben.[400] Diese Maßnahmen haben aber nicht den gewünschten Erfolg. Am 29. Januar 2006 zeigen Ultras der Roma beim Spiel gegen Livorno eine 15 Meter lange Botschaft: »Lazio, Livorno, die gleichen Initialen, der gleiche Ofen«, untermalt von neofaschistischen Symbolen. Sehr oft ist Fantasie gefragt, um die Banner trotz verstärkter Kontrollen ins Stadion zu bekommen. Beispielsweise verstecken ein paar Ultras jeweils 1–2 Buchstaben am Körper. Nach Einlass werden diese Stoff- oder Papierfetzen dann zum endgültigen Spruchband zusammengeklebt. Noch einfacher ist es, wenn man bei den Kontrollen ein Banner mit banalem Inhalt vorlegt, in der Kurve dann aber die Buchstaben oder Wörter neu zusammenstellt, um ein neues Spruchband zu zeigen – Scrabble für Ultras.

Der Diebstahl von Material als ultimativer Affront

In dem symbolischen Kampf zwischen zwei Tifoserie besteht die größte Demütigung nicht darin, während eines Schlagabtausches besiegt zu werden, sondern darin, dass einem das eigene Transparent gestohlen wird – dem Kodex der Ultras folgend ist dieses zweifelsohne das wichtigste Element einer Gruppe. Wie die Fahne eines Militärregiments, die alle Schlachten überstanden hat, verkörpert es Ehre und Stolz der Gruppe und zieht damit den Neid aller Rivalen auf sich. Einem ungeschriebenen Gesetz zufolge ist nur eine bestimmte Art und Weise erlaubt, um das Transparent des Gegners zu erbeuten. Dies wird jedoch nur selten eingehalten. Der Diebstahl muss in Anwesenheit der rivalisierenden Gruppe erfolgen, damit diese das wertvolle Objekt verteidigen kann. Der Einbruch in ein Lokal oder Lager, um ein Transparent zu stehlen, wird demzufolge als feige Handlung angesehen. Außerdem sind die Banner der klassischen Fanklubs normalerweise tabu, da sich die Ultras normalerweise nur mit ihresgleichen messen. Diese Grundsätze werden jedoch nicht immer beachtet und eher dehnbar ausgelegt. Ein Capo der *Vigilantes* von Vicenza über den Diebstahl von Transparenten: »Es gibt tausend Arten an ein anderes Banner zu kommen – mal tapfer, mal feig, die niederträchtigste Art und Weise ist aber sicherlich ein Diebstahl bei Nacht, eine Aktion, die der eines

400 Siehe Piero Serantoni, *Contro il razzismo sino allo 0–2*, »La Stampa«, 4. Februar 2000, S. 36.

Hühnerdiebs ähnlich ist.«[401] Hat man einen Coup gelandet, ist es wichtig, dass alle davon Notiz nehmen und der gestohlene Fetzen in der eigenen Kurve als Beutestück präsentiert wird.

Das Banner einer Gruppe ist mehr als nur ein Stück Stoff oder Plastik. Es zeigt den eigenen Spielern und den gegnerischen Fans die Präsenz einer Ultras-Gruppe. Es gilt als Schande, ohne Transparent auf eine Auswärtsfahrt zu gehen. In den 1970er- und 1980er-Jahren ist es nicht unüblich, dass Gruppen aus Angst vor einem Verlust auf das Mitführen von Fahnen und Transparenten verzichten. Mitunter liegt einem Fetzendiebstahl keine große Strategie zu Grunde. Oftmals liegt es lediglich am Mut Einzelner oder es ist purer Zufall im Spiel. Zum Beispiel der berühmt gewordene Diebstahl des Heimtransparentes der *Furiosi* aus Cagliari, der sich am 2. Februar 1992 nach dem Heimspiel gegen den AC Milan zuträgt. Die Geschichte liest sich so unglaublich, dass sie den berühmten italienischen Schriftsteller Nanni Balestrini 1994 zu einem Roman inspiriert.[402] Nach dem Spiel lassen die Ultras aus Cagliari ihre Zaunfahne hängen, um draußen vor dem Stadion auf die Milanisti zu warten. Einige Mailänder nutzen dies, klettern in den Heimsektor und montieren das Transparent der *Furiosi* ab. Als die Einheimischen den Diebstahl bemerken, befinden sich die Milanisti bereits an Bord ihrer Fähre, die sie wieder ans Festland bringt. Die Cagliaritani versuchen vergeblich das Schiff aufzuhalten, der Fetzen bleibt in der Hand der Mailänder, die ihn den ungläubigen Heimfans auch noch triumphierend auf der Reling der Fähre präsentieren.

In den 1970er-Jahren ist es noch leichter, Transparente zu stehlen, da die Präsenz der Polizei noch nicht so stark ausfällt. Die Exekutive ist weit weniger organisiert und hat die Sicherheit in- und außerhalb der Stadien kaum unter Kontrolle. Zur damaligen Zeit sind Transparente noch eine Art »Luxusartikel« für viele Gruppen. Oft besitzen sie nur ein einziges Banner, für dessen Herstellung sie große finanzielle Opfer gebracht haben. Manchmal verwenden sie sogar ein von den Rivalen gestohlenes Banner, wenn die Farben der beiden Mannschaften übereinstimmen. Dies ist der Fall bei den *Brigate Neroazzurre* von Atalanta, die in der Saison 1979/80 wiederholt das ehemalige Transparent der *Boys* von Inter zeigen, das sie ihnen vorher abgenommen haben.[403] Die Ultras von Vicenza machen dasselbe mit rot-weißen Bannern, die sie von den Padovani und

401 *Vecchia Guardia Vicenza 1976*, siehe oben, S. 299.

402 Siehe Nanni Balestrini, *I Furiosi*, Mailand, Bompiani, 1994, S. 11–24.

403 Die Bergamaschi wenden diese Strategie an, weil sie im Zuge einer ersten Repressionswelle nach dem Tod von Vincenzo Paparelli im November 1979 nicht mehr die Möglichkeit haben, ihr Transparent *Brigate Neroazzurre* zu zeigen. Transparente mit gewalttätigem Inhalt waren für eine Zeitlang aus den Stadien verbannt. Mit der »friedlichen« Bezeichnung *Boys* haben die Behörden indes kein Problem. Vgl. Daniele Belotti, siehe oben, S. 150.

Perugini erbeutet haben. *Boys* und *Ultras* finden somit jahrelang Verwendung in der Kurve von Vicenza.[404]

Widerfährt einer Gruppe eine derartige Demütigung, gibt es nur einen Ausweg: sie muss sich rächen. Ende der 1990er-Jahre, mit der Entwicklung eines eigenen Ultras-Kodexes, muss sich ein Gruppe, die ihr Transparent verliert, de facto auflösen. Die *Ragazzi della Maratona* von Torino geben im Januar 2003 ihre Auflösung bekannt, nachdem ihnen wenige Tage zuvor ihr Transparent während des Spiels Juventus–Reggina abhandengekommen ist.[405]

Soweit die Theorie, in der Praxis kommt es eher selten vor, dass Gruppen so strikt reagieren wie die *RdM* von Torino. Meist wird eine Entschuldigung gesucht, um sich eben nicht auflösen zu müssen. Oft wird eine Ungleichheit der Kräfte oder Feigheit der Gegner angeführt. Ab und zu rächen sich die Gruppen ihrerseits mit dem Diebstahl eines Transparentes oder mit purer Gewalt. Diese Art der Vendetta führt dann meist zu einer Spirale von Aktion und Reaktion, die sich über ganze Generationen von Ultras erstreckt. Fast alle Tifoserie der Halbinsel sind schon Opfer eines solchen Verlustes geworden. Die gestohlenen Banner werden dann wie eine Kriegsbeute in der Kurve präsentiert, manchmal auch verkehrt herum aufgehängt, um die Überlegenheit einer Gruppe gegenüber der anderen zu unterstreichen. Ganz nach dem Vorbild der römischen Legionen, die in der Antike mit den Standarten der Besiegten marschierten. Die Fotos dieser ausgestellten Trophäen werden in ganz Italien gezeigt. Sie beweisen jedem den Stellenwert der Gruppe. Anlässlich ihres fünfzehnjährigen Bestehens stellen die *Ingrifati* von Perugia am 11. April 2004 einige Dutzend von gestohlenen Bannern ihrer Rivalen zur Schau.

Mit der Verschärfung der Sicherheitsmaßnahmen in den Stadien und der besseren Organisation der Gruppen in den 1990er-Jahren wird es immer schwieriger, Transparente zu stehlen. Ultras beschränken sich nicht nur auf Banner, sondern klauen alles, was ihre Vorherrschaft gegenüber den Rivalen unterstreicht. Alle Materialien der Gegner werden dabei ins Visier genommen, von Fahnen über Fetzen bis hin zu Schals. Die Angriffe werden mitunter weit entfernt von den Stadien verübt, bei zufälligen Begegnungen zwischen rivalisierenden Gruppen in Zügen oder auf Autobahnraststätten. Im Oktober 1996 treffen die *Freak Brothers* der Ternana auf dem Rückweg von einem Spiel im Veneto auf einem Autobahnrastplatz ihre ewigen Rivalen aus Perugia. Es kommt zu einer Auseinandersetzung, bei der die Ultras aus Perugia die Oberhand behalten und zwei gegnerische

404 *Vecchia Guardia Vicenza 1976*, siehe oben, S. 149 & S. 219.

405 Anm. des Lektors: Das kleine Transparent der *Ragazzi* hing während des Spiels unter dem Transparent des *CUCN'82* der Reggina, mit denen die *RdM* befreundet waren. Zwei Juventus-Fans schlichen sich in den ersten Rang des ehemaligen Stadio delle Alpi und montierten das Transparent einfach ab. Später präsentierten es die *Fighters* von Juventus als Trophäe.

Transparente an sich bringen können. Einen Monat später rächen sich die Ternani, indem sie den Bus der *Armata Rossa* aus Perugia mit Steinen angreifen, während dieser mit hoher Geschwindigkeit auf der Autobahn fährt. Die Perugini entgehen nur knapp einer Katastrophe, trotzdem werden mehrere Insassen schwer verletzt und es entsteht ein erheblicher Sachschaden. Am 15. August 2002 reisen einige *Fighters* von Juventus zu einem sommerlichen Freundschaftsspiel nach Catania. Ihr Transparent gelangt dabei in die Hände der Einheimischen. Um ihr wertvolles Banner zurückzubekommen, wenden sich die Turiner an die organisierte Kriminalität der sizilianischen Stadt. Wie in einem schlechten Mafia-Film zwingen diese die Ultras aus Catania zur Herausgabe des Banners. Dabei dürfte einiges an Geld geflossen sein.[406]

Im November 2005 stellt die einst so glorreiche *Fossa dei Leoni* des AC Milan, die älteste Gruppe des italienischen Ultras-Panoramas, ihre Aktivitäten ein, nachdem ihr Banner gestohlen wird und eine Polemik um diese Tatsache entbrennt. Nach der Rückkehr von einem Europacupspiel in den Niederlanden wird der Hüter des Transparentes von einigen Mitgliedern der *Viking* von Juventus abgepasst, die sich wiederum für den Verlust von ein paar Fahnen revanchieren wollen. Dieser Vorfall sorgt natürlich für großes Aufsehen, zumal der aktuelle Führungskader der *Fossa* beschuldigt wird, sich an die DIGOS gewandt zu haben, um wieder an ihr Banner zu kommen.[407] Das würde einen absoluten Tabubruch gemäß dem Ultras-Kodex darstellen. Diesem Kodex zufolge gilt das Gesetz der Omertà. Jeder, der in so einem Fall Kontakt zur Polizei sucht oder gar eine Anzeige macht, gilt wie bei der Mafia als geächteter Kronzeuge.[408]

In jüngerer Zeit wurden die *Fedayn* der Roma nach dem Spiel Roma–Empoli am 4. Februar 2023 außerhalb des Stadions in einen regelrechten Hinterhalt gelockt. Eine Gruppe der *Delije*, Ultras von Roter Stern Bergrad, greift die römischen Anhänger an und entwendet einen großen Teil ihrer Banner. Diese werden zwei Wochen später von den *Delije* für einige Minuten zur Schau gestellt und dann auf der Nordtribüne des Marakana-Stadions während des Spiels Roter Stern Belgrad gegen FK Čukarički verbrannt. Diese Aktion steht im Mittelpunkt der Aufmerksamkeit von Ultras auf der ganzen Welt, aber auch von zahlreichen Medien aufgrund ihrer symbolischen und internationalen Dimension.

406 Siehe Luigi Pulvirenti, Michele Spampinato, *Quando saremo tutti nella Nord*, Massa, Eclettica Edizioni, 2014, S. 162–167.

407 Anm. des Lektors: In der Tat ist es so, dass beim folgenden Heimspiel gegen Udinese das kleine Auswärtstransparent der *Fossa*, genannt »bambino«, über dem Heimtransparent hängt. Ganz so, wie wenn die gestohlenen Sachen zurückgetauscht worden wären. Wenige Tage später erklärt die Gruppe aber auch auf Druck der anderen großen Gruppen *Brigate Rossonere* und *Commandos Tigre* nach 37 Jahren ihre Auflösung.

408 Nach italienischem Recht ist ein reuiger Angeklagter (Pentito) ein Kollaborateur der Justiz, der durch sein Geständnis die Zerschlagung einer kriminellen Vereinigung ermöglicht und somit einen Straferlass erhält.

Eskalation der Gewalt

Anfang der 1990er-Jahre gehen die gewalttätigen Auseinandersetzungen zwischen rivalisierenden Gruppen dank der massiven Polizeipräsenz, der Verstärkung der Sicherheitsmaßnahmen und der modernen Mittel zur Kontrolle der Zuschauermassen in den Stadien zurück. Darüber hinaus wird das Stadionverbot, das im Dezember 1989 in das italienische Gesetzbuch aufgenommen wird, von den Polizeipräfekturen genutzt, um potenziell gefährlichen Tifosi den Zugang zu den Stadien zu verbieten. Die Gewalt ist jedoch nicht aus dem Fußball verschwunden. Im Gegenteil, sie hat sich nur angepasst und neue Formen angenommen. Ab Ende der 1980er-Jahre verlagern sich die Probleme weg von Sportstätten. Die Risikozonen erstrecken sich nicht mehr auf die Umgebung der Stadien, sondern auch auf Durchgangsorte. Autobahnraststätten werden zum Schauplatz von Zusammenstößen zwischen Gruppen, die sich dort meist zufällig treffen. Mitunter werden die Raststätten zu regelrechten Hochrisikogebieten, in denen sich wahre Dramen abspielen können. Wie am 30. März 2008, als zwei Busse der *Boys* aus Parma auf einer Autobahnraststätte mit einem Bus voller Tifosi von Juve zusammenstoßen. Einige Ultras aus Parma nähern sich dem Fahrzeug, der Fahrer gerät in Panik, fährt überstürzt los und überfährt dabei Matteo Bagnaresi, ein aktives Mitglied der *Boys*, der noch an Ort und Stelle stirbt.

Es kommt vor, dass Straßen und Autobahnen zu Schauplätzen von Konfrontationen werden. Am 23. Februar 2020 fahren die Ultras von Bari mit einem Bus in Richtung Castellamare di Stabia, während ihre Rivalen aus Lecce nach Rom reisen. Nach der Ausfahrt Cerignola Ovest treffen die beiden Konvois aufeinander, da ein Bus der Ultras aus Bari eine Reifenpanne erlitten hat. Auf der Autobahn A16 kommt es zu einer Massenschlägerei, in die etwa 100 Personen verwickelt sind. Drei Fahrzeuge werden zerstört, ein Lieferwagen geht nach dem Wurf von Fackeln in Flammen auf und die Autobahn bleibt eine Stunde lang blockiert. Die gleiche Ursache zeigt die gleiche Wirkung am 8. Januar 2023, als die Ultras von Napoli nach Genua reisen und die Ultras der Roma auf dem Weg nach Mailand sind. In der Toskana, auf der Höhe der Raststätte Badia Al Pino, trifft ein Teil der Ultras beider Mannschaften aufeinander und es kommt sofort zu Zwischenfällen zwischen Dutzenden von Personen, sowohl auf der Raststätte als auch auf der Autobahn A1, die eine Stunde lang blockiert ist. In beiden Fällen gibt es nur wenige Verletzte, aber es kommt zu einer außergewöhnlichen Medienaufmerksamkeit.

Manchmal werden regelrechte Hinterhalte organisiert, um den Gegnern des Tages fernab von Stadien und Ordnungsdiensten gegenüberzutreten. So kommt es, dass am 26. Dezember 2018 Inter gegen Napoli antritt. Die Tifoserie hassen sich herzlich und

1,5 Kilometer vom Stadion entfernt greifen etwa 100 Inter-Ultras, die von ihren Freunden aus Nizza und Varese unterstützt werden, eine Stunde vor dem Spiel neapolitanische Kleinbusse im Straßenverkehr an. Die Schlägerei ist sehr gewalttätig, einige sind mit Hackenstielen, Hämmern und Stichwaffen bewaffnet. In den Wirren der Vorfälle fährt ein Auto der Neapolitaner Daniele Belardinelli an, der einige Stunden später im San-Carlo-Krankenhaus seinen Verletzungen erliegt. Der Anführer der *Blood & Honour* in Varese war 39 Jahre alt. Ein fast identisches Szenario spielt sich abseits der Scheinwerfer auf den Straßen der Basilicata am 20. Januar 2020 ab. An diesem Tag sind etwa 30 Ultras von Rionero auf dem Weg nach Brienza, um sich ein Spiel der fünften Liga anzusehen. Sie scheinen in der Nähe einer Tankstelle in Vaglio Basilicata auf die Gruppe aus Melfi zu warten. Ihre Rivalen machen sich mit fünf Autos auf den Weg nach Tolve. An der Raststätte kommt es schnell zu Zusammenstößen und Fabio Tucciariello, ein 39-jähriger Ultra von Rionero, wird von einem Auto mit Melfi-Anhängern überfahren. Er stirbt auf der Stelle, während ein anderer Rionero-Anhänger schwer verletzt wird.

Genau wie Autobahnkreuze werden auch Eisenbahnknotenpunkte wie die Bahnhöfe von Bologna, Florenz, Mailand und Rom manchmal zum Schauplatz von Schlägereien zwischen Gruppen, die umsteigen müssen. Am 2. Februar 2003 treffen die nach Lucca reisenden Fans der Fiorentina am Bahnhof Santa Maria Novella auf ihre nach Verona reisenden Rivalen von Lazio. Die beiden Seiten liefern sich einen gnadenlosen Kampf.[409] Noch überraschender ist es, wenn sich die Zugkonvois der Fans manchmal kreuzen und auf den Gleisen zusammenstoßen. Am 6. Juni 1993 trifft der Sonderzug, der die Fans des AC Milan nach Genua bringt, in Pontecurone auf den Konvoi der Sampdoriani, die in entgegengesetzter Richtung nach Brescia fahren. Die beiden Züge müssen aufgrund von Gleisbauarbeiten verlangsamt fahren. Als das die beiden Seiten bemerken, ziehen sie sofort die Notbremse. Einige Hundert Ultras liefern sich in den folgenden zwei Stunden eine epische Schlacht. Dutzende von ihnen werden verletzt.

Auch andere Verkehrsmittel werden nicht verschont. Manchmal geraten Schiffe und sogar Flughäfen zum Schauplatz unerwarteter Begegnungen, wenn Gruppen nach Sizilien oder Sardinien reisen. Dies widerfährt zum Beispiel den *Rude Fans* von Veneziamestre, die am 5. November 2002 nachts von einem Dutzend Ultras aus Cagliari auf dem Flughafen der sardischen Hauptstadt angegriffen werden, während sie auf ihren morgendlichen Flug zum Festland warten. Am 14. April 2001 treffen sich die Ultras aus Catania und Palermo auf der Fähre, die Sizilien mit dem Festland verbindet. 70 von ihnen werden bei ihrer

409 Giorgio Sgherri, *Lazio, i tifosi nella rete della polizia. Arrestati in 13 per le violenze alla stazione di Firenze*, »L'Unità«, 13. März 2003, S. 22.

Ankunft in Reggio Calabria nach den von ihnen verursachten Vorfällen von der Polizei identifiziert.[410] Diese Ausdehnung des Spielfeldes, auf dem die Ultras ihre Konfrontationen austragen, bedeutet, dass jedes Auswärtsspiel zu einer Gelegenheit wird, eine gegnerische Gruppe anzugreifen. Dies führt manchmal auch zu Kollateralschäden. Dann nämlich, wenn Menschen darin verwickelt werden, die mit dieser Dynamik überhaupt nichts zu tun haben. Am 30. Januar 1994 ereignet sich diese Art einer Tragödie in einem Zug, der unter anderen auch einige Ultras aus Messina von ihrem Auswärtsspiel in Ragusa nach Hause bringt. Mehrere von ihnen behelligen unbeteiligte Fahrgäste. Als sich Salvatore Moschella für eine Frau einsetzt, die ebenfalls belästigt wird, stürzen sich fünf Ultras auf ihn. Das Opfer gerät in Panik, stürzt sich wenige Kilometer vor dem Bahnhof von Acireale aus dem fahrenden Zug und stirbt.[411]

Die Stadien sind trotz einiger Umbauarbeiten, die ausschließlich auf die Aufteilung der Tribünen abzielen, weiterhin veraltet und bleiben von gewalttätigen Zwischenfällen nicht verschont. In Bergamo zerstören Ultras der Fiorentina während des italienischen Pokalfinales am 18. Mai 1996 die Toiletten und setzen einen Raum unter der Curva Sud in Brand. Außerhalb des Stadions schlagen sie Fensterscheiben ein, zerstören Autos und Straßenmobiliar, während ihre Gegner der Atalanta versuchen, sie anzugreifen. Am 22. Februar 2003, während des Spiels zwischen Torino und dem AC Milan, sorgen die Ultras der Heimseite für eine Unterbrechung des Spiels, indem sie aus Frust über die Leistung ihrer Mannschaft die Plexiglaswand zum Spielfeld zu durchbrechen suchen. Das Eingreifen der Polizei, die die Kurve mit Tränengaskartuschen eindeckt, stoppt sie in ihrem Vorhaben.[412] Am 6. Januar 2005, nach dem Spiel Parma–Juventus, dringen beide Seiten auf das Spielfeld ein und liefern sich über mehrere Minuten eine Auseinandersetzung mitten auf dem Platz. Freundschaftsspiele in der Saisonvorbereitung führen manchmal ebenfalls zu Zusammenstößen. Die Polizei in ländlichen Gegenden ist dabei oft wenig auf solche Situationen vorbereitet.

Vom »Stile Italiano« zum englischen »Casual«

Die englischen Stands bleiben ein Vorbild für die italienischen Kurven und ihre Ultras. Dies zeigt das Beispiel der sogenannten Casuals.[413] Diese jungen Hooligans tauchen 1977 auf den Tribünen des Liverpool FC auf, verzichten auf die Erkennungszeichen

410 *Scontri sul traghetto tra fans siciliani,* »La Stampa«, 15. April 2001, S. 34

411 Diego Mariottini, siehe oben, S. 79–87.

412 Roberto Condio, *Esplode la follià degli ultrà, sospesa Torino-Milan,* »La Stampa«, 23. Februar 2003, S. 34.

413 Dieses Wort stammt von der Bezeichnung »casual clothes«, also Freizeitkleidung. Siehe Phil Thornton, *Casuals: Football, fighting and fashion the story of a terrace cult,* London, Milo Books, 2003.

ihrer jeweiligen Mannschaften und tragen stattdessen Designerkleidung, um der Überwachung durch die britische Polizei zu entgehen. In den fast vierzig Jahren, die seit den Anfängen der Casual-Subkultur vergangen sind, hat sie eine Vorliebe für Dutzende von Marken entwickelt, je nachdem, was gerade in Mode und angesagt ist. Eines jedoch haben alle Marken gemein – sie sind alle sehr teuer. So angezogen schöpft die Polizei keinen Verdacht, und zeitgleich heben die Casuals sich von der Masse der restlichen Fans ab. Sie reisen diskreter und meiden die Sonderzüge für Fußballfans, um so besser auf die gegnerischen Banden treffen zu können. Diese gewalttätigen jungen Fans, die auf eine bestimmte Art und Weise gekleidet sind, breiten sich in den Stadien des Vereinigten Königreichs aus. Jede dieser Banden hat eine bestimmte Bezeichnung, wie die *Inter City Firm* aus dem Londoner Stadtteil West Ham, die *6.57 Crew* aus Portsmouth oder die *Men In Gears* aus Luton.[414]

Mitte der 1990er-Jahre wird die Repression gegenüber den Ultras auf der Halbinsel verstärkt. Sie sind zu diesem Zeitpunkt leicht zu erkennen: Sie tragen meist den Schal ihrer Gruppe, oft auch andere Kleidungsstücke, wie Mützen, T-Shirts oder Pullis ihres Fanklubs. Einige Gruppen passen sich der Situation an, um ihre gewalttätigen Aktivitäten fortsetzen zu können. Sie folgen dem Modell der Casuals, die viel weniger kontrollierbar sind. Im Gegensatz zu den traditionellen Ultras-Gruppen, die mehrere Hundert, bei den größten sogar einige Tausend Mitglieder haben, agieren diese Gruppen viel elitärer und suchen nicht aktiv nach neuen Mitgliedern. Aufgenommen werden nur jene, die sich bei Auseinandersetzungen bewährt haben. Sie überlassen den traditionellen Ultras Aufgaben im Stadion, wie zum Beispiel die Organisation des Tifos. Die physische Konfrontation mit ihren Gegnern hat Vorrang vor allen anderen Aktivitäten.

Diese Fans lassen sich vom englischen Stil inspirieren, halten gleichzeitig aber auch an traditionellen Elementen der Ultras-Bewegung fest, indem sie eine kleine Fahne mithaben oder sich hinter einem kleinen Banner zusammenstellen. Im Gegensatz zu anderen Ultras versuchen sie, unauffällig zu sein, um die Aufmerksamkeit der Polizei nicht auf sich zu ziehen. Sie kleiden sich neutral ohne Zeichen oder Farben ihres Vereins, um leichter gewalttätige Aktionen starten zu können. Ausgerüstet sind sie dabei mit allen möglichen Waffen (ausziehbare Schlagstöcke, Pfeffersprays, Schlagringe und manchmal auch Messer). Sie haben meist einen strategischen Plan, um ihre Gegner anzugreifen und sie verherrlichen regelrecht ihre Gewalttaten. Oft sind es nationalistische Überzeugungen, die sie zusammenbringen. Die neue Ultras-Generation der 1990er ist

414 Die *Inter City Firm*, ist benannt nach den Schnellzügen, mit denen sie ihrer Mannschaft hinterher reisen. Die *6,57 Crew* bezieht sich in ihrem Namen auf den ersten Zug, der morgens von Portsmouth nach London fährt. Die *Men In Gear* (wörtlich: Männer in Markenkleidung) leiten ihren Namen von der Designerkleidung ab, die sie tragen.

dafür sehr empfänglich. Auch neofaschistisches Gedankengut ist bei den Casuals angesagt, die Zelebrierung von Männlichkeit und Gewalt fällt in den Kurven auf einen fruchtbaren Boden.

Einer erster eklatanter Fall in dieser Richtung mit einem tragischen Ausgang trägt sich in Genua vor dem Spiel Genoa CFC–AC Milan am 29. Jänner 1995 zu. Einige Milanisti reisen abseits des offiziellen Sonderzuges der Curva Sud nach Ligurien. So können sie die Polizeikontrollen besser umgehen. Neutral gekleidet, ohne Schals und vor allem ohne Begleitung der Polizei tauchen sie aus einer Seitengasse kommend plötzlich vor der Gradinata Nord der Genoani auf. Der 24-jährige Vincenzo Spagnolo stellt sich ihnen entgegen und wird durch einen Messerstich tödlich verletzt. Er stirbt wenig später auf dem Weg ins Krankenhaus. Der Täter ist gerade einmal achtzehn Jahre alt und wird am nächsten Morgen verhaftet. Die *Brigate Rossonere II,* die *Commandos Tigre* sowie Veteranen der *Gruppo Brasato* haben die Aktion geplant und durchgezogen.

Paradoxerweise begünstigt die Verschärfung der repressiven Mittel und die Gesetzgebung zu den Stadionverboten das Entstehen kleiner, in erster Linie zu Gewalt tendierenden, Gruppierungen in den 2000er-Jahren. Sie werden den Hooligans, ihren Vorbildern, immer ähnlicher. Zum Beispiel die *South Terraces* in Vicenza oder die *Muretto Laterale* von Chieti. Um den englischen Einfluss auf diese Gruppen zu konstatieren, genügt ein Blick auf ihre Symbole, ihr Verhalten, ihr Auftreten im Stadion und nicht zuletzt auf ihren Kleidungsstil. Sie reproduzieren auf ihren Bannern die Logos von Bekleidungsmarken wie Adidas, Burberry, Lacoste, North Face, Paul & Shark oder Stone Island, die bei britischen Hooligans Kultstatus genießen. Diese Kleidung wird auch von einer immer größer werdenden Gruppe von Ultras getragen, die immer weniger Material in den Farben ihrer Mannschaft anziehen. Dies ist der Fall bei den sehr anglophilen Kurven wie jenen von Hellas Verona, Lazio, Roma und Padova. Die Pilgerfahrten italienischer Ultras nach Großbritannien nehmen unter den verschiedenen Hooligan-Gruppen zu. Es findet eine echte Nachahmung statt, und diese Neigung nimmt nach dem 8. März 2007 nochmals zu. Nach den schwerwiegenden Vorfällen vor dem Spiel Catania–Palermo einen Monat zuvor, verpflichten die Behörden die Fans in Zukunft, beim Polizeipräsidium eine behördliche Genehmigung einzuholen, um ein Transparent zu zeigen und Tifo-Instrumente, wie Trommeln oder Megaphone, in die Stadien mitnehmen zu dürfen. Diese Entscheidung trifft die meisten Ultras-Gruppen sehr hart und treibt sie teilweise fast in den Untergrund. Sie weigern sich, mit den Behörden zu kollaborieren und diese Genehmigungen einzuholen. Dies führt zu einer Vervielfachung kleiner Casual-Gruppen. Einige von ihnen verlassen ihre historischen Plätze und positionieren sich in der Nähe der Gästesektoren, um diese zu provozieren. So zum Beispiel die Gruppe *Sempre Noi* aus Cesena, die auch nicht mehr hinter einem Banner steht, sondern auf die Gegengerade geht, um von dort aus ihre Mannschaft anfeuern.

Die Tendenz zur Verherrlichung der physischen Konfrontation wird immer stärker, wie die im Internet kursierenden Videos zeigen. Die vor allem von Boogallo Publishing übersetzten Memoiren englischer Hooligans erfreuen sich bei den italienischen Ultras großer Nachfrage und sind ein kommerzieller Erfolg. Die Filmindustrie auf der anderen Seite des Ärmelkanals hat ebenfalls dazu beigetragen, die Heldentaten der englischen Hooligans populär zu machen. Die bekanntesten Filme sind Nick Love's »Football Factory«, eine Verfilmung des Bestsellers von John King über Chelsea-Hooligans, die 2004 veröffentlicht wird, und »Green Street Hooligans« unter der Regie von Lexi Alexander, der lose auf West Hams *Inter City Firm* basiert. Abgesehen vom modischen Effekt dieser Filme werden in Italien die Techniken der gewaltsamen Konfrontation mit den Gegnern angesichts der besseren Organisation der Polizei erneuert. Die Polizei verfügt in den Reihen der DIGOS mittlerweile über eigene Teams, die sich nur mit Fußballanhängern beschäftigen. Wie in England kann man auch in Italien beobachten, wie Fans Strategien entwickeln, um unentdeckt zu bleiben. Sie mieten sich zum Beispiel Kleinbusse oder Autos, um anzureisen. Sie kundschaften die Gegend vorher aus, in der Angriffe geplant sind oder bereiten Hinterhalte vor. Neue Technologien werden genutzt, um sich zu koordinieren, und schließlich Mobiltelefone, um mit rivalisierenden Gruppen in Kontakt zu treten. Man versucht, den Gegner zu überraschen, indem man ihn in seinem Territorium herausfordert.

Am 10. Januar 2002 kommen 25 Mitglieder der *Banda Noantri* von Lazio in Taxis vor dem Stadion in San Siro an, wo sich die Mailänder Ultras normalerweise vor jedem Spiel sammeln. Sie werden von der Polizei jedoch verhaftet, bevor es zu einer Konfrontation kommen kann. Im Internet werden die Laziali daraufhin als »junge, mutige Burschen« bezeichnet. »Die klassische Elitegruppe also, die zwar nicht jedermanns Sache ist, aber kompromisslos agiert und gleichzeitig gefürchtet wird. Ihr Stil und ihre Mode sind die einer Casual-Crew von der anderen Seite des Kanals.«[415] Während sie sich diese Art von Verhalten aneignen, erleben wir gleichzeitig eine »Italianisierung« der Casuals. Denn im Gegensatz zu ihren englischen Vorreitern, die nur selten Banner mit dem Namen ihrer Gruppe zeigen, haben diese Ultras immer kleine Fetzen dabei, mit den unterschiedlichsten Namen, die sie sich von den verschiedenen britischen Crews abgeschaut haben: *Roma Casual Firm, ASR Crew* beim AS Roma, *In basso a destra, Only white shoes* bei Lazio, *OFC* bei Arezzo, *Casual Mente* bei Chieti oder *Rebel Crew* bei der Reggiana.

415 Siehe Seite http://www.ultraslazio.it/public/index.php/gruppi-storici/, abgerufen am 12. April 2017.

Die Aktionen dieser Gruppen vervielfachen sich und ziehen mitunter auch die größeren, traditionellen Gruppen in ihre Aktivitäten mit rein. Ende April 1996 studieren die Ultras von Atalanta die Gegebenheiten schon mehrere Tage im Voraus, um eine spektakuläre Aktion beim italienischen Pokalfinale zwischen Fiorentina und Atalanta vorzubereiten. Wie einer der Verantwortlichen aus Bergamo erklärt: »Wir waren auf einer Art Aufklärungsmission: Wir kamen mit dem Auto in Prato an, nahmen den Zug (…) und einen Kilometer vor dem Bahnhof Campo di Marte zogen wir die Notbremse, um einen ›Testlauf‹ zu machen.«[416] Am 2. Mai, dem Tag des Spiels, ziehen die Bergamaschi vor dem Bahnhof, wo die Polizeieskorte bereits auf sie wartet, wie geplant die Notbremse. Sie springen aus dem Zug und stellen sich ihren florentinischen Gegnern. Der Erfolg dieser Aktion veranlasst die Bergamaschi neun Jahre später, am 15. Mai 2005, sie mit demselben Erfolg zu wiederholen. Am 24. März 2003, weit vor Spielbeginn zwischen Hellas Verona und Cagliari, tauchen plötzlich etwa 30 *Sconvolts* vor der Curva Sud in Verona auf. Die Sarden erreichen Verona mit dem Zug oder einem Mietwagen und achten darauf, in Mailand zu landen, um unerkannt zu bleiben.[417] Es kommt zu heftigen Zusammenstößen, die etwa zehn Minuten dauern, während die Polizei völlig unvorbereitet agiert.

Seltener sind vorher ausgemachte Aufeinandertreffen zwischen rivalisierenden Banden, die sogenannten free-fights. Die Idee zu solchen Treffen wird von polnischen Hooligans Ende der 1990er-Jahre entwickelt. Ihr Ziel ist es, sich außerhalb der Stadien zu prügeln, ohne ein Eingreifen der Polizei fürchten zu müssen. Zwei Gruppen mit einer gleichen Anzahl von Kämpfern in unterschiedlichen Outfits stehen sich gegenüber – oft wenige Stunden vor einem Fußballspiel. Man verabredet sich in einem Wald oder an einem abgeschiedenen Ort. Der Kampf findet mit bloßen Händen über einen sehr kurzen Zeitraum statt und wird in der Regel gefilmt. Diese Art von Szenario ist nicht nach dem Geschmack der italienischen Ultras, die die Überraschung einer spontanen Konfrontation der Organisation eines solchen Treffens vorziehen, wie eines der Mitglieder der *Associazione Non Riconosciuta* von Catania erklärt: »Treffen im Wald zu planen, wie sie in Osteuropa stattfinden, ist für uns nicht akzeptabel, denn wir verlieren das Vergnügen, überrascht zu werden, und die Emotionen, die diese Art der Konfrontation bieten.«[418] Ausgemachte Kämpfe finden in der Regel mit bloßen Händen statt, während in Italien bei Aufeinandertreffen meist jede Menge Waffen wie Baseballschläger, Fahnenstangen, Fackeln, Schlagstöcke oder Messer zum Einsatz kommen. Am 7. April 2012 jedoch, vor

416 Daniele Belotti, siehe oben, S. 355.

417 Die *Sconvolts* werden alle von der Polizei verhaftet. Keiner von ihnen sieht das Spiel. Vgl. Marzio Cencioni, *Spedizione ultrà a Verona: 35 arresti Gli »Sconvolts« del Cagliari al Bentegodi per vendicare l'aggressione della gara d'andata,* »L'Unità«, 26. März 2003, S. 21.

418 Interview von Sébastien Louis geführt mit einem Mitglied der *ANR* in Catania am 29. Mai 2014.

dem Derby zwischen Cesena und Bologna, vereinbaren die lokalen Ultras und die *Mods* aus Bologna ausnahmsweise doch ein Treffen auf offenem Feld in Montaletto di Cervia, etwa zehn Kilometer vom Stadion entfernt. Eine Stunde vor dem Spiel, treffen etwa Hundert Ultras minutenlang aufeinander. Sie sind mit Fahrradketten und Holzstücken ausgerüstet, einige haben zum Schutz einen Motorradhelm auf. Auf Seiten der *Mods* kommen einige Messer zum Einsatz. Von der Ferne bekommt ein Carabiniere den Kampf mit und ruft sofort Verstärkung, die dem Ganzen schlussendlich Einhalt gebietet.[419]

419 Lorenzo Priviato, *Maxi rissa tra ultras prima di Cesena-Bologna*, »Il Resto del Carlino«, 8. April 2012, S. 34.

KAPITEL 5
Repressive Maßnahmen gegen die Gewaltausbrüche

Die Sicherheit in den Stadien

Bis zum Aufkommen der Ultras muss sich die Polizei lediglich mit abweichendem Verhalten der Zuschauer, wie dem Eindringen auf das Spielfeld, dem Werfen von Wurfgeschossen auf Spieler oder Schiedsrichter, dem Verjagen der Unparteiischen oder Zusammenstößen zwischen gegnerischen Anhängern befassen. Diese Reaktionen beziehen sich in erster Linie auf die sportlichen Darbietungen. Oft liegt ihnen auch ein übertriebener Campanilismo zu Grunde. In den 1970er-Jahren ändert sich mit der Ausbreitung der Ultras in den Stadien der Halbinsel allmählich das Konzept der öffentlichen Ordnung am Rande von Sportveranstaltungen. Es kommt zu noch nie da gewesenen Unruhen: Junge Tifosi gehen unabhängig vom Ausgang des Spiels aufeinander los. Die Anhänger der rivalisierenden Mannschaften befinden sich meist auf derselben Tribüne. Es gibt noch keine Trennung zwischen den Fraktionen, was die Angriffe der Ultras auf ihre Kontrahenten, die es wagen bei Auswärtsspielen in der heimischen Kurve aufzutauchen, erleichtert.[420] Außerdem gibt es noch so gut wie keine Zuschauerkontrollen, und man gerät leicht in einen Hinterhalt. Die traditionellen polizeilichen Methoden zur Aufrechterhaltung der öffentlichen Sicherheit, die bis zu dieser Zeit vorherrschten, müssen geändert werden, um sich der neuen Situation anzupassen und die Sicherheit der Sportfans zu gewährleisten.

Die Strafverfolgungsbehörden, die sich eher mit sozialen Protesten und Demonstrationen befassen, werden nicht sofort auf die Veränderungen in den Fußballstadien aufmerksam. Um der wachsenden Zahl von Zwischenfällen Herr zu werden, greifen sie nur ein, um die Protagonisten der Gewaltakte zu trennen und die Widerspenstigen zu vertreiben. Die Polizei ist in der Regel nur vor den Stadien aktiv, und betritt die Tribünen nur im Falle von gravierenden Zwischenfällen. Die Aufgaben der Polizisten sind begrenzt, da sie die Zuschauer nicht einmal durchsuchen können. Sie sind nur für die Aufrechterhaltung der Ordnung zuständig. Es gibt weder eine spezielle Ausbildung für die Polizisten in den Stadien, noch ein umfassendes Konzept für die Sicherheit bei Fußballspielen. Die Zahl

420 Zum Beispiel geschehen beim Spiel Hellas Verona–Bologna am 3. Oktober 1976, als die Ultras aus Bologna ihren Platz in der Curva Sud einnehmen wollen. Siehe Silvio Cametti, siehe oben, S. 28.

der Polizeibeamten ist noch relativ gering und richtet sich lediglich nach dem Gefahrenpotenzial des Spiels. Außerdem werden die großen Vereine wie Inter von Dutzenden Freiwilligen aus den klassischen Fanklubs bei der Abwicklung der Spiele unterstützt. Sie sind die Vorgänger der heute bekannten Stewards, ausgestattet mit einer Armbinde, viel Engagement und noch mehr gutem Willen. Bis dahin ist die Polizeiarbeit abhängig von sportlichen Kriterien oder diversen Rivalitäten. Die Gewalt zwischen den Ultras ist teilweise von diesen geografischen oder fußballerischen Rivalitäten losgelöst und wird durch eine Reihe von anderen Faktoren angefacht, die von den Behörden zunächst ignoriert werden. Diese Unkenntnis der internen Dynamik ihrer Bewegung begünstigt die Ultras in ihrem Streben nach immer mehr Konfrontation.

Das Jahr 1975 ist von vielen dieser Auseinandersetzungen gekennzeichnet. Erst nach und nach werden die Sportbehörden für das sensibilisiert, was sich in den Stadien abspielt. Insbesondere nach dem Spiel AC Milan gegen Juventus am 9. Februar 1975, als die Spieler von Juventus zum Ziel mehrerer Wurfgeschosse werden. Um dem Abhilfe zu schaffen, organisiert die Federazione Italiana Giuoco Calcio am 3. Februar 1976 einen runden Tisch mit Vertretern der Polizei, der Spielergewerkschaft, der Presse, des italienischen Verbands der Fußballfans und des Fußballverbands. Letztere schlagen vor, »dass es Durchsuchungen beim Betreten der Stadien geben sollte«.[421] Eine harmlose Maßnahme, die heute unentbehrlich erscheint, damals aber noch nicht an der Tagesordnung steht. Auch die folgende Saison 1976/77 ist reich an Gewaltepisoden. Hellas Verona wird wegen der Ausschreitungen seiner Fans acht Mal von der Sportgerichtsbarkeit bestraft.[422] Am 8. November 1977 organisiert der Polizeibeamte Vincenzo Postiglione im technischen Zentrum des FIGC in Coverciano einen Vortrag über die Gewalt in den Stadien und die Aufrechterhaltung der öffentlichen Ordnung bei Fußballspielen. Dies ist Teil der Ausbildung von professionellen Fußballtrainern. Der Redner betont die Verantwortung der Spieler als Auslöser der Gewalt und folglich die Rolle der Trainer: »Die Provokationen der Zuschauer beginnen schon auf dem Rasen durch das beklagenswerte Verhalten bestimmter Protagonisten am Spielfeldrand.«[423] Diese These wird vom Autor in einem Buch bestätigt, das einen Monat später erscheint.[424] Seine Analyse berücksichtigt nicht wirklich die Veränderungen auf den Tribünen, insbesondere das Auftreten von Ultras-Gruppen, die die Art der Auseinandersetzungen prägen, obwohl Vincenzo Postiglione bereits bemerkt, dass »in der Phase der präventiven Kontrolle eine

421 *La violenza negli stadi*, Bolletino ufficiale Federazione Italiana Giuoco Calcio, Rom, Jänner 1976, S. 30.

422 Vgl. Silvio Cametti, siehe oben, 32–49.

423 Vincenzo Postiglione, *Calcio e ordine pubblico*, Bologna, Labanti e Nanni, 1978, S. 10.

424 Wie das vierte Kapitel mit dem Titel »Die theatralische Geste des Fußballers und ihre Folgen« bezeugt, ebd., S. 23–25.

größere Strenge erforderlich ist, um das Mitnehmen von Stöcken, Leuchtpistolen und anderer gefährlicher Gegenstände zu verhindern.«[425]

Dies ist das zweite Buch zum Thema Gewalt in Fußballstadien seit 1977. Ein Beweis dafür, dass man sich der Probleme langsam bewusst wird.[426] Aber erst nach dem Tod eines Lazio-Fans vor dem Derby am 28. Oktober 1979 beginnen die Behörden zu handeln. Die ersten Präventiv- und Repressionsmaßnahmen werden im Anschluss an eine außerordentliche Sitzung im Innenministerium am 31. Oktober verabschiedet. Innenminister Virginio Rognoni bringt Vertreter der Sportbehörden zusammen (Liga, FIGC und CONI) sowie drei Regierungsvertreter (die Minister für Tourismus und Unterhaltung, öffentliche Bildung und der Handelsmarine),[427] den Stabschef der Carabinieri und den Polizeipräfekten von Rom. Dabei wird beschlossen, die Stadientore früher zu öffnen, damit die Polizei die Zuschauer besser überwachen bzw. perlustrieren kann. Das Anbringen von gewalttätigen Transparenten wird verboten, der Kartenverkauf wird der Stadionkapazität angepasst und der Zustand der Stadien wird überprüft. Die Präsenz der Polizei wird jedoch nicht erhöht. Dies ist sicherlich auf den Personalmangel zurückzuführen. In der Tat befindet sich das Land am Ende des Jahrzehntes inmitten von politischen Unruhen und ist fest in der Hand des Terrors. Die Prioritäten des Innenministers sind somit andere. Er lässt die Sportbehörden und Vereine alleine an vorderster Front bei Bekämpfung der auftretenden Schlägereien. Der Fußballverband legt neue Normen fest und übermittelt sie den einzelnen Vereinen: ein Verbot der Verwendung von Musikinstrumenten (Trommeln oder Hörner) bzw. Feuerwerkskörper, Fackeln und Knallkörper. Die Gruppen dürfen auch ihre Transparente, mit oft kriegerischen Namen, nicht mehr aufhängen – die meisten von ihnen heißen *Brigate*, *Commandos* oder *Ultras*. In Florenz verbieten die Behörden das Banner der *Ultras*. Diese ersetzen es durch den Slogan: »Fiorentina, du bist unser ganzer Stolz«.[428] In Pisa verbannt die Polizeipräfektur die Transparente der *Ultras* und der *Fossa Neroazzurra*. Die beiden Gruppen lassen daraufhin ein 30 Meter langes Transparent mit der Aufschrift *Gli Angeli della Curva Nord* (Die Engel der Curva Nord) anfertigen. In Neapel gibt sich das *Commandos Ultras* den weniger militanten Namen *Sostenitori Azzurri*.[429] Generell werden die Regeln aber schon

425 Ebd., S. 68.

426 Fabrizio Borghini, *Violenza negli stadi*, Florenz, Manzuoli editore, 1977.

427 In Italien gibt es kein Ministerium für Sport im eigentlichen Sinne. Sportliche Aktivitäten stehen unter der Leitung des Nationalen Olympischen Komitees, das sich wiederum von 1959 bis 1993 unter der Aufsicht des Ministerium für Tourismus und Unterhaltung befindet. Die Anwesenheit von Franco Evangilisti, Minister der Handelsmarine, erklärt sich aus der Tatsache, dass er ein ehemaliger Präsident der AS Roma (1965 bis 1967) ist.

428 Im Original: »Fiorentina Orgoglio nostro!«

429 Die *Commandos Ultras* entstehen aus dem Zusammenschluss der *Ultras* und der *Commandos* während der Saison 1978/79 und überlassen ihren Platz vorübergehend den *Sostenitori Azzurri*. Später übernehmen sie wieder den alten Namen *Commando Ultrà*, lassen aber die beiden S weg, um nicht allzu aggressiv aufzutreten. Vgl. Mariapia Lombardo, siehe oben, p. 53.

nach einigen Monaten wieder gelockert. Ab 1980 kehren die meisten alten Gruppennamen wieder in die Stadien zurück. Die einzige Ausnahme bildet dabei das *Commando Ultrà Curva Sud* der Roma, da Giovanni Fiorillo, der Verantwortliche für den tödlichen Unfall vom 28. Oktober 1979, Mitglied des *CUCS* ist. Das Material dieser Gruppe ist nun verboten. Bei ihrer Rückkehr ins Olympiastadion nach dem Mord an Paparelli am 25. November 1979 zeigen die Mitglieder des *Commando Ultrà Curva Sud* ein Banner mit der Aufschrift: »Vorwärts Jungs, die Süd ist mit euch!«[430] Zu Beginn der nächsten Saison ist das *CUCS*-Banner wieder da, verschwindet aber nach einigen Monaten wieder. Im Dezember 1981 wird ein neues Banner gezeigt, jenes der *Ragazzi della Sud*. Erst am 15. Mai 1983, anlässlich des Spiels gegen Torino, bei dem die Roma zum italienischen Meister gekürt wird, kehrt das Transparent des *Commando Ultrà Curva Sud* an den unteren Rand der Curva Sud zurück.

Neue Normen zur Verbesserung der Sicherheit

Die Vorgaben für die Sicherheit und die Planung der Stadien haben sich seit mehreren Jahrzehnten nicht mehr geändert. Das Rundschreiben Nr. 16 des Innenministeriums vom 15. Februar 1951 sowie andere frühere und spätere Gesetze über die Sicherheit von Infrastrukturen sind noch bis zur Katastrophe im Heysel-Stadion in Kraft. Dieses Ereignis, bei dem 39 Zuschauer, darunter dreißig Italiener, ums Leben kommen, verdeutlicht die Gefahr veralteter Stadien. Das Europäische Übereinkommen über Gewalttätigkeit und Fehlverhalten von Zuschauern bei Sportveranstaltungen und insbesondere bei Fußballspielen, das am 19. August 1985 vom Europarat unterzeichnet wird, bildet erstmals einen präzisen Rahmen für die Verbesserung der Stadien und auch für die nationale Gesetzgebung der einzelnen Mitgliedsstaaten. Italien ratifiziert diese Konvention am 8. November 1985, zehn Monate später, am 10. September 1986, werden per Ministerialbeschluss neue Normen für den Bau und die Nutzung von Sportstätten festgelegt. In seinen 22 Artikeln, die sich hauptsächlich mit der Sicherheit beschäftigen, stellt dieses Dekret besondere Anforderungen an Stadien mit einer Kapazität von mehr als 10.000 Plätzen. Die Tribünen müssen in Sektoren unterteilt sein, und Artikel 8 schreibt vor, dass die Trennwände zwischen den Sektoren mindestens zweieinhalb Meter hoch sein müssen. Wenn die Vereine keine derartigen Barrieren zwischen den Tribünen und dem Spielfeld wünschen, kann alternativ dazu ein Graben ausgehoben werden, der jedoch mindestens zweieinhalb Meter breit bzw. tief sein muss. In einigen Stadien

430 Im Original: »Forza ragazzi la Sud è con voi!«

wird diese Lösung angewandt, um jeglichen Versuch des Eindringens auf das Spielfeld zu verhindern, wie zum Beispiel im Stadio Dall'Ara in Bologna, im Stadio Luigi Ferraris in Genua und im Stadio Marcantonio Bentegodi in Verona. Diese Gräben sind jedoch auch die Ursache für mehrere schwere Unfälle, darunter auch ein Todesfall. Am 1. Dezember 2002 versucht Adriano Venturi vor dem Spiel Bologna–Modena ein Transparent aufzuhängen. Er verliert aber das Gleichgewicht und stürzt in den Graben, der die Tribüne vom Spielfeld trennt. Venturi fällt in ein langes Koma und stirbt am 11. Februar 2013.[431]

Für Stadien mit einer Kapazität von mehr als 30.000 Plätzen wird in Artikel 16 ein obligatorisches Videoüberwachungssystem für das Filmen der Zuschauer und den Zugang zu den Tribünen eingeführt. Diese Kameras müssen von einem Sicherheitsposten im Stadion aus kontrolliert werden. Schließlich sind rund um das Stadion zweieinhalb Meter hohe Barrieren erforderlich. Diese Bestimmungen können jedoch die Zusammenstöße zwischen rivalisierenden Gruppen nicht immer verhindern, wie der Tod von Nazzareno Filippini am Rande des Spiels Ascoli–Inter am 9. Oktober 1988 zeigt. Nach diesem Vorfall isoliert man die Gästefans in einem bestimmten Bereich des Stadions vom Rest der Menge und sichert sie durch die Anwesenheit der Polizei. In der Saison 1988/89 werden die ersten eingezäunten Bereiche in den Stadien von Bergamo und Prato eingerichtet. Am 25. August 1989 wird der alte Erlass durch einen neuen Ministerialbeschluss ersetzt, der unter anderem in Artikel 7 vorschreibt, dass Stadien mit einem Fassungsvermögen von mehr als 10.000 Zuschauern mit Sitzplätzen ausgestattet sein müssen. Artikel 8 legt die Trennung der beiden Fanlager durch die Einrichtung eines den gegnerischen Fans vorbehaltenen Bereichs im Stadions fest. Zu Beginn der Saison werden diese separaten Bereiche in den Stadien von Bologna, Florenz und Genua eingerichtet. Erst in der Saison 1990/91 werden diese Normen auch in den restlichen Stadien umgesetzt. In Florenz stehen die Gästefans nun in einem Sektor (der je nach Besucherzahl erweitert werden kann) zwischen der Curva Ferrovia und der Gegengerade, der sogenannten Maratona. Dieser Sektor ist von drei Meter hohen Plexiglaswänden umgeben, die zwei Jahre später mit Netzen auf eine Höhe von sechs Metern verdoppelt und bis zum Ende des Jahrzehnts sogar verdreifacht werden. Später wird eine Art »Niemandsland« mit einem leeren Raum links und rechts des Käfigs geschaffen. In Neapel liegt der Gästeblock zwischen der Haupttribüne und der Curva A. Ursprünglich ist die Curva A ein ruhiger Sektor, mit dem Auftauchen einiger Ultras-Gruppen wie den *Teste Matte* 1987 oder den *Mastiffs* 1991 wird sie aber zur führenden Ultras-Kurve bei Napoli, während die alteingesessenen

431 Francesco Dondi, *Precipitò allo stadio, morto dopo dieci anni*, »La Gazzetta di Modena«, 13. Februar 2013, S. 14.

Gruppen in der Curva B bleiben. Damit wird der Gästesektor in Neapel schnell zum Ziel der Ultras aus der Curva A, die die Gäste regelmäßig mit allen möglichen Wurfgeschossen eindecken. Im Laufe der Jahre werden Schutzvorrichtungen aus Plexiglas, Netzen und Metallbarrieren installiert, die diesen Bereich in einen echten Käfig verwandeln, ohne die Sicherheit vollständig gewährleisten zu können. Während des Pokalspiels zwischen Napoli und Inter am 19. Januar 2016 schaffen neapolitanische Ultras es für einige Augenblicke sogar, in den Gästebereich einzudringen.

Am 18. Mai 1984 erhält Italien vom FIFA-Exekutivkomitee in Zürich den Zuschlag für die Ausrichtung der Fußballweltmeisterschaft 1990. Dies ist die perfekte Gelegenheit, um die alten Sportstätten zu modernisieren, die schon lange nicht mehr den Anforderungen eines solchen Bewerbs entsprechen. Das vom Parlament verabschiedete Gesetz Nr. 65 vom 6. März 1987 über die Finanzierung und Renovierung der WM-Stadien verpflichtet den Staat nicht nur, alle für diesen Wettbewerb erforderlichen Arbeiten zu übernehmen, sondern stellt auch Mittel für den Bau von Mehrzweck-Sportanlagen bereit.

Italien hat nun die Gelegenheit, sich als modernes, fortschrittliches und ökonomisch erfolgreiches Land der Weltöffentlichkeit gegenüber zu präsentieren.[432] Die größte Sorge der Verantwortlichen ist dabei die Architektur der neu zu bauenden Stadien. Man vertraut auf die besten Architekten der Zeit. Renzo Piano wird mit dem Bau des neuen Stadions in Bari beauftragt. Der Staat zeigt sich sehr großzügig und finanziert die Arbeiten für die Sanierung bzw. den Neubau der Stadien, und den Ausbau der Infrastruktur mit insgesamt 3500 Milliarden Lire.[433] Die Kosten explodieren aber recht bald und erreichen am Ende mehr als das Doppelte der veranschlagten Ausgaben. 7320 Milliarden Lire stehen als Erbe der Regierung unter Bettino Craxi zu Buche. 1248 Milliarden werden alleine für die Stadien ausgegeben. Auch der menschliche Tribut ist hoch: 24 Arbeiter sterben auf den verschiedenen Baustellen.[434] Dem Land gelingt es sich zu modernisieren, aber zu welchem Preis? Vetternwirtschaft und Korruption, zwei grundlegende Problem des Landes, erreichen ihren Höhepunkt.

Viele der ursprünglichen Versprechungen seitens der Behörden werden nicht eingehalten. Luca di Montezemolo, Leiter des Organisationskomitees, bringt gegenüber der Presse oft seine Besorgnis darüber zum Ausdruck.[435]

An einigen Standorten wie etwa Neapel und Turin verzögern sich die Arbeiten aufgrund von Problemen bei den Ausschreibungsverfahren. Am Ende stehen in Bari und

432 Laut der Zeitschrift »The Economist« ist das Land 1986 gemessen am Bruttoinlandsprodukt das fünftreichste der Welt.

433 Antonio Papa, Guido Panico, siehe oben, S. 385. Anm. des Lektors: 3500 Milliarden Lire entspricht in etwa 1,8 Milliarden Euro. Zum Vergleich kostete die WM 2006 in Deutschland ca. 3,1 Milliarden Euro.

434 Ebd., S. 385.

435 Giorgio Viglino, *Montezemolo suona l'allarme*, »La Stampa«, 13. Oktober 1987, S. 26.

Turin neue Stadien, die zehn anderen bereits bestehenden Stadien werden für dieses prestigeträchtige Turnier renoviert und modernisiert.[436] Diese neuen Arenen entsprechen aber nicht wirklich den Bedürfnissen der Fußballfans, denn sowohl in Bari als auch in Turin sind die Tribünen zu weit vom Spielfeld entfernt. Aufgrund des Gesetzes Nr. 65 aus dem Jahr 1987, aber auch unter dem Druck der Vorgaben von CONI und FIFA, die Mehrzweckarenen zur Gewährleistung der Sicherheit der Zuschauer vorschreiben, werden in mehreren Stadien Leichtathletikbahnen gebaut. Der Prozess einer Sektorentrennung nimmt zu: Man installiert Trenngitter und Plexiglasscheiben zwischen den verschiedenen Tribünen. Die Kapazität der Stadien wird begrenzt, und mehrere Tribünen werden ihrerseits nochmals unterteilt. In Rom entstehen neue Sektoren, die die Kapazität der beiden Kurven reduzieren. In Udine wird die Curva Nord sogar durch eine Metallbarriere in zwei Teile geteilt. In und um die Tribünen werden Videoüberwachungssysteme installiert. Zusätzlich zu diesen physischen Hindernissen setzt man nun massiv Polizeikräfte in den Stadien ein. All diese Bemühungen zur Begrenzung von Zwischenfällen verlagern das Problem aber nur, anstatt es zu lösen. Es wird zwar immer schwieriger, auf den Tribünen aneinander zu geraten, aber die Anreisewege zu den Stadien werden immer mehr zu Orten, wo man in einen Hinterhalt geraten kann. Um dies zu vermeiden, werden die Kontrollen vor dem Zugang zu den Stadien verstärkt. Die Märsche der Fans, die zuvor zu Fuß vom Bahnhof zum Stadion begleitet worden sind, werden nun auf Busse der Stadtverwaltung aufgeteilt. In Verona und Brescia werden die Fenster der Busse durch Metallgitter ersetzt, um Schäden zu vermeiden, was das allgemeine Gefühl von Konflikt und Spannung nur noch verstärkt.

Die schrittweise Militarisierung der Stadien

Am 18. März 1996 wird ein neuer Ministerialerlass über Sicherheitsnormen für den Bau oder Umbau von Sportstätten mit mehr als 100 Zuschauern erlassen. Von nun an dürfen die größten Sektoren eines Stadions nicht mehr als 10.000 Zuschauer fassen, und in Stadien mit einer Kapazität von mehr als 20.000 Zuschauern muss innerhalb von zwei Jahren nach Veröffentlichung dieses Erlasses ein Videoüberwachungssystem installiert werden.[437] Für den Fall der Nichteinhaltung von Vorschriften sind jedoch gleichzeitig Ausnahmeregelungen vorgesehen.

436 Das Stadio Giuseppe Meazza in Mailand, das Stadio Marcantonio Bentegodi in Verona, das Stadio Friuli in Udine, das Stadio Luigi Ferraris in Genua, das Stadio Renzo Dall'Ara in Bologna, das Stadio Artemio Franchi in Florenz, das Stadio Sant'Elia in Cagliari, das Stadio San Paolo in Neapel, das Stadio Renzo Barbera in Palermo und schließlich das Olympiastadion in Rom.

437 Im Jänner 2003 fallen 33 italienische Stadien in diese Kategorie, aber nur 22 Stadien verfügen über diese Art von Einrichtungen.

Diese Normen werden von den Sport- und Zivilbehörden übernommen. Am 21. Februar 2003 veröffentlicht der Innenminister Giuseppe Pisanu ein Dekret zur Bekämpfung der Gewalt in den Stadien. Es wird am 24. April im Rahmen des Gesetzes Nr. 88 verabschiedet und sieht eine Reihe von Bestimmungen vor, um Sportstätten mit mehr als 10.000 Zuschauern auf den neuesten Stand der Sicherheit zu bringen. Der Gesetzgeber gibt vor, dass die Stadien mit nummerierten Sitzplätzen, Metalldetektoren zur Durchsuchung von Zuschauern, elektronischen Drehkreuzen zur Ticketkontrolle und Videoüberwachung innerhalb und außerhalb der Arenen ausgestattet sein müssen. Zudem wird auf eine verstärkte Trennung von gegnerischen Fans Wert gelegt und zusätzliche Barrieren sollen das Eindringen von Zuschauern auf das Spielfeld verhindern. Die Verantwortung der Fußballvereine ist nun ausdrücklich in den Rechtsvorschriften verankert. Der Verein muss diese Arbeiten in Absprache mit dem Eigentümer des Stadions (meist sind dies die Gemeinden) durchführen. Obwohl der Text den Fußballvereinen und Stadtverwaltungen mehrere Monate Zeit gibt, ihre Stadien den neuen Normen anzupassen, wird das Gesetz sehr unterschiedlich angewandt. Schließlich erhalten etliche Vereine Ausnahmeregelungen, um mit der Meisterschaft 2003 rechtzeitig beginnen zu können. Dabei mangelt es zum einen an Ressourcen, vor allem aber auch an politischem Willen bei der Umsetzung.

Für Hochrisikospiele stehen der Polizei außergewöhnliche Mittel zur Verfügung: Hubschrauber, um die Fans von der Luft aus beobachten zu können oder gepanzerte Fahrzeuge, die normalerweise in Kriegsgebieten von den Carabinieri eingesetzt werden.

Am 26. Oktober 2003 trifft der AC Milan in Genua in einem Pokalspiel auf Sampdoria – acht Jahre nach den Vorfällen, die Vincenzo Spagnolo vor demselben Stadion das Leben gekostet haben. Für dieses Spiel lässt der Polizeipräfekt eine drei Meter hohe Mauer errichten. Eine Art »rote Zone«,[438] um die Mailänder vom Rest der Zuschauer zu isolieren. Die Kosten der Barrikaden werden auf 100.000 Euro geschätzt. Am folgenden Tag werden sie wieder abgebaut.[439] In Salerno, einer Hafenstadt mit einem großen Containerterminal, hat der örtliche Polizeichef bei heiklen Spielen rund um das Stadio Arechi mehrfach Container aufgestellt, um die marode Infrastruktur und den Mangel an Investitionen zu kompensieren. Sie werden in Risikobereichen abgestellt, um Kontakte zwischen rivalisierenden Gruppen zu verhindern.

Diese Aufsehen erregenden und spektakulären, aber im Endeffekt wenig wirksamen, Maßnahmen werden von den Ereignissen des 12. April 2005 überschattet. Während des Mailänder Derbys im Viertelfinale der Champions League bewerfen Ultras von Inter den

438 Während des G8-Gipfels in Genua im Juli 2001 weist die Polizei einen Bereich der Stadt aus, der für Demonstranten gesperrt ist, die sogenannte »rote Zone«.

439 Massimo Calandri, *La violenza s'infrange sul muro*, »La Repubblica«, 27. Oktober 2003, S. 27.

Torhüter des AC Milan zunächst mir Raketen und schmeißen anschließend Dutzende von Fackeln auf das Spielfeld. Das alles unter den wachsamen Objektiven Dutzender Videoüberwachungskameras im Mailänder Stadion, einem der sichersten des Landes. Italien, das sich um die Ausrichtung der EURO 2012 beworben hat, muss mit Strenge reagieren, um die Chancen seiner Bewerbung zu wahren. Am 6. Juni 2005 wird ein neuer Ministerialerlass für Stadien mit einer Kapazität von mehr als 10.000 Zuschauern verabschiedet. Dieser verpflichtet die Eigentümer, einen Sicherheitsbereich rundherum einzurichten, der mindestens sechs Meter breit ist, um die Kontrolle und Durchsuchung der Zuschauer zu ermöglichen. Das Dekret schreibt eine stärkere Trennung zwischen dem Spielfeld und den Tribünen vor, mit der Verpflichtung, eine 1,10 Meter hohe Brüstung aufzuweisen, die von einer 2,20 Meter hohen Plexiglaswand abgeschlossen wird. Elektronische Drehkreuze zur Kontrolle der Eintrittskarten und zur Steuerung des Zustroms der Fans sind zu installieren, um jeden Versuch eines gewaltsamen Zutritts zu verhindern. Zudem müssen die Videoüberwachungssysteme verbessert werden. Des Weiteren muss eine Kommission, zuständig für Sicherheitsfragen, eingesetzt[440] und innerhalb des Stadions eine Polizeistation eingerichtet werden. Dieser Ministerialerlass soll zu Beginn der Saison 2005/06 in Kraft treten. Um die staatlichen Auflagen zu umgehen, wird die Stadionkapazität vielerorts von den Stadtverwaltungen freiwillig reduziert. Fast alle italienischen Stadien sind im Besitz der Kommunen. Die meisten von ihnen wollen oder können nicht in den Umbau investieren und beschränken die Kapazität somit auf 9.999 Zuschauer.

Diese Taktik der sogenannten »Militarisierung« der Stadien hat keine Auswirkungen auf die öffentliche Sicherheit, im Gegenteil sie erzeugt ein Klima der permanenten Anspannung. Die schweren Zusammenstöße vor dem Match Catania–Palermo am 2. Februar 2007, die dem Polizeibeamten Raciti das Leben kosten, zeigen die absolute Nichteignung vieler Sportstätten trotz vorhandener Vorgaben. Eineinhalb Jahre nach Erlass des Beschlusses haben die meisten Vereine, darunter auch Catania, die vorgeschriebenen Arbeiten noch immer nicht durchgeführt. Daher wird am 8. Februar 2007 von Innenminister Giuliano Amato ein neues Dekret vorgeschlagen. Der erste Artikel darin sieht vor, dass Fußballspiele in nicht konformen Stadien für die Öffentlichkeit gesperrt werden. Dauerkarteninhaber können erst dann ins Stadion zurückkehren, sobald Kontrollbereiche und elektronische Drehkreuze eingerichtet sind. Die Spiele sind nur mehr in den Stadien zugänglich, die alle Auflagen erfüllen. Mit diesem Gesetz ordnet der Staat praktisch die Schließung der meisten Stadien an. Daher sind plötzlich Bauarbeiter Tag und Nacht

440 Der Gruppo Operativo Sicurezza (GOS) wird von einem Polizeibeamten geleitet, der vom Polizeipräfekten eingesetzt wird. Der GOS besteht aus einem Vertreter der Feuerwehr, des Vereins, des medizinischen Dienstes, der Stadtpolizei, des Sicherheitsbeauftragten des Stadions und eventuell einer Person des Gastvereins. Er tritt regelmäßig im Vorfeld eines Spiels zusammen.

im Einsatz, um die noch nicht erledigten Arbeiten auszuführen. Unter dem Druck der größten Fußballvereine des Landes, insbesondere des AC Milan, der damit droht, seine Europapokalspiele in Frankreich oder der Schweiz auszutragen, erhalten die Klubs aber wie so oft eine Ausnahmeregelung, um die Stadien öffnen zu können, in denen gerade Umbauarbeiten im Gange sind.[441] Diese Eile, die nun vielerorts an den Tag gelegt wird, erklärt sich aber eher durch die drohenden wirtschaftlichen Verluste, als durch ein wirkliches Problembewusstsein in Fragen der Sicherheit. Außerdem befürchten die Fußballvereine und Funktionäre rechtliche Schritte von Seiten ihrer Abonnenten. Das Dekret wird am 4. April 2007 vom Parlament verabschiedet und zum Gesetz Nr. 41. Von nun an sind die Normen für Stadien mit einem Fassungsvermögen von mehr als 7500 Zuschauern obligatorisch, anstatt der vorher vorgesehenen 10.000. Schließlich überträgt das Gesetz den Fußballvereinen als Organisatoren der Veranstaltung eine größere Verantwortung.

Obwohl die Stadien auf den neuesten Stand gebracht worden sind, sind einige Ordnungshüter nach wie vor der Meinung, dass den Zuschauern weitere Hindernisse in den Weg gelegt werden müssen. Nicht anders ist es zu erklären, dass der Polizeipräfekt von Rom, Achille Serra, im Sommer 2007 beschließt, die beiden Kurven des Olympiastadions durch eine Sicherheitstreppe zu teilen, die durch zwei 90 Zentimeter hohe Rampen geschützt ist. Zudem werden die ersten vier Sitzreihen abmontiert. In den meisten westeuropäischen Ländern passiert zur gleichen Zeit genau das Gegenteil. Dort werden Absperrungen und Tore entfernt, damit sich die Fans frei bewegen können – und das ganz ohne Probleme zu verursachen. Außerdem stehen die italienischen Stadien im Widerspruch zu den Empfehlungen der europäischen Fußballbehörde: »Die UEFA hält in allen Wettbewerben am Prinzip der zaunfreien Stadien fest. (...) Jede Form von Barrieren zwischen dem Spielfeld und den Zuschauern oder zwischen Zuschauergruppen erweckt den Eindruck einer Isolierung.«[442]

Diese Logik scheint aber nicht für Italien zu gelten. Zu den Hindernissen kommen Netze und andere Absperrungen hinzu. Die Sicht auf das Spielgeschehen wird in Sportstadien, die oft multifunktional genutzt werden und in denen eine Leichtathletikbahn die Zuschauer noch weiter vom Spielfeld entfernt, dadurch noch schlechter. Als wäre das nicht schon genug, beschließt der neue Präfekt von Rom, Franco Gabrielli, im Juli 2015, die beiden Kurven des Olympiastadions von Rom zu teilen. Sie werden nun durch eine doppelte Plexiglasbarriere getrennt, die anstelle der Sicherheitstreppe Platz nimmt. Unter dem Druck einer Kampagne von Ultras der Roma und von Lazio und einem

441 Carlo Laudisa, *San Siro a forte rischio Milan pronto a fuggire in Francia per l'Europa*, »La Gazzetta dello Sport«, 8. Februar 2007, S. 2.
442 UEFA Quality Stadium Guide, Nyon, 2011, S. 59.

Boykott der Abonnenten beider Vereine, werden diese Barrieren schließlich am 2. April 2017, im Vorfeld des Stadtderbys, aber wieder entfernt. Die Behörden verwandeln die Sportstätten der Halbinsel jedoch immer mehr in Orte mit einer fanfeindlichen Architektur. Das Problem ist in erster Linie struktureller Natur, denn die große Mehrheit der Fußballstadien ist baufällig und stellt eine echte Gefahr für die Sicherheit der Zuschauer dar, da es an Investitionen und Geld für die Instandhaltung mangelt. Ein Problem, mit dem die gesamte Infrastruktur des Landes zu kämpfen hat.

Verfall der Sportstätten

In Italien findet die Errichtung von modernen Fußballstadien im Prinzip in zwei unterschiedlichen Phasen statt: Zum einen werden unter dem faschistischen Regime zwischen 1927 und 1937 zahlreiche Stadien gebaut, wie etwa in Bologna – das erste Stadion, das auf Initiative des Staates errichtet wird – sowie in Cremona, Florenz, Palermo, Lucca und Vicenza.[443] Die meisten von ihnen werden als Multifunktionsarenen gebaut, die über eine Leichtathletikbahn, Sporthallen und manchmal auch ein Hallenbad verfügen. Am 21. Juni 1928 initiiert Augusto Turati, Präsident des CONI und Sekretär der nationalen faschistischen Partei, das Gesetz Nr. 1580, das den Bau von Stadien nach einem einheitlichen Modell zur Förderung der Sportausübung anregen soll.[444] Bis dahin werden die meisten dieser Bauwerke auf private Initiative hin errichtet, manchmal auch mit öffentlichen Mitteln. Erst in der zweiten Hälfte der 1950er-Jahre, als die Wiederaufbauphase des Landes beendet ist und das Wirtschaftswunder einsetzt, beginnt eine zweite Periode. Die Stadien in Brescia, Neapel, Savona und Viareggio werden 1959 eingeweiht. Sie sind charakteristisch für diese Zeit, unterscheiden sich aber klar von der Architektur der faschistischen Ära. Über einen Zeitraum von siebzehn Jahren werden auf der gesamten Halbinsel etwa 30 große Arenen gebaut. Sie liegen aber viel weiter vom historischen Stadtkern entfernt als ihre Vorläufer und verfügen in der Regel über eine Leichtathletikbahn und elliptische Tribünen. Dies gilt für das 1963 fertiggestellte Stadio Bentegodi in Verona, das 1966 fertiggestellte Stadio Via del Mare in Lecce und das 1970 eröffnete Stadio Sant'Elia in Cagliari. Das Stadio Friuli in Udine ist das letzte Stadion, das in dieser zweiten Phase gebaut wird. 1976 wird es eröffnet.

Elf Jahre später verabschiedet das Parlament das Gesetz Nr. 65 im Zusammenhang mit der Organisation der Fußballweltmeisterschaft 1990 in Italien. Dieses Gesetz ermöglicht

443 Trotz der notwendigen Renovierungen beherbergen diese Stadien nach wie vor die Fußballklubs ihrer Städte und haben ihren ursprünglichen Charakter weitgehend bewahrt.

444 Francesco Maria Varrasi, *Economia, Politica e Sport in Italia (1925–1935)*, Florenz, Fondazione Artemio Franchi, 1997, S. 206.

es, mehrere Stadien zu modernisieren und neue zu bauen. In Turin löst das eigens für diesen Anlass errichtete Stadio Delle Alpi das alte Stadio Comunale ab. Mit Beginn der Saison 1990/91 tragen Juventus und Torino dort ihre Heimspiele aus. Ein Neubau findet auch in Bari statt, wo das Stadio San Nicola mit seiner futuristischen Architektur das alte Stadio Della Vittoria ersetzt. Trotz aller Modernität finden sich die Zuschauer jedoch in ungeeigneten Anlagen mit schlechter Sicht wieder, da die Tribünen durch eine Leichtathletikbahn vom Spielfeld getrennt sind.[445] Außerdem sind diese Stadien zu groß und die lokalen Vereine haben oft Schwierigkeiten, sie zu füllen. Nach sechzehn Jahren wird das ungeliebte Stadio Delle Alpi schlussendlich wieder aufgegeben, da anlässlich der Olympischen Winterspiele, die im Februar 2006 in Turin stattfinden, das alte Stadion Comunale vollständig renoviert wird. Das Olympiastadion, das für 25.442 Zuschauer ausgelegt ist, entspricht eher den Vorstellungen der beiden Turiner Vereine, die ab September 2006 ihre Spiele in der umgebauten Arena austragen. In Cagliari ist die Situation mit dem Stadio Sant'Elia, das im September 1970 eingeweiht und für die Fußballweltmeisterschaft 1990 renoviert wird, ähnlich. Trotz dieser Arbeiten befindet sich die Infrastruktur dort in einem sehr schlechten Zustand, und die Leichtathletikbahn rückt die Tribünen weiter vom Spielfeld weg. Im Stadion werden drei Stahlrohrtribünen aufgestellt, wodurch sich das Fassungsvermögen des Stadions halbiert (von 41.000 auf 21.573 Zuschauer). Das Stadion wird am Ende der Saison 2016/17 endgültig aufgegeben. Auf dem Parkplatz der alten Spielstätte wird die provisorische Sardegna Arena mit 16.416 Plätzen errichtet, während man auf den Bau eines neuen, den Normen entsprechenden, Stadions wartet.

Triest, das sich ebenfalls als Spielort für die Fußballweltmeisterschaft 1990 bewirbt, beschließt den Bau eines neuen Stadions nach einem lokalen Referendum im März 1985. Das WM-Organisationskomitee entscheidet sich schließlich aber für den WM-Standort Udine. Die Arbeiten werden dennoch aufgenommen, und das Stadio Nereo Rocco wird am 18. Oktober 1992 eingeweiht. Auch andere Stadien werden im gleichen Zeitraum in Städten gebaut, die nicht Gastgeber der Weltmeisterschaft 1990 sind. Sie profitieren von der im Gesetz von 1987 vorgesehenen Finanzierung. Dies ist der Fall in Salerno, wo der Verein am 9. September 1990 sein altes Stadion im Stadtzentrum zugunsten des Stadio Arechi aufgibt. In Ancona führt der Aufstieg in die Serie A, der am 7. Juni 1992 besiegelt wird, zum Bau einer neuen Sportanlage. Das erste Spiel wird dort bereits am 6. Dezember 1992 ausgetragen, obwohl zu diesem Zeitpunkt zwei Tribünen noch nicht fertiggestellt

445 Die am weitesten entfernten Sitzplätze im Stadio Delle Alpi befinden sich 162 Meter vom gegenüberliegenden Spielfeldrand. Vgl. Sandro Solinas, siehe oben, S. 398.

sind. Schließlich wird das neu errichtete Stadio Euganeo in Padua am 11. September 1994 eingeweiht, nachdem der lokale Verein im selben Jahr die Rückkehr in die Serie A schafft.

Trotz der Renovierungen zu Beginn der 1980er- und 1990er-Jahre sind die meisten Stadien nach der Ratifizierung neuer, strengerer Normen durch die Regierung zwischen 2003 und 2005 nicht mehr zweckmäßig. Die betroffenen Vereine müssen jedes Wochenende bei der örtlichen Präfektur eine Ausnahmegenehmigung für die Austragung ihrer Fußballspiele beantragen. Die verschiedenen legislativen Maßnahmen, die das Parlament zur Bekämpfung der Gewalt ergreift, bleiben jedoch wirkungslos, da die erforderlichen Umbauten nicht oder nur halbherzig durchgeführt werden. Im Laufe der Jahre verfallen die Stadien auf der Halbinsel immer mehr, weil notwendige Instandhaltungsarbeiten nicht mehr durchgeführt werden. Aus architektonischer Sicht ist dies ein echtes Problem, da viele dieser Bauwerke zum Kulturerbe Italiens gehören, wie zum Beispiel das Stadio Artemio Franchi der Fiorentina. Die Wirtschaftskrise in Italien hat große Auswirkungen auf die Gemeinden mit knappen Budgets. Wenn ein Verein aufsteigt, der lange Zeit nicht mehr auf höchstem Niveau gespielt hat, hilft man sich zunächst mit dem Aufstellen provisorischer Tribünen, die dann aber oft zu einer langfristigen Lösung geraten. So in Como, das 2002 überraschend in die Serie A zurückkehrt und anstelle der gerade abgerissenen Kurven zwei Stahlrohrtribünen mit 5000 Plätzen ins Stadio Sinigaglia stellt. Gleiches gilt auch für Novara, das im Juni 2011 in die erste Liga aufsteigt. Die Kurven des Stadio Silvio Piola werden durch zwei Metallkonstrukte mit 3500 Plätzen ergänzt. Als Provisorium gedacht, stehen sie noch immer.

Selbst Stadien, die umfangreich renoviert wurden, wie jenes in Neapel, verfügen nur über eine geringe Kapazität. Die letzten Reihen der Tribünen, die bei der Renovierung des Gebäudes für die Weltmeisterschaft 1990 hinzugefügt wurden, sind seit 2005 für die Öffentlichkeit gesperrt, wodurch die Kapazität um mehrere tausend Plätze reduziert ist. Das Stadio Partenio-Adriano Lombardi in Avellino hatte eine Kapazität von sechsundzwanzigtausend Zuschauern und ist nun für 6.733 Zuschauer zugelassen.[446]

Die Bereiche, in denen die Gästefans untergebracht werden, sind oft die schlechtesten Plätze, um das Spiel zu verfolgen. Die Sicht ist aufgrund der zahlreichen Schutzvorrichtungen (Netze, Plexiglasbarrieren, Zäune) behindert, wie etwa in Brescia oder Neapel, wo die gegnerischen Tifosi quasi in einem echten Käfig untergebracht sind. In einigen Stadien, wie zum Beispiel in Neapel, Catania oder Palermo, werden diese Sektoren, obwohl sie durch zahlreiche Netze, Zäune und Barrieren geschützt sind, von den Heimfans oft mit allerlei Wurfgeschossen eingedeckt. Darüber hinaus führt diese

446 Kapazität für die Saison 2016/17.

Militarisierung zu verstärkten Spannungen, die oft gewalttätige Reaktionen auslösen. Dies veranlasst wiederum einige Funktionäre, immer absurdere Maßnahmen zu treffen. So zum Beispiel Aurelio De Laurentiis, Präsident von Napoli, der nach einer Platzsperre aufgrund einer auf den Schiedsrichterassistenten geworfenen Flasche im Spiel gegen Livorno vorschlägt, vor alle Tribünen Netze zu spannen, um das Werfen von Gegenständen zu unterbinden.[447]

Darüber hinaus stellt der schlechte Zustand der Infrastrukturen ein echtes Problem dar, da die Sicherheit der Sportfans nicht immer gewährleistet ist. Am 17. Juni 2001 wird ein junges Mitglied der *Testi Fracidi* während des Spiels Messina–Catania schwer verletzt. Aus dem Sektor der Ultras aus Catania waren mehrere Böller auf den angrenzenden Sektor mit Tifosi von Messina geworfen worden. Einer von ihnen trifft Antonino Currò, der nach zwei Wochen im Koma stirbt. Am 20. September 2003 zieht das Derby zwischen Avellino und Napoli mehrere tausend Napoletani an. Einige von ihnen reisen ohne Eintrittskarten nach Avellino und versuchen mehrmals gewaltsam die Eingangskontrollen zu überwinden. Die Polizei greift hart durch, um die Menge zu vertreiben. Im Chaos flüchtet sich Napoli-Fan Sergio Ercolano mit anderen auf ein Plexiglasdach. Dieses bricht unter dem Gewicht ein und Ercolano stürzt rund 20 Meter in die Tiefe. Es dauert rund eine halbe Stunde, bis ihn die Rettungskräfte erreichen. Wieder ist ein Zugangsschlüssel nicht auffindbar. Ercolano verstirbt ein paar Stunden später im Spital. Die Napoletani stürmen daraufhin das Spielfeld, die Polizei wird zum Ziel ihrer Rache und das Spiel schlussendlich abgebrochen.

Die baufälligen Stadien und die schlechte Organisation der öffentlichen Ordnung erweisen sich auch für andere Tifosi als fatal. Am 24. Januar 1999 reist Maurizio Alberti, ein Mitglied der *Rangers Pisa*, nach La Spezia, um seine Mannschaft zu unterstützen. Während des Spiels erleidet er einen Herzstillstand, es gibt aber keinen Arzt im Stadion und die Ersthelfer sind unzureichend ausgebildet. Der Krankenwagen kommt zu allem Überfluss auch noch zu spät: Maurizio fällt ins Koma und stirbt elf Tage später.[448] Am 4. Mai 2003, wenige Minuten vor dem Beginn des Spiels Sambenedettese–L'Aquila, stürzt Massimo Bruni, ein Ultra der Heimmannschaft und bei allen als »Cioffi« bekannt, vom ersten Rang der Tribüne. Durch die Wucht des Aufpralls und das zwanzigminütige Warten auf Hilfe erleidet er irreparable Verletzungen. Er stirbt am 22. November 2004. Am 7. März 2004, während des Spiels Anziolavinio–Alatri, stürzt Fabio Pistilli, Mitglied der *Vecchia Guardia* Anzio, vom oberen Teil der Tribüne, wo er die Ankunft des Busses

447 Fulvio Bianchi, *Trasferte vietate e stadi chiusi,* »La Repubblica«, 02. Oktober 2007, S. 52.
448 Ihm zu Ehren benennen die Ultras aus Pisa ihre Kurve in Curva Nord Maurizio Alberti um.

der Gäste-Ultras in der 25. Minute des Spiels beobachtet, acht Meter in den Tod. Die Fans aus Alatri sind von der Polizei aufgehalten worden, um einen Kontakt zwischen den rivalisierenden Lagern zu vermeiden.[449] Am 23. Mai 2009 verliert Eugenio Bortolon (19 Jahre) während des Spiels Parma–Vicenza das Gleichgewicht, fliegt über die Absperrung des Gästesektors und landet mit voller Wucht etwa zehn Meter tiefer am Boden. Er stirbt noch am selben Abend. Veraltete Stadien, unvorbereitete Rettungsdienste, blinde Gewalt durch Ultras, Hinterhalte, Vandalismus, übermäßige Repression, Inkompetenz der Behörden oder auch Unfälle – angesichts dieser dramatischen Situation ist es erstaunlich, wie gering die Zahl der Todesopfer in den Stadien ist.

Ein Neubau wie das San Filippo-Scoglio-Stadion in Messina, das anlässlich des Aufstiegs des Vereins in die Serie A errichtet und am 17. August 2004 eingeweiht wurde, befindet sich in einem erbärmlichen Zustand. Der Konkurs des Vereins im Sommer 2008 ist dabei natürlich nicht hilfreich. Die Mannschaft muss weit unten, in der Serie D, wieder beginnen. Am 6. Mai 2011 stürzt eine Stützmauer hinter der Curva Nord ein, was die staatliche Sicherheitskommission dazu veranlasst, das Stadion als nicht mehr sicher einzustufen und das lang ersehnte Konzert von Vasco Rossi am 26. Juni abzusagen.[450] Erst drei Jahre später sind die Arbeiten zur Wiederinstandsetzung abgeschlossen. Wie ein Journalist während eines Spiels am 30. Mai 2015 bemerkt: »Nach dem Abstieg in die Amateurklasse ist das Stadion, das viele als die schönste Errungenschaft Siziliens bezeichnet haben, implodiert. Man braucht sich nur die für die Öffentlichkeit gesperrten Sektoren anzuschauen. Dort sieht man herausgerissene Sanitäranlagen, überall wuchern Unkrautbüschel und es liegen zerfetzte Rohre herum.«[451] Außerdem ist dieses Stadion, wie viele andere auf der Halbinsel auch, mit seinen 38.722 Plätzen reichlich überdimensioniert. Selbst beim einzigen Spiel der Nationalmannschaft im Stadion San Filippo, am 17. November 2004, sehen nur 7043 Zuschauer bei Italien–Finnland zu. In der Saison 2022/2023 verfügt die Mannschaft von Messina, die in der Serie C spielt, über einen Zuschauerschnitt von 1839.

Der Fall des Stadio Nereo Rocco in Triest ist ebenso bezeichnend. Zwei Jahre nach der Übergabe des 32.000 Zuschauer fassenden Stadions geht der lokale Verein am Ende der Saison 1993/94 in Konkurs. Die Triestina kehrt erst 2002 wieder in die Serie B zurück und bleibt dort neun Spielzeiten lang. Der Verein hat aber trotzdem große Probleme, die Tribünen zu füllen. In der Saison 2009/10 spielt die Triestina vor durchschnittlich 6472 Zuschauern. Präsident Stefano Fantinel ordnet die Schließung einer der Tribünen an, da

449 Francesco Luti, *Anzio: febbre da tifo, salto nel vuoto Fabio Pistilli (29 anni) muore cadendo dalla tribuna. Si era sporto all'arrivo degli ultrà avversari*, »L'Unità«, 08. März 2004, S. 17.

450 *Lo stadio di Messina è inagibile a rischio il concerto di Vasco Rossi*, »La Repubblica« (sez. Palermo), 04. Juni 2011, S. 22.

451 Simone Meloni, *Un derby ri-Stretto: Messina-Reggina, Playout Lega Pro*, »Sportpeople«, Juni 2015.

die hohen Kosten für den Erhalt nicht im Verhältnis zur Zahl der Besucher stehen. Den unteren Teil der leer stehenden Gegengerade lässt er mit einer riesigen Plane abdecken, auf der ein Foto des Publikums vom ersten Heimspiel (Triestina–Pescara am 6. September 2010) aufgedruckt ist. Das Echo in den Medien ist so groß, dass er beim folgenden Spiel die ganze Tribüne mit ihren 10.000 Plätzen zudecken lässt. Auch internationale Medien werden auf die Geschichte aufmerksam, bringen der Triestina viel Publicity, berichten aber vor allem darüber, dass der italienische Fußball unter einem eklatanten Zuschauerschwund leidet.[452] In den ersten beiden Jahrzehnten des 21. Jahrhunderts gehörte die Auslastung der Fußballstadien in Italien zu den niedrigsten der fünf großen Ligen in Europa.

Im 21. Jahrhundert wollen immer mehr Präsidenten auf der italienischen Halbinsel Besitzer ihrer Stadien werden und dort eine ganze Reihe von profitablen Aktivitäten anbieten. Ganz nach englischem Vorbild sollen rundherum Einkaufszentren am Stadtrand entstehen. Die Bolton Wanderers sind dafür beispielgebend. Das Macron-Stadion, benannt nach dem Sportartikelhersteller, der den Verein ausrüstet, wird 1997 außerhalb der Stadt gebaut, acht Kilometer vom Stadtzentrum entfernt. Es hat eine eigene Autobahnausfahrt, einen Bahnhof und ausreichend gebührenpflichtige Parkplätze. Ein Hotel und Kongressräume sind in die Tribünen integriert, ebenso wie der Fanshop. Die meisten der alten italienischen Stadien liegen mitten in städtischen Gebieten, was Probleme für die Entwicklung der damit verbundenen wirtschaftlichen Aktivitäten, aber auch für die Sicherheit der gegnerischen Fans mit sich bringt. Die Arbeit der Polizei wird durch diese geografischen Gegebenheiten erschwert, da die engen Straßen im Fall des Falles einen urbanen Guerillakrieg begünstigen. Darüber hinaus fühlen sich die Bewohner dieser Stadtteile häufig durch die Fahr- und Parkverbote gestört, die die Behörden rund um die Stadien aussprechen.

Modernisierung der Stadien durch Private

Am 15. April 1995 wird das erste moderne, vereinseigene Stadion mit dem Spiel zwischen Reggiana und Juventus eingeweiht. Es steht am Stadtrand von Reggio Emilia, ist von riesigen Parkplatzflächen umgeben und wird von der Giglio-Gruppe finanziert, die auch als erster Namensgeber fungiert. Das Stadion fasst 29.546 Plätze und kommt seinen englischen Vorbildern sehr nahe. Es ist ausschließlich für den Fußball ausgelegt, unter den Tribünen befinden sich ein Einkaufszentrum, ein Hotel und Kinosäle. Für Italien handelt es sich um eine echte Innovation im Bereich der wirtschaftlichen und sportlichen

452 Siehe Philippe Ridet, *Dans le stade de Trieste, les spectateurs sont factices*, »Le Monde«, 27. September 2010, S. 17.

Entwicklung. Als Eigentümer tritt der lokale Verein, die Reggiana, auf. Am 13. Juli 2005 geht der Verein aber in Konkurs, die hohen Schulden, die der Bau verschlungen hat, sind dafür ausschlaggebend. Das Stadio Città del Tricolore wird im Dezember 2013 von der Firma Mapei gekauft und renoviert. Das Unternehmen besitzt bereits einen Verein in der 25 Kilometer entfernten Stadt Sassuolo. Die Mannschaft ist ein halbes Jahr zuvor, im Mai 2013, in die Serie A aufgestiegen und Mapei beschließt, das Stadion von Reggio Emilia zur Heimstätte seines Vereins zu machen und gibt ihm den Namen Mapei Stadium-Città del Tricolore. Es ist der erste Fall von Stadionbranding in Italien. In der Spielstätte, deren Kapazität auf 21.525 Plätze reduziert wird, finden seither sowohl die Spiele von Sassuolo und wie auch der Reggiana statt.

Juventus, der beliebteste und erfolgreichste Verein des Landes, hat ebenfalls den Schritt gewagt, eine eigene Arena zu bauen. Nach einer Vereinbarung mit der Stadt Turin im Jahr 2002 erhält der Verein das Gelände des ehemaligen Stadio Delle Alpi für eine Pacht über 99 Jahre. Im Sommer 2009 beginnen die Bauarbeiten für das neue Stadion an der Stelle des alten, das somit weniger als zwanzig Jahre nach seiner Eröffnung schon wieder abgerissen wird. Das Juventus Stadium wird am 8. September 2011 eingeweiht. Dieser moderne und funktionelle Komplex mit einem Fassungsvermögen von 41.000 Zuschauern befindet sich am Rande der Stadt. In der gesamten Anlage finden mehrere Restaurants, ein Einkaufszentrum und das Klubmuseum Platz. Daneben gibt es noch unzählige kostenpflichtige Parkplätze. Wie die neuen deutschen und englischen Stadien ist es an sechs Tagen in der Woche für Besucher geöffnet.[453] Am 1. Juli 2017 wird der Komplex im Rahmen einer Partnerschaft mit einem Versicherungskonzern für sechs Spielzeiten in Allianz-Stadium umbenannt.

Dem von Juventus eingeschlagenen Weg wollen auch die übrigen großen Vereine des Landes folgen. Sowohl Lazio als auch die Roma hegen Pläne, aber die Finanzkrise legt diese wieder in die Schublade. Der AC Milan hat den Bau eines neuen Stadions im Rahmen der Stadtentwicklung der lombardischen Metropole anlässlich der Weltausstellung 2015 in Erwägung gezogen, die Idee aber schließlich fallen gelassen. Der Verein hatte auch erwogen, das Giuseppe-Meazza-Stadion zusammen mit Inter zu restaurieren. Die Vergabe der Europameisterschaft 2032 an Italien und die Türkei durch die UEFA am 10. Oktober 2023 wird jedoch zweifellos die Pläne für den Bau neuer Infrastrukturen wiederbeleben, insbesondere seitens der Vereine aus Mailand und Rom. Auch in Cagliari und Avellino scheint es weitere Projekte zu geben, die von den jeweiligen Stadtverwaltungen unterstützt

453 Laut der offiziellen Webseite des Vereins besuchen in der Saison 2016/17 166.750 Menschen das Stadion außerhalb der Spieltage. Der Eintrittspreis beträgt 22 Euro für einen Erwachsenen. http://www.juventus.com/en/news/news/2017/call-it-allianz-stadium.php, Zugriff am 4. Juli 2017.

werden. Darüber hinaus soll das neue Stadiongesetz, bekannt als Gesetzesdekret Nr. 38 vom 28. Februar 2021, die Vergabe von kommunalen Stadien an private Partner (und damit an die Eigentümer der Fußballvereine) für eine Dauer von 99 Jahren erleichtern. Das Ziel dieses Gesetzes ist es, die Fristen zu verkürzen, indem administrative Einsprüche des Kulturministeriums vermieden werden, das für das kulturelle Erbe und damit auch für die Stadien zuständig ist, da viele von ihnen in Italien oftmals unter Denkmalschutz stehen.

Auch in Bologna und Florenz gibt es Pläne für neue Stadien. In Bergamo indes ist man schon einen Schritt weiter. Unter der Präsidentschaft von Antonio Percassi hat der Verein der Stadt das Stadio Atleti Azzurri d'Italia abgekauft und 2019 mit den Umbauarbeiten begonnen. In einem ersten Schritt wird die alte Curva Nord Pisani abgerissen und die Gegengerade, Tribuna Rinascimento, erneuert. In einem dritten Schritt soll auch die zweite Kurve, die Curva Morosini, umgestaltet werden, um später im Stadion Platz für 23.370 Fans bieten.[454]

Zwei Vereine setzen jedoch auf die Restaurierung ihres veralteten Stadions. Die Udinese gestaltet das alte Stadio Friuli radikal um. Das 1976 fertiggestellte und 1990 für die Fußballweltmeisterschaft renovierte, übergroße Stadion mit einem Fassungsvermögen von 41.652 Zuschauern, mit einer einzigen überdachten Tribüne und einer Leichtathletikbahn, entspricht nicht mehr aktuellen Standards. Der Verein aus dem Friaul übernimmt es am 29. März 2013 von der Stadt und verpflichtet sich, es zu modernisieren. Am 17. Januar 2016 wird das neue Stadion eingeweiht: Die Leichtathletikbahn ist verschwunden und drei Tribünen sind komplett umgebaut und überdacht worden. Seine Kapazität beträgt nun 25.000 Plätze. Schließlich wird eine Vereinbarung mit einem Autohersteller getroffen, der das Projekt sponsert und die Spielstätte firmiert fortan als Friuli-Dacia-Arena.

Dieses Projekt ist ein Vorgeschmack auf die zukünftigen Stadien der Halbinsel für die Vereine der Serie A und Serie B, entweder durch eine umfassende Renovierung der bestehenden Infrastruktur oder durch den Bau von Arenen am Stadtrand im Rahmen von öffentlich-privaten Partnerschaften. Diese Arenen werden eine geringere Kapazität haben und über einen gewissen Komfort verfügen. Sie werden durchwegs mit Sitzplätzen ausgestattet sein, keine Zäune um das Spielfeld aufweisen und über größere VIP-Bereiche verfügen. Außerdem werden viele Vereine zum Teil Eigentümer ihrer Infrastruktur. Die neuen Stadien, wie das in Turin, sind eindeutig auf ein Konsummodell mit diversifizierten wirtschaftlichen Erträgen ausgerichtet.

In Bergamo geht Atalanta einen eigenen Weg und wird 2017 Eigentümer des Stadions Atleti Azzurri d'Italia. Die Bauarbeiten zum Abriss der Curva Nord beginnen am

454 F. Fontana, *Serie A, Atalanta: nuovo stadio pronto in tre anni, si chiamerà Gewiss Arena,* »La Gazzetta dello Sport«, 28. April 2019

30. April 2019. Der neue Sektor wird in fünf Monaten errichtet und am 6. Oktober 2019 beim Spiel Atalanta–Lecce erstmals für die Öffentlichkeit zugänglich gemacht. Auch die Seitentribüne wird teilweise wieder aufgebaut. Im Jahr 2024, wenn der Bau der Curva Sud abgeschlossen ist, wird Atalanta über ein modernes und funktionales Stadion mit 24.950 Plätzen verfügen, das den Namen »Gewiss-Stadion« trägt, nachdem am 1. Juli 2019 eine Partnerschaft mit dem Elektronikunternehmen geschlossen wurde. Im Laufe der Zeit werden siebzehn Sponsoren in die Außenfassaden des Stadions integriert werden.

Auf zwei weitere Projekte in dieser Richtung gehen wir noch ein: Zum einen das Stadion in Frosinone. Mit dem Bau wurde schon 1987 begonnen. Nach Fertigstellung einer Tribüne mit einem Fassungsvermögen von 8000 Plätzen werden die Arbeiten am Bellator Frusino eingestellt und die Anlage ihrem Verfall preisgegeben.[455] Der sportliche Aufstieg der Mannschaft, die 2006 in die Serie B gelangt und 2015/16 um den Aufstieg in die Serie A mitspielt, sorgt dafür, dass wieder neue Pläne für den Stadionumbau geschmiedet werden. Am 14. Juni 2016 wird eine öffentlich-private Partnerschaft zwischen der Gemeinde und den Verantwortlichen des Vereins geschlossen, um das unvollendete Projekt doch noch fertigzubringen. Mit begrenzten Investitionen wird die Anlage bis zu einem Fassungsvermögen von 16.125 Zuschauern ausgebaut. Das Stadio Benito Stirpe wird am 2. Oktober 2017 eingeweiht.

Dann wäre da noch das alte Stadio Paolo Mazza in Ferrara, das 1925 erbaut wird. Am 13. Mai 2017 kehrt die SPAL nach 49 Jahren wieder in die oberste Spielklasse zurück. Ein Umbau der Anlage wird somit unausweichlich. Durch eine Reihe von Arbeiten im Sommer 2018 wird aus dem Mazza ein Stadion nach englischem Vorbild. Die Gegengerade sowie die beiden Kurven Ost und West werden modernisiert, überdacht bzw. erweitert. Das Ganze geht innerhalb von 80 Tagen vonstatten und ermöglicht die Neueröffnung vor dem Heimspiel gegen Atalanta. Das Stadion fasst 16.134 Plätze. Man könnte fast von einem Modellumbau sprechen und das eingebettet in einem eng verbauten, urbanen Raum. Ähnlich wie in Bergamo gehen der sportliche Erfolg der Mannschaft und die Aufrüstung der Infrastruktur auch in Ferrara Hand in Hand.

Die Sicherheit in den Stadien folgt inzwischen immer mehr dem Modell anderer Länder Europas seit Ende der 1990er – private Sicherheitsfirmen werden engagiert, um für Ordnung zu sorgen. Auf der italienischen Halbinsel sieht der Ministerialerlass vom 18. März 1996 vor, dass ziviles Personal für die Sicherheit zuständig ist. Mit dem Gesetz Nr. 88 aus dem Jahr 2003, in dem die Verantwortung für die Sicherheit den Vereinen und nicht nur den kommunalen Behörden übertragen wird, setzt sich diese Idee durch.

455 Sandro Solinas, siehe oben, S. 163.

Zwei Jahre später, im Jahr 2005, wird mit dem Ministerialerlass und dem Gesetz Nr. 210 vorgesehen, dass diese Arbeitskräfte zu einem von der Legislative geschützten Rechtssubjekt werden. Der italienische Staat plant, die auf den Tribünen eingesetzten Polizeikräfte schrittweise durch unbewaffnete Ordner zu ersetzen, um die Spannungen abzubauen. Ihre Aufgabe ist es, für die Kontrolle der Zuschauermassen und die Einhaltung der Regeln in den Stadien zu sorgen. Anfang 2006 versehen diese Stewards das erste Mal ihren Dienst in italienischen Stadien. Die Vorfälle, die Filippo Raciti am 2. Februar 2007 das Leben kosten, beschleunigen diesen Prozess in den Arenen genauso wie das daraus resultierende Dekret vom 8. Februar 2007.

Am 12. April 2007 wird zwischen dem Innenministerium, dem Präsidenten des CONI und dem Präsidenten der FIGC eine Vereinbarung über die Einstellung und Ausbildung der Stewards unterzeichnet.[456] Seitdem verfügen alle Vereine der Serie A, B und C über diese Art von Ordnerdienst.[457] Im Amateurbereich setzen die Vereine ebenfalls Ordner ein. Das Personal mit den fluoreszierenden Sicherheitswesten ist inzwischen überall Realität: Auf den Tribünen und bei der Kartenkontrolle. Dennoch ist die Polizei weiterhin präsent, aber viel diskreter und vor allem außerhalb der Stadien.

Vom ersten Gesetz über Stadionverbote bis zum Dekret von Roberto Maroni

Trotz verstärkter Kontrollen an den Stadioneingängen, einer erhöhten Polizeipräsenz und der Sektorentrennung in den Stadien, geht die Gewalt in den 1980er-Jahren nicht zurück. Im Gegenteil, es kommt vermehrt zu Zwischenfällen zwischen rivalisierenden Gruppierungen und infolgedessen zu mehreren Todesfällen. Doch erst der dramatische Abend im Brüsseler Heysel-Stadion am 29. Mai 1985, bei dem 39 Fans ihr Leben verlieren, stellt die Gewalt im Zusammenhang mit Fußballspielen in den Mittelpunkt des Interesses der Behörden. Nach dieser Katastrophe wird am 26. August 1985 im Innenministerium eine Kommission eingerichtet, die in Zukunft bei schweren Zwischenfällen eingreifen soll.[458] Erst nach dem Tod eines Ascoli-Anhängers am 23. Oktober 1988 wird eine gemeinsame Kommission des Innenministeriums, des Tourismusministeriums und des italienischen Fußballverbands eingesetzt, um gegen die ausufernde Gewalt vorzugehen. Die zunehmende Zahl von Ausschreitungen in der Saison 1988/89 stellt die Behörden

456 Siehe Roberto Massucci, *Steward. Chi è e come diventarlo,* Rom, Edizioni Arcadia, 2008, S. 7–19.

457 Vorgeschrieben für Stadien mit mehr als 7500 Plätzen.

458 An ihr nehmen der Polizeichef, der Präsident des CONI, der Direktor der Fußball-Profiliga, der Sekretär der FIGC und Vertreter der Vereine teil.

vor immer größere Herausforderungen. Im Vorfeld der Fußballweltmeisterschaft, die Italien ausrichten darf, muss die Regierung Maßnahmen ergreifen, um die schweren und wiederholten Zusammenstöße rund um die Stadien einzudämmen.

Am 1. Februar 1989 nennt der stellvertretende Staatsanwalt von Turin in einem Interview mit der Presse mögliche Maßnahmen zur Unterdrückung der Gewalt. Er erwähnt zum ersten Mal die Verhängung von Stadionverboten, obwohl dies an und für sich gegen geltendes Recht verstoßen würde. Ein Richter, der im selben Artikel zitiert wird, erwähnt die Möglichkeit, die für gewalttätige Vorfälle verantwortlichen Personen während der Spiele auf die Polizeiwache vorzuladen, um sie dort in einem Register unterschreiben zu lassen.[459] Diese Maßnahme wird bereits in den 1980er-Jahren mehrfach angewendet. Zwei Ultras der Sampdoria werden nach Zwischenfällen im Heimspiel gegen die AS Roma am 26. September 1982 verhaftet. Der zuständige Richter setzt sie aber wieder auf freien Fuß, allerdings nur unter der Bedingung, dass sie die ganze Saison über während jedes Spiel ihres Klubs bei der Polizeiwache vorstellig werden und sich in ein Register eintragen.[460] Auf diese Norm beruft sich auch das 1985 vom Europarat geschaffene Europäische Übereinkommen über Zuschauergewalt in seinem Artikel 3, vierter Absatz: Darin steht, dass die Vertragsparteien sich dazu verpflichten, »bekannte oder potenzielle Unruhestifter und Personen, die unter Alkohol- oder Drogeneinfluss stehen, im Rahmen der gesetzlichen Möglichkeiten von Stadien und Spielen auszuschließen oder ihnen den Zutritt zu verbieten.«[461]

Eine paritätisch besetzte Kommission erarbeitet eine Notstandsverordnung, die von der Regierung Andreotti gebilligt wird. Am 13. Dezember 1989 verabschiedet das Parlament das Gesetz Nr. 401 über »Eingriffe in den Bereich der Glücksspiele und Wetten zum Schutz des ordnungsgemäßen Ablaufs von Sportveranstaltungen«. Der Hauptteil dieses Gesetzes betrifft die Betrugsbekämpfung bei Sportwettbewerben und zielt vor allem auf die Bekämpfung von Spielabsprachen ab. Der fünfte Artikel sieht eine besondere Sanktion vor: das Verbot, Orte zu besuchen, an denen Sportspiele ausgetragen werden, sowie den Sitz von Sportunternehmen und Wettbüros. Diese Strafe wird im sechsten Artikel dieses Gesetzes noch einmal aufgeführt, allerdings zu einem ganz anderen Zweck: Sie wird zur Bekämpfung gewalttätigen Verhaltens von Zuschauern bei Sportveranstaltungen verwendet. Das DASPO, so die juristische Abkürzung, bezieht sich auf den Ausschluss eines Zuschauers von verschiedenen Sportwettbewerben über einen bestimmten Zeitraum. Dieser Artikel, der zusammen mit dem ganzen Gesetz am 3. Januar 1990 in Kraft

459 Gian Paolo Ormezzano, *Botte da stadio, pocchi gli antidoti,* »La Stampa«, 01. Februar 1989, S. 16.

460 G. C., *Muti e in questura i »gemelli del tifo«*, »La Stampa Sera«, 04. Oktober 1982, S. 1–2.

461 Siehe oben.

tritt, ist eine Reaktion auf die schweren Gewalttaten der vorangegangenen Saison und soll den Behörden ein noch nie dagewesenes Mittel an die Hand geben, um diese zu unterbinden. Der Polizeipräfekt kann Personen für einen Zeitraum von einem Tag bis zu drei Jahren von Orten, an denen Sportveranstaltungen stattfinden – hauptsächlich natürlich Fußballstadien – ausschließen.[462]

Anfang 1990 werden diese Maßnahmen zum ersten Mal angewendet. Am 25. Februar, nach Unruhen beim Spiel Inter–Napoli, erhalten 55 Tifosi aus der Lombardei ein Stadionverbot.[463] Schwere Zusammenstöße zwischen Ultras von Lazio und der Polizei während des Derbys am 18. März 1990 führen zur Festnahme von 86 Personen. 30 von ihnen, darunter erstmals auch eine junge Frau, erhalten ebenfalls ein DASPO. Das Mädchen ist eine Studentin und Mitglied der *Irriducibili.* Sie wird zu einer Bewährungsstrafe verurteilt und erhält darüber hinaus ein 3-jähriges Stadionverbot.[464] Am 22. April 1990 werden mehrere Waggons des Sonderzuges der Tifosi des AC Milan auf einer ereignisreichen Rückreise vom Spiel in Verona stark beschädigt. 55 Fans werden identifiziert und ebenfalls mit einem DASPO belegt.[465] In den ersten fünf Monaten nach Inkrafttreten des neuen Gesetzes werden über insgesamt 632 Fans Stadionverbote ausgesprochen, 150 davon verhängt alleine die Quästur von Mailand. Die Presse berichtet darüber genauso wie über die anderen repressiven Maßnahmen, die einen geregelten Ablauf der Fußballweltmeisterschaft gewährleisten sollen.[466] Die Behörden sind davon überzeugt, endlich die Lösung für das Gewaltproblem in den Stadien gefunden zu haben. Diese behördliche Maßnahme, mit der man vielleicht die Gewalttätigsten isolieren kann, wird aber bald zum Symbol ungerechter Polizeiarbeit und es wird weiterhin keine Präventionsarbeit geleistet. Die Polizei erliegt einem übertriebenen Sicherheitswahn, der aber die Gewalt nicht verringert, sondern ganz im Gegenteil dazu führt, dass die Auseinandersetzungen mit den Sicherheitskräften stark zunehmen. Es ist der Polizeipräfekt, der diese Verwaltungsmaßnahme anordnet. In der Praxis sind es die Polizeibeamten, insbesondere die der DIGOS, die vor Ort agieren und ihren Vorgesetzten nach Festnahmen oder nach Ermittlungen empfehlen, die betreffende Person mit einem Stadionverbot zu belegen. Die Vergabe eines DASPO liegt vollständig in ihrem Ermessen und bedarf keiner gerichtlichen Überprüfung. Eine Verurteilung (auch wenn das Urteil nicht rechtskräftig ist

462 Erst ein paar Monate später wird ein Tifoso aus einer anderen Sportart mit einem Stadionverbot belegt. Am 17. November 1990 erhält ein Fan während des Basketballspiels Olimpia Pistoia–Pallacanestro Livorno wegen Beleidigung des Schiedsrichters ein viermonatiges Stadionverbot. Vgl. Francesco Becagli, Lorenzo Berti, Andrea Martinelli, *Curva Pistoia*, Massa, Eclettica Edizioni, 2017, S. 17.

463 *San Siro vietato per 55 ultras interisti,* »La Stampa«, 28. Februar 1990, S. 17.

464 Francesco Grignetti, *Anche una ragazza tra i teppisti di stadio,* »La Stampa«, 20. März 1990, S. 10.

465 Fossa dei Leoni, *Nella Fossa dei Leoni,* siehe oben, S. 137.

466 Alberto Berticelli, *Nell'operazione »Mondiali sicuri« anche i nomi di 150 ultrà da radiare,* »Corriere della Sera – Cronaca di Milano«, 2. Juni 1990, S. 40.

und die Person Berufung eingelegt hat), ein polizeilicher Verdacht oder eine polizeiliche Ermittlung (ohne Verurteilung) reichen aus, um von dieser Verwaltungsmaßnahme betroffen zu sein. Theoretisch können Personen mit Stadionverbot belegt werden, die sich aktiv an Gewalttaten bei Sportveranstaltungen gegen Personen oder Sachen beteiligen oder sich der Aufstachelung zur Gewalt in Wort oder Schrift schuldig gemacht haben. Das Mitführen von Waffen, und zwar nicht nur von echten Waffen, sondern auch von sogenannten Scheinwaffen, ist ebenfalls ein in dieser Rechtsvorschrift enthaltener Grund. Wer gegen das Verbot verstößt, indem er trotz Verbots an einem Veranstaltungsort erscheint, an dem ein Sportereignis stattfindet, muss mit einer Freiheitsstrafe von drei Monaten bis zu einem Jahr und einer Geldstrafe rechnen.

Diese Verwaltungsmaßnahme wirft aufgrund ihres besonderen rechtlichen Status mehrere Fragen auf. In der Mitteilung des DASPO müssen die Gründe, die zur Ergreifung dieser Maßnahme gegen die betreffende Person geführt haben, nicht oder nur sehr vage genannt werden. Gegen die Entscheidung des Polizeipräsidiums kann kein Rechtsmittel eingelegt werden, da es sich nicht um ein Gericht handelt, das dieses Verbot ausspricht. Das Recht auf Verteidigung wird somit verletzt. Schließlich hat das Polizeipräsidium unter Missachtung der Gewaltenteilung eine Doppelrolle. Sobald diese Verwaltungsmaßnahme in Kraft tritt, kann der Angeklagte innerhalb von 30 Tagen nach der Bekanntgabe beim Präfekten und beim Verwaltungsgericht Berufung einlegen, doch setzt das Verwaltungsgericht die Strafe nicht aus, bis das Gerichtsurteil ergangen ist, das oft erst nach einem oder sogar zwei Jahren verkündet wird. Schließlich kann der Betroffene mit Hilfe eines Anwalts prüfen, ob das Verfahrensweg eingehalten wird. Wenn nicht, kann er die Aufhebung des Verbots beantragen. Diese Schutzmechanismen funktionieren jedoch nur selten rechtzeitig, da die ausgesperrte Person in den meisten Fällen die Sperre bis zum Ende absitzen muss. Erst nach Ablauf der DASPO-Periode kann der Fan ohne Einschränkungen in die Kurve zurückkehren.

Dieses Gesetz verringert die Zahl der Schlägereien und Übergriffe am Rande von Sportveranstaltungen aber nicht. Andererseits werden dadurch die traditionellen Ultras-Gruppen, die in den Kurven an vorderster Front stehen und oft die volle Wucht der Repression zu spüren bekommen, allmählich an den Rand gedrängt, sodass sich immer mehr kleine, gewalttätige Gruppen bilden. In der Saison 1990/91 werden 1879 Stadionverbote ausgesprochen. Sehr schnell werden sich die Ultras der Halbinsel der neuen Gefahr bewusst, die ihnen durch das DASPO droht, und organisieren verschiedene Protestaktionen. Anführer der *Eagles Supporters* und der *Irriducibili*, die nach Zusammenstößen mit der Polizei während des Derbys am 18. März 1990 mit einem Stadionverbot belegt werden, starten während der letzten drei Saisonspiele einen Stimmungsboykott. Auch in der folgenden Saison ziehen sie ihren Protest durch und verfolgen die erste Halbzeit jedes Spiels schweigend. Das Ganze geht über sieben Monate so, bis die Ausgesperrten wieder zurückkehren dürfen.[467]

Die gewalttätigen Zwischenfälle während des Spiels Brescia–Roma am 20. November 1994, bei denen der Vizepräfekt von Brescia verletzt wird, führen am 22. Dezember desselben Jahres zu einem neuen Gesetzesdekret, in dem weitere Maßnahmen zur Verschärfung der Stadionverbote ergriffen werden.[468] Einige Wochen später schockiert der gewaltsame Tod von Vincenzo Spagnolo am 29. Januar 1995 am Rande des Spiels Genoa–AC Milan erneut das ganze Land. Der Vorfall von Genua sorgt für Bestürzung und Besorgnis in den Medien und in der Öffentlichkeit. Beide Vorfälle diskreditieren die Strategie der Behörden, und am 24. Februar wird das Dekret als Gesetz Nr. 45 verabschiedet. Mit diesem Gesetz wird das Stadionverbot von Sportstätten auf allgemeine Orte ausgedehnt, an denen Tifosi vorbeikommen oder sich aufhalten. Die Höchststrafe für Verstöße gegen ein DASPO wird von zwölf auf achtzehn Monate Gefängnis erhöht und sieht bei Nichteinhaltung eine sofortige Verhaftung vor. In dem Gesetz werden zum ersten Mal auch die Verbindungen zwischen Vereinsfunktionären und Ultras erwähnt. Es verbietet formell jegliche finanzielle oder sonstige Unterstützung von Fangruppen, zu denen Anhänger mit Stadionverbot gehören. Dies ist eine schwer umzusetzende Maßnahme, da viele Funktionäre ihren Anhängern bei jedem Spiel diskret oft Dutzende oder sogar Hunderte von Freikarten anbieten, um mit ihnen ein gutes Auskommen zu finden.

Die wichtigste Neuerung dieses Gesetzes ist aber die Verpflichtung der beschuldigten Person, sich zum Zeitpunkt des Spiels ihrer Mannschaft auf einer Polizeiwache einzufinden, um sich im vorhin erwähnten Verwaltungsregister einzutragen. Auf diese Weise kann die Polizei am besten jene kontrollieren, die mit einem Stadionverbot belegt sind und macht es einem somit quasi unmöglich, trotzdem ins Stadion zu gelangen. Dies ist eine besonders restriktive Maßnahme, aber der Gesetzgeber hat eine Form der gerichtlichen Kontrolle vorgesehen, um sich nicht selbst einer verfassungsrechtlichen Zensur auszusetzen. Der Präfekt muss den Staatsanwalt über die Vorladung zum DASPO informieren und diese innerhalb von 48 Stunden durch einen Richter bestätigen lassen. Gegen die Verhängung eines Stadionverbotes kann man sich an das Kassationsgericht wenden, was allerdings keine aufschiebende Wirkung hat.[469] Das Fehlen der Gegenseite bei dieser Anhörung durch den Untersuchungsrichter und die kurzen Fristen machen

467 Vgl. Maurizio, Martucci, siehe oben, S. 258–262.

468 Dekrete sind von der Exekutive erlassene Notstandsgesetze. Sie können beschlossen werden, um lange parlamentarische Debatten zu umgehen und sind für einen Zeitraum von 60 Tagen gültig. Danach müssen sie in ein Gesetz umgewandelt werden, wie es die Verfassung vorschreibt. Es folgt die Zustimmung des Parlaments und die Ratifizierung durch den Senat.

469 C. Balestri, A. Cacciari, *Allo stadio con l'elmetto,* »Gomorra. Territori e cultura della metropoli«, November 1998, S. 17

die gerichtliche Überprüfung zu einer reinen Formalität. Der Richter stützt sich in der Regel auf die Polizeiberichte, die den Angeklagten natürlich belasten. Die Verteidigung des Angeklagten ist demnach durch dieses neue Gesetz nicht gewährleistet.[470]

In diesem repressiven Kontext tauchen in der zweiten Hälfte der 1990er-Jahre in den Kurven Italiens erste Spruchbänder auf, die die Stadionverbotler ehren: »Stadionverbot für ein Jahr, aber Ultras für ein ganzes Leben!«,[471] oder »Ausgesperrte, immer präsent!«[472] und »Unser Glaube kennt kein Stadionverbot«.[473] Die *Fossa dei Leoni* des AC Milan hängt ein kleines Transparent mit der Aufschrift »Diffidati FdL« über ihr Haupttransparent, nachdem etwa zwanzig Mitglieder zwischen Jänner und Mai 1996 mit einem DASPO belegt werden.[474] In der Saison 1996/97 verschwindet das kleine Transparent dann vorübergehend, hängt ab Februar 1997 aber wieder kontinuierlich.[475]

Auch andere Initiativen werden gestartet, wie etwa in Bologna, wo die Ultras der Basketballmannschaft Fortitudo Bologna im September 1997 eine Sonderausgabe ihres Fanzines zu diesem Thema herausbringen. Sie erstellen auch drei Flugblätter und verteilen sie in ihrer Sporthalle, um die Öffentlichkeit zu sensibilisieren. Die *Forever Ultras* des lokalen Fußballklubs engagieren sich ebenfalls und bringen diese Initiative auch ins Stadion.

Eine Vielzahl an Gesetzen und Vorschriften als Antwort auf die Gewalt

Trotz des Gesetzes 401 aus dem Jahr 1989, das das Stadionverbot einführt und trotz des Gesetzes 205 vom 1995, das eine weitere Verschärfung der Repression darstellt, gehen die Unruhen unvermindert weiter. Beinahe jeder Spieltag wird von Auseinandersetzungen überschattet, beginnend bei der Serie A bis hinunter in tiefere Ligen. Am 1. Februar 1998 kommt es während des Spiels Napoli–Lazio zu Zusammenstößen zwischen Gästefans und der Polizei. Am selben Tag tritt die Polizei sehr brutal im Gästesektor von Verona auf, während Hellas Verona auf die Salernitana trifft, während in Treviso die örtlichen Ultras versuchen, sich außerhalb des Stadions mit ihren Kollegen aus Cagliari zu messen. Die Sicherheitskräfte greifen schnell ein und benutzten dabei ihre Gewehrkolben.

470 Erst der Schiedsspruch Nr. 144 vom 23. Mai 1997, in dem das Verfassungsgericht die Rechtswidrigkeit von Artikel 6, Paragraph 3 feststellt, beendet diese Praxis. Er garantiert der Gegenseite, auch wenn es sich lediglich um Stadionverbote mit Unterschriftspflicht handelt, dass während des rechtskräftigen Urteils die beschuldigte Person persönlich oder durch ihren Anwalt eine Verteidigungsschrift einreichen kann, die der Richter bei seiner endgültigen Entscheidung zu berücksichtigen hat.

471 Im Original: »Diffidati un anno, ultras a vita!«

472 Im Original: »Diffidati presenti!«

473 Im Original: »La nostra fede non si diffida!«

474 Die Polizei verhaftet die Beschuldigten am 22. Oktober 1995 im Vorfeld des Spiels Vicenza–Milan, nachdem sie sich ohne Tickets unbefugt Zugang zum Stadion verschaffen wollen. Vgl. *Nella Fossa dei Leoni*, siehe oben, S. 212.

475 Das Transparent hängt bis zur Auflösung der *Fossa*, am 17. November 2005, bei jedem Spiel.

Mehrere Dutzend Meter entfernt bricht ein Ultras der Heimmannschaft, Fabio di Maio, zusammen und stirbt an einem Herzinfarkt. Diese Häufung von Gewaltausbrüchen in den Stadien zwingt die Regierung zu einer erneuten Reaktion. In den Medien wird über einige Strategien spekuliert, um der Gewalt Einhalt zu gebieten. Die Polizeigewerkschaft schlägt zum Beispiel vor, eine kostenlose Telefonhotline einzurichten, unter der gewalttätige Fans gemeldet werden können.[476] Senator Donato Manfroi von der Lega Nord wiederum macht den Vorschlag, die Meisterschaft nach geografischen Gesichtspunkten aufzuteilen, da es seiner Meinung nach mehr Zwischenfälle zwischen südlichen und nördlichen Mannschaften gibt – eine Analyse, die nicht zuletzt stark vom politischen Diskurs seiner Partei beeinflusst wird.[477] Maurizio Marinelli, der Leiter des Zentrums für Studien zur öffentlichen Sicherheit, hat mehr Ahnung und rät dazu, in jedem Verein einen Sicherheitsbeauftragten zu installieren. Die Senatorin Carla Mazzuca schlägt die Einführung von personalisierten Tickets vor. Die beiden letztgenannten Maßnahmen werden in den folgenden Jahren auch wirklich umgesetzt.

Die Mitte-Links-Regierung von Romano Prodi setzt eine Arbeitsgruppe im Ministerrat ein, um neue gesetzliche Bestimmungen auszuarbeiten. Auf Vorschlag des Innenministers Giorgio Napolitano, des Sportministers Walter Veltroni und des Justizministers Giovanni Maria Flick wird ein neues Dekret verabschiedet, das das Gesetz Nr. 401 aus dem Jahr 1989 verschärft. Auf die Täter warten nun noch härtere Strafen: sofortige Festnahme, erhöhte Haftstrafen von bis zu drei Jahren ohne Bewährung und ein Schnellverfahren.[478] Das Dekret verbietet auch den Kontakt von Vereinsfunktionären mit gewalttätigen Fangruppen. Hohe Geldstrafen oder sogar die Beschlagnahme eines Teils der Spieleinnahmen sind vorgesehen. Zudem wird die Verpflichtung eingeführt, dass Personen, die mit einem Stadionverbot belegt sind, sich am Spieltag an ihrer Wohnadresse aufhalten müssen, wenn das Magistrat dies so entscheidet. Schließlich wird ein neuer Straftatbestand geschaffen, der im italienischen Strafrecht bisher noch nicht existiert hat: Vergehen im Stadion. Alles außergewöhnliche Maßnahmen, die die Gewalt rund um Fußballspiele ausmerzen sollen, gleichzeitig aber die Freiheiten einschränken und Dekrete hervorbringen, die hart an der Grenze zur Verfassungswidrigkeit liegen. Davon zeugt die Entscheidung des Verfassungsgerichts, das in seinem Urteil vom 23. April 1998 mehrere dieser Bestimmungen ablehnt. Am Ende geht aus diesem Dekret kein Gesetz hervor.[479]

476 *Numero verde anti-teppisti*, »La Stampa«, 03. Februar 1998, S. 47.

477 *Misure forte antiviolenza*, Ibid.

478 Ein Verfahren im Schnelldurchlauf, durch das ein Fall vorläufig verhandelt wird. Die einstweilige Verfügung entscheidet also nicht den gesamten Rechtsstreit, ist jedoch sofort vollstreckbar.

479 Auch wenn dieses Dekret nicht in ein Gesetz umgewandelt wird, wird es zum Teil »recycelt«. Mehrere Bestimmungen finden sich im Gesetz Nr. 377 wieder, das drei Jahre später verabschiedet wird.

Am 27. Mai 1999, nach dem schrecklichen Brand im Sonderzug, der vier jungen Tifosi der Salernitana das Leben kostet, schafft die Regierung in Absprache mit der italienischen Eisenbahn die Sonderzüge für Fans erst nur vorübergehend und später dann endgültig ab.[480] Im darauffolgenden Monat verbietet der Fußballverband der Serie A und Serie B den Verkauf von Eintrittskarten an Gästefans an Spieltagen. Das Ziel dieser beiden Verordnungen ist es, die Anzahl der mitreisenden Fans zu begrenzen, um sie besser kontrollieren zu können. Doch anstatt die Ultras davon abzuhalten, ihren Mannschaften zu folgen, erschweren diese beiden Maßnahmen die Aufgaben der Ordnungskräfte, die die Masse der Fans bislang in einem einzigen Konvoi unter Kontrolle hatten. Die große Mehrheit der Tifosi reist nun in Bussen oder gemieteten Kleinbussen, wodurch sich die Möglichkeiten für Zusammenstöße mit gegnerischen Ultras auf Autobahnraststätten vervielfachen. Die Polizei verstärkt ihre Präsenz daraufhin und kontrolliert verstärkt auf den Raststätten und an den Mautstellen.

Außerdem führt die Benutzung von Linienzügen durch die Ultras zu Unbehagen bei den anderen Fahrgästen, die die Unannehmlichkeiten der Sicherheitsanforderungen zu tragen haben. Ein Tifoso, der nach dem Spiel Hellas Verona–Napoli am 13. Oktober 2002 den Zug zwischen Verona und Bologna benutzt, erklärt: »In dem Zug, der ohnehin schon bis auf den letzten Platz besetzt ist, hat die italienische Bahn an der Spitze des Konvois noch ein Dutzend Waggons für die neapolitanischen Ultras hinzugefügt (...). Junge Männer steigen aus dem Zug aus, um Steine von den Gleisen zu holen, während die normalen Fahrgäste langsam unruhig werden. Vierzig Minuten vergehen, bis der Zug endlich abfahren kann. Die Szenen, die sich vor meinen Augen abspielen, sind eines Kriegsfilms würdig. Gruppen von Polizisten schützen sich mit dem Rücken zur Wand hinter ihren Schilden, die roten Lichter der Raketen fliegen an mir vorbei. Steine und alle möglichen sonstigen Gegenstände schießen aus den Fenstern und zerschellen an den Schutzschilden.«[481]

All diese Maßnahmen stellen sich für den gemeinen Fan als belastender dar als für die Ultras. Die Tatsache, dass der Verkauf von Eintrittskarten am Spieltag für gegnerische Fans verboten ist, hält die Ultras nicht davon ab, trotzdem anzureisen. Manchmal versuchen sie den Stadioneingang zu stürmen, um ohne Eintrittskarten ins Stadion zu gelangen oder sie kaufen ein Ticket für einen anderen Sektor. Wenn die Auswärtsfans es einmal ins Stadion geschafft haben, ziehen es die Ordnungskräfte aus Sicherheitsgründen meist vor, die gegnerischen Fans gemeinsam auf eine Tribüne zu lassen, um sie dort besser

480 Giovanni Lamberti, *Disco rosso per i treni degli ultrà*, »La Stampa«, 28. Mai 1999, S. 14.
481 Malcom Ashley Green, *I binari dell'asurdo*, »Il Megafono«, 2003, Nr. 1, S. 11.

unter Kontrolle zu bringen, egal ob mit oder ohne passende Eintrittskarte. 1999 wird nach dem dramatischen Unfall in Salerno auf Anordnung des Polizeichefs die Nationale Beobachtungsstelle für Sportveranstaltungen (Osservatorio Nazionale sulle Manifestazioni sportive) eingerichtet. Diese Einrichtung ist dem Innenministerium unterstellt und soll die Sicherheitsmaßnahmen bei Risikospielen koordinieren.

Am 30. Januar 2000 schaffen es die *Irriducibili* von Lazio mit einem Spruchband zum Gedenken an den serbischen Kriegsverbrecher »Arkan« weltweit in die Schlagzeilen. Der ehemalige Fanbetreuer von Roter Stern Belgrad, der mit bürgerlichem Namen Željko Ražnatović hieß, war Anführer der paramilitärischen Serbischen Freiwilligengarde (SDG), die sich während des Konflikts im ehemaligen Jugoslawien durch Gräueltaten besonders hervortat. Die Ultras von Lazio behaupten, dass sie das Banner auf Wunsch ihres serbischen Spielers Siniša Mihajlović angefertigt haben. In den folgenden Tagen verbietet der italienische Fußballverband in Absprache mit der Regierung Amato Spruchbänder, die Gewalt verherrlichen oder einen rassistischen Hintergrund haben. Im Fall des Falles kann der Schiedsrichter das Spiel abbrechen. Seit der Verabschiedung des Antidiskriminierungsgesetzes Nr. 205 vom 25. Juni 1993 gibt es jedoch bereits einen speziellen Passus, der sich auf rassistisch motivierte Gewalttaten bei Sportveranstaltungen bezieht. Der damalige Innenminister Nicola Mancino setzt diese Maßnahmen aufgrund der sich damals im Land ausbreitenden fremdenfeindlichen Aktionen durch.

Sieben Jahre später sollen weitere Schritte die Straftat konkretisieren. Zum Beispiel: »Wer Gedankengut verbreitet, das auf rassischer, ethnischer Überlegenheit oder Hass beruht. Wer zur Diskriminierung und Hass oder zur Begehung von Gewalt aufhetzt oder zu Gewalt aus rassischen Gründen aufruft.«[482] In diesem Dekret wird in Artikel 2, Absatz 2 auf diskriminierende Handlungen bei Sportveranstaltungen verwiesen, da seit Ende der 1980er-Jahre die extreme Rechte in den Reihen der Ultras zahlreiche Anhänger findet. Dies zeigt sich in rassistischen Gesängen, Fahnen mit neofaschistischen oder nazistischen Symbolen, xenophoben Spruchbändern und Gewalt. Seitdem diese Maßnahmen in Kraft getreten sind, wurden sie aber nie wirklich in die Praxis umgesetzt. Der spektakulärste Fall bleibt der des Freundschaftsspiels Pro Patria gegen den AC Milan am 3. Januar 2013: Als der Mailänder Spieler Kevin Boateng nach rassistischen Beleidigungen der Heimfans das Spielfeld verlässt, folgt ihm der Rest seiner Teamkollegen. Nicht eine einzige offizielle Begegnung wird von den Sportbehörden abgebrochen, trotz mehrerer Banner, die offen Nazi-Verbrechen verherrlichen oder rassistische Botschaften enthalten.

482 Francesco Palazzo und Carlo Paliero, *Commerntario breve alle leggi penali complementari,* Cedam, Padua 2007, S. 1913

Am 19. Oktober 2001 wird das am 20. August vorgeschlagene Dekret von der Regierung Berlusconi in das Gesetz Nr. 377 umgewandelt. Das Gesetz geht auf den Tod eines Tifoso aus Messina am 2. Juli desselben Jahres zurück. Das neue Gesetz konsolidiert das Stadionverbot, die Strafen werden verschärft und das Gesetz Nr. 401 aus dem Jahr 1989 wird modifiziert. Das DASPO kann nun auf alle Personen angewendet werden, denen in den fünf Jahren zuvor Straftaten im Zusammenhang mit Fußballspielen angelastet werden. Dazu zählt auch das Mitführen von Waffen (echte oder Scheinwaffen), das Tragen von Helmen oder anderen Accessoires, die das Erkennen einer Person erschweren, das Betreten einer Sportstätte mit Emblemen oder Symbolen rassistischer Organisationen, das Überspringen einer Barriere, eines Zauns oder das Eindringen auf das Spielfeld. Das neue Gesetz enthält einige Neuerungen: Eine Person, die mit einem Stadionverbot belegt wird, muss sich mehrmals am Spieltag persönlich melden, während das vorherige Gesetz die Unterzeichnung in einem Register auf den Zeitpunkt des Spiels beschränkt hat. Statt einem Jahr wird die Höchstdauer des DASPO auf drei Jahre erhöht. Es wird eine Gefängnisstrafe von sechs Monaten bis zu drei Jahren für das Werfen von Gegenständen (einschließlich Rauchbomben oder Knallkörpern), für das Eindringen auf das Spielfeld oder das Überwinden eines Trenngitters zwischen den Tribünen vorgesehen. Diese Normen gelten nun auch für Taten, die während Auswärtsfahrten oder am Weg zum Stadion begangen werden.

In den Monaten nach der Verabschiedung des neuen Gesetzes melden die Behörden einen Rückgang der Gewalttaten um 21 % und einen deutlichen Anstieg der Festnahmen und Anklagen. Am 12. Februar 2003 wird ein Bericht des Innenministeriums, in dem die Statistiken der ersten zwanzig Spieltage der Saison 2002/03 mit den ersten zwanzig Spieltagen der vorangegangenen Saison verglichen werden, vorgestellt. Laut dieser Auflistung wird ein Anstieg der gewalttätigen Zusammenstöße um 91 % und ein Anstieg von Verletzten auf Seiten der Ordnungskräfte und Fans um 201 % verzeichnet.[483] Darüber hinaus sind die Ausgaben für die Aufrechterhaltung der öffentlichen Ordnung in den Stadien jedes Wochenende sehr hoch. Am 21. Februar 2003 werden mit dem Dekret Pisanu, benannt nach dem Innenminister der zweiten und dritten Regierung unter Silvio Berlusconi, weitere Änderungen an dem Gesetz von 1989 vorgenommen. Dieses wird am 24. April 2003 in das Gesetz Nr. 83 umgewandelt und sieht unter anderem vor, dass mutmaßliche Gewalttäter noch bis zu 36 Stunden nach der Tat auf der Grundlage von Foto- oder Videodokumentation oder Zeugenaussagen mit Verspätung auf »frischer Tat« (Flagranza differita) festgenommen werden können, wenn die Ordnungskräfte die Festnahme aus

483 Vgl. Stefano Mancini, *Violenza allo stadio, guerra da 800 feriti,* »La Stampa«, 13. Februar 2003, S. 42.

Sicherheitsgründen nicht sofort durchführen können. Diese Bestimmung ist bereits Teil des Erlasses vom 20. August 2001, wird aber bei der endgültigen Ausarbeitung des Gesetzes am 19. Oktober 2001 vom Parlament abgelehnt. Achtzehn Monate später werden die Bestimmungen schließlich von einer Mehrheit der Abgeordneten gebilligt. Das Instrument der »nachträglichen Festnahme auf frischer Tat« wird jedoch vorläufig für einen Zeitraum von zwei Jahren auf Probe eingeführt, um seine Wirksamkeit zu testen.[484]

Auch den Präfekten werden in dem neuen Gesetz mehr Befugnisse eingeräumt: Sie können Sportveranstaltungen ganz verbieten oder den Termin verschieben, wenn Störungen der öffentlichen Ordnung zu erwarten sind. Rauchbomben, Fackeln und Feuerwerkskörper, die in den vorangegangenen drei Jahrzehnten in den italienischen Kurven auch als choreographische Instrumente eingesetzt wurden, sind nunmehr komplett verboten. Ihre Verwendung zieht automatisch ein Stadionverbot nach sich. Darüber hinaus wird eine Reihe von Bestimmungen eingeführt, um die Sicherheitsstandards in Sportstätten mit mehr als 10.000 Zuschauern zu erhöhen (nummerierte Sitzplätze, Metalldetektoren zur Durchsuchung der Zuschauer, elektronische Ticketkontrolle, Videoüberwachung innerhalb und außerhalb des Stadions, stärkere Trennung zwischen gegnerischen Fans).

Die Installierung des Osservatorio Nazionale sulle Manifestazioni sportive am 30. April 2002 markiert einen Wendepunkt in dieser Hinsicht. Diese Stelle soll das Sammeln und Analysieren von Daten über Gewalt in Stadien zentralisieren und mit ähnlichen Strukturen in Europa zusammenarbeiten. Die Flut an Gesetzen kann aber die Unruhen nicht eindämmen, wie der tödliche Sturz eines jungen neapolitanischen Fans im baufälligen Stadion von Avellino am 20. September 2003 zeigt.

Dieses Mal kann es sich die Regierung jedoch nicht leisten, neue Gesetze in aller Eile zu verabschieden, wie es früher nach ähnlichen Katastrophen der Fall war. Schließlich ist erst sechs Monate zuvor ein neues Gesetz in diese Richtung erlassen worden. Am 12. April 2005 kommt es zu einem weiteren Vorfall, der sogar weltweit übertragen wird und die Behörden zum Nachdenken bringt: Das Halbfinale der Champions League zwischen den beiden Mailänder Rivalen wird durch das Werfen von Fackeln seitens der Inter-Ultras unterbrochen. Wenige Monate vor der ersten Abstimmung über die Vergabe der Fußball-Europameisterschaft 2012 kann Italiens Bewerbung durch eine solche Episode arg gefährdet werden. Am 6. Juni 2005 werden drei neue Verwaltungsdekrete und personalisierte Eintrittskarten eingeführt. Beim Kauf muss sich der Zuschauer ausweisen, sein Vor- und Nachname wird dann auf das Ticket gedruckt. Die Videoüberwachung in der

484 Im Juni 2005 beurteilten die Ordnungskräfte und die obersten Staatsbehörden die Ergebnisse dieser Regelung als zufriedenstellend und verlängern die Gültigkeit um weitere zwei Jahre. Vgl. Daniel Cioni, siehe oben, S. 224.

Umgebung des Stadions wird verstärkt und auf kleinere Sportstätten ausgeweitet. Zudem werden Maßnahmen zur Verbesserung der Sicherheit in den Sportstätten eingeführt. In Absprache mit dem italienischen Fußballverband kann der Präfekt nunmehr den Anpfiff eines Spiels untersagen, wenn es im Vorfeld zu Zwischenfällen kommt. Der Schiedsrichter kann das Spiel abbrechen, wenn ein Knallkörper oder eine Rakete auf das Spielfeld fällt oder das Spielfeld gestürmt wird (das Spiel wird mit 0:3 für den Verein gewertet, dessen Fans objektiv dafür verantwortlich sind).

Als wäre das nicht schon genug, wird am 17. August 2005 ein weiteres Dekret eingeführt, das am 17. Oktober 2005 als Gesetz Nr. 210 verabschiedet wird. Das in Italien gültige Stadionverbot wird auf ganz Europa ausgeweitet, die Strafen werden erhöht, die Videoüberwachung in der Umgebung der Stadien wird nochmals verstärkt und auch für kleinere Sportstätten obligatorisch. Schließlich legt das neue Gesetz weitere Aufgaben des Osservatorio Nazionale sulle Manifestazioni sportive fest. Diese Stelle muss nunmehr Analysen über Gewaltphänomene durchführen. Es unterbreitet Vorschläge, erarbeitet Richtlinien und gibt Empfehlungen zu Sicherheitsmaßnahmen, die bei Begegnungen zu ergreifen sind. Zusammengesetzt ist es aus einem hohen Regierungsbeamten, der für Sport zuständig ist, den Leitern der Ordnungskräfte (der verschiedenen Polizeikorps, der Finanzwache und der Carabinieri) und der Feuerwehr, Vertretern der Sportinstitutionen (CONI, FIGC, Profi- und Amateurfußballligen) sowie der Eisenbahngesellschaft (Trenitalia) und des Cateringunternehmens Autogrill, das die meisten Autobahnraststätten in Italien betreibt.[485]

Der Gesetzgeber und die zunehmende Repression setzen den Ultras zu, mehrere große Gruppen stellen in diesem Jahrzehnt ihre Aktivitäten ein. Dieser langsame Verfall ist aber nichts im Vergleich zum Erdbeben, das sich nach dem 2. Februar 2007 ereignet. An diesem schwarzen Tag kommt es außerhalb des Stadio Massimino, in dem das Derby zwischen Catania und Palermo stattfinden soll, zu Zwischenfällen, bei denen Inspektor Filippo Raciti tödlich verletzt wird. Er ist das erste Mitglied der Sicherheitskräfte, das während Auseinandersetzungen zwischen Polizisten und Fans stirbt. Der Fall erregt großes Aufsehen, da die meisten internationalen Medien über die Ereignisse berichten. Die Regierung Prodi muss auf die Emotionen, die diese Tragödie auslöst, angemessen reagieren, auch da die Vergabe der Europameisterschaft kurz bevorsteht.[486] Sechs Tage später wird von den Ministern für Inneres, Giuliano Amato, und für Jugend und Sport, Giovanna Melandri, ein Dekret vorgeschlagen. Dieses wird am 4. April in das Gesetz Nr. 41 umgewandelt.

485 Für eine kritische Auseinandersetzung mit den Aufgaben des Osservatorio siehe: Lorenzo Contucci, Giovanni Francesio, *A porte chiuse*, Mailand: Sperling & Kupfer, 2013, S. 49–62.

486 Am 18. April 2007 vergibt die UEFA auf ihrem Kongress in Cardiff die Fußball-Europameisterschaft 2012 zur Überraschung aller nicht an die favorisierten Italiener, sondern an die gemeinsame Bewerbung der Ukraine und Polen.

Dieses Gesetz zieht eine Reihe von Konsequenzen nach sich. So wird der unlimitierte Verkauf von Eintrittskarten verboten und auf lediglich vier Karten pro Person reduziert. Stadionverbote können nun auch über Minderjährige verhängt und bis zu einer Höchstdauer von fünf Jahren ausgeweitet werden, sofern der Polizeipräfekt zustimmt. Die Stadien müssen gemäß den Vorgaben des Gesetzes Nr. 88 aus dem Jahr 2003 angepasst werden. Demzufolge ersetzen elektronische Drehkreuze die manuelle Ticketkontrolle, es wird ein überwachter Bereich zwischen dem Stadioneinlass und dem Zugang zu den Tribünen sowie ein modernes Videoüberwachungssystem für die Stadien und deren Umgebung installiert. Im Stadioninneren wird eine Sicherheitsleitstelle eingerichtet. Die Sportanlagen, die nicht entsprecht adaptiert werden können, werden für die Öffentlichkeit gesperrt. Mit diesem Gesetz verlängert sich außerdem die Dauer der »nachträglichen Festnahme auf frischer Tat« von 36 auf 48 Stunden. Bei der strafrechtlichen Verfolgung von Gewalt gegenüber Polizisten werden in weiterer Zukunft automatisch immer erschwerende Umstände angewandt. Die Kontrolle der personalisierten Tickets wird systematisch. Den für die Sicherheit zuständigen Personen muss künftig ein gültiger Ausweis vorgelegt werden, sobald die Stadien betreten werden. Darüber hinaus verbietet Artikel 9 des neuen Gesetzes es den Vereinen, Eintrittskarten an Personen zu verkaufen, die in den letzten fünf Jahren mit einem Stadionverbot belegt oder wegen Stadionvergehen verurteilt worden sind. Dies stellt für Personen, die ein DASPO erhalten haben, de facto eine lebenslange Strafe dar, da es ihnen somit grundsätzlich verboten ist, das Stadion wieder zu betreten, selbst wenn sie ihre Strafe schon verbüßt haben. In der Praxis wenden die Institutionen diese Regelung aber kaum an, da es für die Vereine unmöglich ist, die Angaben bei der Ausstellung der Tickets zu überprüfen.

Auf der Sitzung der Nationalen Beobachtungsstelle für Sportveranstaltungen am 8. März 2007 wird außerdem beschlossen, dass alle Materialien, die dazu dienen, die Kurven zu animieren, vorab genehmigt werden müssen. Dazu zählen Trommeln, Megaphone, Fahnen und Transparente. Viele Ultras-Gruppen sehen sich dadurch in ihrer Existenz bedroht. Um eine entsprechende Genehmigung zu erhalten, müssen die Ultras eine Woche vor dem Spiel einen Antrag an ihren Verein faxen, der ein Foto, eine Beschreibung des Spruchbandtextes sowie eine Person, die dafür die Verantwortung übernimmt, enthält. Der informierte Verein benachrichtigt in weiterer Folge die Polizeiquästur, die ihre Entscheidung fünf Tage vor dem Spiel bekannt gibt. Aggressive Spruchbänder sind ebenso verboten wie gewalttätige Symbole. Die Polizeibeamten haben bei den Zulassungen einen großen Ermessensspielraum, was mitunter zu widersprüchlichen Entscheidungen führt. Bei den Ultras von Juventus zum Beispiel, muss die Gruppe *Tradizione* ihr Gruppenlogo leicht abändern, während die *Drughi* Namen und Symbol ohne Probleme behalten dürfen, auch wenn sich beides explizit auf die gewalttätige Schlägerbande aus dem Film »A Clockwork Orange« bezieht. Als Folge dieser neuen Normen verschwinden die Transparente aus vielen Stadien. Für die meisten Ultras sind diese Maßnahmen schlichtweg inakzeptabel, und die Mehrheit von ihnen weigert sich zunächst, wöchentliche Ansuchen zu stellen.[487] Ab August 2007 werden Stewards installiert, die mit der Unterstützung der Ordnungskräfte die Fußballfans überwachen sollen.[488]

Seit 1989 und der Verabschiedung eines speziellen Gesetzes über Gewalt im Sport wechseln sich Regierungen aus dem Mitte-Links- und dem Mitte-Rechts-Lager an der Spitze des Landes ab. Paradoxerweise herrscht über die verschiedenen politischen Lager hinweg Einigkeit in der Frage, wie man mit den Ultras und ihrer Gewalt umgehen soll. Der Staat greift auf legislative Mittel zurück, die ihn nichts kosten und kurzfristig die öffentliche Meinung und die Medien beruhigen. Anstatt endlich Maßnahmen zur Sanierung der meist veralteten Sportstätten zu ergreifen, setzen die verschiedenen Regierungen zusätzliches Personal für die Aufrechterhaltung der öffentlichen Ordnung ein. Eine kurzfristige Sichtweise, die den Antagonismus zwischen Ultras und Ordnungskräften nur noch verstärkt. Die Quästuren, deren Befugnisse ausgeweitet werden, ordnen bei Begegnungen, die als Hochrisikospiele eingestuft werden, die Schließung der Gästesektoren an und folgen damit den Empfehlungen des Osservatorio Nazionale sulle Manifestazioni sportive. Dieses dem Innenministerium unterstellte Gremium entscheidet, welche Begegnungen wie eingestuft werden. Bei Spielen mit dem höchsten Risiko (es gibt drei Stufen) wird den gegnerischen Fans der Zutritt verwehrt bzw. können auch Heimfans ganz oder teilweise ausgeschlossen werden. Am 15. Oktober 2007 beschließt das Gremium zum ersten Mal, eine Kurve behördlich zu sperren. Auslöser sind diskriminierende Spruchbänder beim Spiel Inter–Napoli am 6. Oktober 2007. Für das folgende Heimspiel am 15. Oktober wird die Curva Nord der Ultras von Inter geschlossen.

Erfassung der Fans

Nach Ende der Saison 2006/07 wird in Florenz am 27. Juni eine Konferenz von lokalen Behörden abgehalten. Das Thema im Palazzo Vecchio lautet: »Gewaltprävention in den Stadien, die Fankarte«. Ziel des Projekts ist die sogenannte Tessera del Tifoso, die obligatorisch für den Kauf von Eintrittskarten werden soll. Bereits im November 2005 wird

487 Im Sommer 2007 schlägt die Ministerin für Jugend und Sport, Giovanna Melandri, vor, die Beschränkungen für Fanutensilien aufzuheben. Es dauert aber zehn Jahre, bis sich die Ministerien für Inneres und Sport mit dem CONI und der FIGC am 4. August 2017 darauf einigen, Trommeln und Megaphone wieder zuzulassen.

488 Die Vereine haben bis zum 1. März 2008 Zeit, diese gesetzlich vorgeschriebenen Aufgaben in Stadien mit einer Kapazität von mehr als 7500 Zuschauern umzusetzen.

darüber auf zwei Sitzungen der Nationalen Beobachtungsstelle für Sportveranstaltungen von einem hohen Beamten des Innenministeriums, Francesco Tagliente, gesprochen. Im Jahr darauf wird dieser zum Quästor der Provinz Florenz ernannt. Er macht die Hauptstadt der Toskana zu einem Laboratorium für innovative Sicherheitspolitik. Davon ist nicht nur das alltägliche Leben, sondern auch das Stadion betroffen.[489] Mit seinem »Modell Florenz« hat er Erfolg, denn die Spannungen am Rande der Spiele nahmen ab, wie der Presse zu entnehmen ist.[490] Im Stadion geht er nach einem einfachen Rezept vor: Er führt einen Dialog mit den organisierten Fans, kriminalisiert dabei nur die Unbelehrbaren, verringert die Trennzäune und reduziert die Anzahl der Polizisten im Stadion, während er die Anzahl der Ordner erhöht.

Der Quästor von Florenz gehört logischerweise zu den Organisatoren des Kongresses vom 27. Juni 2007, der die Einführung der Tessera del Tifoso zum Ziel hat. Diese wird aber erst am 26. Mai 2008 offiziell eingeführt und von der Nationalen Beobachtungsstelle für Sportveranstaltungen auf einer Konferenz an der Hochschule für Polizei vorgestellt. Die Karte sieht aus wie eine herkömmliche Kreditkarte, die mit einem Foto des Inhabers versehen werden soll. Abgesehen von den technischen Merkmalen ist das Projekt etwas Besonderes, da die Karte Anforderungen erfüllt, die einem das Scheitern früherer Gesetze vor Augen führen: die Bekämpfung von Gewalt in den Stadien und die Erhöhung der Sicherheitsstandards für die Zuschauer.[491] Die Karte ist nicht nur für die Zuschauer gedacht. Die Karte soll es ermöglichen, die Zuschauer zu identifizieren und denen den Zugang unterbinden, die einem Stadionverbot unterliegen. Nebenbei bietet sie den Fans aber auch kleine Vorteile (Rabatte bei einigen Partnerunternehmen, Vorrang beim Erwerb von Eintrittskarten, schnellere Zugangskontrolle beim Stadion). Dadurch sollen die Tifosi zum einen an den Klub gebunden, gleichzeitig aber auch Schritt für Schritt mehr zu Konsumenten werden. Es wird ein neues Fanprofil geschaffen, wie es im Bericht der Arbeitsgruppe heißt, die mit diesem Projekt betraut ist.[492]

In Zeiten, in denen die Stadien sich immer mehr leeren und die Behörden immer mehr Einschränkungen gegenüber den Tifosi verhängen, scheint diese Karte das einzige Allheilmittel zu sein. Der Fan, der eine solche Karte erhalten möchte, muss sie offiziell bei seinem Verein beantragen, indem er ein entsprechendes Formular ausfüllt. Der Verein leitet die Anfrage dann an die zuständige Behörde weiter, die die Vergabe nach den geltenden gesetzlichen Kriterien überprüft und darüber entscheidet. Die Gültigkeitsdauer

489 Silvano Cacciari, Lorenzo Giudici, Stadio Italia – *Il »modello Firenze«*, Florenz, La casa Usher, 2010, S. 195–222.

490 Alessandro Bocci, *La scomessa di Tagliente: »Lo stadio di Firenze come quelli inglesi«*, »Corriere della Sera«, 12. September 2009, S. 57.

491 Roberto Massucci (Hrsg.), *Programma »Tessera del Tifoso«*, Ministerium des Innern – Abteilung für öffentliche Sicherheit – Osservatorio sulle Manifestazioni sportive, Rom, 23. April 2008, S. 5.

492 Vgl. ebd. S. 6.

beträgt oft mehrere Jahre, ist aber von Klub zu Klub unterschiedlich.[493] In den meisten Fällen ist die Karte kostenpflichtig (in der Regel liegt der Preis zwischen 8 und 20 Euro). In ihrer Anfangszeit ist sie häufig mit einer herkömmlichen Kreditkarte verbunden, was zu einer Klage seitens des Codacons, einer Verbraucherschutzorganisation, und der Federsupporter, einer Vereinigung, die die Interessen italienischer Fußballfans schützt, führt.[494] Am 7. Dezember 2011 verurteilt der Staatsrat[495] in seinem Beschluss Nr. 5364 diese Geschäftspraxis, die den Fan dazu zwingt, auch die Kreditkartenfunktion der Tessera del Tifoso obligatorisch abzuschließen. Seitdem sind die Karten nicht mehr an Banken gebunden. Trotzdem ist jede Tessera del Tifoso nach wie vor mit einem RFID-Chip (Radio Frequency Identification) versehen, einem Sender, mit dem sie zurückverfolgt werden kann. Dieses System wird verwendet, um die Karte beim Betreten des Stadions elektronisch zu kontrollieren.

Die Idee, ein solches Instrument zu schaffen, ist nicht neu, denn bereits im Juni 1989, nach den Gewalttaten vor den Spielen AC Milan–Roma und Fiorentina–Bologna, schlägt der CONI-Vorsitzende Arrigo Gattai vor, die Mitglieder der Fangruppen zu erfassen.[496] Einige Wochen später erstellt eine Sportwochenzeitung ein Dossier über die Tifosi und lässt einen Udinese-Fan zu Wort kommen, der folgende Alternative vorschlägt: »Mein Vorschlag basiert auf einer Karte mit einem Magnetstreifen, ähnlich wie bei einer Bankomatkarte, die die Liga und der Verband verpflichtend machen sollte (…). Jeder Verein hätte seine eigene Karte und würde seine Fans damit ausstatten können: Auf der Karte wären die üblichen Angaben und das Foto des Besitzers zu sehen.«[497] Darüber hinaus würde dieses System nach Ansicht seines Erfinders das gesamte Publikum überwachen, da die Karte für den Kauf von Eintrittskarten benötigt würde und dem Inhaber im Falle einer Festnahme durch die Ordnungskräfte nach Zwischenfällen abgenommen werden könnte.[498] Das wären alles Gründe, warum er sich für eine solche Karte entscheiden würde. Dieser Mann aus dem Friaul erweist sich fast als Prophet, denn 19 Jahre später wird genau dieses Kartenmodell Realität.

Als die Saison 2008/09 beginnt, führen nur die beiden Mailänder Vereine dieses Instrument in der Serie A ein. Der AC Milan, der zum damaligen Zeitpunkt noch dem

493 Erwirbt man in der Saison 2016/17 die »Cuore Rossonero« des AC Milan, so ist sie vier Jahre lang gültig, die Karte »Siamo Noi« von Inter hingegen zehn Jahre. Die Tessera del Tifoso von Juventus wie die »Dea Card« von Atalanta fünf Jahre und die von Palermo »Io sono rosanero« drei Jahre.

494 Paolo Tomaselli, *Tessera del Tifoso illegitima. Ma resta obbligatoria per andare in trasferta*, »Corriere della Sera«, 15. Dezember 2011, S. 65.

495 Anm. des Lektors: In Deutschland, der Schweiz oder Österreich gibt es keine vergleichbare Behörde zum Consiglio di Stato. Es ist zugleich oberstes Verwaltungsgericht und zum anderen Beratungsgremium der Regierung.

496 Gianni Romeo, *Schedate i tifosi dei club*, »La Stampa«, 20. Juni 1989, S. 14.

497 Carlo F. Chiesa, *Andremo allo stadio col Bancomat*, »Guerin Sportivo«, 01. August 1989, S. 78.

498 Ebd., S. 78.

amtierenden Regierungschef Silvio Berlusconi gehört, gibt seiner Karte den Namen »Cuore Rossonero«. Die Karte wird am 30. Oktober 2008 offiziell vom Minister für Inneres, Roberto Maroni und dem Vizepräsidenten des Klubs, Adriano Galliani, vorgestellt.

Laut Galliani haben alleine innerhalb der ersten drei Monate 82.850 Fans des AC Milan die Karte beantragt.[499] Die Behörden versuchen, die Sportwelt von der Nützlichkeit des Projekts zu überzeugen. Trotz Initiative der Mailänder Klubs endet die Saison 2008/09, ohne dass andere Vereine, abgesehen von Juventus, notwendige Initiativen in diese Richtung starten. Im Gegenteil, mehrere Vereinsvorsitzende wie Catanias Geschäftsführer Pietro Lo Monaco stellen sich dagegen.[500] Am 14. August 2009, wenige Tage vor Beginn der neuen Saison, in der die Tessera del Tifoso auf alle Profivereine ausgeweitet werden soll, wird im Rundschreiben Nr. 555 des Innenministeriums beschlossen, das Inkrafttreten des Systems auf den 1. Januar 2010 zu verschieben. Da auch diese neue Frist nicht eingehalten werden kann, wird am 16. Dezember 2009 in einem weiteren Rundschreiben des Ministeriums beschlossen, die Einführung auf den Beginn der Saison 2010/11 zu legen.

Die Sitzung der Nationalen Beobachtungsstelle für Sportveranstaltungen vom 5. Juli 2010 bestätigt, dass die Profivereine (Serie A, B und C) ab dem Meisterschaftsbeginn im August 2010 das Programm der Tessera del Tifoso einführen müssen. Die Karte ist zwar nicht zwingend erforderlich, um ins Stadion zu gehen, aber jeder Tifoso, der ein Abonnement für die Spiele seines Vereins abschließen oder seine Mannschaft bei einem Auswärtsspiel unterstützen möchte, muss eine solche Karte besitzen. Den Behörden zufolge kann jeder Karteninhaber jedes Stadion im Land besuchen, da er erfasst ist. Seit den Vorfällen bei dem Spiel Catania–Palermo am 2. Februar 2007 erlässt die Nationale Beobachtungsstelle für Sportveranstaltungen jede Woche aber zahlreiche Vorgaben, die den Verkauf von Eintrittskarten bei heiklen Spielen einschränken oder ganz verbieten. Ganz unabhängig davon, ob man als Fan eine Tessera del Tifoso hat oder nicht. So wird das Risikospiel vom 9. Mai 2010 zwischen Genoa und dem AC Milan zum Beispiel in einem leeren Stadion ausgetragen. Die Quästur beschließt am Tag vor dem Spiel, es unter Ausschluss der Öffentlichkeit stattfinden zu lassen, und das, obwohl die Mailänder Ultras seit zwei Jahren in Besitz der berühmten Karte sind. Außerdem geht diese Entscheidung über die Empfehlungen des Osservatorio hinaus, das nur vorschlägt, die Identität der Käufer von Eintrittskarten für den Gästesektor zu kontrollieren, nicht aber die Anreise zu verbieten.

Der letzte strittige Punkt in Bezug auf diese Karte besteht darin, dass bestimmte Zuschauer sie gar nicht beantragen können. Der Ministerialerlass vom 15. August 2009 legt

499 *Maroni: »Tessera del Tifoso obbligatorio«*, »Corriere della Sera«, 31. Oktober 2008, S. 57.

500 Dino Martirano, *Tessera del Tifoso, il Catania guida il fronte dei contrari*, »Corriere della Sera«, 17. August 2009, S. 20.

die Einrichtung eines Computersystems fest, das es ermöglichen soll, in Echtzeit über einen Server zu überprüfen, ob der Fan gemäß den Bedingungen von Artikel 9 des Gesetzes Nr. 41 von 2007 das Recht hat, ins Stadion zu gehen. Wie der Text besagt, können alle Personen, die mit einem Stadionverbot belegt wurden oder sind, die unter besonderer Aufsicht stehen oder die, wenn auch noch nicht rechtskräftig, wegen Stadionverstößen verurteilt wurden, theoretisch gar keine Fankarte erhalten, auch wenn sie ihre Strafe bereits verbüßt haben. Diese Verfahrensweise wird jedoch nie angewendet, da sie auch für den Verkauf von Eintrittskarten gilt. Diese Rechtsunsicherheit wird durch einen neuen Ministerialerlass beseitigt. Die Behörden einigen sich auf einen Zeitraum von fünf Jahren und stützen sich dabei auf Artikel 4 des Gesetzes Nr. 1423 vom 27. Dezember 1956, in dem von »Präventionsmaßnahmen gegen Personen, die eine Gefahr für die öffentliche Ordnung darstellen« die Rede ist. Daher besteht die Möglichkeit, fünf Jahre nach dem Ende des Stadionverbots eine Karte zu beantragen, wie der stellvertretende Vorsitzende der Nationalen Beobachtungsstelle für Sportveranstaltungen bereits im Jahr 2008 feststellt.[501]

Es entsteht ein neues Computerprogramm, das den »juristischen Lebenslauf« eines jeden Tifoso überprüft. Es ist mit dem Nationalen Elektronischen Zentrum der Polizei mit Sitz in Neapel verbunden. Dieses System, das noch einige Jahre bis zu seiner Einführung benötigen wird, soll in Echtzeit beim Kauf einer Fankarte, aber auch einer einfachen Eintrittskarte, feststellen, ob der Käufer das Stadion betreten darf oder nicht. Artikel 9 des Gesetzes Nr. 41 aus dem Jahr 2007 wird schrittweise umgesetzt, bis das Computersystem eingerichtet ist. Es werden auch Karten ausgestellt, ohne die Rechtslage der Antragsteller zu überprüfen. Beim AC Milan zum Beispiel erfüllen die ersten Fankarten, die ausgestellt werden, nicht einmal die erforderlichen technischen Standards, da das Foto des Inhabers fehlt. Um die Karte zu bewerben, verteilt der Mailänder Klub Tausende von ihnen, von denen eine Vielzahl später jedoch als ungültig erklärt wird. Schließlich wird jede Polizeiquästur, wie so oft in Italien, den Ministerialerlass vom 15. August 2009 auf ihre eigene Art und Weise auslegen. Einige lokale Verwaltungen setzen die Vorgaben strenger um, während andere sich nicht um Artikel 9 kümmern.

Nicht nur Ultras, Fanverbänden, Verbraucherschutzorganisationen und Juristen bereitet die schlecht vorbereitete Einführung der Fankarte Kopfzerbrechen. Am 10. November 2010 wird das Dokument Nr. 1779725 der italienischen Datenschutzbehörde veröffentlicht. Laut diesem sind die Fans nicht klar und detailliert genug über die Verwendung ihrer persönlichen Daten informiert, die sie bei der Anmeldung zur Tessera del Tifoso angeben müssen. Diese werden ohne die implizite Zustimmung des Antragstellers für

501 Daniele Galli, *Il segretario annuncia la svolta e difende il progetto della carta,* »Il Romanista«, 12. Dezember 2008, S. 5.

Werbe- und Marketingzwecke missbraucht. Die Datenschutzbehörde greift auch die Problematik der RFID-Chip-Technologie auf, da diese eine Überwachung des Tifoso ermöglicht, ohne, dass der Kartenbesitzer darüber informiert wird.

Die verschiedenen Verfahren verursachen Verzögerungen bei der Einführung der Fankarte und zwingen die Nationale Beobachtungsstelle für Sportveranstaltungen dazu, am 24. November 2010 ein Memorandum zu veröffentlichen, um die Vereine über die aktuelle Situation zu informieren. Zu dieser Zeit lehnen die meisten Ultras-Gruppen die Tessera del Tifoso kategorisch ab. Einige umgehen die Kartenpflicht bei bestimmten Auswärtsspielen, indem sie sich auf Tribünen stellen, die nicht für gegnerische Fans bestimmt sind. Die Ultras von Udinese zeichnen sich in der Saison 2010/11 bei Auswärtsfahrten besonders aus. Sie kaufen einzeln Plätze auf anderen Tribünen und schließen sich im Stadion dann zu einer Gruppe zusammen. Dadurch werden sämtliche Vorgaben umgangen und der Lächerlichkeit preisgegeben – sehr zum Leidwesen der Behörden. Das Protokoll betont die Notwendigkeit, Karteninhaber zu bevorzugen, um die Verbreitung der Karte zu fördern, und zwar durch zwei Methoden: die schnellstmögliche Umsetzung des Computerprogramms und die Umwandlung der Gästesektoren.[502] Schließlich werden in diesem Dokument drei Arten von Begegnungen definiert: Begegnungen mit hohem Risiko, Begegnungen mit geringem Risiko und Begegnungen ohne Risiko und damit drei verschiedene Anforderungsprofile. Selbst bei Spielen mit hohem Risiko wird genau festgelegt, dass Auswärtsfans mit einer Fankarte anreisen dürfen, was später aber durch die Praxis widerlegt wird.

Am Ende der Fußballsaison wird auf Initiative des Innenministeriums und der Sportbehörden ein neues Protokoll veröffentlicht. Am 21. Juni 2011 treffen sich die verschiedenen Akteure in Rom, um über neue Vorgaben für die Saison 2011/12 zu beratschlagen. Die Behörden sind wenig erfreut darüber, dass Ultras des Gästeteams plötzlich und unkontrolliert auf einer der Tribünen auftauchen und sich unter die Heimfans mischen. Sie müssen dagegen vorgehen, da solche Beispiele die Nutzlosigkeit der Tessera del Tifoso unterstreichen. Das neue Protokoll schreibt vor, dass keine Eintrittskarten mehr an Einwohner der betreffenden Region oder der Provinz (bei Derbys) verkauft werden dürfen, aus der die Gastmannschaft stammt. Nur Inhaber der Tessera sind berechtigt, Eintrittskarten zu kaufen. Auf besonderen Antrag (mindestens zehn Tage im Voraus) nach einer Vereinbarung zwischen den beiden Vereinen und anschließender Genehmigung durch die zuständigen Behörden dürfen auch gegnerische Fans anreisen, die keine Fankarte

502 *Protocollo di intervento per l'attuazione del programma »Tessera del Tifoso«*, Segreteria del Dipartimento della P.S. Ufficio Ordine Pubblico, Rom, 24. November 2010, S. 3.

besitzen. Die Verantwortlichen der Klubs hören auf die Argumente ihrer Fans. Denn das Problem besteht nicht nur bei Auswärtsspielen, sondern auch bei Heimspielen, da viele Fans ohne Tessera del Tifoso ihr Abo nicht verlängern können, um alle Heimspiele ihrer Mannschaft zu verfolgen. Zwischen den Vereinen und der Nationalen Beobachtungsstelle für Sportveranstaltungen wird vereinbart, ab der Saison 2012/13 ein Mini-Abonnement einzuführen. Am 30. Mai 2012 werden in einem offiziellen Dokument weitere Einzelheiten dazu erläutert. Dieses Paket ermöglicht es, Eintrittskarten für eine begrenzte Anzahl von Heimspielen (bis zu maximal zehn) zu erhalten, ohne im Besitz der Tessera del Tifoso zu sein. Das Verfahren wird auf Initiative der AS Roma eingeführt und bald auch von anderen Vereinen übernommen, darunter Bologna, Novara, Cesena, Parma und Sampdoria. Ein Erfolg für die Ultras dieser Mannschaften, die damit zeigen, dass der Kampf auch Seite an Seite zusammen mit der eigenen Vereinsführung geführt werden kann. Angesichts des geringen Erfolgs der Tessera del Tifoso wird das Projekt »Porta un amico allo stadio« (»Nimm einen Freund mit ins Stadion«) ins Leben gerufen. Bei bestimmten Spielen kann der Besitzer einer Tessera eine weitere Eintrittskarte für ein Auswärtsspiel kaufen, ohne, dass dafür eine zweite Tessera vorgelegt werden muss.

Eine Spirale der Repression

Die Fankarte, die angeblich das Allheilmittel sein soll, hindert die Behörden nicht daran, Auswärtsfahrten ganz oder teilweise zu verbieten. Die unnachgiebige Haltung gegenüber den heimischen Ultras ist unnötig, da auch ausländische Fans negativ auffallen. So geschehen am 12. Oktober 2010, als Italien in Genua auf Serbien trifft. Das Gästeteam wird von mehreren hundert radikalen serbischen Fans begleitet. Vor dem Spiel steigt die Anspannung im gegnerischen Sektor, als einer von ihnen, Ivan Bogdanov, eine führende Figur der *Ultra Boys* von Roter Stern Belgrad, sich eine Sturmhaube überzieht und auf eine Plexiglaswand hockt. Er zerschneidet das Schutznetz vor dem Sektor, verbrennt eine albanische Flagge, provoziert die Behörden und redet auf seine eigenen Leute ein. Aus Angst vor einem Platzsturm wird das Spiel nicht angepfiffen, und außerhalb des Stadions kommt es zu Auseinandersetzungen zwischen einem Teil der serbischen Fans und den Ordnungskräften. Die Bilder gehen um die Welt und zeigen die Ineffizienz der verschiedenen Gesetze und die Unfähigkeit der italienischen Behörden, die die Unruhestifter nicht unter Kontrolle bringen können.

Die Geschehnisse von Genua führen aber nicht dazu, die Ideen des Innenministeriums oder die Art und Weise, wie versucht wird, die öffentliche Ordnung zu sichern, infrage zu stellen. Einige Gruppen wie die *Ultras Tito Cucchiaroni* der Sampdoria versuchen in einen

Dialog mit den sportpolitischen Behörden zu treten – leider vergeblich.[503] Eher ist das Gegenteil der Fall, am 12. November 2010 schöpft die Regierung erneut ihre rechtlichen Möglichkeiten aus und legt ein neues Gesetzesdekret vor. Der einleitende Absatz gibt einen Hinweis auf die Sackgasse, in die man sich mittlerweile manövriert hat: »Angesichts der außerordentlichen Notwendigkeit und Dringlichkeit, die Sicherheit der Orte, an denen Sportveranstaltungen stattfinden, zu gewährleisten …«.[504] Die Verantwortung der Fußballklubs wird erhöht, Gewalt gegen Ordner wird härter bestraft und ein Solidaritätsfonds eingerichtet, um Opfern von Ausschreitungen bei Sportveranstaltungen zu helfen. Am 17. Dezember wird das Dekret verabschiedet und zum Gesetz Nr. 217.

Die wiederholten Vorfälle in Verbindung mit den Schwierigkeiten der Polizei zeigen die Inkompetenz der Behörden bei der Organisation von Sportveranstaltungen. Ein Blick auf die Empfehlungen der Nationalen Beobachtungsstelle für Sportveranstaltungen in den letzten Jahren genügt, um das ganze Ausmaß ihres Versagens in Bezug auf die öffentliche Ordnung zu erkennen. Am 2. Jänner 2008 empfiehlt diese Institution für das Eishockeyspiel zwischen Lodi und Valdagno, den Fans der Gäste den Zutritt zu verbieten und folglich den für sie bestimmten Bereich der Eishockeyhalle zu schließen.[505] Am 31. Januar 2008 rät das Gremium, ein Amateurspiel zwischen Trapani und Mazara unter Ausschluss der Öffentlichkeit auszutragen.[506] Am 20. März 2008 gilt dies für ein weiteres Spiel der Amateurliga zwischen Latina und Terracina.[507] Die Entscheidungen, die getroffen werden, ähneln sich und entbehren dabei nicht einer gewissen Absurdität. Die Empfehlungen der Nationalen Beobachtungsstelle suggerieren, dass die Polizei bei Spielen in untergeordneten Spielklassen nicht für die Sicherheit von einigen hundert Personen sorgen kann. Es mag daher nicht verwunderlich sein, dass die Angehörigen der Ordnungskräfte nicht mehr darauf vorbereitet sind, mit den teilweise großen Kontingenten ausländischer Fans umzugehen, die etwa bei Europacup- oder Länderspielen auf die Halbinsel reisen, während den einheimischen Tifosi in den meisten Fällen Auswärtsspiele untersagt werden. Die Vorfälle im Zentrum der Hauptstadt vor dem Spiel Roma–Feyenoord am 19. Februar 2015 zwischen niederländischen Fans und den Carabinieri bestätigten dies.

Die Behörden reagieren nur noch, und der einzige Weg, der beschritten wird, ist der einer immer stärkeren Repression, wie die 93 Stadionverbote gegen ebenso viele Ultras von Sampdoria zeigen, die am 20. Oktober 2013 nach Livorno reisen. Alle haben eine

503 Vgl. Ultras Tito Cucchiaroni, *La disfatta di Genova: lettera aperta al ministro degli Interni, Roberto Maroni*, »Il Secolo XIX«, 13. Oktober 2010, S. 24.

504 Gazzetta Ufficiale Nr. 265, 12. November 2010, S. 1.

505 Determinazioni stagione 2007/2008, Osservatorio Nazionale sulle Manifestazione sportive, 2. Januar 2008, S. 2.

506 Determinazioni stagione 2007/2008, Osservatorio Nazionale sulle Manifestazione sportive, 31. Januar 2008, S. 5.

507 Determinazioni stagione 2007/2008, Osservatorio Nazionale sulle Manifestazione sportive, 20. März 2008, S. 6.

Eintrittskarte, und es kommt auch nicht zu den geringsten Zwischenfällen.[508] Die Ultras der Sampdoria werden trotzdem mit einem Stadionverbot belegt. Ihr einziges Vergehen ist es, dass keiner von ihnen eine Fankarte besitzt. Dank einer Klage von acht Anwälten vor dem regionalen Verwaltungsgericht und der Berichterstattung über den Fall, gelingt es ihnen vier Monate später, die Entscheidung wieder aufzuheben. Dass die repressive Logik eine Sackgasse ist, zeigt sich leider auch anhand des x-ten Dramas, das sich am Rande des italienischen Pokalfinales abspielt. Am 3. Mai 2014 tritt Napoli dabei im Finale gegen die Fiorentina an. Das Spiel wird als Hochrisikospiel eingestuft, da es im Olympiastadion in Rom ausgetragen wird und die Ultras der beiden römischen Vereine Rivalen beider Finalteilnehmer sind. Die meisten Tifosi der beiden Mannschaften reisen mit Bussen in die Hauptstadt. Fast 1500 Sicherheitskräfte sind im Einsatz, um die Sicherheit am Spieltag zu gewährleisten. Die Tragödie ereignet sich vor dem Spiel drei Kilometer vom Stadion entfernt, als es zu Zwischenfällen zwischen neapolitanischen Ultras und einigen Anhängern der Roma kommt. Es gibt etwa zehn Verletzte, darunter drei Neapolitaner mit Schussverletzungen. Der Schütze ist in der Curva Sud der AS Roma aktiv. Eines der Opfer, Ciro Esposito, befindet sich in einem kritischen Zustand.[509] Das Spiel wird zunächst um 45 Minuten verschoben. Der Kapitän des SSC Napoli spricht vor aller Augen mit einem Verantwortlichen der *Mastiffs,* um die sehr angespannte Situation zu beruhigen. Die Szene sorgt für einen Skandal, da die Journalisten sie so interpretieren, als ob die Ultras darüber entscheiden würden, ob das Spiel gespielt wird oder nicht. Vielmehr ist es so, dass der Dialog dazu führt, die Fans über den Zustand des Verletzten zu informieren, damit sich die hitzige Stimmung etwas abkühlt und die Kurve nicht sofort auf Rache sinnt.

In der Folge stellen die Behörden wieder einmal ihre Kurzsichtigkeit unter Beweis und erlassen am 22. August 2014 ein Dekret, um die Öffentlichkeit zu beruhigen. Dieses wird am 17. Oktober 2014 als Gesetz Nr. 146 verabschiedet und verschärft die Vergabe von Stadionverboten. Bis dahin waren objektive Beweise in Form von Fotos oder Bildern einer Überwachungskamera erforderlich, um ein gewalttätiges Verhalten nachzuweisen. Ab jetzt wird den Ordnungskräften ein größerer Ermessensspielraum eingeräumt. Gemäß dem neuen Text kann ein Fan, der im Stadion ein Spruchband mit gewaltverherrlichendem Inhalt zeigt, mit Stadionverbot belegt werden. Der Zeitraum einer Diffida wird von bis zu fünf Jahren auf acht Jahre ausgeweitet. Bei einem Wiederholungstäter darf das DASPO hingegen nicht kürzer als fünf Jahre sein. Die Sorveglianza Speciale, eine Art der

508 »*Mazzata sui tifosi Samp: 93 DASPO per Livorno,* »Il Secolo XIX«, 28. Oktober 2013, S. 24.

509 Er fällt ins Koma und stirbt am 25. Juni 2014.

Sonderüberwachung, die bis dato nur in Anti-Mafia-Gesetzen vorkommt und die darauf abzielt, eine besonders gefährliche Person nach Ablauf der Strafe zu überwachen, kann nun auch auf eine Person angewendet werden, die wiederholt an Ausschreitungen teilgenommen hat oder mehrfach mit einem Stadionverbot belegt worden ist.[510] Schließlich wird es auch möglich, ein Stadionverbot gegen eine ganze Gruppe zu verhängen, und zwar für eine Dauer von drei bis acht Jahren. Diese Maßnahme führt also eine kollektive Bestrafung ein, was an und für sich gegen Artikel 27 der italienischen Verfassung verstößt, der die Personalisierung der strafrechtlichen Verantwortung betont, laut der Recht gesprochen werden soll.

Sehr schnell wird dieses Dekret auf die 52 Insassen eines Busses der *Seguaci della Nord* aus Bari angewendet, die sich am 13. September 2014 auf dem Rückweg von einem Spiel in Frosinone befinden. Auf der Fahrt greifen einige der Businsassen ein Auto von einheimischen Fans an. Die Polizei identifiziert nach dieser Auseinandersetzung alle im Bus reisenden Personen und erteilt ihnen ein Stadionverbot.[511] In den folgenden Monaten gelingt es den Anwälten, die Strafe für etwa 40 Personen aufzuheben. Am 6. Dezember 2014 wird ein Bus mit zwanzig Ultras aus Bologna vor der Ankunft in Catania angehalten. Die Polizei findet in den Laderäumen des Busses ein ganzes Arsenal an Schlagstöcken, Messern und sonstigen Waffen. Die Quästur von Catania ordnet für die Insassen des Busses ein Gruppen-DASPO an. Nach einem langen Rechtsstreit wird am 3. Februar 2016 das Urteil des Gerichts von Catania vom Kassationsgericht jedoch für nichtig erklärt. Die Anomalie eines solchen Verfahrens ist bereits dreizehn Jahre zuvor nach Zwischenfällen rund um ein Fußballspiel hervorgehoben worden. Am 25. Februar 2001, vor dem Spiel Sampdoria–Torino, als sich der Corteo der Torino-Fans dem Stadion nähert, reißen einige Dutzend Ultras aus dem schwach bewachten Zug aus, um die Sampdoriani auf der anderen Seite des Flusses anzugreifen. Nach minutenlangen Auseinandersetzungen gelingt es den Ordnungskräften, die Ruhe wiederherzustellen. Es kommt zu acht Festnahmen und zehn Verletzten, darunter auch der Polizeipräsident von Genua. Nach dem Spiel werden die 1004 Torino-Anhänger, die sich im Gästesektor aufhalten, sieben Stunden lang festgehalten. Jeder Einzelne wird fotografiert und registriert. Am nächsten Tag verhängt die Quästur über alle ein Stadionverbot bis zum Ende der laufenden Saison mit der Begründung: »Das wird die Unbelehrbaren zwingen, ihre Einstellung zu ändern. Die friedfertigen Fans werden sie isolieren und so wird der Sport wieder zu dem werden, was

510 Artikel 4 des neuen Gesetzes wird in das Gesetzesdekret Nr. 159 vom 6. September eingefügt, 2011, Kodex des Anti-Mafia-Gesetzes und Präventionsmaßnahmen.

511 Giovanni Longo, *Primo Daspo di gruppo per 52 tifosi baresi*, »Gazzetta del Mezzogiorno«, 15. September 2014, S. 24.

er sein soll.«[512] Angesichts der allgemeinen Proteste seitens der beschuldigten Tifosi, der Vereinsfunktionäre und einiger Lokalpolitiker macht die Quästur schlussendlich aber einen Rückzieher und beschließt, die Anzahl der Stadionverbote allein auf die wirklich Verantwortlichen zu beschränken.

Die nächste Änderung der Gesetzgebung zur Gewalt in Stadien erfolgt am 5. August 2019 mit der Verabschiedung des Gesetzesdekrets Nr. 53, das von Innenminister Matteo Salvini vorangetrieben worden war. Dieser Text, der ganz im Zeichen der vom Anführer der Lega geförderten Sicherheitspolitik steht, zielt auf die Bekämpfung der Einwanderung ab, verlängert den Zugang zur italienischen Staatsbürgerschaft und befasst sich auch mit Störungen der öffentlichen Ordnung. Salvini wartet nach dem Tod eines Ultras aus Varese bei den Auseinandersetzungen vor dem Spiel Inter–Napoli am 26. Dezember 2018 einige Monate ab, bevor er Gesetze erlässt. Seine medienwirksame Anwesenheit bei der Feier zum 50-jährigen Bestehen der *Curva Sud Milano* zehn Tage zuvor hatte nämlich zu Problemen geführt. Der Innenminister hatte sich an der Seite von Luca Lucci gezeigt, der die Ultras von Milan anführte, aber vor allem in verschiedenen Gerichtsverfahren verurteilt worden war, insbesondere wegen Gewalt und Drogenhandel.

Der neue Gesetzestext, den Salvini sechs Monate nach dem tödlichen Zwischenfall am Rande von Inter–Napoli vorlegt, verlängert die Dauer des Stadionverbots für Wiederholungstäter auf bis zu zehn Jahre und verlangt für dieselben Personen ein DASPO von mindestens fünf Jahren. Darüber hinaus kann gegen einen italienischen Tifoso wegen im Ausland begangener Straftaten ein Stadionverbot im Heimatland verhängt werden. Mit diesen Gesetzesänderungen ist es viel einfacher, ein Stadionverbot gegen eine Person zu verhängen, auch wenn sie in einem Kontext beschuldigt wird, der nichts mit Sport zu tun hat. Schließlich sieht das Gesetz eine Mindeststrafe für Stadionvergehen vor.

Missbrauch und Grenzen der repressiven Politik

Um die Gewalt einzudämmen und die öffentliche Meinung zu befriedigen, werden seit 1989 regelmäßig neue Gesetze verabschiedet, meist jedoch ohne die nötige Weitsicht. Teilweise sind es Maßnahmen, die gegen die Verfassung verstoßen und die Rechte der Bürger unerlaubt einschränken. Darüber hinaus werden an jedem Spieltag der Fußballmeisterschaft Tausende von Sicherheitskräften mobilisiert. Die Summen, die für die Aufrechterhaltung der Ordnung ausgegeben werden müssen, steigen immer stärker – mit unbefriedigenden Ergebnissen. Es wird versucht, fehlende Investitionen in veraltete

512 Lodovico Poletto, *In 1004 danno l'addio al Toro*, »La Stampa«, 27. Februar 2001, S. 30.

Stadien durch den verstärkten Einsatz von Ordnungskräften auszugleichen. Laut dem Jahresbericht der Nationalen Beobachtungsstelle für Sportveranstaltungen werden in der Saison 2014/15 bei den 1634 Spielen der ersten drei Fußballklassen (Serie A, B und C) 173.278 Sicherheitskräfte eingesetzt.[513] In der Saison 2007/08, einer von schweren Unruhen geprägten Spielzeit, sind für die Kontrolle der 2434 Spiele der ersten drei Ligen 90.833 Ordnungskräfte im Einsatz.[514] Zwischen 2008 und 2015 steigt die Anzahl der Sicherheitskräfte um 90,8 %, während die Anzahl der Fußballspiele auch aufgrund der Reform der dritten Liga um 49 % sinkt.[515]

Die starke Zunahme der Polizeikräfte und die verschärfte Repression ändern aber nichts an der Aggressivität der Ultras. Ganz im Gegenteil: Die Gewalt verlagert sich von den Stadien raus auf die Straßen. Die Antagonisten entwickeln strategische Pläne, um sich gegenseitig zu bekämpfen. Am 26. Dezember 2018 trifft Inter auf Napoli. Das Spiel wird von beiden Seiten sehnsüchtig erwartet, da die Rivalität zwischen den Ultras beider Mannschaften aufgrund einer jahrelangen Fehde sehr groß ist. Für dieses Spiel, das am zweiten Weihnachtsfeiertag ausgetragen wird, legen militante Mitglieder der Curva Nord mehr als einen Kilometer vor dem Stadion in San Siro einen Hinterhalt für die Napoletani. Diese reisen großteils mit Kleinbussen und Autos an, um einer Polizeieskorte zu entgehen. Ihre Gegner beschließen, sich in einer Straße zu postieren, die zum Parkplatz des Stadions führt, aber noch weit genug entfernt ist, um die Aufmerksamkeit der Polizei nicht auf sich zu ziehen. Etwa 100 Personen versammeln sich dort. Einige von ihnen kommen aus Nizza und Varese, langjährige Freunde der Ultras von Inter. Als die Fahrzeuge aus Neapel gesichtet werden, beginnt der Angriff. Der Kontakt ist heftig und dauert fast vier Minuten lang, mitten im Verkehr, der zum Stadion führt. Vereinzelt werden Waffen eingesetzt: Baseballschläger, Hämmer, Pyrotechnik, Messer und sogar eine Sichel. Im Verlauf des Kampfes wird einer der Angreifer von einem Auto angefahren. Daniele Belardinelli, von den *Blood & Honour* Varese, wird in das nahegelegene San Carlo Hospital gebracht, wo er in den folgenden Stunden verstirbt. Der Fall erregt auf der Halbinsel großes Aufsehen, aber Matteo Salvini, der ansonsten sehr umtriebige Innenminister, hält sich vorerst noch bedeckt und agiert nicht sofort. Am 14. Juni 2019 schlägt Minister Salvini ein neues Gesetzesdekret über Sicherheit im öffentlichen Raum vor. Dabei geht es nicht nur um illegale Einwanderung oder Ausschreitungen bei Demonstrationen, sondern am Ende des Textes auch um Verschärfungen der Gesetze gegen Fußballfans. Es gibt neue Sanktionen für Wiederholungstäter, die Dauer von Stadionverboten wird auf sechs bis zehn Jahre

513 Ministero dell'Interno – Dipartimento della Pubblica Sicurezza, Rapporto Annuale, Rom, 2015, S. 2.

514 Osservatorio Nazionale sulle Manifestazioni sportive, Stagione 2007/08, 2008, S. 8.

515 Am Ende der Saison 2013/14 wird die Serie C2 durch die Zusammenlegung der Serie C1 und C2 abgeschafft.

ausgebaut. Auch für Vergehen, die nicht im Stadion passieren, kann man als Ultra mit einem Stadionverbot belegt werden. Die »nachträgliche Festnahme auf frischer Tat«, die noch auf Probe läuft, wird dauerhaft wirksam.

Das Gesetz wird am 13. August 2019 verabschiedet und bestätigt, einmal mehr, dass die italienischen Behörden an keiner Präventionsarbeit interessiert sind. Auch die Gewalt außerhalb der Sportstätten bekommt man nicht unter Kontrolle. Der Tod eines Anhängers von Vultur Rionero, einer Mannschaft, die in der Eccellenza (5. Liga) spielt, zeigt dies einmal mehr. Am 19. Januar 2020 warten mehrere Lieferwagen von Ultras aus Rionero in Vulture auf einer Regionalstraße in der Basilikata auf ihre Rivalen aus Melfi. Der Hinterhalt überrascht die gegnerischen Ultras. Einer von ihnen überfährt mit seinem Auto Fabio Tucciariello, der auf der Stelle tot ist.

Das Verhältnis zwischen Mitgliedern der Ordnungskräfte und Ultras verschlechtert sich mit zunehmender Verschärfung der Anti-Gewalt-Gesetze. Die Beziehung beider Lager ist schon nach der Verabschiedung des Gesetzes Nr. 377 im Jahr 2001 sehr bescheiden und wird in den darauffolgenden Jahren immer miserabler. Auch einfache Tifosi beschweren sich darüber, wie zum Beispiel ein Fan der Roma, dem man nicht unterstellen kann, dass er den Gewalttätern gegenüber nachsichtig wäre: »Dies ist das größte Problem, wenn man seiner Mannschaft hinterher reist: Es gibt keinen Unterschied, jeder Fan wird in den Augen der Polizei als schlimmer Schläger angesehen (…) und (…) der Schlagstock der Polizisten ist die beste Antwort auf jede Beschwerde eines Fans.«[516]

Bei Auswärtsfahrten, die ein gewisses Risiko bergen, ist es mittlerweile üblich, dass die Polizei die Konvois der Fans bereits ab der Abfahrt bewacht. Wenn sie in der Nähe ihres Zielortes sind, werden sie an der Mautstelle angehalten und kontrolliert. Es findet eine erste Durchsuchung der Insassen und des Transportmittels sowie eine Kontrolle der Tickets statt. Manchmal werden die Ultras aufgefordert, sich mit dem Ausweis in der Hand vor eine Kamera zu stellen, um einer nach dem anderen gefilmt zu werden. Je nach Sicherheitslage müssen Busse und Autos noch auf die Nachzügler warten, um dann in einem einzigen Konvoi ihren Weg fortzusetzen. Die Behörden verbieten ihnen, in die Stadt zu fahren. Das einzige erlaubte Ziel ist der Gästesektor des Stadions. Es kommt dabei immer wieder vor, dass sie das Stadion aus Sicherheitsgründen erst nach dem Anpfiff erreichen. Aus denselben Gründen müssen sie das Stadion manchmal auch früher verlassen, ohne das Ende des Spiels miterleben zu können.

Die Intensivierung der Repression und die Verschärfung der Gesetzgebung sind nicht die einzigen Gründe, die erklären, warum sich die Beziehungen zwischen den Ultras und

516 Francesco Saverio Teruzzi, *Maciniamo chilometri*, Rom, Sovera Edizioni, 2004, S. 75.

der Polizei so stark verschlechtert haben. Das Verhältnis muss in einem größeren Zusammenhang gesehen werden, der über den Rahmen eines Fußballspiels hinausgeht. In den 1990er-Jahren nimmt der Einsatz von repressiven Techniken rund um die Stadien zu, im Gegensatz zur gesamtitalienischen Gesellschaft, in die nach 1981 allmählich wieder Ruhe und Frieden einkehrt – die politische Gewalt erlebt ihre letzten Zuckungen. Im Gesetz Nr. 121 vom 1. April 1981 wird der Rahmen für die Aufrechterhaltung der öffentlichen Ordnung neu definiert. Die Kontrollstrategie der Polizei entwickelt sich weiter und repressive Mittel sind in den folgenden Jahren nicht mehr die Regel. Stattdessen wird Überzeugungsarbeit geleistet, um einen fairen Kompromiss zu finden, der auf Deeskalation beruht.[517] Zuvor sind die Ordnungskräfte immer wieder äußerst brutal vorgegangen und haben als Reaktion auf soziale Proteste mehrfach von ihren Schusswaffen Gebrauch gemacht. Das Gesetz vom 22. Mai 1975 gab den Mitgliedern der öffentlichen Gewalt mehr Befugnisse, ihre Waffen einzusetzen. Von Juni 1975 bis Juni 1989 werden so 254 Menschen getötet und 371 verletzt.[518] In den folgenden zwei Jahrzehnten wiederum ist das Gegenteil der Fall: »Beamten zufolge besteht das Hauptziel der Einsätze im Bereich der öffentlichen Ordnung eigentlich darin, zu verhindern, dass ›das Situationen aus dem Gleichgewicht geraten‹, was die Ursache für Unruhen ist.«[519]

Doch die Zeiten haben sich geändert und auch der Kontext, in dem die Ordnungskräfte eingreifen müssen, ist nicht mehr derselbe. In den 1980er- und 1990er-Jahren werden Störungen der öffentlichen Ordnung nicht mehr mit Demonstrationen in Verbindung gebracht, sondern eher mit Ausschreitungen bei Fußballspielen. Ein Polizist sagt über seine Einsätze zur Wiederherstellung der Ordnung: »80 % unserer Einsätze finden im Stadion statt und 20 % bei Demonstrationen.«[520] In dieser Zeit werden die Befugnisse der Polizei nur in zwei Bereichen gestärkt: im Kampf gegen das organisierte Verbrechen und gegen die Gewalt in den Stadien.

Selbst dort werden die Vorteile eines Dialogs von Strafverfolgungsexperten anerkannt, wie die offizielle Zeitschrift der italienischen Polizei *Polizia Moderna* belegt. In diesem Magazin ist im Jahr 1999 ein Artikel zu lesen, in dem von einem »humanen Umgang mit den Fans« die Rede ist.[521] Um einen Dialog zu führen, muss man die Ultras als Teil des Fußballspiels betrachten, was die Behörden aber nicht tun. Das idealisierte Bild des Sports und seiner Werte, welche in einer übermäßig positiven Weise beschworen werden, heben

517 Donatella della Porta, Herbert Reiter, *Polizia e protesta. L'ordine pubblico dalla Liberazione ai »no global«*, il Mulino, Bologna, S. 287–338.

518 Vgl. Centro di initiativa Luca Rossi, *625,* Locate di Triulzi, Editoriale Cento Fiori, 1990.

519 Vgl. Donatella della Porta, Herbert Reiter, siehe oben, S. 293.

520 Vgl. ebd., S. 327.

521 »Polizia Moderna«, Jänner 1999, Nr. 1–2, S. 25

das Fehlverhalten der Ultras nur umso mehr hervor. Die einzige Reaktion auf schwere Unruhen sind schnell erlassene Gesetzesdekrete, ohne darüber eine echte Debatte zu führen oder einen parlamentarischen Ausschuss damit zu beauftragen. Im Gegensatz zu gewalttätigen Demonstranten, deren Handlungen politisch motiviert sind und von den Behörden teilweise vielleicht nachvollzogen werden können, werden Unruhen am Rande von Fußballspielen als absurd und sinnlos angesehen.

An der Wende zum neuen Jahrtausend gibt es eine Reihe von Hinweisen, die auf Veränderungen bei den Techniken der Strafverfolgung hindeuten. Die scheinbare Befriedung der Beziehungen zwischen Bürgern und Polizeikräften ist eine Illusion, wie das Management der öffentlichen Ordnung beim Global Forum on Electronic Governance, das vom 15. bis 17. März 2001 in Neapel von den Vereinten Nationen und der italienischen Regierung veranstaltet wird, zeigt. Die Antiglobalisierungs-Bewegung wächst seit den Protesten in Seattle 1999.[522] Der Gipfel in Neapel ist für diese neue politische Strömung eine Gelegenheit, um ihre Mobilisierungsfähigkeit unter Beweis zu stellen. Am 17. März 2001 demonstrieren fast 20.000 Menschen, während 7000 Polizisten im Einsatz sind, um den reibungslosen Ablauf der Konferenz zu gewährleisten. Es kommt zu Zwischenfällen, als die Polizei den Demonstrationszug daran hindert, den Palazzo zu erreichen, in dem sich die Delegierten treffen. Am Ende des Tages werden nach offiziellen Angaben 200 Personen verletzt (darunter 111 Sicherheitskräfte).[523] Mehrere Dutzend verletzte Demonstranten werden in den verschiedenen Krankenhäusern der Stadt unerlaubt festgenommen und in die Raniero-Kaserne gebracht, wo sie von der Polizei brutal misshandelt werden. Nach einem langwierigen Verfahren, das 2004 beginnt, werden 2010 zehn Polizisten in erster Instanz verurteilt, bevor sie wegen Verjährung schlussendlich doch noch freigesprochen werden.[524]

Diese Misshandlungen sind ein kleiner Vorgeschmack auf die Ereignisse am Rande des G8-Gipfels, der vom 19. bis 22. Juli 2001 in Genua stattfindet. Während die Staatsoberhäupter zusammenkommen, wird brutal gegen die Demonstrationen der Globalisierungsgegner vorgegangen. Bei Zwischenfällen wird der junge Aktivist Carlo Giuliani von einem Carabinieri erschossen. Während Dutzende radikale Aktivisten frei herumlaufen und Gebäude mit Symbolcharakter, wie etwa Banken, angreifen, werden friedliche Demonstrationszüge von der Polizei ins Visier genommen und Hunderte von Menschen verletzt. Darüber hinaus gibt es eine Razzia in der Armando-Diaz-Schule, die als

522 Die Mobilisierung gegen das Treffen der Welthandelsorganisation, das am 28. und 29. November 1999 in Seattle stattfand, symbolisiert eine transnationale Zivilgesellschaft, die das Gesicht der Globalisierung verändern will.

523 Fulvio Milone, *È guerriglia a Napoli, duecento feriti*, »La Stampa«, 18. März 2001, S. 3.

524 Fulvio Bufi, *No global picchiati. Dieci poliziotti condannati a Napoli*, »Corriere della Sera«, 23. Januar 2010, S. 25.

Pressezentrum für alternative Medien und als Unterkunft für Teilnehmer der Proteste dient. Das Vorgehen einiger Polizisten ist von unglaublicher Brutalität, ebenso wie das mehrerer Gefängniswärter gegen Globalisierungskritiker, die festgenommen und in der Polizeikaserne von Bolzaneto festgehalten werden.[525] Vierzehn Jahre nach den Ereignissen, am 7. April 2015, verurteilt der Europäische Gerichtshof für Menschenrechte Italien dafür, dass es die Urheber dieser Polizeigewalt, die mit »Folterhandlungen« gleichgesetzt wird, nie strafrechtlich verfolgt oder identifiziert hat.[526]

Im ersten Jahrzehnt des 21. Jahrhunderts kommt es zu weiteren Protestbewegungen, etwa in Vicenza wegen die US-Militärbasis Dal Molin, im Susa-Tal wegen des Baus des Hochgeschwindigkeitszugs TAV oder der Eröffnung einer zweiten Mülldeponie in Terzigno am Fuße des Vesuvs. Diese drei Ereignisse zeichnen sich durch zeitlich begrenzte Mobilisierungen der lokalen Bevölkerung aus. Von 2006 bis 2011 wehrt sich die Bewegung »No Dal Molin« in Vicenza gegen den Ausbau des örtlichen Flughafens, um die Ansiedlung amerikanischer Truppen zu fördern. Es kommt zu zahlreichen Demonstrationen, die mitunter eskalieren. Im Jahr 2011 erklärt sich die Regierung zu Verhandlungen bereit und bringt so Ruhe zwischen die verhärteten Fronten. In anderen Fällen lehnen die Behörden den Dialog aber gänzlich ab und die Proteste eskalieren oft in Zusammenstößen mit der Polizei. Dies ist der Fall an der Baustelle der Hochgeschwindigkeitsstrecke zwischen Lyon und Turin im Susa-Tal. Die Demonstrationen beginnen 2003 und nehmen ab 2005 mit den ersten Zwischenfällen zwischen den Ordnungskräften und den Protestierenden an Fahrt auf. Seitdem mit den Bauarbeiten begonnen worden ist, kommt es immer wieder zu sporadischen Unruhen zwischen Aktivisten des »No TAV« und den Behörden.[527] Im Januar 2008 und anschließend im Oktober und November 2010 machen die nicht funktionierende Abfallentsorgung in Kampanien und speziell die Bilder von Neapel, wo sich die Müllhaufen türmen, weltweit Schlagzeilen. Am Fuße des Vesuvs kommt es fast täglich zu Zusammenstößen zwischen Polizei und Demonstranten: Barrikaden werden errichtet, Fahrzeuge angezündet und die Lastwagen der Müllabfuhr blockiert. Ob beim Neapel-Forum 2001, beim G8-Gipfel in Genua, bei der »No TAV«-Bewegung im Susa-Tal oder bei den Demonstrationen vor der Mülleponie in Pianura: Dutzende von Ultras sind aktiv dabei. Zu Teilen der Zivilgesellschaft gesellen sich Stadionaktivisten, die ihre jahrelangen Erfahrungen aus den Konfrontationen mit den Ordnungskräften an normale Bürger weitergeben.

525 Marco Imarisio, *I tre giorni dell'orrore nella caserma sulla collina*, »Corriere della Sera«, 12. März 2008, S. 23.

526 *Sentenza Cestaro contro Italia*, Nr. 6884/11, § 24, EMRK 2015-II.

527 Serge Quadruppani, *Résistance dans la vallée*, »Le Monde Diplomatique«, Dezember 2014, S. 6.

Die Politik der Willkür

Zu Beginn des 21. Jahrhunderts ist die italienische Zivilgesellschaft besorgt über die Verschärfung der Gesetze und deren mögliche Auswüchse nach den vielen Terroranschlägen in der westlichen Welt. Im Klima einer allgemeinen Gleichgültigkeit gegenüber den Rechten von Fußballfans sind diese immer wieder der Willkür der Behörden ausgeliefert. Am 9. Februar 2003 findet ein hochriskantes Spiel zwischen Livorno und Hellas Verona statt. Die Beziehungen zwischen den beiden Tifoserie, die zu den politisch aktivsten im Lande gehören, sind schlechter als schlecht. Für dieses Spiel sind außergewöhnliche Sicherheitsvorkehrungen vorgesehen. Schon vor der Abreise aus Verona müssen die Tifosi ihre Ausweispapiere vorlegen und sich von Polizeibeamten filmen lassen. Als sie sich der toskanischen Hafenstadt nähern, werden die acht Busse mit den Anhängern von Hellas Verona auf offenem Feld angehalten. Sie werden einer ersten Durchsuchung unterzogen, aber die Pause dauert länger als sonst, da der örtliche Polizeipräsident Antonio Puglisi für sich schon beschlossen hat, den Veronesi, von denen die überwiegende Mehrheit Eintrittskarten besitzen, den Zugang zum Stadion zu verwehren. Die Behörden erweisen sich als unfähig, die Ordnung aufrechtzuerhalten, und halten fast 400 Personen gegen ihren Willen fest, die kein anderes Vergehen begangen haben, als zu einem Spiel ihrer Mannschaft fahren zu wollen.[528]

Der nächste Fall mit Symbolcharakter ist der des römischen Derbys, das am 21. März 2004 aufgrund des Gerüchts über den Tod eines Kindes abgebrochen wird. Hier erkennt man den augenscheinlichen Vertrauensbruch, der zwischen Fans und Vertretern des Staates stattgefunden hat. Drei Stunden vor dem Spiel kommt es im Bereich zwischen den Kontrollpunkten und der Curva Sud zu gewalttätigen Angriffen der Ordnungskräfte. Diese brutalen Einsätze setzen sich außerhalb des Stadions entlang des Tiber fort. Dann verlagern sich die Gewalttätigkeiten auf das Innere der Curva Sud. Vor den Augen eines ganzen Stadions spielen sich Szenen von unglaublicher Gewalt ab. Die Zuschauer auf den Seitentribünen geraten in Panik und werden Opfer von Tränengas, das die Sicherheitskräfte unverhältnismäßig und wahllos stark einsetzen. Das Spiel wird trotzdem angepfiffen, während die Vorfälle weitergehen, aber schon bald kursieren Gerüchte über den Tod eines Kindes, das außerhalb des Stadions von einem Polizeiauto überfahren worden sein soll. Einige Capi der Curva Sud betreten daraufhin die Laufbahn des Stadions und informieren Roma-Kapitän Francesco Totti über das, was vor dem Stadion vorgefallen sein soll. Trotz der offiziellen Dementis, dass dieses Gerücht völlig unbegründet sei, wirkt

528 Ashley Green, *Livorno – Verona, 08/02/03*, »Il Megafono«, 2003, Nr. 2, S. 4–5.

die Falschmeldung glaubwürdiger und wird zum Vorwand für den endgültigen Abbruch des Spiels in der zweiten Halbzeit. Das Ganze passiert mit Unterstützung des ungläubigen Publikums, das in den Stunden davor die Übergriffe der Beamten beobachtet hat.[529]

Am 10. April 2005, nach dem Spiel Lazio–Livorno, wartet ein Zug mit 250 Fans aus der Toskana abfahrbereit am Bahnhof San Pietro. Ein Tifoso zieht aber die Notbremse, da noch vier Personen seiner Gruppe fehlen. Die Ordnungskräfte stürmen die Zugwaggons und knüppeln die Fans nieder. Daraufhin werden die Fans nach Tor Vergata auf die Polizeistation gebracht, wo sie einzeln identifiziert und von den Behörden 24 Stunden festgehalten werden.[530] Sechs von ihnen werden festgenommen und gegen weitere 248 Personen wird Anzeige erstattet. Einige Monate später am Bahnhof von Verona: Am 24. September 2005 ist der Sonderzug, der die Bresciani zurück in die Lombardei bringen soll, ebenfalls abfahrbereit. Wieder agiert die Polizei anscheinend ohne Grund und stürmt den Zug. 32 Personen werden verletzt, darunter auch Paolo Scaroni. Er wird von den Polizisten brutal attackiert, bleibt in einem kritischen Zustand zurück und liegt zwei Monate im Koma. Obwohl er wieder aufwacht, sind seine Verletzungen irreversibel und er bleibt dauerhaft invalide. Dank der Hartnäckigkeit seiner Familie und der Unterstützung und Beharrlichkeit seiner Gruppe, *Brescia 1911*, kommt es schließlich zu einem Prozess, bei dem acht Ordnungshüter aufgrund der Aussage einer Kollegin von der Kriminalpolizei in Verona vor Gericht gestellt werden. Dort fehlen dann aber Bilder und Sequenzen der Videoaufzeichnung der gewalttätigen Übergriffe. Die Angeklagten werden daher aus Mangel an Beweisen im Januar 2013 in erster Instanz freigesprochen.[531] Neun Monate später, im Berufungsverfahren, weist das Gericht aber nach, dass verkehrt herum eingesetzte Schlagstöcke die Verletzungen verursacht haben und dass der Einsatz der Ordnungskräfte nicht autorisiert war. Außerdem kommt heraus, dass die für die Videoüberwachung zuständigen Beamten ihrem Dienst nicht nachkamen. Obwohl die Verletzungen fast tödlich sind, können die schuldigen Beamten nicht identifiziert werden. Der Staat wird dennoch zur Verantwortung gezogen und das Innenministerium zu einer Entschädigungszahlung von 1,4 Millionen Euro verurteilt.

Am 4. April 2007 steht erneut das Olympiastadion in Rom im Mittelpunkt des Geschehens. Während des Champions-League-Spiels zwischen der AS Roma und Manchester United gehen die Sicherheitskräfte brutal gegen die englischen Fans vor. Die Berichte der englischen Presse darüber führen zu diplomatischen Verwicklungen, als das britische Innenministerium seine italienischen Kollegen um eine Sachverhaltsdarstellung

529 Vgl. Valerio Marchi, *Il derby del bambino morto*, Rom: Derive Approdi, 2005.

530 Luciano De Majo, *Livorno ora vuole la verità*, »L'Unità«, 13. April 2005, S. 4.

531 Gianluca Magro, *Processo Scaroni: Paolo ricorrerà in appello*, »Giornale di Brescia«, 19. Januar 2013, S. 13

bemüht.[532] Bereits zehn Jahre zuvor, im Oktober 1997, hatte die englische Regierung gegen die Behandlung Tausender britischer Fans durch die italienische Polizei protestiert, die beim Spiel Italien–England im selben Stadion übertrieben agierte.[533] Auch damals handelte die Polizei blindwütig und knüppelte die englischen Fans mehrmals brutal und wahllos nieder.

Als am 11. November 2007 ein Polizist den Lazio-Fan Gabriele Sandri tötet, schließen sich die rivalisierenden Ultras von Atalanta und des AC Milan zusammen, um die Absage des anstehenden Spiels zwischen beiden Mannschaften zu erreichen. Die Behörden lehnen dies anfangs ab. Daraufhin drohen mehrere Ultras der Atalanta damit, das Spielfeld zu stürmen, während andere versuchen, die Plexiglasscheiben, die sie vom Rasen trennen, zu zertrümmern. Das Spiel wird schließlich nach sieben Minuten abgebrochen. In der folgenden Woche beschließen die Sportbehörden, alle Anwesenden in der Kurve für das Verhalten von einigen Dutzend Personen zu bestrafen. Für die Heimspiele bis zum 31. März 2008 wird die Curva Nord gesperrt.[534] Einer der Verantwortlichen der Curva Nord von Atalanta, Claudio Galimberti, ist nicht nur rein juristisch gesehen übrigens ein ganz besonderer Charakter: Er häuft ab 1995 insgesamt ein dutzend Stadionverbote an. Im Februar 2011 erhält er in seiner Provinz ein zweimonatiges Einreiseverbot, da die Justiz ihm vorwirft, Anführer einer kriminellen Vereinigung zu sein, nachdem es am 23. September 2009 vor dem Spiel Atalanta–Catania zu Zusammenstößen zwischen den rivalisierenden Gruppierungen gekommen ist.[535] Am 8. Februar 2014 wird der Vorwurf einer kriminellen Vereinigung gegen ihn und 150 andere Ultras der Atalanta und aus Catania fallen gelassen. Mit 5. Oktober 2014 läuft sein Stadionverbot aus, doch als er daraufhin versucht, ein personalisiertes Ticket zu kaufen, ist das nicht möglich aufgrund des vorhin erwähnten Artikels 9. Am 12. April 2015 trifft die Atalanta auf Sassuolo. Galimberti wird angezeigt, da er gegen den Artikel 6 verstößt: Unerlaubtes Betreten des Stadionvorplatzes. Vor dem Spiel provoziert er zwei Beamte mit einem Schweinskopf am Kontrollpunkt zum Stadioneinlass. Am 12. Februar 2016 wird gegen ihn eine achtzehnmonatige Sonderüberwachung verhängt, eine Behandlung, die üblicherweise nur Mafiosi vorbehalten ist, die aus dem Gefängnis entlassen werden.[536] Claudio Galimberti muss sich zwei- bis dreimal pro Woche auf der Polizeistation melden, darf abends nicht aus dem Haus gehen und nicht ins Ausland reisen. Zu diesem Urteil kommt im Dezember 2016 eine weitere Strafe hinzu, nachdem er sich in einer Bar in Stadionnähe aufhält, während

532 Alberto Matone, *Tifosi picchiati, l'Italia ci spieghi*, »La Repubblica«, 6. April 2007, S. 8.

533 Paolo Filo Della Torre, *Sono stati gli italiani a volere lo scontro*, »La Repubblica«, 15. Oktober 1997, S. 19

534 Roberto Stracca, *Curva chiusa*, »Corriere della Sera«, 20. November 2007, S. 56.

535 Giuliana Ubbiani, *Sei anni di violenza. Indagati 147 Ultras*, »Corriere della Sera«, supplemento Bergamo, 15. November 2012, S. 2.

536 Eine Maßnahme, die infolge des Gesetzes Nr. 146 vom 17. Oktober 2014 möglich ist und den Anti-Mafia-Kodex von 2011 modifiziert.

Albinoleffe[537] auf Empoli trifft, obwohl er ein DASPO hat. Über ihn wird ein Hausarrest über die Dauer von fünf Monaten ausgesprochen. Dieser Atalanta-Ultra hat seit dem 23. September 2009 kein Spiel seines Vereins mehr besucht. Mit Datum 15. Juni 2018 wird das Verfahren in der Causa Schweinskopf eingestellt und die Sonderüberwachung aufgehoben. Das Stadionverbot bleibt aber weiterhin aufrecht. Zwei Wochen später wird dieses bis 2022 verlängert, da er im Februar 2018 der historischen Auswärtsfahrt seines Teams nach Dortmund beiwohnt, ohne allerdings das Stadion zu betreten. Auch bei einem Spiel der Coppa Italia des Nachwuchsteams gegen den AC Milan, ebenfalls im Februar 2018, wohnt er unerlaubt bei. Dazu kommen noch Beleidigungen und Drohungen gegenüber Beamten in Zivil. In all diesen Jahren lässt ihn seine Kurve nie im Stich und zeigt sich ihm gegenüber solidarisch. Für den 13. April 2019 organisiert die Curva Nord einen Protestmarsch in der Stadt. Tausende von Unterstützern formieren sich hinter dem Spruchband: »Für Claudio, mit Claudio!«[538]

Ebenfalls emblematisch ist der Fall von Luca Fanesi, einem Ultra von Sambenedettese, der am 5. November 2017 während des Auswärtsspiels in Vicenza schwer verletzt wird. Beim Verlassen des Stadions kommt es aufgrund der Spannungen zwischen den beiden Ultras-Lagern zu einem Polizeieinsatz. Laut mehreren Zeugenaussagen wird er von der Polizei schwer misshandelt und anschließend mit einem Schädel-Hirn-Trauma ins Krankenhaus gebracht. Der 44-Jährige liegt mehrere Wochen im Koma. Nach drei Operationen ist er schlussendlich über den Berg. Im März 2018 wird er mit Folgeschäden aus dem Krankenhaus entlassen. All das hindert die Polizeipräfektur jedoch nicht daran, gegen ihn eine Geldstrafe und darüber hinaus ein Stadionverbot von sechs Jahren zu verhängen. Die Mobilisierung der italienischen Ultras und der Druck durch die Medien, die über den Fall berichten, führen dazu, dass ein Gerichtsverfahren eingeleitet wird. Im November 2019 beschließen die Richter in Vicenza jedoch, den Fall zu den Akten zu legen. Der Anwalt der Familie Fanesi reicht im Mai 2020 eine Klage vor dem Europäischen Gerichtshof für Menschenrechte ein.

Diese Exzesse durch Vertreter der Exekutive werden in den traditionellen Medien viel zu selten angeprangert. Sie sind jedoch Gegenstand zahlreicher Kommentare in den von den Ultras bevorzugten Kommunikationsmitteln. Auf den Tribünen werden immer mehr Transparente aufgehängt, um ihre Rechte einzufordern: »Freiheit für Ultras«[539] sieht man in allen Stadien von Triest bis nach Palermo. »Raus mit den Ultras aus den

537 Albinoleffe ist ein Fußballverein aus der Nähe von Bergamo, der seine Heimspiele über einige Jahre hinweg auch im Stadio Atleti Azzurri d'Italia ausgetragen hat.

538 Im Original: »Per Claudio con Claudio!«

539 Im Original: »Ultras liberi!«

Gefängnissen!«[540], hört man regelmäßig in den beiden Kurven Neapels. Bezeichnend auch die Botschaft der Ultras von Cavese: »Eure Übergriffe werden nie verurteilt ... aber unsere Freiheit wird immer eingeschränkt! Raus mit der Polizei aus den italienischen Kurven!«[541]

Das Ganze hat auch Auswirkungen auf die Gesänge in den Stadien. Bis dahin drehen sich die meisten Gesänge um die Unterstützung des Vereins und stehen im Zusammenhang mit dem Spiel. Nunmehr besteht ein erheblicher Teil des Repertoires aus Slogans, die die Ultras-Bewegung verherrlichen und sich gegen ihre Unterdrückung richten. Sind die Stadien nicht längst zu einem Laboratorium für die repressive Politik des Staates geworden?

Das Stadion als Laboratorium der Repression

In den letzten vier Jahrzehnten haben sich die Strategien zur Aufrechterhaltung der öffentlichen Ordnung in den italienischen Stadien durch eine ständige Metamorphose des Stadionpublikums verändert. Von den ersten Sicherheitsmaßnahmen zur Regulierung der, von den Ultras verursachten, Ausschreitungen im Jahr 1979 bis zu den Ausnahmegesetzen als Reaktion auf die zahllosen Gewalttaten Anfang der 2000er-Jahre haben sich die Behörden nach und nach für den Weg der reinen Repression entschieden und den präventiven Aspekt, der seinerzeit die Grundlage für die Gesetzgebung von 1989 bildete, außer Acht gelassen. Sie ist zu einem undurchsichtigen Instrument geworden, das der Willkür der Polizeipräfekten überlassen wird, ohne wirkliche unabhängige Kontrolle durch die Justiz und das auf Kosten der Gewaltenteilung. Anstatt diese Maßnahme zu nutzen, indem sie sich auf die gefährlichsten Elemente beschränkt, verhängen die Verantwortlichen für die öffentliche Ordnung immer mehr Stadionverbote. Die negative und manichäische Sicht auf die Ultras, die die Medien der breiten Öffentlichkeit vermitteln, und die durch schwerwiegende Fehlverhalten bestimmter Gruppen (sinnlose Gewalt, Vandalismus, politischer Extremismus, finanzielle Erpressung von Vereinsfunktionären) noch verstärkt wird, unterstreicht die negativen Vorurteile gegenüber dieser Subkultur des Fantums nur noch. Wer ist also bereit, eine solche Bewegung zu verteidigen?

Die große Mehrheit der Politiker interessiert sich auf nationaler Ebene kaum für die Ultras als Teil der Wählerschaft. Dennoch pflegen seit den 1990er-Jahren Vertreter radikaler Parteien auf lokaler Ebene Verbindungen zu den Tifoserie ihrer Städte, wie die Neokommunisten von Rifondazione Comunista und später von Sinistra, Ecologia

540 Im Original: »Fuori gli Ultras delle galere!«

541 Im Original: »I vostri abusi mai condannati ... La nostra libertà è sempre ostacolata!!! Fuori la polizia dalle curve italiane!« Gezeigt während dem Spiel Teramo–Cavese am 10. Dezember 2006.

e Libertà (SEL) auf der linken Seite des politischen Spektrums und auf der anderen Seite die Vertreter der Alleanza Nazionale. Die wenigen Ultras, die sich politisch engagieren, sind meist in den radikaleren Parteien aktiv. Mit dem Aufkommen immer repressiverer Gesetze im 21. Jahrhundert bleiben mehrere gewählte Politiker nicht unberührt von diesen Entwicklungen. Am 9. Mai 2007 unterstützen 28 Abgeordnete der Rifondazione Comunista die Abgeordnete Donatella Duranti in ihrer parlamentarischen Anfrage an den damaligen Innenminister Giuliano Amato über die Verfassungsmäßigkeit des neuen Anti-Gewalt-Gesetzes.[542] Die Abgeordnete der Alleanza Nazionale, Paola Frassinetti, die der Curva Nord von Inter nahesteht, befragt denselben Minister am 6. Juni 2007 zum Verbot für 200 Mailänder Tifosi, ihre Reise nach Bergamo am 20. Mai fortzusetzen, nachdem ihr Zug bei Terno d'Isola von einigen Bergamaschi angegriffen und wieder nach Mailand retour geschickt wurde.[543]

Auch der Partito Radicale lehnt die zunehmend freiheitseinschränkende Gesetzgebung ab. Ihr ehemaliger Generalsekretär, Mario Staderini, war von 1983 bis 2010 Dauerkarteninhaber in der Curva Sud der Roma. Er bezieht klar Stellung gegen die Tessera del Tifoso und nimmt am 14. November 2009 zusammen mit dem Senator Marco Perduca an einer Demonstration dagegen teil, die in Rom stattfindet. Die beiden Radikalen sprechen übrigens am Ende der Demonstration gemeinsam mit einem anderen Politiker und Tifoso des Hauptstadtklubs, Paolo Cento. Der ehemalige Abgeordnete der Grünen hatte schon immer ein offenes Ohr für die verschiedenen Problematiken in den Stadien, wie seine Anwesenheit bei einer Feier der Curva Nord der Ternana am 18. Juni 2016 zeigt, wo er bei einer Debatte über die Zukunft der Ultras spricht. Er nimmt auch an der Beerdigung von Paolo Zappavigna, dem Capo der *Boys* der Roma, teil, der im Juni 2005 verstirbt. In jüngerer Zeit ist auch Daniele Belotti, ehemaliger Abgeordneter der Lega, Gemeinderat von Bergamo und Regionalrat in der Lombardei, im Rahmen seiner politischen Mandate aktiv. Dieses ehemalige Mitglied der *Brigate Nerroazurre*, das nach wie vor als Berühmtheit in der *Curva Nord* von Atalanta gilt, organisiert am 1. August 2020 in Neapel ein Treffen zwischen Delegationen von mehreren Dutzend Ultras-Gruppen und Vertretern staatlicher Institutionen. Extremistische Organisationen, wie die Neofaschisten von Forza Nuova, Fiamma Tricolore und CasaPound sind dagegen viel mehr am potenziellen Wählerklientel, das die Ultras darstellen, und vor allem an deren Aktionsfähigkeit interessiert.

Im Gegensatz dazu greifen einige Abgeordnete der Mehrheitsparteien das Thema der Gewalt in den Stadien nur auf, um mit demagogischen Erklärungen auf ihre parlamentarische

542 Parlamentarische Anfrage 2/00520, eingereicht von Duranti Donatella (Rifondazione Comunista – Sinistra Europea), 9. Mai 2007.
543 Abgeordnetenkammer, Anfrage 4-03919, von Paola Frassinetti, 07. Juni 2007, Sitzung Nr. 166.

Tätigkeit aufmerksam zu machen. Man braucht sich nur den parteiübergreifenden Gesetzesvorschlag anzusehen, der von den Senatoren Altero Matteoli (Forza Italia) und Stefano Esposito (Partito Democratico) am 7. Mai 2015 mitunterzeichnet wird. Den beiden Autoren zufolge befindet sich der italienische Profifußball aufgrund der Gewalt in den Stadien in einer Krise. Sie schlagen vor, ein repressiveres Gesetz einzuführen, um Familien wieder in die Stadien zu locken. So regen sie zum Beispiel an, dass Zuschauer und Fangruppen verpflichtet werden, sich als offizielle Vereinigungen zu registrieren, um weiter in die Stadien gehen zu können. Diese Auflagen sollen Ausschreitungen verhindern, und die Mitglieder dieser neuen Vereinigungen müssen sich dabei außerdem verpflichten, andere Tifosi notfalls im Zaun zu halten. Schließlich sollen alle im geltenden Recht vorgesehenen Strafen erhöht werden, um Zuwiderhandlungen zu bestrafen.[544] Dieser Text wird schlussendlich nicht angenommen, zeugt jedoch von der voreingenommenen Sichtweise eines Teils der politischen Klasse, die sich in dem Versuch, die Unruhen in den Stadien zu beenden, gegenseitig überbieten will. Darüber hinaus reduziert sie die Ultras-Kultur allein auf ihre gewalttätige Dimension. Diese Darstellung wird von den Mainstream-Medien weiterverbreitet und ermöglicht es dem Staat, seine ganze Gewalt durch Zwangsmaßnahmen, eine Aufstockung der Polizeikräfte und neue repressive Techniken gegenüber den Ultras auszuüben. Diese werden also zu einer Art »Versuchskaninchen«. Denn sie sind ein ideales Bevölkerungssegment, um verschiedene Methoden zur Aufrechterhaltung der öffentlichen Ordnung zu testen. Gewalt ist ein idealer Vorwand, um alle Aktionen der Ultras zu diskreditieren und repressive Techniken, Maßnahmen am Rande der Legalität, die manchmal sogar gegen die Verfassung verstoßen, zu rechtfertigen. Die Mehrheitsparteien sind sich darin einig: Die von diesen Fangruppen verursachten Ausschreitungen müssen mit allen Mitteln unterdrückt werden. Das von den *Allentati* während Barletta–Fasano am 2. September 2007 gezeigte Transparent spricht Bände: »Pisanu-Amato, nichts hat sich geändert … für sie ist es ein Vergehen, Ultras zu sein!«[545] Seit 1989 sind die Gesetze über die Stadionverbote ähnlich. Egal ob die Regierung aus einem Mitte-Rechts- oder Mitte-Links-Bündnis besteht, es wird die gleiche Art von Politik betrieben. Die Gesetze werden geändert, verschärft und verabschiedet.

In- und außerhalb der Stadien gibt es immer mehr Kameras. Die Hindernisse, die Fans bei ihren Aufwärtsfahrten in den Weg gelegt werden, werden immer größer. Die

544 Senat der Republik, XVII. Legislaturperiode, Gesetzesvorschlag DDL S. 1911, *Nuove disposizioni in materia di sicurezza negli stadi e inasprimento delle sanzioni penali*, 07. Mai 2015, S. 4–6.

545 Giuseppe Pisanu (2002–2006) und Giuliano Amato (2006–2008) sind zwei ehemalige Innenminister, einer Mitte-Rechts bzw. Mitte-Links-Regierung. Sie haben zwei Gesetze gegen Gewalt initiiert, die nach ihnen benannt sind. Das Gesetz Nr. 88 vom 24. April 2003 und das Gesetz Nr. 41 vom 4. April 2007. Im Original lautet das Spruchband: »Pisanu-Amato nulla è cambiato … Fare l'ultras per loro è reato!«

Eintrittskarten sind personalisiert und Identitätskontrollen beim Betreten der Stadien werden zur Norm. Innerhalb der Medien gibt es nur wenige abweichende Stimmen, die diese autoritäre Entwicklung anprangern. Im März 2007, wenige Tage vor der Prüfung eines neuen Gesetzestextes zur Überarbeitung der Gesetzgebung gegen Gewalt in Stadien, veröffentlichen Sergio D'Elia und Mario Staderini vom Partito Radicale einen Beitrag, in dem sie die Tatsache anprangern, dass »der Fußball ein Laboratorium für die Erprobung neuer Formen der zivilgesellschaftlichen Kontrolle zu werden droht«.[546] Die Terroranschläge in New York am 11. September 2001, in Madrid am 11. März 2004 und London am 7. Juli 2005 veranlassen Italien dazu, wie andere europäische Länder auch, die Grundfreiheiten teilweise einzuschränken. Der »Krieg gegen den Terror« ist der Vorwand für die Ausarbeitung von Sondergesetzen, die sich über die verfassungsmäßigen Garantien hinwegsetzen. Der Ausnahmezustand wird allmählich zur Regel und die polizeilichen Befugnisse werden von ihrer eigentlichen Aufgabe, der Terrorismusbekämpfung, auf andere als subversiv eingestufte Bevölkerungsgruppen ausgeweitet: von antikapitalistischen Linksradikalen über Whistleblowern bis hin zu den Ultras in den Stadien. Diese Umgestaltung des repressiven Apparats ruft normalerweise Proteste der Zivilgesellschaft nach sich. Die öffentliche Meinung muss daher auf einen allmählichen, aber unaufhaltsamen Verlust bestimmter Rechte vorbereitet werden. Dazu werden Testballons gestartet, um die Reaktion der Medien, der Gesellschaft oder der politischen Klasse zu untersuchen. Das Stadion ist für solche Testläufe ein idealer Ort. Wie die Transparente, die von einem Großteil der Gruppen im Oktober 2001 gezeigt werden, unterstreichen: »Sondergesetze: Heute für die Ultras, morgen für die ganze Stadt«.[547] Die strategischen Fehler, die die Ultras in der Vergangenheit begangen haben, führen jedoch dazu, dass die Zivilgesellschaft ihren Handlungen und ihrem angeblichen politischen Extremismus weiterhin misstrauisch gegenübersteht.

Diese Gesellschaft wiederum würde gut daran tun, zu verstehen, worum es bei der Gesetzgebung geht, die seit 1989 zur Bekämpfung von Gewalt am Rande von Fußballspielen entwickelt worden ist. Unter diesem Vorwand wird das Recht auf freie Meinungsäußerung in den Stadien eingeschränkt. Zwei Spruchbänder, die die *Ultras Tito Cucchiaroni* beim Spiel Chievo Verona gegen Sampdoria am 1. April 2007 zeigen wollen, werden von den Ordnungskräften untersagt. Dabei geht es um Artikel 19 der Allgemeinen Erklärung der Menschenrechte: »Jeder Mensch hat das Recht auf Meinungsfreiheit und freie Meinungsäußerung«, und um Artikel 21 der italienischen Verfassung, der lautet:

546 Sergio D'Elia, Mario Staderini, *L'emergenza stadi nasconde una deriva autoritaria,* »Il Riformista«, 27. März 2007, S. 6.
547 Im Original: »Leggi speciali: oggi per gli Ultras, domani in tutta la città!«

»Jeder Mensch hat das Recht, seine Gedanken in Wort, Schrift und durch jedes andere Verbreitungsmittel frei zu äußern«. Diese werden als Antwort auf die Entscheidung der Nationalen Beobachtungsstelle für Sportveranstaltungen gemalt, die am 8. März 2007 entscheidet, dass Spruchbänder ohne Genehmigung der Behörden nicht mehr in den Stadien erlaubt sind. Wie andere Gruppen auch, weigern sich die *Ultras Tito Cucchiaroni* ihre Banner von den Behörden genehmigen zu lassen. Sie beschließen, ab dem 7. April 2007 keine Transparente mehr bei Spielen ihres Teams zu zeigen.[548]

Die Ultras der Sampdoria haben sich immer wieder mit diesem Thema beschäftigt. 2008 organisieren sie vor dem Spiel Sampdoria–Catania eine Demonstration außerhalb des Stadions. Sie versammeln 2000 Tifosi und marschieren mit Bannern und Fahnen, auf denen die Texte der beiden Artikel gedruckt sind. Sie fordern ein Ende der Beschränkungen, ohne vorher irgendwelche Ansuchen stellen zu müssen, um ihre Meinung frei kundtun zu können.[549]

Seit 2007 wird auch die Bewegungsfreiheit in Frage gestellt, da zahlreiche Verbote gegen Gästefans ergehen. Diese Verbote betreffen nicht nur die Ultras, sondern alle Fans, die nicht aus der Region stammen, in der das Spiel stattfindet. So wird am 12. Oktober 2013 ein Bus mit 36 Ultras von *Brescia 1911* an Bord an einer Tankstelle in Sarzana kontrolliert. Zwei Stunden später soll das Spiel Spezia gegen Brescia stattfinden. Die Insassen sind nicht im Besitz einer Tessera del Tifoso und geben an, zum Strand zu fahren, um das Spiel im Radio zu hören. Die Behörden vermuten, dass sie Unruhe stiften wollen, obwohl sich die Bresciani rund 20 Kilometer vom Spielort entfernt befinden und eigentlich keine Straftat begangen haben. Die örtliche Polizeipräfektur beschließt, sie nach reiflicher Überlegung bis nach Parma begleiten zu lassen. In den folgenden Tagen erhalten alle Businsassen ein Stadionverbot.[550] Glücklicherweise wird dank der Hartnäckigkeit der *Brescia 1911* und ihrer Anwälte das Urteil des Gerichtshofs von Parma aufgehoben. Am 21. März 2014 werden alle Sanktionen vom regionalen Verwaltungsgericht in Ligurien aufgehoben, das einräumt, dass es keine Anhaltspunkte für die Absicht gab, die öffentliche Ordnung zu stören.[551]

Am 14. Dezember 2010 eskaliert eine Demonstration in Rom, bei der es um die Reform der Universitäten geht. Nach den gewalttätigen Zusammenstößen zwischen

548 Vierzehn Jahre nach Inkrafttreten dieser Vorschrift zeigen die *Ultras Tito Cucchiaoni* immer noch keine ihrer Banner, da sie sich weigern, diese Vorgabe zu akzeptieren.

549 Tomaso Clavarino, *Ultras, la battaglia degli striscioni,* »Il Manifesto«, 25. November 2008, S. 16.

550 *Daspo agli ultrà la Questura non ha dubbi: »Sono stati comminati nel rispetto delle norme«*, »Corriere della Sera Edizione Brescia«, 24. Oktober 2013, S. 10.

551 Alessandra Troncana, *Il Tar della Liguria ritira il DASPO agli ultras del 1911 per Spezia-Brescia,* »Corriere della Sera-Edizione Brescia«, 03. April 2014, S. 10.

Studenten und der Polizei schlägt der Unterstaatssekretär des Innenministers, Alfredo Mantonavo, vor, ein DASPO für Personen zu erlassen, die an den Unruhen beteiligt gewesen sind. Er regt außerdem an, das Prinzip der »nachträglichen Festnahme auf frischer Tat« einzuführen, das verwendet wird, um Verdächtige von Zwischenfällen im Stadion zeitverzögert festzunehmen. Innenminister Roberto Maroni nimmt den Vorschlag mit Interesse auf, führt das Projekt jedoch nicht zu Ende.[552] Am 1. Mai 2015 findet in Mailand eine große Kundgebung gegen die Weltausstellung (EXPO) statt. Während des Demonstrationszuges kommt es zu Zwischenfällen und der Polizeipräsident Luigi Savina schlägt vor, sich der ganzen Bandbreite an repressiven Mitteln zu bedienen, um so vielen potenziellen Demonstranten wie möglich die Teilnahme an weiteren Protestzügen zu verbieten. Sein Vorschlag wird von Polizei-Gewerkschaftern wie Claudio Meoli aufgegriffen.[553] Das Innenministerium erstellte eine Liste mit den Namen von 600 Personen, gegen die zum einen ein Einstellungsverbot und de facto ein DASPO für das Ausstellungsgelände erlassen wird.[554] Das Recht zu demonstrieren oder zu arbeiten wird also punktuell in Frage gestellt.

Einige Monate später werden Ultras, die auch bei Demonstrationen für soziale Anliegen aufgefallen sind, Opfer neuer Verordnungen durch den Gesetzgeber. Am 14. November 2015 werden die Ordnungskräfte bei einer Demonstration gegen die Lega Nord in Pisa angegriffen. Zwei Monate später werden fünf Personen, die an dem Demonstrationszug teilgenommen haben, mit einem zweijährigen Stadionverbot belegt, ohne dass es zu einer Anzeige oder Festnahme gekommen wäre, sondern ausschließlich auf Grundlage der Gesetzesänderungen vom 17. Oktober 2014.[555] In den folgenden Monaten werden zwei weitere Personen ebenfalls mit einem DASPO belegt, nachdem es am Ende einer Demonstration für das Recht auf Wohnen vor dem Rathaus von Pisa am 13. November 2015 zu Zusammenstößen zwischen Polizisten und Demonstranten kam. Am 20. Dezember 2016 werden diese Stadionverbote aber dank einer Klage vor dem regionalen Verwaltungsgericht der Toskana schließlich aufgehoben, mehr als ein Jahr nach den Ereignissen.[556] Am 11. Dezember 2016 werden vier Mitglieder der *Curva Nord Brescia* am Rande einer Veranstaltung der pakistanischen Gemeinschaft in den Straßen der Stadt durch faschistische Grüße und Beleidigungen auffällig. Im darauffolgenden

552 Luigi Ferrarella, *Poteri dello Stato. Il cortocircuito,* »Corriere della Sera«, 20. Dezember 2010, S. 1

553 Claudio Meoli, *Expo: Silp Cgil, intelligence e misure più dure contro violenti*, 03. Mai 2015, auf der Website des Sindicato Italiano Lavoratori Polizia Pisa – CGIL segretaria regionale Toscana: http://www.silpcgiltoscana.it/index.php/notizie/13-notizie/silppisa?start=120, Seite abgerufen am 5. März 2017.

554 Roberto Maggioni, *Sel e sindacati contro il DASPO ai 600 lavoratori licenziati da Expo,* »Il Manifesto«, 06. Juni 2015, S. 4.

555 *Corteo contro la Lega Nord, in cinque rischiano il DASPO,* »Il Tirreno-Edizione Pisa«, 06. Januar 2016, S. 14.

556 *Daspo di piazza, avevamo raggione noi: lo ammette anche il TAR,* »Sostieni la curva«, 05. Februar 2017, S. 12–13.

Monat erhalten sie vom Polizeipräfekten von Brescia Stadionverbote zwischen zwei und fünf Jahren.

Doch erst mit dem Gesetz vom 12. April 2017 wird die Vergabe eines Stadionverbots auf einen breiteren Anwendungsbereich ausgedehnt. An diesem Tag verabschiedet das Parlament das Gesetzesdekret zur Sicherheit von Innenminister Marco Minniti. Der Gesetzestext führt das Konzept eines sogenannten urbanen DASPO ein, das die gesetzliche Vorgaben des Stadionverbots aufgreift, dessen Befugnisse jedoch auf einen ganz anderen Kontext als den von Sportveranstaltungen ausdehnt. Eine Reihe neuer Straftatbestände werden eingeführt. Nach dem Vorbild des Gesetzes von 1989 kann der Bürgermeister in Zusammenarbeit mit dem Polizeipräfekten bestimmte Bereiche seiner Stadt für Personen sperren, die die öffentliche Ordnung zu stören drohen. Schließlich kann diese Verwaltungssanktion auch auf Personen angewendet werden, die wegen Drogenhandels verurteilt wurden und denen es verboten werden kann, öffentliche Orte und deren Umgebung zu betreten. Zu den ersten Opfern dieser Stadtverbote gehören Bettler an einer U-Bahn-Station in Mailand. Im darauffolgenden Jahr wird der neue Innenminister Matteo Salvini den Anwendungsbereich des urbanen DASPO um das Sicherheitsgesetz Nr. 132, das am 1. Dezember 2018 vom Parlament verabschiedet wird, erweitern. Künftig kann einer Person somit der Zugang zu Schulen, Universitäten und Gesundheitseinrichtungen, aber auch zu kulturellen Sehenswürdigkeiten, Touristengebieten, Messen und Märkten verwehrt und ein Besuchsverbot für bestimmte Bereiche der Stadt erteilt werden. Schließlich sieht das neue Einwanderungs- und Sicherheitsgesetz vom 18. Dezember 2020 vor, dass das urbane DASPO für Personen, die in den letzten drei Jahren wegen Drogenhandels verurteilt worden sind (auch wenn das Urteil noch nicht rechtskräftig ist), auf eine Reihe von öffentlichen Plätzen ausgeweitet wird. Das Gleiche gilt für Terrorverdächtige. Im Laufe des Jahres 2018 werden solche Verbote schon in den Städten Mailand, Verona, Rom und Neapel angewendet.

Mit der letzten Gesetzesänderung nach dem Sicherheitsdekret von Matteao Salvini im Jahr 2019 muss man nun kein Ultra mehr sein, um Opfer eines DASPO zu werden. So wird am 2. Dezember 2020 bei einer Demonstration gegen die Einschränkungen nach dem Ausbruch von Covid-19 eine Person, die bei dieser Versammlung eine Rauchbombe gezündet hatte, für 18 Monate mit einem Stadionverbot belegt.[557] Darüber hinaus sind auch viele Funktionäre, Trainer und Spieler von Amateurvereinen Opfer dieser Form der Repression, weil sie sich bei Sportveranstaltungen daneben benommen haben. So bedrohen am 5. März 2023 in Grassano während eines Amateurspiels ein Funktionär

557 Francesco Fain, »Daspo sportivo in una protesta anti-Covid«, Il piccolo, 8 décembre 2020, p. 19.

und zwei Spieler von Libertas Montescaglioso den Schiedsrichter und beleidigten ihn. Die Sportgerichtsbarkeit bestraft die beiden und die Zivilgerichtsbarkeit verhängt ein DASPO von 12 bis 18 Monaten.[558]

Neuorganisation der Ordnungskräfte

Vor Ort verfügen die Polizeipräfekturen über einen großen Ermessensspielraum. Jeder Präfekt ist für seine Provinz verantwortlich und hat die Befugnis, bei Bedarf Gewalt anzuwenden, um die öffentliche Ordnung aufrechtzuerhalten. Natürlich gibt es Unterschiede zwischen Arbeitern, die wegen ausstehender Löhne streiken, oder Studenten, die ihre Universität blockieren, um sich gegen eine umstrittene Reform zu wehren, und rivalisierenden Ultras, die sich bei einem Fußballspiel bekämpfen wollen. Die Gründe für das Einschreiten der Polizei hängen dabei von verschiedenen Faktoren ab (Relevanz des Protests, Risiken bei der Intervention oder zu befürchtende Schäden für die Wirtschaft). In den 1970er-Jahren setzen die verschiedenen Regierungen neue Techniken ein, um der Subversion durch außerparlamentarische Organisationen entgegenzuwirken, die sich als durchaus als wirksam erweisen. 1978 wird der polizeiliche Nachrichtendienst reformiert und die UCIGOS ins Leben gerufen. Um die lokalen Gebiete besser kontrollieren zu können, wird in jeder Polizeipräfektur eine eigene Abteilung eingerichtet, die DIGOS. Diese Spezialeinheit ist für die nachrichtendienstliche Arbeit und die Bekämpfung von Subversion und politischem Extremismus zuständig.

In den 1980er-Jahren führen die hohen Investitionen zu einem Überschuss an Polizeipersonal und erfordern eine Neuorganisation. Einen Teil der Beamten mobilisiert man für den Kampf gegen das organisierte Verbrechen (Cosa Nostra in Sizilien, Camorra in Kampanien, Sacra Corona Unita in Apulien und 'Ndrangheta in Kalabrien). So wird beispielsweise General Dalla Chiesa, ein Offizier der Carabinieri und Protagonist bei der Zerschlagung politischer Terrorzellen, zum Präfekten von Palermo ernannt. Andere Einheiten werden eingesetzt, um die Ordnung in den Stadien aufrechtzuerhalten, wofür immer mehr Männer benötigt werden. In diesem Zeitraum wird die ursprüngliche Aufgabe der DIGOS, die politische Subversion zu bekämpfen, durch die Überwachung der Ultras ergänzt, da es immer häufiger zu Gewaltausbrüchen in und rund um die Stadien kommt. So erfolgen nach der Begegnung zwischen Brescia und Hellas Verona vom 21. Dezember 1986 umfangreiche Untersuchungen gegen die *Brigate Gialloblu*.[559]

558 Miriam Galgano, *Aggressione arbitro di prima categoria Lucana*, 31. August 2023, auf der Website von *Le cronache lucane*: https://www.lecronachelucane.it/2023/08/31/aggressione-arbitro-di-prima-categoria-lucana/, Seite abgerufen am 20. Oktober 2023.

559 Valentino Fioravanti, *La DIGOS indaga sugli ultras di Verona*, »La Stampa«, 06. Februar 1987, S. 33.

Am 1. Februar 1987 werden die Männer der Polizeipräfektur aktiv, durchsuchen mehrere Wohnungen und verhaften ein Dutzend Verantwortliche in den Reihen der Veronesi. Zum ersten Mal in Italien wird ein Fanklub verdächtigt, eine kriminelle Vereinigung zu sein. Eine Anklage, die in der Folgezeit mehrfach Anwendung findet.

Nach und nach, mit dem Anwachsen der Ultras-Bewegung, mit Zunahme der Spannungen in den Fußballstadien und dem zeitgleichen Nachlassen der politischen Proteste, werden die Aufgaben dieser polizeilichen Einheit im Stadion immer vielfältiger. Auch auf mögliche rechtsextreme Infiltrationen muss die DIGOS achten. Darüber hinaus beteiligt sie sich an Ordnungsmaßnahmen bei Risikospielen, wie am 20. Dezember 1987 beim Mailänder Derby.[560] Um diesen Situationen besser begegnen zu können, wird in den späten 1980er-Jahren innerhalb dieser Polizeieinheit das Ufficio Stadio (Dienststelle Stadion) eingerichtet.

Das Stadion in Genua dient dabei quasi als Laboratorium für diese Polizisten in Zivil, die Aufklärungsarbeit leisten und versuchen, einen Dialog mit den Anführern der Gruppen zu starten. Am 25. November 1990, anlässlich des Derbys in Genua, patrouillieren fünfzehn Beamte der DIGOS in Zivil und ohne Schlagstöcke auf den Tribünen.[561] Ein Experiment der bürgernahen Polizeiarbeit, das mehrere Jahre lang fortgesetzt wird.

Durch die immer größere Rolle, die die DIGOS spielt, werden die Ultras von virtuellen Straftätern zu potenziell subversiven Elementen.[562] Die Aufklärungsarbeit wird nun von diesen spezialisierten Beamten geleistet. Durch die systematische Verwendung von Bildern, die von Kameras und Fotografen geliefert werden, identifizieren sie die Aktiven in den Kurven des Landes. Am 12. Februar 2001 ändern die Dienststellen des Ufficio Stadio aufgrund eines Dekrets des Innenministeriums ihren Namen in Squadre Tifoserie. Ihre Arbeit wird aber auch umfangreicher: Sie sollen sowohl Berichte über die Gruppen erstellen, die verschiedenen Problematiken und Dynamiken innerhalb der Kurven verstehen, als auch die Veränderungen innerhalb der Tifoserie analysieren. Auch der Kontakt zu den Verantwortlichen der Gruppen soll aufrecht gehalten werden. Diese Reform gibt den für die Ultras zuständigen Beamten der DIGOS mehr Mittel und Autonomie in ihrer Arbeit. In Zivil am Rande des Spielfeldes verfolgen sie in Vollzeit die Tifoserie, sowohl bei Heim- als auch bei Auswärtsspielen, und fungieren als Verbindungsbeamte zu den lokalen Ordnungskräften.

Die Kontrolle der öffentlichen Ordnung verläuft manchmal irrational und lässt wenig Raum für einen Dialog mit der Gegenseite, wenn diese nicht darauf einsteigt, wie

560 *Domani in campo anche DIGOS e cani poliziotto*, »Corriere della Sera«, 19. Dezember 1987, S. 28.

561 Daniele Altimani, *Genova per placare il derby lancia il poliziotto da stadio*, »Corriere della Sera«, 24. November 1990, S. 37.

562 Ggl. Valerio Marchi, siehe oben, 2005, S. 92–111.

es ein Beamter aus Florenz ausdrückt: »Im Stadion ist der Dialog unmöglich (…), das würde diesem Gesindel Bedeutung verleihen.«[563] Der Einsatz von außergewöhnlichen Zwangsmaßnahmen in den Stadien auf der Halbinsel wird zur Norm. Experimente, um dieser Eskalation der Spannungen zwischen Ultras und Ordnungskräften entgegenzuwirken, wie das in Verona von der örtlichen Polizeipräfektur während der Saison 1996/97 eingeführte Gespräch, bleiben ohne Folgen. Und das trotz eines 75-seitigen Berichts, in dem die Polizisten den Dialog betonen, die Notwendigkeit, während der Woche Verbindungen zur Tifoseria herzustellen, die Rituale der Ultras zu analysieren, um sie besser zu verstehen und kritische Situationen entschärfen zu können, mit Hochschullehrern zusammenzuarbeiten und auch die Ultras in die Verantwortung zu nehmen, indem man ihnen vertraut.[564] Ein Teil ihrer Vorschläge wird in den Aufgaben der 2001 eingerichteten Squadre Tifoserie umgesetzt. Auf den präventiven Aspekt, der in diesem Bericht hervorgehoben wird, wird jedoch nicht immer eingegangen. Für die Mehrheit der Journalisten, Polizisten, Politiker und Funktionäre liegt die Lösung jenseits des Ärmelkanals. Am Tag nach gewalttätigen Zwischenfällen in den Stadien auf der Halbinsel herrscht vielerorts Einigkeit darüber und jeder ruft nach dem berühmten »englischen Modell«, das auch in Italien umgesetzt werden muss.

England – ein Modell zum Nachahmen?

Das Vereinigte Königreich, die Wiege des Fußballs, ist auch ein Vorreiter in Bezug auf Zuschauerausschreitungen, und zwar bereits Ende des 19. Jahrhunderts. Das Phänomen des »modernen« Hooliganismus entsteht in den 1960ern und führt schnell zu einem Problembewusstsein in der Politik. Bereits 1967 wird dies in Gesetzesdebatten deutlich, als das Sportministerium den ersten Bericht über die Gewalt von Zuschauern bei Sportveranstaltungen im Vereinigten Königreich veröffentlicht.[565] In der Folgezeit wird die Gewalttätigkeit von Sportbegeisterten in der Öffentlichkeit immer stärker thematisiert. Durch den Sieg der Labour Party 1974 erhält Denis Howell seinen Posten als Sportminister zurück. Er reagiert besonders sensibel auf die zunehmenden Ausschreitungen am Rande von Fußballspielen. Howell lässt 1975 den Safety at Sports Grounds Act verabschieden, der Standards für Stadien und Maßnahmen zur Isolierung von Unruhestiftern vorsieht. Der Minister erzwingt drastische Lösungen, um den Unruhen Einhalt zu gebieten, indem

563 Donatella della Porta, Herbert Reiter, siehe oben, S. 305.

564 Vgl. Questura di Verona DIGOS, *Verona e i suoi »Ragazzi della Curva Sud«*, 1997.

565 Vgl. J.A. Harrington, Research Director der Birmingham Research Group, A *Preliminary Report on Soccer Hooliganism to Mr. Denis Howell, Ministry of Sport*, Bristol, John Wright and Sons Ltd, 1968.

er die Tribünen militarisiert und die Zahl der Polizisten bei Spielen erhöht. Bis Ende der 1960er-Jahre gilt lediglich ein Polizist pro tausend Zuschauer als Standard.[566] Der Minister erläutert, dass die Polizei bei den Spielen nicht nur die Tribünen, sondern auch die Zuschauer selbst überwachen soll, um Unruhen zu unterbinden. Er schlägt auch vor, dass man einen Ausweis für Fans einführen und Videoüberwachungskameras installieren soll. Diese Ideen werden schlussendlich aber aus Budgetgründen wieder fallen gelassen. Im Jahr 1979 ziehen Margaret Thatcher und ihre Regierung die Zügel bei der Kriminalisierung des Hooliganismus weiter an. Da die Ausschreitungen immer weiter zunehmen, werden neue Richtlinien erlassen und die Strafen für Stadiontäter erhöht. Selbst der Public Order Act aus dem Jahr 1936 wird herangezogen, da er einen großen Interpretationsspielraum bei der Beurteilung von Vorfällen im Zusammenhang mit Fußballspielen zulässt.[567]

Das Jahr 1985 ist von einer Reihe an Ereignissen geprägt, die in den Medien großen Widerhall finden. Am 13. März greifen Hooligans des Londoner Vereins Millwall beim Spiel in Luton die Polizei auf dem Rasen an, die versucht, die Ordnung wiederherzustellen. Dann attackieren sie das Heimpublikum, um schließlich in den Straßen der Stadt Verwüstungen anzurichten. Am 11. Mai kommen beim Brand der Holztribüne im Stadion von Bradford 57 Menschen ums Leben. Die schlimmste Tragödie passiert aber im Heysel-Stadion in Brüssel am 29. Mai, wo 39 Zuschauer, die meisten von ihnen Italiener, ihr Leben verlieren. Außerdem sendet das öffentliche britische Fernsehen eine Reportage mit dem Titel »Hooligan« von Ian Stuttard, in der die *Inter City Firm* von West Ham United vorgestellt wird und die Mitglieder der Bande ausführlich zu Wort kommen. Der Kampf gegen den Hooliganismus wird zu einer der obersten Prioritäten der englischen Behörden. Der Sporting Events Act ist die erste Bestimmung, die ab 1985 in Gang gesetzt wird. Er führt eine Reihe von Verboten in den Stadien ein, die vom Alkoholkonsum bis zum Mitführen von gefährlichen Gegenständen wie Knallkörpern und Rauchbomben reichen, und er definiert neue Aufgaben für die Polizei.[568] Am 7. November 1986 wird der Public Order Act verabschiedet, der sich an die gesamte Bevölkerung richtet, aber die Ahndung von Straftaten im Zusammenhang mit Fußballspielen erleichtert, da er nun auch die Anstiftung zu Gewalt, Rassenhass oder rassistischen Handlungen unter Strafe stellt. Außerdem führt der Act ein Stadionverbot für Fans ein, die für Straftaten verantwortlich sind. Im selben Jahr wird außerdem ein spezieller Fonds, der Football Trust, eingerichtet, mit dem die Vereine die Installation von Videoüberwachungssystemen

566 Metropolitan Police Catford Station, *Millwall Football Club – Police Arrangments*, 17. Oktober 1967.

567 Vgl. Eugene Trivizas, *Offences and Offenders in Football Crowd Disorders*, »British Journal of Criminology«, Nr. 3, Juli 1980, S. 278–279.

568 Anm. des Lektors: Im April 2022 berichten verschiedene Medien, dass die englische Regierung das Alkoholverbot nach fast 40 Jahren wieder kippen könnte, sehr zum Missfallen der Polizei. Laut einer Erhebung der englischen Fußball-Ligen entgingen durch das Alkoholverbot jedem Verein in der Premier League pro Saison rund 35 Millionen Euro.

finanzieren können. Margaret Thatcher denkt darüber nach, Fans zu verpflichten, sich einen speziellen Ausweis zuzulegen, um ins Stadion gehen zu können. Trotz spektakulärer Verhaftungen und Gerichtsverfahren in der zweiten Hälfte der 1980er-Jahre fällt die Bilanz jedoch durchwachsen aus, da die Hooliganismus-Aktivitäten unvermindert weitergehen. Außerdem werden mutmaßliche Anführer von Hooligan-Gangs immer wieder aus Mangel an Beweisen freigesprochen und von der Justiz konsequent entschädigt.

Am 15. April 1989 ereignet sich im Hillsborough-Stadion in Sheffield während des Spiels zwischen Liverpool und Nottingham Forest die bis dato schlimmste aller Katastrophen im englischen Fußball. 96 Liverpool-Fans kommen nach einer Massenpanik auf der Leppings-Lane-Tribüne, die weit mehr Zuschauer aufnimmt, als sie fassen kann, ums Leben. Die Polizei verschlimmert die Tragödie, indem sie sich weigert, die Fluchttore zu öffnen, da sie eine Flutung des Spielfelds befürchtet.[569] Die Regierung ist entschlossen zu handeln, und es wird eine Kommission unter der Leitung des Richters Peter Taylor eingesetzt, die die Tragödie untersuchen soll. Am 16. November verabschiedet das Parlament den Football Spectators Act. Dieses Gesetz, das für England und Wales gilt, sieht vor, eine Reihe von stadionspezifischen Vergehen, zum Beispiel das Singen von rassistischen Gesängen, zu bestrafen. Außerdem werden bestimmten Fans Auslandsreisen verboten. Es legt neue Standards für Stadien und die Sicherheit der Zuschauer fest. Schließlich soll eine Identitätskarte eingeführt werden, um Fans in einer Datei zu erfassen und sie besser kontrollieren zu können. Die National Football Intelligence Unit wird gegründet und zentralisiert die Informationen über Hooliganismus, die von auf Hooliganismus spezialisierten Polizisten gesammelt werden. Hooligan-Gangs im ganzen Land werden von ihr infiltriert.[570] Der Abschlussbericht von Richter Peter Taylor liegt am 19. Januar 1990 vor. Auf seinen 240 Seiten analysiert er die Ursachen der Katastrophe von Hillsborough und schlägt in seinen Schlussfolgerungen eine Reform der Sicherheit in den Fußballstadien vor. Nach Ansicht des Magistrats ist die Verantwortung für die Tragödie auf mehrere Schultern verteilt. Die Ordnungskräfte werden ihr Verhalten ändern müssen, da ihre negative Wahrnehmung der Fans zu tragischen Fehlern geführt hat. Fußballfans werden endlich als Bürger mit Rechten betrachtet, sie sind nicht mehr eine unterschiedslose Masse potenzieller Unruhestifter. Die strukturellen Mängel der Stadien werden aufgezeigt: Sie bieten meist nicht optimale Bedingungen für die Zuschauer und müssen modernisiert werden. In England sind 1989 von den insgesamt 92 Sportstätten, in denen die Mannschaften der vier Profiligen spielen, 70 Stadien vor 1914 erbaut worden. Der Bericht stellt

569 Vgl. Phil Scraton, *Hillsborough the truth*, Edinburgh: Mainstream Publishing, 2016.

570 Der Film »ID Hooligans« von Philip Davis aus dem Jahr 1995 thematisiert die Infiltration einer Hooligan-Gang durch ein Team von Polizisten in einem Vorort von London.

die Gültigkeit einiger Vorschläge der Regierung in Frage, wie zum Beispiel die Einführung eines Ausweises, mit dem jeder Fan erfasst werden soll. Dieser Plan wird infolgedessen auch nicht umgesetzt. Er empfiehlt aber auch, die Zäune in den Stadien zu entfernen, was eine echte Revolution in der damals vorherrschenden Sicherheitsauffassung darstellt. Die Ergebnisse des Taylor-Berichts sorgen dafür, dass die Probleme der Gewalt in den britischen Stadien auf eine neue Art und Weise angegangen werden. Die Verbesserung der Bedingungen für Sportveranstaltungen ist einer der Hauptpunkte des Berichts. Die Analyse von Richter Taylor ist trotz der Vereinfachung einiger Aspekte des Hooliganismus weitsichtig. Der einzige und entscheidende Fehler in seinem Bericht besteht darin, dass die Verantwortung der Polizei für das Drama in Hillsborough in Wahrheit viel größer ist, als er betont, während die Fans aus Liverpool nicht für diese Tragödie verantwortlich sind, wie 27 Jahre später die Ergebnisse einer offiziellen Untersuchung beweisen.[571]

Am 27. Juni 1991 wird der Football Offences Act verabschiedet, der die meisten Ergebnisse des Taylor-Berichts aufgreift. Er gibt der Polizei mehr Möglichkeiten, potenzielle Verdächtige festzunehmen, da durch den Act neue Tatbestände geschaffen werden, wie das Werfen von Gegenständen auf das Spielfeld oder die Tribüne, das Eindringen in den Innenbereich des Stadions, das Singen von diskriminierenden oder rassistischen Liedern.

Darüber hinaus werden die Strafen erhöht. Die National Football Intelligence Unit wird in den National Criminal Intelligence Service integriert, spezialisierte Polizisten verfolgen die Fans bei Auswärtsspielen. Parallel dazu werden neue Fußballstadien gebaut und die Videoüberwachung verstärkt. Die Aufstockung der Polizeikräfte in den 1980er-Jahren führt bereits zu einer ersten Verlagerung der Gewalt aus den Sportstätten in den Außenbereich. Der 1994 verabschiedete Criminal Justice and Public Order Act soll ursprünglich dazu dienen, asoziales Verhalten zu bekämpfen. Dieses Gesetz, das die öffentlichen Freiheiten einschränkt, den Behörden mehr Befugnisse einräumt und kleinere Straftaten stärker kriminalisiert, wird auch gegen den Hooliganismus eingesetzt. Am 27. September 1999 tritt der Football Act in Kraft. Er erleichtert es, ehemals festgenommenen Fans die Reise ins Ausland zu verbieten, umfasst Straftaten, die bis zu 24 Stunden vor oder nach dem Spiel begangen werden, und Stadionverbote werden auf bis zu drei Jahre ausgedehnt.

Am 17. Juni 2000 treffen Deutschland und England im Rahmen der Europameisterschaft in Charleroi (Belgien) aufeinander, wobei es zu schweren Zwischenfällen zwischen radikalen Fans beider Lager kommt. Innenminister Jack Straw ist entschlossen, schnell zu handeln, und einige Wochen später wird der Football Disorder Act verabschiedet. Von

571 Vgl. Philippe Bernard, *Royaume-Uni: 27 ans après, la police jugée responsable de la tragédie du stade d'Hillsborough*, »Le Monde«, 28. April 2016, S. 5.

nun an zieht ein Stadionverbot im Inland ein Stadionverbot im Ausland nach sich und umgekehrt. Die von diesen Sanktionen betroffenen Personen sind verpflichtet, während internationaler Spiele ihre Pässe bei den Behörden abzugeben und müssen bei Anpfiff des Spiels auf einer Polizeistation erscheinen. Das Verbot, Fußballstadien zu besuchen, wird für mindestens zwei Jahre verhängt und kann maximal auf fünf Jahre erhöht werden. Die Gerichte können präventiv ein Stadionverbot verhängen, wenn der Verdacht besteht, dass die Person Unruhe stiften will. Schließlich hat die Polizei mehr Befugnisse im Bereich der Bekämpfung des Hooliganismus. Im darauffolgenden Jahr werden diese beiden zeitlich begrenzten Maßnahmen mit der Football Disorder Bill dauerhaft eingeführt.

Die Stadien in Großbritannien erleben in den 1990er-Jahren eine wahre Revolution. Die Football Licensing Authority, die nach dem Hillsborough-Drama und dem daraus resultierenden Football Spectators Act 1989 gegründet wird, ist für die Überwachung von Stadien zuständig, in denen Profifußball stattfindet. Diese Behörde muss sicherstellen, dass die Sicherheitsstandards eingehalten werden, und erteilt Lizenzen für die Stadien, die von nun an nur noch Sitzplätze haben dürfen. Die Spielstätten, die damals noch ein Musterbeispiel für Unbequemlichkeit sind, werden umgebaut: Die Gitter um die Spielfelder werden entfernt, Sitzplätze installiert, Tribünen abgerissen und neue, moderne Infrastrukturen anstelle der alten Tribünen errichtet.[572] Der Fall der Spion-Kop-Tribüne in Liverpool ist vielleicht der bedeutendste. Auch unter dem Namen The Kop bekannt, bietet die Tribüne bis zu 28.000 Zuschauern Platz, die sich dort stehend versammeln. Sie befindet sich hinter einem der Tore und wird durch die Stimmung seiner Fans weltberühmt, als der Verein unter Trainer Bill Shankly in den 1960er-Jahren einen ungeahnten Aufschwung erlebt. Dieser Bereich des Stadions an der Anfield Road ist für Fußballfans auf der ganzen Welt zu einem Mythos geworden, wegen seiner Atmosphäre, seiner Dramen und der vielen Toten von Hillsborough, aber vor allem wegen seiner Tausenden Fans, die seit drei Jahrzehnten die Vereinshymne »You'll Never Walk Alone« anstimmen. Am 30. April 1994 erlebt die Tribüne aufgrund neuer Sicherheitsstandards ihr letztes Spiel. Einige Wochen später wird sie abgerissen und neu aufgebaut. Heute umfasst sie eine Kapazität von 12.409 Sitzplätzen.

Der Fußball, der bis dahin als Sport der Arbeiterklasse gilt, wird auch in anderen sozialen Schichten immer beliebter. Marketing und Merchandising entwickeln sich bis ins Absurde. Der Megastore von Manchester United bietet diverse Merchandising-Produkte in den Farben des Vereins an und erzielt damit hohe Einnahmen.[573] Der Fußball ist ein

572 Vgl. Liz Crolley, *In casa e in trasferta: i tifosi del Liverpool e i cambiamenti nella cultura calcistica*, in: Rocco De Biasi (Hrsg.), *You'll never walk alone*, Mailand, Shake Edizioni, 1998, S. 77–93.

573 Von Haushaltswaren (Bettwäsche, Geschirr), Feinwäsche, Pyjamas, Hundezubehör, Kreditkarten, Videospielkonsolen bis hin zu Trikotsets der Spieler.

wichtiger Bestandteil der Gesellschaft, wird langsam aber auch zur Modeerscheinung. Bücher wie »Fever Pitch«, das 1992 veröffentlicht wird, tragen zu diesem Wandel bei. Der Autor enthüllt darin sein Leben, das von seiner Leidenschaft für den Londoner Verein Arsenal dominiert wird.[574] Dadurch wird der Fußball auch in der Mittelschicht populär. Eine neue Bevölkerungsgruppe ersetzt allmählich das traditionelle Stadionpublikum, das bis dahin überwiegend aus der Arbeiterklasse stammte. Die schwächeren Einkommensgruppen werden von den exorbitanten Preisen, die die Fußballvereine schon bald für den Besuch eines Spiels verlangen, vertrieben. In der Saison 2017/18 kostet die günstigste Dauerkarte beim Arsenal FC umgerechnet rund 1080 Euro, bei Liverpool 830 Euro, beim Chelsea FC 909 Euro und bei den Tottenham Hotspurs 782 Euro. In Europa kostet in der gleichen Saison die günstigste Dauerkarte bei Bayern München 151 Euro, bei Olympique Marseille 173 Euro und bei Juventus 493 Euro.[575] Die Ausgeschlossenen finden Zuflucht in den Pubs oder vor dem Fernseher, indem sie ein Abonnement bei einem privaten Rechteinhaber abschließen. Ein Teil der Stadien wird zu Einkaufszentren mit Schnellrestaurants oder Hotels mit Blick auf das Spielfeld, wie etwa das Stadion in Bolton. Neue Arenen werden nach Marktstudien am Stadtrand errichtet, da alles darauf ausgerichtet ist, den Kreis der konsumierenden Fans zu erweitern. Der symbolträchtigste Fall für die kommerziellen Auswüchse ist der ehemalige Verein Wimbledon FC, den der Hauptaktionär Peter Winkelman in die Stadt Milton Keynes 100 Kilometer nordwestlich von Wimbledon verlegt. Die Idee des Milton Keynes FC basiert auf einer rein finanziellen Logik und der Tatsache, dass es in der neuen Stadt und ihrer Umgebung keine weiteren Vereine gibt. Der Vorstand benennt den Verein 2004 in Milton Keynes Dons FC um und verstößt damit gegen alle Traditionen, die der alte Wimbledon FC verkörpert. Die Fans lehnen diese komplette Umwandlung ab und beschließen, ihren eigenen Verein, den AFC Wimbledon, zu gründen.

Als Beweis dafür, dass sich der Profifußball zu einer Freizeitindustrie entwickelt hat, werden die englischen Vereine zu Geldanlagen und ein Teil von ihnen wird von ausländischen Magnaten aufgekauft. Vorreiter darin ist der ägyptische Geschäftsmann Mohamed al-Fayed. Er wird am 29. Mai 1997 neuer Besitzer des Fulham FC. Ihm folgt der russische Magnat Roman Abramowitsch, der den Chelsea FC im Juli 2003 übernimmt. Das Phänomen beschleunigt sich ab 2005 schlagartig mit der Übernahme von Manchester United durch den Amerikaner Malcom Glazer. Im Jahr 2006 wird West Ham von einem Konsortium isländischer Geschäftsleute unter der Leitung von Eggert Magnusson

574 Vgl. Nick Hornby, *Fever Pitch*, London: Indigo, 1992.

575 BBC Sport, The annual BBC Price of Football study, http://www.bbc.com/sport/football/41482931, Seite abgerufen am 4. Juni 2020.

übernommen, während Aston Villa von dem Amerikaner Randy Lerner gekauft wird. 2007 geht Manchester City in den Besitz des ehemaligen thailändischen Premierministers Thaksin Shinawatra über, während Liverpool von den beiden amerikanischen Milliardären George Gillett und Tom Hicks kontrolliert wird. Die meisten Teams der Premier League sind nun im Besitz ausländischer Investoren, ebenso wie die Teams der zweithöchsten Spielklasse, der League One.

Die Stadien sind voll, aber die Unterschicht, das Herzstück des britischen Publikums, bleibt den Tribünen gezwungenermaßen fern, vertrieben von den hohen Ticketpreisen und einem zügellosen Marketing, das Fans zu Konsumenten und den Fußball zu einem Produkt macht. Die Atmosphäre, für die die britischen Stadien lange Zeit berühmt waren, verschwindet allmählich. Neue Stadien werden gebaut, um mehr Fans und Konsumenten anzulocken. Millwall ist einer der Vorreiter mit dem New Den, das 1993 eingeweiht wird. Leicester City verlässt 2002 die Filbert Street, in der die Mannschaft 111 Jahre lang gespielt hat, und baut ein modernes Stadion. Im darauffolgenden Jahr zieht Manchester City in das City of Manchester Stadium um, das 2002 für die Commonwealth-Spiele gebaut wird und nun wieder eine reine Fußballarena ist. Der Arsenal FC errichtet 2006 ein Stadion mit 60.432 Sitzplätzen und ersetzt damit das historische Highbury-Stadion, das aufgrund des Taylor-Berichts nur mehr 38.419 Zuschauer fassen konnte. Während andere Vereine wie Manchester United und Liverpool ihre Stadien ausbauen, werden 2011 die Befugnisse der Football Licensing Authority durch ein Gesetz erweitert und die Behörde in Sports Grounds Safety Authority umbenannt.

All diese Maßnahmen, die den englischen Fußball revolutionieren, bedeuten jedoch nicht das Ende des Hooliganismus. Er existiert nach wie vor, auch wenn er Ende der 1980er-Jahre zurückgeht.[576] Dieser Rückgang der Unruhen ist nicht nur auf die Repressionen der Behörden zurückzuführen. Rave Partys und synthetische Drogen ziehen die Hooligans in dieser Zeit an. Ein Teil von ihnen wendet sich florierenden kommerziellen Aktivitäten zu, sowohl in legalen (Organisation von Partys mit elektronischer Musik, Securitydienste am Eingang von Nachtclubs) als auch in illegalen Bereichen (Drogenhandel, organisierte Kriminalität oder Geldantreiber für Inkassounternehmen). Auf den Tribünen herrscht scheinbar ein sozialer Frieden, aber außerhalb der Stadien und vor allem im Ausland gehen die Ausschreitungen weiter. Die Hooligans, die seit Anfang der 1980er-Jahre den auffälligen Look der Skinheads ablegen, haben sich dem unauffälligeren Modell der Casuals zugewandt. Der Ruf dieser Gangs, die ihren Mannschaften durch das ganze Land folgen, ist längst über die Grenzen Englands hinausgewachsen, sei es die *Soul*

576 Vgl. Phil Thornton, siehe oben, S. 181–197.

Crew von Cardiff City, die *Headhunters* vom Chelsea FC, die *Bushwackers* aus Millwall, die *Inter City Firm* von West Ham oder die *Red Army* von Manchester United.[577] Spiele englischer Vereine auf dem europäischen Kontinent sind oft Anlass für Ausschreitungen, und das schon seit mehr als vier Jahrzehnten. Die englische Nationalmannschaft ist von diesem Phänomen nicht ausgenommen, weder bei Qualifikationsspielen noch bei den großen kontinentalen Wettbewerben. Lange Zeit sind die Initiatoren dieser Unruhen ein Teil der englischen Fans. In den letzten 20 Jahren werden sie aufgrund ihres schlechten Rufs häufig von radikalen Fans aus anderen Ländern provoziert und angegriffen, die sich mit den Gründervätern des Hooliganismus messen wollen. Hinzu kommt ihr nach wie vor schlechter Ruf: Das Image des englischen Fans ist für die Polizei auf dem Kontinent gleichbedeutend mit dem potenzieller Unruhestifter. Die schweren Zwischenfälle vor und nach dem Spiel England gegen Russland bei der Europameisterschaft in Marseille am 11. Juni 2016 belegen hinreichend, dass die überwiegende Mehrheit der Vorfälle nichts mit Hooliganismus zu tun hat.[578]

Heute bieten die englischen Stadien ein weitaus friedliches Bild. Nur eine Reihe von Ordnern trennt die Gäste von den einheimischen Fans, Familien kommen gerne in die Stadien, die Polizei ist in der Regel nicht präsent. Außerhalb verhält sie sich eher unauffällig, greift aber schnell ein, wenn es zu Spannungen kommt. Im Gegensatz zu dem, was allzu viele italienische Kommentatoren behaupten, ist die Gewalt aus dem englischen Fußball nicht verschwunden. Im Gegenteil: Ende des 20. Jahrhunderts wird der Hooliganismus zu einer literarischen Ader. Ehemalige Anführer veröffentlichen Erinnerungen an turbulente, vergangene Tage. Diese Bücher gehen in die Dutzende und einige von ihnen werden zu wahren Verkaufsschlagern.[579] Der Hooliganismus hat an Bedeutung verloren, aber er existiert immer noch und hat sich dem Druck der Polizei angepasst. Er fasziniert und eine neue Generation versucht, den Ruf der alten Gangs aufrechtzuerhalten. Internetforen, die sich auf Hooliganismus spezialisiert haben, sind voll von Berichten über Auseinandersetzungen und die neuen Technologien werden genutzt, um sich fernab der Stadien zu verabreden und dort zu prügeln. Auch innerhalb der englischen Stadien kommt es immer wieder zu Zwischenfällen. Das Derby zwischen Newcastle United und dem Sunderland AFC führt immer wieder zu Ausschreitungen, wie am 16. Januar 2011, als die Polizei Mühe hat, die Unruhen auf beiden Seiten einzudämmen. Das Halbfinale des englischen Pokals im Wembley-Stadion zwischen Millwall und Wigan Athletic am

577 Vgl. Bill Buford, *Geil auf Gewalt – Unter Hooligans,* Goldmann Verlag, München, 1992

578 Sébastien Louis, *Un désastre annoncé (Ein angekündigtes Desaster),* »Le Jeudi«, 16. Juni 2016, S. 32.

579 Vgl. Cass Pennant, *Congratulations. You have just met the I. C. F. Die Geschichte der West Ham Inter City Firm*, Buchverlag Trolsen, Quickborn, 2006.

13. April 2013 ist Anlass für mehrere Schlägereien zwischen den Fans der beiden Mannschaften, aber auch für Ausschreitungen gegen die Polizei, die größte Mühe hat, die Ruhe auf den Tribünen wiederherzustellen. Auch die größten Vereine sind davon nicht ausgenommen: Am 17. März 2016 wird das Spiel Manchester United gegen Liverpool von Schlägereien zwischen rivalisierenden Fans im Old Trafford geprägt. Am 26. Oktober 2016 sind es Anhänger von West Ham und Chelsea, die mehrmals versuchen, sich auf den Tribünen des Londoner Olympiastadions zu bekämpfen, obwohl Hunderte Ordner und Polizisten versuchen, sie zu trennen.

KAPITEL 6
Vom Drama in Genua bis zu jenem von Catania

Die Krise der traditionellen Gruppen

Anfang der 1990er-Jahre gelingt es den alteingesessenen Ultras-Gruppen nicht mehr, die jugendlichen Kurvengänger anzusprechen. Neu gegründete Gruppen stellen die Rolle der älteren Kollektive in Frage und bringen kurveninterne Hierarchien durcheinander. Einige der historischen Gruppen stellen ihre Aktivitäten komplett ein, die Hegemonie vieler Kurven zerbröselt. Mitunter steht man sich in ein und derselben Kurve feindselig gegenüber, um die Kontrolle über dieselbe zu erlangen. Genauso wie die Einheit in vielen Fanszenen zerbricht, bröckelt auch der soziale Zusammenhalt im ganzen Land. Die Institutionen, die den Italienern lange einen Anhaltspunkt geboten haben, von der Kirche über die politischen Parteien bis hin zu den Gewerkschaften, und welche die kollektive Identität formten, befinden sich an der Wende von den 1980er- zu den 1990er-Jahren in einem stetigen Niedergang.[580] Es ist die Zeit des Wirtschaftsliberalismus und des damit einhergehenden individuellen Erfolgs, der in den Vordergrund gerückt wird. Der Aufstieg Silvio Berlusconis ist dafür ein gutes Beispiel. Die italienische Gesellschaft ist großen Veränderungen unterworfen: Der Individualismus tritt an die Stelle einer früher geltenden Solidarität, was sich auch in der kleinsten Zelle einer Gesellschaft, der Familie, widerspiegelt. Der Historiker Paul Ginsborg erklärt: »Die Beziehung zwischen Individuen und Familie unterliegt einem bedeutenden und gleichzeitig einseitigen Wandel. Das patriarchalische Modell der Macht innerhalb der Familie wird schwächer, auch wenn es noch nicht ganz verschwindet.«[581]

Die Ultras eines Vereins, die an und für sich einer einzigen, großen Familie, der Kurve ihres Vereins, angehören, spalten sich teilweise auf. Während der 1990er-Jahre durchlaufen viele große Szenen eine Krise. In Piacenza wird die Vorherrschaft der *Legione Gotica* von einer Untergruppe aus den eigenen Reihen, den *Official Supporters* in Frage gestellt. Bei Lazio stellen sich die, 1987 gegründeten, *Irriducibili* gegen die *Eagles Supporters*. Bei Napoli wird das *Commando Ultrà Curva B* von anderen Gruppen an den Rand gedrängt. In Bergamo kommt es regelmäßig zu Auseinandersetzungen zwischen den *Brigate Neroazzurre* und den *Wild Kaos*. Die neuen Gruppen sind kleiner und geben sich elitärer. Es ist

580 Paul Ginsborg, *L'Italia del tempo presente*, Turin: Einaudi, 1998, S. 61–62.
581 Ebd.

nicht mehr nur die gemeinsame Leidenschaft für einen Verein, die sie zusammenbringt. Dies zeigt sich am Beispiel der *Rude Fans*, die anfangs noch eine lose Gruppe innerhalb der *Ultras Unione Veneziamestre* bilden. Sie sind zu Beginn nur eine Partie von Freunden, die sich zu Beginn lediglich hinter einem kleinen Banner sammelt, aber recht schnell wächst und sich im Jahr 2000 von der Hauptgruppe abspaltet. Sie erklären das wie folgt: »Bei den *Ultras Unione* konnte jeder Mitglied werden. Wir hingegen wollten eine eigene, kleine Gruppe, die gegen Rassismus kämpft. So ist unsere Gruppe entstanden, weil wir nicht jeden hinter unserem Banner haben wollten.«[582]

Diese Situation entwickelt sich in vielen Kurven ähnlich, es gibt nur wenige große Gruppen, die davon unberührt bleiben. Viele Szenen verschließen die Augen vor dieser Tendenz. Rechtsextreme Ideen in bestimmten Teilen der Gruppen ab Ende der 1980er-Jahre verändern in vielen Kurven das fragile Gleichgewicht. Nach und nach bröckelt vielerorts das Modell einer großen, allen offenstehenden Gruppe, die die ganze Kurve repräsentiert. Manchmal sind externe Faktoren für Spaltungen innerhalb einer Kurve verantwortlich. Im Sommer 1987 kommt es in der Curva Sud der Roma durch den Wechsel des ehemaligen Lazio-Spielers Lionello Manfredonia zu einem Bruch: Das *Commando Ultrà Curva Sud* übersteht eine interne Zerreisprobe nicht und spaltet sich.[583] Das *Commando Ultrà Curva Sud – Gruppo Anti Manfredonia* (*CUCS–GAM*) vereint Gründungsmitglieder und das damalige Direttivo. Sie stellen sich klar gegen die Verpflichtung des ehemaligen Juve- und Lazio-Spielers, der die Fans der Roma in der Vergangenheit immer wieder provozierte. Demgegenüber bildet sich das *Vecchio Commando Ultrà Curva Sud* (*Vecchio CUCS*), das den Support für die Roma über alles stellt und die Verpflichtung des umstrittenen Abwehrspielers schweren Herzens akzeptiert. Am 2. September 1987, während des Spiels Roma gegen Genoa, hält das *CUCS-GAM* ein Spruchband mit der Aufschrift »Du bist unwürdig, dieses Trikot zu tragen, zieh es aus!«[584] hoch, woraufhin es zu einer riesigen Schlägerei in der Kurve kommt. Die Proteste gegen Manfredonia werden erst eingestellt, als sich dieser am 6. November 1987 öffentlich für seine früheren Ausrutscher entschuldigt. Die Situation in der Curva Sud beruhigt sich daraufhin, aber der Bruch bleibt irreparabel. Die Kurve, die mit Gründung des *Commando Ultrà Curva Sud* im Jahr 1977 einen Höhepunkt in Sachen Tifo erreicht hat, spaltet sich unwiderruflich.

In Genua beginnt die Spaltung innerhalb der Tifoseria von Sampdoria am 14. März

582 Interview mit F. B., dem Gründer der *Rude Fans*, geführt in Venedig am 7. Dezember 2003.

583 Lionello Manfredonia absolvierte den Großteil seiner Karriere bei Lazio und erklärte sich auch dezidiert als Fan dieses Klubs. Die Ultras der Roma fordern ihren Präsidenten Dino Viola schon im Vorfeld der Verpflichtung auf, davon Abstand zu nehmen. Dieser weigert sich aber, was einen Protest der Ultras nach sich zieht.

584 Vgl. La Vecchia Guardia, *Quando l'inno si alzerà*, Selbstverlag, 2011, S. 194–203. Im Original: »Indegno, levati quella maglia!«

1998 mit der Rückkehr des ehemaligen Idols Roberto Mancini im Trikot von Lazio.[585] Während des Spiels wird er von einem Teil der Gradinata beschimpft, weshalb es auch dort zu Handgreiflichkeiten kommt. Die *Fedelissimi* und die *Ultras Tito Cucchiaroni* stehen sich plötzlich gegenüber. Dieser Kalte Krieg sorgt dafür, dass die *UTC* mit Beginn der Saison 1999/00 in den Oberrang der Gradinata Sud wechseln,[586] bis zum 3. April 2022. Nach fast einem Vierteljahrhundert bevölkern sie nun wieder den unteren Teil der Gradinata Sud.

In Bologna stehen die Mitglieder der *Mods* lange in Opposition zu den *Forever Ultras*, was auf ein unterschiedliches Rollenverständnis und gegensätzliche politische Tendenzen zurückzuführen ist. In Brescia gelingt es Befürwortern einer Vereinigung der verschiedenen Gruppierungen, die die Curva Nord besiedeln, nicht, die gesamte Tifoseria hinter einem einzigen Banner zu vereinigen – es bilden sich zwei Blöcke. In Modena und Venedig spalten unterschiedliche politische Ansichten die Kurve. In den meisten Fällen enden diese Konflikte in körperlichen Auseinandersetzungen, so auch in Cagliari, wo die *Sconvolts* die *Furiosi* gewaltsam aus der Kurve vertreiben. Die Gruppe, die die Oberhand behält, setzt ihre Regeln durch, ganz im Sinne des von den Ultras geliebten Faustrechts.

Der Mikrokosmos, in dem sich die Ultras bewegen, funktioniert dabei nicht anders als in der Politik. Die Interessen und Herausforderungen, denen sich die Gruppen gegenübersehen, entfernen sie immer weiter von ihrem eigentlichen Betätigungsfeld – der Unterstützung der eigenen Mannschaft. Jede der unterschiedlichen Fraktionen ist davon überzeugt, dass sie den ursprünglichen Ultras-Werten am treuesten ist, obwohl es diese so gar nicht gibt, da sie ständig weiterentwickelt werden und sich ständig verändern. Jede Generation setzt neue Maßstäbe: von der Art und Weise, wie sie die Gruppe leben, dem Verhältnis zu den Behörden und der Vereinsführung bis hin zum Zusammenleben mit den anderen Kollektiven in der Kurve.

Kommunikative Praktiken, Philosophie oder Mentalität der Ultras sind nur eine Schöpfung, die mit den Herausforderungen einer nahen Vergangenheit und ihren Strategien für die naheliegende Zukunft verbunden ist, wie es die Historiker Eric Hobsbawm und Terence Ranger in ihrem Konzept der erfundenen Tradition theoretisieren.[587]

In den 1990er-Jahren beschließen mehrere wichtige Gruppen des Ultras-Panoramas, ihre Aktivitäten einzustellen. Die ersten, die dies tun, sind die *Brigate Gialloblu* und die anderen Gruppen der Curva Sud von Hellas Verona. Aufgrund des juristischen Drucks,

585 Dieser Spieler hat fast seine gesamte Karriere im Trikot von Sampdoria absolviert, wo er fünfzehn Jahre lang gespielt hat. Mit Beginn der Saison 1997/98 entscheidet er sich, das Angebot des Klubs aus der Hauptstadt anzunehmen.

586 Im April 2022 und nach Ende der meisten Corona-Einschränkungen kehren die *UTC*, die seit Beginn der Pandemie den Spielen fernbleiben, wieder ins Stadion und zwar in den Unterrang der Gradinata Sud zurück.

587 Vgl. Eric Hobsbawn, Terence Roger, *L'invention de la tradition (Die Erfindung der Tradition)*, Paris, Éditions, Amsterdam, 2012, überarbeitete und erweiterte Neuauflage.

dem ihre Anführer ausgesetzt sind, geben sie am 14. November 1991 ihre Auflösung bekannt. Im Jahr 1993 stellen die *Eagles Supporters* von Lazio ihre Aktivitäten ein, nachdem die Differenzen zu den *Irriducibili* unüberbrückbar geworden sind. Einige Monate später tut die *Fossa dei Grifoni* (Genoa) es ihnen gleich, auch wenn die Motive hier andere sind. In ihrem Kommuniqué zur Auflösung, das im *Supertifo* abgedruckt wird, gibt die *FdG* an, »sich in der neuen Ultras-Welt nicht mehr wiederzuerkennen«.[588] Im März 1995 fällt der Vorhang für das *Commando Ultrà Curva Nord* in Brescia, nachdem gegen siebzehn Mitglieder der Führungsriege Stadionverbote verhängt worden sind. In den unteren Ligen des Landes passiert Ähnliches, wie das Verschwinden des *Commando Ultrà Arezzo* im Jahr 1995 beweist. Die Krise der geschichtsträchtigen Formationen setzt sich fort: Am 12. September 1999 wird das legendäre *Commando Ultrà Curva Sud* eine Viertelstunde vor dem Anpfiff zum Spiel Roma–Inter von den anderen Gruppen aus der eigenen Kurve geworfen. Die Trommeln landen im Graben. 2002 erneuert das *Commando Ultrà Curva B* in Neapel seine Führung und nutzt die Gelegenheit, einen Schlussstrich unter die Vergangenheit zu ziehen, indem es seinen Namen in *Ultras Napoli* ändert. Ein neues Banner mit aggressiverem Motiv ersetzt die alten Embleme, um die neue Ausrichtung zu unterstreichen.[589] Seitdem haben sich die Ultras Napoli zu einer der größten Gruppen Italiens entwickelt.

Die Situation ist im ganzen Land ähnlich, von Lecce über Livorno und Bergamo bis nach Cremona. Die Gruppen, die bis dahin die lokalen Kurven dominiert und gesteuert haben, stellen ihre Aktivitäten ein. In anderen Fällen sehen sich die Gruppen, die sich halten können, mit Rivalen konfrontiert, die aus ihrem eigenen Umfeld hervorgehen, was zu zahlreichen Spannungen führt. Dies ist insbesondere in Varese, Cagliari, Florenz und Turin der Fall. Im Laufe des neuen Jahrtausends hören weitere berühmte Formationen auf: Die *Brigate Gialloblu* aus Modena, die *Onda d'Urto* der Sambenedettese, die *Ultras Unione* aus Venedig, die *Ultras Trieste* und das *Regime Rossonero* aus Foggia. Bei Juventus gestaltet sich die Situation indes weitaus komplexer, da zu den traditionellen Machtansprüchen, die in jeder Kurve existieren, auch noch große wirtschaftliche Interessen hinzukommen. Vor Beginn der Saison 1996/97 zwingen die *Fighters* andere Gruppen, unter ihnen auch die *Drughi,* dazu, sich aufzulösen, um sich ihnen anzuschließen. Offiziell soll die Einheit der Kurve gewahrt werden, dahinter stecken aber ganz profane wirtschaftliche Aspekte. Die *Fighters* nutzen ihre Machtstellung beim Verein zum Vertrieb der Eintrittskarten und den exklusiven Verkauf von Fanartikeln. Sie agieren wie eine Firma und lassen Namen

588 *L'ultimo comunicato,* »Supertifo«, November 1993, S. 15.

589 Die beiden Symbole des *Commando Ultrà Curva B* waren eine Südstaatenflagge, die jedoch keinen politischen Hintergrund hat, und eine Hand, die das Victory-Zeichen zeigt.

und Symbol rechtlich schützen.[590] 2005 wendet sich das Blatt und die *Drughi* übernehmen wieder das Kommando. Die *Fighters* benennen sich in *Tradizione* um, der Konflikt schwelt jedoch weiter.

Am Abend des 15. November 2005 versammelt sich die Führung der *Fossa dei Leoni* des AC Milan in ihrem Sitz im Circolo Fornaroli. Einige Tage zuvor ist das Auswärtstransparent der Gruppe von den *Viking* von Juventus bei einem Überfall gestohlen worden. Nach einer dramatischen Sitzung ringt man sich zu einer schwierigen Entscheidung durch und löst die Gruppe auf. Eine Entscheidung, die das ganze Ultras-Panorama erschüttert, und das weit über die Landesgrenzen hinaus. Ihre Langlebigkeit, ihre Kohärenz und ihre Philosophie, die im kompletten Gegensatz zur Kommerzialisierung des Fußballs steht, brachten der *Fossa* die Wertschätzung der Öffentlichkeit und anderer Ultras-Gruppen ein.

Im Gegensatz zu anderen Stadien herrscht in der Curva Sud bei Milan lange Zeit eine gewisse Ausgeglichenheit zwischen den unterschiedlichen Gruppen. Die genauen Hintergründe sind bis heute nicht bekannt, aber es gilt als klar, dass das Abhandenkommen des Transparentes nur ein Vorwand für andere Protagonisten in der Curva Sud war, um eine Änderung der Machtverhältnisse herbeizuführen. Die Präsenz der *Fossa dei Leoni* verhindert lange Zeit explizite Deals finanzieller Art der Kurve, etwa mit der Vereinsspitze. Darüber hinaus tragen Differenzen politischer Natur und nicht zuletzt die Weigerung, Kompromisse mit der Vereinsführung einzugehen, dazu bei, dass die *FdL* aus der Kurve gedrängt wird. Der damalige Vizepräsident des AC Milan, Adriano Galliani, unterhielt in diesen Jahren eine eigenartige Beziehung zu Exponenten der Curva Sud.[591] Wie dem auch sei, die internen Spannungen in der Kurve gewinnen letztendlich die Oberhand. In jeder Kurve kann das Gleichgewicht von einen Tag auf den anderen aus den Fugen geraten. Bergamo ist ein weiteres Beispiel dafür. Zwischen 2004 und 2005 beenden die beiden bis dato tonangebenden Gruppen ihre Aktivitäten und überlassen den *Atalanta Supporters* das Feld.[592]

Die Krise der Pioniergruppen macht einen internen Wettbewerb offensichtlich. Es kommt zunehmend zu einer Territorialisierung der Kurven, wobei jede Formation in einem klar abgegrenzten Raum steht. Zahlreiche Gruppen versuchen, sich zu profilieren, in dem Wunsch und mit dem Willen, sich zu behaupten, gesehen und anerkannt zu werden. Meistens schafft es jedoch keine der Gruppen, die ganze Kurve zu übernehmen.

590 *Nelle fosse dei Boys, tra gadget e violenza,* »La Repubblica«, 22. Oktober 1996, S. 22. Anm. des Lektors: Dass sich Gruppen Namen und Symbole rechtlich schützen lassen, ist nicht neu. Pioniere in dieser Hinsicht waren die *CUCS-GAM*, während des internen Kampfes mit dem *Vecchio CUCS* Ende der 1980er-Jahre.

591 Federico Berni, *Galliani in procura. »Milan vittima degli ultras«*, »Corriere della Sera-Edizione Milano«, 10. Jänner 2007, S. 6.

592 Anm. des Lektors: Die Gruppe *Atalanta Supporters* rund um Ihren Leader Claudio »Bocia« Galimberti hat sich im September 2021 ebenfalls aufgelöst.

Am Ende herrscht ein Durcheinander – Choreographien erstrecken sich nicht mehr über eine ganze Tribüne, sondern nur mehr über Teilbereiche und jede Gruppe stellt eigene Vorsänger, die in Konkurrenz zueinander unterschiedliche Lieder anstimmen. Dies ist in Brescia, Perugia oder auch in Venedig der Fall, wo sich nach Kontroversen eine Teilung in der Kurve vollzieht. In der Lagune gibt es zwei kleinere Formationen, die *Rude Fans* und die *Vecchi Ultrà*, die sich der Dominanz der *Ultras Unione* widersetzen. Nachdem Letztere im März 2006 ihre Aktivitäten beenden, bekämpften sich die beiden anderen Gruppen, die konträre politische Positionen vertreten, um die Kontrolle über die Curva Sud zu erlangen. Die Kurven der Stadien spiegeln dabei immer die Gesellschaft wider, die nicht mehr in der Lage zu sein scheint, ein friedfertiges Zusammenleben zu ermöglichen. In Brescia gibt es seit etwa zwanzig Jahren zwei Fraktionen, die sich so weit wie möglich aus dem Weg gehen. Als die Gruppe *Brescia 1911* Ende der 1990er-Jahre in der Curva Nord gegründet wird, beschließen Mitglieder des ehemaligen *Commando Ultrà Curva Nord*, sich in der Nähe der Curva Sud unter einem neuen Namen niederzulassen. Zu Beginn der Saison 2011/12 kehren sie dann in ihre ursprüngliche Kurve zurück, während *Brescia 1911* ihrerseits auf die Gegengerade wechselt. Bei Auswärtsspielen ist es nicht ungewöhnlich, dass die verschiedenen Fraktionen desselben Vereins im Gästesektor in gebührendem Abstand zueinander stehen. Die unüberbrückbaren Differenzen werden allen vor Augen geführt.

Neue Gruppen und »Cani sciolti«

In den 1990er-Jahren bilden sich zahlreiche neue Formationen, aber im Gegensatz zum vorherigen Jahrzehnt, in dem ebenfalls viele Kollektive entstanden, begnügen sich diese neuen Gruppen nicht mehr damit, ein Anhängsel der großen, etablierten Fraktionen zu sein. Die neue Generation stellt die Pioniere der Bewegung ebenso infrage wie diese seinerzeit die Autorität der traditionellen Fanklubs infrage gestellt haben. Einige dieser alten Ultras-Gruppen sind im Laufe der Jahre immer konservativer geworden, fast kaum noch von offiziellen Fanklubs zu unterscheiden. Gekennzeichnet durch eine starre Struktur und regelmäßige Einkünften aus dem Verkauf von Gadgets und Mitgliedsausweisen, effektvollen Choreographien bei Topspielen, einen gefälligen Umgang mit der Vereinsführung und manchmal sogar mit der Polizei pflegend. Sie füllen ihre Rolle aus, kontrollieren das Geschehen in der Kurve und stehen in Dialog mit den Behörden. Außerdem tritt die Gewalt für den Großteil dieser Veteranen der Kurven in den Hintergrund. Das aggressive Verhalten, das diese Gruppen in ihren Anfängen an den Tag gelegt haben, ist oft nur noch eine blasse Erinnerung. Manchmal werden sie sogar von den Verantwortlichen ihres Vereins unterstützt und indirekt finanziert, im Austausch für Gefälligkeiten: Protest gegen einen ungeliebten Spieler oder Trainer mit dem Ziel, ihn vor die Tür setzen zu können. Oder die Gruppen fungieren als Garanten eines sozialen Friedens in der Kurve, um Ausschreitungen zu verhindern. Ein Teil der neuen Ultras-Generation kann damit nichts anfangen und somit bilden sich neue Kollektive. Ab und zu schließen sich den jungen Kräften alte Pioniere der Bewegung an und berufen sich dabei auf die sogenannte Mentalità Ultras, die es hochzuhalten gilt. Ein wichtiger Begriff, der für Vieles stehen kann und die Welt der Kurve romantisiert, mythisiert und verklärt.

In vielen Stadien auf der Halbinsel setzen sich in den 1990er-Jahren aufstrebende Gruppierungen durch. Die *Ultrà Lecce*, die *Atalanta Supporters* in Bergamo oder die *Banda Loma*[593] in Verona stellen das Monopol der alteingesessenen Formationen in Frage. Man bemerkt die Entwicklungen etwa bei den *Brescia 1911*, die die Autorität des ehemaligen *Commando Ultrà Curva Nord* ablehnen, in Rom sind es die neuen *AS Roma Ultras*, die das *Commando Ultrà Curva Sud* ersetzen, in Foggia schließlich sind es die *Ultras 1980*, die sich dem *Regime Rossonero* ab 2002 gegenüberstellen. Alle drei Gruppen bestehen zum Teil aus Veteranen, die aus den Reihen der von ihnen nun angefochtenen Formationen stammen. Sie berufen sich auf die ursprünglichen Werte, was sich mitunter auch in der Bezeichnung der neuen Gruppierung niederschlägt. Dabei haben die neuen Gruppen ganz unterschiedliche Erfolge: Die *Brescia 1911* übernehmen die Curva Nord, in Foggia besetzen die *Ultras 1980* eine neue Kurve, die im Laufe der Jahre immer mehr an Bedeutung gewinnt. In Rom hingegen lösen sich die *AS Roma Ultras*, nachdem sie das *CUCS* mit Hilfe der anderen Gruppen 1999 vertrieben haben, am 1. März 2002 wieder auf, da sie sich nicht mehr in der Lage sehen, die Curva Sud zu führen, da zu viele kommerzielle Interessen im Spiel sind.[594] Einige wenige Tifoserie bleiben von diesem Phänomen verschont und zeigen eine bemerkenswerte Einheit und Ausdauer. Ob in Catanzaro oder Parma, die Ultras bleiben ihren alten Gruppen treu, die seit den 1970er-Jahren die Kurve führen und dabei in der ersten Reihe stehen.

Die neue Generation bringt aber auch echte Innovationen mit sich: sowohl in der Ästhetik als auch in der Ikonografie. Die besten Symbole dafür sind die Figuren aus der Welt der Comics: Mister Enrich, die Figur der *Irriducibili* von Lazio, wird tausendfach reproduziert und zu einem echten Vorbild, das drei Jahrzehnte lang in der Curva Nord Verwendung findet.[595] Die Illustration von Andy Capp, einer Comicfigur, die von dem

593 Die Banda Loma ist Teil der Ultras von Hellas Verona, die sich um Alberto Lomastro, einen ehemaligen Anführer der *Verona Front*, schart. Diese Formation wird die Führung in der Curva Sud übernehmen und die ehemaligen Verantwortlichen von dort vertreiben.

594 Die Gruppe formiert sich einige Monate später, im Sommer 2002, neu. Im Jänner 2005 stellt sie aber endgültig ihren Betrieb ein.

595 Schon beim ersten Auftritt der *Irriducibili* am 18. Oktober 1987 bei Lazio–Padova erscheint die Figur auf dem Flugblatt, das die Gründung der neuen Gruppe ankündigt. Auch 30 Jahre später, beim Derby vom 30. April 2017, wird Mr. Enrich als Teil der Choreographie verwendet.

Zeichner Reginald Smyth geschaffen wurde, wird ab den 1990er-Jahren ebenfalls zu einer Ikone der Ultras. In einem ähnlichen Stil ist der Protagonist Mest Mob zu sehen, der als Symbol für die *Bad Boys* von Monopoli steht.

Auch Choreographien und Gesänge verändern sich und werden teilweise von der Ästhetik der englischen Casuals beeinflusst. Es sind nicht nur Veränderungen in der Form, sondern auch im Inhalt, die zu einer Reflexion über die Philosophie führen, die die Ultras antreibt. Denn sie erneuern auch die Normen der Gruppen. Diese werden kleiner und ihre Fanartikel sind manchmal nur mehr einem harten Kern vorbehalten. Die Kollektive werden zu einer Ersatzfamilie in einer Gesellschaft, die ihre Orientierungspunkte immer mehr verliert. So bieten sie Formen der gegenseitigen Hilfe und Solidarität an, die tendenziell verschwinden.

Auch die Beziehung zu den Fußballspielern verändert sich mit diesen Vorgängen in den Kurven während der 1990er-Jahre. Die neue Generation bevorzugt die Unterstützung für das Trikot, für die Sache und nicht für einzelne Spieler, die oft als reine Söldner betrachtet werden. Die Gesänge zu Ehren der Spieler verschwinden komplett aus einigen Kurven. Die Mentalità Ultras wird zu ihrem Credo, so etwa bei *Brescia 1911*. Ihre Rhetorik orientiert sich an einem Diskurs, der sich rein auf die Normen der Bewegung konzentriert. Sie haben die negativen Entwicklungen im Fußball im Visier, die ihrer Meinung nach darauf abzielen, sie früher oder später von den Stadien fernzuhalten. Darüber hinaus fördern sie den Dialog mit den rivalisierenden Gruppen, um sich gegen die gemeinsamen Feinde der Bewegung – die Sportbehörden und die staatliche Obrigkeit – zu vereinen. In Bergamo beeinflussen die *Atalanta Supporters,* die auf die Einigkeit der eigenen Tifoseria und die strikte Einhaltung der Ultras-Werte schwören, ebenfalls viele Gruppen. Die Gründung der *Brigate Autonome Livornesi* im Jahr 1999 radikalisiert die politischen Bewegungen in den Kurven. Die teils orthodoxen Positionen dieser Gruppe, die Banner mit dem Bildnis von Stalin, dem KGB und der Sowjetunion zur Schau stellt, veranlasst einige Fraktionen, antagonistische politische Symbole zu zeigen. Diese drei Beispiele können jedoch nicht über den Aufschwung anderer, neu gegründeter Gruppierungen hinwegtäuschen, die das Konzept der Ultras ebenfalls erneuern wollen, wie etwa die *Banda Noantri* bei Lazio, die *Associazione Non Riconociusta* in Catania oder die *Ultrà Lecce*. Diese sind mehr auf Konfrontation aus, nicht nur gegenüber den Rivalen in den anderen Kurven, sondern vor allem auch gegenüber den Institutionen. Die Faszination für Gewalt bleibt, aber das Verhältnis zu ihr verändert sich. Sie ist nicht mehr nur ein Instrument, sondern wird oft zum einzigen Zweck, »Tifo e Violenza« (Tifo und Gewalt) setzt sich als Parole und Leitmotiv durch.

Das Paradoxe ist, dass die verbesserten Polizeitechniken und Kontrollmechanismen für die öffentliche Ordnung rund um Fußballspiele Auseinandersetzungen zwischen rivalisierenden Gruppierungen erschweren. Dies hat Auswirkungen auf die Verbreitung von Vandalismus. Es gibt unzählige Fälle von Sachbeschädigungen: Teile der städtischen Infrastruktur, Züge und Busse oder Sanitäranlagen in den Stadien werden beschädigt. Manchmal kommt es zu Szenen einer regelrechten Stadtrevolte, bei der Autos und Motorräder in Flammen aufgehen. Am 6. Mai 2001 kommen die Ultras aus Bergamo vor dem Spiel Inter–Atalanta in einem motorisierten Corteo auf den Stadionvorplatz, unter die Curva Nord von Inter. Das Eingreifen der Ordnungskräfte zwingt sie zum Rückzug, dabei lassen sie aber einen ihrer Motorroller zurück. Dieser wird während des Spiels in der Inter-Kurve zur Schau gestellt, angezündet und über die Brüstung in den Unterrang geworfen. An den sogenannten Ehrenkodex, der der Mentalität der Ultras zugrunde liegt und faire Auseinandersetzungen vorsieht, halten sich viele nicht mehr. Es werden Hinterhalte gelegt, um die Gegner anzugreifen, und immer wieder Stichwaffen eingesetzt.

Der Mord an Vincenzo Spagnolo, der vor dem Spiel Genoa–AC Milan am 29. Januar 1995 von einem jungen Mailänder erstochen wird, führt zu einer Änderung der Einstellung. Ultras auf der ganzen Halbinsel versuchen nach einem Treffen von Vertretern der verschiedenen Gruppen, neue Normen bzw. Spielregeln durchzusetzen. Gute Absichten, die jedoch nicht lange anhalten und sich als kurzlebig erweisen. Im Jahr 2003 führen Anhänger der Roma das Kürzel BISL für »Basta Infami Solo Lame«[596] ein. Es drückt eine ganz bestimmte neue Gangart aus, die sich gegen das nach den Ereignissen in Genua verwendete Motto »Basta Lame, basta Infami«[597] richtet. Es bedeutet die Vorherrschaft der sogenannten Mentalität der »Straße« und richtet sich gegen den Dialog zwischen den Gruppen und gegen alle Moralapostel in den Ultras-Gruppen. Ihren Normen zufolge zählt nur die Konfrontation mit der gegnerischen Gruppe, ungeachtet aller Mittel, die eingesetzt werden. Ein weiteres Beispiel dafür ist das Transparent der Ultras von Inter, das während des Spiels Inter–Atalanta am 23. Dezember 2006 gezeigt wird: »Wenn ihr mit Fäusten kämpfen wollt, geht in eine Boxhalle, bei Auseinandersetzungen ist die einzige Regel … es gibt keine Regel!«[598] Sie richtete sich an ihre Rivalen aus Bergamo, die dafür bekannt sind, den Gebrauch von Waffen streng abzulehnen.

Aber nicht nur die Ultras sind daran beteiligt, zu einem Wiederaufflammen der Gewalt beizutragen. Der sportliche Erfolg einer Mannschaft zieht autonome und unkontrollierbare Randgruppen in den Sog der Kurve. Da die starre Kontrolle der traditionellen Gruppe über die gesamte Tribüne nach und nach schwindet, öffnet sich außerdem ein

596 Wörtlich: »Keine Schande mehr, nur mehr Messer!«.

597 Wörtlich: »Genug der Messer, keine Schande mehr!«

598 Im Original: »Se volete fare a pugni andate in palestra, negli scontri l'unica regola è … Nessuna regola!«

Raum für informelle Fangruppen, die das Umfeld nutzen, um ihrer Aggressivität freien Lauf zu lassen. Vandalismus und Hinterhalte gegen einzelne Tifosi sind charakteristisch für diejenigen, die von der Presse als »Cani sciolti«, als »streunende Köter« bezeichnet werden. Der Begriff wird von den Medien, aber auch von den Ultras selbst verwendet, die ihn benutzen, um sich bei sinnloser Gewalt von jeglicher Verantwortung freizusprechen. Die Gruppen versuchen, sich so gut es geht von diesen Vandalen zu distanzieren. Deshalb verzichten die Ultras von Salerno am 23. Mai 1999 auf die Benützung des Sonderzugs, der schwerer zu kontrollieren ist, und organisieren die Fahrt nach Piacenza zum entscheidenden Spiel um den Verbleib in der Serie A mit Bussen. Sie wollen nichts mit den »Cani sciolti« zu tun haben, die seit der Rückkehr der Salernitana in die Serie A ein Jahr zuvor in die Dutzende gehen. Das erreichte Unentschieden ist am Ende zu wenig, die Mannschaft aus Salerno muss absteigen. Auf der Rückfahrt kommt es in den verschiedenen Bahnhöfen, die der Zug passiert, zu Ausschreitungen: Beim Halt im Bahnhof von Bologna wird eine Bar verwüstet und ein Teil der Waggons. In Florenz fliegen Steine, in Nocera werden Passanten angegriffen, während andere Züge mit Wurfgeschossen aller Art beworfen werden.[599] Das Schlimmste aber passiert nur wenige Kilometer vom Bahnhof Salerno entfernt, wo sich ein gelegtes Feuer ausbreitet und schlussendlich vier Tifosi in den Flammen ums Leben kommen.

Englischer Stil – italienischer Stil

Die Auflösung der *Brigate Gialloblu* im Jahr 1991 markiert den Beginn eines neuen Trends. Sie sind nicht die erste Formation, die ihre Aktivitäten einstellt, aber zur Überraschung aller verschwinden plötzlich auch die Banner der *Gioventù Scaligera*, der *Ultras*, des *Inferno Gialloblu* und der *Verona Front* von einen Tag auf den anderen aus der Curva Sud. Die Veronesi unterstützen ihre Mannschaft jedoch weiterhin und auch der organisierte Tifo bleibt weiter aufrecht. De facto existieren die Gruppen nicht mehr und die jeweiligen Direttivi können somit auch nicht mehr zur Verantwortung gezogen werden, wie es bei den *Brigate Gialloblu* der Fall gewesen ist. 1991 verurteilt die Justiz vierzehn von ihnen unter dem Vorwurf der Beteiligung an einer kriminellen Vereinigung zu Haftstrafen zwischen 12 und 28 Monaten.[600] Im selben Jahr wird die Repression durch zahlreiche Stadionverbote und Gerichtsverfahren gegen weitere Personen aus der Curva Sud noch verschärft. Daher beenden die Mitglieder der *Brigate* am 14. November 1991 offiziell ihre

599 Enzo d'Errico, *Io tifoso della Salernitana vi racconto mio viaggio infernale*, »Corriere della Sera«, 25. Mai 1999, S. 3.
600 Stefano Lorenzetto, *Un'associazione a delinquere di stampo ben poco sportivo*, »Corriere della Sera, 18. Januar 1991, S. 23.

Aktivitäten als organisierte Gruppe und erklären in einer Pressemitteilung: »Sowohl bei Heim- als auch bei Auswärtsspielen werden wir keine Banner mehr zeigen (…). Wir werden eine Tifoseria nach englischem Vorbild werden.«[601] Drei Tage später findet das Spiel Hellas Verona–Genoa statt und die Kurve zeigt sich verwaist, ohne jegliche Farben. Eine Woche später hängen die Verona-Fans beim Spiel Torino–Hellas Verona eine einfache, kleine Fahne mit einem gelben Kreuz auf blauem Grund auf. Dasselbe geschieht am 8. Dezember 1991 in Florenz. Am 16. Februar 1992 sind beim Spiel in Bari ein Dutzend kleiner Banner in den Farben des Vereins zu sehen, auf denen unter anderem auch der Name ihrer Stadt oder des jeweiligen Stadtviertels steht, aus dem die Gruppe stammt. Die Ultras übernehmen das Konzept der englischen Fans, die seit den 1970er-Jahren Fahnen mit dem Georgskreuz präsentieren, um ihren Verein oder ihre Nationalmannschaft zu unterstützen.

Aus dieser Tatsache ergibt sich eine einzigartige Art und Weise, die eigene Gruppe zu repräsentieren. Das traditionelle Gruppenbanner mit einer oft kriegerischen Bezeichnung, das die Ultras immer begleitet hat, wird durch eine Vielzahl kleinerer Banner ersetzt. In den folgenden Monaten tauchen auch Parolen auf, die Transparente zieren, wie zum Beispiel: »Hellas Army«, »Sempre con voi« (Immer mit Euch) oder »We are for Hellas«. Die Originalität dieses Vorgehens ergibt sich aus dem juristischen Druck, unter dem die Verantwortlichen der Curva Sud stehen. Paradoxerweise wird dies zu einer echten stilistischen Innovation, die auch von anderen Kurven übernommen wird. Die Anhänger von Lazio sind die ersten, die diesem Weg folgen. Im Jahr 1993 verabschieden sich auch die *Irriducibili* (vorübergehend) von ihrem langen Banner und ersetzen es durch Dutzende von Transparenten mit originellen, oft englischen Slogans: »Since 1900«, »Lazio, the religion«, »Super blues« oder »I don't drink mineral water«. Die Originalität der Slogans ist immer schon ein Merkmal der italienischen Ultras. Auch wenn sie die Fahnenmuster der englischen Fans übernehmen, bleiben sie ihrer kreativen Ader treu, die typisch für die Welt des italienischen Fantums ist.

Der neue »anglo-italienische« Weg, der den Verzicht von Trommeln beinhaltet, wird in der zweiten Hälfte der 1990er-Jahre auch auf anderen Tribünen der Halbinsel beschritten: von Monopoli über Avezzano, Como, Grosseto, Campobasso, Cosenza, Piacenza, Sassari, Treviso bis nach Padua. Auf den Standarten findet man meist das Muster des Georgskreuzes, aber auch originelle Slogans wie »God save the Ultras«, »I love el vin«, »Ave Roma« oder komplexere Aufschriften wie die Postleitzahl oder die Telefonvorwahl der jeweiligen Stadt oder nur das Kürzel »ACAB«. Auch ungewöhnliche Symbole wie das

601 *Arrivederci Brigate*, »Supertifo«, Februar 1992, S. 9.

Ortswappen oder ein älteres Symbol des Klubs finden Verwendung. Oftmals handelt es sich dabei nur um eine ästhetische und nicht um eine substanzielle Veränderung, denn im Gegensatz zu den Engländern existiert das Modell der organisierten Gruppe und eines harten Kerns, das für die Ultras charakteristisch ist, immer noch. Es sind dieselben Verantwortlichen, die die Tribüne leiten, die entscheiden, welche Gesänge gesungen und wie die Banner angeordnet werden.

Doch die Organisation der Kurven nach dem klassischen italienischen Muster hat immer noch ihre Anhänger. In Bari, Turin und Reggio Calabria bleiben Transparente, riesige Fahnen und Trommeln an ihrem gewohnten Platz. In der Curva Nord von Bari hängt ein Transparent mit der Aufschrift: »Stampo italiano« (wörtlich: Italienischer Stempel). Innerhalb der Bewegung entwickelt sich somit eine Debatte zwischen Puristen, die dem italienischen Modell folgen, und Anglophilen. Die Botschaft, die die *Masseria* am 8. Dezember 1996 bei Napoli–Hellas Verona zeigt, ist dabei eindeutig: »Wir ignorieren die Moden von jenseits des Ärmelkanals ... Ultras auf die alte Art und Weise!!!«[602] Zur gleichen Zeit zeigen die *Fedayn* aber mehrere Doppelhalter mit Slogans wie »Fate goal« (Schießt ein Tor), »Solo per i colori« (Nur für die Farben) und »We live here«. Diese Widersprüche innerhalb der neapolitanischen Tifoseria veranschaulichen, dass die meisten Gruppen nach und nach eine Synthese aus beiden Modellen bilden. Sie übernehmen einige Elemente der britischen Fans (die kleinen Standarten, die sie aufhängen oder als Doppelhalter benutzen, Balkenschals, oder den Kleidungsstil der Casuals) und behalten gleichzeitig die Grundlagen des italienischen Modells bei (Organisation der Gruppen, Animation in der gesamten Kurve, riesige Überrollfahnen). Wie ein Anhänger der Reggina es zusammenfasst: »Man muss als Ultras auf die alte Art und Weise handeln und denken, aber das Erscheinungsbild muss ein modernes sein.«[603] Von Rom über Chieti, Arezzo und Castrovillari bis hin nach Arezzo ergänzen kleine Fahnen die Banner der Gruppen. Einige Gruppen überdenken jedoch ihre Entscheidung und ziehen den gemischten Weg dann doch dem strikten Kurs der Veronesi vor, wie zum Beispiel die *Irriducibili* von Lazio, aber auch die *Nuclei Sconvolti* von Cosenza, die *Irriducibili* von Chieti und die *Ultras* von Arezzo, die ihre alten Banner wieder hervorholen. Die Innovationsfreude der Veronesi bleibt weiter bestehen und wird von anderen Gruppen, die sich im 21. Jahrhundert bilden, aufgegriffen. So zum Beispiel 2002 vom *Settore Rigido*, die sich in Agrigento hervortut oder 2006 von der *Curva Furlan* der Triestina.

Die Repression, die auf den Tod von Filippo Raciti am Rande des Spiels Catania–Palermo im Jahr 2007 folgt, verhilft dieser »anglo-italienischen« Mode zu einem zweiten

602 *La visita del Verona scatena Napoli*, »Supertifo«, 04. Februar 1997, S. 29. Im Original: »Ignorando le mode d'Oltremanica ... Ultras vecchio stile!!!«

603 Sergio Cavaliere, *1985–2002 Militanza Ultras*, Cosenza, Luigi Pellegrini Editore, 2006, S. 74.

Impuls. Am 8. März 2007 verpflichtet die Nationale Beobachtungsstelle für Sportveranstaltungen die Tifosi, ihre Banner vorab beim Verein per Fax mit einem Foto anzumelden. Die Verantwortlichen der Vereine sind ihrerseits dann dafür zuständig, die Anträge an die Polizeipräfektur weiterzuleiten, welche die Anbringung im Stadion genehmigen oder ablehnen kann.[604] Diese Maßnahme wird von der Mehrheit der Ultras abgelehnt, da sie damit de facto auf ihr sakrosanktes Banner verzichten müssten, das sie seit jeher begleitet. In Lecce, Cava de'Tirreni, San Benedetto del Tronto und Taranto bleiben die Tribünen mehrere Monate lang hoffnungslos leer und farblos. Eine Minderheit akzeptiert die neuen Normen der Behörden, wie zum Beispiel einige Gruppen der Fiorentina, von La Spezia oder Empoli. Vor allem aber akzeptieren die Gruppen der großen Vereine Juventus, Inter und Milan diese Vorgabe. Wie immer in Italien ist die Situation von Region zu Region unterschiedlich, je nachdem, wie die örtliche Polizeipräfektur den Gesetzestext auslegt. Um das neue Gesetz zu umgehen, wählt eine Mehrheit der Ultras das »anglo-italienische« Modell, denn es ist sehr einfach, ein kleines Banner ins Stadion zu schmuggeln und die Einlasskontrollen somit zu umgehen. In Bologna, Messina, Pagani und Udine tauchen die Embleme der historischen Gruppen auf verkleinerten Bannern wieder auf.

Ein Dialog zwischen den Gruppen

Am 10. Januar 1993 empfängt Atalanta die Roma. Dieses Spiel stellt nach Einschätzung der Behörden ein Risiko für die öffentliche Sicherheit dar. Dennoch ist an diesem Tag alles ruhig und nach dem Spiel bleiben nur einige wenige Nachzügler um das Stadion herum zurück. In diesem Moment greift eine Gruppe von Polizisten scheinbar ohne Grund Tifosi auf dem Stadionvorplatz vor der Curva Sud an. Celestino Colombi, ein 42-jähriger Mann, der in der Nähe spazieren geht, erleidet dabei einen Herzinfarkt und stirbt. Während der Vizepräsident der Polizei von Bergamo jede Verantwortung seiner Männer abstreitet, gibt es hartnäckige Stimmen, die das brutale und übertriebene Verhalten der Polizei anprangern. Celestino Colombi hat sich das Spiel nicht einmal angesehen, sondern war durch einen unglücklichen Zufall einfach zur falschen Zeit am falschen Ort. Noch am selben Abend hebt die Polizeipräfektur von Bergamo die Drogenabhängigkeit des Opfers hervor und spricht von einem absichtlichen Angriff der lokalen Ultras auf römische Fans, um das Einschreiten der eigenen Sicherheitskräfte zu rechtfertigen. Am nächsten Tag berichten die Medien über diese Geschichte, ohne den Wahrheitsgehalt

604 Diese Maßnahme gilt nur für Vereine, die in den oberen Profiligen (Serie A, B und C) spielen. Für Amateurmannschaften gelten diese Vorgaben nicht.

der Version der Behörden zu überprüfen.[605] Schnell wird klar, dass diese Version nicht den tatsächlichen Ereignissen entspricht. Die Polizei wird zur Verantwortung gezogen, da sie laut zahlreichen Zeugen die Tifosi, die auf dem Vorplatz verweilen, ohne Grund angegriffen hat, und die Romanisti zu diesem Zeitpunkt das Stadion schon verlassen haben. Die Polizeipräfektur verweist auf die regelmäßigen Ausschreitungen der heimischen Ultras, während der Geschäftsführer des Vereins betont, dass es während und nach dem Spiel zu keinerlei Auseinandersetzungen in der Curva Nord bekommen sei. Die *Brigate Neroazzurre* der Atalanta sorgen dafür, dass das Drama um Colombo nicht in Vergessenheit gerät.[606]

Auf Initiative der *Irriducibili* von Lazio hin, macht ein Plan schnell die Runde unter den italienischen Ultraszenen. Mit der Unterstützung fast aller Kurven findet in der folgenden Woche eine Aktion in einem Großteil der Stadien des Landes statt. Zum ersten Mal versammeln sich die Gruppen in einer gemeinsamen Initiative. Am 17. Januar 1993, dem Spieltag nach der Tragödie von Bergamo, zeigt die Mehrheit der Ultras-Gruppen der Serien A, B und C nicht ihre traditionellen Transparente, sondern eine Botschaft der Solidarität: »10. Januar 1993: Der Tod ist für alle gleich!«[607] Dieser Slogan soll eine klare Reaktion auf das Medienecho sein, das die Ultras wieder einmal als Anstifter zur Gewalt kriminalisiert, gleichzeitig aber niemals die Organisation der öffentlichen Ordnung und die generelle Straffreiheit, welche die Mitglieder der Ordnungskräfte genießen, infrage stellt.

Diese gemeinsame Aktion beweist, dass die Ultras durchaus in der Lage sind, ihre Rivalitäten im Einzelfall hintanzustellen. Wie auch ein Kommuniqué zeigt, das am Abend des Protestes veröffentlich wird. Die *Brigate Neroazzurre* Atalanta bedanken sich darin bei allen Kurven, die nach der Tragödie von Atalanta–Roma ihre Solidarität bekundet haben. »Es handelt sich um eine große Demonstration von Reife, die der italienischen Ultras-Bewegung zur Ehre gereicht, vor allem weil sie von Ultras ausgegangen ist, die uns immer feindlich gesinnt waren, aber nicht gezögert haben, sich in dem Moment an unsere Seite zu stellen, in dem es darum ging, zusammenzuhalten.«[608] Diese vorübergehende Koalition erfolgt unabhängig von sportlichen, politischen oder regionalen Rivalitäten. Bis zum Ende der Saison wird die Botschaft: »10. Januar 1993: Der Tod ist für alle gleich!« von den *Brigate Neroazzurre* bei jedem Spiel gezeigt. Darüber hinaus auch an jedem

605 Franco Cattaneo, *Morto di paura da stadio*, »Corriere della Sera«, 11. Januar 1993.

606 Brigate Neroazzurre, *Vent'anni di Storia*, Selbstveröffentlichung, 1997, S. 170–171.

607 In der Serie A beteiligen sich nur die Ultras aus Neapel nicht an dieser Initiative. Anderen, wie den *Ultras Tito Cucchiaroni* der Sampdoria, wird das Spruchband von der Polizei vor dem Auswärtsspiel in Rom konfisziert, weshalb es nicht gezeigt werden kann. Im Original lautet der Spruch: »10 Gennaio 1993, la morte è uguale per tutti!«

608 Fabio Bruno, *Tutte le curve*, »Supertifo«, April 1993, S. 17.

Jahrestag dieses dramatischen Ereignisses, da diese Tragödie als Sinnbild dafür steht, dass die verantwortlichen Sicherheitskräfte immer straflos davon kommen.

Der Dialog zwischen den Ultras auf der Halbinsel ist jedoch nicht neu. Auf Initiative der *Nuclei Sconvolti* aus Cosenza, und unter der Leitung des Kapuzinerpaters Francesco Bisceglia, besser bekannt als Padre Fedele,[609] kommt es im Juli 1985 zu einem ersten Treffen in einem kleinen Badeort in Kalabrien. Ziel dieses Treffens ist es, die Gewalt zu bekämpfen, indem die Barrieren der Vorurteile zwischen den verschiedenen Gruppierungen abgebaut werden, und damit man sich besser kennenlernen kann. Trotz einer zweiten Veranstaltung im August des folgenden Jahres, bei der einige hundert Ultras aus dem ganzen Land anwesend sind, wird aus dieser Initiative nichts Konkretes.[610] Das Treffen wurde von den Ultras selbst organisiert.

Erst 1995 wird der Dialog wieder aufgenommen. Auslöser dafür ist der Mord an einem Genoa-Fan, der vor dem Spiel Genoa–AC Milan von einem Mailänder Ultra erstochen wird. Diese Tragödie markiert einen echten Wendepunkt und unterstreicht den Zerfall der traditionellen Gruppen. Für das darauffolgende Wochenende wird auf Initiative der Ultras von Genoa und mit Hilfe der *Ultras Tito Cucchiaroni* von Sampdoria, ihren Stadtrivalen, eine Versammlung einberufen. Die Idee dazu wird einige Tage zuvor im Hauptquartier des *Genoa Club Ottavio Barbieri* geboren, wo sich viele Ultras des Genoa CFC treffen. Diese werden von Beileidstelegrammen aus ganz Italien und Europa überschwemmt. Angesichts der Trauer, welche die gesamte Tifoseria von Genoa betrifft, werden alle Rivalitäten ausgeblendet und Vertreter der verschiedenen Ultras-Gruppen des Landes eingeladen. Nicht dabei sind die Verantwortlichen der Curva Sud des AC Milan.[611]

Der 5. Februar 1995, ein Sonntag, wird zu einem historischen Tag. Während alle Sportwettkämpfe und somit auch alle Fußballspiele vom CONI im Zeichen der Trauer abgesagt werden, treffen sich fast 400 Ultras von 38 Vereinen, um über die Degeneration der Gewalt, ihre Konsequenzen und die daraus folgende Repression, die die Ultras-Bewegung gefährdet, zu diskutieren. Die Versammlung tagt in der Sala Garibaldi, im Palazzo Rosso, einem der schönsten Museen der Stadt, das von der Stadtverwaltung zur Verfügung gestellt wird. Nach einer fast vierstündigen Sitzung und lebhaften Diskussionen wird von den Delegationen eine Abschlusserklärung mit dem Titel »Basta Lame, basta Infami« verabschiedet. Diese Erklärung beruht im Wesentlichen auf einem vorbereiteten Schriftstück

609 Weitere Informationen über Padre Fedele: Philippe Broussard, *Generation Fans*, Paris, Robert Laffont, 1990, S. 157–178.

610 Es sind Ultras-Delegationen von der Serie A bis zur Serie C vertreten. Vertreter der Ultras von Roma und Hellas Verona sind nicht anwesend.

611 Nur die Ultras von Juventus, Lazio und Torino reisen nicht nach Genua.

der Bergamaschi. Mit der für die Ultras typischen Rhetorik fordert das Kommuniqué ein Ende der unverantwortlichen Aktionen, die nichts mit der Philosophie der Bewegung zu tun haben, und verurteilt den Einsatz von Stichwaffen bei Auseinandersetzungen. Der vollständige Text wird hier wiedergegeben:

»Am Sonntag starb Vincenzo Spagnolo, ein Ultrà von Genoa. Die x-te absurde Attacke lässt uns sagen: es reicht! Es reicht mit diesen Ultrà, die keine sind, die nur versuchen, auf Kosten unserer Bewegung von sich reden zu machen, die versuchen sich einen Namen zu machen und dabei den ganzen Schaden ignorieren, den sie anrichten. Genauso wie es letzten Sonntag passiert ist. Genug mit diesen in Mode gekommenen Übergriffen, bei denen zwanzig gegen zwei oder drei kämpfen, Molotowcocktails und Messer eingesetzt werden.

Ultrà, wenn die Meisterschaft wieder beginnt, erwartet uns eine schwierige Zeit, die Polizei hat nun freie Hand, um gegen uns vorzugehen. Die einzigen, die für dieses hinterhältige Verhalten bezahlen müssen, sind wir, obwohl wir nichts damit zu tun haben. Wenn Ultrà sein ein Lebensstil ist, müssen wir nun unseren Mut beweisen. Wenn wir bisher bei anderen Gelegenheiten weggeschaut haben, weil wir dachten, das sei das Problem der anderen, dann sagen wir heute: es ist genug!

Gibt es eine Alternative? Wir werden uns zwischen den Polizisten, die nur darauf warten, dass wir verschwinden, und diesen infamen (Pseudo-Ultrà) wiederfinden, denen alles egal ist und die mit ihren Aktionen weitermachen werden, die gar keinen Mutes bedürfen. Vereinen wir uns gegen diejenigen, die die Welt der Ultras verschwinden lassen wollen, eine Welt, die trotz all ihrer Widersprüche frei und authentisch ist.«[612]

Diese Proklamation wird von Medien und Sportfunktionären ausführlich kritisiert, die sich mehr als eine bloße Absichtserklärung erwartet, sondern vielmehr mit einer echten und aussagekräftigen Verurteilung der Gewalt gerechnet haben. In ihrer Analyse lassen sie aber die Grundsätze außer Acht, von denen sich die Ultras leiten lassen; für diese ist es unmöglich, auf die Konfrontation mit dem Gegner zu verzichten. Wie die *Fossa dei Leoni* des AC Milan eine Woche später in ihrem Fanzine feststellt: »Wir sind uns bewusst, dass es an der Zeit ist, innezuhalten, nachzudenken und einen großen Schritt zurück zu machen. Keiner von uns will sich zu einem scheinheiligen Pazifismus bekennen, es ist sinnlos zu leugnen, dass Auseinandersetzungen schon immer Teil unserer Handlungsweise sind (und wahrscheinlich auch nicht aufhören werden), aber von nun an müssen wir uns einen Kodex geben, was nicht bedeutet, dass wir ungestraft Schläge

612 *Basta Lame, basta Infami*, »Supertifo«, 7. März 1995, S. 12. Anm. des Lektors: In diesem Comunicato ist dezidiert immer von Ultrà die Rede – wir haben es dabei belassen.

einstecken müssen. Aber man muss sich selbst Grenzen setzen, und wenn es ›Probleme‹ mit anderen Gruppen geben sollte, wäre es ideal, zum ›gesunden, alten Schlagabtausch‹ zurückzukehren, der weniger gefährlich ist. Konkret heißt das, dass niemand von uns möchte, dass ein 24-Jähriger im Stadion stirbt oder ein 18-Jähriger ohne jede Perspektive im Gefängnis landet, nur wegen einer Sache, die für uns Ultras im Wesentlichen Unterhaltung und ein Weg ist, zusammen zu sein.«[613]

Den italienischen Ultras scheint es in diesem so wichtigen Moment an Weitsicht zu fehlen, da die Erwartungen hoch sind und ihre Aussagen für die Medien und die öffentliche Meinung unangemessen erscheinen.

Abgesehen von der Versammlung und der Pressemitteilung zeigt das Drama von Genoa–Milan aber vor allem die tiefe Komplexität der Bewegung. Diese ist in verschiedene Richtungen gespalten: die »altmodischen« Ultras mit einer Gruppe, die die Tifoseria zusammenhält und leitet, die berufsmäßigen Ultras, die regelrechte Tifo-Unternehmen leiten, Ultras, für die die Gruppe hingegen als politisches Forum dient, und zu guter Letzt ein Teil, der den Auseinandersetzungen den Vorzug gegenüber dem eigentlichen Tifo gibt. Das Kommuniqué wird auch von einigen wenigen Delegationen kritisiert, wie zum Beispiel dem *Commando Ultrà Curva B* aus Neapel, das sich von seinem Inhalt distanziert.[614] Als die Fußballmeisterschaft am 12. Februar 1995 wieder aufgenommen wird, verzichten die meisten Gruppen auf ihre heiligen Transparente und hängen stattdessen Solidaritätsbotschaften zum Gedenken an Vincenzo Spagnolo auf. Mehrere Gruppen nehmen den Slogan des Kommuniqués auf: »Basta Lame, basta Infami!« In dieser Einmütigkeit, die sich aus den Umständen heraus ergibt, stechen nur die *Mods* aus Bologna hervor, die bei Bologna–Monza am 19. Februar 1995 eine polemische Botschaft präsentieren: »Milanisti, ihr seid eine Schande, genauso wie die Genoani!«[615] Diese Botschaft ist ein ausdrücklicher Hinweis auf das Verhalten der Mailänder Angreifer, aber auch auf die ihrer Meinung nach heuchlerische Haltung der Ultras von Genoa.[616]

Wenn man eine Bilanz dieser Versammlung ziehen will, so fällt diese eher durchwachsen aus. Zum ersten Mal treffen sich die italienischen Ultras, um gemeinsam über das Problem der zunehmenden Gewalt zu diskutieren, aber es bleibt mehr bei einer Bestandsaufnahme als bei dem echten Willen, etwas zu ändern. Außerdem hören die

613 »Fossa dei Leoni«, Offizielles Fanzine, 12. Februar 1995, S. 1.

614 Diese Gruppe veranstaltet am 8. März 1995 in den Räumen des Regionalfernsehens Canale 21 das erste kampanische Kolloquium gegen Gewalt, mit Beteiligung von Ultras aus Ischia, Salerno, Avellino sowie von Savoia, Juve Stabia, Albanova, der Paganese und Nocerina.

615 Im Original: »Milanisti infami, voi e i Genoani!«

616 Diese Spruchband ist ausschlaggebend für den Bruch der Freundschaft zwischen der *Fossa dei Leoni* des AC Milan und den *Forever Ultras* aus Bologna.

grundlosen Angriffe nach diesem Treffen nicht auf – ganz im Gegenteil. Die großen Gruppen verlieren immer weiter an Einfluss. Der Gebrauch aller Arten von Waffen wird fortgesetzt. So hat der Tod eines Fans von Messina am 2. Juli 2001 durch die Explosion eines Krachers, der aus dem Sektor der Tifosi von Catania geworfen wird, nicht die mediale und emotionale Wirkung wie der Tod von Vincenzo Spagnolo sechs Jahre zuvor. Dennoch sind nach dem Treffen in Genua einige zaghafte Fortschritte zu verzeichnen: Die Notwendigkeit eines Austausches zwischen den verschiedenen Gruppen wird deutlich, und endlich wird man sich der Auswüchse des Fanatismus bewusst. Angesichts dieser Auswüchse, die ihre Existenz bedrohen, wissen die Ultras, dass gemeinsame Initiativen unerlässlich sind.

Repression als Motor des Dialogs

In den Monaten nach der Versammlung von Genua werden weitere Treffen vorbereitet, um den Dialog, der zwischen den verschiedenen Tifoserie begonnen hat, fortzusetzen. Das erste findet im Mai 1995 in Rom statt, doch dieses Treffen bringt wenig Konkretes.[617] Einen Monat später planen die *Ultras Tito Cucchiaroni* ein weiteres Treffen mit möglichst vielen Tifoserie, um die in Genua begonnene Debatte fortzusetzen. Der Widerstand der Ultras von Genoa, die sich gegen den Anwesenheit der Milanisti aussprechen, zwingt die *UTC* aber, die Versammlung abzusagen. Im letzten Moment springen die *Sanitarium* der Cremonese ein und übernehmen die Organisation der Veranstaltung in Anwesenheit einer Mailänder Delegation. Am 9. Juli 1995 sind etwa 100 Ultras, die ein Dutzend Mannschaften der Serie A vertreten, in Cremona anwesend, um über die Veränderungen ihrer Bewegung zu diskutieren.[618] Die Saison 1994/95 markiert einen echten Bruch, sowohl in der öffentlichen Meinung als auch in der politischen Klasse und innerhalb der Gruppen. Die gewalttätigen Ausschreitungen in den Stadien können nicht mehr ungeahndet bleiben. Eine langsame und unaufhaltsame Kriminalisierung beginnt, und die Zahl der Personen, die mit Stadionverboten belegt werden, steigt allmählich an. Gegen diese Maßnahmen wird von Seiten der Ultras zunehmend protestiert und auf den Tribünen häufen sich die Solidaritätsbotschaften: »Stadionverbot für ein Jahr, aber Ultras für ein ganzes Leben!«,[619] »Stadionverbotler mit uns«[620] oder auch »Stadionverbotler gebt nicht auf, wir

617 Vertreter der Ultras von Napoli, Roma, Milan und Inter sind anwesend.

618 Die *Sanitarium* laden nur Ultras aus der Serie A ein, da sie nur wenige Tage Zeit haben, um sich auf das Treffen vorzubereiten. Es reisen Vertreter von Padua, Vicenza, Bergamo, Bari, Udine, Sampdoria, Torino, Milan und der Roma an. Vgl. Nicolas Nucci, *Viva i raduni*, »Supertifo«, 5. September 1995, S. 26–30.

619 Im Original: »Diffidati un anno, Ultras a vita!«

620 Im Original: »Diffidati con noi!«

kämpfen für eure Freiheit!«[621] Manchmal werden von einigen Gruppen Stimmungsboykotts durchgeführt, um gegen die repressive Politik zu protestieren. Die meisten dieser Aktionen werden jedoch ohne jegliche Absprache durchgeführt und haben nur eine recht geringe Wirkung, außerdem sind sie zeitlich begrenzt, weil man befürchtet, dass sie die Unterstützung für die eigene Fußballmannschaft beeinträchtigen könnten.

Um die repressive Spirale zu stoppen, wird den Ultras bewusst, dass sie eine gemeinsame Aktion durchführen müssen, um die Exzesse der Ordnungskräfte und die Unverhältnismäßigkeit der gesetzgeberischen Maßnahmen anzuprangern. Im Rahmen der Initiative *Progetto Ultrà*, die sich für die Verteidigung der populären Tifo-Kultur einsetzt, werden mehrere Aktionen durchgeführt, um die übertriebene Repression gegenüber den Ultras zu hinterfragen. Die Gruppen, die sich an dieser Aktion beteiligen, zeigen an zwei Spieltagen der Fußballmeisterschaft, am 19. und 26. April 1998, die Botschaft: »Freie Bürger? Nein, Ultras!«.[622] In den Kurven werden Broschüren über die Rechte der Fans angesichts des Missbrauchs durch Polizei und Justiz verteilt. Am 19. September treffen sich auf Initiative des *Progetto Ultrà* rund 100 Delegationen in Pistoia, um über die Anti-Gewalt-Gesetzgebung zu diskutieren. Drei Jahre nach der ersten Versammlung in Genua wird diese Zusammenkunft zu einem Erfolg.[623]

Die Treffen zwischen den Gruppen häufen sich auf Initiative verschiedener Institutionen: aus dem politischen Umfeld oder von Vereinigungen, die für das Thema empfänglich sind. Die Ultras wiederum gewöhnen sich daran, sich zu treffen und miteinander zu konfrontieren, trotz aller Rivalitäten, die immer noch bestehen. Im September 1999 findet auf dem Fest der Jugendorganisation der Alleanza Nazionale in Rom eine Podiumsdiskussion zum Thema »Die Ultras-Bewegung als Jugendphänomen« statt, an der die Führer mehrerer Ultras-Gruppen, der Direktor einer führenden Sporttageszeitung und der Leiter des *Progetto Ultrà* teilnehmen. Bei den Mondiali Antirazzisti und dem Raduno Antirazzista Internazionale werden Debatten mit Teilnehmern aus der gesamten Halbinsel veranstaltet.[624] Im Gegensatz dazu versuchen die Sportbehörden gar nicht, mit den Ultras ins Gespräch zu kommen. Lediglich zu einem wissenschaftlichen Kolloquium, das mit dem Verein Parma ausgearbeitet und mit der örtlichen Universität und der Universität Bologna durchgeführt wird, werden Vertreter der Tifoserie von Parma, Hellas Verona und

621 Im Original: »Diffidato non mollare: per la tua libertà continueremo a lottare!«

622 Im Original: »Libero Cittadino? No, Ultras!«

623 Es fehlen nur einige Delegationen, darunter die Veronesi. Bei diesem Treffen wird neben der eigentlichen Diskussion über die neuen Gesetze auch Bilanz über die beiden Protesttage im April gezogen und die Vertreter sprechen darüber, wie es mit solchen Aktionen weitergehen kann.

624 Diese beiden jährlichen Veranstaltungen sollen den Antirassismus unter den Ultras fördern. Die Mondiali Antirazzisti sind ein großes Fußballturnier und werden seit 1997 vom *Progetto Ultrà* organisiert. Der Raduno Antirassista Internazionale ist hingegen ein Treffen, das 2001 von den Ultras der Ternana ins Leben gerufen wird.

Sampdoria eingeladen, um im Jahr 1993 an einer Diskussionsrunde teilzunehmen.[625] Vertreter des Staates sind nicht anwesend, anstatt diese Gelegenheit zu nutzen, um endlich die Grundlage für einen Dialog zu legen.

Nach dem Erfolg der gemeinsamen Aktion im April 1998 dauert es allerdings weitere drei Jahre, bis eine weitere konkrete Initiative umgesetzt wird. Vom 21. bis 28. Oktober 2001 findet eine Protestwoche gegen das kurz vorher vom Parlament verabschiedete Gesetz Nr. 377 zur Bekämpfung der zunehmenden Gewalttaten in den Stadien statt. Ein Großteil der Tifoserie zeigt die vielsagende Botschaft: »Sondergesetze: Heute für die Ultras, morgen für die ganze Stadt.«[626] Es wird versucht eine Verbindung zwischen den Sondergesetzen, die im Eilverfahren nach besonders schweren Taten erlassen werden, und der Einschränkung der Freiheiten der Gesellschaft aus sogenannten Gründen der Sicherheit herzustellen. In mehreren Stadien wird dieses Banner von den Ordnungskräften jedoch verboten. Den Gruppen ist mittlerweile bewusst, dass die Repression dazu führen soll, die Ultras-Bewegung aus dem Stadion zu verbannen. Die Stadien werden zu einem Laboratorium einer planmäßigen Repression. Im Januar 2002 veröffentlicht das *Progetto Ultrà* eine Broschüre mit dem Titel »Handbuch für das Überleben des Fans«. Darin wird das neue Gesetz von Anwälten und Ultras interpretiert. Außerdem bietet das Projekt eine Hotline für rechtliche Fragen an. Am 20. April 2002 wird mit der Organisation der ersten Straßendemonstration ein neuer Meilenstein gesetzt. Die *Brescia 1911*, die für die verschiedenen Probleme der Bewegung sehr sensibel sind, initiieren diese in ihrer Stadt. Zum ersten Mal marschieren mehr als 1000 Ultras gegen das neue Gesetz auf der Straße. In den Worten von *Brescia 1911*: »Um auf friedliche (und intelligente!!!) Weise gegen diese freiheitsberaubenden und verfassungswidrigen Gesetze zu demonstrieren, die unsere Rechte und unsere Freiheit als Tifosi erheblich einschränken (bald können sie auch bei nicht-sportlichen Veranstaltungen wie Gewerkschafts-, Studentendemonstrationen usw. angewendet werden) und die oft ›taktisch‹ eingesetzt werden, um diejenigen loszuwerden, die nicht schweigen, sondern protestieren!«[627] Der Erfolg ist zwar verhalten, aber mit der Anwesenheit von etwa fünfzehn Tifoserie[628] ein unbestreitbares Zeichen der Reife. Die Slogans, die sie auf ihren Bannern tragen, sind eindeutig: »Keine Immunität, nur

625 Die Portokolle dieses Kolloquiums werden in einem Buch von Giorgio Traini (Hrsg.) veröffentlicht, *Tifo e Supertifo*, Neapel: Edizioni Scientifiche Italiane, 1994.

626 Im Original: »Leggi speciali: oggi per gli Ultras, domani in tutta la città!«

627 Informationsblatt der *Brescia 1911*, das bei der Begegnung Brescia–Hellas Verona am 7. April 2002 verteilt wird.

628 Neben den Ultras aus Brescia finden sich Delegationen von Avellino, Bologna, Cesena, Hellas Verona, Juventus, Lazio, Legnano, Mantova, Milan, Piacenza, Roma, Venedig und Vicenza ein.

Gerechtigkeit und Freiheit«,[629] »Wenn der Fußball krank ist, ist die Justiz tot?!«[630] oder auch: »Weniger Gesetze, mehr Respekt«.[631]

Die Eskalation der Gewalt und die Repression sind Gründe für dieses Zweckbündnis unter den Gruppen. Auch ein dritter Faktor kommt dazu: Im Sommer 2002 kommt es zwischen der Liga und den Fernsehveranstaltern zu einem Streit über die Höhe an Kosten für die Übertragungsrechte der Fußballmeisterschaft. Am 30. August, als die Wettbewerbe kurz vor dem Beginn stehen, ist noch immer keine Einigung erzielt worden und der erste Spieltag der Serie A und Serie B muss um zwei Wochen verschoben werden. Außerdem beschließt die Sportbehörde, die Serie B am Samstagabend statt wie bisher am Sonntagnachmittag auszutragen, um den Wünschen der Fernsehsender gerecht zu werden.[632] Wenige Tage vor Beginn der neuen Saison treffen sich mehrere Delegationen am Sitz des *Progetto Ultrà*, um eine Kampagne gegen den »modernen Fußball« vorzustellen. Dieser neue Begriff umfasst mehrere Dinge: von den geschäftlichen Auswüchsen dieses Sports bis hin zum Einfluss der Fernsehsender auf den Spielkalender, von den Korruptionsfällen, die immer mehr werden, bis hin zu den Stadien, die immer mehr zu Konsumtempeln geraten. Diese Ablehnung wird in einem eindeutigen Transparent zusammengefasst, das am 22. September 2002 während des Spiels Empoli–Juventus von den toskanischen Ultras gezeigt wird: »Es reicht mit den Milliarden, den Sponsoren und dem Fernsehen, der Fußball gehört dem Volk und nicht den Bossen!«[633]

Die Saison 2002/03 markiert zweifellos einen Wendepunkt: Es gibt immer mehr Initiativen, um gegen die Repression, das Diktat des Fernsehens und die Machenschaften der Sportbehörden anzukämpfen. Unter den Ultras findet ein Qualitätssprung statt, denn es kommt zu einem Wandel von einem Interessenverband zu einer echten Koordination auf nationaler Ebene. Aktionen ereignen sich innerhalb und außerhalb der Stadien, wie im März 2003, als die Botschaft »Euch das Geld, uns die Repression!«[634] in einer Vielzahl von Kurven angebracht wird. Im darauffolgenden Monat erfolgt eine ausgefeiltere, choreographische Aktion. Die Botschaft während der ersten fünfzehn Spielminuten lautet: »Wie sie uns haben wollen …«[635] Während dieser Zeit sind die Kurven still und farblos. Nach einer Viertelstunde erscheint ein weiteres Transparent: »… so wie wir

629 Im Original: »Nessuna immunità, solo giustizia e libertà!«

630 Im Original: »Se il calcio è malato, la giustizia è morta?!«

631 Im Original: »Meno leggi, più rispetto!«

632 Der Sonntag ist der traditionelle Spieltag des Profifußballs in Italien. Die Entscheidung der Liga ist umstritten und bis zur Saison 2004/05 wird ein Großteil der Spiele der Serie B weiterhin am Sonntagnachmittag stattfinden.

633 Im Original: »Basta miliardi sponsor e televisioni, il calcio è del popolo e non dei padroni!«

634 Im Original: »A voi i soldi, a noi la repressione!«

635 Im Original: »Come ci vorrebbero!«

sind und immer sein werden!«[636] In diesem Moment singen die Ultras begeistert und schwenken ihre Fahnen. Im September 2003, nach den Skandalen des Sommers, die von den Führungsgremien des italienischen Fußballs verursacht worden sind, wird auf zahlreichen Tribünen ein Transparent mit der Aufschrift »Dieser Fußball widert uns an!«[637] gezeigt. Mit diesen drei Aktionen wollen die Ultras auf die kommerziellen Auswüchse des Fußballs und die wachsende Bedeutung der Fernsehsender hinweisen. Außerdem sehen sie in der Repression einen konzentrierten Plan, um sie endgültig von den Stadien fernzuhalten und durch ein Publikum aus Fans und Kunden zu ersetzen, wie es in England bereits gang und gäbe ist.

Die Ultras-Bewegung – eine gescheiterte Vereinigung?

Der Erfolg der Initiative, die am 20. April 2002 in Brescia stattgefunden hat, veranlasst die Verantwortlichen, diesen Weg weiter zu verfolgen. Ab September 2002 finden in Zusammenarbeit mit dem *Progetto Ultrà* regelmäßige Treffen von Ultras aus der ganzen Halbinsel statt. Das erste dieser Treffen zielt darauf ab, eine gemeinsame Front im Kampf gegen die staatliche Repression und die Übel des modernen Fußballs (absurde Spielzeiten nach dem Willen der Fernsehanstalten, ständig steigende Kosten für Eintrittskarten und Nachsicht der Sportbehörden gegenüber den Betrügereien der Funktionäre) aufzubauen. Die Arbeit dieser nationalen Koordination gestaltet sich schwierig, aber es entsteht langsam ein echter Konsens über gemeinsame Themen. Am 20. Mai 2002 kommt ein starkes Signal aus Berlin: Mehrere tausend Menschen aus ganz Deutschland marschieren durch die deutsche Hauptstadt und fordern die Rückkehr von Fußballspielen am Samstagnachmittag.[638] Im Frühjahr 2003 tun es ihnen die italienischen Fans gleich und beschließen eine nationale Demonstration in Rom zu organisieren. Am 24. Februar 2002 ist nämlich ein neues Gesetzesdekret erlassen worden, das die Tifosi weiter kriminalisiert. Die Ultras von Lazio, die von der Verhaftung mehrerer ihrer Mitglieder schwer getroffen worden sind, wollen bei der Organisation eine führende Rolle einnehmen. Eine Woche vor dem vereinbarten Termin lehnen wichtige Formationen die Einladung aber ab, da sie das nicht akzeptieren wollen und auf eine kollektive Organisation drängen. Zum anderen befürchten viele Gruppen eine Politisierung durch die neofaschistischen Gruppen aus

636 Im Original: »Come siamo e come saremo sempre!«

637 Im Original: »Questo calcio ci fa sky-fo!« Ein Wortspiel, das den Fernsehsender Sky ins Visier nimmt, der die Übertragungsrechte für die Fußballmeisterschaft gekauft hat.

638 Eine Delegation der *Brigate Rossonere* des AC Milan nimmt daran teil. Anm. des Lektors: Im Gegensatz zu Italien ist in Deutschland der Samstagnachmittag der traditionelle Spieltag.

der Hauptstadt. Das *Progetto Ultrà* wiederum wird von den Anhängern der Roma und Lazio beschuldigt, die Tifoserie zu manipulieren und an den Ultras Geld zu verdienen.[639]

Schließlich versammeln sich am 4. April 2003 zwischen drei- und viertausend Menschen in der Hauptstadt. Diese Demonstration, die ursprünglich ein starkes Signal für die Einheit der Bewegung sein sollte, ist nur ein halber Erfolg. Nicht wegen der Teilnehmerzahl, sondern wegen der Abwesenheit der Delegationen von Atalanta, Brescia, Milan, Sampdoria und Torino. Die Parolen des Demonstrationszuges richten sich hauptsächlich gegen die Repression, gegen den modernen Fußball und für die Freiheit der Ultras. An der Spitze stehen die *Irriducibili* von Lazio, die den Aktionstag mit den *Boys* der AS Roma koordinieren, sowie andere Formationen aus der Curva Sud. Am Aufmarsch, der am Olympiastadion endet, nehmen etwa 20 Tifoserie von der Serie A bis zur Serie D teil. Nicht alle diese Gruppierungen sind rechtsextrem, aber ein Großteil von ihnen teilt die gleiche politische Einstellung, wie einige wenige der gezeigten Symbole belegen. Die Anwesenheit von bekannten neofaschistischen Aktivisten, wie Giuliano Castellino, dem Sprecher von Base Autonoma, und Paolo Signorelli, dem ehemaligen Ideologen von Ordine Nuovo, unter den Demonstranten, bestätigt diese These.[640]

Die Gruppen, die sich mit dem *Progetto Ultrà* zusammenschließen und nicht an der Demonstration in Rom teilnehmen, bezeichnen sich ihrerseits als *Movimento Ultras*. Sie kündigen die Organisation einer Demonstration gegen den modernen Fußball für den 22. Juni 2003 in Mailand an, wo die Fußballliga ihren Sitz hat. Alle Gruppen der Halbinsel werden zur Teilnahme eingeladen, aber es kommt zu einer Polemik mit den Ultras der Hauptstadt, die schlussendlich beschließen, die Veranstaltung zu boykottieren. Letztendlich nehmen vier- bis fünftausend Teilnehmer aus 62 Kollektiven teil.[641]

Vom Vorplatz des Hauptbahnhofs aus startet ein langer Demonstrationszug mit Spruchbändern mit eindeutigem Inhalt: »Sondergesetze schrecken uns nicht ab, euer Fußball hingegen schon!«,[642] »Durch unsere Leidenschaft geteilt, gegen die Repression vereint!«[643] oder »Ultras leben, um zu leben!«[644] Am 5. Juli versammeln sich in Bolo-

639 Einige Jahre später entfernt sich ein Teil der linken Gruppen seinerseits vom *Progetto Ultrà*, da diese Vereinigung ihrer Meinung nach im Widerspruch zu seiner Mission steht: Es kämpft für die Rechte der Fans, erhält aber gleichzeitig Finanzmittel vom Staat, der die Ultras seinerseits unterdrückt.

640 Es wäre nicht korrekt, den politischen Kontext als einzigen Faktor der Spannungen zu sehen. Mehrere Gruppen, die an der Demonstration in Rom teilnehmen, stehen neofaschistischen Positionen fern. Darüber hinaus haben Gruppen, die durchaus Sympathisanten der extremen Rechten sind, ebenfalls nicht teilgenommen.

641 Die Gruppen, die daran teilnehmen, sind zu zahlreich, um sie alle aufzählen zu können. Als Beispiel seien die *Atalanta Supporters, Brescia 1911, Ultras Curva Nord* von Bari, *Fedayn Napoli, Ultras Tito Cucchiaroni* von Sampdoria, *Brigate Rossonere* und *Commandos Tigre* vom AC Milan sowie Delegationen, die ihre gesamte Tifoseria repräsentieren, wie die von Inter, Avellino, Cavese und Torino, genannt.

642 Im Original: »Le leggi speciali non ci spaventano, il vostro calcio si!«

643 Im Original: »Divisi nella passione, uniti contro la repressione!«

644 Im Original: »Vivere Ultras per vivere!«

gna, dem Sitz der Basketballliga, verschiedene Gruppierungen, die ansonsten in den Basketballhallen aktiv sind, zu einer Demonstration. Mehrere hundert Ultras marschieren mit ähnlichen Forderungen wie die Ultras aus den Fußballstadien. Trotz der Polemik und der Schwierigkeiten experimentieren die Ultras mit neuen Methoden, um sich gegenüber den Institutionen, die sie verschwinden sehen wollen, Gehör zu verschaffen. Einige Jahre zuvor wäre ein solches Vorgehen noch reine Illusion gewesen, doch das Zusammenspiel von Repression und übermäßiger Kommerzialisierung des Fußballs bringt nun solche Initiativen hervor.

Die nationale Koordination versucht, einen Dialog mit den Institutionen aufzubauen, was jedoch nicht gelingt. Im Sommer 2003 beschließt sie, erneut aktiv zu werden, nachdem es zu undurchsichtigen Entscheidungen am grünen Tisch gekommen ist, durch die sportlich eigentlich abgestiegene Vereine doch noch die Liga halten können.[645] Am 29. August 2003 veranstalten einige hundert Mitglieder des *Movimento Ultras* eine Mahnwache vor dem Sitz der Fußballliga, wo diese eine Versammlung abhält. Wirtschaftliche Interessen überwiegen gegenüber den Forderungen der Fans nach sportlicher Fairness. Eine Woche später wird die Koordination erneut aktiv. Am 6. September empfängt Italien im Rahmen der EM-Qualifikation in Mailand Wales. In den beiden Kurven des Stadions in San Siro werden drei Botschaften gezeigt: »Stoppt das Fußballbusiness, stoppt das Bezahlfernsehen«,[646] »Nein zum modernen Fußball!« und »Dieser Fußball widert uns an!«. Trotz vieler gemeinsamer Transparente und Stimmungsboykotts in den Stadien, erweisen sich diese Aktionsformen im Endeffekt als ziemlich fruchtlos. Die nationale Koalition setzt ihre Treffen trotzdem fort und organisiert im Dezember 2003 ein zweitägiges Seminar in der Nähe von Ravenna, um über Repressionen und Gesetze, die Aufsplitterung der Spieltage und die Kommerzialisierung des Fußballs und die eigene Organisation und die Entwicklung der Ultras-Bewegung zu diskutieren.[647] Schließlich werden Arbeitsgruppen gebildet, um zukünftige Aktionen zu besprechen, und eine Webseite wird ins Netz gestellt, um Tifosi sowie die breite Öffentlichkeit für ihre Forderungen zu sensibilisieren.

In den Monaten nach dem Treffen in Ravenna wird ein Manifest erstellt, das durch den fruchtbaren Austausch der Teilnehmer erarbeitet worden ist. Darin werden eine Reihe von Forderungen gestellt, um das System des Fußballs zu reformieren und den Sport zu retten. Ein anderer Teil des Dokuments fordert die Aufhebung der Sondergesetze, die zur Bekämpfung der Gewalt verabschiedet worden sind, in der Praxis aber die Repression

645 Im Sommer 2003 werden verschiedene Mannschaften, die sportlich in die Serie C abgestiegen sind, weiter in der Serie B gelassen. Zudem ergehen Dekrete, um mehrere Profifußballvereine vor dem Bankrott zu retten.

646 Im Original: »Stop al calcio business, basta pay-tv!«

647 Daniele Belotti, *Atalanta, folle Amore nostro #2*, S. 46

verschärfen. Am 24. März 2004 findet ein weiteres Treffen in Bergamo statt, bei dem elf Tifoserie vertreten sind. Ziel ist es, die Arbeit der Koordination neu zu beleben, da es keine formale Struktur gibt, sondern ein dezentrales Netzwerk, das Vorschläge ausarbeitet, angeführt von einigen Gruppen, die eine aktivere Rolle spielen, wie die *Brescia 1911*, die *Forever Ultras* von Bologna, die *Ultras Tito Cucchiaroni*, die *Ultras Arezzo*, die *Atalanta Supporters* und die *Curva Sud Cavese*. In weiteren Treffen einigt man sich beim *Movimento Ultras* auf eine zweite Demonstration am Ende der Saison. Am 19. Juni treffen sich in Bologna zwischen 5000 und 6000 Ultras aus dem ganzen Land, darunter 77 Fußball- und sieben Basketballgruppen. Wie im Jahr zuvor in Mailand verläuft der Umzug friedlich, die Parolen sind ähnlich und richten sich gegen die übertriebene Kommerzialisierung des Fußballs und die Repression: »Stadionverbotler Italiens, lasst Euch nicht unterkriegen!«,[648] »Nein zu militarisierten Stadien!«[649] Oder »Ultras – das saubere Gesicht eures Fußballs!«[650] Um ihre Argumente auf nationaler Ebene zu verbreiten, erklären sich die wichtigsten Sprecher des *Movimento Ultras* außerdem bereit, an einer mittlerweile berühmten Fernsehsendung teilzunehmen. Am 13. Oktober 2004 empfängt sie *RAI 1* zu einer eineinhalbstündigen Debatte.[651] Dies führt innerhalb der Bewegung zu einem gewissen Unbehagen, da die Medien von vielen Ultras als Feinde ihrer Sache angesehen werden.

Neben diesen öffentlichen Aktionen versucht die Ultras-Vereinigung, sich auch auf konkretere Weise Gehör zu verschaffen. Der Dialog mit den sportlichen Institutionen (Fußballverband und Liga) und der Politik wird nun als notwendig angesehen, um die Gesetzgebung beeinflussen zu können. Gemeinsam mit Juristen werden konkrete Vorschläge für die Vergabe von Stadionverboten erarbeitet. Die Gruppen setzen sich dafür ein, dass ein DASPO nicht mehr vom Polizeipräfekten, sondern von einem Magistrat unterzeichnet wird. In diesem Fall kann es von einem Anwalt noch vor Inkrafttreten angefochten werden. Neben diesen rein rechtlichen Aspekten werden auch andere Initiativen ins Auge gefasst, wie zum Beispiel der Kampf für eine Preisobergrenze der Stadiontickets, angepasst an die jeweilige Liga. Am 11. Mai 2005 trifft sich Präsident Franco Carraro am Sitz der FIGC in Rom mit Vertretern des *Movimento Ultras*, um über die Situation der italienischen Stadien, die Eintrittspreise und die Beziehungen zwischen Fanszenen und Institutionen zu diskutieren.

648 Im Original: »Diffidati d'Italia non mollate!«

649 Im Original: »No agli stadi militarizzati!«

650 Im Original: »Ultras il volto pulito del vostro calcio!«

651 Bereits am 28. November 2002 sind die Verantwortlichen der Kurven von Inter und Lazio, Franco Caravita und Fabrizio Toffolo, in der berühmten »Maurizio Costanzo Show« auf *Canale 5* zu Gast, um den Zuschauern ihre Sicht auf das Phänomen der Ultras zu erläutern. Am 4. Jänner 2004 kommen im ersten öffentlichen italienischen Fernsehen in der Sendung »Domenica In« Vertreter der Ultras von Roma, Lazio, Inter und Milan zu Wort, um über ihre Auffassung von Fantum zu sprechen.

Während in den Gruppen, die an dieser Koordination teilnehmen, ein echter Bewusstseinswandel stattfindet, verurteilen andere diese Kollaboration mit den Behörden, da sie ihrer Meinung nach der ursprünglichen Mentalität zuwiderläuft. Sie sind der Meinung, dass die Ultras als Teil einer Gegenkultur im »Untergrund« bleiben sollten. Eine dritte Fraktion ist der Ansicht, dass diese Art von Aktionen nur in den Stadien stattfinden sollte. Dies ist etwa bei der *Fossa dei Leoni* des AC Milan der Fall, die bewusst nicht an Straßenprotesten teilnimmt, sondern sich nur an Initiativen auf den Stadionrängen beteiligt. Das *Movimento Ultras* stellt Überlegungen über seine weitere Entwicklung an. Der Anspruch auf eine offizielle Anerkennung würde nur Einschränkungen ohne eine Gegenleistung mit sich bringen. Auf der anderen Seite könnte man dadurch die Reife der Tifoserie unter Beweis stellen und zeigen, dass man sie als ernsthafte Gesprächspartner betrachten kann, die bereit sind, Kompromisse einzugehen. Der Dialog verläuft jedoch einseitig, wie die abrupte Entscheidung der Fußballliga, die Meisterschaft der Serie B ab der Saison 2005/06 am Samstagnachmittag auszutragen, beweist. Mehrere Kurven plakatieren im September 2005 daraufhin die gleiche Botschaft: »Nein zum Samstagnachmittag!«[652] Am 12. Oktober, vor dem Spiel zwischen Italien und Moldawien in Lecce, zeigen die heimischen Ultras mehrere Banner: »Spielmanipulationen«,[653] »Schuldenerlass«,[654] »Korrupte Schiedsrichter«.[655] Aus dem Kürzel der FIGC wird: »Italienische Fußballfarce!«[656] Ein fünfzehn Meter langes Banner wird ebenfalls aufgehängt und verkündet »Freiheit für Ultras!«.

Die Zusammenarbeit rivalisierender Tifoserie ändert aber nichts an den Gewalttätigkeiten. Die Zusammenstöße am Rande von Fußballspielen gehen weiter, aber langsam entsteht auch ein gewisser Respekt zwischen den Rivalen. Am 7. Dezember 2004 kommt Emiliano del Rosso, einer der Anführer der *Desperados Empoli*, bei einem Autounfall ums Leben. In mehreren Stadien des Landes werden Botschaften in seinem Gedenken aufgehängt. Bei der Trauerfeier, die im Stadion von Empoli abgehalten wird, sind auch Ultras anderer Mannschaften anwesend, um ihm die letzte Ehre zu erweisen. Beim Spiel Brescia–Atalanta am 26. November 2005 entfalten die *Brescia 1911* ein Solidaritätsbanner für den Anführer der Bergamaschi, der strafrechtlich verfolgt wird. Diese wiederum zeigen eine Botschaft zur Unterstützung von Paolo Scaroni, einem Brescia-Anhänger, der nach einem Auswärtsspiel in Verona von der Polizei schwer verletzt wird. Am 18. Februar 2006 organisieren die *Brescia 1911* eine Demonstration zur Unterstützung dieses jungen Mannes, der zunächst ins Koma fällt und seitdem zu 100 % behindert ist. Sein Fall wird zu einem

652 Im Original: »No al sabato pomeriggio!«
653 Im Original: »Partite truccate!«
654 Im Original: »Decreti per cancellare i debiti!«
655 Im Original: »Arbitri corrotti!«
656 Im Original: »Farsa Italiana di Calcio Giocato!«

Symbol für Übergriffe durch die Polizei. Fast 1500 Menschen marschieren, um Gerechtigkeit für Paolo zu fordern, darunter etwa 20 Delegationen aus dem ganzen Land.[657] Obwohl sich das Verfahren rund um den Polizeieinsatz in die Länge zieht, sind viele Ultras bei den Anhörungen vor dem Gericht präsent, um Paolo zu unterstützen. Scaroni wird auch immer wieder von diversen Ultras-Gruppen eingeladen, um über seine Geschichte zu erzählen.

Von einem informellen Zusammenschluss zu einer neuen Koalition

2007 ist ein Jahr des Umbruchs, das die Bewegung tief greifend beeinflusst. Mit dem Tod des Polizisten Filippo Raciti am 2. Februar, dem einige Monate später der Mord an Gabriele Sandri folgt, wird ein Punkt erreicht, an dem es kein Zurück mehr gibt. Die verstärkte Repression stellt eine direkte Bedrohung für die Existenz der Gruppen dar und der Zusammenschluss löst sich auf. Das *Movimento Ultras* verschwindet zwar, aber nicht der Geist, der ihm zugrunde liegt: der Dialog zwischen rivalisierenden Gruppierungen, das Kämpfen Seite an Seite und das Erarbeiten von Alternativen zur repressiven Politik der Behörden. Nachdem das Parlament am 4. April das neue Anti-Gewalt-Dekret verabschiedet hat, beschließen die *Ultras Ancona*, in ihrer Stadt eine Demonstration für Meinungsfreiheit und gegen das Gesetz Nr. 41 zu organisieren. Am 28. April versammeln sich mehrere Dutzend Tifoserie in der Hauptstadt der Marken.[658] Eine Reihe von Gruppen boykottiert die Veranstaltung jedoch, da sie ihnen als politisch zu links erscheint.[659] Der Text, der die Veranstaltung ankündigt, ist diesbezüglich explizit und verurteilt verschiedene Auswüchse der Bewegung deutlich: »Es gefällt uns nicht, von ›guten‹ oder ›schlechten‹ Ultras zu sprechen, aber sicherlich wissen wir, dass unsere Fanszene im Gegensatz zu so vielen anderen aus echten Ultras mit gesunden und leidenschaftlichen Idealen besteht, in denen Rassismus keinen Platz hat, ebenso wenig wie Fremdenfeindlichkeit, Geschäftemacherei, Möchtegern-Rebellen oder Berufsultras, die sich an den modernen Fußball verkauft haben, um ihre Interessen verfolgen zu können.«[660] Die Grenzen kollektiven Handelns werden bei diesem Demonstrationszug deutlich, an dem aber immerhin fast 1500 Demonstranten teilnehmen.

657 Die Delegationen der folgenden Vereine sind anwesend: Milan, Arezzo, Avellino, Bologna, Campobasso, Cavese, Cesena, Mantova, Monopoli, Montevarchi, Pergocrema, Potenza, Sampdoria, Siena, Veneziamestre und Hellas Verona.

658 Es handelt sich hauptsächlich um Ultras mit linken Positionen, die aus der Region stammen, wie zum Beispiel aus Civitanovese, Giulianova, Fano, Macerata, Tolentino, aber auch aus Cremona, Crotone, Ischia, Lanciano, Manfredonia, Pisa, Potenza, Rimini, Ferrara, Teramo und Venedig.

659 Am 11. April 2007 geben die *Cani sciolti* von Ancona, die sich als apolitisch deklarieren, ein Comunicato heraus, in dem sie darauf hinweisen, dass die Versammlung nicht nur antirassistischen Ultras vorbehalten ist.

660 Ultras Ancona, Offizielle Pressemitteilung *Non dobbiamo chiedere il permesso a nessuno per essere liberi*, April 2007.

Es dauert zwei Jahre, bis sich wieder eine neue echte Koalition bildet. Am 25. April 2009 findet in Sesto San Giovanni, einem Vorort im Norden Mailands, die erste Kundgebung gegen die Tessera del Tifoso statt, die der Innenminister auflegen will. Diese wird für die Tifoserie der Serie C organisiert, es nehmen aber auch Ultras von Juventus, Milan und Lazio daran teil. Zwei Monate später, am 28. Juni, findet eine weitere Informationsveranstaltung zum selben Thema statt. Dieses Mal sind es fast 70 Tifoserie von der gesamten Halbinsel, die sich in der Nähe von Latina zusammenfinden. Um die vielen rechtlichen Fragen rund um die Fankarte zu beantworten, sind auch vier Anwälte, unter ihnen Lorenzo Contucci und Giovanni Adami, anwesend. Sie gelten als Spezialisten auf dem Gebiet, waren sie doch früher selber als Ultras der Roma bzw. der Udinese in der Kurve aktiv. Zwischen 2009 und 2010 führen sie auf der ganzen Halbinsel rund 60 Informationsveranstaltungen über die Tessera del Tifoso und ihre Folgen durch. Auf der Versammlung in Latina werden mehrere Beschlüsse gefasst, darunter der Versuch, die Vereinsführungen davon zu überzeugen, sich nicht an diesem Programm zu beteiligen, aber auch die anderen Tifosi dazu zu überreden, die Tessera nicht zu unterschreiben. Schließlich schlagen die Teilnehmer vor, die ersten beiden Spieltage der Saison 2009/10 zu boykottieren.

Am 5. September 2009 treffen sich 140 Delegationen in Rom, um den Kampf gegen die Tessera del Tifoso von Minister Maroni fortzusetzen und die Planungen zu einer großen Demonstration in der Hauptstadt abzuschließen. In einem Kommuniqué legen sie die Gründe für ihren Widerstand gegen die Fankarte und insbesondere gegen den Artikel 9 dar, der de facto ein lebenslanges Stadionverbot bedeutet. Am 14. November marschieren 6000 bis 7000 Ultras durch die Straßen Roms und zeigen verschiedene Botschaften: »In den Farben getrennt, in der Sache vereint!«, »Fankarte: Komplott eines korrupten Fußballs!«,[661] »Tessera del Tifoso, der Vorhang fällt – der Unmut steigt!«.[662] Nie zuvor hat es eine größere Versammlung mit Vertretern aus allen Landesteilen gegeben. Der Erfolg des Aktionstages ändert zwar nichts an der Entscheidung des Ministers, zeigt aber, dass die Ablehnung der Fankarte einstimmig ist. Die Mobilisierung wird am 8. Dezember 2009 in Turin fortgesetzt, wo sich erneut Abgesandte treffen, um die Umsetzung der Tessera zu verfolgen. Die Versammlung beschließt, eine landesweite Liste mit einem Referenten pro Gruppe zu erstellen, Gegeninformation zu betreiben, indem die Infoveranstaltungen gegen die Tessera del Tifoso fortgesetzt werden, und schließlich einen einheitlichen Tarif für den Eintrittspreis in den Gästesektoren der Serien A und B in Höhe von 15 Euro zu

661 Im Original: »Tessera complotto di un calcio corrotto!«
662 Im Original: »Tessera del Tifoso, cala il sipario cresce la rabbia!«

fordern. Weitere Treffen finden unter anderem am 1. Mai 2010 in Venedig und schließlich am 25. Juli 2010 in Catania statt, wo mehrere hundert Delegierte der verschiedenen Tifoserie darüber nachdenken, wie sie sich gegen die Karte wehren können, die im folgenden Monat, mit Beginn der Meisterschaft, in Kraft treten soll. Ein lokaler Vertreter schlägt vor, während der gesamten Saison die Auswärtsfahrten zu boykottieren, und die Gästesektoren menschenleer zu halten. Das wäre ein starkes Zeichen, doch wie so oft kommt es zu internen Differenzen und der Zusammenschluss gerät ins Wanken, da mehrere Gruppen bereits im Besitz der Fankarte sind oder sich anschicken, sie anzunehmen. Darüber hinaus gibt es innerhalb der Tifoserie selbst starke Spaltungen zwischen kompromissbereiten und unnachgiebigen Anhängern. Am 4. September 2010 findet in Fano ein weiteres nationales Treffen statt, an dem fast 40 Delegationen teilnehmen.

Die zunehmende Repression und die allgemeine Ablehnung der Fankarte, selbst unter denjenigen, die sie erworben haben, veranlasst mehrere Gruppen schlussendlich doch dazu, ihre Zusammenarbeit fortzusetzen. Die aktivsten Mitglieder des ehemaligen *Movimento Ultras* sind die *Atalanta Supporters*, die *Ultras Tito Cucchiaroni*, *Brescia 1911* und die *Curva Sud Cavese*. Um die Fankarte und insbesondere Artikel 9 zu bekämpfen ändern sie ihre Strategie und beschließen, sich direkt an die Politiker zu wenden. Für den 24. und 25. Februar 2013 sind Parlamentswahlen angesetzt. In den Wochen vorher zeigen die Ultras eine klare Botschaft: »Du zwingst mich, die Fankarte anzunehmen? Dann wähle ich dich nicht!«[663] Der Slogan erscheint auf Bannern in Dutzenden von Städten auf der Halbinsel, aber auch auf den Tribünen und sogar auf Aufklebern und Flugblättern neben den Wahlplakaten der Kandidaten. Über diese Aktion hinaus treten einige Gruppen an Abgeordnete und Senatoren heran. Am 23. November 2013 initiierten die *Ultras Tito Cucchiaroni* am Sitz der Region Ligurien eine Konferenz, um die Nutzlosigkeit der Fankarte zu demonstrieren und konkrete Vorschläge zur Änderung der Gesetzgebung zu machen, an der drei Abgeordnete und der Präsident der Provinz Savona teilnehmen. Schließlich kommt es in der italienischen Hauptstadt am 11. April 2014 in einem Saal des Palazzo Santa Chiara in der Nähe des Senats zu einem Novum: ein Treffen zwischen Abgeordneten, Senatoren, Journalisten und den Delegationen von rund 40 Tifoserie. Verschiedene politische Gruppierungen sind vertreten: vom Partito Democratico über den Partito Radicale bis hin zum Movimento 5 Stelle. Auch die Experten Paolo Cento, Koordinator der Partei Sinistra, Ecologia e Libertà, und Paola Frassinetti für die Fratelli d'Italia sind anwesend. Die Idee ist, durch die Sensibilisierung der politischen Klasse eine Änderung der Gesetzgebung zu erreichen. Leider wird zwei Wochen später anlässlich des

663 Im Original: »Tu mi tesseri, io non ti voto!«

Finales der Coppa d'Italia ein neapolitanischer Ultra von einem Fan der Roma erschossen. Diese Tragödie kommt zu einem denkbar ungünstigen Zeitpunkt und erschwert die Versuche, die Gesetzgebung zu ändern, nur noch mehr.

Trotz der Hindernisse verfolgt die Arbeitsgruppe, in der die verschiedenen Tifoserie zusammenkommen, ihr Ziel weiter und am 7. April 2016 findet eine Pressekonferenz statt, auf der ein Gesetzentwurf zum DASPO und zur Änderung der Artikel 8 und 9 des Gesetzes Nr. 41 aus dem Jahr 2007 vorgestellt wird. Die Veranstaltung findet im Senat statt, viele Vertreter aus der Politik sind anwesend. Die Initiative ist parteiübergreifend, da das Ziel nicht darin besteht, einer bestimmten politischen Partei nahe zu stehen, sondern die Front zu vergrößern. So sind es der Fraktionsvorsitzende der Lega Nord im Senat, Gian Marco Centinaio, der Senator des Movimento 5 Stelle, Vito Crimi, der Abgeordnete des Partito Democratico, Mario Tullo, und die Senatorin von Sinistra, Ecologia e Libertà, Loredana De Petris (unterstützt vom ehemaligen Parlamentarier derselben Partei, Paolo Cento), die hinter den Kulissen daran arbeiten. Sechs Redner treten vor die Politiker und Journalisten, darunter die Capos der *Ultras Tito Cucchiaroni*, der *Atalanta Supporters*, der *Curva Sud Avellino* und der *Brescia 1911*, begleitet von den beiden Anwälten Lorenzo Contucci und Giovanni Adami. Die Redner wollen nicht nur die Tessera del Tifoso ändern, sondern eine umfassende Alternative zu den Sondergesetzen vorlegen, die in Italien seit einem Vierteljahrhundert nacheinander erlassen worden sind. Sie sprechen über die verschiedenen Verbote, denen sie ausgesetzt sind, und die Regelungen, die sie bei der Organisation des Tifo für ihre Mannschaft beeinträchtigen. Das Projekt hat zwar wenig Aussicht auf Erfolg, da es nur wenige Gesetzesvorschläge schlussendlich schaffen, die verschiedenen Phasen des Gesetzgebungsverfahrens zu durchlaufen. Trotz allem ist es wichtig, dass es die Initiative gibt und dass sie eine rechtliche Alternative aufzeigt.

Diese Pressekonferenz zeigt eine gewisse Dynamik innerhalb der Koalition – zugegebenermaßen kann sie aber wenig Zählbares vorweisen. Aus symbolischer Sicht sind Aktionen, Demonstrationen und Dialog unumgängliche Realitäten, aber welche konkreten greifbaren Ergebnisse gibt es? Die einzige Änderung ist eine neue Auslegung von Artikel 9 des Gesetzes Nr. 41 aus dem Jahr 2007. Dank der Hartnäckigkeit der Anwälte und der Gegeninformation wird ein Stadionverbotler zwar nach wie vor doppelt bestraft, kann aber nun theoretisch fünf Jahre nach Ablauf des DASPO wieder ins Stadion gehen. Der Wille seitens der Ultras, verantwortungsbewusste Akteure des Spiels zu werden, ist unumkehrbar und signalisiert, dass die Protagonisten auf den Tribünen die neuen Realitäten wahrnehmen. Sie sind nicht mehr in ihren Protesten gefangen, sondern arbeiten an Vorschlägen und der Entwicklung von tragfähigen Alternativprojekten.

Am 16. November 2019 findet in Sesto San Giovanni ein Symposium statt, bei dem drei auf Stadionrecht spezialisierte Anwälte in Anwesenheit von rund 60 Ultras aus etwa 20 Städten sprechen. Das Treffen, das von der *Curva Vita Porro* initiiert wird, bietet die Gelegenheit, auf die Neuerungen in der Gesetzgebung mit der Verabschiedung des Dekrets Nr. 53 durch den Senat einzugehen. Zur gleichen Zeit findet in Avellino ein Treffen von etwa 30 Ultras aus Süditalien statt, die aus demselben Grund angereist waren. Das Treffen wird gemeinsam von den Ultras aus Avellino und Foggia organisiert und von einem Anwalt begleitet. Seit einigen Monaten tauschen sich die Verantwortlichen der verschiedenen Gruppen über soziale Netzwerke aus und wollen eine gemeinsame Front bilden. In Viterbo, wo sich am 4. Januar 2020 mehrere Dutzend Tifoserie in Anwesenheit eines Anwalts im Sportpalast treffen, entsteht die Idee, eine erste gemeinsame Aktion durchzuführen. In den folgenden Wochen wird ein identisches Banner von fast 110 Gruppen gezeigt: »Von den Tribünen zu Volkssektoren ... Nein zu sozialen Experimenten«. Diese Aktion ist eine Anspielung auf die Äußerungen der Behörden nach den Vorfällen in der Curva Primavera beim Spiel Torino–Inter am 23. November 2019. An diesem Tag gerieten einige Ultras beider Lager aneinander, da sie die gleiche Tribüne teilten, obwohl sie durch einen Ordnerkordon getrennt sind. Auf der Pressekonferenz, auf der die Sanktionen gegen die Torino-Hooligans angekündigt werden, erwähnt der Polizeipräsident von Turin, Giuseppe De Matteis: »Die Curva Primavera wurde für uns zum Gegenstand eines sozialen Experiments genommen (...), ein Sektor des Stadions, in dem die Fans verschiedener Mannschaften Platz nehmen konnten.«[664] Schließlich wird in Viterbo die Idee geboren, einen Pool von Anwälten zu schaffen, um die italienischen Ultras vor den Folgen der neuen Gesetzgebung zu schützen.

So entsteht eine weitere Koalition, die unter dem Namen *Basta Abusi* fast 150 Ultragruppen vereinen soll. Die Covid-19-Pandemie, die ab März 2020 die ganze Welt lahmlegt, darunter auch die Fußballmeisterschaften, wird zum Anlass für eine groß angelegte Aktion genommen. Im Mai wollen immer mehr Fußballmannschaften ihre unterbrochenen Wettkämpfe wieder fortsetzen. Infolge der Sperre, die die ganze Welt und insbesondere das vom Coronavirus schwer getroffene Italien betrifft, verlieren die Profifußballvereine Millionen von Euro. Daher will ein Teil der Sportfunktionäre unbedingt den Spielbetrieb wieder aufnehmen, während Italien noch unter dem Schock der Pandemie steht. *Basta abusi* wird eine internationale Kampagne unter dem Namen »Kein Fußball ohne Fans« starten, denn: »Wir sind fest davon überzeugt, dass nur wirtschaftliche Interessen wieder in den Vordergrund rücken würden, und dies wird durch die Tatsache bestätigt,

664 https://sport.sky.it/calcio/serie-a/2019/12/11/torino-ultras-daspo-denunce, page consultée le 22 octobre 2023

dass die Meisterschaften unter Ausschluss der Öffentlichkeit und ohne das schlagende Herz dieses »Volkssports« – die Fans – neu gestartet werden müssten«. Rund 370 Ultragruppen und Fanclubs von 150 verschiedenen Vereinen, vor allem aus Italien, aber auch aus anderen europäischen Ländern und von einem Dutzend nordafrikanischer Mannschaften, fordern die UEFA auf, die im Mai 2020 unterbrochene Meisterschaften nicht wieder aufzunehmen. Die Initiative hat einen gewissen Erfolg in den Medien. Sie wird drei Monate später mit den beginnenden Wettbewerben ein Nachspiel haben, und zwar mit einer Begrenzung der Zuschauerzahlen in den Stadien durch die Einführung von Maximalkapazitäten. Mehr als 100 Gruppen aus Italien, Europa, Afrika und Südamerika zeigten ein Banner mit der Botschaft »Der Fußball gehört den Fans«.

In den ersten Monaten ihrer Tätigkeit versuchen einige Aktivisten, das ehemalige *Movimento Ultras*, das formal nicht mehr existiert, in der aber einige Gruppen zusammenarbeiten, mit *Basta Abusi* zu vereinen. Dieser Versuch wird scheitern, da sich die Verantwortlichen der beiden Koalitionen nicht einigen können.

Am 1. August 2020 findet jedoch in Neapel ein wichtiges Treffen zwischen den Institutionen und Delegationen der Ultras statt. Hinter der Veranstaltung stehen treibende Gruppen des ehemaligen Movimento Ultras (u. a. *Brescia 1911, Ultras Tito, Curva Sud Cavese, Curva Nord Atalanta*), die zum ersten Mal Vertreter der Regierung einladen. *Basta Abusi* ist ebenfalls an der Organisation beteiligt, um die Bandbreite so weit wie möglich zu erweitern. Dies gelingt und am Samstagmorgen finden sich im Baronsaal des Castel Nuovo rund 100 Delegationen italienischer Ultragruppen ein, die von mehreren Anwälten, darunter Emilio Coppola, vertreten werden. Ihnen gegenüber sitzen der stellvertretende Innenminister Vito Crimi, der Untersekretär des Ministeriums, Carlo Sibilia, drei Parlamentsabgeordnete (Daniele Belotti, Paolo Cento und Paolo Russo), der Bürgermeister von Neapel, Luigi De Magistris, sowie weitere Kommunalpolitiker. Ziel des Treffens ist es, eine echte Reform des Fußballs in Italien anzugehen und über die durch die weltweite Pandemie offengelegten Probleme nachzudenken. Die Ultras verfassen ein zwölfseitiges Dokument für die Abgeordneten. Darin wird auf die gestiegenen Mannschaftsbudgets, die Einflussnahme des Fernsehens auf den Profifußball und die zunehmende Zahl von Insolvenzen italienischer Vereine eingegangen. Die Ultras schlagen vor, die Fans wieder in den Mittelpunkt des Sports zu stellen, indem sie Vorschläge für angemessene Preise auf den Tribünen, die Abschaffung der Tessera del Tifoso und die Einrichtung von Sektoren für den aktiven Support machen. Leider werden die guten Absichten, die in Neapel gezeigt wurden, nicht weiterverfolgt, was vor allem daran liegt, dass die Regierung Conte am 26. Januar 2021 zurücktritt. Die Union der italienischen Ultras hat ebenfalls Risse bekommen, da die Koalition *Basta Abusi* in der Saison 2021/2022 aufgrund interner

Meinungsverschiedenheiten, insbesondere über die schrittweise Wiedereröffnung der Stadien nach der Covid-19-Epidemie, allmählich zerfallen wird.

Chronik einer angekündigten Katastrophe

Ein paar Jahre zuvor: Die ständigen Gesetzesänderungen zur Bekämpfung von Ausschreitungen scheinen nutzlos zu sein. Unter den Ultras gibt es weiterhin einige, die sich durch ihre ausgeprägte Neigung zu gewalttätigen Aktionen auszeichnen. Dieser fast schon parallel verlaufende und inoffizielle Wettbewerb ist ständigen Veränderungen unterworfen. Die ersten Begegnungen der Saison 2006/07 ermöglichen es, sich ein Bild davon zu machen. Die verschiedenen Gruppierungen, die die gerade in die Serie A aufgestiegene Mannschaft von Catania unterstützten, haben einen besonders gewaltbereiten Ruf. Die anstehenden Duelle mit den berühmtesten Tifoserie des Landes motivieren die radikalsten unter den sizilianischen Anhängern, die sich gleich zu Beginn der Saison durch zahlreiche gewalttätige Zwischenfälle auszeichnen. Die Rückkehr des sizilianischen Derbys schlechthin, gegen die verhassten Rivalen aus Palermo, dem anderen großen Verein auf der Insel, ist für alle Beteiligten das Spiel des Jahres.[665] Diese Begegnung ist in Bezug auf die öffentliche Ordnung besonders schwierig zu überwachen. Bereits beim Hinspiel in der sizilianischen Hauptstadt wird das Match von Zusammenstößen überschattet. Auch den Ultras von Palermo eilt ein einschlägiger Ruf voraus, wie die Ausschreitungen im Europapokal gegen die Fans des Londoner Vereins West Ham am 28. September 2006 belegen. Im Übrigen haben beide Mannschaften einen sehr guten Start in die Meisterschaft hingelegt und belegen unerwartet die vorderen Plätze in der Tabelle.

Für das Derby sind massive Sicherheitsvorkehrungen vorgesehen. Am 2. Februar 2007 sind es fast 1250 Mitglieder der Ordnungskräfte, die eingesetzt werden, um die etwa 20.000 Zuschauer, die der Begegnung im veralteten Stadio Cibali beiwohnen, in Zaum zu halten.[666] Das Spiel wird auf besonderen Wunsch des Bürgermeisters von Catania auf Freitag, 18 Uhr vorverlegt, da am Wochenende das Fest der Schutzpatronin der Stadt stattfindet. Die Einheimischen erwarten ihre Rivalen mit Spannung, die Polizei verzögert jedoch deren Ankunft. Diese Taktik, die verhindern soll, dass die beiden Lager schon vorher aufeinandertreffen, erweist sich aber als nutzlos. Als sich der Corteo der 500 Tifosi aus Palermo vor Beginn der zweiten Spielhälfte dem Stadion nähert, erreicht

665 Anm. des Lektors: In der Saison 2006/07 spielen mit Palermo, Catania und Messina gleich drei Mannschaften aus Sizilien im Oberhaus. Am Ende der Saison steigt Messina ab, während sich Palermo für den UEFA-Cup qualifiziert.

666 Das Stadion wurde 1937 erbaut. Nach dem Aufstieg der sizilianischen Mannschaft in die Serie A 2006 wurden einige Renovierungsarbeiten vorgenommen. Die Anlage entspricht trotzdem nicht herkömmlichen Sicherheitsstandards.

die allgemeine Anspannung ihren Höhepunkt. Trotz aller Versuche seitens der Ordnungskräfte, jeglichen Kontakt zwischen den Rivalen zu unterbinden, bricht ein Sturm der Gewalt los. Hinter der Curva Nord von Catania kommt es zur Explosion von Böllern und Fackeln erleuchten den Platz. Die Toiletten der Curva Nord werden zerstört, Teile von Fliesen und Rohren zu Wurfgeschossen. Es kommt zu Szenen einer regelrechten Stadtguerilla: Rauchbomben werden gegen die draußen positionierten Ordnungskräfte geworfen, während diese von kleinen, mobilen Ultras-Banden angegriffen wurden. Der Schiedsrichter sieht sich gezwungen, das Spiel für 33 Minuten zu unterbrechen, da Tränengasschwaden von außerhalb des Stadions ins Innere ziehen und die Spieler beeinträchtigen sowie viele Zuschauer in Panik geraten lassen. Es herrscht totale Verwirrung und es kommt zu Zwischenfällen zwischen den benachbarten Sektoren, in denen sich die rivalisierenden Fraktionen befinden, während außerhalb des Stadions die Krawalle unvermindert weiter gehen. Das Spiel wird zwar zu Ende gespielt, aber die Bilanz ist katastrophal: Es gibt fast 80 Verletzte, darunter 62 Polizisten. Einer der Verletzten ist der 38-jährige Chefinspektor Filippo Raciti.

Noch am Abend berichten die Medien, dass er an einem Herzstillstand gestorben ist. Zum ersten Mal kommt ein Mitglied der Ordnungskräfte bei Gewalttätigkeiten im Zusammenhang mit einem Fußballspiel in Italien ums Leben. Die Emotionen, die darauf folgen, sind enorm und am nächsten Tag wird der Beschluss gefasst, alle nationalen Fußballwettbewerbe auf unbestimmte Zeit auszusetzen. Es soll ein starkes Signal gesetzt werden, doch die vordergründige Einmütigkeit bekommt schon zwei Tage nach der Tragödie erste Risse, nachdem der Präsident der italienischen Fußballliga, Antonio Matarrese, durch folgende Äußerung für Empörung sorgt: »Wir sind tief betroffen, aber der Fußball muss weiter gehen (…). Der Fußball ist eine Industrie, eine der wichtigsten des Landes und deshalb muss weiter gespielt werden. (…) Der Fußball darf nie aufhören, auch wenn er seine Opfer fordert (…). Glauben Sie, dass es eine Industrie gibt, die ihre Fabriken schließt, ohne zu wissen, wann sie wieder geöffnet werden können?«[667] Dabei gibt Matarrese wohl nur das wieder, was sich viele Vereinspräsidenten denken, aber nicht auszusprechen trauen. Die Mehrheit der Klubpräsidenten ist sich darin einig, die Fußballmeisterschaft so schnell wie möglich wiederaufzunehmen. Stimmen dagegen werden vor allem auf Seiten der Ultras laut, die ihrerseits wieder im Fokus der Öffentlichkeit stehen und für das Geschehene verantwortlich gemacht werden. In einer Fernsehsendung schlägt einer der Verantwortlichen von *Brescia 1911* vor, die Meisterschaft so lange zu unterbrechen, wie es notwendig ist, um einen echten und ernsthaften Dialog mit allen

667 Fabio Tonacci, *Il calcio non può chiudere, i morti sono parte del sistema,* »La Repubblica«, 5. Februar 2007, S. 47.

Institutionen zu führen und angemessene Maßnahmen zu ergreifen. Dieser Rat wird jedoch ignoriert; die Meisterschaft wird bereits in der darauffolgenden Woche, am Samstag, den 10. Februar 2007, wieder weitergespielt. Die Trauer ist angesichts der Geldströme, die durch den Sport generiert werden, schnell vergessen.

Die Ultras von Catania werden für den tragischen Vorfall verantwortlich gemacht und es wird ein hartes Durchgreifen angekündigt. In den darauffolgenden Tagen kommen 45 Personen in Haft. Mehr als zehn Monate nach dem Vorfall gibt es jedoch noch immer keine Gewissheit über die genaue Todesursache von Filippo Raciti. Die erste Hypothese lautet, dass er nach der Explosion eines Böllers zusammenbrach. Der Polizist Salvatore Lazzaro behauptet in einer ersten Aussage, er habe beim Rückwärtsfahren mit seinem Polizeiauto einen lauten Knall gehört und dann seinen Kollegen Filippo Raciti am Boden liegen sehen. Er änderte seine Aussage später aber ab.[668] Am 6. Februar wird schließlich ein Minderjähriger festgenommen. Antonio Speziale wird verdächtigt, den Polizisten durch das Werfen eines stumpfen Gegenstandes getroffen zu haben, was die tödlichen inneren Blutungen verursacht haben soll. Diese Verletzung kann aber auch durch andere Ursachen hervorgerufen worden sein. Das Wochenmagazin *L'Espresso* greift anhand von Fotos die Hypothese auf, dass Raciti möglicherweise von einem der Fahrzeuge der Ordnungskräfte angefahren wurde.[669] Es dauert über ein Jahr, bis ein zweiter Tifoso nach Auswertung von Bildern aus der Videoüberwachung des Stadions festgenommen wird. Die beiden Verdächtigen werden beschuldigt, eine Waschbeckenhalterung aus Metall aus den Toiletten unter der Curva Nord herausgebrochen und als Rammbock gegen die Polizisten eingesetzt zu haben, durch die die tödliche Verletzung entstand.

Am Tag nach den Ereignissen wird von den nationalen Behörden eine Debatte über Gewalt eingeleitet, zu der die Hauptprotagonisten, die Tifosi, jedoch nicht eingeladen werden. Neue Anti-Gewalt-Standards werden in Form eines Dekrets verabschiedet, das immer härtere Strafen für Unruhestifter vorsieht. Diese x-te Gesetzesänderung entspricht zwar den Erwartungen der Öffentlichkeit, ist aber unnötig. Der Tod von Filippo Raciti hätte vermieden werden können, wenn die Sicherheitsstandards für Sportstätten einfach eingehalten worden wären.[670] Zwar änderten sich diese mit dem Dekret vom 6. Juni 2005, aber nur sieben Vereine der Serie A verfügen über ein Stadion, das den geltenden Vorschriften entspricht. So verfügt das Stadion von Catania nicht über einen vorgelagerten und vorgeschriebenen Bereich zur Erstperlustrierung, der verhindert hätte, dass die Polizei zwischen die Fronten gerät. Darüber hinaus begünstigte die Dunkelheit

668 Vgl. Simone Nastasi, *Il caso Speziale,* Enna, Bonfirraro Editore, 2013, S. 35–52.

669 Giuseppe Lo Bianco, Piero Messina, *Raciti, la pista è blu*, »L'Espresso«, 31. Mai 2007, S. 44.

670 Alessando Gilioli, *Furbetti football club*, »L'Espresso«, 15. Februar 2007, S. 32–33.

die Unruhen und erschwerte die Arbeit der Sicherheitskräfte. Hätte das Spiel zur vorgesehenen Zeit stattgefunden, d.h. am frühen Nachmittag wie ursprünglich geplant, wäre dieser erschwerende Umstand nicht dazu gekommen. Schlussendlich führte die Strategie, die Ankunft der gegnerischen Fans zu verzögern, nur noch zu mehr Spannungen, wie die Anwesenheit zahlreicher Personen außerhalb des Stadions beweist, die auf ihre Rivalen warteten.

Am 9. Februar 2010 wird Antonio Speziale, der zur Tatzeit 17 Jahre alt ist, vom Jugendgericht in Catania wegen fahrlässiger Tötung zu 14 Jahren Haft verurteilt. Am 22. März verkündet das Schwurgericht in Catania sein Urteil gegen den zweiten Verdächtigen, den 23-jährigen Daniele Micale. Es verurteilt ihn zu zehn Jahren Haft wegen fahrlässiger Tötung und einem weiteren Jahr Haft wegen Widerstand gegen die Staatsgewalt. Am 21. Oktober 2011 bestätigt das Berufungsgericht in Catania das Urteil gegen Daniele Micale und zwei Monate später reduziert das Jugendgericht die Strafe für Antonio Speziale auf acht Jahre. Am 25. November 2012 bestätigt das Kassationsgericht in Rom das Urteil. Der Anwalt Giuseppe Lipera ist von der Unschuld der beiden Jungen überzeugt. Er nimmt in einem Buch und einem Dokumentarfilm Stellung, um die Mängel des Prozesses aufzuzeigen. Er vertritt die These, dass es sich um einen Unfall beim Zurückschieben des Autos gehandelt hat, wie auch die Wochenzeitung *L'Espresso* behauptet. Die Mängel sind vielfältig, insbesondere die Aussage von Salvatore Lazzaro, einem Kollegen von Filippo Raciti und Fahrer des Fahrzeugs, der seine Version der Ereignisse nachträglich abändert. Am 24. April 2015 weist das Kassationsgericht in Rom den Antrag auf Wiederaufnahme des Verfahrens ab, den der Verteidiger von Antonio Speziale gestellt hat. Am 4. November 2016 nutzt der Anwalt Giuseppe Lipera das letzte zur Verfügung stehende Mittel und schreibt an den Präsidenten der Republik Sergio Mattarella und ersucht um Begnadigung für Speziale – ohne Erfolg. Er wird seine Strafe (acht Jahre und acht Monate) schlussendlich vollständig verbüßen und erst am 15. Dezember 2020 aus dem Gefängnis in Messina entlassen.[671] Daniele Micale, erhält, nachdem er mehr als die Hälfte seiner Strafe im Gefängnis von Catania verbüßt hat, dank eines Einspruchs seiner Anwälte für die letzten vier Jahre eine Erlaubnis zum Freigang.

An diesem Tag begrüßen ihn die lokalen Ultras mit einem Transparent: »Speziale, ein beispielloser Missbrauch … heute frei, aber seit jeher unschuldig!«[672] Dasselbe geschieht auch in unzähligen anderen Kurven, wo verschiedene Gruppen die Freilassung mit derselben Botschaft begrüßen. Die italienischen Ultras sind von seiner Unschuld überzeugt,

671 Anm. des Lektors: Der zweite mutmaßliche Täter Micale kommt im Dezember 2017, nach Verbüßung der Hälfte seiner Strafe, in den offenen Vollzug und arbeitet tagsüber in einem Supermarkt.

672 Im Original: »Speziale un Abuso senza precedenti … oggi libero da sempre innocente!«

ebenso wie einige Journalisten, die das Urteil anzweifeln. Die Ungereimtheiten sind zu groß, wie mehrere Berichte einer Satiresendung zeigen, die Wochen vor der Freilassung von Antonio Speziale im Privatfernsehen ausgestrahlt werden.[673]

Schwanengesang: Der Tod von Gabriele Sandri

Für Sonntag, den 11. November 2007, steht ein ganz normaler Meisterschaftsspieltag an. Trotz der Einschränkungen durch das neueste Gesetz finden sich die Tifosi auf den Straßen Italiens wieder, um ihren Mannschaften zu den anstehenden Auswärtsspielen zu folgen. Lazio reist an diesem Wochenende in die lombardische Metropole, um gegen den amtierenden italienischen Meister Inter anzutreten. Der römische Verein wird dabei von mehreren hundert Personen begleitet; neben der sportlichen Bedeutung des Spiels kommt die Freundschaft zwischen den beiden Fanlagern hinzu, sodass Spannungen rund um das Spiel eigentlich nicht aufkommen sollten. Seitdem die Sonderzüge abgeschafft worden sind, fährt ein Teil der Fans mit Autos oder Kleinbussen zu den Spielen, wodurch sich die Gelegenheiten für Auseinandersetzungen, etwa auf Autobahnraststätten, deutlich erhöhen. In Badia al Pino, in der Nähe von Arezzo, versucht eine Autobahnpatrouille der Polizei früh am Morgen eine Auseinandersetzung zwischen Fangruppen zu unterbinden. Auf dem Parkplatz der Tankstelle treffen zwei Fahrzeuge aufeinander: Das eine ist besetzt mit Tifosi von Juventus, die auf dem Weg nach Parma sind. Das andere gehört Anhängern der Lazio. Die Aktivierung des Blaulichts reicht aus, um die Scharmützel zu beenden, beide Autos rauschen davon. Die Polizeistreife kann nicht direkt eingreifen, da sie sich auf der gegenüberliegenden Straßenseite befindet. Als das Auto mit den Lazio-Fans auf die Beschleunigungsspur einbiegt, zieht einer der beiden Polizisten seine Schusswaffe und feuert zwei Schüsse ab. Gabriele Sandri, der auf dem Rücksitz sitzt, wird von einem tödlichen Schuss in den Hinterkopf getroffen.[674]

Innerhalb weniger Stunden erfahren die verschiedenen Ultras des Landes die tragische Nachricht. Die meisten Gruppen wünschen sofort, dass die anstehenden Fußballspiele im Gedenken an den Lazio-Fan verschoben werden, ähnlich wie es neun Monate zuvor nach dem Tod des Polizisten Filippo Raciti geschehen ist. Die Behörden entscheiden anfänglich aber lediglich, das Spiel zwischen Inter und Lazio nicht stattfinden zu lassen. Die anderen Spiele sollen jedoch nicht abgesagt werden. Zwar sprechen sich die Sportbehörden für die Aussetzung der Meisterschaft aus, die Polizeibehörden sind aus Sicherheitsgründen jedoch

673 Sendungen des Programms »Le Iene«, die zwischen dem 29. Oktober und dem 28. November 2020 auf *Italia 1* zu sehen sind.
674 Vgl. Maurio Martucci, *11. November 2007*, Rom: Sovera Edizioni, 2008.

nicht mit dieser Entscheidung einverstanden. Dabei muss man beachten, dass die zuständigen Behörden im Fall des Todes von Inspektor Raciti am Rande von Catania–Palermo zwei Tage Zeit hatten, um eine Entscheidung zu treffen; im Fall des Todes von Gabriele Sandri muss aber innerhalb von vier bis maximal fünf Stunden entschieden werden, wie es weiter gehen soll. Am frühen Nachmittag in Bergamo, wenige Minuten vor dem Spiel Atalanta–AC Milan, teilen die Verantwortlichen der beiden Tifoserie ihren Mannschaften mit, dass das Spiel verschoben werden müsse. Die Fußballer sind überfordert, ebenso wie die Verantwortlichen der Vereine, außerdem liegt diese Entscheidung ja nicht bei ihnen. Das Spiel wird trotzdem planmäßig angepfiffen, was in der Curva Nord von Atalanta einen Sturm der Entrüstung nach sich zieht. Einige Dutzend Personen versuchen die Plexiglaswand, die sie vom Spielfeld trennt, zu zerschlagen. Die Intervention des Kapitäns der Mannschaft aus Bergamo, der versucht mit den aufgebrachten Ultras zu sprechen, ändert nichts und angesichts der immer weiter eskalierenden Situation beschließt der Schiedsrichter, das Spiel zu unterbrechen. Während die Zuschauer das Stadion verlassen, gehen die Auseinandersetzungen mit den Sicherheitskräften außerhalb des Stadions weiter. Die erbitterte Rivalität wird für einen Moment hinten angestellt, denn die Ultras beider Lager wollen sich für den Tod eines der ihren rächen. Sie identifizieren sich mit dem jungen Fan und verbrüdern sich spontan gegen den gemeinsamen Feind: den Staat und seine Institutionen, die durch die Polizisten repräsentiert werden.

In anderen Stadien spielen sich ähnliche Szenen ab. In Taranto erzwingen die lokalen Ultras eine Spielunterbrechung, indem sie Gegenstände auf das Spielfeld werfen.[675] In Parma basteln die *Boys* ein Transparent, das sie auf ihrer Tribüne zeigen: »Der Tod ist für alle gleich!« In Mailand, wo bereits eine große Anzahl von Laziali eingetroffen ist, beschließen beide Seiten aufgrund der Freundschaft, die sie verbindet, am frühen Nachmittag eine improvisierte Demonstration durchzuführen. Der Umzug, der aus mehreren Tausend Menschen besteht, führt vom Stadion aus in Richtung Stadtzentrum, vorbei an mehreren Polizeistationen, wo sie Slogans skandieren, die sich gegen die Ordnungskräfte richten. Die Teilnehmer zeigen ein Transparent mit der Aufschrift: »Für Raciti stoppt ihr die Meisterschaft, aber der Tod eines Fans hat für euch keine Bedeutung!«[676] und ein weiteres mit der Aufschrift »Amato tritt zurück!«,[677] das an den Innenminister gerichtet ist. Die Bilder dieser verschiedenen Demonstrationen machen im ganzen Land die Runde. Die Behörden sind besorgt und beschließen am späten Nachmittag, das für

675 Es ist interessant, wie unterschiedlich ähnliche Sachverhalte behandelt werden. In Bergamo wird das Spiel für ungültig erklärt und am 23. Januar 2008 wiederholt, während in Taranto die Heimmannschaft das Spiel am grünen Tisch nachträglich verliert.

676 Im Original: »Per Raciti fermate il campionato, ma la morte di un tifoso non ha significato?«

677 Im Original: »Amato dimettiti!«

den Abend geplante Spiel Roma–Cagliari aus Sicherheitsgründen ebenfalls abzusagen. Trotz der Rivalität zwischen den beiden Vereinen der Hauptstadt solidarisieren sich die Ultras der Roma mit ihren Kollegen von Lazio. Die Polizei befürchtet gewalttätige Ausschreitungen seitens der Gruppen, die entschlossen sind, mit vereinten Kräften den Tod Sandris zu rächen.

Ungeachtet der Verschiebung des Spiels brechen am frühen Abend Krawalle aus, die von den radikalen Gruppen der Tifoserie von Lazio und der Roma ausgehen. Sie sind für den Kampf gegen die Ordnungskräfte mit Motorradhelmen, Hackenstielen, Baseballschlägern und Molotowcocktails gut ausgerüstet. Mobile Banden umzingeln das Olympiastadion in Rom, errichten Barrikaden auf den Straßen und belagern die Journalisten und Polizisten, die sich im Inneren des Stadions versammelt haben. Die Stadtguerilla breitet sich auch auf die angrenzenden Stadtteile aus. Die Angreifer attackieren mehrere Polizeiwachen und versuchen sogar, in eine von ihnen einzudringen. Dieser Angriff scheitert jedoch, da die Panzertür des Gebäudes dem Angriff standhält. Sie zerstören Fahrzeuge, ein Bus der Polizei wird angezündet und der Eingang einer Polizeistation wird verwüstet. Die Bilder gehen um die Welt. Ganze Viertel der Hauptstadt scheinen unter der Kontrolle der Randalierer zu stehen, die mit unerhörter Gewalt Symbole der öffentlichen Gewalt angreifen. Schließlich ist es der Sitz des CONI, beim Olympiastadion, der ins Visier genommen und teilweise verwüstet wird.

Die gewalttätige Reaktion der Ultras überschattet die Ursachen ihres Zorns. Für sie ist der Reflex des Beamten symptomatisch für den wiederholten und ungerechtfertigten Einsatz von Zwangsmitteln, über die die Ordnungskräfte verfügen. Darüber hinaus ist der Unterschied im Umgang mit dem Tod eines Beamten und dem eines Tifoso eklatant: Bei Ersterem wurde die ganze Meisterschaft im Zeichen der Trauer unterbrochen. Beim Tod des Fans Gabriele Sandri wurde dies nicht einmal angedacht. Das zeigt, wie gering die Wertschätzung für Ultras ausfällt. Am nächsten Tag hetzen die Presse und die Politiker gegen die Randalierer. Das von Selbstzweifeln geplagte Italien, das sich in einer politischen, wirtschaftlichen und sozialen Krise befindet, sucht sich ein neuen Feind: die Ultras.[678]

Die Behörden sprechen von einer subversiven Verschwörung, es kommt zu Verhaftungen und ersten Anklagen, einige davon wegen Terrorismus. Die Sportbehörden beschließen, dann doch alle Meisterschaftsspiele der Serie B und Serie C, die für das folgende Wochenende angesetzt sind, abzusagen.[679]

678 Die parlamentarische Mehrheit, die die Regierung von Romano Prodi unterstützt, ist nur hauchdünn und steht auf wackeligen Beinen. Jede Abstimmung ist ein Risiko für den Regierungschef.

679 Die Spiele der Serie A finden nicht statt, da die Meisterschaft aufgrund einer Länderspielpause sowieso ausgesetzt ist.

Die ersten Zeugenaussagen zum Drama auf der Raststätte lassen erkennen, dass die Gesetzeshüter nicht verhältnismäßig agiert haben. Die Aussage des Polizisten, der behauptet, lediglich einen Warnschuss abgegeben zu haben, ist nicht glaubwürdig. Schnell wird die Anklage wegen fahrlässiger Tötung von der Justiz in vorsätzliche Tötung umgewandelt. Die Behörden wollen den Sachverhalt vollständig aufklären, wie der Polizeichef und Politiker öffentlich erklären. Das Opfer, Gabriele Sandri, arbeitete im Bekleidungsgeschäft seines Vaters, war aber vor allem als DJ in einer Diskothek bekannt, die von der gut situierten römischen Jugend besucht wird, und genoss einen gewissen Bekanntheitsgrad. Er war nicht vorbestraft und auch nicht wegen Gewalttätigkeiten im Stadion auffällig geworden.

Am Mittwoch, den 14. November 2007, findet die Beerdigung von Gabriele Sandri in Rom statt. Mehrere tausend Menschen nehmen teil: Neben verschiedenen politischen Vertretern, seinen Freunden und seiner Familie, den Fußballern und Tifosi von Lazio mischen sich auch die Tifosi der Roma unter die Trauernden. Hinzu kommen hunderte von Ultras aus dem ganzen Land, die in Delegationen oder in ihrem eigenen Namen Kränze und Schals in den Farben ihrer Vereine vor der Kirche, in der die Beerdigung stattfindet, niederlegen. Am darauffolgenden Sonntag beschließen die Tifoserie auf der gesamten Halbinsel, einen Stimmungsboykott auszurufen. In Rom, im Olympiastadion, empfängt Lazio die Mannschaft aus Parma. Das Spiel findet in einem surrealen Klima statt; die Curva Nord, Heimat der *Irriducibili*, ist während der ersten zwanzig Minuten des Spiels menschenleer. In der Mitte thront ein Banner mit der Aufschrift »Curva Nord – Gabriele Sandri«. Unten auf der Plexiglaswand hängt ein Porträt des Opfers, begleitet von einer einzigen Botschaft: »Tränen … Schmerz … Schweigen …«.[680] Vor dem Spiel legen die Kapitäne beider Mannschaften einen Blumenstrauß nieder und beten vor dem Porträt. Die *Boys* von Parma entrollen in ihrem Sektor ebenfalls ein Spruchband zu Ehren von Gabriele. In den folgenden Tagen werden in vielen italienischen und europäischen Stadien Banner in seinem Gedenken gezeigt.

Der Prozess gegen den Polizisten Luigi Spaccarotella findet vor dem Schwurgericht in Arezzo statt. Am 14. Juli 2009 wird er zu sechs Jahren Haft verurteilt, da die Anklage von vorsätzlicher auf fahrlässige Tötung geändert wird. Die Eltern und Freunde des Opfers sowie die Ultras sind über das Urteil empört. Am 1. Dezember 2010 wird die Strafe im Berufungsverfahren erhöht. Der Polizist wird wegen Totschlags zu neun Jahren und vier Monaten Haft verurteilt. Am 14. Februar 2012 bestätigt das Kassationsgericht das Urteil. Der tragische Tod von Gabriele Sandri ist ein gutes Beispiel für die Verschlechterung der

680 Im Original: »Lacrime … Dolore … Silenzio!«

Beziehungen zwischen den Ultras und der Polizei. Seitdem wird an jedem 11. November in den verschiedenen italienischen Kurven an seinen Tod erinnert. Der Vater und der Bruder von Gabriele Sandri sind besonders aktiv und erzählen in vielen Städten vor diversen Gruppen über das dramatische Ereignis. Um sein Andenken zu bewahren, haben sie die Gabriele-Sandri-Stiftung in Rom gegründet, die über eine Bibliothek verfügt und Aktivitäten rund um die Fußballkultur organisiert (Literaturfestival, Ausstellungen oder Debatten).

Die Falle der Tessera del Tifoso

Seit fast drei Jahrzehnten sind die Fußballfans auf der Halbinsel von verschiedenen Formen der Repression betroffen. Trotz immer härterer Gesetze konnte nur die 2008 von Innenminister Roberto Maroni eingeführte Tessera del Tifoso die Ultras-Bewegung wirklich nachhaltig schwächen. Die Karte wurde anfänglich als Belohnung für die Treue der Tifosi angepriesen, entpuppte sich aber schnell als reines Kontrollinstrument. In der Saison 2010/11 wird sie für Abonnements und den Kauf von Eintrittskarten für die Auswärtsspiele unerlässlich. Die Kampagne der Ultras ist nur bedingt erfolgreich, da die Gruppen der drei populärsten Mannschaften des Landes die Tessera mehr oder weniger schnell annehmen. Viele Anhänger des AC Milan unterschreiben die Karte bereits 2008, die Anhänger von Inter und Juventus zu Beginn der Saison 2010/11. Die Verantwortlichen dieser Kurven haben mitunter etwas undurchsichtige Verbindungen zu den eigenen Klubverantwortlichen, was auf gewisse Absprachen im Vorfeld schließen lässt. Stein des Anstoßes ist der berühmte Artikel 9 des Gesetzes von 2007, der es theoretisch verbietet, dass eine Person, die ein DASPO erhält, eines Tages eine Fankarte erwerben kann. Wie so oft in Italien wird die Umsetzung dieser Vorgabe den einzelnen Polizeipräfekturen überlassen, wodurch sich die Situation in jeder Stadt anders gestaltet, je nachdem wie die Vorgabe interpretiert wird.

Die Saison 2010/11 ist somit die erste, in der die Fankarte verpflichtend wird – allerdings nur für die Serien A, B und C. Die Curva Sud von Hellas Verona veröffentlicht im August 2010 eine Pressemitteilung, in der sie ihre Entscheidung, die Tessera del Tifoso zu unterschreiben, wie folgt erläutert: »Wir sind uns natürlich der schmutzigen, wirtschaftlichen Absicht und des erklärten Ziels dieser x-ten staatlichen Neuerung, der Fankarte, bewusst, mit der man unsere Freiheit weiter einschränken will. Wir sind jedoch im Gegensatz zu vielen anderen davon überzeugt, dass sie nur zum Teil eine weitere Einschränkung oder eine Form der Registrierung darstellt (unsere Namen scheinen ja bereits auf den Eintrittskarten und Dauerkarten auf). Deshalb ist es für uns nicht der richtige

Zeitpunkt, einen weiteren scheinheiligen Kreuzzug für die Freiheit der Ultras zu starten. Eine Freiheit, über die wir nur mehr lachen können.«[681]

Die Tifoseria von Hellas Verona ist eine der wenigen, die sich zu dieser Entscheidung bekennt und im Gegensatz zur großen Mehrheit der anderen Ultras praktische und nicht ethische Gründe anführt. Darüber hinaus behaupten die Veronesi in ihrem Dokument weiter: »Wir können es uns nicht leisten, außerhalb der Curva Sud des Stadio Bentegodi oder außerhalb des Gästesektors (…) zu stehen und damit dem Staat in die Hände zu spielen. Einem Staat, der zum x-ten Mal über unsere Köpfe hinweg entschieden hat. Es ist daher richtig, die wenigen Mittel, die wir noch zur Verfügung haben, zu nutzen, um das zu tun, was wir am besten können, ohne dabei die Freiheit zu beanspruchen, auf die wir aus freien Stücken schon vor einiger Zeit verzichtet haben.«[682] Ihrer Analyse zufolge ist der beste Weg, um weiterhin Ultras zu sein, in den Stadien des Landes aktiv zu bleiben.

Die Mehrheit der Gruppen ist hingegen strikt gegen die Tessera und entwickelt zwei Strategien, um dagegen vorzugehen. Die erste besteht darin, die Fankarte nicht zu kaufen und die Auswärtsspiele zu boykottieren, um dem ganzen Land die triste Stimmung und den Zuschauerrückgang vor Augen zu führen. Andere Gruppen wiederum entscheiden sich dafür, trotzdem zu den Auswärtsspielen zu fahren, aber ohne Fankarte. Diese Methode funktioniert in der Saison 2010/11 noch einigermaßen gut, da es ihnen oft gelingt, Karten für andere Tribünen zu erwerben und de facto einen improvisierten Gästesektor zu schaffen. Das Comunicato der *Irriducibili Chieti* erklärt die Ablehnung gegenüber der Tessera del Tifoso und erläutert ihre weitere Strategie: »Es handelt sich um eine verfassungswidrige Bestimmung, die nachweislich die Freiheit eines jeden freien Bürgers und jeden Fans einschränkt. Wir werden die Mannschaft von Chieti trotzdem auf unsere Weise immer und überall unterstützen und versuchen, jedes Mal eine Eintrittskarte zu kaufen. Bei Auswärtsspielen, die nur für Besitzer einer Fankarte vorgesehen sind, werden wir probieren, Tickets für andere Bereiche des Stadions zu erwerben.«[683]

Im Sommer 2010 veröffentlichen die meisten Gruppen auf der Halbinsel Kommuniqués, die in die gleiche Richtung zielen. Bereits am ersten Spieltag, dem 28. August, beim Spiel Roma–Cesena, erscheinen 150 gegnerische Ultras mit Karten für die Tribüne Distinti Nord. Während des Spiels werden sie schließlich auf der Haupttribüne Monte Mario platziert, während Hunderte von Cesenati, die über eine Fankarte verfügen, den eigentlichen Gästesektor bevölkern. Am 26. September werden Gästefans beim Spiel Spezia–Como in der Serie C in den Gästesektor des Stadions gebracht und dann auf die

681 Curva Sud Verona, Offizielle Pressemitteilung *Non ci potrà fermare nessuno … Ci dovrete finire uno ad uno!*, August 2010, Verona.
682 Vgl. Ibid.
683 Irriducibili Chieti, Offizielle Pressemitteilung *Mai domati … Mai tesserati*, August 2010, Chieti.

Seitentribüne gesetzt, da sie nicht über die berühmte Fankarte verfügen. Am 19. September, während des Spiels Sampdoria–Napoli, wird der Gästesektor nur von rund 20 Gästefans besucht. Einige Hundert Fans aus Neapel, die ohne Tessera angereist sind, werden auf der Tribüne neben dem Heimpublikum platziert.

Beim Spiel Trapani–Avellino am 5. Dezember gelingt es etwa 50 Fans, die sich als *Curva Sud Avellino* bezeichnen, auf der Haupttribüne Karten zu kaufen. Während des Spiels zeigten sie eine ironische Botschaft: »Ups … wir haben die Tessera vergessen.«[684]

So oder so, das Programm von Minister Maroni spaltet trotzdem die Tifoserie. Die Kurven werden ja nicht nur von Ultras bevölkert, sondern in ihrer Mehrheit von normalen Tifosi. Für diese Personen stellt die Tessera kein Problem dar, da nur wenige von ihnen bisher mit einem Stadionverbot belegt worden sind. Die Gründe, die von den Ultras für ihren Boykott angeführt werden, sind für die Tifosi nicht wirklich relevant. Die von den verschiedenen Gruppen auf der Halbinsel betriebene Gegeninformation, um die anderen Stadionbesucher zu erreichen und für ihre Anliegen zu sensibilisieren, funktioniert nicht. Auf allen Tribünen des Landes kommt es zu Meinungsverschiedenheiten. Oft sind es nur feindselige Parolen gegen die Besitzer der Tessera, aber manchmal eskaliert die Situation auch. Am 22. August 2010, beim Spiel Pisa–Nocerina, greifen die örtlichen Ultras einfache Fans ihrer eigenen Mannschaft an. Zunächst werden die Fans nur mit Schmähgesängen bedacht. Die Reaktion der Zuschauer auf den beiden Seitentribünen lässt natürlich nicht lange auf sich warten. Die Tifosi pfeifen und skandieren dann den Namen ihrer Stadt. Am Ende des Spiels sind die Spannungen zwischen Ultras und normalen Tifosi auf den Seitentribünen deutlich spürbar.[685]

Die Saison 2010/11 geht sehr konfus zu Ende. Trotz allen Vorgaben gelingt es vielen Gruppen, ihren Mannschaften weit weg von ihrer Stadt zu folgen. Meist landen sie in improvisierten Sektoren der Stadien. Die Behörden sind entschlossen zu handeln, um zu verhindern, dass sich dies in der folgenden Spielzeit wiederholt. Vor Meisterschaftsstart am 21. Juni 2011 wird ein neues Protokoll veröffentlicht. Unter Punkt 2 dieses Dokuments wird eine Alternative zur Tessera vorgeschlagen, indem den Vereinsführungen zehn Tage im Voraus die Möglichkeit eingeräumt wird, gegnerische Fans, die keine Karte haben, legalen Zugang zum Stadion zu gewähren. Die *Ultras Tito Cucchiaroni* nutzen diese Gelegenheit und begeben sich im Sommer 2011 auf eine Rundreise durch Italien, um die Ultras jedes Vereins der Serie B davon zu überzeugen, bei der jeweiligen Klubführung vorstellig zu werden, um den Gästefans den Eintritt zu ermöglichen. Der Vorschlag wird

684 Im Original: »Ops … abbiamo dimenticato la tessera!«
685 *Lo stadio fischia la curva. Poi volano gi schiaffi,* »La Nazione«, 23. August 2010, S. 25.

schlussendlich aber trotz der anfänglichen Bereitschaft der Liga nicht umgesetzt. Auch in der neuen Saison versuchen einige Gruppen, die Kontrollen zu umgehen, indem sie verschiedene Strategien anwenden, um an Eintrittstickets zu gelangen, obwohl sie keine Fankarte haben. Die Schwierigkeiten sind zahlreich, und je nachdem, wie stark sich die einzelnen Polizeipräfekturen in dieser Frage engagieren, besteht immer die Gefahr, ein Stadionverbot zu erhalten.

Um die Absurdität dieser Karte zu demonstrieren, versuchen es die Ultras mit weiteren Aktionen. Am 6. Januar 2012 wird den Tifosi von Padova, die keine Fankarte besitzen, verboten, nach Ascoli zu fahren. Etwa 100 Fans der *Tribuna Fattori* beschließen daraufhin, sich das Spiel Cittadella–Empoli anzusehen, das am selben Tag in Padua stattfindet, und besingen während des Spiels ihre Farben. Am 1. April 2012 tun es ihnen etwa 30 Anhänger aus Avellino gleich und besuchen ohne Fankarte das Match Siena–Udinese. Sie kaufen sich Tickets am Ticketschalter, positionieren sich in der Nähe des Gästesektors und stimmen Slogans für ihren Verein und gegen die Tessera del Tifoso an. Am 12. Mai 2012 legt ein Bus der *Ultras Tito Cucchiaroni* 750 Kilometer zurück, um die Sampdoria zu unterstützen, die in Castellamare di Stabia spielt. Einige Kilometer vor dem Stadion warten vier Kleintransporter und sechs Autos der Polizei auf sie und die Beamten verbieten den 50 Businsassen, die alle eine gültige Eintrittskarte für das Spiel haben, die Weiterfahrt. Dies passiert immer wieder. Fans, die ohne Tessera unterwegs sind, reisen immer mit Wissen, dass sie das Spiel womöglich gar nicht sehen können.

Während die Saison 2012/13 noch in den Startlöchern steht, beschließen zwei wichtige Gruppen, ihre Aktivitäten einzustellen. Am 1. August 2012 geben die *Vigilantes* aus Vicenza, die seit 1978 aktiv sind, die Auflösung ihrer Gruppe bekannt. In ihrem Kommuniqué werden als Gründe dafür die Repression, ein schwieriger Generationswechsel, der moderne Fußball und seine Auswüchse genannt. Der letzte Punkt des Schreibens ist eindeutig: »Die jüngsten Ereignisse wie die Fankarte haben unsere Situation nur noch mehr verschärft.«[686] Drei Wochen später folgen die *Ultras Curva Nord* aus Bari, die die Heimmannschaft seit 1976 unterstützen. Wie bei ihren Kollegen in Vicenza ist die Tessera del Tifoso auch dort der letzte Tropfen an Repression, der das Fass zum Überlaufen bringt. In ihrem letzten Comunicato schreiben sie: »Ultras, das ist Tifo, Farben, Fahnen, Fackeln und Choreographien, aber vor allem der Zusammenschluss von Jugendlichen, die Freundschaft, der Respekt vor Regeln und Personen. Ultras, das ist die Freude, zusammen zu reisen, Tausende von Kilometern zurückzulegen, nebeneinander, ohne Trennungen, als ein großes Ganzes. All diese Werte werden uns durch absurde und repressive

686 Vigilantes Vicenza, Offizielle Pressemitteilung *Abbiamo fatto la storia*, August 2012, Vicenza.

Gesetze verwehrt, die es uns nicht erlauben, unseren Weg fortzusetzen, es sei denn, wir sind gewillt, ständig mit Anzeigen, Stadionverboten und Verhaftungen konfrontiert zu werden.«[687] Die Fankarte wird von beiden als ein zu großer Einschnitt auf ihrem Weg angesehen, weshalb sie es vorziehen, die Rollläden runterzulassen.

Andere Formationen hingegen beginnen, an der Richtigkeit ihrer Entscheidung zu zweifeln und ziehen es nach zahlreichen internen Debatten vor, die Tessera doch anzunehmen. Dies ist etwa bei Modenas *Curva Sud* der Fall, die im Sommer 2013 eine Kehrtwende vollzieht und die Gründe dafür in einer langen Erklärung erläutert: »Was uns betrifft, ist unser Kampf vorbei (…). Zu denken, dass wir die Situation nur bei Heimspielen ändern werden, ist absurd, es fehlt uns der lebenswichtige Sauerstoff wie etwa die Auswärtsfahrten (…), mit zwanzig Leuten neunzig Minuten lang im strömenden Regen zu singen (…), spätabends loszufahren, während andere in die Disco gehen, frühmorgens alleine in einer feindlichen Stadt aufzutauchen.«[688]

Andere Gruppen nehmen in den folgenden Monaten die gleiche Position ein, meist ohne die Beweggründe für den Wechsel in der Einstellung gegenüber der Fankarte zu erläutern. Wie in Modena haben auch sie das Gefühl, dass die übermäßigen Proteste und die Tatsache, dass es ihnen nicht mehr gelingt, die Vorgaben für die Beschaffung von Eintrittskarten auf Dauer zu umgehen, den langsamen Tod ihres Kollektivs bedeuten. Denn die Reisen, die sie unternehmen, um ihre Mannschaft zu begleiten, sind nach wie vor die intensivsten Momente, wie in der Pressemitteilung der *Curva Sud* zu Recht betont wird.

Nach und nach übernehmen verschiedene Formationen von der Serie A bis hinunter zur Serie C die Tessera. Im August 2013, als die neue Saison beginnt, geben die *Red Blue Eagles* aus L'Aquila ihre Entscheidung bekannt, im November 2013 sind es die *Ingrifati* aus Perugia, die durch eine Pressemitteilung erklären: »Trotz allem müssen wir diese endgültige Entscheidung treffen, um nicht zu verschwinden und um nicht aufzuhören, denn wir fühlen, dass wir noch viel tun können.«[689] Im Juli 2014 geben zwei weitere Tifoserie, die sehr stark in die Initiativen gegen die Fankarte involviert gewesen sind, ebenfalls auf. Die *Curva Sud Avellino* ebenso wie die *Weisschwarz Brigaden* und die *Sconvolts* aus Cesena. Das gleiche passiert bei den Ultras von Lazio im September 2015 und einen Monat später in der *Curva Sud* von Catania. Im Sommer 2016 folgt die *Curva A* von Napoli, die ihren Kampf ebenfalls aufgibt. Diese Entscheidung wird übrigens von den Bergamaschi offen in Frage gestellt, die zwar Rivalen der Neapolitaner sind, ihnen aber im Kampf gegen die Karte nahestehen. Die Enttäuschung der Atalantini äußert sich in einer Botschaft

687 Ultras Curva Nord, Offizielle Pressemitteilung, August 2012, Bari.

688 Curva Sud, Offizielle Pressemitteilung, August 2013, Modena.

689 Ingrifati, Offizielle Mitteilung, November 2013, Perugia.

während des Spiels Atalanta–Napoli am 2. Oktober 2016: »Jede Entscheidung ist eine Verantwortung, du hast die Karte unterschrieben und damit gleich zwei Städte verraten.«[690] In der Serie A und der Serie B gibt es nur noch sehr wenige Gruppen, die sich weigern, die Karte anzunehmen, darunter die Tifoserie von Atalanta und Sampdoria, die fest an ihrem ursprünglichen Entschluss festhalten.

Am 4. August 2017, als die neue Fußballsaison kurz vor dem Start steht, kündigt die Regierung überraschend eine Änderung ihrer Strategie an. Der Innenminister und der Sportminister unterzeichnen mit den verschiedenen Sportbehörden ein Protokoll, das den Kauf von Tickets erleichtern soll, damit »der Fußball seine soziale Dimension zurückgewinnt«[691] und auch die Fußballstadien umgestaltet werden. Die Unterzeichner legen fest, dass Trommeln und Megaphone in den Stadien wieder verwendet werden dürfen, sofern sie im Vorfeld bei den Behörden beantragt werden. Die Supporters Liaison Officer, die die UEFA vorsieht, sollen in Zukunft eine Vermittlerrolle zwischen den Tifoserie und den Fußballvereinen spielen. Am wichtigsten ist jedoch, dass das Protokoll ankündigt, der Besitz einer Tessera del Tifoso sei ab sofort nicht mehr verpflichtend für den Kauf einer Dauerkarte oder eines Auswärtstickets. Diese Entscheidung ist zunächst nur vorläufig und wird ab September 2017 für drei Jahre getestet. Bei wiederholten schweren Zwischenfällen kann die Maßnahme sofort widerrufen werden. Wie ist diese Kehrtwende zu erklären? Haben die Ultras einen symbolischen Sieg davon getragen? Das muss man breiter analysieren, denn die Tessera ist ein Misserfolg, wie der Rückgang der Zuschauerzahlen seit ihrer Einführung in der Saison 2008/09 beweist. Außerdem werden die personalisierten Eintrittskarten nicht abgeschafft, ebenso wenig wie der leidige Artikel 9, wodurch einige Ultras, die in der Vergangenheit mit Stadionverbot belegt wurden, nach Ablauf ihrer Verwaltungsstrafe immer noch nicht in die Kurven zurückkehren können.

In der Saison 2017/2018 sind die gegnerischen Sektoren der Stadien also wieder für Personen zugänglich, die keine Tessera besitzen, mit Ausnahme einiger weniger Risikospiele. Bei den Ultras herrscht Euphorie, aber die Tessera del Tifoso ist nicht verschwunden, sondern wird von den Behörden nur ignoriert. Dies bleibt bis zum Ende der Covid-19-Pandemie so, denn mit der allmählichen Rückkehr der Zuschauer in die Stadien in der Saison 2021/2022 beginnen die Profivereine, die Einführung einer Fidelity Card (Treuekarte) in Erwägung zu ziehen. Diese wird je nach Verein ab der Saison 2022/2023 notwendig, um Karten für bestimmte Risikospiele zu kaufen, während andere Sportunternehmen die neue Karte zur Pflicht machen werden, um Abonnements abzuschließen.

690 Im Original: »Ogni scelta è una responsabilità. Ti sei tesserato, tradendo due città!«
691 Memorandum of Understanding vom 4. August 2017, FIGC-Hauptquartier, Rom, S. 3.

Schließlich akzeptieren einige Vereine den Verkauf von Dauerkarten an Ultras, die sich weigern, eine Treuekarte zu akzeptieren, obwohl diese Praxis theoretisch verboten ist. Die Proteste der Ultras haben bei vielen Funktionären ein Echo gefunden, sodass sie weniger strenge Normen für den Erwerb der Treuekarte auferlegen.

Wie so oft variieren die Standards in Italien je nach Polizeipräfektur. Die Treuekarte unterscheidet sich von Verein zu Verein stark und auch ihre Vorteile sind unterschiedlich. So zwingt die Salernitana zu Beginn der Saison 2023/24 ihre Tifosi nicht dazu, sich mit der Granata Card auszustatten, um bei Heimspielen ein Abonnement abzuschließen. Die Granata Card bietet jedoch eine Reihe von Vorteilen für den Besitzer: Tickets für Auswärtsspiele der Salernitana, Sonderangebote für Vereinsartikel und Angebote bei den Sponsoren des Vereins. Für die Mitgliedschaft gelten jedoch fast die gleichen Regeln wie für die Tessera, d. h. sie ist nicht zugänglich für Personen, die in den letzten fünf Jahren ein Stadionverbot erhalten haben und auf der Liste des Nationalen Elektronischen Zentrums der Polizei stehen. Schließlich gibt es auch Vereine, die über zwei Karten verfügen, wie z. B. Sampdoria mit der Doriacard, mit der man die Dauerkarte oder Eintrittskarten für Heimspiele und für Spiele außerhalb Genuas erwerben kann, wenn der Kartenverkauf uneingeschränkt ist. Die Sampcard hingegen ermöglicht den Kauf von Eintrittskarten bei Spielen von Sampdoria in anderen Stadien, und zwar auch dann, wenn die nationale Beobachtungsstelle für Sportveranstaltungen Beschränkungen für den Zugang zum Gästesektor ausspricht.

KAPITEL 7
Ultras im Angesicht der Kommerzialisierung des Fußballs

Der italienische Fußball an der Wende vom 20. zum 21. Jahrhundert

Die italienischen Fußballvereine sind schon immer das Ziel von Unternehmern aller Art. Die Mannschaft von Juventus ist untrennbar mit der Familie Agnelli verbunden, der Name Silvio Berlusconi bleibt unwiderruflich mit dem AC Milan verknüpft, genauso wie die Namen Angelo und Massimo Moratti, die lange Zeit den FC Inter leiteten. Auch Provinzmannschaften werden teilweise von charismatischen Persönlichkeiten geleitet: Pisa von Romeo Anconetani, Ascoli von Costantino Rozzi, Sampdoria von der Familie Mantovani (Paolo und später sein Sohn Enrico) und die Atalanta von den Bortolottis. Diesen Geschäftsleuten geht es in erster Linie nicht darum, aus ihrem Verein eine zusätzliche Einnahmequelle zu machen, sondern sie sind Präsidenten aus Leidenschaft. Im Laufe der 1990er-Jahre wird diese Vision des Fußballs, bei der die Präsidenten eine echte emotionale Bindung zu ihrem Verein aufbauen, immer mehr verschwinden. Die Rolle des Präsidenten wandelt sich von der eines Mäzen zu der eines Manager eines Wirtschaftsunternehmens. Die Verbindung zwischen finanziellen Investitionen und Siegen verfestigt sich. Zwischen 1983 und 1991 werden immerhin noch fünf der neun italienischen Meistertitel von anderen Mannschaften als den üblichen Teams aus Turin oder Mailand gewonnen.[692] In den folgenden Jahrzehnten wird dies so nicht mehr passieren. Seit 1992 geht der Scudetto systematisch an die beiden Mannschaften aus Mailand oder an Juventus. Nur Lazio und Roma gelingt es diese Vorherrschaft kurz zu brechen, indem sie die Meisterschaften 1999/00 und 2000/01 in die ewige Stadt holen.[693]

Die von der UEFA zu Beginn der 1990er-Jahre eingeführten Änderungen im Europacup verändern allmählich die Organisation der Fußballwettbewerbe. In der Saison 1992/93 wird der Europapokal der Landesmeister in Champions League umbenannt. Schon seit der vorangegangenen Saison wird der Hauptbewerb in einer Gruppenphase gespielt, wodurch mehr Spiele stattfinden und mehr Geld eingenommen werden kann.

692 Von den 118 italienischen Meistertiteln, die zwischen 1898 und 2022 vergeben werden (1916–1919, in der Saison 1926/27 sowie zwischen 1943 und 1945 wird kein Titel vergeben), gehen 81 an Mannschaften aus diesen beiden nördlichen Metropolen. Juventus dominiert (36 Titel), gefolgt vom AC Milan und Inter mit jeweils 19 Titel und schließlich Torino (sieben Titel).

693 Zu dieser Zeit konnten die Budgets der beiden römischen Vereine noch mit denen der Mannschaften der beiden Metropolen im Norden des Landes mithalten.

Die UEFA belässt es aber nicht dabei; sie ändert auch den Spielplan. Damals gibt es noch drei europäische Wettbewerbe im Vereinsfußball: den Europapokal der Landesmeister für Vereine, die in ihrem Land Landesmeister geworden sind, den Pokal der Pokalsieger für Klubs, die den nationalen Pokal gewonnen haben, und schließlich den UEFA-Pokal für jene Teams, die in ihrer nationalen Liga die oberen Ränge belegt haben. Die verschiedenen europäischen Spiele werden alle am Mittwoch ausgetragen. Durch die vorgenommenen Änderungen werden die verschiedenen Wettbewerbe in Zukunft von Dienstag bis Donnerstag ausgespielt. Der einheitliche Spieltag (in Italien an und für sich der Sonntag) im Fußball verschwindet somit. Aufgrund der Mehrfachbelastung müssen die Meisterschaftsspiele der betroffenen Mannschaften teilweise verschoben werden, womit mitunter an fünf von sieben Wochentagen gespielt wird.

Ab der Saison 1997/98 werden weitere Änderungen an der Champions League vorgenommen; sie wird nun auch für nationale Vereine geöffnet, die den jeweils zweiten Platz in den acht besten Ligen des Kontinents belegen. Auf Druck der großen europäischen Vereine, die sich in einer Lobby-Gruppe[694] zusammengeschlossen haben, erweitert die UEFA den Wettbewerb zwei Jahre später auch um die Mannschaften, die auf den dritten und vierten Plätzen in den wichtigsten Ligen des Kontinents liegen. In der Saison 1999/00 kommt es zu einer weiteren Umstrukturierung der europäischen Pokalwettbewerbe, da der Europapokal der Pokalsieger verschwindet. Es gibt nur noch zwei Wettbewerbe: die Champions League, an der die Vereine teilnehmen können, die den nationalen Titel gewinnen und die auf den Ehrenplätzen der besten europäischen Ligen landen, und den UEFA-Pokal, an dem die nationalen Vereine teilnehmen können, die sich in der Tabelle auf den vorderen Plätzen einordnen, sowie die Gewinner der nationalen Pokalwettbewerbe. Das sportliche Format des letztgenannten Pokals wird ab der Saison 2004/05 umgewandelt: Die Spiele im K.O.-System werden abgeschafft und in der ersten Phase des Wettbewerbs durch Gruppenspiele ersetzt. In der Saison 2009/10 wird der Wettbewerb in Europa League umbenannt, was deutlich zeigt, was die UEFA mit ihm erreichen will: man spielt um einen Trostpreis. Dies zeigt sich auch am Preisgeld.[695]

694 Vierzehn große europäische Vereine, die seit 2000 in der Lobby-Gruppe G14 zusammengeschlossen sind, träumen davon, eine europäische Fußballmeisterschaft mit den besten Mannschaften des Kontinents einzuführen. Das Modell ähnelt jenem der amerikanischen National Basketball Association, in der die besten amerikanischen Basketballvereine das ganze Jahr über gegeneinander antreten, ohne am Ende des Jahres abzusteigen.

695 Als Real Madrid 2014 die Champions League gewinnt, nehmen die Madrilenen 57 Millionen Euro an Fernsehrechten und Werbeeinnahmen ein, während Sevilla, der Gewinner der Europa League, nur 14,6 Millionen Euro erhält. Vgl. Marco Bellinazzo, *Goal economy*, Mailand: Baldini & Castoldi, 2015, S. 47–48. Anm. des Lektors: Ab der Saison 2021/22 wird mit der sogenannten Conference League wieder ein dritter europäischer Pokalbewerb ausgespielt, der das Feld der Europacupteilnehmer jedes Landes nochmals erweitert.

Die steigende Anzahl an Fußballspielen erfordert natürlich eine größere Anzahl an Kaderspielern: »1990 treten Fiorentina, Inter, Juventus, Lazio, Milan, Parma und Roma zu Beginn der Meisterschaft mit durchschnittlich 20 Spielern an, 1997 sind es schon 23 und 1999 im Schnitt 26 Spieler.«[696] Zu Beginn des 21. Jahrhunderts sind Mannschaften mit rund dreißig Spielern keine Seltenheit mehr. Im November 2014 wird dieses Wachstum vom italienischen Verband gestoppt, indem er ab der Saison 2015/16 die maximale Anzahl der Spieler pro Mannschaft auf 25 begrenzt. Um neue sportliche Talente zu finden, wenden sich die italienischen Vereine anderen Ländern zu, worin sie durch den Europäischen Gerichtshof unterstützt werden. Am 15. Dezember 1995 hat er ein Urteil erlassen, das den europäischen Fußball erschüttern wird. Der Fall geht auf den belgischen Fußballspieler Jean-Marc Bosman zurück. Dieser spielt damals beim FC Lüttich, der ihm jedoch einen Wechsel nach Dünkirchen untersagt. Er wehrt sich dagegen und bringt seinen Fall schlussendlich vor den Europäischen Gerichtshof, da er die Legitimität der Transferregeln im Hinblick auf das Gemeinschaftsrecht anzweifelt. Bis dahin dürfen nach den geltenden Regeln der UEFA und der nationalen Verbände, die diese Zahl festlegten, nur einige wenige Ausländer in jeder Mannschaft spielen. Mit dem Bosman-Urteil werden die europäischen Normen im Bereich des Arbeitsrechts auch für den Fußball geltend. Die Richter erklären die Beschränkung der Anzahl von EU-Spielern für illegitim, indem sie sich auf die Freizügigkeit von Arbeitnehmern innerhalb der Europäischen Union berufen. Darüber hinaus wird auch die von einem Verein bei Ablauf eines Vertrags geforderte Ablöse als illegal eingestuft. Die Anpassung an europäische Standards führt zu einem Zustrom ausländischer Spieler, die natürlich auch die Mannschaften auf der Halbinsel verstärken.

Das Urteil des Europäischen Gerichtshofs zu den Transferentschädigungen bringt die italienischen Vereine an den Rand des Bankrotts. Dies weiß man durch eine am 18. November 1996 verabschiedete Gesetzesmaßnahme zu verhindern: Das Gesetz Nr. 586 sieht vor, dass die Haushaltsdefizite der Vereine über einen Zeitraum von drei Jahren abgeschrieben werden können. Das Gesetz ändert auch das Wesen der Fußballvereine, die nun verpflichtet sind, alle Einnahmen zu reinvestieren und die Gewinne an ihre Anteilseigner auszuschütten. Es beginnt eine neue Ära für die italienischen Fußballklubs, die nun wie richtige Unternehmen geführt werden. Die Vereine suchen neue Investoren und können an die Börse gehen. Nur wenige nutzen diese Möglichkeit, um Geld zu beschaffen. Lazio unter dem Vorsitz von Sergio Cragnotti ist der erste Verein, der am 6. Mai

696 Antonio Papa, Guido Panico, siehe oben, S. 422.

1998 Neuland betritt und zu einer AG wird. Zwei Jahre später folgt die Roma, und 2001 schließlich Juventus. Der große Erfolg bleibt jedoch aus.[697]

Die Investitionen halten jedoch nicht immer mit dem übermäßigen Wachstum der Vereinsbudgets Schritt und das Missmanagement der Vereinsführung führt zu hohen Defiziten. Seit 1992 haben in Italien fast 180 Fußballvereine Konkurs angemeldet. Die Fiorentina, Napoli, Parma und Torino zählen zu den bekanntesten Fällen. Im Sommer 2001 muss der Verein aus Florenz seine besten Spieler verkaufen, da ein Gericht aufgrund der Schulden des Vereins, die sich auf über 65 Millionen Euro belaufen, ein Insolvenzverfahren eröffnet. Im darauffolgenden Jahr ist die Fiorentina offiziell zahlungsunfähig und es entsteht eine neue Gesellschaft namens Florentia Viola, als Diego Della Valle den Verein erwirbt. Die Mannschaft startet wieder in der Serie C2, der damals vierthöchsten Spielklasse im italienischen Fußball. Am 2. August 2004 zwingt das Gericht in Castel Capuano Napoli dazu, Konkurs anzumelden, da sich seit 1992 zu viele Schulden angehäuft haben. Die Mannschaft, die damals in der Serie B spielt, wird in die Serie C1 zurückgestuft und kehrt später unter dem Namen Napoli Soccer zurück, da der Verein vom Filmproduzenten Aurelio De Laurentiis aufgekauft worden ist. Der emblematischste Fall bleibt aber jener von Parma, das in elf Jahren zweimal Konkurs anmelden wird. Am 25. Juni 2004, nach dem Konkurs des Lebensmittelriesen Parmalat, dem der Verein gehört, tritt der FC Parma die Nachfolge des AC Parma an. Der Mannschaft gelingt es, sich trotz der Schulden in der Serie A zu halten, was auf ein Gesetz für insolvente Unternehmen zurückzuführen ist. Die finanziellen Probleme gehen jedoch weiter und in der Saison 2014/15 meldet der Verein schlussendlich Insolvenz an. Die Spieler werden monatelang nicht mehr bezahlt und in der darauffolgenden Saison wird ein anderer Verein neu gegründet. Der SSD Parma Calcio 1913 muss von der Serie D aus neu starten. Neben diesen ehemals ruhmreichen Mannschaften werden jeden Sommer auch Profimannschaften niedrigeren Niveaus, wie Ancona, Bari, Como, Cosenza oder Pisa zahlungsunfähig. Die Unterschiede in den Einnahmen aus den Fernsehrechten zwischen der Serie B und der Serie C sind sehr groß und ein sportlicher Abstieg kann einen Verein, dessen Management zu riskant agiert, schnell an den Rand der Insolvenz bringen. Bis zur Saison 2011/12 und der Reform der Serie C gehört Italien zu den Ländern mit den meisten Vereinen im Profifußball.[698]

697 Die Lazio-Aktie wird im Mai 1998 zu einem Preis von 11.500 Lire (5,90 Euro) ausgegeben und hat im Juli 2017 noch einen Wert von 9,63 Euro. Die Aktie der Roma kommt am 23. Mai 2000 zum Preis von 5,54 Euro auf den Markt und ist siebzehn Jahre später noch 0,46 Euro wert. Die Aktie der Juve wird im Dezember 2001 um 3,55 Euro ausgegeben. Ihr Wert beläuft sich fünfzehn Jahre später noch auf 0,56 Euro. Vgl. *Finanzia & Mercati*, »Il sole 24 Ore«, 25. Januar 2021.

698 In der Saison 2010/11 nehmen 49 Mannschaften an der Meisterschaft der Serie C2 teil, 36 in der Serie C1, 22 in der Serie B und 20 Mannschaften in der Serie A. Dies ergibt eine Gesamtzahl von 127 Profiteams. Nach der Reform der Serie C 2016/17 nehmen insgesamt noch 102 Profiteams an der drei Ligen teil.

Im italienischen Fußball sollte ein ausgeglichener Haushalt erreicht werden, indem die Klubs nur 60 % der Einnahmen für die Gehälter ausgeben. Dieses Verhältnis explodiert aber in der Saison 2001/02 und erreicht fast 100 %.[699] In den folgenden Jahren verschlechtert sich das Verhältnis zwischen Gehältern und Einnahmen der Vereine noch deutlicher. Erst in der Saison 2014/15 kehrt es auf ein vernünftigeres Niveau von 76,8 % zurück.[700] Insgesamt bleibt der italienische Profifußball bei einem Vermögen von 2,597 Milliarden Euro und Verbindlichkeiten von 3,116 Milliarden Euro jedoch hoch verschuldet.[701] Um mit den anderen europäischen Mannschaften konkurrieren zu können, müssen neue Geldquellen her, zum Beispiel durch das Privatfernsehen. Die Privatsender stützen sich auf das Produkt Fußball, um Neukunden zu gewinnen. Da sie nur gegen ein kostenpflichtiges Abonnement empfangbar sind, setzen sie besonders auf die Übertragung von Fußballspielen, um neue Märkte zu erschließen. Fußball ist eines der interessantesten Produkte für die Fernsehbranche, da er Millionen von Zuschauern anzieht. Die Übertragungen der Meisterschaftsspiele ermöglichen es, eine klar definierte wirtschaftliche Zielgruppe zu erreichen, sodass die Betreiber durch den Verkauf von Werbeeinschaltungen viel Geld verdienen können. Die Durchschlagskraft des Produkts Fußball bei einem heterogenen Publikum macht diesen Sport zu einem außergewöhnlichen Verstärker für die Sichtbarkeit jedes Unternehmens, das dort investiert.

Im Vereinigten Königreich wird am 29. August 1936 zum ersten Mal ein Fußballspiel (Arsenal–Everton) im Fernsehen der BBC übertragen. Auf der italienischen Halbinsel kann man am 5. Februar 1950 zum ersten Mal ein Spiel der Serie A (Juventus–AC Milan) im TV sehen. Damals ist ein Fernseher jedoch noch ein Luxusgegenstand, der sich vor allem in Bars, Gemeinschaftsräumen oder in Schaufenstern findet. Die landesweite Verbreitung von Fernsehgeräten beginnt erst in den Jahren des Wirtschaftsbooms, in den 1960ern setzt sich der kleine Bildschirm endgültig durch. 1958 verfügen nur 12 % der italienischen Haushalte über einen Fernseher, im Jahr 1964 besitzen schon zwei Drittel der Italiener einen solchen. Dieses Objekt symbolisiert wie kaum ein anderes den endgültigen Triumph der Konsumgesellschaft auf der Halbinsel.[702] Bis 1981 zahlen die Fernsehsender keine Gebühren für die Ausstrahlung von Bildern der Sportwettkämpfe. Im selben Jahr wird angesichts der Expansion der privaten Anbieter der erste Exklusivvertrag zwischen der RAI und der Fußballliga abgeschlossen. Für drei Milliarden Lire (rund 1,5 Millionen Euro) pro Jahr dürfen nur die Kameras der öffentlich-rechtlichen Sendeanstalt in den

699 Marco Bellinazzo, siehe oben, S. 62.
700 FIGC, Deloitte & Touche, *Il conto economico del calcio italiano*, 2016, S. 15.
701 Ibid, S. 42.
702 Vgl. Frédéric Attal, siehe oben, S. 199–201.

Stadien filmen und die Bilder der Spiele, die für die Zuschauer noch kostenlos sind, übertragen. Dieser Betrag steigt mit dem Einstieg der privaten Fernsehsender der Gruppe Mediaset des Magnaten Silvio Berlusconi. Für die Saison 1992/93 erhält die Liga von der RAI und Mediaset bereits die Summe von 110 Milliarden Lire.

Eine zweite Revolution findet im Juni 1993 statt, als die Liga einen Vertrag mit einem dritten Partner, dem Sender *Tele+*, abschließt.[703] Um dieses verschlüsselte Programm zu empfangen, muss man einen Decoder besitzen und dafür ein monatliches Abonnement bezahlen. Dafür bekommt man live ein Spiel der Serie A, das auf Sonntagabend verlegt wird, und ein Spiel der Serie B, das auf Samstagabend vorverlegt wird. Damit wird der bis dato »heilige« und alternativlose Sonntagnachmittag das erste Mal in Frage gestellt. Am 29. August 1993 findet mit Lazio–Foggia das erste Spiel statt, das auf einem Pay-TV-Kanal übertragen wird. Dank der zusätzlichen Einnahmen durch das verschlüsselte Fernsehen erhält die Liga in den folgenden drei Spielzeiten 200 Milliarden Lire pro Jahr. Im Jahr 1996 wird das Konzept des sogenannten Pay-per-view auf der Halbinsel eingeführt.[704] Tele+ bietet an, alle Spiele zu übertragen, was den Organisatoren der italienischen Serie A und B 400 Milliarden Lire einbringt. Im darauffolgenden Jahr erwirbt auch der Sender Stream TV einige Rechte, und RAISAT, der digitale Kanal des öffentlich-rechtlichen Senders, kauft die Übertragungen der dritten Liga. Dieser einsetzende Wettlauf um die Übertragungsrechte beschert den Funktionären einen wahren Geldregen. Der Wettbewerb ermöglicht wie immer höhere Preise. Aber das reicht den Präsidenten nicht, sie wollen noch mehr Geld. Der Verband erhöht ab September 2003 die Anzahl der Mannschaften in den Serien A und B, nachdem der auf dem sportlichen Weg abgestiegene Verein Catania Einspruch eingelegt hat. Von achtzehn Vereinen wird die Zahl in der Serie A auf zwanzig erhöht. In der Serie B spielen nun 22 Mannschaften, wodurch die Anzahl der Spiele pro Saison erhöht werden kann.

Im selben Jahr 2003 schließen sich Tele+ und Stream TV zur Plattform Sky Italia zusammen, die auf diese Weise ein Monopol bilden und die Preise senken zu können. In der Saison 2003/04 wird ein weiterer Kanal namens Gioco Calcio gegründet, der von einigen Fußballvereinen der Serie A und B initiiert wird, um deren Erträge zu erhöhen. Nach nur einem Jahr wird die neue Plattform aber wieder abgedreht. Nur Silvio Berlusconi, der Eigentümer von Mediaset, ist weiter in der Lage, mit Sky zu konkurrieren. Seit 2004 teilen

703 Tele+ wird im Zuge der Liberalisierung des audiovisuellen Sektors 1990 von drei Wirtschaftsmagnaten gegründet (darunter Vittorio Cecchi Gori, Präsident der Fiorentina von 1993 bis 2003). Als Minderheitsaktionär fungiert Silvio Berlusconi, damals Eigentümer des AC Milan. 1997 wird Tele+ zur italienischen Tochtergesellschaft des französischen Senders Canal+.

704 Diese amerikanische Technik wird schon 1977 von der Basketballmannschaft der Portland Trail Blazers getestet, die die US-Meisterschaft gewinnen. Sie beschließen, den Fans gegen Geld anzubieten, die Spiele ihrer Mannschaft von zu Hause aus verfolgen zu können.

sich die beiden Konzerne den Fußballmarkt im verschlüsselten Fernsehen und erhöhen damit die Einnahmen der Vereine. Der Preis für die Übertragungsrechte für die Serie A steigt zwischen der Saison 2004/05 und 2009/10 von 570 auf 730 Millionen Euro. Die Verteilung der Fernsehrechte ist jedoch Anlass für langwierige juristische Auseinandersetzungen. Die Fußballgremien, die die Verhandlungen führen, lassen unter dem Druck der großen Vereine mit Millionen von Fans im ganzen Land jede Mannschaft direkt mit den Fernsehveranstaltern verhandeln. Mit der Wahl von Romano Prodi zum Ministerpräsidenten im Jahr 2006 ändert sich die Situation im Fernsehbereich. Durch das Gesetzesdekret Nummer 9 vom 9. Jänner 2008 müssen die TV-Rechte im Paket erworben werden, um eine gerechtere Verteilung der Fernsehgelder zu erreichen und so den sportlichen Wettbewerb zu fördern. Der Kampf zwischen Mediaset und Sky geht weiter, und der erste Fünfjahresvertrag, der von der Saison 2010/11 bis zum Ende der Saison 2014/15 gilt, bringt der Serie A jährlich 990 Millionen Euro. Beim folgenden Dreijahresvertrag erhöht sich der Ertrag nochmals auf 1,2 Milliarden Euro pro Saison.[705] Für den Zeitraum von 2018 bis 2021 rechnet man mit Einnahmen von jährlichen 1,42 Milliarden Euro. Mittlerweile teilen sich DAZN und Sky den Markt. Trotz der Covid-Epidemie, die die Einschaltquoten der Fernsehspiele in der Saison 2019/20 sinken lässt, ist die Marke von 1 Milliarde Euro weiter das Ziel, das für den Dreijahresvertrag von 2021 bis 2024 erreicht werden soll.

Im September 1999 beschließt die Liga, weitere Meisterschaftsspiele den Bedürfnissen des Fernsehens entsprechend zu terminisieren: Ein Spiel der Serie B wird auf Freitagabend und ein Spiel der Serie C auf Montagabend verlegt. Die Forderungen der Fernsehanstalten werden quasi zum Gesetz, da die Sportfunktionäre von diesem Geld völlig abhängig geworden sind. Die Rechte an der Serie A werden, wie bei anderen großen Wettbewerben auf dem Kontinent auch, weltweit verkauft. Die Einnahmen der Stadionkassen spielen nur noch eine untergeordnete Rolle. Das Publikum vor Ort wird auf seine dekorative Rolle reduziert, die Fernsehsender finanzieren mittlerweile den weitaus größten Teil der Vereinsbudgets. Innerhalb von zwei Jahrzehnten hat sich der italienische Fußball von einer amateurhaften Verwaltung der Fernsehrechte unter die totale Kontrolle der Fernsehsender, die exorbitante Summen bieten, begeben. Im Gegenzug stellen sie den Spielplan auf den Kopf, indem sie zahlreiche Begegnungen verlegen, um das Interesse der Zuschauer hoch zu halten. Denn mittlerweile ist es möglich, jeden Abend der Woche vor dem Fernseher zu verbringen und Fußball zu schauen: von Freitag bis Montag die italienische Meisterschaft, von Dienstag bis Donnerstag die europäischen Wettbewerbe und nicht zu vergessen die Spiele im italienischen Pokal und die der Nationalmannschaft.

705 Vgl. Marco Bellinazzo, siehe oben, S. 56–58.

Im September 2002 werden die Begegnungen der Serie B unter dem Vorwand, ihr mehr Aufmerksamkeit zu verschaffen, auf den Samstagabend gelegt. Angesichts einer von den Ultras initiierten und von den Vereinspräsidenten der Serie B unterstützten Protestbewegung gegen dieses Vorhaben macht die Liga einen teilweisen Rückzieher. Aber in der Saison 2005/06 bekommt die Serie B mit dem Samstagnachmittag einen neuen Zeitpunkt, wobei ein Spiel verschoben wird, damit es am Freitagabend und ein zweites am Montagabend im Fernsehen übertragen werden kann. Das Format der Serie A unterliegt der gleichen Aufteilung mit zwei weiteren Spielen, die ab der Saison 1999/00 auf Samstagnachmittag und -abend verlegt werden, wobei das letzte Spiel immer auf Sonntagabend verlegt wird. Seit der Saison 2010/11 wird ein Spiel der Serie A am Sonntag um 12:30 Uhr ausgetragen, sodass es nur noch sechs Spiele gibt, die am klassischen Sonntagnachmittag zur gleichen Zeit stattfinden. Die Ausschreibung, die die Vergabe der Übertragungsrechte für die Serie A von der Saison 2018/19 bis zur Saison 2020/21 betrifft, sieht ab 2018 nur noch sechs Spiele am Sonntag vor: das erste um 12:30 Uhr,[706] dann drei weitere um 15:00 Uhr, ein Spiel um 18:00 Uhr und schließlich das letzte um 20:30 Uhr. Drei weitere Spiele werden am Freitag, Samstag und Montagabend stattfinden. In der Saison 2020/21 werden nur noch zwei Spiele am Sonntag um 15 Uhr beibehalten.

Der moderne Fußball: Vom Fan zum Konsumenten

Zu Beginn des 21. Jahrhunderts hat der Profifußball seine sportliche Bedeutung zusehends verloren und ist in ein kommerzielles Zeitalter eingetreten. Die Verdienstmöglichkeiten, die damit einhergehen, sind grenzenlos, die größten Vereine des alten Kontinents buhlen mit Millionenbeträgen um die besten Spieler, und die Fernsehsender verlangen hohe Preise für die Bilder der verschiedenen Wettbewerbe. Die traditionellen Einnahmen aus Werbung und Eintrittskarten reichen nicht mehr aus, um den Finanzbedarf der Fußballvereine zu decken. Das Vorbild für die italienischen Fußballmanager liegt jenseits des Ärmelkanals. Die Umstrukturierung der englischen Meisterschaft zur Premier League im Jahr 1992 lässt auch die Funktionäre in Italien träumen. Im Laufe der 1990er-Jahre wachsen die finanziellen Möglichkeiten der englischen Mannschaften, während sie gleichzeitig ein neues Publikum in die Stadien locken, was es ihnen ermöglicht, zu ihrem besten sportlichen Niveau zurückzukehren und ihre Einnahmen zu steigern, insbesondere durch die Vermarktung von Merchandising-Artikeln. In diesem merkantilen Fußballkonzept

706 Dies geschieht um der Nachfrage des asiatischen Marktes, vor allem des chinesischen, gerecht zu werden. Im Juni 2016 wird Inter von einer chinesischen Holding übernommen. Von April 2017 bis Juli 2018 ist auch der AC Milan in chinesischer Hand.

wird der Fan nur mehr als Konsument betrachtet und es wird alles getan, damit er möglichst viel Geld für seine Leidenschaft ausgibt, ähnlich wie bei den Mannschaftssportarten in Nordamerika. Die englischen Stadien ähneln immer mehr Einkaufszentren. Die Atmosphäre wirkt oft sehr zurückhaltend, da das ursprüngliche Publikum, das hauptsächlich aus der Arbeiterklasse stammt, aufgrund der rasant steigenden Ticketpreise aus den Stadien vertrieben wurde. Die Umstrukturierung der englischen Stadien nach dem Taylor-Report zu Beginn der 1990er-Jahre entspricht dem Übergang von einem Sport mit einem vorwiegend volkstümlichen Publikum zu einem Sport, der plötzlich den durch den wirtschaftlichen Aufschwung begünstigten sozialen Schichten vorbehalten ist.

In Italien streben die Verantwortlichen der Fußballliga[707] ebenfalls nach Gewinnmaximierung, Diversifizierung der Einnahmen und Steigerung der Erträge von Investitionen. Trotz dieser Politik, die die Sportfunktionäre betreiben, befindet sich der Fußball aber in einer Krise, da Dutzende von Vereinen verschuldet sind und ihr Überleben nur mehr verschiedenen Gesetzen verdanken. In dem Bestreben, ihre Einnahmequellen zu verbessern, werden neue Strategien entwickelt, die sich auf verschiedene kommerzielle Aspekte konzentrieren. Die Marke Lega Calcio wird 1996 anlässlich des 50-jährigen Jubiläums der Gründung der Fußballliga ins Leben gerufen.

Am 1. Juli 2010 teilt sich die Liga offiziell in die Lega Nazionale Professionisti Serie A und die Lega Nazionale Professionisti Serie B. Im dritten Jahrtausend sind die Fußballvereine auf der Suche nach neuen Profiten: vom Handel mit einer Vielzahl von Merchandising-Produkten bis zum Verkauf von Lizenzen, von der direkten Verwaltung der Fernsehrechte bis zu den Möglichkeiten, die sich aus der Entwicklung neuer Technologien ergeben (Abonnements der Vereinswebseite über das Internet, Newsletter oder die Möglichkeit, Spiele auf Mobiltelefonen bzw. dem klubeigenen TV-Kanal anzusehen). Hinzu kommt das Sponsoring der Fußballmeisterschaften bis zur Organisation von Begleitveranstaltungen. Ein Teil dieser kommerziellen Initiativen wird von den größten italienischen Vereinen ins Leben gerufen. Juventus ist seinen Konkurrenten in diesem Bereich weit voraus.

Um die Einnahmen zu erhöhen, wird zum Beispiel versucht, die Verwaltung von privatisierten Stadien zu übernehmen. In diesen Stadien werden mehr Logen und VIP-Bereiche geschaffen, Museen gebaut und der Name der Spielstätte wird verkauft. Diese als Naming bezeichnete Technik hat ihren Ursprung ebenfalls in den USA. In Europa zählt Italien zu den Vorreitern dieser neuen Art von Sponsoring. 1995 wird das neue Stadion

707 Die Lega Nazionale Professionisti organisiert seit der Saison 1946/47 die wichtigsten Fußballwettbewerbe in Italien (Serie A, Serie B, Italienischer Pokal, Italienischer Supercup und die Nachwuchsbewerbe der Primavera (Meisterschaft, Pokal und Supercup)).

in Reggio Emilia nach dem lokalen Lebensmittelproduzenten Giglio benannt.[708] 2013 wird das Stadion an den Klub aus Sassuolo verkauft und der Sponsorname ändert sich. 2016 folgt auch die Udinese und ein Jahr später Juventus diesem Vorbild. Trotzdem kann man das angelsächsische Modell nicht 1:1 auf Italien umlegen. Die meisten italienischen Sportstätten sind veraltet und wirken fast schon anachronistisch. Auch der Umgang mit den Zuschauern ist ein völlig anderer: In England wird das Stadionpublikum als Kundschaft betrachtet, die es zu befriedigen gilt; in Italien hingegen werden die Tifosi oft als potenzielle Unruhestifter angesehen.

Auf sportlicher Ebene ist der langsame Niedergang des italienischen Fußballs zu beobachten. Im Laufe der 1990er-Jahre wird die Serie A, die immer noch eine der besten Ligen Europas ist, von der Konkurrenz, hauptsächlich aus Spanien und England, überholt. Auf der Halbinsel steigen die Ticketpreise allmählich an, auch in den Kurven, wo sich die Ultras versammeln. Die Verantwortlichen kopieren das englische Modell und hoffen so, den fanatischen und immer wieder über die Stränge schlagenden Teil des Publikums loszuwerden und durch Familien zu ersetzen. Der neue Fan soll in erster Linie ein Konsument des Produkts Fußball sein. In Italien hat dies jedoch nicht den gewünschten Effekt. Im Gegenteil, ab der Saison 1997/98 kommt es zu einer allmählichen Erosion bei den Besucherzahlen. In zwanzig Spielzeiten wird die Zuschauerzahl von durchschnittlich 29.447 Zuschauern in der Saison 1995/96 auf durchschnittlich 22.221 Zuschauer pro Spiel in der Saison 2015/16 zurückgehen. Die überhöhten Ticketpreise sind nicht die einzige Erklärung dafür; Maßnahmen gegen die ausufernde Gewalt (von der personalisierten Eintrittskarte bis zur Tessera del Tifoso) und Skandale im Zusammenhang mit dem italienischen Fußball sind ebenfalls Faktoren, die zum Rückgang der Besucherzahlen beitragen, sowie die Vormachtstellung des Fernsehens, die die Gewohnheiten der Tifosi total ändert.

Die Möglichkeit, die Spiele der eigenen Mannschaft im Fernsehen zu verfolgen, wird das Verhalten der Fans nachhaltig verändern. Man muss nicht mehr quer durch das ganze Land reisen, um seine Mannschaft spielen zu sehen, sondern kann zu Hause bleiben oder in eine nahe Bar gehen, um die Spiele zu verfolgen. Die Behörden profitieren davon, denn wenn die Zuschauermassen begrenzt sind, lassen sie sich auch leichter kontrollieren. Am Beispiel des Spiels Fiorentina-Roma vom 9. April 2001 lässt sich das gut aufzeigen. Der sportliche Höhenflug der Römer lässt eine wahre Invasion erwarten.[709] Die große Rivalität zwischen den beiden Fanlagern stellt die öffentliche Sicherheit in Frage, zudem werden

708 In Europa gehört neben Italien auch Deutschland zu den Vorreitern in diesem Bereich. Der Hamburger SV hat den Namen seines Stadions bereits 2001 an einen Internetanbieter abgetreten. In England macht es der Arsenal FC bei der Einweihung seines neuen Stadions im Jahr 2006 gleich. In Frankreich ist Le Mans 2011 der erste Verein, der diese Art von Partnerschaft eingeht.

709 In der Saison 2000/01 gewinnt die Roma den Scudetto und wird bei jedem Spiel zu einem Zuschauermagneten. Den Höhepunkt erreicht dieser Triumphzug am 25. Mai 2001 in Bari, wohin rund 25.000 Romanisti reisen.

die Karten für den Gästeblock schnell zur Mangelware. Um einem möglichen Exodus vorzubeugen wird das Spiel vom Sonntag auf den Montag verlegt und zugleich auf einer großen Leinwand im Olympiastadion von Rom gezeigt. Das alles verhindert trotzdem nicht, dass sich am Ende rund 7000 Romanisti auf den Weg nach Florenz machen.

Die Ultras-Gruppen sind natürlich nicht bereit, diesen Zustand zu akzeptieren. Alle Zwangsmaßnahmen, die darauf abzielen, sie von den Stadien fernzuhalten, bewirken das genaue Gegenteil. Sie werden dadurch noch entschlossener in ihrem Kampf gegen den Fußball, den sie abwertend als Calcio moderno bezeichnen. Das Fernsehen und die Repression scheinen gemeinsam darauf abzuzielen, das Stadionpublikum durch eine neue Zielgruppe zu ersetzen. Der neue Zuschauer agiert weniger folkloristisch und warmherzig, ist aber im Gegenzug bereit, viel mehr Geld für seinen Verein auszugeben und die Entscheidungen der Vereinsführung kaum infrage zu stellen. Der Fußball des 21. Jahrhunderts ist eine Ware, die sich an den Meistbietenden verkaufen lässt. Ein weiteres Beispiel dafür ist das Spiel um den italienischen Supercup[710] zwischen Parma und Juventus, das am 25. August 2002 in Tripolis (Libyen) stattfindet. Dazu muss man wissen, dass der Sohn des seinerzeitigen libyschen Machthabers Muammar al-Gaddafi ein leidenschaftlicher Fußballfan ist.[711] Er spielt damals auch in der Nationalmannschaft seines Landes. Die Firmengruppe Lafico ist zeitgleich auch Aktionär von Juventus.[712] Gaddafi zahlt dem italienischen Fußballverband eine Million Euro, damit das Spiel in Libyen ausgetragen werden kann.[713] In dieser Richtung ist Italien Vorreiter, denn bereits 1993 findet das Duell um den Supercup in Washington statt, um für die Weltmeisterschaft 1994 in den USA zu werben. Seitdem wird das Spiel um den Supercup immer wieder fernab der Halbinsel gespielt.[714]

Ein weiterer übler Aspekt, den der moderne Fußball nach sich zieht, betrifft Vereine und Sportler, die durch die übertriebene Kommerzialisierung verändert werden. Die Spieler verkaufen sich an den Meistbietenden und wechseln bis zu zweimal pro Saison die Mannschaft. Das Verhältnis zwischen den Ultras und ihren Spielern, die nur mehr

710 In diesem Wettbewerb treten seit 1988 der italienische Meister und der italienische Pokalsieger gegeneinander an.

711 Saadi Gaddafi steht für zwei Spielzeiten (2003/04 und 2004/05) im Kader von Perugia, wo er insgesamt aber nur 15 Minuten spielt. In der Zwischenzeit wird er im Oktober 2003 wegen Dopings für drei Monate gesperrt und wechselt in der Saison 2005/06 zu Udinese, wo er wiederum nur ein Spiel bestreitet. In der darauffolgenden Saison beendet er seine Karriere bei Sampdoria, ohne aber ein einziges Spiel zu bestreiten.

712 Der staatliche Konzern Lafico (Akronym für Lybian Arab Foreign Investment Company) besitzt zu diesem Zeitpunkt 7,5 % der Anteile am Turiner Verein.

713 Fabio Monti, *Tripoli sogna una supercoppa per la Juve*, »Corriere della Sera«, 25. August 2002, S. 38.

714 Im Jahr 2002 wird das Spiel in Tripolis ausgetragen, 2003 findet der Supercup in New York, dann dreimal auch in Peking (2009, 2011 und 2012) statt. Es folgen Spiele in Doha (2014 und 2016) und Saudi-Arabien (2018 und 2019). Zwischendurch wird in Shanghai (2015) gespielt. Anm. des Lektors: Während der Pandemie wurde das Finalspiel der Jahre 2020 und 2021 in Italien ausgetragen. Das Finale 2022 zwischen Milan und Inter geht im Jänner 2023 wieder in Saudi-Arabien über die Bühne.

als Söldner gesehen werden, verschlechtert sich. Der Fall des brasilianischen Spielers Ronaldo Luis Nazario de Lima ist typisch dafür. Er wird in der Saison 1997/98 von Inter verpflichtet, ist dann aber sehr lange Zeit verletzt. Trotzdem erhält er die volle Unterstützung des Vereins und seiner Tifosi. Er bestreitet in fünf Spielzeiten nur 68 Spiele und unterschreibt 2002, als er wieder sportlich reüssiert, bei Real Madrid. Im Jahr 2007 wechselt er dann schließlich ausgerechnet zu Inters Erzrivalen Milan. Fußballer, die ihre ganze Karriere lang für ein und dieselbe Mannschaft spielen, sind in diesem Sport mittlerweile eine Anomalie. Der Römer Francesco Totti, der ausschließlich bei der Roma spielt, und sein Alter Ego Paolo Maldini beim AC Milan scheinen die wenigen Ausnahmen zu sein, die die Regel bestätigen, dass Profisportler sich dem Ziel verschrieben haben, möglichst viel Geld zu verdienen. Dem gegenüber sehen sich die Tifosi, vor allem die Ultras, als letzte Mohikaner.

Die Nummerierung der Trikots wird wie im American Football immer beliebiger und nicht mehr nach Positionen auf dem Feld ausgerichtet. Aus Marketinggründen werden die Trikots mit ausgefallenen Zahlen bis zur Nummer 99 versehen. Es gibt noch einen letzten Sektor, der von den Klubverantwortlichen begehrt wird, nämlich die Vermarktung von Merchandising-Artikeln, die mit Fußballvereinen in Verbindung stehen. Das angelsächsische Modell garantiert hohe Einnahmen aus dem Verkauf von Artikeln in den Farben der verschiedenen Mannschaften. Allerdings ist dieser Markt in Italien nie wirklich in Gang gekommen. Im Gegensatz zu anderen Ländern tragen nicht viele Tifosi das Original-Trikot ihres Vereins im Stadion. Die Italiener bevorzugen den Schal, der ein unverzichtbares Element bleibt. Diese Schals werden jedoch nur selten im offiziellen Shop gekauft. Bei jedem Spiel sind die Stände der Straßenhändler vor den Stadien allgegenwärtig. Für einen geringeren Betrag als im offiziellen Fanshop kann man eine große Auswahl an gefälschten Accessoires erwerben. Diese Verkäufe gehen auf Kosten der Fußballvereine, da für die Verwendung von Klubsymbolen keine Genehmigung erforderlich ist. Hinzu kommt die Vermarktung von Gadgets seitens der offiziellen Fanklubs und nicht zuletzt der Ultras-Gruppen.

Immer wieder Skandale

Die Geschichte des Fußballs auf der Halbinsel ist durchzogen von Betrügereien. Der erste größere Skandal ereignet sich schon in der Saison 1926/1927. Torino gewinnt die Meisterschaft, obwohl das Turiner Derby vom 5. Juni 1927 unter Korruptionsverdacht steht. Schließlich wird den Granata der Titel aberkannt und keiner Mannschaft zugesprochen, da offenbar mehrere andere Begegnungen der Meisterschaft auch manipuliert worden sind. Am 31. Mai 1953 werden drei Spieler von Pro Patria am letzten Spieltag der Meisterschaft von ihren Gegnern der Udinese bezüglich Spielmanipulation angesprochen, wie der Verteidiger Rinaldo Settembrino ein Jahr später enthüllt. Am 1. August 1955 versetzen die Sportbehörden Udinese deshalb in die Serie B zurück, obwohl der Verein in der Saison 1954/55 den zweiten Platz in der Tabelle errungen hat. In derselben Saison wird der Schiedsrichter Ugo Scaramella zweimal vom Verein aus Catania für 1,5 Millionen Lire gekauft. Der Vermittler dieses Geschäfts enthüllt schließlich die Details dieses Deals und die Sizilianer werden am 6. August 1955 in die Serie B zurückgestuft.

Auch andere Korruptionsfälle sorgen für Schlagzeilen, wie in der Saison 1955/56, als Piacenza der Abstieg aus der Serie C droht. Der Verein versucht sich daraufhin den Sieg gegen Piombino am 19. April 1956 mit einer Million Lire zu sichern. Einige Monate später wird der Skandal aufgedeckt und Piacenza steigt ab. Ein ähnlicher Fall ereignet sich in der Serie A am 30. März 1958, als Atalanta verdächtigt wird, den 3:0-Auswärtssieg bei Padova erkauft zu haben. Die FIGC versetzt den Klub aus Bergamo zur Strafe in die Serie B, während ein Spieler von Padova mit einer lebenslangen Sperre belegt wird.[715]

Am 16. April 1960 wird ein Fußballspieler der Atalanta von einem ehemaligen Teamkollegen angesprochen, damit Genoa am nächsten Tag in Bergamo als Sieger vom Spielfeld gehen kann. Die Abmachung fliegt jedoch sofort auf und die Behörden verhängen gegen den ligurischen Verein einen Abzug von 28 Punkten für die folgende Spielzeit. In der Saison 1973/74 besticht der Präsident von Hellas Verona einen neapolitanischen Spieler, während ein Funktionär von Foggia den Schiedsrichtern Luxusuhren anbietet. Beide Vereine werden am 18. Juli 1974 von den Sportbehörden mit einem Punkteabzug bestraft, der zu ihrem Abstieg in die Serie B führt.

In den 1980er-Jahren werfen zwei ganz andere Skandale ein schiefes Licht auf den italienischen Fußball. Die bisherigen Fälle von Spielmanipulationen haben alle denselben Hintergrund: Skrupellose Manager wollen sich den Sieg ihrer Mannschaft erkaufen. Der Fall jedoch, der am 1. März 1980 aufkommt, geht schon in Richtung des organisierten Verbrechens. An diesem Tag erstatten zwei Geschäftsleute, die sich betrogen fühlen, Anzeige. Sie enthüllen dabei ein heimliches Wettsystem, das unter dem Namen Totonero bekannt wird und über dem der Schatten des organisierten Verbrechens liegt. Sie nehmen sich das berühmte Totocalcio (das am 5. Mai 1946 eingeführte legale Wettsystem) zum Vorbild, bei dem auf den Ausgang von jeweils dreizehn Fußballspielen gewettet wird. Zwischen Dezember 1979 und Februar 1980 werden Dutzende von Spielern bestochen

715 Der Fall wird nach dem Einspruch des Spielers erneut aufgerollt und der Föderale Verwaltungsrat entscheidet am 3. November 1959, die Sperre des Beschuldigten auf zwei Saisonen zu reduzieren und die Atalanta zu entlasten.

und die Ergebnisse der Spiele im Voraus arrangiert, um durch die illegalen Wetten Geld zu verdienen. Fußballer beteiligen sich an diesem System, indem sie selbst Geld auf diese manipulierten Begegnungen setzen. Die Omertà wird von einem Spieler der Lazio, Maurizio Montesi, durchbrochen, der die Absprachen in der Presse anprangert.[716] Am Sonntag, dem 23. März 1980, wenige Minuten nach Ende der Spiele, wird eine Polizeiaktion im Auftrag der Staatsanwaltschaft durchgeführt: Der Präsident des AC Milan und dreizehn Fußballspieler werden in verschiedenen Stadien der Halbinsel festgenommen. Die Behörden reagieren auf den Skandal und beschließen, dass Lazio und Milan in der Saison folgenden Saison 1980/81 nur mehr zweitklassig spielen dürfen. Avellino, Perugia und Bologna werden mit einem Abzug von fünf Punkten bestraft und achtzehn Spieler werden gesperrt. Nach dem Sieg Italiens bei der Weltmeisterschaft 1982 werden die Strafen für die Spieler verringert. Die Ziviljustiz ist nachsichtiger und spricht die Angeklagten frei, da es den Straftatbestand des Sportbetrugs im italienischen Strafgesetzbuch damals noch nicht gibt. Es dauert bis zum 10. Dezember 1989 und dem Gesetz Nr. 401, bis Sportbetrug im Zusammenhang mit illegalen Wetten bestraft werden kann.[717]

1986 wird ein zweiter Fall im Zusammenhang mit illegalen Wetten aufgedeckt, nachdem am 2. Mai ein Assistent des Napoli-Verantwortlichen Italo Allodi verhaftet worden ist. Die Justiz ordnet eine Telefonabhörung an, die ergibt, dass die Ergebnisse mehrerer Spiele im Voraus abgesprochen wurden. Drei Vereine der Serie A, zehn der Serie B und sechs der Serie C sind involviert, doch die Justiz ist eher milde gestimmt. Napoli wird nicht einmal in die Untersuchungen miteinbezogen und im Berufungsverfahren am 16. August 1986 werden schlussendlich nur neun Mannschaften für die gerade beginnende Saison bestraft: Vicenza wird der Aufstieg in die Serie A verwehrt, während Cavese und Perugia, die an und für sich in die Serie C1 aufgestiegen wären, weiter eine Klasse niedriger spielen müssen. Die anderen Vereine erhalten Punkteabzüge und Sperren von Vereinsoffiziellen und Spielern.

Während der Meisterschaft 1986/87 steht der neapolitanische Verein noch immer im Mittelpunkt des Medieninteresses, da er überraschend die Meisterschaft gewinnt, wodurch dem organisierten Verbrechen, das den Totonero beherrscht, Millionen von Lire verloren gehen. Das Saisonfinale des folgenden Jahres lässt allerdings auf eine Einflussnahme der Mafia schließen. Wieder dominiert die Mannschaft aus Neapel die Meisterschaft, bevor ihr am Ende aber zur Verwunderung aller die Luft ausgeht und sie vier der letzten fünf Spiele verliert. Der AC Milan darf sich schlussendlich über seinen elften Scudetto

716 Giorgio Viglino, *Altri giocatori sono coinvolti*, »La Stampa«, 04. März 1980, S. 22.

717 Außerdem führt er ein Stadionverbot für gewalttätige Zuschauer ein.

freuen. Die Camorra dürfte sich damit das im Vorjahr verloren gegangene Geld wieder zurückgeholt haben. Die Justiz leitet diesbezüglich zwei Untersuchungen nach der letzten Meisterschaftsrunde ein.[718]

Der gesunde und edle Ehrgeiz des sportlichen Wettkampfs ist schon lange nicht mehr die Hauptmotivation der Akteure und Führungskräfte im Profifußball. Die zunehmenden finanziellen Interessen und die allmähliche Veränderung der Wettbewerbe am Ende des 20. Jahrhunderts führen zu immer mehr Skandalen. Die verschiedenen Mannschaften spielen nicht nur um eine Meisterschaft, sondern repräsentieren auch wichtige wirtschaftliche und politische Interessen. Nur mehr der Sieg ist entscheidend. Dadurch wird der Fußball zu riskant, um ihn allein den Spielern auf dem Spielfeld zu überlassen. Die Beteiligung des organisierten Verbrechens ist eine erwiesene Tatsache und der Fußball gerät durch Gerichtsverhandlungen und Strafurteile immer häufiger in die Schlagzeilen der Medien.

2001 leitet die Staatsanwaltschaft von Udine Ermittlungen wegen eines illegalen Passhandels unter Fußballspielern ein. Seit dem Bosman-Urteil ist die Zahl der EU-Sportler in den Mannschaften der Europäischen Union nicht mehr begrenzt. Lediglich für Spieler aus Drittländern gelten noch Beschränkungen. Um von den Talenten einiger Sportler aus anderen Kontinenten, vor allem aus Südamerika und Afrika, zu profitieren, werden Fußballern einfach Pässe aus EU-Ländern ausgestellt. 24 Sportler aus acht verschiedenen Mannschaften (darunter Inter, Lazio, Milan und Roma) sind von dieser Affäre betroffen. Im Juli 2001 werden für einen solchen Fall noch relativ milde Strafen verhängt: Sperren für die beteiligten Funktionäre und Spieler sowie einige Geldstrafen.

Der Einsatz von Stimulanzien ist im Fußball seit langem üblich. Schon seit 1962 führen die Funktionäre in Italien Dopingkontrollen ein. In der folgenden Saison wird ein erster Fall aufgedeckt: Fünf Spieler von Bologna werden nach der Begegnung Bologna–Torino am 2. Februar 1964 positiv getestet. Der Verein aus der Emilia-Romagna wird zwar bestraft, aber aufgrund des Drucks der Bevölkerung wird die Strafe schließlich wieder aufgehoben und die Mannschaft kürt sich am Ende der Saison sogar zum italienischen Meister.

Doping findet man in zwei Formen: Die erste besteht in der Verwendung von herkömmlichen Betäubungsmitteln, die keine wirklichen Verbesserungen der sportlichen Leistungen bewirken. Dies betrifft zum Beispiel Diego Armando Maradona, der während seiner Zeit bei Napoli im April 1991 für fünfzehn Monate wegen des Konsums von Kokain

718 Fulvio Milone, *Indagine su uno scudetto mancato*, »La Stampa«, 17. Mai 1988, S. 30.

gesperrt wird. Sein Landsmann Claudio Caniggia, Spieler der Roma, wird am 22. April 1993 wegen desselben Vergehens für 13 Monate gesperrt.

Die andere Form des Dopings wird unter der Aufsicht von Sportmedizinern auf wissenschaftliche Weise mit Produkten durchgeführt, die bei Kontrollen nur schwer nachweisbar sind und die Muskelmasse erhöhen oder die Ermüdungsgrenze verschieben. Die Spieler steigern so ihre Leistung und halten einen höheren Spielrhythmus leichter durch. Im Jahr 2001 werden mehrere Sportler verdächtigt, mit Nandrolon zu dopen.[719] Zu den beteiligten Spielern gehören international bekannte Fußballer wie Edgar Davids von Juventus, Jaap Stam von Lazio und Josep Guardiola, der damals für Brescia spielt. Diese Fälle werden zwischen August 2001 und Januar 2002 zügig verhandelt. Die Athleten erhalten relativ kurze Sperren von lediglich vier bis sechs Monaten. Sie dienen ganz offensichtlich als Sündenböcke, um nicht den gesamten Berufsstand miteinzubeziehen und zu verhindern, dass das unbestreitbare Problem des Dopings im Fußball aufgeklärt wird.[720] Die geringen Mittel, die für den Kampf gegen Doping zur Verfügung gestellt werden, zeigen das mangelnde Interesse der Sportbehörden an diesem Thema.

Von der Manipulation von Wettbewerben bis zu administrativen Fälschungen

Die Saison 2002/03 entpuppt sich als besonderes Jahr, das die Fehlfunktionen des italienischen Fußballs deutlich macht. Aufgrund eines administrativen Fehlers beim Spiel Siena–Catania darf der Verein aus Sizilien, der an und für sich abgestiegen wäre, nach zahlreichen Einsprüchen bei der Sportjustiz und später vor dem Zivilgericht weiter in der Serie B spielen.[721] Diese Anekdote wäre vielleicht in Vergessenheit geraten, wenn die FIGC und die Fußballliga die Serie B deshalb nicht aufgestockt und Genoa sowie Salernitana ebenfalls wieder zugelassen hätten. Diese beiden Vereine, die aufgrund ihrer katastrophalen sportlichen Ergebnisse ebenfalls in die Serie C abgestiegen sind, erhalten die Erlaubnis, in der gleichen Klasse zu bleiben. Wie ein Journalist feststellt, handelt es sich um »zwei Vereine mit großem Fanpotenzial, die dem Hauptsponsor Sky, der die Übertragungsrechte für die italienische Serie B gekauft hat, sicher gefehlt hätten«. Um

719 Dieses anabole Steroid wird verwendet, um die Muskelmasse eines Athleten zu erhöhen.

720 Der Kapitän der italienischen Nationalmannschaft, Fabio Cannavaro, wird am 11. Mai 1999 vor dem UEFA-Cup-Finale zwischen Parma und Olympique de Marseille gefilmt, wie ihm Neoton injiziert wird, ein Mittel, das nicht auf der Dopingliste steht. Vgl. Giuseppe Toti, *Tutto il calcio flebo per flebo. E Cannavaro litiga con la Rai*, »Corriere della Sera«, 29. April 2005, S. 47.

721 Die Aufstellung eines gesperrten Spielers durch die toskanische Mannschaft im Spiel gegen Catania ist nicht zulässig und Auslöser des ganzen Falles. Die Sportgerichtsbarkeit lehnt Catanias Einspruch zunächst ab. Catanias Besitzer Luciano Gaucci bricht daraufhin das Übereinkommen der italienischen Profiklubs, sich nicht an die Zivilgerichtsbarkeit zu wenden. Vor dem Zivilgericht wiederum erhält Catania recht und bleibt somit zweitklassig.

das Schlamassel zu beenden, wird die Fiorentina, die gerade ihren Aufstieg in die Serie C1 geschafft hat, aufgrund ihrer sportlichen Verdienste in der Vergangenheit[722] direkt in die Serie B versetzt. Die italienischen Fußballfunktionäre missachten die sportlichen Regeln komplett, indem sie die prominentesten Mannschaften bevorzugen, und die Serie B einfach von 20 auf 24 Mannschaften erweitern.

Eine weitere Affäre kommt Anfang 2004 durch sogenannte Fideiussioni[723] auf. Der Präsident von Bologna, Giuseppe Gazzoni, erstattet Anzeige wegen der Unregelmäßigkeiten in der Buchhaltung, von denen mehrere Vereine betroffen sein sollen. Diese sind bei der Staatskasse verschuldet und hinterlegen zu Beginn der Saison bei der Covisoc, dem Finanzkontrollorgan der Liga, falsche Bankgarantien, um zur Meisterschaft zugelassen zu werden. Auf diese Weise werden die Bilanzen der größten Mannschaften des Landes gefälscht; dies gilt für die Roma und Napoli, aber auch für weniger renommierte Mannschaften wie Cosenza. Weitere Unregelmäßigkeiten werden festgestellt, insbesondere durch die Eintragung von nichtexistierenden Vermögenswerten und die Überbewertung von mittelmäßigen Spielern. Am 26. Februar 2004 führen mehr als 300 Beamte der Guardia di Finanza eine Razzia in den Geschäftsräumen von 51 Profivereinen durch. Um den Bankrott der bekanntesten Fußballklubs zu verhindern, schlägt der Präsident des CONI, Gianni Petrucci, vor, dass die betroffenen Vereine in einer niedrigeren Liga als der, in der sie zu diesem Zeitpunkt spielen, neu anfangen können, wobei sie ihren Namen behalten dürfen. Bis zu diesem Zeitpunkt verhält es sich nämlich so, dass ein Fußballverein, der unter Konkursverwaltung steht, normalerweise in die Serie D, die erste nichtprofessionelle Spielklasse, absteigt und auch seinen Namen ändern muss. Der Präsident der Fußballliga, in der alle Profivereine des Fußballsports zusammengeschlossen sind, befürwortet das Vorhaben. Adriano Galiani, der damalige Präsident der Liga und Vizepräsident des AC Milan, sagt im März 2004 ganz klar: »Der italienische Fußball wird sicher in den kleinen Provinzstädten gespielt, aber er braucht auch unbedingt die Mannschaften aus den Großstädten. Wenn der AC Milan (…) morgen Probleme haben sollte, was soll er dann im nächsten Jahr machen, gegen Pro Sesto spielen?«[724] Die Maßnahme wird am 14. Mai 2004 vom italienischen Fußballverband verabschiedet und bereits im Sommer 2004 unterwerfen sich Vereine wie Napoli oder im darauffolgenden Jahr Torino, Perugia und Reggiana dieser neuen Vorgabe. Diese Mannschaften werden von ihren Schulden überrollt und sehen im Abstieg die einzige Möglichkeit, um nicht ganz von der Bildfläche zu verschwinden.

722 Anm. des Lektors: Im Italienischen benutzt man den wunderschönen Begriff Meriti sportivi dafür.

723 Juristischer Begriff, der die Bürgschaft bezeichnet, die für die Bezahlung der Schulden eines anderen geleistet wird.

724 Mattia Grassani, *Il lodo Petrucci*, »Il Megafono«, Nr. 1, 2004, S. 4.

Im Juli 2005 kommt ein neuer Korruptionsfall ans Licht. Im Monat zuvor bestreitet Genoa sein letztes Meisterschaftsspiel in der Serie B gegen Venezia. Die ligurische Mannschaft gewinnt dieses Match, das ihr den Wiederaufstieg in die Serie A bringt, doch anschließend kommt heraus, dass die Vereinsführung ihre Gegner bezahlt hat, um das Duell auf alle Fälle zu gewinnen. Die italienischen Fußballbehörden verurteilen Genoa zum Zwangsabstieg in die Serie C. Dies ist aber nichts im Vergleich zu der Erschütterung, die Italien im folgenden Jahr erlebt. Im Mai 2006 bricht der größte Skandal in der Geschichte des italienischen Fußballs aus. Zwei Jahre lang haben die Gerichte in Neapel und Turin die Telefongespräche der Funktionäre von Juventus, Fiorentina, Milan und Lazio abhören lassen. Sie decken dadurch illegale Praktiken auf, die darauf abzielen, Spielergebnisse durch Absprachen zwischen den beteiligten Mannschaften zu manipulieren, Schiedsrichter zu bestechen oder ihre Zuweisung für die Spiele zu beeinflussen.

Die Verantwortlichen dieser Vereine gehören zu den Hauptverdächtigen. Auf der Anklagebank sitzen auch die beiden Personen, die für die Einteilung der Schiedsrichter für Meisterschaftsspiele zuständig sind sowie mehrere Unparteiische. Juventus war durch die Machenschaften ihres Geschäftsführers Luciano Moggi zum großen Nutznießer dieses Systems geworden. Lucky Luciano, wie er später genannt wird, schafft es, die Schiedsrichter für die verschiedenen Meisterschaftsspiele selbst zu bestimmen. Auch Personen, die an der Spitze der FIGC stehen, wie Franco Carraro und Innocenzo Mazzini, sind involviert. 22 Personen werden vor die Sportgerichtsbarkeit gestellt. Ihnen wird vorgeworfen, Beziehungen zu den Schiedsrichtern unterhalten und diese beeinflusst zu haben. Dabei wurden sie von einigen Verbandsfunktionären unterstützt.

Im Juli 2006 beginnt eine zweite Untersuchung gegen die Mannschaften von Arezzo und Reggina, die ebenfalls von dem Skandal betroffen sind. Die Anschuldigungen betreffen auch den damaligen Trainer der Roma, Fabio Capello, doch diese Ermittlungen werden wieder eingestellt. Der Fußballverband ist der Ansicht, dass es nicht genügend Beweise für eine weitere Verfolgung gibt.

Der Prozess wird schnell abgewickelt, da die Sportinstanzen nicht wollen, dass die anstehende Meisterschaft verschoben wird. Staatsanwalt Stefano Palazzi fordert exemplarische Strafen: die Aberkennung der errungenen Titel und Trophäen, die Rückstufung der Mannschaften sowie ein Berufsverbot und Geldstrafen für die beteiligten Funktionäre. Juventus wird in der Saison 2006/07 in die Serie B zurückgestuft, die letzten beiden italienischen Meistertitel werden aberkannt und der Scudetto der Saison 2005/06 wird Inter zugesprochen. Das Urteil wird in der Berufung reduziert, doch Juventus, Fiorentina, Milan, Lazio, Reggina und Arezzo beginnen die Sportsaison mit einem Punktabzug. Die beteiligten Funktionäre werden für Zeiträume zwischen vier Monaten und fünf Jahren gesperrt. Die Verurteilungen werden in der Berufung vor dem CONI am 27. Oktober 2006 weiter reduziert.

Letztendlich bleibt dieser Fall, der als Calciopoli bekannt wird und der eine neue Etappe für den italienischen Fußball hätte markieren sollen, mit vielen Schattenseiten behaftet. Die Sanktionen, die als exemplarisch gedacht sind, werden alle abgeschwächt. Die von Italien 2006 gewonnene Fußballweltmeisterschaft übertüncht den Skandal komplett. Zwei politische Parteien gehen sogar soweit, nach dem WM-Sieg eine Generalamnestie zu fordern. Dies gilt für die Forza Italia, deren Vorsitzender Silvio Berlusconi als Ehrenpräsident des AC Milan ein direktes Interesse an der Vertuschung der Affäre hat, und die christdemokratische UDEUR-Partei. Auch der Zivilprozess, der zwischen 2008 und 2011 vor dem Gericht in Neapel stattfindet, sorgt für Wirbel. Weitere abgehörte Telefonate zeigen, dass auch Inter von diesem System profitiert hat.[725] Die Anwälte von Juventus fordern deshalb, dass der Mailänder Mannschaft der Titel aus der Saison 2005/06, den ursprünglich das Team aus Turin gewonnen hat, wieder aberkannt werden soll. Letztendlich wird daraus aber nichts. Luciano Moggi wird am 8. November 2011 wegen Gründung einer kriminellen Vereinigung zu fünf Jahren und vier Monaten Zuchthaus verurteilt. Im Berufungsverfahren am 17. Dezember 2013 wird die Strafe auf zwei Jahre und vier Monate reduziert, und schließlich ist es das Kassationsgericht, das den Fall am 24. März 2015 mit einer Reihe von leichten Urteilen beendet. Von den 36 Angeklagten wird nur ein Schiedsrichter zu einem Jahr Gefängnis verurteilt, dessen Strafe jedoch ausgesetzt wird. Der Abschluss dieses Falls zeigt, wie krank der Profifußball in Italien ist. Da die Mühlen der Justiz aber gerade in Italien sehr langsam arbeiten, die Anwälte der Angeklagten geschickt agieren und dank der Unwilligkeit der Sportbehörden, überhaupt »aufräumen« zu wollen, wird der ganze Fall schließlich zu den Akten gelegt. Juventus behauptet bis heute, die beiden Titel, die dem Klub aberkannt wurden, rechtmäßig gewonnen zu haben. Es wäre jedoch zu einfach, dieses korrupte System allein auf den Turiner Verein zu beschränken, wie die Ermittlungen zeigen.

Seit diesem Fall haben noch weitere Skandale den italienischen Fußball erschüttert. Am 1. Juni 2011 wird von der Staatsanwaltschaft Cremona ein Fall von heimlichen Wetten und manipulierten Begegnungen aufgedeckt. Es wird vermutet, dass die Ergebnisse von 38 Spielen von der Serie A bis hinunter zur Serie D und sogar bei einem Hallenfußballspiel arrangiert worden sind. Im Sommer 2011 fällt das Gericht der FIGC sein Urteil: Alessandria steigt in die Serie C2 ab, mehrere Vereine verlieren Punkte und Spieler werden für ein bis fünf Jahre von allen sportlichen Aktivitäten suspendiert, darunter der Kapitän

725 Alessandro Bocci, *Nasce calciopoli 2, la FIGC indiga sull'Inter*, »Corriere della Sera«, 22. April 2010, S. 65.

der Atalanta, Cristiano Doni, oder der ehemalige Stürmer Giuseppe Signori, Vizeweltmeister von 1994. Doch wie eine russische Matrjoschka führt dieser Fall zu weiteren Ermittlungen und zeigt nach der Verhaftung eines Verdächtigen aus Singapur die Infiltration durch das asiatische organisierte Verbrechen. Wird die Globalisierung des organisierten Verbrechens innerhalb des Wettsystems den Fußball besiegen? Wie auch immer, am 19. Mai 2015 kommt es zu einem weiteren Fall, als die Direktion der Anti-Mafia-Behörde in Catanzaro die Operation »Dirty Soccer« startet, die zur Verhaftung von 50 Personen führt. Auch hier geht es um Sportbetrug, der Spiele der Serie B bis runter zur Eccellenza betrifft. Rund 30 Mannschaften werden verdächtigt, an Absprachen beteiligt gewesen zu sein. Die Sportgerichtsbarkeit fällt im August 2015 ihr Urteil und stuft die Vereine Catania und Teramo in die Serie C zurück, während Torres und Vigor Lamezia in die Serie D absteigen und Dutzende von Spielern für einen Zeitraum von sechs Monaten bis fünf Jahren gesperrt werden.

Calcio Popolare als Alternative

Ein Teil der Tifosi erkennt sich in einem Fußball, der an der Wende vom 20. zum 21. Jahrhundert spektakuläre Veränderungen erfahren hat, nicht wieder. Dies zeigt sich in den sinkenden Zuschauerzahlen, während die wiederholten Skandale die Glaubwürdigkeit der verschiedenen italienischen Ligen untergraben und den Sport weiter in Verruf bringen. Hinzu kommt die zunehmende Repression, die die Ultras zur Zielscheibe macht, da sie von der Presse des Landes weiter als wahre Folk Devils angesehen werden.[726] Einige kehren den Stadien komplett den Rücken, andere wiederum zieht es zum Amateurfußball. Im November 2004 beschließen ein Dutzend Florentiner Gymnasiasten aus Spaß, sich zusammenzutun, um den AC Lebowski zu unterstützen, eine Mannschaft, die in der niedrigsten Liga des italienischen Fußballs spielt.[727] Was zunächst noch wie eine einmalige Sache aussieht, entwickelt sich aber immer weiter. Die Teenager sind bei allen Spielen anwesend und verfügen bald auch über die nötige Ausrüstung: Transparente, Megaphon, Rauchbomben und Fahnen. Erfahrene Ultras der Fiorentina schließen sich ihnen 2008 an. Sie tun dies ein wenig aus Abscheu gegenüber dem Profifußball, aber vor allem wegen der zunehmenden Repression, unter der sie leiden. Diese Veteranen aus den Stadien der Serie A finden Gefallen an dieser neuen Art des Fanseins und verfolgen bald beide Mannschaften. Am 7. Februar 2010 kommt es am Rande des Spiels Fiorentina–Roma

726 Stanley Cohen, *Folk Devils and Moral Panics*, London: MacGibbon and Kee, 1972.

727 Die Meisterschaft der dritten Kategorie stellt die neunte und damit letzte Stufe der italienischen Fußballmeisterschaft dar.

zu Ausschreitungen und mehrere Fiorentina-Ultras erhalten Stadionverbot. Daraufhin bitten sie den Präsidenten des AC Lebowski, sie als Spieler anzumelden, um wenigstens ihre zweite Herzensmannschaft verfolgen zu können, doch dieser lehnt ab. Am 17. Juli 2010 beschließen sie daraufhin, ihren eigenen Club CS Lebowski[728] zu gründen.

Was anfangs nur ein Hobby ist, wird bald zu einer ernsteren Angelegenheit. Sie engagieren sich für ihren neuen Verein, der Eigentum seiner Fans wird. Wie sie auf der offiziellen Webseite ihres Vereins erklären, ist diese Dynamik auf ihren Ekel gegenüber der modernen Fußballindustrie zurückzuführen: »Wir hatten die Nase voll von langweiligen Meisterschaften, die immer von denselben Teams gewonnen werden, von Tabellen, die auf der Grundlage von Fernsehrechten, Intrigen und Absprachen erstellt werden, von Spielen, die alle drei Tage stattfinden (…), von der Unterwerfung gegenüber den Gesetzen des Marktes, die dieses Spiel in ein Produkt verwandeln und von Maßnahmen des Staates mit seinen Sonderverordnungen, die nur darauf abzielen, dieses Geschäft zu schützen.« Der Verein wird von den Behörden offiziell anerkannt und nimmt in der Saison 2010/11 schließlich an der Meisterschaft der Terza Categoria teil. Nach demselben Muster wird am 22. April 2011 Brutium Cosenza von den Mitgliedern der *Curva Nord Cosenza Ultras* gegründet, die seit dem vorangegangenen Jänner beschlossen haben, ihre Tribüne im Stadio San Vito zu verlassen und nach der Einführung der Tessera del Tifoso keine Auswärtsfahrten mehr zu unternehmen. Auf diesen Bruch folgt die Gründung eines Amateursportvereins. Dennoch erklären sie in ihrer Pressemitteilung: »Wir sind und bleiben für immer Fans und Ultras der Cosenza Calcio 1914 (…). Wir werden sie nie aufgeben und weiterhin außerhalb des Stadions als einfache Fans für sie eintreten.«[729]

Es entstehen weitere Formationen des Calcio Popolare oder Volksfußballs, wie die Abtrünnigen ihren Sport im Gegensatz zum Profifußball nennen. Im Jahr 2012 wird der Verein Quartograd auf Initiative mehrerer neapolitanischer Ultras, die antifaschistischen Kreisen nahestehen, gegründet. Der Name des Vereins lässt keinen Zweifel an den kommunistischen Sympathien der Gründer, die größtenteils aus der Gemeinde Quarto stammen, die im Großraum Neapel liegt. In Apulien wird Ideale Bari am 28. Mai 2012 dank des Engagements von Ultras aus der lokalen Curva Nord (*Bari 1908*) gegründet. Die Gründung dieses Vereins fällt mit einem Korruptionsfall zusammen, bei dem sich mehrere Spieler von Bari kaufen ließen, um Spielergebnisse zu manipulieren. Am 22. August 2014 beschließen die Ultras von Sulmona, welche die wiederholten Insolvenzen ihres Vereins und die leeren Versprechungen der Vereinsführung satt haben, eine eigene Mannschaft

728 Telefoninterview mit L. G., der für AC Lebowski verantwortlich ist, geführt am 2. April 2017.

729 Erste offizielle Pressemitteilung des Brutium Cosenza, 22. April 2011.

zu gründen: die Ovidiana. Mittlerweile gibt es auf der ganzen Halbinsel fast ein Dutzend Mannschaften, die sich zum Calcio Popolare bekennen und in denen man Ultras antreffen kann, die sich auf verschiedenen Ebenen engagieren. In Palermo, aber auch in Castel di Sangro, Cava de' Tirreni oder in der Mailänder Peripherie mit dem FC Dal Pozzo gedeihen diese besonderen Vereine.

Das harte Durchgreifen in den Stadien und die unzähligen Skandale haben einige Ultras dazu veranlasst, die Stadien der Profimannschaften zu verlassen und sich auf ein neues Abenteuer einzulassen, in dem es viel humaner zugeht. Denn diese neu gegründeten Fußballvereine sind nicht nur ein sportliches Projekt. Sie zeichnen sich durch ganz andere Werte aus als ihre professionellen Kollegen. Ihre Führungskräfte sind echte Enthusiasten und haben eine soziale Vision für den Verein, den sie gerade aufbauen. Ein Teil von ihnen ist übrigens oftmals politisch links aktiv.[730] Sie entwickeln eine ganze Philosophie rund um ihren Verein und nehmen ihre Aufgabe sehr ernst. Über den reinen Sport hinaus organisieren sie Diskussionen und kulturelle Veranstaltungen, engagieren sich in ihrer lokalen Gemeinschaft oder werben beispielsweise für Blutspenden. Sie sind offen gegenüber der Gesellschaft und unter den Spielern finden sich auch Flüchtlinge und Menschen mit wirtschaftlichen Schwierigkeiten. Schließlich sind auch die sportlichen Erfolge nicht zu leugnen, wie zum Beispiel bei Quartograd, das mittlerweile den Aufstieg in die Promozione, die sechste Ebene des italienischen Fußballs, geschafft hat.

Ein weiteres Merkmal dieser Mannschaften ist die Unterstützung durch Dutzende von Ultras, die sich zusammenschließen, um die neu gegründeten Vereine anzufeuern. Sie ziehen die ländlichen Sportplätze, die nicht immer über Tribünen verfügen, der freiheitsraubenden Kontrolle und Überwachung der professionellen Wettkampfstätten vor. Sie schaffen sich in dieser neuen Form des Zusammenschlusses einen Freiraum. Eine gewisse Aggressivität, die diese sozialen Kollektive durchaus kennzeichnen könnte, ist meist nicht vorhanden. Sie nutzen die rudimentären Einrichtungen, die ihnen zur Verfügung stehen – oft nur ein paar Betonstufen –, um die folkloristische und karnevaleske Seite des Tifos hervorzuheben. Dies hindert sie jedoch nicht daran, in vielerlei Hinsicht klassische Verhaltensmuster der Ultras zu reproduzieren: akustische Unterstützung durch Gesänge und Slogans, bunte Animation durch Rauch und Fahnen. Neben den erfahrenen Aktivisten aus den Stadien der Serie A kommen auch junge Leute dazu, die eine gewisse

730 Ab 2006 werden mehrere Vereine des »Volksfußballs« von linken Politikern gegründet, wie Stella Rossa in Neapel oder Ardita Due Mari in Taranto. Eher seltener passiert dies in neofaschistischen Kreisen, wie etwa bei der ASD Pro Appio. Diese Mannschaften gehen mittlerweile in die Dutzende. Hinter einigen von ihnen stehen lokale Ultras wie bei der Ardita San Paolo in Rom oder der Polisportiva Gagarin Teramo.

Atmosphäre erleben wollen, die in den überkontrollierten Tribünen der Serie A und B nur mehr schwer zu finden ist.

Andere Fans wiederum werden zu Führungskräften ihres eigenen Vereins. Die wiederholten Insolvenzen ermutigen einige Tifosi, sich stärker zu engagieren. Sie versuchen zu beweisen, dass sie die alten Vorstandsmitglieder, deren Inkompetenz sie oftmals kritisiert haben, ersetzen können. Nach dem Vorbild deutscher oder spanischer Vereine schließen sie sich zusammen, um die Beteiligung der Fans zu fördern. Unterstützt werden sie dabei von der britischen Organisation Supporters Direct, die seit dem Jahr 2000 Fußballfans dabei hilft, sich in Trusts zu organisieren, um einen Platz in den Sportgremien ihrer Vereine einzunehmen. In Italien wird eine ähnliche Organisation gegründet, um Tifosi zu unterstützen, die einen Supporters Trust gründen wollen: Supporters in campo.[731] In mehreren Städten, wie Venedig, Santarcangelo di Romagna oder Taranto, organisieren sich Gruppen von Tifosi, die zu Minderheitsinvestoren ihres Vereins werden. Das ernsthafteste Projekt wird in Ancona entwickelt, nachdem der örtliche Verein in der Saison 2009/10, als er in der Serie B spielt, in Konkurs gegangen ist. Die Mannschaft startet in der Eccellenza (5. Liga) neu und der Verein *Sosteniamo l'Ancona* wird Eigentümer von 2 % des Vereins. Im Juni 2015, als der Verein in die Serie C aufsteigt, bekommt die Gemeinschaft der Tifosi – darunter einige Ultras der Curva Nord – vom Vereinspräsidenten die Mehrheit der Anteile übertragen, um den Verein, nicht ohne Schwierigkeiten, weiter zu führen. Letztendlich ist dies ein Misserfolg und *Sosteniamo l'Ancona* beschließt, seine Aktivitäten zum 30. Juni 2017 einzustellen. Der Stadtverwaltung werden die Anteile des Vereins angeboten, der mit großen finanziellen und sportlichen Problemen zu kämpfen hat.

Im Gegensatz zum sogenannten Calcio Popolare, bei dem Vereine aus dem Nichts gegründet werden, ist der Weg der Fans, die sich am Management ihres Vereins beteiligen, viel schwieriger, da sie ein großes Budget verwalten, versuchen müssen, die Konten der oftmals verschuldeten Vereine zu sanieren und Kompromissen nicht aus dem Weg gehen können. Die Vereine, in denen diese Kleinaktionäre organisiert sind, bestehen größtenteils aus Tifosi. Dennoch gelingt es einigen Ultras, ihre Mannschaft zu führen. Der erste Fall ist der der Ebolitana in Kampanien.

2004 steht der Verein kurz vor dem Bankrott, aber die Ultras bringen die nötige Summe auf, um den Verein zu retten. Armando Cicalese, der für den *Nucleo 1984* verantwortlich ist, wird in der Saison 2004/05 der neue Präsident von Eboli.[732] Zwölf Jahre

731 Weitere Informationen: http://www.supporters-in-campo.org.

732 Angelo Carotenuto, *Eboli, la favola del presidente ultrà,* »La Repubblica Sezione Napoli«, 02. Juni 2005, S. 7.

später sind es die Gruppen aus Fasano, die im Januar 2016 offiziell die Kontrolle über ihren Verein übernehmen. Die lokale Mannschaft spielt zu diesem Zeitpunkt auf der sechsten Ebene des italienischen Fußballs und die Vereinsführung ist im Monat zuvor zurückgetreten.[733] Der Klub hat in den fünfzehn Jahren zuvor schon zweimal Konkurs angemeldet. Um dieses neuerlich drohende Szenario zu verhindern, setzt sich der Verein *Il Fasano siamo noi*, der die *Allentati* und die *Fasano Ultras* vereint, mit einem Beteiligungsprojekt für jedermann durch. Sie sammeln das Geld, das sie für den täglichen Betrieb ihres Vereins benötigen, und schaffen es, auch dessen Verwaltung zu gewährleisten. Zwei Mitglieder jeder Gruppe kümmern sich um die wichtigsten Verwaltungsaufgaben, während die Posten der sportlichen Leitung von Spezialisten besetzt werden.

Ultras als Teil des Systems?

Die finanziellen und geschäftlichen Auswüchse dieses Sports, den die Ultras als modernen Fußball bezeichnen, gehen einher mit der Verschärfung der Repression in den 1990er- und 2000er-Jahren, aber auch mit der Einflussnahme des Fernsehens auf den Profifußball.

Im Jahr 1999 wird auf der Webseite www.asromaultras.org ein Manifest veröffentlicht. In diesem Dokument werden dreizehn Gebote aufgestellt, um die kommerziellen Auswüchse des Fußballs zu bekämpfen. Der erste Vorschlag verbietet Spielertransfers während des Jahres, der dritte besagt, dass alle Meisterschaftsspiele am selben Tag stattfinden müssen, und der siebte Punkt schlägt die Rückkehr zum alten Europapokalsystem vor. Andere Grundsätze betreffen die Tifosi direkt, so wird ein einheitlicher Preis für die Gästesektoren eingefordert.[734]

Diese Kritik wendet sich gegen die wirtschaftlichen Interessen der Führungsgremien und Vereine. Zudem verunglimpfen die Ultras zunehmend die Spieler ihrer eigenen Mannschaft, denen sie Laxheit und mangelnden Einsatz vorwerfen. Die Spieler der Vereine stammen nur mehr in den seltensten Fällen aus der Stadt, deren Farben sie vertreten. Ein Teil der Ultras-Gruppen weigert sich, die Namen der Spieler ihrer Mannschaft zu singen, da sie diese als Söldner betrachten; nur das Trikot, das sie tragen, ist unterstützenswert. Im September 1995 beschließen die *Boys Parma* nach einem lustlosen Aufritt ihrer Spieler ein Transparent mit der Aufschrift »Ehrt es!«[735] anzufertigen, auf dem das Trikot ihrer Mannschaft abgebildet ist. Es wird regelmäßig anstelle des Transparents der Gruppe

733 Telefoninterview mit Antonio Carparelli, Leiter des Clubs USD Città di Fasano, geführt am 31. März 2017

734 *Manifesto, cosi i tifosi veri vorrebbero il calcio*, http://www.asromaultras.org/manifesto.html, Seite abgerufen am 2. Juni 2017.

735 Im Original: »Onoratela!«

gezeigt, um den Willen und das Engagement zu unterstreichen, das die Spieler, die dieses Trikot tragen, auszeichnen soll. Ein Großteil der Profifußballer legt immer weniger Wert auf die Farben, die sie tragen, da sie – unterstützt durch das Bosman-Urteil – regelmäßig den Verein wechseln, manchmal sogar mehrmals in der gleichen Saison. Sie erleben zu selten die Emotionen, die die Tifosi empfinden. Dennoch gibt es in jeder Mannschaft Spieler, die aufgrund ihrer Treue zum Klub, ihrer Entschlossenheit und ihres Einsatzes auf dem Platz als Aushängeschilder gelten, wie zum Beispiel Francesco Totti, der von 1992 bis 2007 bei der Roma spielt. Manchmal kommt es auch vor, dass Vereine sich aus finanziellen Überlegungen heraus von einem Spieler mit Symbolcharakter trennen müssen. Dies ist der Fall bei Giuseppe Signori, dem Idol der Ultras von Lazio zu Beginn der 1990er oder beim argentinischen Spieler Gabriel Batistuta, der lange Zeit der Liebling der Florentiner Fans gewesen ist.[736]

Mit der zunehmenden geschäftlichen Verirrung ihres Sports neigen die Ultras immer mehr dazu, sich als Verteidiger einer bestimmten Idee des Fußballs zu sehen. Eine Vielzahl von Aktionen werden in den 2000ern von den verschiedenen Gruppen auf der Halbinsel zu diesem Thema durchgeführt. Sie haben immer noch eine romantische Vorstellung von ihrem Spiel und sehen sich gerne als Hüter des heiligen Grals. Der Slogan der *Ultras Tito Cucchiaroni* spricht für sich: »Die Sampdoria ist wie ein Glaube und die Ultras sind ihre Propheten«.[737] Diese Einstellung zeigt sich auch in der Initiative der Ultras von Bergamo, die 2007 eine Kampagne zur Benennung des kommunalen Stadions nach zwei ehemaligen Präsidenten der Atalanta durchführen, um deren Leidenschaft und Engagement für den Verein zu würdigen. Die neue Führung und die Stadtverwaltung unterstützten diesen Vorschlag jedoch nicht. Die Fans der Atalanta beschließen trotzdem am 7. Oktober 2007 vor dem Spiel Atalanta–Udinese, ohne jegliche Genehmigung, eine Tafel zu ihrem Gedenken anzubringen und das Stadio Atleti Azzurri d'Italia in Achille e Cesare Bortolotti umzubenennen. Nur wenige Eigentümer von Fußballvereinen interessieren sich für diese Themen, die für sie von untergeordneter Bedeutung, für die Ultras jedoch von größter Wichtigkeit sind. Das 1999 von den *AS Roma Ultras* veröffentlichte Manifest belegt dies, wenn es im achten Punkt vorschlägt, dass die Trikotnummern für die Athleten auf dem Spielfeld nur mehr von 1 bis 11 nummeriert werden sollen, oder die zehnte Maßnahme, in der es heißt: »Die Trikots müssen der Tradition entsprechen und werden nicht jedes Jahr aus wirtschaftlichen Gründen gewechselt.«[738]

736 Giuseppe Signori erobert die Herzen der Lazio-Fans so sehr, dass er von den *Irriducibili* beim Spiel Lazio–Torino am 11. September 1994 zum achten König von Rom gekrönt wird. Der argentinische Stürmer Gabriel Batistuta hat von den Ultras der Curva Fiesole eine lebensgroße Statue zu seinen Ehren errichtet bekommen.

737 Im Original: »La Samp è una Fede, gli Ultras i suoi Profeti«

738 Vgl. *Manifesto, cosi i tifosi veri vorrebbero il calcio*, http://www.asromaultras.org/manifesto.html, Seite abgerufen am 2. Juni 2017.

Für die Ultras auf der ganzen Halbinsel müssen die Traditionen bewahrt werden, sei es die Bindung der Stadt an den Verein, die Farben der Mannschaft oder die Einhaltung des heiligen Sonntags, an dem die Spiele ausgetragen werden sollen. Der Fußball, für den sie sich einsetzen, ist volkstümlich, wie sie behaupten, und das Gegenteil des angelsächsischen Geschäftsmodells. Sie verbinden den Kampf, den sie gegen die Repression führen, mit dem Kampf gegen die übertriebene Kommerzialisierung. Denn sie fallen nicht auf die Manöver und Tricks der Sportfunktionäre herein, die die Kurven wieder in Besitz nehmen wollen, die sie zu lange in den Händen der Ultras gelassen haben. Der Fußball ist mittlerweile Teil der Freizeitindustrie. Die Führungsgremien des Sports und die Vereinspräsidenten streben nach einem neuen Publikum aus der oberen Mittelschicht, das ihnen mehr Geld einbringt und ihre Entscheidungen nicht in Frage stellt, wie es in England der Fall zu sein scheint. Um die Kommerzialisierung des Fußball voranzutreiben, braucht man ein fügsames Publikum. Die Ultras sind auf dem Weg dazu ein Hindernis für diese Freizeitindustrie; daher muss die Aufmerksamkeit der breiten Öffentlichkeit abgelenkt werden, indem die Sicherheit als einziger Vorwand für den massiven Einsatz von Ordnungskräften genutzt wird, um in Wirklichkeit dafür zu sorgen, dass die Kurven wieder unter Kontrolle gebracht werden.

Dank ihrer Organisation verfügen die Ultras jedoch über Druckmittel, außerdem verleihen ihre Aktionsmöglichkeiten ihren Forderungen eine bedeutende Reichweite. Die Präsenz dieser Gruppen in den italienischen Stadien ist ein Hindernis auf dem Weg des vollkommenen Kommerzes, den die Fußballfunktionäre beschreiten. Die Ultras verfügen über eine weitaus größeres Oppositionspotenzial als die Fans in anderen Ländern. Trotz ihres schwindenden Einflusses stellen die größten Gruppen immer noch mehrere Hundert Mitglieder, und aufgrund ihres Drucks auf die von ihnen besetzten Sektoren und ihrer Kommunikationsmethoden können sie auf die Unterstützung eines großen Teils der Menschenmenge zählen, die in den Kurven stehen; dadurch sind sie in der Lage, Druck auf die Vereinsführung ausüben. In der Saison 2013/14 zum Beispiel führen die Ultras von Lazio eine Kampagne durch, um Claudio Lotito, den Besitzer des römischen Klubs, zu vertreiben. Sie beschuldigen ihn, nicht genügend in die Mannschaft zu investieren und den Verein zu schwächen. Am 23. Februar 2014, vor dem Spiel Lazio gegen Sassuolo, fordern sie, dass so viele Tifosi des Hauptstadtklubs wie möglich ins Stadion kommen, da sie einen Protesttag gegen Claudio Lotito[739] organisieren. Ein Demonstrationszug mit mehreren tausend Menschen marschiert schlussendlich zum

739 Für dieses Spiel erhöht Lotito die Preise für die Tribünenplätze, um den Zuschauerandrang möglichst gering zu halten. Vgl. Andrea Arzilli, *»Libera la Lazio«: domenica l'Olimpico contro Lotito E il presidente alza i prezzi*, »Corriere della Sera Sezione Roma«, 18. Februar 2014, S. 7.

Olympiastadion. Anschließend begeben sich die Demonstranten auf die Tribünen, wo sie den Slogan »Gib die Lazio endlich wieder frei!«,[740] der auf Tausende von Blättern gedruckt worden ist, zur Schau stellen. Während des Spiels werden Dutzende von Botschaften gegen den Vereinspräsidenten verbreitet. Die Kampagne wird fortgesetzt und am 9. März 2014 rufen die Ultras zum Boykott des Spiels Lazio–Atalanta auf. Am Tag des Spiels ist das Stadion fast leer, es kommen nur 4000 Zuschauer, im Gegensatz zu den 40.000 Zuschauern des Spiels Lazio–Sassuolo zwei Wochen zuvor.[741] Die Curva Nord, der Motor des Protests, ist nur von einigen Dutzend Personen besetzt und auf zwei Transparenten ist zu lesen: »Die Lazio gehört uns und wir werden sie unseren Kindern hinterlassen!«[742] Zwei Wochen später, beim Spiel Lazio–AC Milan, kehren die Fans wieder ins Stadion zurück und setzten ihren Protest fort. In der Halbzeitpause verlässt die Hälfte der Besucher der Curva Nord aber das Stadion. Für die restlichen fünf Spiele der Saison im Olympiastadion beschließen die Ultras, das Stadion zu boykottieren, ihre Kurve leer zu lassen und die übrigen Zuschauer zu ermutigen, es ihnen gleich zu tun. Diese Aktion ist aber letztendlich nur ein halber Erfolg, da bei den letzten Spielen durchschnittlich 11.000 Zuschauer anwesend sind.

Angesichts der Auswüchse im Fußball gelingt es den Ultras, ihre Ideen zu verbreiten, die bei einem Teil der Presse und der Öffentlichkeit, die sie durch ihre Aktionen sensibilisiert haben, auf positive Resonanz stoßen. Dies ist etwa im September 2002 der Fall, als sie gegen die Verlegung der Serie B vom Sonntagnachmittag auf Samstagabend protestieren. An den ersten Spieltagen zeigen viele Gruppen die gleiche Botschaft: »Nein zum Samstag! Boykottiert das Fernsehen!«[743] Auch an den darauffolgenden Spieltagen sind auf den Tribünen immer mehr Spruchbänder zu sehen, auf denen es heißt: »Gebt uns unseren traditionellen Sonntag zurück!«[744] Schließlich rudern die Fußballbehörden (fürs erste) zurück. Mit dieser Unzufriedenheit, die sie auf spektakuläre Weise zum Ausdruck bringen, versuchen die Ultras, etwas gegen die zunehmende Ausgrenzung der Fans durch die Funktionäre zu unternehmen. Sie versuchen, sich wieder als unverzichtbare Akteure des Spiels zu etablieren. Sie produzieren zwar nicht direkt einen wirtschaftlichen Mehrwert, aber alle ihre Aktionen sind ein symbolischer Wert, wie ihre Choreographien oder die Gesänge, die ihre Mannschaft begleitet. Durch ihre Aktionen demonstrieren sie ihre unerschütterliche Verbundenheit mit ihren Farben.

740 Im Original: »Libera la Lazio!«

741 Andrea Arzilli, *La Lazio è sola, l'Atalanta l'affonda con Moralez*, »Corriere della Sera«, 10. März 2014, S. 37.

742 Im Original: »La Lazio è nostra e la lasceremo ai nostri figli!«

743 Im Original: »No al sabato! Boicottiamo la televisione!«

744 Im Original: »Ridateci la nostra tradizionale domenica!«

Ein Spektakel im Spiel, die Institutionalisierung der Ultras

Seit zwei Jahrzehnten prangern die Ultras das System an, das zu einer zunehmenden Kommerzialisierung des Fußballs führt. Ihre eifrige Militanz stellt sie über finanzielle Erwägungen, dennoch haben sie im Laufe der Jahre einen wichtigen Platz auf den Tribünen eingenommen. Von der kleinen Gruppe an Freunden, die diese informellen Gruppen in den italienischen Stadien während der 1970er-Jahre gebildet haben, ist nicht mehr viel übrig geblieben. Mehrere Gruppen haben sich so stark entwickelt, dass sie nach dem Modell kleiner Unternehmen strukturiert sind. Sie sind unverzichtbare Gesprächspartner für Sportfunktionäre, Vertreter der öffentlichen Sicherheit und sogar für die Medien. Die Verantwortlichen der Tifoserie, die zu Medienfiguren geworden sind, wie Gennaro Montuori vom *Commando Ultrà Curva B* von Napoli, Fabrizio Toffolo von den *Irriducibili* der Lazio, Franco Caravita von den *Boys SAN* bei Inter oder Claudio Galimberti von den *Atalanta Supporters*, treten immer häufiger in der nationalen und manchmal auch internationalen Presse in Erscheinung. Bei den populärsten Klubs des Landes entwickeln sich einige Gruppen zu echten Institutionen; die größten haben einige tausend Mitglieder. Das *Commando Ultrà Curva B* ist in diesem Bereich ein Vorreiter. Der Wahnsinn, der durch die Erfolge der neapolitanischen Mannschaft und ihres damaligen Stars Diego Maradona ausgelöst wird, beschert der Gruppe Ende der 1980er-Jahre tausende Mitglieder. Das CUCB hat ein eigenes Lokal, eine Zeitschrift mit einer Auflage von mehreren tausend Exemplaren und sogar eine eigene Fernsehsendung auf einem lokalen Sender.

Das *Commando Ultrà Curva B* wird dafür aber sowohl von den anderen neapolitanischen Gruppen als auch von den Ultras im Rest des Landes immer wieder heftig kritisiert, da die Philosophie, die diese wiederum antreibt, gegen derartige Auswüchse gerichtet ist. Dennoch sind diese Praktiken ein Vorbote zukünftiger Veränderungen und verbreiteten sich in den 1990er-Jahren in vielen Kurven der Halbinsel. Die Gruppen institutionalisieren sich und verfügen über ihre eigenen Medien und ein Lokal, das mit modernen Kommunikationsmitteln ausgestattet ist. Choreographien werden nun ein Ritual vor allem bei wichtigen Begegnungen. Man kann fast sagen, sie werden von allen vorausgesetzt und sind Teil des Spiels. Dadurch werden Choreographien zum Markenzeichen der italienischen Ultras. Während große Summen für diese Spektakel ausgegeben werden, beginnt die ursprüngliche Originalität und Spontanität zu leiden, manchmal werden die gleichen Ideen in verschiedenen Kurven reproduziert.[745] Der Einfallsreichtum, der bei

745 Die Ultras von Genoa gehen sogar so weit, dass sie die gleiche Szenerie teilweise neu gestalten. Am 25. November 1990, während des Derbys, stellen sie ein Meer in roten und blauen Farben dar, aus dem eine Karavelle und der Leuchtturm, der über den ligurischen Hafen wacht, auftauchen. Am 2. April 2001, ebenfalls für das Derby, stellen sie fast das gleiche Schauspiel noch einmal dar.

der Durchführung dieser Shows lange Zeit im Vordergrund steht, weicht bei manchen einer Form der Professionalisierung, ja fast schon einer Industrialisierung. Anstatt ihre Mitglieder zu bitten, sich an der Herstellung von Konfetti oder Fahnen zu beteiligen, beauftragen einige Gruppen Unternehmen, die sich auf Banner, Choreographien und Fahnen spezialisiert haben. Während das grundlegende Ziel dieser Gruppen darin besteht, ihren Lieblingsverein übermäßig zu unterstützen, behaupten einige von ihnen provokativ, dass sie in erster Linie Ultras ihrer eigenen Gruppe sind. Dies ist der Fall bei den *Brigate Gialloblu*, die sich primär als Fans ihrer Gruppe und erst danach als Fan ihres Klubs Hellas Verona verstehen. Dies zeigt sich auch in den Choreographien, die ab den 1990ern immer häufiger die eigene Gruppe zum Thema haben.

Jede beginnende Fußballsaison ist eine gute Gelegenheit, um neue Gadgets herzustellen. Diese Accessoires werden mit dem Ziel verkauft, die Aktivitäten der Gruppen zu finanzieren. In den 1980er-Jahren ist das Sortiment noch überschaubar: Es handelt sich hauptsächlich um Schals, aber auch um Mützen, Aufkleber, Abzeichen oder T-Shirts. Im folgenden Jahrzehnt erweitern die Ultragruppen ihre Produktion: von Trainingsanzügen über Feuerzeuge bis hin zu Shorts oder Strandtüchern. Zu Beginn des 21. Jahrhunderts sind diese Produkte oftmals ästhetisch sehr anspruchsvoll. Sie tragen keine gewalttätigen Symbole mehr, sondern man bevorzugt dezente Logos mit originellen Emblemen. Das produzierte Material ist sehr beliebt, da es von den Gruppen auf einem Tisch am Eingang der Kurve oder außerhalb des Stadions verkauft wird. Es ist nicht ungewöhnlich, dass Tifosi auch auf anderen Tribünen Ultras-Material tragen. Die Kreationen der Gruppen folgen den neuesten Modetrends, sodass sie ein eigenes Label bilden. Man findet enge T-Shirts für Mädchen, elegante Kappen mit dezenten Stickereien und grafisch anspruchsvolle Designs auf Polohemden. Oft greifen die Kleidungsstücke die aktuelle Mode auf und orientieren sich am Stil berühmter Marken. Außerdem haben einige Gruppen den Namen und das Symbol ihres Kollektivs rechtmäßig registrieren und schützen lassen. Die ersten, die dies tun, sind die Mitglieder des *Commando Ultrà Curva Sud* im Oktober 1987, nachdem sich die Gruppe in zwei Fraktionen aufgeteilt hat. Die *Fighters* von Juventus machen es ihnen gleich, allerdings mit einem eher kommerziellen Hintergrund.[746] Die gesetzlichen Maßnahmen, die im Februar 2007 verabschiedet werden, beschleunigen diese latente Institutionalisierung. Das Gesetz Nr. 41, das sogenannte Amato-Melandri-Gesetz, sorgt dafür, dass die Ultras ihre Banner bei den Behörden anmelden müssen. Eine Mehrheit lehnt diese Erpressung ab und beschließt, nichts mehr zu zeigen. Andere Gruppen indes akzeptieren diese

746 Auf ihrem Transparent wie auch auf ihren Gadgets erscheint das ®, das bedeutet, dass es sich um eine eingetragene Marke handelt.

Vorgabe jedoch und spielen das Spiel des Staates mit. Dasselbe gilt für Choreographien. Um sie durchführen zu können, braucht man von da an eine Sondergenehmigung der zuständigen Behörden, die diese aus Sicherheitsgründen verweigern können. All dies trägt zur Uniformierung der Ultras-Gruppen bei, die versuchen, sich anzupassen. Aber werden sie dadurch nicht wieder zu einem klassischen Fanklub? Dasselbe gilt für die Auswärtsspiele: Die massive Sicherung von Sportstätten hat die Reise zu den gefährlichsten Auswärtsspielen in gewöhnliche Ausflüge verwandelt. Mit dem Preisverfall in der Luftfahrtindustrie zu Beginn der 2000er steigt man bei weiten Reisen oft sogar auf das Flugzeug um. Einige Gruppen agieren dabei als Dienstleister, die die Reisen in Absprache mit den Behörden vorbereiten. Im Übrigen werden die Exzesse, die begangen werden (Gewalt oder politische Stellungnahmen) von den Verantwortlichen der Gruppen nach Möglichkeit unterdrückt, um kein allzu negatives Bild mehr von sich zu vermitteln und die guten Beziehungen zu den Vereinsoberen aufrechtzuerhalten. So beschließt das *Commando Ultrà Curva Nord* der Reggina ab der Saison 2001/02, keine neofaschistischen Symbole mehr zu zeigen, unter der Bedingung, dass die gegnerischen Ultras, die nach Reggio Calabria kommen, keine linken Symbole zur Schau stellen dürfen. Beim Spiel Reggina-Empoli begeben sich Beamte der DIGOS auf Hinweis der örtlichen Ultras in den gegnerischen Sektor, um die von den *Desperados* zur Schau gestellte Fahne mit dem Motiv von Che Guevara zu entfernen.[747]

Am 16. Dezember 2018 veranstaltet die *Curva Sud Milano* eine öffentlich zugängliche Feier zum 50-jährigen Jubiläum der Ultras des AC Milan. Diese findet in der majestätischen Kulisse der Arena Civica in Anwesenheit von 2000 Personen statt. Das Erscheinen des damaligen Innenministers Matteo Salvini, der selbst ein großer Tifoso des AC Milan ist und in seiner Jugend ein Abo in der Curva Sud gehabt hat, sorgt für Verwunderung und bei vielen für Kopfschütteln, da die Ultras generell unter starker Repression zu leiden haben. Der Minister wird von einem der Verantwortlichen der Kurve begleitet und trägt dabei den Schal der Gruppe um den Hals. Ein Journalist schreibt darüber: »Der Innenminister als Gast bei einem Treffen der Ultrà, (…) das ist eine große Überraschung, die vielerorts für Verwunderung sorgt. Aus den Kurven der Stadien gibt es jedes Wochenende Schimpftiraden gegen die Polizei. Der Chef auf dem Viminal[748] ist das Symbol der Einsatzkräfte, die jede Woche für Recht und Ordnung in und außerhalb der Stadien sorgen müssen.«[749] Dürfen die Ultras des AC Milan, die seit Jahren gegen

747 Sergio Cavaliere, siehe oben, S. 151.

748 Anm. des Lektors: Der Viminal ist der kleinste der sieben Hügel Roms und Sitz des Innenministeriums.

749 Redazione, *Salvini: »Io indagato tra gli indagati«. Un caso il saluto all'Ultrà condannato*, »Corriere della Sera«, 18. Dezember 2018, S. 17

die Repression ankämpfen, jenen Mann zu ihrer Feier einladen, der in letzter Instanz das DASPO unterschreibt, gegen das sie schon so lange protestieren?

Die Ultras-Gruppe als lukrative Gewinnquelle

Die finanziellen Mittel der Ultras-Gruppen sind in ihren Anfängen noch begrenzt; abgesehen von Kollekten und Mitgliedsbeiträgen gibt es kaum Einnahmen. Ende der 1970er-Jahre kommt der Verkauf von Accessoires an Mitglieder und Sympathisanten auf, was die Einnahmen der Gruppen erhöht. Als sich die Ultras-Bewegung in den 1980er-Jahren in den verschiedenen Städten der Halbinsel rasch ausbreitet, nimmt der Verkauf von Fanartikeln dramatisch zu. In dieser Zeit werden in mehreren Städten des Landes spezielle Geschäfte eröffnet. Im Dezember 1987 ist ein Laden namens Chaos das erste Geschäft in Bologna, das die Gadgets verschiedener Gruppen des Landes verkauft. Auch in Mailand, Verona und Turin gibt es solche Geschäfte. Andere Läden, wie der Fan's Shop in Salerno, bieten Materialien für Choreographien und die Animation auf den Tribünen an. Manchmal sind auch Kurvengeher Inhaber dieser Geschäfte, aber ihre ausgestellten Waren betreffen nicht ausschließlich ihre jeweiligen Gruppen. In der Lombardei betreiben Giancarlo Capelli, genannt »Barone«, ein Mitglied der Curva Sud des AC Milan, und Franco Caravita, der für die Curva Nord von Inter zuständig ist, in den 1990er-Jahren gemeinsam ein Geschäft namens La Bottega del Tifo.

Obwohl die Normen der Bewegung dieser Professionalisierung der Ultras eigentlich entgegenstehen, toleriert ein Teil von ihnen diese Fälle dennoch im Hinblick auf die »guten und treue Dienste«, die von diesen Personen geleistet worden sind. Die *Irriducibili* von Lazio tun sich in diesem Bereich besonders hervor, indem sie Anfang der 2000er-Jahre mehrere Geschäfte in der Hauptstadt und deren Umgebung eröffnen. Aufgrund des Erfolgs werden immer mehr Shops der Marke Original Fans aufgesperrt. 2003 gibt es neun Verkaufsstellen in der Hauptstadt und fünf weitere in der Region Latium. In den letzten Jahren ist dieses Geschäftsmodell zwar in Schwierigkeiten geraten, aber in Rom gibt es noch immer zwei Geschäfte, die diese Nische besetzen. Dort werden eine Reihe von Accessoires in den Farben von Lazio und der Curva Nord vermarktet. Die Gadgets, die man dort findet, haben nicht mehr viel mit der Welt der Kurve zu tun: Neben den traditionellen T-Shirts, Schals und Mützen gibt es auch Hausschuhe, Bademäntel und Radiowecker. Die Ultras von Lazio, die sich gegen den modernen Fußball und seine kommerziellen Auswüchse wehren, entwickeln einen regelrechten Handel mit der Leidenschaft der Fans und bieten ihre Marke im Franchising an. Sie zögern auch nicht, dieses Geschäft auf einer DVD zu inszenieren, die von den *Irriducibili* herausgebracht wird. Darin kann man einen Tag lang einen ihrer Anführer, besser gesagt Manager, Fabrizio Toffolo, dabei begleiten, wie er eine Boutique der Gruppe besucht, sich über die nächsten Projekte informiert und die Lagerbestände inspiziert, wie der Chef eines kleinen Unternehmens.[750]

In den letzten Jahren sind auch andere Protagonisten der Kurven mit dem Handel von Fanmaterialien oder der Organisation von Fanreisen reich geworden. Diese beiden Geschäftsbereiche stellen für die Gruppen, die die Kurven der wichtigsten italienischen Fußballmannschaften dominieren, einen Umsatz von mehreren hunderttausend Euro pro Saison dar. Manchmal ist der Grund für den Machtkampf zwischen den Gruppen derselben Mannschaft die Kontrolle über den Markt für den Verkauf von Gadgets. In Turin ist dies 1996 einer der Gründe für den Ausschluss der *Drughi*, der *Area Bianconera* und der *Vecchia Guardia*, die sich in weiterer Folge teilweise den *Fighters* anschließen. Das Monopol auf den Handel mit Accessoires fällt folglich an die einzig verbliebene Gruppe. Die Dominanz der *Fighters* endete jedoch abrupt im Februar 2005, als die *Drughi* ein bemerkenswertes Comeback feiern und sie wieder verdrängen. Wie rivalisierende Gangs, die sich um ein Gebiet streiten, bekämpfen sich die *Fighters* und die *Drughi* physisch im Stadion. Immer wieder werden offene Rechnungen in gewalttätigen Auseinandersetzungen beglichen. Im Sommer 2006 kommt es außerhalb des Stadions von Alessandria während eines Freundschaftsspiels von Juventus zu einem gewalttätigen Zwischenfall, bei dem der Anführer der *Drughi* schwer verletzt wird.[751]

Neben dem Verkauf von Gadgets geht es auch darum, wer den besten Draht zum Verein hat und mehr Eintrittskarten erhält. Mit der Eröffnung des neuen Stadions in der Saison 2011/12 zwingen die Verantwortlichen des Turiner Vereins die verschiedenen Gruppierungen, sich in einer Kurve zu sammeln. Das neue Stadion hat eine geringere Kapazität, ist modern und komfortabel und die meisten Spiele sind ausverkauft. Die sportliche Dominanz von Juventus, das seit dem Umzug bis zur Saison 2020/21 immer die Meisterschaft gewinnt, begünstigt den (teuren) Weiterverkauf der Tickets. Verschiedene gewalttätige Abrechnungen zwischen den Verantwortlichen der rivalisierenden Gruppen lassen vermuten, dass die Verteilung der Gewinne nicht ohne Schwierigkeiten abläuft. Am Weihnachtsabend 2013 kommt es zu einem Angriff auf einen Vertreter der *Tradizione Antichi Valori* (ehemals *Fighters*) in seiner Bar in der Turiner Peripherie.[752]

Es steht fest, dass langjährige Ultras, die heute fast 40 oder sogar 50 Jahre alt sind, dank ihrer Militanz und ihres Prestiges mit kriminellen Praktiken agieren, um

750 Alessandro Zapulla, Riccardo Camolino, *L'amor per te mi fa teppista*, Italien, 2006.

751 Vgl. Arianna Ravelli, Gianni Santucci, *I controlli? Dati agli ultrà. Favori e ricatti a Torino*, »Corriere della Sera«, 11. Februar 2007, S. 12.

752 Gianni Santucci, *L'aggressione al capo ultrà della Juve. Tifo e affari nella curva bianconera*, »Corriere della Sera«, 27. Dezember 2013, S. 23.

die Kontrolle über ihre Kurve zu erlangen oder sie zu behalten. Seit dem Rauswurf der *Fossa dei Leoni* im November 2005 ist Milans Curva Sud von starken internen Spannungen geplagt. Wiederholt kommt es zu gewalttätigen Abrechnungen zwischen verschiedenen Verantwortlichen. So wird im Januar 2007 einer von ihnen in seinem Haus in der Mailänder Vorstadt angeschossen. Am Ende der Saison 2015/16 werden die *Commandos Tigre* zwangsweise aus dem Weg geräumt. Der Umsatz und die potenziellen Gewinne, die einige Gruppen erzielen, lassen niemanden kalt und es ist mehr als nur naheliegend, dass es Verbindungen zu Vertretern des organisierten Verbrechens gibt. Das Freundschaftsspiel Catania–Juventus am 11. September 2002 ist ein gutes Beispiel für eine solches Zusammenspiel. Vor dem Spiel lassen sich die wenigen mitgereisten *Fighters* von lokalen Ultras ihr Transparent stehlen. Relativ schnell kaufen die *Fighters* ihr wertvolles Banner wieder zurück, und zwar über als Zwischenhändler fungierende Personen des organisierten Verbrechens in Turin, die Beziehungen zu Mafia-Clans in der sizilianischen Stadt pflegen.[753]

Die Auswüchse sind besorgniserregend: Ausgehend von einem kleinen Geschäft, das es einem erlaubt, von der Leidenschaft für den Fußball und den Tifo zu leben, träumen einige Ultras bald von einem großen Unternehmen und sprudelnden Gewinnen. Die Proteste der *Irriducibili* gegen die Führungsriege von Lazio sind Gegenstand eines Gerichtsverfahrens. Im Oktober 2006 werden mehrere Haftbefehle gegen die Verantwortlichen der *Irriducibili* ausgestellt. Die Ermittlungen zu den mutmaßlichen Verbindungen zwischen dieser Gruppe, der neapolitanischen Camorra und dem ehemaligen Lazio-Spieler Giorgio Chinaglia, der bereits wegen Geldwäsche strafrechtlich verfolgt worden ist, ergeben die Tatbestände Erpressung und gefährliche Drohung. Im Zusammenhang mit den *Irriducibili* spricht man von einer kriminellen Vereinigung. Es bleibt nicht nur bei diesem juristischen Aspekt, sondern es werden auch typische Vergeltungsmaßnahmen des organisierten Verbrechens gegen die Gruppe ergriffen und Einschüchterungsversuche unternommen. Wenige Tage nach der Verhaftung der vier *Irriducibili*-Verantwortlichen am 23. Oktober 2006 wird die Eingangstür des Kellerlokals der Gruppe im römischen Stadtteil Ostiense von einer kleinen Sprengbombe in Mitleidenschaft gezogen. Am 5. August 2007 wird Fabrizio Toffolo, einer der besagten Anführer, während seines Hausarrests von drei Schüssen in die Beine getroffen, die als Polizisten verkleidete Gangster auf ihn abfeuern.[754] Am 30. Januar 2015 werden die vier Verantwortlichen der *Irriducibili* wegen versuchter Erpressung zu Haftstrafen zwischen zweieinhalb und dreieinhalb Jahren

753 Luigi Pulvirenti, Michele Spampinato, *Quando saremo tutti nella Nord*, Massa, Eclettica Edizioni, 2014, S. 162–167.

754 Fiorenza Sarzanini, *Falsi poliziotti sparano all'Ultrà della Lazio*, »Corriere della Sera«, 07. August 2015, S. 19.

verurteilt.[755] Schließlich bestätigt die Vorgehensweise bei der Tötung von Fabrizio Piscitelli, genannt »Diabolik«, dem Leader der *Irriducibili*, am 7. August 2019 sehr wohl die Verbindungen zwischen einigen Ultras und der Welt des organisierten Verbrechens. Der 53-jährige Mann wird am helllichten Tag in einem Park in Rom mit einem Pistolenschuss in den Hinterkopf erschossen.

Dieses Abdriften einiger Gruppen wird durch den Selbstmord eines ehemaligen Verantwortlichen der *Drughi* am 7. Juli 2016, einen Tag nach seiner Vernehmung durch einen Turiner Magistrat, untermauert. Der Mann war offiziell bei Juventus als Vermittler zwischen dem Verein und den Ultras angestellt.[756] Neudeutsch wird diese Position heute Supporter Liaison Officer genannt. Die Verantwortlichen bei Juventus haben nämlich, wie zuvor schon die Verantwortlichen anderer Vereine auch, die Vorteile eines inoffiziellen Ordnungsdienstes erkannt, mit dem sie für Ruhe im eigenen Stadion sorgen konnten. Im Gegenzug dafür gibt es das Zugeständnis von mehreren Dutzend Eintrittskarten bei jedem Spiel. Der Preis dafür ist somit viel niedriger als der eines privaten Sicherheitsdienstes, der darüber hinaus kein leichtes Leben haben würde, wenn die Kurve nicht mitspielt. Tatsächlich ist es seit der Eröffnung des Stadions am 8. September 2011 zu keinen ernsthaften Zwischenfällen gekommen, was beweist, dass die Verantwortlichen der Gruppen durchaus wissen, wie man mit einer potenziell turbulenten Kurve umgeht. Dennoch hat der Verein aus Turin kein wirkliches Interesse an einer längeren Zusammenarbeit mit den Ultras, da es ihm die große schwarz-weiße Fanbasis erlaubt, auf die lästigen Fanatiker auch ganz einfach zu verzichten. Seit der Einleitung einer Untersuchung durch einen Turiner Richter über die zwielichtigen Verbindungen zwischen Personen aus der ’Ndrangheta, dem organisierten Verbrechen in Kalabrien, einigen Fangruppen und der Klubführung, versucht Letztere diese Verbindungen zu kappen.[757] In einem offiziellen Schreiben des Vereins vom 3. Februar 2017 wird den *Viking* mitgeteilt, dass sie ihre Transparente bis zum Ende der Saison 2016/17 nicht mehr zur Schau stellen dürfen. Auslöser dafür sind antisemitische Parolen aus dem Sektor der *Viking* beim Heimspiel gegen Bologna vom 8. Jänner. Am 25. September 2017 wird Juve-Präsident Andrea Agnelli in erster Instanz vom Sportgericht der FIGC für ein Jahr suspendiert, weil er den Ultras seines Vereins Eintrittskarten zur Verfügung gestellt hat. Am 30. September 2020 beginnt der Prozess gegen zwölf Verantwortliche von vier Ultras-Gruppen bei Juventus im Anschluss an die Untersuchungen im Rahmen der sogenannten Operation Last Banner. Die Anklagen

755 Giulio De Santis, *La scalata alla Lazio di Lotito. Condannati quattro Irriducibili*, »Corriere della Sera-Cronaca di Roma«, 30. Januar 2015, S. 5.

756 Marco Bardesono, *La morte del capo Ultrà testimone nell'inchiesta su tifo e'Ndrangheta*, »Corriere della Sera«, 11. Juli 2016, S. 20.

757 Vgl. Rinaldo Frignani, Elisa Sola, *L'antimafia convoca il calcio*, »Corriere della Sera«, 27. Januar 2017, S. 47.

lauten unter anderem auf die Gründung einer kriminellen Vereinigung und Erpressung. Der Verkauf von Eintrittskarten für Fußballspiele gerät erneut in den Mittelpunkt des Interesses der Richter.

Nicht nur bei Juventus sind Ultras in schmutzige Finanzgeschichten verwickelt. Es gibt Gerüchte, dass das Champions-League-Finale zwischen dem AC Milan und Juventus am 28. Mai 2003 Anlass für eine sehr ertragreiche Vereinbarung zwischen einigen Ultras beider Lager und ihren jeweiligen Vereinen gewesen ist. Dieses Spiel, das auf neutralem Boden in Manchester stattfindet, ist das wichtigste Spiel der Saison in Europa. Es lässt aber Zusammenstöße zwischen den rivalisierenden Gruppen erwarten, da ein halbes Jahr vorher, am 1. Dezember 2002, Gruppen beider Lager auf einer Raststätte gewaltsam aneinander geraten sind. Den *Fighters* gelingt es dabei, Transparente und Fahnen der *Sconvolts*, der *Squadraccia* und der *Rams* des AC Milan zu erbeuten. Die Verantwortlichen der beiden Vereine erkennen die drohende Gefahr und gehen frühzeitig auf ihre Ultras-Gruppen zu. Es kommt zu einem geheimen Pakt zwischen mehreren Verantwortlichen der beiden Tifoserie, damit es in Großbritannien zu keinen Zwischenfällen kommt. Im Gegenzug erhalten die Fraktionen, die sich an die Vereinbarung halten, Privilegien zugesichert und wohl auch Geld. Das Finale findet dann ohne nennenswerte Zwischenfälle statt.

Diese gegenseitigen Gefälligkeiten sind jedoch ein zweischneidiges Schwert. Sie dienen zwar dazu, die Ultras-Gruppen zu besänftigen, werden von den Vereinsfunktionären aber auch als Druckmittel angesehen, mit dem sie die Gruppen in der Hand zu haben glauben. In der Regel sind solche Versuche aber erfolglos, da die Gruppen ihrerseits den Vereinspräsidenten mit heftigen Vergeltungsmaßnahmen drohen, wenn sie sich nicht an die Vereinbarungen halten. Im Oktober 2007 werden mehrere Aktive der *Ultras Napoli* und der *Blue Tigers* wegen versuchter Erpressung inhaftiert. Die alte neapolitanische Vereinsführung hatte es sich zur Gewohnheit gemacht, sie kostenlos mit Eintrittskarten zu versorgen, um sich den sozialen Frieden in den Kurven zu erkaufen. Die neue Führungsriege hält davon nichts und wird deshalb von den Beschuldigten mehrmals bedroht. Beim Spiel Napoli–Frosinone am 2. Dezember 2006 explodieren selbst gebaute Sprengsätze auf der Laufbahn des Stadions, was Strafen der Liga nach sich zieht. Napoli ist gezwungen, ein Spiel unter Ausschluss der Öffentlichkeit auf neutralem Boden auszutragen. Dies führt natürlich zu einem erheblichen finanziellen Verlust für den Klub.

Auch Milans seinerzeitiger Vizepräsident Adriano Galliani bleibt von solchen Machenschaften nicht verschont. Er tritt zunächst als Kronzeuge in einer Untersuchung gegen acht Mailänder Ultras auf, die verdächtigt werden, den Klub erpresst zu haben.[758] Das

758 Federico Berni, *Galliani in procura. »Milan vittima degli ultras«*, »Corriere della Sera Edizione Milano«, 10. Januar 2007, S. 6.

hindert ihn aber nicht daran, wenige Monate später bei der Weihnachtsfeier der Curva Sud aufzutauchen, bei der auch einer der Angeklagten anwesend ist.[759] Ein kompliziertes Gebilde, das sich einem hier auftut, gestützt auf viel Geld, geheime Absprachen und kriminelle Praktiken.

Der Wunsch, die Ultras-Kultur zu bewahren

Bereits in den 1970er-Jahren entstehen die ersten von Hand gedruckten Nachrichtenbulletins in den Kurven. Die *Atalanta Commandos* gehören zu den Vorreitern dieses neuen Mediums. Im November 1974 drucken sie die erste Ausgabe ihrer Gazette: sechs Seiten, die sich mit den verschiedenen Themen befassen, die für Anhänger damals von Bedeutung sind. Das Fanzine erscheint zunächst in einer Auflage von 50 Stück und steigert sich bis 1977 auf 200 Exemplare, wobei bei wichtigen Spielen auch 500 Stück gedruckt werden.[760] Nach dem Vorbild der englischen Fanzines greifen diese Schriften die Themen auf, die den Fans der Fußballvereine wichtig sind, widmen sich aber hauptsächlich gruppenrelevanten Dingen. In den 1980er-Jahren verbreiten sich diese kleinen Zeitschriften in verschiedenen Kurven: 1985 wird die erste Ausgabe des Fanzines der *Rangers Empoli* verteilt, im Jahr darauf folgt das Fanzine der *Rangers Pisa*. Andere tun es ihnen gleich, wie die *Forever Ultras* aus Bologna mit ihrer Veröffentlichung 1988 oder die *Irriducibili* von Lazio 1989. Die Szene bleibt zunächst noch überschaubar.

Erst im nächsten Jahrzehnt, als die Ultras mit ernsten Problemen konfrontiert werden, wird man sich der Bedeutung einer kurveninternen Kommunikation bewusst. Nach und nach beginnen die einzelnen Gruppen mit der Herausgabe solcher handgemachten Zeitschriften. Sie sind für ein breiteres Publikum als den Kreis der eigenen Mitglieder bestimmt, und richten sich auch an die anderen Tifosi, die in der Kurve stehen, um die geplanten Aktionen der Ultras anzukündigen und zu erklären, und um die Philosophie der eigenen Gruppe weiter zu verbreiten. Die Fanzines fungieren als Gegeninformation zur klassischen Presse, die von den Ultras oft kritisch gesehen wird. Sie sind meist kostenlos oder für einen symbolischen Preis erhältlich. Ihre Auflage hängt von der jeweiligen Zielgruppe ab, an die sie sich richten, übersteigt jedoch in der Regel nicht einige hundert Exemplare. Die Publikationen umfassen meist zwischen acht und zwölf Seiten. Die darin behandelten Themen sind oft identisch: ein Leitartikel, dann eine Zusammenfassung der bisherigen Begegnungen aus Sicht der Kurve, die zum Verkauf angebotenen Fanartikel,

759 Emilio Randaccio, *Festa ultrà. C'è anche Galliani*, »La Repubblica«, 24. Dezember 2008, S. 17.
760 Nach sechs Jahren und 98 Ausgaben stellt das Bulletin seinen Betrieb ein. Vgl.: Daniele Belotti, siehe oben, S. 54–56.

ein Bericht über die gegnerische Tifoseria und ein Teil ist den Problemen der Bewegung gewidmet. Der Fußball und die eigene Mannschaft sind nicht die Hauptthemen dieser Publikationen, die sich an Fans und Ultras richten. Lediglich die »Voce della Nord«, die von den *Irriducibili* von Lazio herausgegeben wird, ähnelt eher den traditionellen Matchprogrammen, die in den Stadien aufliegen, und konzentriert sich auch auf die sportlichen Aspekte des Spiels, während das Fanzine der Ultras von Cosenza wiederum stark auf soziale Themen ausgerichtet ist. In Neapel wird Ende der 1980er-Jahre vom *Commando Ultrà Curva B* unter dem Namen »Ultrazzuro« ein richtiges Magazin herausgegeben. Im folgenden Jahrzehnt werden einige dieser Publikationen grafisch gut gestaltet. Sie haben eine redaktionelle Linie und werden zu vollwertigen Zeitschriften, die bei jedem Heimspiel in einer Auflage von mehreren hundert, manchmal sogar einigen tausend Exemplaren gedruckt werden. Dies ist der Fall bei »TAM TAM e segnali di fumo«, das die Ultras in Cosenza herausgeben, oder auch bei »Sostieni la Curva«, das seit 2000 von den *Atalanta Supporters* verkauft wird.[761]

Zur gleichen Zeit entwickelt sich unter den Ultras eine Tendenz, ihre eigene Geschichte schriftlich festzuhalten. In Italien gibt es nur wenige Publikationen zu diesem Thema; eine Handvoll Akademiker hat sich mit der Ultras-Bewegung befasst. Die Arbeiten von Alessandro Dal Lago, Antonio Roversi und Valerio Marchi gelten nach wie vor als Referenztitel auf diesem Gebiet. Im Laufe der 1980er-Jahre beginnen erste Ultras-Gruppen, Bücher zu veröffentlichen, die ihre Geschichte autobiografisch aufarbeiteten. Zwei wichtige Gruppen wagen sich an ein literarisches Abenteuer: Die *Fossa dei Grifoni* aus Genua veröffentlicht 1984 ein hundertseitiges Buch mit dem vielsagenden Titel »Il Vento della Nord«. Illustriert mit zwanzig Fotos und Eintrittskarten von Spielen, zeichnet das Buch die wichtigsten Ereignisse dieser Gruppe anhand von Anekdoten nach. Fünf Jahre später zieht das *Commando Ultrà Curva Sud* mit einem im Geist und in der Form ähnlichen Werk nach.[762] Von den Protagonisten verfasst, ermöglicht diese autobiografische Schrift einen Einblick in die wichtigsten Ereignisse ihres Werdegangs, aber auch ein Verständnis für die Leidenschaft, die sie antreibt.

Es dauert bis in die zweite Hälfte der 1990er-Jahre, bis weitere Bücher dieser Art erscheinen. 1996 wollen die *Pescara Rangers* ein Andenken an ihr 20-jähriges Bestehen hinterlassen und veröffentlichen ein Buch, das die jahrelange Unterstützung für ihren Klub dokumentiert. Im selben Jahr erscheint ein umfassendes Werk über die Geschichte

761 Diese Publikation wurde bei jedem Spiel von Atalanta in Bergamo in einer Auflage von 3000 Exemplaren gedruckt, bei Topspielen stieg die Zahl auf bis zu 3200 Exemplare.

762 Ursprünglich sollte es das zehnjährige Bestehen der Gruppe feiern, wurde aber schließlich vom *CUCS-GAM* herausgegeben, um die Legitimität des *Commando Ultrà Curva Sud* zu bekräftigen, das sich ab 1987 in zwei Lager spaltet, die sich beide jeweils auf die ursprünglichen Werte der Gruppe berufen.

der Lazio-Fans, das von einem Journalisten, der Anhänger des Vereins ist, initiiert wird. Im Jahr 1997 sind es die *Brigate Neroazzurre* der Atalanta und die *Brigate Gialloblu* von Hellas Verona, die ihre Memoiren veröffentlichen. Diese Gruppen haben einen wichtigen Beitrag zur Bewegung auf der Halbinsel geleistet, wenn auch mit gänzlich konträren Stilen. Vielleicht auch deswegen besitzen diese beiden Werke einen unbestreitbaren Wert. In »I Guerrieri di Verona« zeichnet ein Journalist die Geschichte der Veronesi von ihrer Gründung bis zu ihrer Auflösung im Jahr 1991[763] nach. Die Publikation zum 20-jährigen Bestehen der *Brigate Neroazzurre* enthält keine Kommentare, sondern hauptsächlich Fotos und Zeitungsausschnitte, die von ihren »Heldentaten« berichten. Diese beiden Bücher tragen dazu bei, dass die Ultras-Literatur endgültig als eigenständiges Genre eingeführt wird. Mehrere Gruppen tun das Gleiche, meist anlässlich von Jubiläen. In Turin, Pisa und Rom erscheinen Publikationen aus der Kurve. Ihre Qualität ist unterschiedlich, da sie ausschließlich von den jeweiligen Mitgliedern erstellt werden, aber sie sind in ihren Konzepten alle recht ähnlich.

Im neuen Jahrtausend gibt es dann immer mehr Bücher von den größten bis zu den kleinsten Gruppen des Landes. Ein Beispiel dafür sind die Schriften der Ultras von Montevarchi oder Imperia, die sich zwischen der Serie C und der Eccellenza bewegen. Das größte Manko dieser Werke ist oft der Mangel an Distanz, Selbstkritik ist kaum vorhanden und interne Probleme werden kleingeredet. Die Gewalt nimmt einen besonderen Platz ein, wie oft Hunderte von abgedruckten Presseartikeln zu diesem Thema belegen. Das Buch der Ultras von Udinese enthält 64 von insgesamt 352 Seiten, die sich nur um dieses eine Thema drehen.[764] Das Buch der Ultras von Verona widmet diesen Presseartikeln 77 Seiten (von insgesamt 320).[765] Auch die den Gegnern entwendeten Transparente sind Anlass für gut dokumentierte Passagen in den Büchern. Trotz dieser offensichtlichen Limits sind alle Werke interessant, da sie es ermöglichen, anhand der Fotos und der Erzählungen der Protagonisten die Entwicklung der Ultras-Bewegung zu verstehen. Es gibt etwa 60 Publikationen, von denen sich einige durch eine sehr hohe Qualität auszeichnen. Dies ist etwa bei den drei Büchern über die Geschichte der Ultras aus Bergamo der Fall: »Atalanta, folle Amore nostro.«[766]

Diese Bücher richten sich nicht primär an die Außenwelt, sondern werden oft im Selbstverlag herausgegeben und sind für eine Leserschaft innerhalb der Ultras bestimmt.

763 Vgl. Silvio Cametti, siehe oben.

764 Vgl. Curva Nord Udine, Selbstverlag, 2004, S. 191–255.

765 Vgl. Silvio Cametti, siehe oben, S. 121–198.

766 Die drei Bände haben die Besonderheit, dass sie von Daniele Belotti, Ultra der Atalanta und zugleich Politiker (Gemeinderat der Stadt Bergamo und Regionalrat der Lombardei) geschrieben wurden. Der dritte Band wurde in Zusammenarbeit mit Eleonora Magno erstellt.

Sie feiern die Ereignisse und Taten einer Gruppe, haben aber auch die Aufgabe, den Jüngeren das zu respektierende Erbe und ein fortzuführendes Verhalten zu vermitteln. Die Auflagen sind in der Regel auf einige hundert Exemplare beschränkt, wobei es die bekanntesten Bücher auf bis zu 4500 Exemplare schaffen.[767]

Das Aufkommen des Internets verändert die Gewohnheiten und Techniken der Kommunikation. Das weltweite Netz wird sehr schnell zu einem unverzichtbaren Medium, um die Fans zu erreichen. Wie andere Jugendphänomene nimmt auch die Ultras-Bewegung das Internet schnell an, es ist ungefiltert und frei zugänglich. Jede Gruppe hat die Möglichkeit, ihre eigene Webseite zu erstellen und sich vor aller Augen zu präsentieren, und das ohne jegliche Einschränkung. Mit der Verbreitung des Internets in der zweiten Hälfte der 1990er-Jahre verfügen die Ultras über ein ideales Kommunikationsmittel. Im Gegensatz zu Fanzines, die nur eine begrenzte Zielgruppe ansprechen, ermöglicht die neue Technologie einer breiten Öffentlichkeit den Zugang zu den wichtigsten Informationen über diese Gruppen und ihre Aktivitäten. Die schnelle Popularität dieses Mediums ist auf mehrere Faktoren zurückzuführen: den einfachen und kostenlosen Zugang sowie die unbegrenzte Verbreitung von Informationen, wobei diese zum Teil auch vertraulich bleiben.[768] Sehr schnell tauchen im Netz Webseites auf, die von den verschiedenen Fraktionen erstellt werden. Ihre Struktur ist oft identisch: ein Rückblick auf die Geschichte der Gruppe, Fotos von Spielen und Auswärtsfahrten, Freundschaften und Rivalitäten, ein Diskussionsforum, zukünftige Aktivitäten und manchmal gibt es die Möglichkeit, Fanzines herunterzuladen. Die Qualität einiger dieser Webseiten ist bemerkenswert, wie zum Beispiel die der *Boys Parma* oder auch der *Ultras Tito Cucchiaroni* von Sampdoria, da sie sehr umfangreich ausfallen und über viel Datenmaterial verfügen.[769]

Es gibt jedoch auch eine große Anzahl von Ultras, die sich weigern, eine offizielle Internet-Webseite zu betreiben. Diese Gruppen, wie zum Beispiel die Ultras der Atalanta, treffen sich in speziellen Foren, wo man sich über die neuesten Aktivitäten informieren kann. Später, als das soziale Netzwerk Facebook immer populärer wird, erstellen die meisten Gruppen dort ein offizielles Profil. Kritiker werfen den Netzwerken vor, dass sie viel Platz für Übertreibungen aller Art bieten und Mythomanen sich ungehindert austoben können. In der Tat kann man virtuelle Bedrohungen in vielen Diskussionsforen finden. Das Internet hat jedoch die Art und Weise, wie Gruppen miteinander kommunizieren, verändert. Sie verfügen nun über ein allgemein zugängliches Medium, um ihre Aktivitäten

767 Der erste Band von »Atalanta folle Amore nostro« wurde in einer Auflage von 4500 Exemplaren gedruckt, der zweite Band in einer Auflage von 2500 Exemplaren. Telefoninterview mit Daniele Belotti, dem Autor der drei Werke, geführt am 30. März 2017.

768 Vgl. Philippe Broussard, *Internet est devenue le média favori des supporteurs de football*, »Le Monde«, 28. Dezember 2001, S. 16.

769 Siehe: http://www.boysparma1977.it und http://www.ultrastito.com.

zu erklären. Darüber hinaus werden gruppenübergreifende Webseiten ins Netz gestellt. Sie sind keiner Gruppierung angegliedert und berichten über verschiedene Themen, die für italienische und internationale Ultras relevant sind. Auf der Basis von freien Beiträgen diskutiert jeder in einem Netzwerk mit Ultras von der ganzen Halbinsel, aber auch aus anderen Ländern. Zu sehen sind Fotos von Choreographien, sarkastischen Transparenten oder Auseinandersetzungen.

Das Progetto Ultrà

Anfang der 1990er-Jahre kommt es vermehrt zu gewalttätigen Zwischenfällen, als rechtsextreme Symbole und fremdenfeindliches Verhalten auf den Tribünen zunehmen. Vor diesem Hintergrund wird das sogenannte Progetto Ultrà in Bologna innerhalb des Regionalkomitees Emilia Romagna der Unione Italiana Sport per tutti gegründet.[770] Der Verband baut auf den Erfahrungen der sozialpädagogischen Fanprojekte auf. Das erste Vorläuferprojekt wurde 1981 in Bremen ins Leben gerufen.[771] In Deutschland sorgen Sozialarbeiter für einen ständigen Dialog und Kontakt mit den Fans. Sie verfügen über einen Raum und organisieren Aktivitäten außerhalb des Fußballgeschehens. Diese Personen fungieren auch als Vermittler zwischen der Polizei und den Fans, um zu verhindern, dass bestimmte Situationen eskalieren und schließlich zu gewalttätigen Reaktionen führen. Die italienischen Ultras unterscheiden sich jedoch in vielerlei Hinsicht von den Fans im Norden. Das Progetto Ultrà, das mit regionalen Mitteln und Geldern der EU finanziert wird, ist das erste auf der Halbinsel, das sich mit Ultras aus einem sozialen Blickwinkel heraus beschäftigt.

Die Ziele dieser Organisation sind vielfältig: Aufwertung der sozialen und kulturellen Aspekte der Bewegung, Stärkung des Verantwortungsbewusstseins der Ultras, Aufbau eines Dialogs mit den Behörden und Bekämpfung der Auswüchse von Stadionverboten. Dem repressiven Ansatz setzt sie die Prävention gegen die Gewalt sowie den Dialog zwischen Ultras und Institutionen entgegen. Das Progetto Ultrà wertet diese Subkultur und die von den Gruppen durchgeführten Aktivitäten auf. Durch kreative Aspekte wie die Herstellung von Choreographien, Fahnen und Bannern betont der Verein die lohnenden Aspekte der Bewegung und ihre soziale Dimension. In Zusammenarbeit mit den Gruppen, die sich beteiligen möchten, werden runde Tische und Diskussionsrunden organisiert, bei denen verschiedene Probleme im Zusammenhang mit ihrer Kultur diskutiert werden. Darüber

770 Die Unione Italiana Sport per tutti (UISP) ist eine Organisation, die Sport für alle fördern will und 1948 von Personen gegründet wird, die der Kommunistischen Partei Italiens nahestehen.

771 Vgl. Sebastian Schmitt, *Fanprojekte und Fankultur im Fußball. Überblick und aktuelle Problematik*, Norderstedt, GRIN Verlag, 2013.

hinaus werden gemeinsam mit den Ultras Maßnahmen zur allgemeinen Sensibilisierung gegen die kommerziellen Auswüchse des Fußballs angestoßen. Das Projekt sammelt auch schriftliche und audiovisuelle Quellen über den organisierten Tifo und bildet damit ein Archiv, das akademischen Forschern offen steht. Die Dokumente, die zum Teil von den Ultras stammen, werden in einem Fundus festgehalten, der Fanzines, Zeitschriften, Zeitungsausschnitte, audiovisuelle Inhalte, akademische Forschungsarbeiten und Bücher, die sich thematisch mit Fans aus aller Welt beschäftigen, umfasst.

Eine der Aufgaben des Progetto Ultrà ist es auch, Fremdenfeindlichkeit zu bekämpfen, indem es Aktionstage gegen Rassismus in den Stadien veranstaltet. Seit 1997 organisiert der Verein auch ein internationales Fußballturnier gegen Rassismus mit dem Namen Mondiali Antirazzisti. Jedes Jahr nehmen in der Emilia-Romagna Fans aus ganz Europa sowie Organisationen teil, die die verschiedenen auf der Halbinsel lebenden Migrantengemeinschaften vertreten. Vier Tage lang haben rivalisierende Gruppen die Möglichkeit, sich außerhalb ihrer Kurven zu begegnen und sich sportlich auf dem Fußballplatz zu messen. Neben dem sportlichen Aspekt ist die Mondiali auch ein kulturelles Ereignis, da Debatten organisiert werden, Filme und Konzerte die Abende beleben und jede Mannschaft in einem nahegelegenen Park zeltet. Das antirassistische Turnier ist lange ein echter Erfolg. Von den anfangs 100 Teilnehmern hat sich die Veranstaltung in den letzten Jahren ihres Bestehens auf mehrere Tausend Menschen aus der ganzen Welt ausgeweitet. Natürlich gibt es Ultras, die sich aufgrund ihrer politischen Ausrichtung weigern, daran teilzunehmen. Aber diese Veranstaltung, die nicht im engeren Sinne politisch sein will, schafft es auch Teilnehmer anzuziehen, die sich nicht offen zu ihrer linken Gesinnung bekennen, wie die *Forever Ultras* aus Bologna, die sich aber im Kampf gegen Rassismus wiederfinden. In den 2000er-Jahren nimmt die Zahl der teilnehmenden Ultras drastisch ab. Sie werden durch politische Aktivisten ersetzt. Durch die Öffnung der Veranstaltung für die Zivilgesellschaft verliert sie ihre ursprüngliche Identität, die sich stärker auf die Welt der Kurven konzentriert hat. Außerdem ist der Antirassismus angesichts der zunehmenden Repression nicht mehr das Hauptanliegen vieler Gruppen. Im Juli 2016 beschließen die wenigen noch aktiven Ultras, sich aus der Organisation des Turniers zurückzuziehen.

Indem es die Voraussetzungen für einen Dialog zwischen rivalisierenden Gruppen schafft, versucht das Progetto Ultrà, die positiven Aspekte der Ultras-Kultur hervorzuheben, und bemüht sich gleichzeitig, Spannungssituationen, die oft zu Auseinandersetzungen führen, zu verringern. Dank der Beziehungen, die das Progetto Ultrà zu den Verantwortlichen verschiedener Gruppen unterhält, werden auch Projekte zur Bekämpfung der Repression durchgeführt. Ab 1998 werden von den teilnehmenden Gruppierungen mehrere gemeinsame Aktionen vorbereitet, bei denen in den Kurven verschiedener Stadien

Transparente mit demselben Slogan gezeigt und Broschüren über die Rechte und Rechtsmittel bei Stadionverboten verteilt werden. Das Progetto Ultrà führt zwar nicht den Kampf gegen die Repression an, ist aber ein Ansprechpartner und Vermittler zwischen den verschiedenen Parteien und hilft bei der Koordinierung der ersten von Ultras organisierten Demonstrationen im Jahr 2003. Im selben Jahr kommt es angesichts der führenden Rolle, die das Progetto Ultrà mittlerweile spielt, zu einer Kontroverse mit den Anhängern der Lazio und der Roma. Diese beschuldigen das Projekt, die Situation auszunutzen, um seine politische Linie durchzusetzen, zumal die wenigen Sozialarbeiter, die in den Verein involviert sind, bezahlte Angestellte und keine Freiwilligen sind. Einige Ultras, die neofaschistischen Kreisen nahestehen, führen sogar eine Verleumdungskampagne gegen den Leiter des Progetto, Carlo Balestri. Diese Angriffe halten die wichtigen Gruppen zunächst aber nicht davon ab, ihre Zusammenarbeit mit dem Progetto fortzusetzen. Nach und nach gerät es aber in Konflikt mit den Ultras, die sich in seiner politischen Linie und seinen Versuchen, mit den Institutionen, die sie unterdrücken, in Dialog zu treten, nicht mehr wiederfinden, und sie wenden sich Anfang der 2010er-Jahre endgültig davon ab.

Eine Rückkehr zu den Ursprüngen?

Das Jahr 1995 ist ein Wendepunkt für die Ultras. Während ihre Organisation noch nie so gut und ihr Einfluss noch nie so groß gewesen sind, beginnt mit dem Mord an Vincenzo Spagnolo eine Wertekrise. Diese Tat ist der Auslöser für eine Selbstreflexion der Prinzipien und Werte, die ihrer Bewegung zugrunde liegen. Die Bewahrung dieser Normen wird zum Leitmotiv vieler Gruppen, die die Auswüchse ihrer Bewegung ablehnen. In den Kurven finden sich immer mehr Spruchbänder, die sich auf diese Prinzipien beziehen, wie in Cagliari, wo die *Sconvolts* neben ihrem Transparent folgende Botschaften anbringen: »Ultras sieben Tage die Woche«,[772] oder auch »Ultras sein bedeutet, es im Geiste zu sein!«[773] Auch in Cosenza, wo man in der Curva Sud ein Transparent mit dem expliziten Inhalt »Ultras sein, um zu leben!«[774] hängen sieht, ist diese Einstellung angekommen. Das Treffen in Genua, bei dem fast alle italienischen Gruppen zusammenkommen, bietet die Gelegenheit zu einer tiefgreifenden Selbstreflexion über ihren Verhaltenskodex. Das Konzept der Ultras-Mentalität entwickelt sich. Die *Fossa dei Leoni* des AC Milan erwähnt diese Grundsätze in ihrem Fanzine und verwendet dabei den Begriff Ideologie: »Völlige Selbstverwaltung, Selbstfinanzierung, Anwesenheit bei allen Spielen, man fährt

772 Im Original: »Sette giorni su sette Ultras!«
773 Im Original: »Essere Ultras, esserlo nella Mente!«
774 Im Original: »Vivere Ultras per vivere!«

nicht nur zum Finale des Europapokals der Landesmeister auswärts (...), niemand soll auf Kosten der Gruppe eine Lira verdienen und es soll keine finanziellen Ziele geben, das Geld in der Kasse soll für gemeinsame Aktivitäten verwendet werden (...), Unabhängigkeit der Ideen und des Verhaltens, kein ›externer‹ Einfluss (von Vereinsfunktionären oder anderen).«[775] 1996 übernehmen elf Reportagen über Ultras, die von einem italienischen Privatsender ausgestrahlt werden, die Bezeichnung »Mentalità Ultras«. Die beiden angehenden Journalisten, die in erster Linie Ultras sind, produzieren auch ein Fanzine und eine Bekleidungslinie, die diesen Slogan populär machen. Einige Gruppen entwickeln sogar ein eigenes Logo und präsentieren es auf einer Fahne, um zu zeigen, dass sie sich an diese Normen halten. Die *Curva Ovest* in Ferrara ist ein Beispiel dafür.

Die Ultras berufen sich auf diese Philosophie, um sich gegen die Rückkehr der Politik, die Entartung der Gewalt und die Profitgier, die an ihrer Bewegung nagen, zu wehren. Allerdings werden die Prinzipien, die ihre Existenz bestimmen, häufig fehlgeleitet. Die Ultras haben teilweise große Probleme damit, sich zu erneuern, und die ursprüngliche Originalität geht verloren. Es ist jedoch der Individualismus, der die Einheit der Kurven gefährdet. Die Sorge um die Sichtbarkeit und äußere Wahrnehmung hat Vorrang vor der Verteidigung der gemeinsamen Werte, die die Kurve und der Fußballklub repräsentieren. Angesichts der Vielzahl von Gruppen und vor allem der Spaltungen in der Kurve versammeln sich die Ultras der Salernitana ab 1997 bei Auswärtsspielen hinter einem einzigen Banner, das die Aufschrift »Mentalità Ultras« trägt.[776] Das Experiment ist jedoch von kurzer Dauer und zwei Jahre später zeigt jede Formation wieder ihr eigenes Banner. Der Versuch hinterlässt jedoch einen bleibenden Eindruck und andere Tifoserie folgen diesem Beispiel und versuchen, die verschiedenen Komponenten ihrer Kurven ebenfalls zu vereinen. Die meisten dieser Versuche sind nicht erfolgreich, da die Verbundenheit der einzelnen Kollektive mit ihrem Transparent natürlich eine große Rolle spielt, sei es in Ascoli, Bergamo oder auch Taranto. Manchmal tragen aber auch die schlechten sportlichen Ergebnisse und die Schwierigkeiten ihres Klubs dazu bei, die verschiedenen Parteien einander näher zu bringen. Dies ist etwa in Neapel der Fall: »Sowohl die Curva A als auch die Curva B beschließen in vollkommener Interessengemeinschaft, dass in der Serie C keine einzelnen Transparente der Gruppen gezeigt werden, sondern ganz einfach ein Banner mit dem Kürzel ›1926‹.«[777] Über das einfache Stück Stoff oder Plastik hinaus geht es um eine Frage der Identität, da jede Gruppe Angst hat, die ihre zu verlieren.

775 Fossa dei Leoni, Offizielles Fanzine, 29. Oktober 1995, S. 7

776 Bereits 1994 zeigte die *Granata South Force* auf Reisen ein Transparent mit der Aufschrift: »Salerno«

777 Cosmi Villari, *Primo Nemico*, Rovereto, Boogaloo Publishing, 2006, S. 131. Anm. des Lektors: Die SSC Napoli wurde am 1. August 1926 gegründet.

Schließlich spielen auch Fragen des Egos innerhalb jeder Tifoseria eine wichtige Rolle und persönliche Feindschaften können den Versuch einer Zusammenführung durchaus zunichtemachen. In Brescia gelingt es dem Projekt *Brescia 1911 Mentalità Ultras* nicht, die gesamte Curva Nord zu vereinen. In Bergamo ist die Situation um die *Atalanta Supporters* trotz einiger interner Unruhen ähnlich schwierig, da die *Brigate Neroazzure* und die *Wild Kaos* ihre Aktivitäten einstellen, da sie in deutlichem Kontrast zur neuen Gruppierung stehen. In anderen Kurven gelingt es, die Identität jeder Gruppe zu respektieren und sich trotzdem bei Auswärtsspielen hinter demselben Banner mit dem Namen des Klubs versammeln, wie die Anhänger von Avellino beweisen, die sich hinter dem Transparent »*US Avellino 1912*« einfinden oder die Anhänger von Padova, die ein einziges Banner mit der Aufschrift »*AC Padova 1910*« präsentieren. Beide Beispiele haben allerdings nur eine kurze Lebensdauer, lassen aber erkennen, dass der formelle oder informelle Zusammenschluss der Ultras derselben Mannschaft längst zu einer Notwendigkeit geworden ist.

Die tiefe Krise, in der sich die Ultras-Bewegung befindet, hat auch Auswirkungen auf die Finanzen der Gruppen. Die Stadionverbote nehmen zu und die Kollektive ziehen es vor, einen Teil der Gerichtskosten ihrer Mitglieder zu übernehmen, anstatt teure Choreographien zu finanzieren. Dies zwingt diese Gruppierungen dazu, ihre Aktionen zurückzufahren. Die bunten Spektakel in den Kurven, die das Markenzeichen der Ultras auf der Halbinsel geworden sind, weichen oft einfacheren Animationen mit wiederverwendbaren Materialien wie Doppelhaltern oder Fahnen.

Es ist auch ein Moment der Reflexion. Die Repression, die die gesamte Ultraszene betrifft, bringt die Feinde von gestern einander näher. Der Respekt vor den Gegnern wird wieder hervorgehoben. Darüber hinaus wird die Gewalt zwar nach wie vor nicht verurteilt, aber in mehreren Kurven wird sinnloser Vandalismus nun abgelehnt.

21. Oktober 2000: Während ihrer Auswärtsfahrt nach Bari stoßen die Ultras der Atalanta im selben Zug auf eine Gruppe Ultras von Piacenza. Es kommt zu einem regelrechten Guerillakrieg, während der Zug noch immer auf dem Bahnsteig steht. Zehn Minuten lang stehen sich die beiden Lager gegenüber und beschädigten dabei einen Teil des Bahnhofs. Nach der Rückkehr aus Bari beschließen die Ultras aus Bergamo, die durch die Schlägereien entstandenen Kosten vollständig zu erstatten. Dies ist eine echte Kulturrevolution. In den folgenden Tagen einigen sich die Bergamaschi mit der Eisenbahngesellschaft auf die Zahlung von 5000 Euro.[778]

Dieses plötzliche Bewusstsein für einen verantwortungsbewussten Fanatismus fällt mit einer Distanzierung von der Politik zusammen. Sowohl in Lecce als auch in Bergamo

778 Daniele Belotti, siehe oben, S. 416–417.

werden die alten politischen Glaubensbekenntnisse zugunsten der Vereinsfarben abgelegt. Die Neuinterpretation der Normen geht mit einem erhöhten Gemeinschaftssinn einher. Um nicht mehrere Formationen in ein und derselben Kurve zu haben, entdecken die Ultras den Zusammenhalt wieder und kehren zu dem für sie typischen Aggregationsmodell zurück. Die Gruppe fungiert in einer Zeit, in der der Individualismus in der Gesellschaft, aber auch im Stadion vorherrscht, wieder als Familie, und dieser Zusammenhalt wird genutzt. Das Fußballspiel ist nicht mehr die einzige Gelegenheit, sich zu treffen, und es gibt immer mehr Aktivitäten, die von den Ultras auch außerhalb der Stadien initiiert werden. In Brescia findet im Jahr 2000 die erste Festa Biancoblù statt, die von den *Brescia 1911* initiiert wird. Sie bringt die Tifosi und die Einwohner der ganzen Provinz zusammen. Wie bei den lokalen Festen ist es möglich, vor Ort zu essen, Konzerte zu besuchen oder an Debatten über die Problematiken der Bewegung teilzunehmen. Die Veranstaltung ist so erfolgreich, dass andere Gruppen nachziehen. In Bergamo wird die Festa della Dea vom 4. bis 7. Juli 2002 zum ersten Mal veranstaltet. Seitdem kommen jedes Jahr Tausende von Menschen zusammen: Neugierige, Fans und Ultras der Atalanta.[779]

Auf der ganzen Halbinsel werden solche Veranstaltungen organisiert, wie jene der *Curva Ovest* in einem Park in Ferrara. Die *Curva Furlan* tut dasselbe seit 2011 auf den Anhöhen über Triest oder die *Allentati* in Fasano. Diese Volksfeste haben sowohl einen internen Nutzen – sie mobilisieren die Ressourcen ihrer Gruppe und ihrer Mitglieder und ermöglichen es, bestehende Bindungen zu festigen – als auch einen externen Nutzen, denn diese Feierlichkeiten erlauben es den Ultras, den Bürgern ihrer Stadt, die sie vielleicht nur wenig kennen, ein anderes Gesicht zu zeigen. Schließlich werden auch andere, kleinere Veranstaltungen zum Gedenken an verstorbene Ultras organisiert. Fußballturniere finden statt, wie zum Beispiel in Bari, wo die *Ultras Curva Nord* an ihren verstorbenen Anhänger Massimo Labbrino erinnert, oder in Latina, wo die Gruppe *Leone Alato* seit 2008 jedes Jahr einen Gedenktag für Stefano Fiorucci veranstaltet.[780] Zu diesem Anlass kommen nur Anhänger der lokalen Mannschaft, der befreundeten Gruppen und die Familien des Verstorbenen zusammen, um seiner zu gedenken. Diese Erinnerungsrituale nehmen bei den Ultras einen immer größeren Stellenwert ein. Ein Beispiel dafür ist auch der Tod von Carmine Rinaldi, einem Mitglied der *Granata South Force* der Salernitana am 12. April 2010. Aus ganz Italien treffen Beileidsbekundungen ein und in verschiedenen Stadien werden Banner zu seinem Gedenken gezeigt. Die Solidaritätsbekundungen und

779 Anm. des Lektors: Nachdem die Festa della Dea schon 2016 und 2017 nicht stattfindet, wird sie 2018 das bisher letzte Mal organisiert.

780 Nach seinem Tod fertigen seine Freunde ein Transparent mit der Aufschrift: »Stefanino presente!« an, ab 2008 organisieren sie ein Fußballturnier zu seinem Gedenken. Im Jahr darauf stirbt ein weiterer Ultra namens Mirko. Zu seinem Gedenken gründen Freunde die Gruppe *Leone Alato.*

Respektsbekundungen auch zwischen rivalisierenden Gruppierungen häufen sich. Zum Beispiel beim Tod von Andrea Toninelli, der am 27. Mai 2013 bei einem Unfall mit dem Bus, der die Ultras aus Brescia von einem Auswärtsspiel nach Hause bringt, stirbt. Dasselbe gilt auch für die Beerdigung des Livorno-Spielers Piermario Morosini, der am 14. April 2012 bei einem Spiel der Serie B von einem Herzinfarkt niedergestreckt wird und stirbt.

Jenseits der Gewalt: Die Solidarität der Ultras

Solidarität ist einer der Grundwerte der Ultras, der sich zunächst natürlich auf die Gruppe selbst bezieht, in der die gegenseitige Unterstützung unabdingbar ist. Dies manifestiert sich in der Bezahlung der Reisekosten eines Mitglieds, das sich ein Auswärtsspiel nicht leisten kann oder die Sammlung von Spenden für die anfallende Gerichts- oder Anwaltskosten Betroffener. Solidarisch ist es auch, wenn man vor den Stadiontoren bleibt, solange vorübergehend Festgenommene nicht aus dem Polizeigewahrsam entlassen werden. Diese gegenseitige Unterstützung zeigt sich ab den 1980ern auch bei Anlässen, die völlig außerhalb der Stadien und deren Kurven liegen. Bis dahin ist es den Ultras aufgrund ihrer informellen Struktur nicht möglich, eine soziale Ausrichtung in den Vordergrund zu stellen oder sich für bestimmte Anliegen einzusetzen. Außerdem verfügen sie nicht über finanzielle Mittel und sind sich nicht bewusst, dass sie noch viel mehr tun können, als die eigenen Farben zu unterstützen. Mit ihrer Etablierung engagieren sich mehrere Gruppen, um etwa Bedürftigen zu helfen oder bestimmte soziale Anliegen zu unterstützen. In Cosenza zum Beispiel sensibilisiert der Franziskanerpater Francesco Bisceglia einen Teil der *Nuclei Sconvolti* für Solidaritätsaktionen. Im Jahr 1985 gründet er in der kalabrischen Stadt die l'Oasi francescana (Franziskanische Oase), eine Einrichtung, die Mahlzeiten und Unterkunft für die Ärmsten der Stadt anbietet. Mehrere Ultras unterstützen ihn bei dieser Mission, aber auch bei seinen Projekten in Zentralafrika, wo hin ihn einige begleiten, um bei humanitären Missionen zu assistieren.[781]

Andere nutzen den gewaltigen medialen Resonanzboden, den das Stadion darstellt, um die Öffentlichkeit für bestimmte Notfälle zu sensibilisieren. 1995 etwa droht dem Telefono Azzurro, einer Organisation, die sich für die Rechte von Kindern einsetzt, aufgrund eines finanziellen Engpasses das Aus. In den Stadien des Landes zeigen Dutzende von Tifoserie Transparente zur Unterstützung dieser Organisation – versehen mit der betreffenden Bankverbindung, um für Spenden aufzurufen. Gleichzeitig wird auch in den Kurven des Landes Geld gesammelt.

781 Philippe Broussard, siehe oben, S. 254–272.

Ab den 1990er-Jahren nutzen die Ultras ihr Umfeld, um verschiedene Wohltätigkeitsaktionen zu fördern. 1993 beschließen die *Sanitarium* in Cremona in Zusammenarbeit mit dem Koordinationszentrum der Fanklubs, den Menschen in Bosnien-Herzegowina zu helfen, die Opfer des Bürgerkriegs im ehemaligen Jugoslawien sind. Sie sammeln Kleidung und Lebensmittel, die sie an die bedürftige Bevölkerung weiterleiten. Vor dem Derby Livorno–Pisa am 14. Oktober 2001 verständigen sich die Ultras beider Lager darauf, keine Choreographien durchzuführen, sondern das Geld an Emergency zu spenden, die als NGO im von Krieg gebeutelten Afghanistan aktiv ist. Diese zunehmende Beteiligung der Ultras an Wohltätigkeitsinitiativen geht manchmal mit der Rückkehr der Politik auf die Tribünen einher und wird oft auf sehr unterschiedliche Weise ausgelebt. Zur Erklärung dieser Spendenbereitschaft darf man nicht vergessen, dass die italienische Volkskultur lange durch Katholizismus und Kommunismus geprägt war. Außerdem ist Geld oder Gewinnerzielung in der Welt der Ultras kein erstrebenswertes Ziel, im Gegenteil, Profit wird an und für sich abgelehnt. Diese Einstellung erklärt den großen finanziellen Beitrag der *Fossa dei Leoni* und der *Brigate Rossonere*, die 1985 die damals unglaubliche Summe von 50 Millionen Lire (etwa 25.000 Euro), die durch den Verkauf von Fanartikel zu Stande kam, an eine Organisation zur Krebsbekämpfung spenden. Beide Gruppen sind der Meinung, dass »die Tatsache, dass sich eine so große Summe Geld in unseren Kassen befindet, jemanden in den Kopf verdrehen könnte«.[782] Die Verwaltung der Gelder kann nämlich durchaus zu Missverständnissen zwischen den Mitgliedern eines Direttivo führen. Außerdem verschwinden einige wichtige Personen aus den Kurven, weil sie beschuldigt werden, sich eigenmächtig aus der Kasse ihrer Gruppe bedient zu haben, was nach den Regeln der Kurve eines der schlimmsten Vergehen überhaupt darstellt.

Die Gruppen treten auch außerhalb der Stadien aktiv auf und nehmen an politischen Kundgebungen teil. So beteiligen sich Ultras an den Demonstrationen der No-Global am Rande des G8-Gipfels in Genua vom 20. bis 22. Juli 2001. Es sind mehrere Hundert, die mehrheitlich aus den Reihen der linksgerichteten Kurven kommen. Einige von ihnen sind besonders aktiv an den ausbrechenden Zusammenstößen beteiligt.[783]

Die geopolitischen Umwälzungen machen sich natürlich auch in den Kurven bemerkbar. Nach den Anschlägen in New York vom 11. September 2001 gibt es zahlreiche Solidaritätsbekundungen. Vier Tage nach den Anschlägen, beim Spiel Arezzo–Livorno, ist in der Heimkurve zu lesen: »11. September 2001: Es gibt keine Rechtfertigung …

782 Fossa dei Leoni, *Nella Fossa dei Leoni*, siehe oben, S. 88.

783 Unter den zahlreich angereisten Ultras stellen die Gruppen aus Pisa, Bergamo, Modena, Venedig, Livorno und Ternana die meisten Aktivisten. Ultras von Genoa und Sampdoria sind natürlich auch beteiligt.

Solidarisch mit den USA!«[784] Ähnlich verhält es sich mit der pazifistischen Welle, die die italienische Gesellschaft während der Vorbereitung zum Irakkrieg erfasst. Abgesehen von den traditionellen Friedensbannern,[785] die man in Stadien sehen kann, mobilisieren mehrere Gruppen zu diesem Thema. Die Ultras von Cava de' Tirreni gehen sogar so weit, in ihrer Kurve eine Choreographie gegen diesen Krieg zu zeigen. Auch die Migrationsfrage wird nicht ausgespart, wie das riesige Transparent beweist, das am 6. Oktober 2013 während der Schweigeminute vor Catania–Genoa präsentiert wird: »Schluss mit den Schiffen des Todes … Schluss mit der Gleichgültigkeit der Mächtigen!«[786] Drei Tage zuvor hat der Untergang eines Schiffes voller Flüchtlinge vor der Insel Lampedusa 366 Menschen das Leben gekostet. Die Opfer stammten hauptsächlich aus Somalia und Eritrea. Diese politische Stellungnahme steht im Gegensatz zu den neofaschistischen Sympathien einiger sizilianischer Ultras.

Die meisten dieser Initiativen gehen von Gruppen aus, die für ihre linken Sympathien bekannt sind, wie die Ultras von Empoli, Livorno, Pisa, Venedig und Terni. Aber auch andere Gruppen mit ihrerseits neofaschistischen Einflüssen tun sich in diesem Bereich hervor. Bei Triestina–Napoli am 9. Dezember 2002 stellt die örtliche Kurve eine eindeutige politische Botschaft zur Schau: »Nein zu Kriegen der U$A!«[787] Dahinter steckt die nationalistisch-revolutionäre Organisation Fronte Nazionale. Die Ultras der Lazio und von Napoli stellen einen Zusammenhang zwischen der Repression, der sie ausgesetzt sind, und der Unterstützung der italienischen Regierung für den Krieg her. Beim Spiel Napoli–Bari am 3. März 2003 ist zu lesen: »Ihr wollt uns im Gefängnis sehen und dann wollt ihr in den Krieg ziehen … Ihr seid lächerlich!!!«[788] Während des römischen Derbys zeigt die Curva Nord von Lazio auf einem riesigen Spruchband: »Während die Welt vom Krieg bedroht ist … rettet der Staat den Fußball, indem er die Ultras ins Gefängnis schickt!«[789] Die *Irriducibili* der Lazio sind darüber hinaus übrigens recht aktiv und setzen sich für verschiedene soziale Themen ein, bei Aktionen, die natürlich mit ihrem nationalistisch-revolutionären Kurs einhergehen, wie zum Beispiel bei den Lebensmittelsammlungen für die kroatischen Aufständischen während des Konflikts im ehemaligen Jugoslawien, den Solidaritätsbannern für die palästinensische Sache oder für die Todesstrafe für Pädophile.

784 Im Original: »11 settembre 2001: non c'è giustificazione … solidali con gli USA!«

785 Ab November 2002, als die Möglichkeit eines bewaffneten Eingreifens der USA und der »Koalition der Willigen« im Irak immer mehr Gestalt annimmt, tauchen Zehntausende von Regenbogenfahnen mit dem Wort PEACE auf Balkonen und Fenstern auf, die sich gegen die italienische Regierung und ihre Unterstützung für die Amerikaner richten.

786 Im Original: »Basta barconi della morte … basta potenti indifferenti!«

787 Im Original: »No alle guerre U$A!«

788 Im Original: »A noi la prigione volete dare e poi la guerra andate a fare … siete ridicoli!!!«

789 Im Original: »Mentre il mondo è minacciato dalla guerra … lo stato salva il calcio e manda gli ultras in galera!«

Oder sie fordern den Ausschluss Nigerias von der Fußballweltmeisterschaft 2002, da dort islamisches Recht angewendet wird.

Das neue Jahrtausend bestätigt diesen Trend und die Ultras-Gruppen erweisen sich als vollwertiger Akteur in ihren Städten, sei es auf lokaler oder internationaler Ebene. Zwischen dem 31. Oktober und dem 2. November 2002 wird die Region Molise von einem verheerenden Erdbeben erschüttert, bei dem 30 Menschen ums Leben kommen, darunter 27 Kinder und ein Lehrer, die unter den Trümmern ihrer Schule in San Giuliano di Puglia begraben werden. In den Kurven des Landes werden zahlreiche Spruchbänder zum Gedenken an die Opfer aufgehängt. Am 3. November 2002 zeigen die *Fedayn* bei Roma–Perugia: »San Giuliano: Keine Worte, nur Schmerz!«[790] Bei Montevarchi–Sangiovannese lautet die Botschaft der Ultras: »31-10-02: 29 Sterne leuchten nun im Himmel!«[791]

Zwei Jahre später wird Südostasien von einem verheerenden Tsunami heimgesucht. Die Mobilisierung ist breit gefächert, in Perugia werden vor dem Spiel gegen Ascoli am 6. Jänner 2004 von den lokalen Ultras Spenden gesammelt. In Genua tun die Anhänger von Sampdoria das Gleiche und sammeln eine große Summe. Mit dem Geld werden verschiedene Projekte finanziert, darunter der Bau eines Sportplatzes für eine Schule, der am 12. August 2007 in Thailand eingeweiht werden kann.[792] Zum Gedenken an den Tod eines ihrer Anführer, Francesco Romor, der am 13. Februar 2001 verstirbt, starten die Ultras von Veneziamestre mit der Unterstützung von zehn anderen Gruppen ein humanitäres Projekt zu seinem Gedenken. Sie sammeln Geld, um in der mexikanischen Region Chiapas eine Krankenstation und einen Sportplatz zu bauen. Einige der Mitglieder reisen nach Mexiko, um sich vor Ort an dem Unternehmen zu beteiligen.

Am 6. April 2009 zerstört ein Erdbeben das historische Zentrum von L'Aquila teilweise. Die Mobilisierung ist groß und sehr viele Delegationen aus der gesamten Halbinsel reisen an und koordinieren sich mit den *Red Blue Eagles* vor Ort, um der lokalen Bevölkerung so gut wie möglich zu helfen. Sie sammeln Lebensmittel und bringe sie an den Ort des Unglücks. In den folgenden Monaten sammeln rund 50 Tifoserie Spenden, die 53.379 Euro einbringen. Ein Teil dieses Geldes wird in den Bau eines Spielplatzes mit dem Namen Area Ultras d'Italia gesteckt, der am 18. Juli 2015 eingeweiht wird. Die globale Gesundheitskrise, die aus der Covid-19-Epidemie resultiert, breitet sich ab Jänner 2020 auch in Italien aus. In Reggio Emilia beispielsweise sammeln die *Teste Quadre* und der *Gruppo Vandelli* zwischen dem 11. und 18. März 2020 über 41.000 Euro für die Therapieabteilung des städtischen Krankenhauses. In Bergamo, dem Epizentrum der

790 Im Original: »San Giuliano: niente parole, solo dolore!«

791 Im Original: »31-10-02: 29 stelle ora brillano nel cielo!«

792 *Fantasie che volano libere*, »Supertifo«, 13. September 2007, S. 24–27.

Epidemie, sammeln die Ultras der Atalanta Geldspenden und beteiligen sich am Aufbau eines Feldkrankenhauses, während die *Desperados* in Empoli die Stadtverwaltung dabei unterstützen, Masken an die Bürger der toskanischen Stadt zu verteilen. All diese Aktionen zeigen, dass Ultras-Gruppen jenseits aller Rivalitäten in der Lage sind, sich zusammenzuschließen, um ein und dieselbe Sache zu unterstützen, denn im Grunde teilen diese jungen Leute alle denselben Lebensstil. Sie sind sich sehr wohl der Farben bewusst, die sie voneinander trennen, aber noch mehr sind sie sich über die Leidenschaft im Klaren, die sie miteinander verbindet.

Glossar

Anni di Piombo: Als die »bleiernen Jahre« versteht man die auf die Studentenrevolte der 1960er-Jahre folgende Zeit bis Mitte der 1980er-Jahre. Aus Protest und Tumulten entstand linker und rechter Terror. Teilweise wurde er von staatlichen Institutionen, Geheimdiensten und obskuren Zirkeln gesteuert – zwischendrin Tausende Verletzte und Hunderte von Toten, die Überfällen, Attentaten und Bombenanschlägen zum Opfer fielen. Diese Militarisierung sprang von der Straße Anfang der 1970er-Jahre rasch in die Stadien des Landes über.

Campanilismo: Ein zentraler Begriff, wenn es darum geht, das italienische Wesen auch abseits der Fußballstadien, zu verstehen. Im Mittelpunkt, und das im wahrsten Sinne des Wortes, steht dabei der Kirchturm (Campanile) als Zentrum und Wahrzeichen eines Ortes. Italien wurde erst vor 160 Jahren geeint und zu einem Nationalstaat. Davor bestand das heutige Italien aus diversen Kleinstaaten, die sich teilweise über Jahrhunderte hindurch bekämpften. Schon Dante Alighieri schrieb darüber, genauso wie Johann Wolfgang von Goethe, als er vor über 200 Jahren das Land bereiste. Auch heute noch spricht man vielerorts verschiedene Dialekte und pflegt unterschiedliche Bräuche. Es bildeten sich so diverse Rivalitäten zwischen Dörfern, Stadtvierteln (typisch dafür der Palio in Siena oder der Calcio Storico in Florenz), Städten, Provinzen und Regionen heraus, die sich bis heute erhalten haben und die gerade im Fußball immer wieder ausgelebt werden. Bekannt dafür sind unter vielen anderen die Regionalderbys zwischen Livorno und Pisa, Ternana und Perugia oder Atalanta Bergamo und Brescia. Wie sagte einmal ein Verantwortlicher der Curva Nord von Inter: »In Italien ist jeder gegen jeden und alle verteidigen ihren Kirchturm.« Genau das ist Campanilismo, der sich wie ein roter Faden durch dieses Buch zieht.

Capo: Ist der Anführer oder Leader einer Gruppe bzw. Kurve. Mitunter fungiert der Capo auch als Vorsänger. Die Mehrzahl lautet Capi.

Comunicato: Eine Art Kommuniqué oder Pressemitteilung, die Ultras-Gruppen zu bestimmten Anlässen (zum Beispiel bei der Auflösung einer Gruppe) herausgeben. Die Mehrzahl lautet Comunicati.

CONI (Comitato Olimpico Nazionale Italiano): Nationales Italienisches Olympisches Komitee

Corte Suprema di Cassazione: Kassationsgerichtshof, das höchste Gericht der ordentlichen Gerichtsbarkeit Italiens.

Corteo: Vor allem in den 1980ern und 1990ern, als es noch Sonderzüge zu Auswärtsspielen gab, zogen die Ultras im Corteo, einem Fanmarsch, und unter Polizeibewachung vom

Bahnhof zum Stadion – ähnlich einem Demonstrationszug mit politischem Hintergrund. Die Mehrzahl lautet Cortei.

Curva: Fankurve, auch wenn es sich, wie zum Beispiel in Mailand, architektonisch nicht immer um eine Kurve als solche handelt. Für das Stadion in Genua hat sich der Begriff Gradinata eingebürgert. Die Ultras vom Genoa CFC stehen in der Gradinata Nord, die Sampdoriani in der Gradinata Sud. Wir verwenden hier bewusst Bezeichnungen wie Curva Nord oder Curva Sud und nicht die deutschen Begriffe Nord- oder Südkurve.

DASPO (Divieto di accedere alle Manifestazioni Sportive): Stadionverbot, auch Diffida genannt. Ultras, die mit einem Stadionverbot belegt werden, nennt man Diffidati. Wird eine ganze Gruppe kollektiv mit einem Stadionverbot bestraft, spricht man von einem DASPO di Gruppo (Gruppen-DASPO).

DIGOS (Divisione Investigazioni Generali e Operazioni Speciali): Die Abteilung für allgemeine Ermittlungen und Sonderoperationen ist eine Einheit der italienischen Polizei, die 1978 in jeder Präfektur zur Terror- und Extremismusbekämpfung eingerichtet wurde und von der UCIGOS koordiniert wird. Nach den »Anni di Piombo« widmete sich die DIGOS vermehrt den Extremisten in den Stadien. Seit 2000 gibt es in jeder Präfektur eine Abteilung der DIGOS, die sich mit den Ultras befasst und den Namen Squadre Tifoserie trägt.

Direttivo: Die Entscheidungsträger einer Gruppe oder einer Kurve sind in einem Direttivo vereint.

Fanzine: Informationsblatt, das von Ultras-Gruppen meist kostenlos oder gegen eine Spende vor den Spielen verteilt wird. Es ähnelt einem Matchprogramm, hat aber mehr kurvenrelevante Themen zum Inhalt.

FIGC (Federazione Italiana Giuoco Calcio): Italienischer Fußballverband

Gemellaggio: In italienischen Kurven wird oft zwischen einer Fanfreundschaft zweier Ultras-Gruppen unterschiedlicher Mannschaften (Amicizia) und einem sogenannten Gemellaggio unterschieden. Letzterer ist meist historisch gewachsen und umfasst nicht nur einzelne Gruppen, sondern ganze Kurven, die eine Freundschaft pflegen. Ein typischer Gemellaggio wäre zum Beispiel der zwischen Bari und Salernitana, Inter und Lazio oder Milan und Brescia. Die *Curva Sud* von Milan führt die Freundschaft zu Brescia in ihrem 2021 erschienen Buch »Noi – Curva Sud Milano« dezidiert als Gemellaggio an, während die Freundschaften zu Partizan Belgrad und ZSKA Sofia lediglich als Amicizie geführt werden.

Mentalità Ultras: Von der sogenannten Ultras-Mentalität ist vor allem im zweiten Teil des Buches zu lesen. Jede Kurve beruft sich darauf und doch verstehen alle Gruppen und Generationen etwas anderes darunter.

Mezzogiorno: Mit Mezzogiorno bezeichnet man in Italien nicht nur die Mittagszeit, sondern davon abgeleitet auch Süditalien. Dazu zählen die Regionen Abruzzen, Molise, Kampanien, Apulien, Basilikata und Kalabrien sowie die beiden Inseln Sizilien und Sardinien.

Milanisti, Interisti, Romanisti, Laziali usw.: Diese Begriffe bezeichnen sowohl Fans als auch Spieler des jeweiligen Vereins. Wir bleiben hier bei der italienischen Bezeichnung und übersetzen Bergamaschi somit nicht mit Bergamasken oder verwenden für die Genoani nicht den Begriff Genueser.

Nerazzurre/Neroazzurre: Aus Gründen, die sich uns nicht ganz erschließen und obwohl beide die gleichen schwarz-blauen Vereinsfarben tragen, gab es bei Inter die *Furie Nerazzurre,* während bei Atalanta die *Brigate Neroazzurre* zeitweise den Ton angab.

Osservatorio Nazionale sulle Manifestazioni Sportive: Nationale Beobachtungsstelle für Sportveranstaltungen, eine 1999 nach dem Brand des Sonderzuges in Salerno gegründete Einrichtung des Innenministeriums, die Empfehlungen für die Sicherheit von Sportveranstaltungen ausspricht.

Prefetto: Der Präfekt ist ein oberer Verwaltungsbeamter in den über 100 Provinzen Italiens, der dem Innenministerium unterstellt ist. Die Präfektur hat umfangreichere und mehr administrative Aufgaben als etwa die Quästur, und ist dieser auch übergeordnet.

Questura: Der Begriff geht auf die alten Römer zurück. Die Quästur ist eine Dienststelle der Polizia di Stato. In Italien gibt es über 100 davon. Leiter dieser Polizeidienststelle, die bei der Ausstellung von Stadionverboten eine wichtige Rolle spielt, ist der Quästor.

RAI (seit 1954 Radiotelevisione Italiana): Öffentlich-rechtliche Rundfunkanstalt

Saluto Romano: (römischer Gruß): Gruß mit ausgestrecktem rechtem Arm, der auf die alten Römer zurückgehen soll. Es ist allerdings unwahrscheinlich, dass man sich im Römischen Reich so grüßte. Manche Theorien besagen, dass dieser Gruß erst im 18. Jahrhundert, als die griechisch-römische Antike modern wurde (Klassizismus) entstand. Benito Mussolini machte ihn, um sich als Nachfolger der römischen Kaiser darzustellen, ab 1922 zum Gruß seiner Partei Partito Nazionale Fascista. Adolf Hitler und Francisco Franco übernahmen den Gruß ihrerseits in den Folgejahren. Von 1924 bis 1936 galt er auch als olympischer Gruß und wurde von den Sportlern während der Eröffnungsparade gezeigt. Das Zeigen des Hitlergrußes ist in Deutschland und Österreich heute strafbar. In Italien hat das Kassationsgericht dazu 2021 ein Urteil mit mehr Interpretationsspielraum gesprochen: Das Zeigen des römischen Grußes, das Tragen von faschistischen Abzeichen, Insignien oder Uniformen aus der Zeit unter Mussolini (Ventennio) ist nicht strafbar, wen es zu kommemorativen Zwecken, etwa bei Gedenkveranstaltungen, passiert.

Scudetto: Der Begriff Scudetto bezeichnet ein kleines Wappen, das sich der Meister in der Folgesaison auf das Dress geben darf. Es bezeichnet also eine gewonnene Meisterschaft. Die Mehrzahl lautet Scudetti.

Striscione: Ultras-Gruppen versammeln sich in der Regel hinter einem solchen Transparent. Es wird im deutschen Sprachraum auch oft als Banner oder Zaunfahne bezeichnet. Im Österreichischen sagt man oft Fetzen dazu. Die Mehrzahl lautet Striscioni. Aber nicht nur diese Gruppentransparente, sondern auch Spruchbänder, also Botschaften der Kurve, die auf Stoff gemalt oder Plastik geklebt werden, heißen im Italienischen Striscione/Striscioni.

Tessera del Tifoso: Ab der Saison 2009/10 erdachte und später eingeführte Fankarte, die zu heftigen Protesten vieler Ultras führte. Nur Besitzer dieser Karte, für die man sich registrieren musste, konnten sich ein Abonnement für Heimspiele oder Karten für Auswärtsspiele kaufen. Nachdem die Zuschauerzahlen immer weiter zurückgingen, wurde mehrfach über ihre Abschaffung diskutiert. Nach 2017 wurde sie schrittweise wieder aufgegeben oder teilweise in die weniger restriktive Fidelity Card umgewandelt. Heute ist sie für den Erwerb von Eintrittskarten oder dem Abschluss eines Abonnements keine Voraussetzung mehr.

Tifo: Der Begriff umfasst sowohl Stimmung (z. B. Gesänge) als auch Choreographien, Spruchbänder usw. die von einer Kurve gezeigt werden, um die Mannschaft zu unterstützen.

Tifoso: Fan, die Mehrzahl davon nennt man Tifosi.

Tifoseria: Fanszene

UCIGOS (Ufficio Centrale per le Investigazioni Generali e per le Operazioni Speciali): Büro für allgemeine Ermittlungen und Sondereinsätze. Es wurde 1978 eingerichtet und koordiniert auf nationaler Ebene beim Innenministerium die Arbeit der DIGOS. 1981 wurde es durch die Direzione Centrale della Polizia di Prevenzione (DCPP) ersetzt.

Ultrà/Ultras: Es gibt durchaus Theoretiker und Aktive die zwischen beiden Begriffen streng unterscheiden – siehe das Kommuniqué »Basta Lame, basta Infami!« (Kapitel 6) nach dem Tod von Vincenzo Spagnolo oder das letzte Comunicato des *CUCS,* nachdem es aus der eigenen Kurve geworfen wurde. Wir wollen uns an dieser Glaubens- und vor allem Stilfrage nicht wirklich beteiligen, sprechen in diesem Buch aber immer von Ultras (zum Beispiel, wenn von der Ultras-Bewegung oder von den Ultras-Gruppen die Rede ist) meinen aber natürlich sowohl Ultrà als auch Ultras.

Die grafische Welt der Ultras

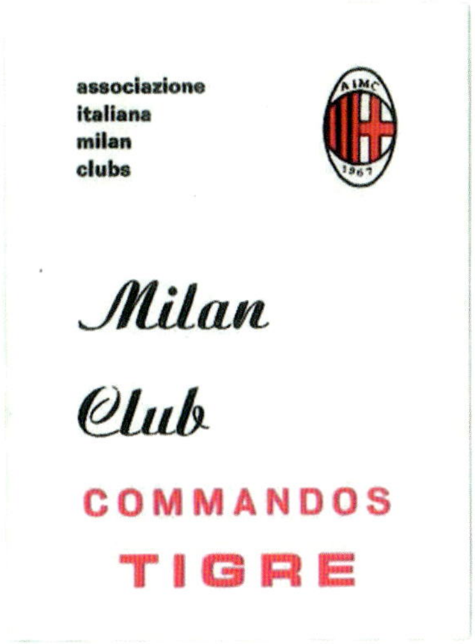

Mitgliedskarte der *Commandos Tigre* des AC Milan aus den frühen 1970er-Jahren.

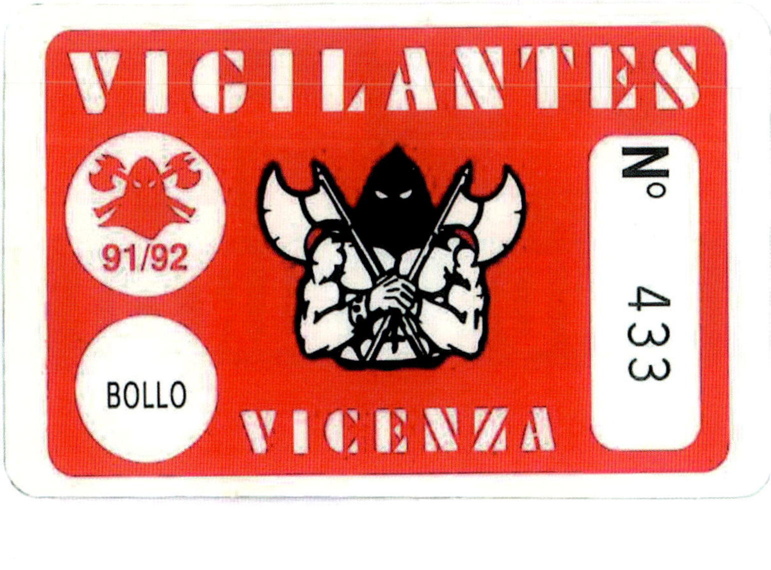

Mitgliedskarte der *Vigilantes* von Vicenza aus der Saison 1991/1992.

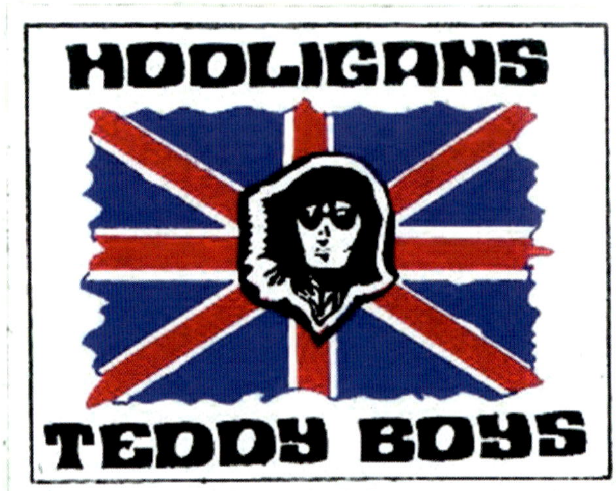

Aufkleber der *Hooligans Teddy Boys* von Udinese, der in den späten 1980er-Jahren angefertigt wurde.

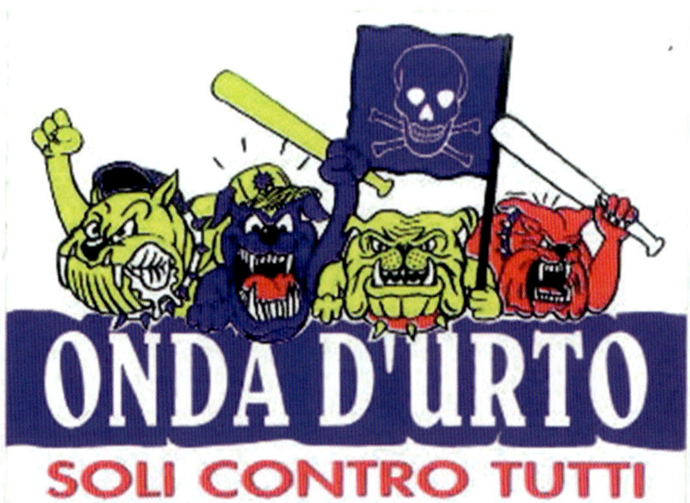

Aufkleber der *Onda d'Urto* der Fiorentina aus der Mitte der 1990er-Jahre. Der Slogan unter dem Banner der Gruppe lautet »Allein gegen alle«.

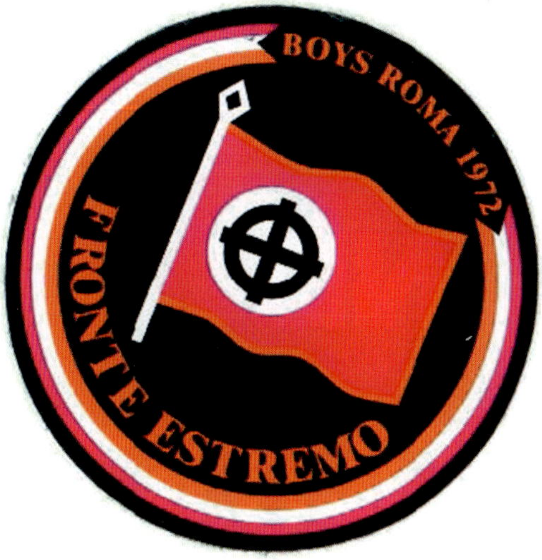

Aufkleber der *Boys Roma* aus den späten 1990er-Jahren, mit der Aufschrift »Extremistische Front«.

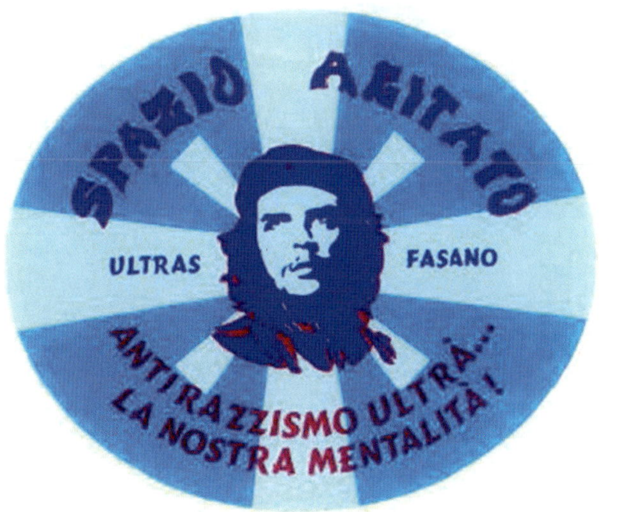

Aufkleber der *Allentati* von Fasano aus den späten 1990er-Jahren, mit der Aufschrift »Eine Kurve in Aufregung / Antirassismus und Ultrà … ist unsere Mentalität!«.

Aufkleber der *Ultras Tito Cucchiaroni* von Sampdoria aus den frühen 2000er-Jahren mit dem Slogan: »Ultras, keine Politik«.

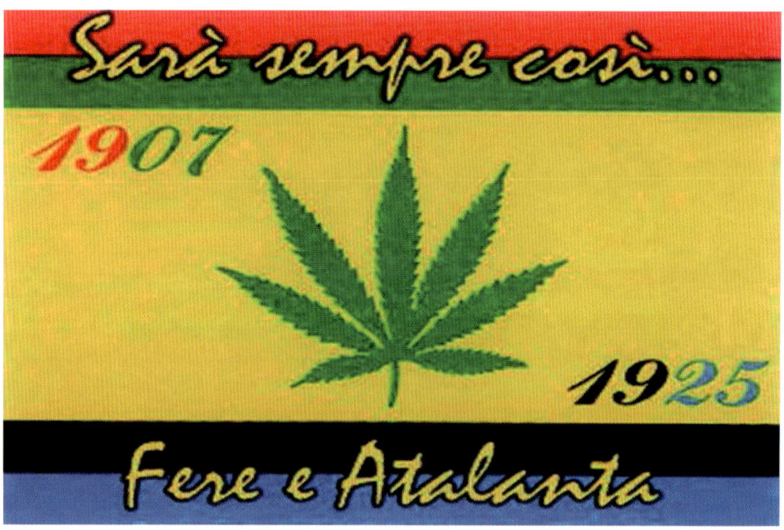

Aufkleber zur Feier der Freundschaft zwischen den Ultras von Atalanta und Ternana, der Anfang der 2000er Jahre hergestellt wurde. Der Slogan lautet: »So wird es immer sein, Fere (Symbol der Ternana) und Atalanta«.

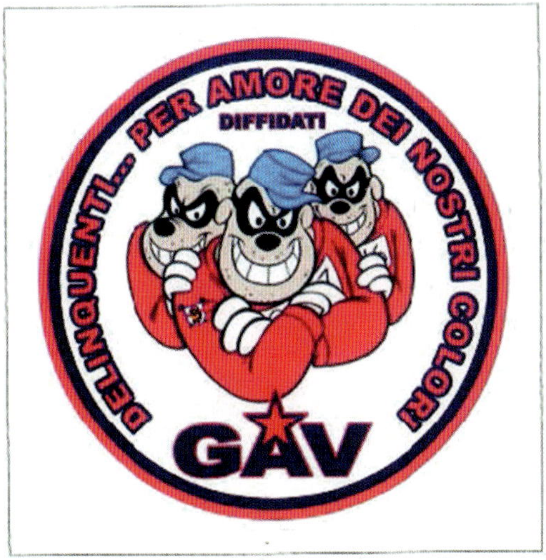

Aufkleber der *Gruppo Andrea Verrina* (Genoa CFC) aus den 2000er-Jahren. Die Aufschrift lautet: »Stadionverbot. Straftäter … Aus Liebe zu unseren Farben«.

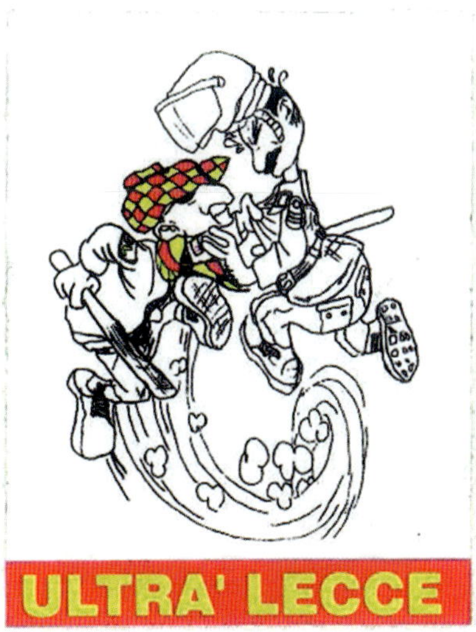

Aufkleber der *Ultrà Lecce*, der in den 2000er-Jahren hergestellt wurde.

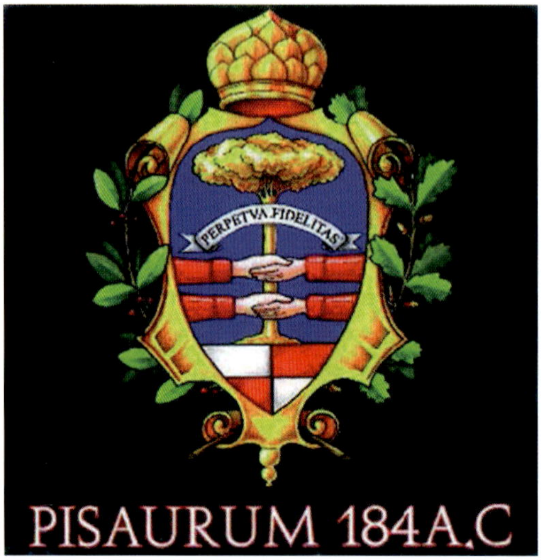

Aufkleber der *Pesaro Ultras 1898*, der im Jahr 2016 angefertigt wurde. Das Motiv zeigt das Logo der Stadt der Stadt Pesaro, ihr Gründungsdatum sowie ihren ursprünglichen Namen.

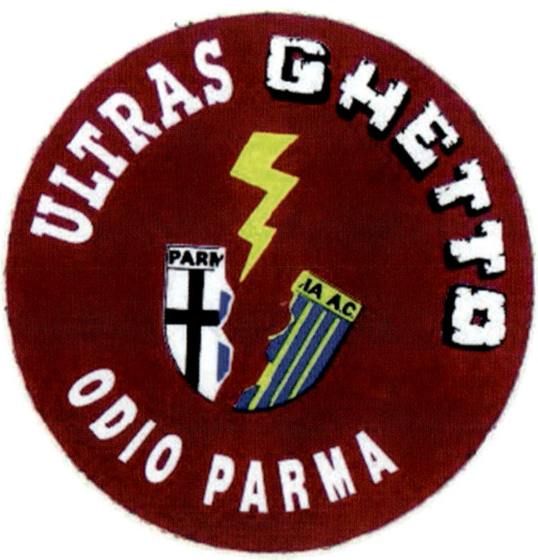

Aufkleber der *Ultras Ghetto* von Reggiana aus den 1990er-Jahren mit der Aufschrift: »Ich hasse Parma«.

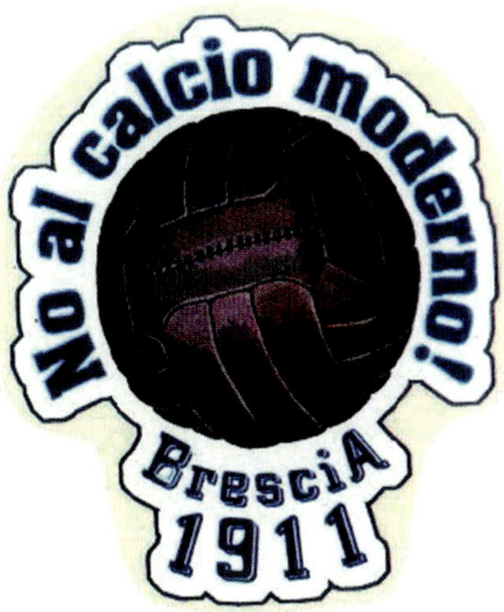

Aufkleber der *Brescia 1911*, der in den 2000er Jahren angefertigt wurde. Der angezeigte Slogan lautet: »Nein zum modernen Fußball«.

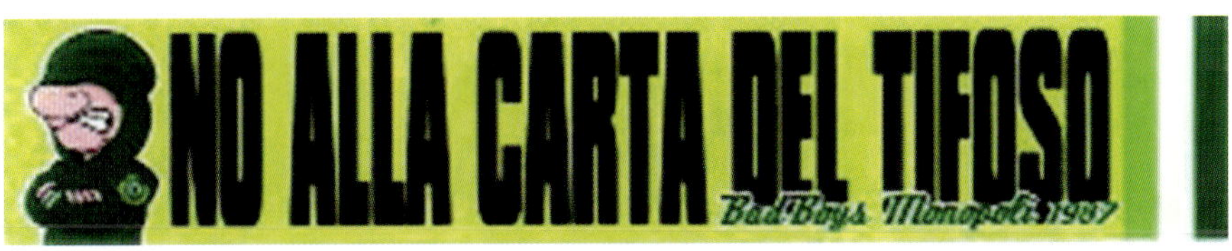

Aufkleber der *Bad Boys* von Monopoli Anfang der 2010er-Jahre mit der Botschaft: »Nein zur Fankarte«.

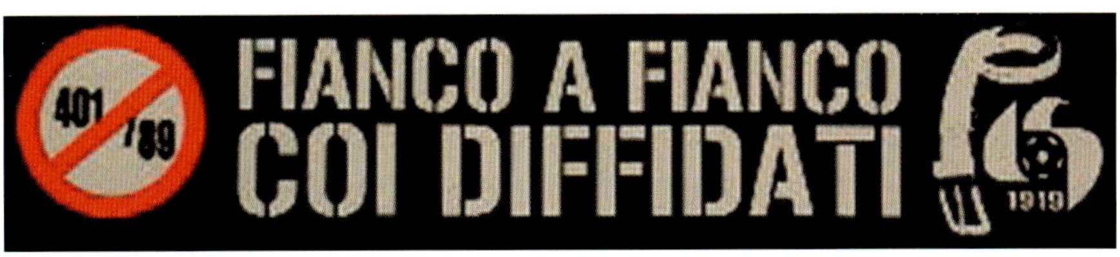

Aufkleber der *Curva Sud Catello Mari* von Cavese, hergestellt im Jahr 2014. Der Slogan lautet: »Seite an Seite mit den Stadionverbotlern«.

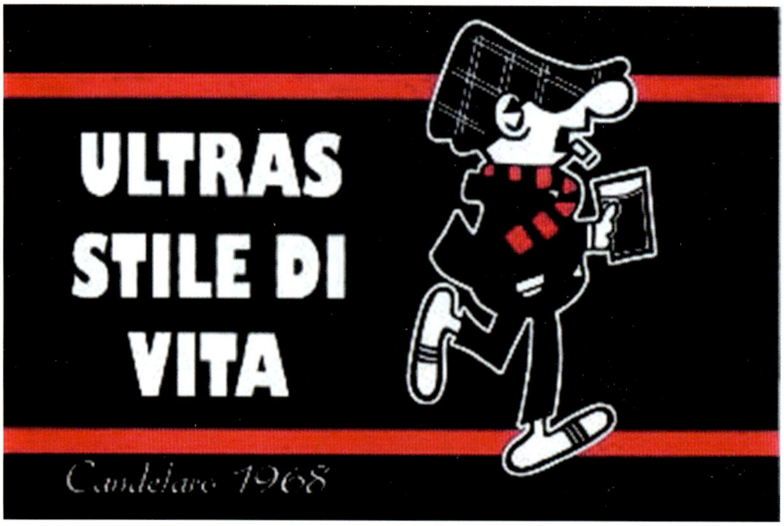

Aufkleber der *Candelaro* aus Foggia (2017) mit der Aufschrift: »Ultras, Lifestyle«. Die abgebildete Figur ist Andy Capp, eine Figur, die zu den populärsten der Ultras-Bewegung seit den 1990er-Jahren zählt.

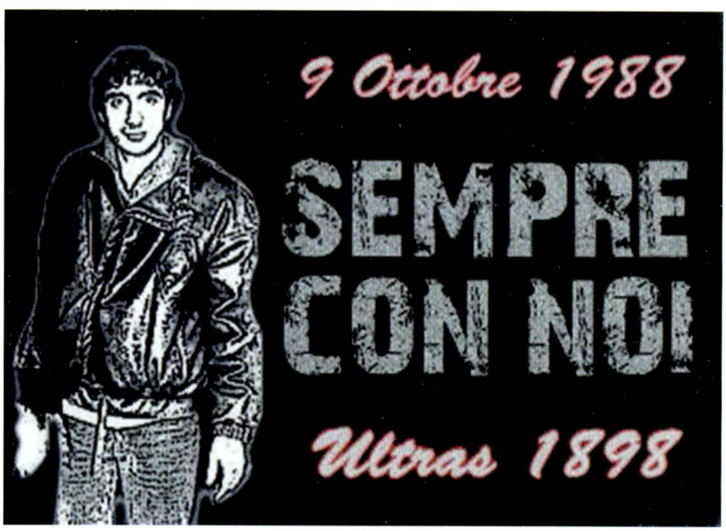

Aufkleber der *Ultras 1898* aus dem Jahr 2014. Der Slogan lautet: »9. Oktober 1988, immer mit uns«. Die abgebildete Person ist Nazzareno Filippini, ein Ascoli-Fan, der am 9. Oktober 1988 von mehreren Inter-Fans tödlich attackiert wurde.

Ultras in Bildern

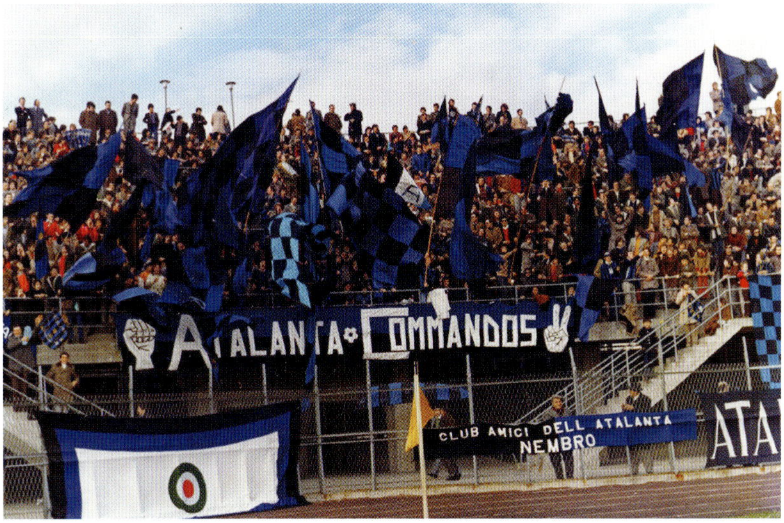

Atalanta–Como 1974/1975: Die ersten Choreographien der Ultras fallen einfach aus, auf Basis von Fahnen, dem wichtigsten Accessoire der ersten Ultras in Bergamo. (*Foto GS-Archiv*)

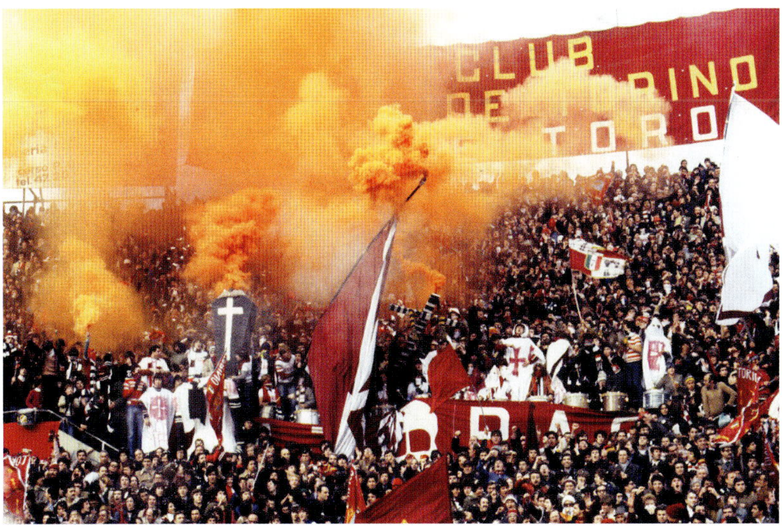

Torino–Juventus 1976/1977: Rauchbomben werden von den Ultras ab der zweiten Hälfte der 1970er- Jahre eingesetzt, um ihre Tribüne einzufärben. (*Foto GS-Archiv*)

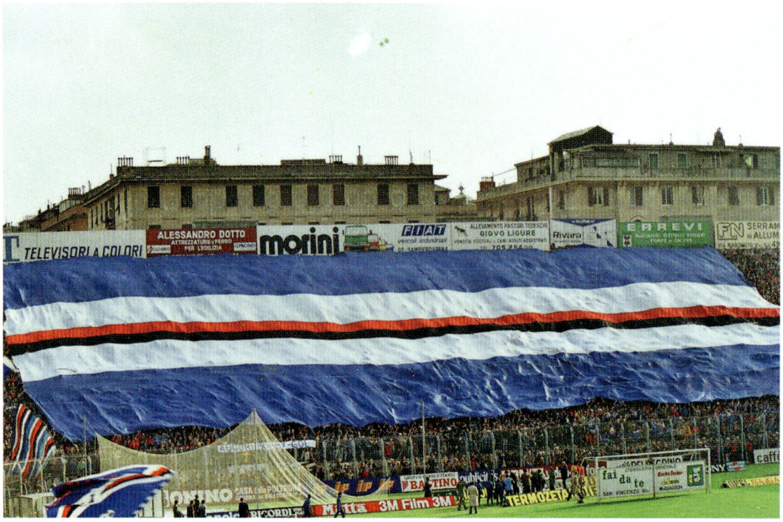

Sampdoria–Udinese 1983/1984: Die *Ultras Tito Cucchiaroni* gehören zu den ersten, die eine Blockfahne in der Größe ihrer Fankurve erstellen. (*Foto Gerolamo Calcagno*)

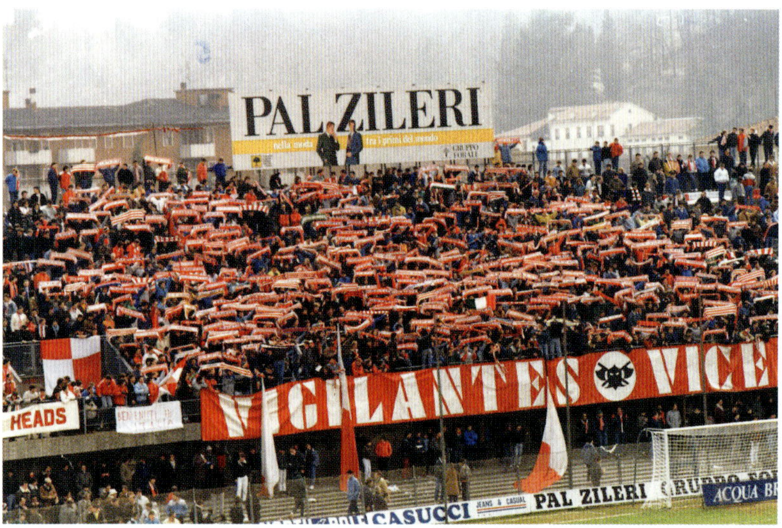

Vicenza–Triestina 1986/1987: Die *Vigilantes* entfalten ihre Schals, ein Klassiker der italienischen Tribünen, der seinen Ursprung in den englischen Stadien hat. *(Foto Marcello Casarotti)*

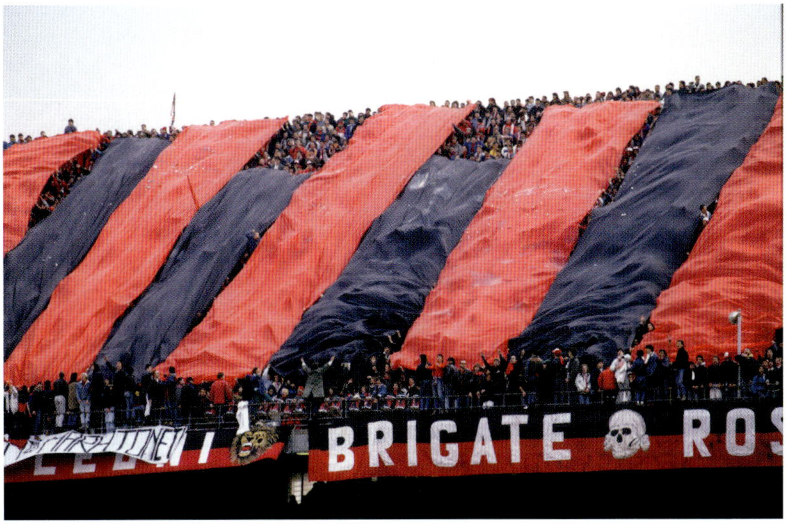

AC Milan–Juventus 1986/1987: In den 1980er-Jahren nehmen die Choreographien an Umfang zu. Die Ultras des AC Milan führen ein Farbspiel mit Bändern durch. *(Foto GS-Archiv)*

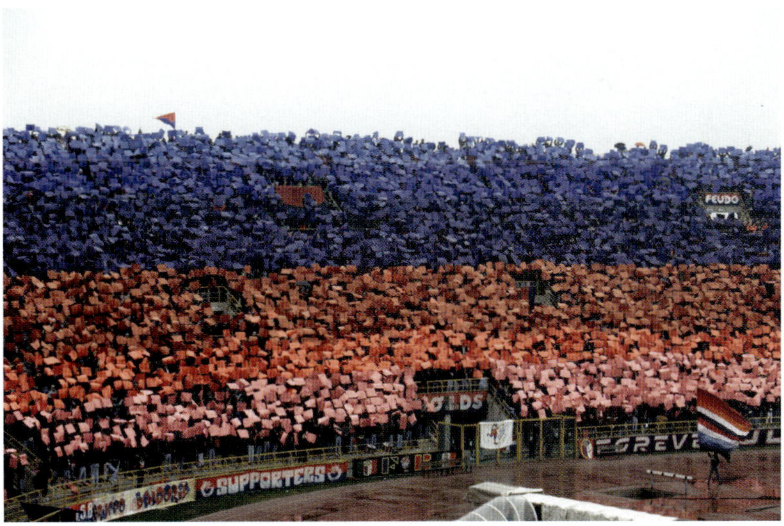

Bologna–SPAL 1993/1994: In den 1990er-Jahren realisieren die italienischen Gruppen immer aufwendigere Bühnenbilder. *(Foto GS-Archiv)*

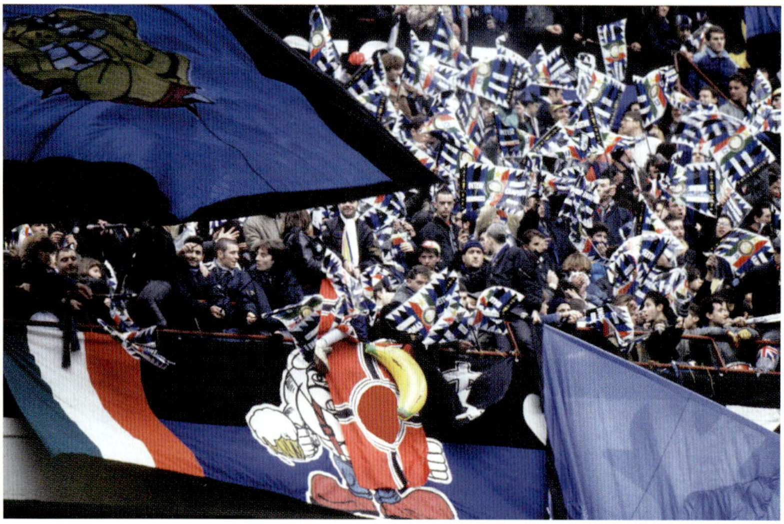

Inter–Napoli 1988/1989: Politische Symbole sind ein fester Bestandteil der Ultras-Kultur, wie diese rechtsextremen Symbole bei den *Skins* von Inter. *(Foto GS-Archiv)*

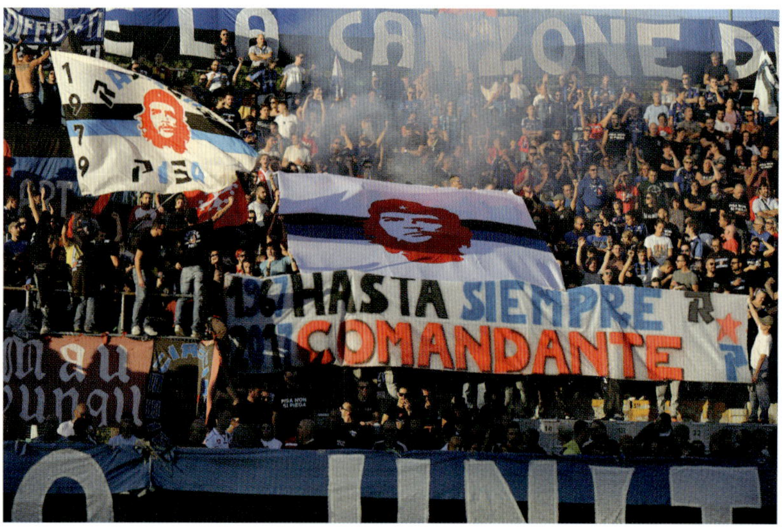

Pisa–Gavorrano 2017/2018: Die Figur des »Che« widersteht noch in einigen Kurven. Die *Rangers* aus Pisa gedenken des 50. Todestags. *(Foto: Valerio Poli)*

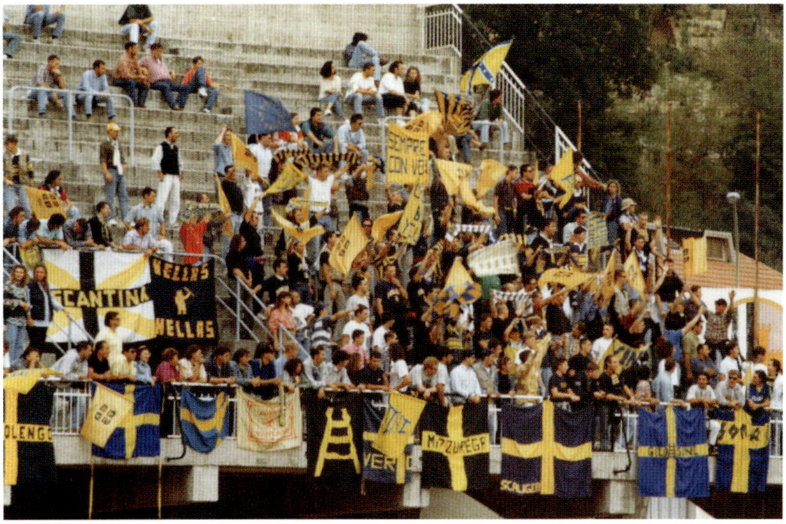

Ascoli–Hellas Verona 1993/1994: Die Brigate Gialloblu von Hellas Verona führen ab 1991 den englischen Style in den Kurven des Landes ein. Sie zeigen nur noch nur noch kleine Standarten anstelle der traditionellen großen Banner der Ultragruppen. *(Foto GS-Archiv)*

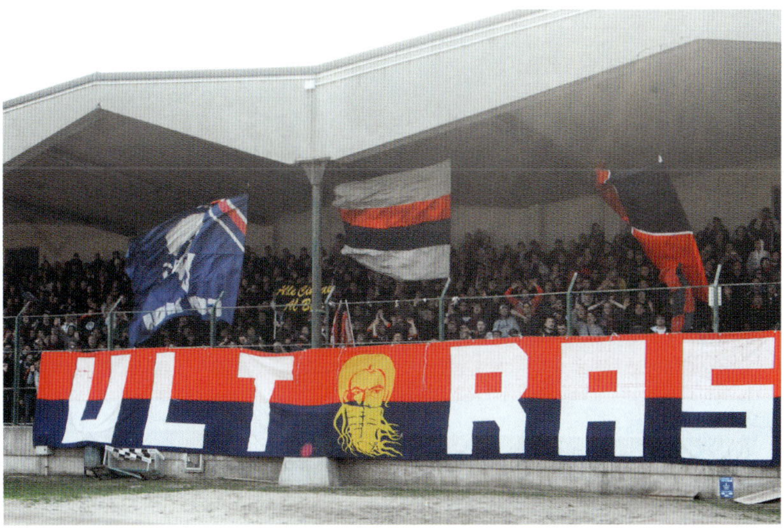

Civitanovese–Sambenedettese 2011/2012: In den Amateurligen Italiens sind Ultras kein ungewöhnlicher Anblick. Wie diese Ultras der Sambenedettese in der Serie D. *(Foto Andrea Fruttieri)*

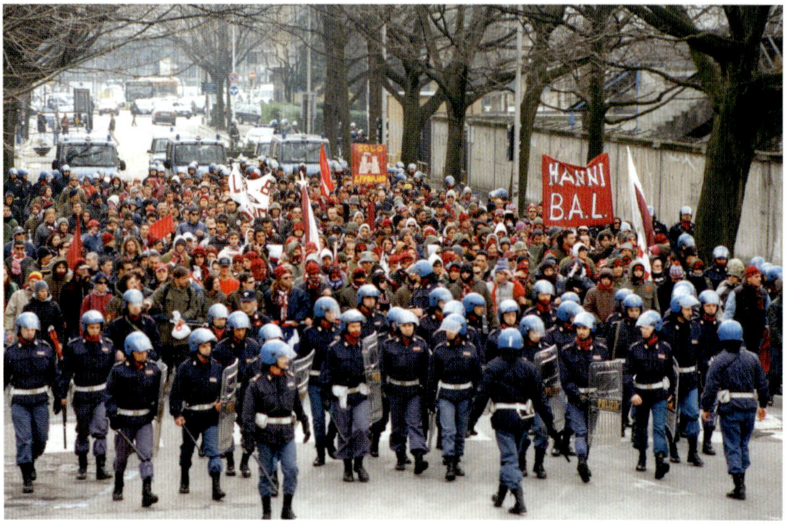

Como–Livorno 2000/2001: Die Vorkehrungen der Ordnungskräfte werden während der 1990er-Jahre erheblich verstärkt. Bei diesem Spiel der Serie C wird der Corteo der Ultras aus Livorno von zahlreichen Polizisten vom Bahnhof Como bis zum Stadion eskortiert. *(Foto: Gabriele Viganò)*

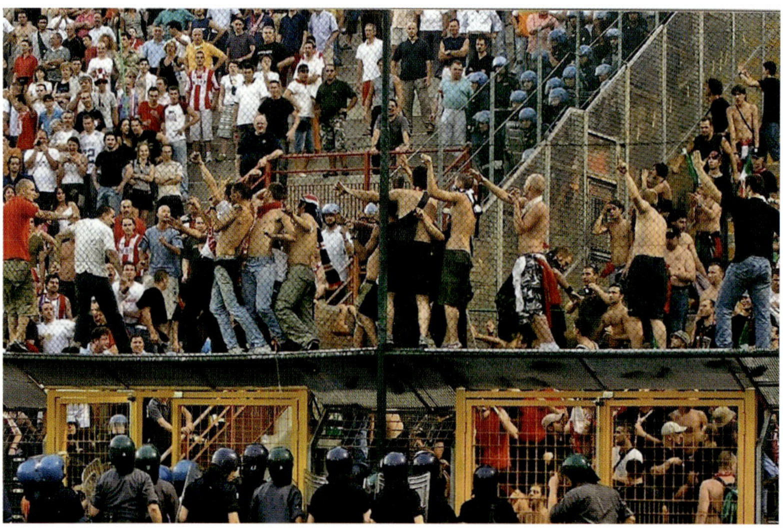

Vicenza–Triestina 2004/2005: Die Militarisierung der Stadien und die Mobilisierung massiver Polizeikräfte verhindern nicht die Auseinandersetzungen auf den Tribünen. *(Foto: Vito Genna)*

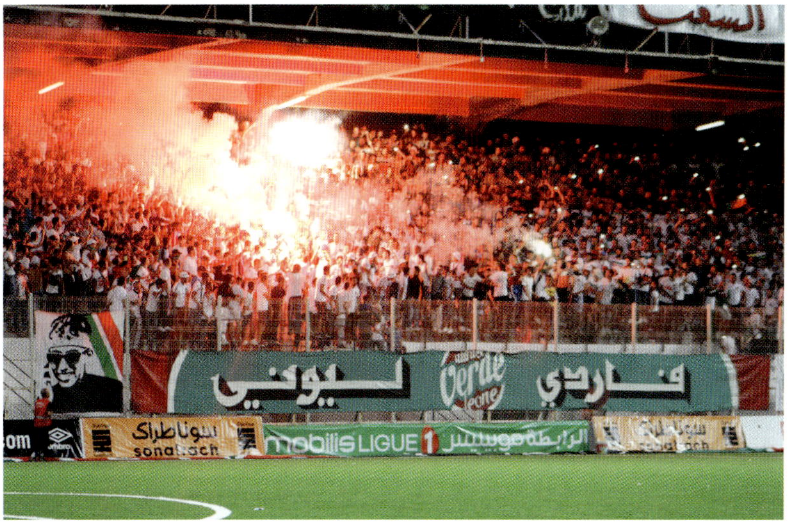

Mouloudia Alger–JS Souara 2016/2017: Die Ultras-Bewegung dient als Vorbild für Fans auf der ganzen Welt, wie für die *Ultras Verde Leone* des Mouloudia d'Alger, die sich 2007 als erste Gruppe in Algerien gründen. *(Foto: Sébastien Louis)*

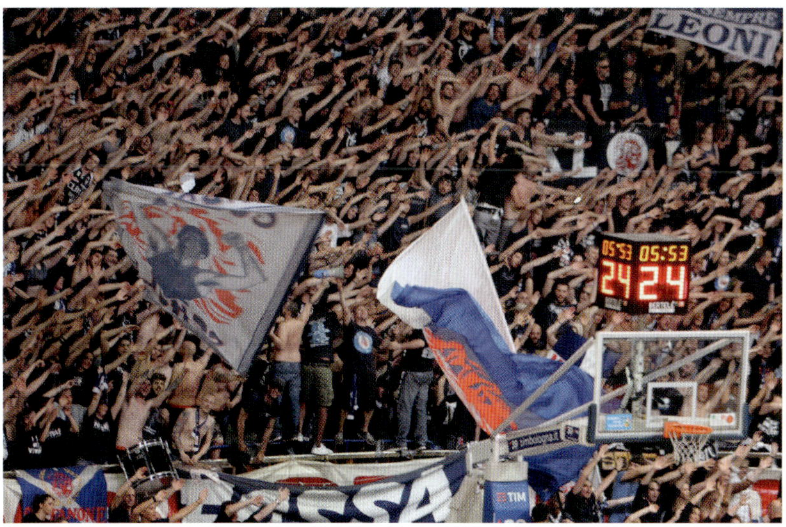

Fortitudo Bologna–Treviso 2016/2017: Bereits in den 1970er-Jahren entstehen Ultras-Gruppen auch in anderen Mannschaftssportarten, wie die *Fossa dei Leoni* der Basketballmannschaft von Fortitudo Bologna. *(Foto: Sebastien Louis)*

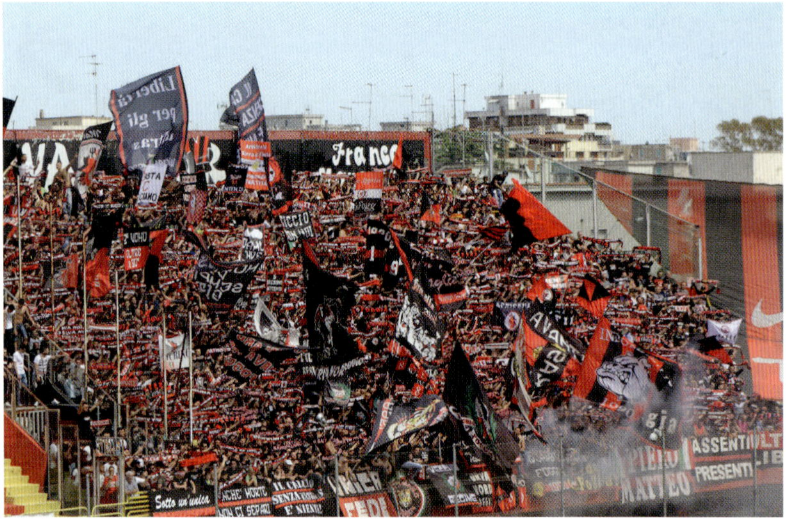

Foggia–Reggina 2016/2017: Fahnen bleiben ein traditionelles Accessoire der Ultras auch in den 2010er-Jahren, wie bei der *Curva Nord* in Foggia. *(Foto: Sébastien Louis)*

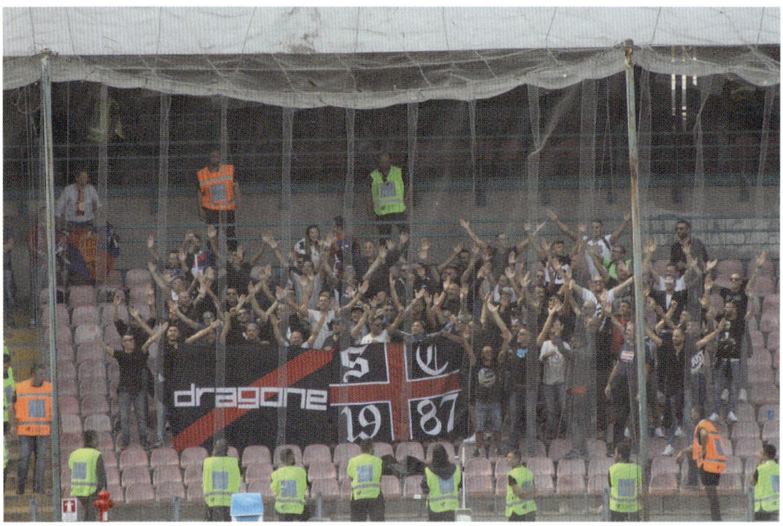

Napoli–Cagliari 2017/2018: Aufgrund des Gesetzes Nr. 41 vom 4. April 2007 müssen Fangruppen eine Genehmigung beantragen, um ihre Banner im Stadion zu zeigen. Viele Gruppen verweigern diese Praxis und verwenden kleine Transparente, wie die *Sconvolts* aus Cagliari bei ihrem Spiel gegen Napoli. *(Foto: Andrea Calabrese)*